Johann Gottfried Grohmann

**Neues historischbiographisches Handwörterbuch**

Zweiter Teil

Johann Gottfried Grohmann

**Neues historischbiographisches Handwörterbuch**
*Zweiter Teil*

ISBN/EAN: 9783743475755

Hergestellt in Europa, USA, Kanada, Australien, Japan

Cover: Foto ©ninafisch / pixelio.de

Weitere Bücher finden Sie auf **www.hansebooks.com**

Neues

Historisch = biographisches

# Handwörterbuch,

oder

kurzgefaßte

## Geschichte aller Personen,

welche sich durch Talente, Tugenden, Erfindungen, Irrthümer, Verbrechen oder irgend eine merkwürdige Handlung von Erschaffung der Welt bis auf gegenwärtige
Zeiten einen ausgezeichneten Namen machten. Nebst
unparteiischer Anführung dessen, was die scharffinnigsten
Schriftsteller über ihren Character, ihre Sitten und
Werke geurtheilet haben.

Herausgegeben

von

Johann Gottfried Gröhmann,
Professor der Philosophie zu Leipzig.

### Zweiter Theil.

Leipzig,
bei Friedrich Gotthelf Baumgärtner.
1796.

# Ihro Majestät

der

## Allerdurchlauchtigsten, Großmächtigsten

### Kaiserin und Frau

# Catharina II. Alexiewna

Kaiserin und Selbstherrscherin von ganz
Rußland ꝛc. ꝛc.


in

## tiefster Ehrfurcht

gewidmet.

# Allerdurchlauchtigste,

## Großmächtigste Kaiserin,

### Allergnädigste Kaiserin und Frau,

Ew. Kaiserl. Majestät unsterbliche Verdienste um Wissenschaften und Künste werden mich vor den Augen der Welt, welche die größeste, weiseste Fürstin in Allerhöchstdenenselben verehrt und bewundert, rechtfertigen, wenn ich ein Werk, das dem Andenken merkwürdiger, um den Staat, das Wohl der Menschheit und die Cultur des Geistes und Herzens verdienter Menschen gewidmet ist, auf die Stufen des glorreichen Throns einer Monarchin, die Schöpferin und Gesetzgeberin ihrer großen und glücklichen Staaten ist, selbst unter den Dichtern und Geschichtschreibern Ihrer Völker glänzt, und durch Beispiel und Belohnungen jedes wahre Verdienst ermuntert, in aller Unterthänigkeit und einzig aus tiefster Verehrung niederzulegen wage.

Allerhöchst Dero Großmuth, welche tausend Völker preisen, wird diesen schwachen Beweis der ehrfurchtsvollsten Huldigung gnädigst aufnehmen, in welcher ich ersterbe

Ew. Kaiserlichen Majestät

Leipzig,
den 29. April,
1796.

allerunterthänigster
Friedrich Gotthelf Baumgärtner.

# Neues
## Historisch - biographisches
# Handwörterbuch.

## CE — D.

# CE.

CEBES, Verfaſſer der kleinen, ſchönen Griechiſchen Schrift, welche überſchrieben iſt

Gemählde des menſchlichen Lebens.

Wir haben von dieſem Schriftſteller weiter keine Nachricht, auſſer daß Plato und Xenophon ſeiner einmahl erwä. nen.

CECCHINO DEL SALVIATI, man ſehe den Artikel ROSSI (FRANCESCO oder CECCO DE).

CECCO D'ASCOLI, ſo genannt, weil er von Ascoli, einer Stadt in der Mark Ancona, war, woſelbſt er 1257 geboren wurde, verband mit vieler Offenheit des Geiſtes auch große Liebe zur Arbeit. Die Dichtkunſt, die Theologie, Mathematik und Medicin beſchäftigten ihn wechſelsweis. Das Anſehen, das er ſich in dieſer letztern Wiſſenſchaft erwarb, machte ihn dem Papſte Johann XXII. bekannt, der ihn nach Avignon als ſeinen Arzt berief. Seine Neider zwangen ihn, dieſen Hof zu verlaſſen. Er kam nach Florenz, wo ihm ſein ſatyriſcher Character abermahls Feinde machte. Er ging nun nach Bologna, wo er von 1322 bis 1325 die Aſtrologie und Philoſophie lehrte.

Man gab ihn beim Inquiſitor als einen Ketzer an, welcher alles dem Einfluß der Sterne zuſchriebe, und ſich für einen Propheten ausgäbe. Cecco ſchwor ſeine Irrthümer ab, ſie mochten nun wahr, oder ihm bloß zu Schulden gelegt worden ſein, und unterwarf ſich der Kirchenbuße. Carl Johann Ohne-Land, Herzog von Calabrien, berief ihn nach Florenz, und machte ihn zu ſeinem Arzt und Aſtrologen.

Cecco, den ſeine Unglücksfälle klug hätten machen ſollen, konnte der Prophezeihungsſucht nicht widerſtehen. Der Herzog hatt' ihm angelegen, ihm das Horoſcop ſeiner Gemahlin und Tochter zu ſtellen; Cecco weißagte ihm, ſie würden ſich einem zügelloſen Leben überlaſſen, und zog ſich dadurch die Ungnade dieſes Fürſten zu. Nun hatte die Erbitterung ſeiner Feinde freies Spiel gegen ihn; sie brachten es so weit, daß er in das Gefängniß der Inquisition geworfen wurde. Er wurde beschuldiget, die zu Bologna abgeschwornen Irrthümer zu Florenz wieder gelehrt, und selbst Jesum Christum der Macht der Sterne unterworfen zu haben. Auf diese lächerliche und ungegründete Anklage wurd' er zum Scheiterhaufen verurtheilt. Das Urtheil wurde 1327, in Gegenwart einer Menge Volks, welches glaubte, es würde einer seiner Geister kommen, und ihn aus den Flammen reißen, vollzogen.

Diese Ungerechtigkeit bedeckte die Inquisition mit Vorwürfen, und besud die Angeber eines achtzigjährigen Greises, der zwar ein großer Narr, aber an allen den Abgeschmacktheiten, die man ihm aufbürdete, unschuldig war, mit Gewissensbissen.

Sein wahrer Name war Franz von Stabili: Cecco, unter welchem Namen er bekannt ist, ist das Diminutiv von Francesco.

Man hat von ihm ein rohes und plumpes

### Gedicht über die Physik.

Die erste Ausgabe davon wurde 1448 in 4. zu Venedig veranstaltet. Die von Mailand und Venedig, 1484 und 1492 in 4. sind auch sehr selten. Die von Venedig 1487, in 4. 1516, 1519 und 1550 in 8. werden gleichfalls sehr gesucht; die beiden letztern sind verbessert.

CECROPS, ein Aegyptier, Erbauer von Athen, ließ sich mit einer Colonie in Attica in Griechenland nieder, und gab der Burg, die er baute, wie dem ganzen Lande umher, den Namen Cecropia. Er unterwarf sich die Völker durch Waffen und Sanftheit, zog sie aus den Wäldern, gab ihnen eine bürgerliche Verfassung, theilte sie in 12 Stämme, gab ihnen den seitdem unter dem Namen Areopagus so berühmten Senat, wie man in den Arundelischen Marmorn sieht. Man glaubt, er habe im Jahr 1582 vor Christi Geburt in Attica gelandet. Mit dieser Epoche fängt die Geschichte von Athen an. Man hält Cecrops für den ersten, welcher der Religion der Griechen eine gewisse Form gab. Er lehrte sie, Jupiter den höchsten oder vielmehr den sehr hohen Gott zu nennen. Nachdem er die Verehrung der Götter eingeführet hatte, gab er ihnen Gesetze, und zuerst das Gesetz der Ehe; vor ihm überließen sich diese Völker ihren Begierden instinctmäßig. Cecrops ließ seine neuen Unterthanen zählen, und fand ihrer 20,000.

CEDRENUS

CEDRENUS (GEORGIUS), ein Griechischer Mönch, lebte im 11. Jahrhundert, und schrieb

Annalen, oder kurzgefaßte Geschichte, von Erschaffung der Welt bis zur Regierung Isaac Comnenus, Kaisers von Constantinopel, der im Jahr 1057 Michael dem IV. nachfolgte.

CELER und SEVERUS, Architecten, lebten unter Nero, der sich ihrer zur Aufführung seines goldenen Hauses bediente. Um von diesem prächtigen Pallast eine Idee zu haben, darf man nur wissen, daß der Coloß dieses unmenschlichen Fürsten, 120 Fuß hoch, in der Mitte eines großen Hofes stand, der mit drei Reihen sehr hoher Säulen umgeben war, und eine Liene in der Länge hatte. Unter den Sonderbarkeiten, die man darin bemerkte, befand sich ein circelrunder Speisesabl, dessen Wölbung das Firmament darstellte, und sich Tag und Nacht drehte, um die Bewegung der Sterne nachzuahmen. Die seltensten Marmorarten, die kostbarsten Steine waren an allen Ecken verschwendet; sowohl von innen als außen befand sich eine so große Menge Goldes an ihm, daß dieser prächtige Pallast das goldene Haus genannt wurde.

CELESTI (ANDREA), ein Mahler von Venedig, lernte bei Matthäus Ponzone, und suchte sich eine gute Manier von zierlichen Entwürfen, edeln Gewändern, fließenden Falten, erhebendem Colorit, hellen Schlaglichtern, angenehmen Lagen und leichten Lüften zuwege zu bringen. Er war der herzhafteste Colorist aus der Venetianischen Schule. Mit diesen vortreflichen Talenten mahlte Celesti in seiner Vaterstadt und anderwärts große und kleine Tafeln, welche den Kennern wohl gefielen. Er wurde in den Ritterstand erhoben, und starb 1706 im 69. Jahre. Viele von seinen Gemählden findet man in den Kirchen zu Brescia.

CELLARIUS (CHRISTOPHORUS), ein großer Philolog und Alterthumsforscher, wurde den 22. November 1688 zu Smalcalden in der gefürsteten Grafschaft Henneberg geboren, wo sein Vater Christoph Prediger war. Er verlor im 3. Jahre seinen Vater, und studierte zu Jena und Gießen vorzüglich die Orientalischen Sprachen und die Mathematik, worauf er 1663 nach Hause ging. Da er aber dort nicht so leicht auf eine Beförderung hoffen konnte, so begab er sich nach Gotha und Halle, wurde 1666 zu Jena Magister, 1667 Professor der Hebräischen

A 2  Sprache

Sprache und der Moral auf dem Gymnasium zu Weißenfels, 1672 Rector zu Zeitz, 1688 Rector zu Merseburg, und endlich 1693 Professor der Geschichte und Beredsamkeit auf der neu angelegten Friedrichs=Universität zu Halle, wo er den 4. Juni 1707 nach erlittenen großen Steinschmerzen starb.

Er war ein großer Sprachkenner und Critiker, der sich besonders durch eine reine und ausgesuchte Latinität empfahl. Sein Fleiß war außerordentlich; und seiner Schriften sind daher sehr viel, die lange Zeit in mehrern Schulen eingeführt waren, z. B. seine Compendien der alten Geschichte, seine Grammatiken, sein Wörterbuch. Sein Hauptwerk ist die

*Notitia orbis antiqui, Lipsiae 1701 — 1706, 2 vol. in 4.* mit vielen Charten;

das beste Werk, welches wir über die alte Geographie ehedem hatten, bis es durch d'Anvilles und anderer Bemühungen verdrängt wurde.

Von seinen übrigen vielen Schriften bemerken wir:

*Antibarbarus Latinus, seu de Latinitate mediae & infimae aetatis, Cizae 1677, in 12.* und seitdem oft wieder aufgelegt. Hierzu gehören:
*Curae posteriores de Barbarismis et Idiotismis sermonis Latini, Cizae 1680, in 12. Jenae 1686 in 12.*
*Historia antiqua ab initio imperiorum usque ad Constantini M. aetatem etc. Cizae 1685, in 12. Jenae 1712, in 12.*
*Historia medii aevi a temporibus Constantini M. ad Constantinopolim a Turcis captam deducta, etc. Cizae 1685, in 12. Jenae 1704, in 12.*
*Historia nova, h. e. XVI. et XVII. Saeculor. Halae 1696, in 12. Jenae 1702, in 12.* alle drei zusammen gedruckt unter dem Titel:
*Historia universalis etc. Jena 1709, in 12.*
*Antiquitates Romanae etc. Halae 1710, in 8. 1715, in 8.*

Außer diesen besorgte er eine vermehrte Ausgabe von Fabri Thesaurus, von Cicero's Episteln und Reden, vom Julius Cäsar, Cornelius Nepos, von Plinius Briefen, vom Curtius, Eutropius, Vellejus Paterculus, Silius Italicus, Lactantius u. a. mit gelehrten Anmerkungen.

CELLIER (REMI), 1688 zu Bar-le-Duc geboren, wurde durch seine Neigung zu den Wissenschaften und durch seine Frömmigkeit frühzeitig bekannt. Er trieb die Wissenschaften in der Congregation der Benedictiner von St. Vanne und St. Hidulphus, deren Ordenskleid er noch sehr jung nahm. Er verwaltete mehrere Stellen seines Ordens, und war Titular-Prior von Flavigni. Er starb 1761 im 73. Jahre.

Wir haben von diesem Gelehrten eine:

*Histoire générale des auteurs sacrés & ecclésiastiques,*

welche ihre Lebensbeschreibungen, das Verzeichniß ihrer Schriften, die Beurtheilung derselben, die Chronologie und Angabe der verschiedenen Ausgaben ihrer Werke, einen Auszug des Interessantesten über das Dogma, die Moral und die Disciplin der Kirche, und die Geschichte der allgemeinen und besondern Kirchenversammlungen, von der ersten zu Jerusalem, bis auf die vierte im Lateran, enthält. Diese Geschichte kam von 1729 bis 1763 in 23 Quartbänden heraus, und ist eine von Untersuchungen volle, aber weitschweifige Compilation. Der Verfasser, der viel sorgfältiger ist, als Dupin, hatte jedoch nicht das Talent zu schreiben und zu analysieren, wie dieser. Er hatte sein Werk in Lateinischer Sprache zu schreiben angefangen, daher die Latinismen in den ersten Bänden. Sein Buch geht nicht weiter, als bis auf den H. Bernhard. Diejenigen, welche die Kirchenväter nicht in der Ursprache lesen wollen noch können, können sich auf die Genauigkeit seiner Auszüge und Uebersetzungen verlassen.

CELLINI (BENVENUTO), ein Goldschmid, Medaillör, Bildhauer und Mahler, 1500 zu Florenz geboren, lernte bei Ambrosius Foppa. Er arbeitete zu Rom für den Papst Clemens VII. zu Florenz für den Herzog Alexander, und in Frankreich für Franz I. welchem er einige Statüen in Silber und Erz goß. Zu Florenz siehet man von seiner Arbeit die Gruppe Perseus und Medusa, und in der Capelle des Pallastes Pitti ein Crucifix von Marmor in Lebensgröße. Der Großherzog Cosmus machte Philipp II. von Spanien ein Geschenk mit einem sehr schönen Crucifix dieses Meisters, welches Philipp in der Kirche des Escurials aufrichten ließ. Die Figur ist von weißem und das Kreuz von schwarzem Marmor. Durch diese Werke zog er sich den Neid des Baccio Bandinelli und Bartolommeo Ammanati zu. Er starb 1572, und schrieb ein Buch von den Goldschmids- und Bildhauerkünsten, Florenz

A 3                                   1568,

1568, in 4. und sein eigenes Leben, welches auf Kosten des berühmten Deutschen Tonkünstlers **Cajetan Bernstatt** 1730 zu Neapel in 4. gedruckt wurde. J. B. Cipriani hat nach ihm eine sterbende Cleopatra radiert. Man sehe den Artikel CAVINO.

**CELSUS** (Aurelius Cornelius), ein Philosoph und Arzt, welcher unter der Regierung des Augustus und Tiberius blühte. Er schrieb, wie uns Quinctilian berichtet, über verschiedene Gegenstände: über die Rhetorik, weswegen ihn auch dieser große Meister oft anführt und empfiehlt; über die Kriegskunst; über den Ackerbau; und wir besitzen noch jetzt acht Bücher

*De Medicina*

von ihm, die in sehr schönem Latein geschrieben sind.

**CELSUS**, ein berühmter Philosoph von der Epicureischen Secte, blühte im 2. Jahrhundert, unter der Regierung des Adrian und Antoninus Pius. Er schrieb gegen die christliche Religion ein berühmtes Werk, welches vom Origenes in einem eben so berühmten Werke von acht Büchern beantwortet wurde.

**CENNINI** (Bernardo), ein vortrefflicher Goldarbeiter von Florenz, in der Mitte des 15. Jahrhunderts, war der erste, der die Buchdruckerkunst in dieser Stadt einführte. Er hatte zwei Söhne, Dominico und Pietro, welche eben so geschickt als ihr Vater waren. Sie machten sich ihre Stempel, ihre Matricen und alles, was zu einer Druckerei gehöret, selbst. Das erste Buch, was aus ihrer Presse und bis auf uns kam, ist vom Jahr 1471. Es hat zum Titel:

*Virgilii opera omnia, cum commentariis Servii, Florentiae,* Folio.

Diese Künstler waren allen denen unbekannt, die vor dem Pater Orlandi über die Buchdruckerkunst schrieben.

**CENSORINUS**, ein gelehrter Grammatiker des 3. Jahrhunderts. Er hinterließ einen Tractat

*De die Natali*, worin er von der Geburt der Menschen, von den Monaten, Tagen und Jahren handelt. Dieses Werk, welches 1695 in 8. zu Cambridge, und 1743 oder 1765 zu London gleichfalls in 8. herauskam, ist für die Chronologie sehr wichtig.

Censorin

Censorin hatte auch ein Werk
Ueber die Accente
geschrieben; es wird von Sidonius Apollingris und
von Cassiodorus oft angeführt.

CEPHALUS, ein berühmter Athenienfischer Redner, zeichnete
sich durch seine gewissenhafte Rechtschaffenheit noch mehr als
durch seine Beredsamkeit aus. Aristophon, sein Landsmann,
rühmte sich, fünf und neunzig Mahl vor Gericht gefordert und immer frei gesprochen worden zu
sein. — — Cephalus rühmte sich mit mehrerem Rechte,
nie gefordert worden zu sein, ob er gleich an den
Geschäften mehr Theil genommen habe, als irgend ein Bürger seiner Zeit. Er führte den Gebrauch
der Exordien und Perorationen ein. — Er lebte vor Aeschines und Demosthenes, welche vortheilhaft von ihm
sprechen.

CEPHISODOTUS, ein Griechischer Bildner aus der 109.
Olympiade. Er war aus Athen gebürtig, und bildete daselbst
mit Xenophon zugleich eine Statüe der Diana Sospita für
den Tempel des Jupiter Servater zu Megalopolis, und eine
Statüe des Friedens mit der des Reichthums auf dem Schooße
für die Athenienser; und er allein verfertigte eine sehr schöne
Minerva und einen vortrefflichen Altar in den Tempel des Jupiter zu Athen.

CEPHISSODORUS, Sohn und Erbe der Kunst des berühmten Praxiteles, der nach Plinius in der 104. Olympiade,
364 Jahr vor unserer Zeitrechnung, blühte, verfertigte mit seinem
Bruder, dessen Namen wir nicht wissen, die Statüe der Enyo
in dem Tempel des Mars zu Athen. Von ihm allein war das
berühmte Symplegma, ein Paar Männer, welche mit einander
rangen, von welchem sich Plinius also ausdrückt: Signum
nobile, digitis corpori verius, quam marmori, impressis. Zu
Rom sahe man von ihm eine Latona, Venus, Diana, und einen
Aesculap.

CEPHISSODOTUS, diesen Namen führten zwei Griechische
Bildner, wovon der erstere einen Mercur und Bacchus in Erz
bildete, und der letztere, der in der 120. Olympiade blühte, sich
durch Statüen von Philosophen berühmt machte.

CERCEAU. Man sehe den Artikel ANDROUET.

CERDA (BERNARDA FERREIRA DE LA), eine Portugisin, die in der Rhetorik, Philosophie und Mathematik große Kenntnisse besaß, schrieb in Prosa und Versen schön. Man hat von ihr eine

Sammlung von Gedichten,

einen Band

Schauspiele,

und ein Gedicht, unter dem Titel:

*Espagna liberata*, etc.

Sie lebte zu Anfange des 17. Jahrhunderts.

CERDA (LUDOVICO DE LA), Jesuit von Toledo, blühte im 16. Jahrhundert. Er ist durch seinen

Commentar über den Virgil, Lyon 1619, 3 Bände in Folio,

bekannt. Dieses Format zeigt aber nicht an, daß er viel Präcision und viel Geschmack besaß. Ein gemeiner Gedanke, ein nichts sagendes Wort, treiben sehr oft den Geist des arbeitsamen und gelehrten Commentators. Er erkläret was keiner Erklärung bedarf, und dissertiert centnerschwer über das, was man mit Zärtlichkeit fühlen muß. Dieses Werk machte ihn so berühmt, daß Papst Urban VIII. sein Porträt haben wollte. Man hat auch einen

Commentar über den Tertullian

von ihm, im Geschmack desjenigen über den Virgil. — Er starb 1643, und muß nicht mit la Cerda, einem Spanischen Dichter, verwechselt werden, dessen Tragödien man in Spanien sehr schätzt.

CERDON, Häresiarch des II. Jahrhunderts, nahm zwei Principe an, ein gutes, den Schöpfer des Himmels, und ein böses, den Schöpfer der Erde. Er verwarf das alte Testament, und erkannte vom neuen nichts, als einen Theil des Evangeliums von St. Lucas und einige Paullinische Episteln an. Er behauptete auch, sagt man, Jesus Christus hätte bloß einen phantastischen Körper. Die Lehre von den zwei Principen war die Quelle der Häresie der Manichäer.

CERF DE LA VIEUVILLE (JEAN LAURENT LE), Garde des seeaux des Parlements der Normandie, 1664 zu Rouen geboren,

geboren, starb 1707 in der Blühte seines Lebens in derselben Stadt, wegen übermäßiger Arbeit. Man hat von ihm eine

*Comparaison de la musique Italienne et de la musique Françoise*

gegen die

*Parallele des Italiens et des François.*

Der Styl dieses Werkes, worein Anecdoten über die Französische Oper verwebt sind, ist sehr lebhaft. Der Verfasser vertheidiget darin die Ehre seines Vaterlandes mit eben so vielem Feuer, als man seitdem gegen den berühmten Johann Jacob gezeigt hat.

Der Abbe Raguenet war es, welcher die Französische Musik herabgesetzt, und die Italiänische erhoben hatte. Er vertheidigte seine Meinung, und Le Cerf die seinige. Der letztere gab zwei neue Bände heraus. Der Arzt André, der damahls am Journal des Savans mit arbeitete, machte die beiden letzten Theile lächerlich, nachdem er von dem ersten mit Lob gesprochen hatte. La Vieuville, der sich dadurch sehr beleidiget fand, antwortete in einer Brochüre, welche betitelt war:

*L'Art de décrier ce qu'on n'entend point, ou le Medicin Musicien.*

Das Werk hat alle die Bitterkeit, welche der Titel ankündiget.

Fontenelle sagte, wenn jemahls ein Mensch den Namen eines vollendeten Narren, eines Narren von Kopf und Herz, verdient hätte, so war es La Vieuville. Wie aber die Narrheit nur die Vernunft und nicht den Geist ausschließt, so hatte Le Cerf des letztern genug, und sogar so viel, daß er nicht gesunden Menschenverstand hatte.

CERINTHUS, Häresiarch, Schüler Simons, des Zauberers, fing um das Jahr 54 an, seine Irrthümer zu verbreiten. Er bestritt die Gottheit Christi, und nahm in ihm nur die menschliche Natur an. St. Johannes schrieb auf Bitten der Gläubigen sein Evangelium, um die Irrthümer desselben zu widerlegen.

CERONI (Giovanni Antonio), Bildner von Mailand, 1640 in seinem 61. Jahre zu Madrid gestorben, wohin er wegen seines großen Ruhmes von Philipp IV. berufen wurde. Die schönen Engel in Bronze, eine der schönsten Zierden des neuen Pantheons des Escurials, und die berühmte Fassade der St. Stephans-Kirche zu Salamanca sind diejenigen von seinen

Werken,

Werken, welche am meisten beitrugen, seinen Namen unsterblich zu machen.

CERQUOZZI (MICHEL ANGELO), genannt delle Ba-
taglie oder della Marca, ein Mahler von Rom, lernte
bei Jacob van Haase, Peter Paul Gobbs und Anton
Scalvatti. Er mahlte Bauern- und Jahrmärkte, Schäfer-
geschichten, Feldschlachten, Früchte und Blumen, in welchen
er den Vincenz Leckerbetien nachahmte.

Michel Angelo übertraf alle seine Zeitgenossen in dem guten
Geschmack und der Lebhaftigkeit, die er seinen Figuren zu geben
wußte. Sein Colorit ist kräftig und von ungemeiner Leichtigkeit. Selten machte er zu seinen Gemählden Zeichnungen, sondern überarbeitete sie so lange, bis er sie zu der erforderlichen
Vollkommenheit gebracht hatte. Er starb zu Rom 1660, im
58. Jahre. Seine Einbildungskraft war sehr lebhaft, und er
besaß eine ganz außerordentliche Fertigkeit im Arbeiten. Des-
ters stellte er eine Feldschlacht, einen Schiffbruch, oder eine
andere sonderbare Begebenheit aus einer bloßen Erzählung vor.
Er brachte in seinen Gemählden eine große Stärke und Wahrheit an. Die besten derselben findet man zu Rom.

CERRINI (GIOVANNI DOMENICO), genannt der Ritter von Perugia, lernte bei Anton Scaramuccia,
Guido Reni und Dominicus Zampieri. Er ward
durch sein schönes Colorit und die vortrefflichen Wendungen seiner Köpfe sehr berühmt. Man hat viele Gedichte über seine
Gemählde verfertiget, in welchen vornehmlich die Entzückung
des Apostels Paulus an dem Gewölbe der Kirche Santa Maria
della Vittoria gelobt wird. Der Papst machte ihn zum Ritter.
Er starb 1682, im 72. Jahre seines Alters.

CERVANTES SAAVEDRA (MIGUEL), 1547 zu Alcala de
Henares, einer Stadt in Neu-Castilien, geboren. Seine
Aeltern wollten, da sie seine Neigung zu den Wissenschaften
sahen, daß er ein Geistlicher oder ein Arzt werden sollte; aber
er war zur Dichtkunst geboren, und machte Verse. Seine
ersten Versuche wurden schlecht aufgenommen. Er verließ Spanien, und begab sich nach Rom, wo ihn seine elenden Umstände
nöthigten, bei dem Cardinal Aquaviva Kammerdiener zu
werden. Er ward dieser Stelle, die seiner so wenig anstän-
dig war, bald überdrüßig, ließ sich unter die Fahnen des
Marc-

Marc-Anton Colonna enrolieren, und befand sich 1571 bei der Schlacht von Lepante als gemeiner Soldat, zeichnete sich in derselben aus, und verlor dabei die linke Hand. Nachdem er noch drei Jahre im Königreich Neapel gedient hatte, sehnte er sich nach seinem Vaterlande. Seine Ueberfahrt war unglücklich. Er war von einem Algierischen Seeräuber zum Sclaven gemacht worden, und machte mit 13 seiner Unglücksgefährten den Plan, sich in Freiheit zu setzen. Ihr Plan wurde von einem Verräther entdeckt. Die unglücklichen Spanier wurden vor den Dei von Algier gebracht. Er versprach ihnen das Leben, wenn sie den Urheber dieses Unternehmens angeben wollten. Ich bins! sagte Cervantes zu ihm; vergieb meinen Brüdern, und tödte mich. Der Dei ehrte seinen Muth; er blieb aber darum nichts desto weniger in Ketten. Endlich gelang es seiner Familie, nachdem er fünf und ein halbes Jahr Sclav gewesen war, das Lösegeld zusammen zu bringen.

Nach seiner Zurückkunft nach Spanien, wo er schon seit seiner frühesten Jugend für den besten Dichter seiner Zeit gehalten worden war, wurden seine Komödien mit dem größesten Beifall aufgeführt. Sein

## Don Quichott von la Mancha

vollendete seinen Ruhm. Der Herzog von Lerme, Premier-Minister Philipps III. der kein sonderlicher Freund der Talente und Gelehrten war, behandelte ihn eines Tages mit allzu wenig Achtung. Cervantes rächte sich dadurch, daß er eine feine Satyre gegen den Minister und die Nation schrieb, deren Köpfe von der irrenden Ritterschaft eingenommen waren. Dieses Werk, in die Sprachen aller Völker übersetzt, welche Bücher haben, ist vermöge des Genies, des Geschmacks, der Naivetät, der guten Laune, der Kunst zu erzählen, die Begebenheiten zu verbinden, nichts Ueberflüßiges vorzutragen, und vorzüglich durch das Talent, scherzend zu unterrichten, der erste aller Romane. Man findet auf jeder Seite comische Gemählde und scharfsinnige Reflexionen. Als sich Philipp III. eines Tages auf einem Balcon des Pallastes zu Madrid befand, und einen Studenten sahe, welcher las, und von Zeit zu Zeit in seiner Lecture inne hielt, und sich mit außerordentlichen Zeichen des Vergnügens an die Stirne schlug, sagte er zu seinen Höflingen: Dieser Mensch ist toll, oder liest den Don Quichott. — Der König hatte Recht, der Student las ihn wirklich. — Es

ist

ist ein Werk, sagte St. Evremond, welches ich mein ganzes Leben hindurch lesen könnte, ohne es nur einen Augenblick über= drüßig zu werden; unter allen, die ich gelesen habe, wär' es das einzige, welches ich geschrieben zu haben wünschte. Es ist zum Bewundern, wie Cervantes das Mittel fand, im Munde des größesten Narren von der Welt als der vernünftigste Mann und der größeste Kenner der Menschen zu erscheinen. Derselbe Schriftsteller gab einem Exilierten den Rath, seine Mätresse zu vergessen, und den Don Quichott zu lesen.

Dieses Meisterstück, wodurch Cervantes sein Glück hätte machen sollen, zog ihm Verfolgungen zu. Der Minister ließ ihn mißhandeln, und zwang ihn, es nicht fortzusetzen. Ein gewisser Alonzo Fernandes de Avellaneda, ein jämmerlicher Schriftsteller, erkühnte sich, es fortzusetzen, den Verfasser zu plündern, und dann zu verschreien. Cervantes sahe sich genö= thiget, sein Werk wieder vorzunehmen. Demungeachtet verhin= derte diese Arbeit nicht, daß er, den 23. April 1616, vor Hun= ger starb.

Außer diesem seinem Don Quichott schrieb er noch zwölf Novellen, acht Komödien, zwei Romane und eine Satyre,

> Die Reise auf den Parnaß

überschrieben. M. de L. P. setzte ihm folgende Grabschrift:

> Toujours plaisant, quoique moral,
> Ci gît dont l'aimable genie
> Ne connut point d'original,
> Et n'a pas encore de copie.

CESALPINUS (ANDREAS), 1519 zu Arezzo geboren, ein gelehrter Philosoph und Arzt, lehrte mit großem Beifall zu Pisa, und ward nachher erster Arzt des Papstes Clemens VIII.

Ob er gleich an einem heiligen Hofe lebte, so war doch sein Glaube deßwegen nicht reiner. Seine Grundsätze näherten sich ein wenig denen des Spinoza. Er nahm, wie Aristote= les, nur zwei Substanzen an: Gott und die Materie. Die Welt war nach seiner Meinung bevölkert mit menschlichen Seelen, mit Dämonen, Genien, und andern, mehr oder we= niger vollkommnern, aber lauter materiellen Intelligenzen. Er glaubte, sagt man, die ersten Menschen wären auf dieselbe Weise gebildet worden, wie sich gewisse Philosophen einbilde= ten, daß sich die Frösche befruchten.

Wenn

Wenn man aber das eingesteht, was dem Cesalpin nachtheilig sein kann, so darf man ihn nicht des Ruhmes berauben, die Circulation des Blutes und die wahre Methode in der Eintheilung der Pflanzen gekannt zu haben.

Seine vorzüglichsten Werke sind:

1) *Speculum artis medicae Hippocraticum.*

2) *De Plantis libri XVI.* Florenz 1583, in 4.

ein seltenes Werk, und das erste, worin man die Methode findet, die Pflanzen ihrer Natur gemäß einzutheilen. Er theilte die Klassen derselben nach der Zahl, den Verschiedenheiten und Ähnlichkeiten ihrer Samenkörner ein. Dieser vortrefflichen Pflanzengeschichte fehlte nichts, als daß sie mit Abbildungen geziert gewesen wäre, deren Schönheit in den Augen gewisser Liebhaber oft mehr gilt, als alle Gelehrsamkeit.

Cesalpin war für sein Zeitalter in der Physik sehr geschickt. Er verglich die Samenkörner der Pflanzen mit den Eiern der Thiere; und die Art und Weise, in welcher die Theile des Eies sich entwickeln, war nach seiner Meinung den ersten Keimen sehr ähnlich, welche die Fäulniß in jedem Samenkorne der Pflanze giebt.

Der berühmte Johann Ray sagt in der Vorrede zu seiner *Nouvelle Méthode de Botanique,*

er habe das scharfsinnige System des Cesalpin benutzt: man habe vor diesem Schriftsteller die Pflanzen bloß nach den Orten, an welchen sie wüchsen, und nach ihren Eigenschaften classificiert; eine grobe Eintheilung, welche weder das Geschlecht noch die Gattung angab, alles verwirrte, und Pflanzen, die nicht die mindeste Aehnlichkeit mit einander hatten, unter ein und dasselbe Kapitel brachte. So groß aber auch der Nutzen war, den Ray in Ansehung der Methode aus dem Cesalpin zog, so hielt er es doch nicht für zweckmäßig, diesem Schriftsteller überall zu folgen.

3) *De Metallicis libri III. Romae 1595, in 4.* Wird selten gefunden.

4) *Praxis universae Medicinae.*

5) *Quaestionum Peripateticarum libri V. Romae 1603, in 4.*

Dieses letztere Werk wurde von dem Arzt Taurel, in seinen

*Alpes caesae, h. e. Andreae Cesalpini monstrosa dogmata discussa et excussa,*

bestritten.

beſtritten. Er will ihm beweiſen, er ſei ein Atheiſt; aber ſeine Beweiſe ſind keine Demonſtrationen.

6) *De Medicamentorum facultatibus. Venet. 1593, in 4.*

Ceſalpin ſtarb 1604, im 84. Jahre zu Rom.

CESARI (ALESSANDRO), genennt il Greco, ein vortrefflicher Edelſteinſchneider und Medaillör, wurde in dieſen Künſten den alten Griechen und Römern gleich geachtet. Er verfertigte eine Münze auf den Papſt Paul III. welche Michel Angelo bewunderte, und davon urtheilte, dieſe Kunſt habe in ihr das höchſte Ziel erreicht. Sie ſtellet Alexandern den Großen zu den Füßen des Jüdiſchen Hohenprieſters vor. Ceſari machte auch eine Medaille vom Papſt Julius III. und die Bildniſſe verſchiedener Cardinäle und Fürſten, in welchen man viele Geſchicklichkeit und Fleiß bemerkte. Der Kopf Heinrichs II. von Frankreich, den er erhaben auf einen Carniol ſchnitt, wird für eins ſeiner vortrefflichſten Werke, und der Kopf des Athenienſers Phocion von Vaſari für ſein Meiſterſtück gehalten. Er blühte um das Jahr 1550.

CESARI (HENRI DE SAINT-), ein Edelmann und Provenzal-Dichter des 15. Jahrhunderts. Seine Gedichte wurden zu ihrer Zeit geſchätzt. Er ſetzte die Geſchichte der Provenzaliſchen Dichter fort, welche Monge des isles d'Or angefangen hatte.

CESPEDES (PAUL), Mahler von Cordua, machte ſich im 17. Jahrhundert in Spanien und Italien, wohin er zwei Mahl reiſte, berühmt. Seine Manier zu mahlen nähert ſich ſehr der Manier des Correggio; dieſelbe Genauigkeit in der Zeichnung, dieſelbe Stärke im Ausdruck, daſſelbe Colorit. Man kann ſein Gemählde vom Abendmahl, in der Cathedralkirche zu Cordua, nicht ohne Rührung ſehen; wo jeder Apoſtel einen verſchiedenen Character von Verehrung, Liebe und Heiligkeit darſtellt; Chriſtus hat eine Miene voll Größe und Güte, Judas voll Aergerniß und Falſchheit. — Die Talente des Ceſpedes ſchränkten ſich nicht auf die Mahlerei allein ein; wenn man dem Enthuſiasmus der Spaniſchen Schriftſteller für dieſen Künſtler glauben darf, ſo war er Philoſoph, Antiquar, Bildner, Architect, Gelehrter in der Hebräiſchen, Griechiſchen, Lateiniſchen, Arabiſchen und Italiäniſchen Sprache, großer Dichter und proſaiſcher Schriftſteller. Er ſtarb 1608, mehr als 70 Jahr alt.

CETHEGUS,

CETHEGUS, ein edler Römer, den man für den Publius
Cornelius Cethegus hielt, der die Partei des Marius
gegen Sylla ergriff, genoß eines so großen Ansehens in Rom,
daß es beinahe unmöglich war, ohne seinen Beitritt irgend
etwas Bedeutendes auszuführen. Er hatte eine Mätreffe, der
er nichts abschlagen konnte, und welche aus diesem Grunde nach
ihrem Willen über die Republik schaltete. Lucullus mußte
diesem Weibe den Hof machen, um die Erlaubniß zu erhalten,
gegen den Mithridates zu Felde zu ziehen, und Römer vom
ersten Range errötheten nicht, sich auf tausenderlei Weise zu
erniedrigen, um durch die Empfehlung des Cethegus zu Aemmtern und Würden empor zu steigen.

CETHEGUS (CAJUS CORNELIUS), wurde im Gefängniß
strangulirt, weil er überführt worden war, sich mit Catilina
zum Untergange seines Vaterlandes verschworen zu haben.

Ein anderer, Senator, aus derselben Familie, des Ehebruchs überführt, wurde unter Valentinian, im Jahr 368,
enthauptet.

CHABANES (JACQUES DE), Herr von la Palice, Marschall
von Frankreich, Gouvernör von Bourbonnois, Auvergne, Forez,
Beaujolois, Lyonnois, zeichnete sich in allen Kriegen seiner Zeit
aus. Er begleitete den König Carl VIII. zu der Eroberung
von Neapel, und Ludewig XII. zu der Wiedereinnahme des
Herzogthums Mailand. Er trug viel zur Gewinnung der
Schlacht bei Ravenna, im Jahre 1512, bei. Im folgenden
Jahre ward er in der Schlacht bei Eperons gefangen genommen, nachdem er sich als großen Capitän und muthvollen Soldaten gezeigt hatte, und entkam denen wieder, die ihn gefangen hielten.

Italien war nochmahls Zeuge mehrerer seiner Thaten. Er
war bei der Eroberung von Villafranca, bei der Schlacht von
Merignano, und bei dem Treffen von Bicoque, im Jahr 1522.
Von Italien ging er nach Spanien, unterstützte Fontarbia,
machte, daß die Belagerung von Marseille aufgehoben wurde,
und ging, um in der Schlacht bei Pavia, 1525, mit den Waffen in der Hand zu sterben.

Wenn Franz I. ihm geglaubt hätte, so hätt' er sich zurückgezogen, ohne sich den Gefahren dieser Schlacht auszusetzen.
Dem Chabanes wurde das Pferd unter dem Leibe todt geschossen;

sen; und als er sich in den Stand setzte, zu Fuß zu schlagen,
wurd' er von einem Spanier gefangen genommen, und von
einem andern mit kaltem Blute erschlagen.

D'Arnaud sagt, er sei bei einem andern Vorfalle, als die
Schlacht bei Pavia, umgekommen.  La Palice, sagt dieser
Schriftsteller, commandierte in einer Citadelle: er hatte einen
tapfern Ausfall gethan, und wollte wieder in das Fort zurück;
die Spanier verrenneten ihm die Passage.  Er stemmt sich gegen
eine Mauer, vertheidiget sich lange mit seinem Degen, und
hält die Stöße mehrerer Feinde auf.  Er muß endlich seiner
unglücklichen Lage weichen, und fällt mit Blute bedeckt.  Ein
Soldat hat die Unmenschlichkeit, ihn mit der Pike auf den
Kopf zu schlagen, und zerschmettert ihm den Knochen.  Der
Degen fällt aus seiner Hand, und man schleppet ihn sterbend
zu dem Zelte des Gonsalvo, der ihm mit einem schimpflichen
Tode droht, wenn er die Belagerten nicht dahin brächte, sich
diesen Augenblick zu ergeben.  Der große Mann hört dem Spanier ruhig zu, und spricht dann nur folgende Worte: Man
bringe mich an den Fuß des Walles! und hier läßt er seinen
Lieutenant rufen, und sagt zu ihm: „Cornon, Gonsalvo, der
„hier neben mir steht, droht mir, mein noch übriges Bißchen
„Leben zu nehmen, wenn Sie sich nicht augenblicklich ergeben.
„Mein Freund, Sie wissen, in welchem Zustande sich das Fort
„befindet; halten Sie mich für einen schon todten Mann; und
„wenn Sie einige Hoffnung haben, sich noch bis zur Ankunft
„des Herzogs von Nemours zu halten, so thun Sie Ihre
„Pflicht. “

Mendoza, einer der Spanischen Generale, konnte sich, sagt
die Geschichte, bei einer Gelegenheit nicht enthalten, auszu-
rufen: „O glücklicher La Palice! wie klein scheinen mir
„Ferdinand mit aller seiner Macht, und Gonsalvo mit
„aller seiner Geschicklichkeit gegen dich zu sein!“ Ein Lob, das
um desto schmeichelhafter ist, da es aus dem Munde eines
Feindes kam.

CHABRIAS, Atheniensischer General, berühmt durch seine
großen Thaten, schlug den General der Lacedämonier Pollis
in einer Seeschlacht.  Den Böotiern gegen die Spartiaten zu
Hülfe geschickt, und von seinen Bundesgenossen verlassen, hielt
er mit seinen Leuten allein den Anfall der Feinde auf.  Er ließ
seine Soldaten einen gegen den andern ein Knie zur Erde beugen,
　　　　　　　　　　　　　　　　　　　　　　　　　　sich

sich mit ihren Schildern decken, und ihre Piken vorwärts strecken. Diese Stellung machte, daß sie nicht über den Haufen geworsen wurden, und Agesilas, der General der Lacedämonier, mußte sich, ob er gleich Sieger war, zurück ziehen.

Die Athenienser errichteten dem Chabrias eine Statüe, in der Stelluug, worin er geschlagen hatte. Dieser große Mann sekte nachher den Nectanebus wieder auf den Aegyptischen Thron; kurze Zeit darauf ging er mit zur Belagerung von Chios, und kam dabei 355 Jahr vor Christi Geburt um. Er brang mit seinem Schiffe zuerst in den Hafen; die andern Atheniensischen Schiffe folgten nicht; das seinige wurde von den Feinden umgeben. Er hätte sich zwar durch Schwimmen retten können, zog aber den Tod einer schimpflichen Flucht vor.

Chabrias hatte eine große Idee von dem Posten eines Generals, und glaubte, er müsse mit vortrefflichen Eigenschaften begabt sein, um demselben würdig vorzustehen. Mir würde, sagte er, eine Armee von Hirschen, von einem Löwen commandiert, lieber sein, als eine Armee von Löwen, die ein Hirsch commandierte.

CHALCIDIUS, ein platonischer Philosoph des 3. Jahrhunderts, hinterließ einen guten
### Commentar über den Timäus
seines Meisters. Einige Gelehrté glaubten, er sei ein Christ gewesen, weil er von Mosis Inspiration spricht. Wahr ists, er erzählet, was die Juden und Christen davon dachten: aber er spricht davon mit der Gleichgültigkeit eines Philosophen, ohne sich weder für die einen, noch für die andern zu erklären; er äußert sich nur dann bestimmt, wenn die Rede vom Paganismus ist. Sein Commentar erschien zu Leyden 1617 in 4. aus dem Griechischen in das Lateinische übersetzt.

CHALCONDYLES (DEMETRIUS), ein Athenienser von Geburt, und einer von denjenigen Griechen, welche um die Zeit der Eroberung von Constantinopel nach Westen gingen. Chalcondyles war einer von den gelehrten Männern, welche Papst Nicolas V. nach Rom schickte, die Griechischen Autoren in das Lateinische zu übersetzen. Er gab eine Grammatik und einige andere kleine Schriften heraus, und das
### Griechische Lexicon
des Suidas kam 1499 unter seiner Aufsicht zum ersten Mahl zu Florenz heraus. Er starb um das Jahr 1510.

CHALCONDYLES, oder CHALCOCONDYLES (LAONI-
cus), ein Athenienser, schrieb im 15. Jahrhundert

*De origine Imperatorum Turcicorum libri X.*

Diese Geschichte, welche den Zeitraum von 1298 bis 1462 be-
greift, und von Conrad Clauser in das Lateinische übersetzt wurde, ist für diejenigen interessant, welche das Griechische Reich in seiner Abnahme und in seinem Falle, und die
Ottomannische Macht in ihrem Ursprunge und Fortschritten
kennen lernen wollen; enthält aber viele Thatsachen ohne Prüfung. Sie erschien 1650 zu Paris im Louvre in Folio, Griechisch
und Lateinisch.

CHALLE (CHARLES-MICHEL-ANGE), Professor der Perspective bei der Academie der Mahlerei zu Paris, war ein Schüler des Franz Boucher, und starb im Februar 1778 zu
Paris, als Ritter des St. Michaels-Ordens. Seine Gemählde
zieren verschiedene Gebäude zu Paris, unter welchen man den
Plafond des Sahles im neuen Louvre, worin sich die Mitglieder der Mähleracademie versammeln, für sein Meisterstück hält.

CHAMBERLAYNE (EDWARD), 1616 zu Odington in Glou-
cestershire geboren, starb 1703. Er schrieb verschiedene Bücher,
unter denen seine

*Angliae notitia*, oder gegenwärtiger Zustand von England,
mit verschiedenen Betrachtungen über den ehemahligen
Zustand desselben, 1668,

am bekanntesten ist. Der 2. Theil kam 1671 heraus. Dieses
Werk erlebte mehrere Auflagen; die von 1741 ist die 34.

CHAMBERLAYNE (JOHN), Sohn des Verfassers des
gegenwärtigen Zustandes von England, Fortsetzer
dieses nutzbaren Werkes, und Verfasser mehrerer andern, vor-
nemlich religiösen und philosophischen Schriften. Er starb 1724.

CHAMBERS (EPHRAIM), Verfasser des scientifischen Wör-
terbuches, welches unter seinem Namen geht, war zu Milton
in Westmorland geboren. Als er etwas erwachsen war, wurd'
er zu dem Globus-Macher Sener auf die Lehre gethan; ein
Geschäft, welches mit der Litteratur, und vorzüglich mit der
Astronomie und Geographie in Verbindung steht. Bei diesem
geschickten Mechaniker erhielt Chambers jenen Geschmack für
Wissenschaft und Gelehrsamkeit, welcher ihn durch sein ganzes
Leben

Leben begleitete. Eben in dieſer Zeit entwarf er auch den Plan
zu ſeinem großen Werke, der

Encyclopädie;

und einige der erſten Artikel deſſelben wurden am Comtoir geſchrieben. Er ſtarb den 15. Mai 1740. Die erſte Ausgabe der
Encyclopädie kam 1728 in 2 Foliobänden heraus. Die letzte
und beſte, mit beträchtlichen Vermehrungen von D. Rees, fing
1778 an in wöchentlichen Numern herauszukommen, und iſt
ſchon längſt in 4 Bänden vollendet.


CHAMOUSSET (CHARLES HUMBERT PIARRON DE),
Maître des comptes zu Paris, lebte nur, um ſich ſeinen Mitbürgern nützlich zu machen. Er dachte auf nichts, als auf
Unterſtützung der Unglücklichen, und bemühte ſich durch vortreffliche Projecte diejenigen nützlichen Anſtalten einzurichten,
welche ihm ſeine Glücksumſtände nicht erlaubten zu unternehmen. Er ſchrieb:

*Le Plan d'une maiſon d'aſſociation pour les Malades,*

der 1757 unter dem Titel:

*Vues d'un Citoyen*

zum zweiten Mahl gedruckt wurde; ferner zwei Memoiren,
über die Conſervation der Kinder, und über die
Anbringung der Güter des Hoſpitals St. Jacob; und
Bemerkungen über die Freiheit des Getreidehan-
dels. Dieſer tugendhafte Bürger ſtarb den 27. März 1773,
im 56. Jahre.

Seine verſchiedenen Memoiren und Projecte wurden unter
dem Titel:

*Oeuvres complètes de M. de Chamouſſet, 1783, 2 vol. in 8.*

geſammelt. Ihm verdanket Paris auch die Erfindung der kleinen Poſt.


CHAMPAGNE oder CHAMPAIGNE, (PHILIPPE), Mahler,
1602 zu Brüſſel geboren, ſtarb 1674. Er kam 1621 nach
Paris, und vervollkommnete ſich daſelbſt unter Pouſſin und
Duchesne, erſten Mahler der Königin. Nach dem Tode
dieſes Künſtlers erhielt er die Stelle und Wohnung deſſelben zu
Luxembourg, nebſt einer Penſion von 1200 Livres. Er würde
auch erſter Mahler des Königs geworden ſein, wenn nicht der
Credit, der Ruhm und die Talente des Le Brün ihm dieſe

Stelle

Stelle entzogen hätten. Der Wohlstand führte beständig seinen Pinsel, wie seine Sitten. Er war sanft, arbeitsam, gefällig, ein treuer Freund. Seine Gemählde haben Erfindung, seine Zeichnung ist correct, seine Farben haben einen guten Ton, seine Landschaften sind angenehm, aber seine Zusammensetzungen kalt, und seine Figuren haben nicht genug Bewegung. Er copierte seine Muster zu sclavisch. Das Crucifix der Carmeliter in der Vorstadt St. Germain, welches für ein Meisterstück der Perspective gehalten wird, ist von ihm. Mehrere königliche Gebäude und verschiedene Kirchen von Paris haben Gemählde von ihm.

CHAMPAGNE (JEAN BAPTISTE), Mahler, Neffe des vorhergehenden, 1643 zu Brüssel geboren, nahm ganz die Manier seines Oheims an; gab aber seinen Gemählden weniger Stärke und Wahrheit. Seine vorzüglichsten Gemählde befinden sich zu Vincenne, in den untern Zimmern der Tuillerien und in mehrern Kirchen von Paris. Er starb 1688 als Professor an der Academie der Mahlerei.

CHANDLER (MRS. MARY), eine Englische Dame, welche sich durch ihre Talente zur Dichtkunst auszeichnete, war 1687 zu Malmesbury in Wiltshire geboren. Ihr Gedicht
Ueber das Bad
genießt den Beifall des Publicums in vollem Maße, und besonders sagte ihr Pope, mit dem sie in Verbindung stand, viel Verbindliches darüber. Sie hatte das Unglück mißgestaltet zu sein, welches sie bestimmte, einsam zu leben, in welchem Zustande sie den 11. September 1745 starb.

CHANDLER (SAMUEL), ein berühmter Geistlicher der Dissenter, 1693 geboren. Er schrieb unter andern eine
Vertheidigung der christlichen Religion.
Betrachtungen über das Benehmen der neuern Deisten in ihren letztern Schriften gegen das Christenthum.
Vertheidigung des Alterthums und der Echtheit der Prophezeihungen Daniels, und ihrer Anwendung auf Jesum Christum.
Die Geschichte der Verfolgung, und eine
Critische Geschichte des Lebens Davids.
D. Chandler starb 1766.

CHANGE

CHANGE (Gaspard du), einer der besten Französischen Kupferstecher in historischen Stücken, arbeitete viel nach A. Conpel, J. Jouvenet u. a. auch nach den vornehmsten Gemählden des Palais royal. Die Kupferstiche der Jo, Leda, Danae, die er nach Correggio gemacht hatte, verursachten ihm wegen ihrer unzüchtigen Stellungen Gewissensangst, daher er die Platten mit starken Grabstichelzügen verstümmelte.

Man zählet unter seine vornehmsten Blätter die Gemählde der Kirche St. Martin des Champs, besonders die Mahlzeit bei dem Pharisäer, und die Vertreibung der Verkäufer aus dem Tempel. In diesen findet man die schöne Kühnheit der Schrafierungen, die Gegensätze der verschiedenen Arbeiten, die Herzhaftigkeit des Grabstichels und die feine Ausarbeitung, mit welcher er das Marktichte, den Character, die Stärke und den Geist des Jouvenet auf die Kupferplatten übertrug.

Er ward 1704 Mitglied der königlichen Academie, 1725 Rath, und starb 1754 im 94. Jahre.

CHAPELAIN (Jean), ein Französischer Dichter, Mitglied der königlichen Academie, 1595 geboren. Er schrieb Oden, Sonnets und

Die letzten Worte des Cardinals Richelieu,

und andere Gedichte, und zeichnete sich endlich durch ein episches Gedicht aus:

*La Pucelle, ou la France delivrée.*

Er starb 1674 zu Paris.

CHAPELLE (Claude Emmanuel Luillier, genannt), natürlicher Sohn von Franz Luillier, Maître des comptes, hatte Gassendi zum Lehrer in der Philosophie, und die Natur zur Lehrerin in der Dichtkunst. Die Delicatesse und Leichtigkeit seines Geistes, die Munterkeit seines Characters machten, daß ihn Personen vom erstem Range und die berühmtesten Gelehrten suchten. Racine, Despreaur, Moliere, La Fontaine, Vernier hatten ihn zum Freund' und Rathgeber. Boileau traf ihn eines Tages an, und hielt ihm über seine Neigung zum Wein eine Predigt. Chapelle that, als wollt' er seinen Gründen beipflichten, nöthigte ihn, in ein Weinhaus mit zu gehen, um desto besser moralisieren zu können, und beide gingen betrunken wieder hinaus.

Er

Er sagte diesem Dichter bisweilen ziemlich harte Wahrheiten. Boileau las ihm einmahl nach dem Mittagsessen eines seiner Werke vor, welches Chapelle streng critisierte. Schweig, sagte ihm der Satyriker, du bist betrunken. — Ich bin vom Wein nicht so sehr berauscht, erwiederte ihm Chapelle, als du von deinen Versen.

˙ Die Producte des Chapelle tragen den Stempel seines Characters, der ein Gemisch von Weichlichkeit, Spötterei und bisweilen von Bosheit war. Seine Reise, die er mit Bachaumont verfaßte, ist das erste Muster dieser liebenswürdigen und leichten Dichtungsart, von Vergnügen und Indolenz eingegeben. Ein schöner Geist sagte, Chapelle wäre mehr natürlich als poli, mehr frei in seinen Ideen, als correct in seinem Styl; aber das Talent über nichts bedeutende Dinge mit Geist zu sprechen, ist weit mehr als Richtigkeit werth. Der einzige Fehler, den man ihm mit Despreaux vorwerfen könnte, ist, daß er oft ins Niedrige fällt.

Chapelle besaß in der gesellschaftlichen Unterhaltung alle die Reitze, die wir in seinen Werken bewundern: eine sanfte, aber so verführerische Wärme, daß man sich kaum enthalten konnte, an dem, was er sagte, vielen Theil zu nehmen. Als er eines Tages bei der Demoiselle Choccars, einem Frauenzimmer von Geist und Verdienst, war, fand sie die Kammerfrau beide in Thränen. Sie erkundigte sich nach der Ursache, und Chapelle antwortete ihr in einem naifen und lebhaften Tone: Wir beweinten den Tod des Dichters Pindar, den die Aerzte umbrachten.

Die Freiheit war Chapelle's Göttin. Er brachte niemanden Opfer, selbst den Fürsten nicht. Der große Condé bat ihn zum Souper; er folgte lieber den Kegelspielern, die bei ihm waren, und trank mit ihnen. So oft der Wein in seinem Kopfe wirkte, erklärte er seinen Tischgenossen das System des Gassendi, und wenn diese von der Tafel aufgestanden waren, setzte er seinen Unterricht bei dem Herrn des Hotels fort.

Racine, ein vertrauter Freund des Chapelle, fragte ihn einmahl, was er von seiner Berenice denke? — Was ich davon denke? antwortete Chapelle:

Marion pleure, Marion crie,
Marion veut qu'on la marie.

Dieser

Dieſer naiſe Spott iſt ein ſehr richtiges Urtheil über dieſes Trauer⸗ oder vielmehr heroiſche Schäferſpiel.

Menſchen, die von litterariſchen Anecdoten einigermaßen unterrichtet ſind, werden ohne Zweifel von dem berühmten Sou⸗ per, welches zu Auteuil gegeben wurde, gehört haben, das ſich mit einer Begebenheit endigte, die nicht ſo wahrſcheinlich als wahr iſt. Der Wein verſetzte alle Gäſte von der unmäßig⸗ ſten Freude in die ernſthafteſte Moral. Die Betrachtungen über das Elend des Lebens, und über jene nicht allzu tröſtliche Maxime einiger alten Sophiſten: Das erſte Glück iſt, nicht geboren zu werden, und das letzte, ge⸗ ſchwind zu ſterben, machte, daß ſie einen raſenden Ent⸗ ſchluß faßten; ſie waren Willens, ſich in den Fluß zu ſtürzen, der nicht weit war. Dieſe Tollheit ſollte eben ausgeführt wer⸗ den, als ihnen Moliere vorſtellte, es wäre Schade, daß eine ſo ſchöne Handlung in Dunkelheit vergraben bleiben ſollte, und ſie verdiente, bei hellem Tage in Angeſicht von ganz Paris vollzogen zu werden. Dieſer Scherz hielt ſie von der Ausfüh⸗ rung ihres ſchönen Plans zurück, und Chapelle ſagte mit Lachen: Ja, meine Herren, wir wollen uns nicht eher als morgen früh erſäufen, und indeß den Wein austrinken, der noch übrig iſt. Man weiß, daß der folgende Tag ihre Ideen änderte.

Dieſer liebenswürdige Epicureer lebte ohne Engagement, zufrieden mit 8000 Livres Leibrenten, und ſtarb 1686 zu Paris, ohngefähr in ſeinem 70. Jahre.

D'Aſſouci ſchildert ihn als einen Menſchen, der ganz Geiſt war, und beinahe gar keinen Körper hatte; woraus man ſchließt, daß er klein, hager und ſchwächlich war. Man hat von ihm außer ſeiner Reiſe einige kleine

*Pièces fugitives en vers et en proſe,*

die man mit Vergnügen lieſt. Le Fevre de St. Marc beſorgte 1755 eine neue Ausgabe der

*Voyage de Chapelle et Bachaumont*, 2 Bände in 12.

und der Werke des erſtern mit Anmerkungen und leſenswürdigen Nachrichten über das Leben des einen und des andern.

CHAPERON oder CHAPRON (Nicolas), ein Mahler und Kupferätzer aus Chateaudün, lernte bei Simon Vouet. Er hielt ſich lange Zeit zu Rom auf, wo er 1638 die Gemählde

Raphaels in den Logen des vaticanischen Pallastes, welche unter dem Namen von Raphaels Bibel bekannt sind, auf 52 Blättern in Kupfer ätzte. Es ist dieses die vornehmste Sammlung, die man nach diesen Gemählden hat; diese Arbeit wird auch allem Ansehen nach die Gemählde dieses Künstlers weit überleben. Man hat auch von ihm Bacchanale nach Poussin, Dorigny, u. a.

CHAPMAN (WILLIAM), ein Engländer, welcher außer andern nützlichen Entdeckungen und Verbesserungen der erste war, der im Jahr 1758 die Idee gab, das Seewasser süß zu machen, und dieses unschätzbare Geheimniß beim Seewesen wirklich einführte. Er starb im October 1793 zu Newcastel.

CHAPPE D'AUTEROCHE (JEAN), berühmter Astronom von der Academie der Wissenschaften zu Paris, wurde 1722 zu Mauriac in Auvergne 'aus einer edeln Familie geboren. Er ergriff frühzeitig den geistlichen Stand, und widmete sich seitdem seiner Lieblingswissenschaft, der Astronomie. Die Academie der Wissenschaften ernannte ihn 1760, in Sibirien den Durchgang der Venus zu beobachten, welcher den 6. Juni 1761 erfolgen sollte. Der Abbé Chappe ging mit dem Enthusiasmus ab, welchen dasjenige, was man liebt, einflößt. Als er unter tausend Gefahren zu Tobolsk, der Hauptstadt in Sibirien, angelangt war, machte er seine Beobachtung, und endigte seine Operation und seine Berechnung in einem Geisteszustande, welchen er mit dem glücklichsten verglich, dessen die menschliche Seele empfänglich ist.

Nach seiner Zurückkunft nach Frankreich brachte er die

*Rélation de son voyage en Sibérie*

in Ordnung, und gab sie 1763 zu Paris in 2 Quartbänden heraus. Die Mineralogie, Natur=, die politische und bürgerliche Geschichte, das Gemählde der Sitten und Gebräuche — nichts ist in diesem Werke vernachläßiget, das übrigens mit vortrefflichen geographischen Charten bereichert ist, welche der Verfasser entweder selbst zeichnete oder berichtigte. (Man sehe den Artikel KRACHENINNIKOW.)

Auf den 3. Juni 1769 wurde ein neuer Durchgang der Venus angekündigt; unser Astronom reiste 1768 ab, um ihn zu St. Lucar, an der Küste des nördlichsten America, zu beobachten. Dieser Landstrich wurde von einer epidemischen Krankheit verheert;

heert; der Abbé Chappe wurde von ihr angefallen, und starb als Opfer seines Eifers, aber mit dem Troste, den Zweck seiner Reise erfüllt zu haben.   M. Cassini gab 1772 zu Paris seine Observationen in 4. heraus.

Ganz den Wissenschaften gewidmet, rechnete er die Annehmlichkeiten eines stillen und ruhigen Lebens für nichts.   Sein Character war edel, uneigennützig, gerad' und aufrichtig.   Er hatte einen offenen, liebenswürdigen, heitern, und bei Gelegenheit einer grenzenlosen Festigkeit fähigen Geist.

CHAPPEL (WILLIAM), ein sehr gelehrter und frommer Geistlicher, Bischof zu Cork, Cloyne und Roß in Irland, 1512 geboren und 1649 gestorben.   Er gab das Jahr vor seinem Tode heraus,

*Methodus concionandi.*

Sein

*Usus Scripturae sacrae*

wurde 1653 gedruckt.   Unter andern wurde ihm auch das vortreffliche Buch

*The whole Duty of Man*

zugeschrieben.

CHARDIN (JEAN), ein berühmter Reisebeschreiber, 1643 zu Paris geboren, kam 1685 nach Widerrufung des Edictes von Nantes nach London.   Er reiste nach Persien und Ostindien, und handelte mit Juwelen.   Carl II. König von England, machte ihn zum Ritter. Er starb zu London 1713. Seine

Reisen

wurden wegen ihrer Lesenswürdigkeit und Wahrheit überall geschätzt.

CHARDIN (JEAN BAPTISTE SIMEON), ein Mahler zu Paris, lernte bei Peter Jacob Cazes.   Er mahlte halbe Figuren, Früchte, Thiere u. s. f.   Seine beliebten Werke werden in den besten Kunstcabinetten aufgehoben, und von verschiedenen Kunstrichtern einmüthig wegen ihrer getreuen und reitzenden Nachahmung der Natur, der feinen Pinselzüge und der sanften und zarten Ausarbeitung sehr gelobt.

Viele von seinen angenehmen Zusammensetzungen sind vom Filloeul, Cars, Flipart, Epicie, Faber u. a. in Kupferstichen bekannt.   Er war Rath und Schatzmeister der königlichen Academie um das Jahr 1760.

B 5                    CHA-

CHARES, von Lindus, ein alter Bildner, der sich durch den Coloß des Sol zu Rhodys, welcher unter die sieben Wunderwerke der Welt gezählet wird, unsterblich machte. Er war ein Schüler des Lysipp, und blühte also ohngefähr 330 Jahr vor Christi Geburt.

CHARISIUS (FLAVIUS SOSIPATER), ein Lateinischer Grammatiker, schrieb vor dem Priscian. Er war aus Campanien gebürtig, und ein Christ. Man hat von ihm

*Institutionum grammaticarum ad filium, libros V.*

wovon die 3 ersten Kapitel des ersten Buches fehlen. Georg Fabricius gab sie 1551 zu Basel heraus.

CHARITON von Aphrodisium, Amanuensis eines gewissen Rhetors Athenagoras, wenn diese Namen, wie es großes Ansehen hat, nicht untergeschoben sind, lebte zu Ende des 4. Jahrhunderts. Man fand zu unsern Zeiten einen Griechischen Roman unter seinem Namen, mit dem Titel:

Die Liebe des Chäreas und der Callyrrhoe,

von welchem Mr. d'Orville, Professor der Geschichte zu Amsterdam, 1750 eine Ausgabe in 2 Quartbänden besorgte. Die Fabel dieses Romans ist ziemlich gut angelegt, ohne Episoden und Abschweifung, hat viel Interesse, und ist gut gespart. Die Entwickelung derselben ist einfach, die Wahrscheinlichkeit fast durchaus beobachtet; keine licentiöse Situation, wenig obscöne Bilder.

CHARLIER (JEAN), mit dem Zunamen GERSON, von einem Flecken in der Diöces Reims, wo er 1363 geboren wurde. Er studierte unter Pierre d'Ailli die Theologie, und folgte ihm in der Würde des Canzlers und Canonicus der Kirche von Paris nach. Als Jean Petit die Frechheit hatte, die Ermordung des Herzogs Ludewig von Orlean, der 1408 auf Befehl des Herzogs von Burgund ermordet wurde, zu rechtfertigen, ließ Gerson die Lehre dieses Anhängers des Fürstenmörders von den Doctoren und dem Bischof von Paris censurieren. Sein Eifer zeigte sich nicht minder auf dem Costnitzer Concilium, wobei er sich als Abgeordneter von Frankreich befand. Er zeichnete sich hierbei durch mehrere Discourse, vorzüglich durch den über die Superiorität des Conciliums über den Papst aus. Er ließ den Irrthum des Jean Petit von dem Concilium anathematisieren.

Da

Da er es nicht mehr wagen durfte, nach Paris zurück zu kehͤ
ren, wo ihn der Herzog von Burgund verfolgt haben würde,
wurd' er genöthiget, sich unter der Maske eines Pilgrims nach
Deutschland, und in der Folge nach Lyon in das Kloster der Cöͤ
lestiner zu begeben, wo sein Bruder Prior war. Dieser große
Mann trieb die Erniedrigung so weit, daß er Schulmeister ward.
Er starb 1429, im 66. Jahre.

Wir haben von ihm eine

    Sammlung seiner Werke in 5 Foliobänden, 1706 von
    Düpin in Holland herausgegeben.

Gerson war ohne Widerspruch der beste Theologe seiner Zeit;
dieß Lob gab ihm der Cardinal Zabarella auf dem Costnitzer
Concilium, dessen Seele er war. — Einige Schriftsteller schreiͤ
ben ihm das vortreffliche Buch

### Ueber die Nachahmung Christi

zu. „Jean Gerson,“ spricht der Abbe Gouget, „wurde Doctor
„Christianissimus oder Evangelicus genannt, und verdiente
„einen solchen Titel. Die Reinigkeit seiner Lehre, und die aufͤ
„richtige Frömmigkeit, die in seinen Sitten glänzte, hatten ihm
„dieselben verdienter Weise erworben. Sagen wir auch noch,
„daß er ihn deßwegen verdiente, weil er dem Pharisäismus seiͤ
„ner Zeit den heiligen Krieg ankündigte, und über diejenigen
„glücklich triumphierte, welche neue Lehren in die christliche
„Kirche einführen wollten, die gegen die evangelische Freiheit
„und die Einfalt der Religion waren; welche sich bemühten, die
„Gläubigen unter das Joch lästiger Vorschriften und verschieͤ
„dener Verordnungen in der Disciplin zu beugen, wovon die
„meisten bis jetzt in der Kirche unerhört waren.“

CHARLY (LOUISE). Man sehe den Artikel ABBÉ.

CHARMIS, ein empirischer Arzt von Marseille, fand diesen
Schauplatz zu klein für ihn, und ging nach Rom, um daselbst
unter dem Kaiser Nero zu glänzen. Er machte sich dadurch eiͤ
nen Namen, daß er von allem, was seine Kunstverwandten verͤ
schrieben, gerade das Gegentheil verordnete. Er ließ in der
größßesten Kälte des Winters kalte Bäder nehmen. Seneca
machte sich, trotz seiner Weisheit, eine Ehre daraus, seinen
Verordnungen zu folgen. Charmis ließ sich dieselben sehr theuer
bezahlen. Man sagt, er habe von einem Menschen, den er wähͤ
rend einer Krankheit behandelte, gegen 20,000 Französische
Livres gefordert.

CHARMOIS

CHARMOIS (Martin de), Herr von Laure, ein würdiger Gönner und Beförderer der Mahlerei und Bildhauerkunst zu Paris. Die Neigung, welche er zu diesen Künsten hatte, bewog ihn, nicht nur ihre Grundregeln zu lernen, sondern auch wirklich zu üben, um sich hierdurch bei den Liebhabern in Ansehen zu bringen. Dieß bracht' ihn auf den Einfall, die Künstler vor den Bedrückungen der Vorsteher von den Handwerken zu beschützen, und sie in freie Ausübung ihrer Künste zu setzen. Er wandte daher alles sein Ansehen und die erforderlichen Mittel an, dieses zu bewerkstelligen, und bracht' es endlich dahin, daß selbige wirklich in den Rang anderer freien Künste gesetzt wurden. Er versammlete die berühmtesten Mahler, und wählte zwölf aus ihnen, welche den übrigen unter seiner Aufsicht vorstehen sollten. Charmois war es auch, welcher den ersten Grund zu der berühmten Mahleracademie legte, welche 1652 durch königliche Verordnung zu Paris errichtet, und mit Vorstehern, Zimmern und Gesetzen versehen wurde.

CHARONDAS von Catana in Sicilien, gab den Einwohnern von Thurium, welches von den Sybariten wieder aufgebaut worden war, Gesetze, und verboth ihnen bei Lebensstrafe, sich in den Versammlungen bewaffnet einzufinden. Als er eines Tages von einer Expedition zurück kam, erfuhr er, daß es in einer Volksversammlung großen Tumult gäbe, und eilte dahin, ihn zu stillen, ohne in der Eile sein Schwert abzulegen. Man machte ihn bemerken, daß er sein eigenes Gesetz übertrete; und er antwortete: „Ich will es sogleich bestätigen, und „mit meinem Blute besiegeln,“ und stieß sich hierbei sein Schwert in die Brust.

Unter seinen Gesetzen bemerket man folgende:

1) Wer zu einer zweiten Ehe schreitet, und aus der erstern Kinder hat, ist von allen öffentlichen Würden ausgeschlossen; denn wer ein schlechter Vater ist, kann keine gute Magistratsperson sein.

2) Die Verläumder werden verdammt, mit Haidekraut bekränzt, als die elendesten unter den Menschen durch die Stadt geführt zu werden.

3) Die Desertörs und feigen Menschen sollen drei Tage in weiblichen Kleidern in der Stadt erscheinen.

4) Un-

4) Unwiſſenheit iſt die Mutter aller Laſter; die Kinder der Bürger ſollen alſo in den ſchönen Künſten und Wiſſenſchaften unterrichtet werden.

Dieſer Geſetzgeber war nach dem Diogenes Laertius ein Schüler des Pythagoras, und blühte 444 Jahr vor Chriſti Geburt.

CHARRON (PIERRE), 1541 zu Paris geboren, und 1603 geſtorben. Er ſchrieb ein Buch, mit dem Titel:

*Les trois Veritès,*

welches 1594 herauskam. Dieſe drei Wahrheiten ſind folgende: 1) Es iſt ein Gott und eine wahre Religion; 2) unter allen Religionen iſt die Chriſtliche die einzige wahre; 3) unter allen Chriſtlichen Gemeinden iſt die Römiſch-catholiſche die einzige wahre Kirche. „In der erſten,“ ſagt Bayle, „widerlegt er die „Atheiſten, in der zweiten die Heiden, Juden und Muhamedaner, und in der dritten die Häretiker und Schismatiker.“ Berühmt aber ward er durch ſeine Bücher:

Ueber die Weisheit.

CHARTIER (ALAIN). Man ſehe den Artikel ALAIN.

CHARTIER (PIERRE), ein Schmelzmahler von Blois, verfertigte ſehr ſchöne Blumenſtücke in dieſer Arbeit. Er war einer der erſten, welche die Kunſt zu emaillieren in Aufnahme bringen halfen, und blühte im 17. Jahrhundert.

CHASSENEUX (BARTHÉLEMI DE), 1480 zu Iſſi-l'Evèque bei Autun geboren, ging aus dem Parlemente zu Paris, wo er Rath war, in das von der Provence, wo er der erſte, oder vielmehr der einzige Präſident deſſelben ward, denn damahls gab es keinen andern. Er bekleidete dieſen Poſten, als im Jahr 1540 jene Geſellſchaft das famöſe Arret gegen die Waldenſer, Einwohner von Merindol, gab. Eine dem Anſchein nach kindiſche Sache, die aber die Sitten jenes Jahrhunderts mahlt, verzögerte die Ausführung jenes Arrets. Chaſſeneur hatte 1529 ein dickes Buch in Folio herausgegeben, betitelt:

*Catalogus gloriae mundi.*

„Er erzählet darin,“ ſagt M. Garnier, „daß zu der Zeit, als er „noch Advocat zu Autun war, auf einmahl eine ſo große Menge „von Mäuſen entſtand, daß die Aecker verwüſtet wurden, und „man eine allgemeine Hungersnoth fürchtete. Da alle menſch=
„lichen

„lichen Mittel gegen dieses Uebel unzulänglich schienen, nahm
„man seine Zuflucht zu übernatürlichen. Es wurde dem Groß-
„Vicarius aufgetragen, sie in den Bann zu thun. Um diese Ex-
„communikation wirksam und kräftig zu machen, glaubte man,
„dabei alle Formalitäten der Gerichtsordnung beobachten zu
„müssen. Nach abgelegter Klage von dem Promotor wurde
„den Mäusen angedeutet, vor Gericht zu erscheinen. Nach Ver-
„lauf des Termins drang der Promotor auf ein Arret ob contuma-
„ciam, und verlangte zum Endurtheil zu schreiten. Der Groß-
„Vicarius bestellte einen Defensor der Mäuse ex officio, und
„dieser Defensor war Chasseneur. Er bewies, daß die in eine
„Menge Dörfer zerstreuten Mäuse durch eine bloße Assignation
„nicht genugsam gefordert worden wären, und daß ihnen diese
„Forderung in jeder Kirche von der Kanzel abgekündiget werden
„müsse; dieses machte, daß er für seine Clienten eine ziemlich
„lange Frist erhielt. Als diese Frist verflossen war, ohne daß
„die Parteien erschienen wären, unternahm er es, sie mit der
„Größe und den Unbequemlichkeiten der Reise, mit der augen-
„scheinlichen Todesgefahr, welcher sie sich in Ansehung der
„Katzen, ihrer geschwornen Feinde, die ihnen bei jeder Passage
„auflauerten, ausgesetzt hätten, zu entschuldigen. Endlich be-
„wies er die Zweckwidrigkeit und Ungerechtigkeit dieser allgemei-
„nen Proscriptionen, welche die Unschuldigen mit den Schuldi-
„gen vermengen, und machte alle Gründe, sowohl der natürlichen
„Billigkeit, als auch des positiven Rechts, in sofern sie seiner
„Sache günstig waren, so sehr geltend, daß er seitdem Celebrität
„erlangte, und dadurch den Grund zu seiner Beförderung legte.

„Zur Zeit, als er mit Wärme auf die Ausführung des Ar-
„rets des Parlements von Aix gegen die Waldenser drang, kam
„d'Allens, ein Edelmann aus der Provence, zu ihm, legte ihm
„diese Stelle seines Werkes vor Augen, und sagte: Glaubet
„Ihr, daß ein erster Präsident die Gerichtsord-
„nung weniger respectieren, und ihre Formen
„weniger beobachten dürfe, als ein Advocat?
„oder meinet Ihr, daß eine Gesellschaft von Men-
„schen nicht so viel Achtung und Rücksicht verdie-
„ne, als ein Haufen elender Würmer? Der Präsi-
„dent erröthete; und wenn er seine erstern Beschlüsse auch nicht
„öffentlich tadelte, so verzögerte er doch, so lang' er lebte, die
„Ausführung derselben.“

Die

Die Commiſſarien des Hofes unterſtützten die Meinung des Chaſſeneur, der ſeitdem viel toleranter geworden war.

Wilhelm von Bellay, Herr von Langei, Gouvernör von Piemont, wurde von dem Könige befehliget, ſich von den Sitten und Grundſätzen der Waldenſer zu unterrichten. Er berichtete nach ſorgfältiger Erkundigung an den Hof, „daß diejenigen, welche man Waldenſer nenne, Leute in den Gebirgen „der Provence wären, die ſeit 300 Jahren unbebaute Ländereien „übernommen hätten, und ihren Beſitzern dafür etwas gewiſſes „bezahlten; daß ſie dieſelben durch unabläſſige Arbeit an Futter „fürs Vieh und an Getreide fruchtbar gemacht hätten; daß es „ſehr arbeitſame und ſehr genügſame Leute wären; daß ſie dem „Könige ihre Abgaben, und den Güterbeſitzern ihre Rechte und „Gebühren pünctlich entrichteten; daß man ſie wenig in den Kir„chen ſähe; daß ſie, wenn ſie darin wären, vor den Bildern „nie auf die Knie fielen; daß ſie, weder für ſich ſelbſt, noch für „ihre Verſtorbenen, Meſſe leſen ließen, das Zeichen des Kreuzes „nicht machten; daß ihre Ceremonien von denen der Kirche ver„ſchieden wären, und ſie ihre öffentlichen Gebete in der Volks„ſprache hielten, und endlich weder den Papſt noch die Biſchöfe „anerkennten, und bloß einige aus ihrer Mitte hätten, welche bei „ihren Religionsübungen die Stelle der Geiſtlichen verträten.“ (Fabre. Hiſt. Eccleſ. L. CXLI. n. 63.)

Als dieſer Bericht dem Könige vorgelegt worden war, ſchickte er an das Parlement von Aix eine Declaration, datiert den 18. Februar 1541, worin er den Waldenſern unter der Bedingung verzieh, daß ſie binnen 3 Monaten ihre Irrthümer abſchwören. Sogleich ſchickten die Bewohner von Merindol zwei Deputierte nach Aix, welche verlangten, es möchte dem Parlement gefallen, ſie von ihren Irrthümern unterrichten und überzeugen zu laſſen. Chaſſeneur erwiederte ihnen, es ſei unnöthig, ſie über diejenigen zu informieren, welche notoriſch wären. Er ermahnte ſie, dieſelben abzuſchwören, das Parlement nicht zu nöthigen, mit der äußerſten Strenge gegen ſie zu verfahren, und indeß ihr Glaubensbekenntniß abzulegen. Sie thaten es in einer Schrift vom 7. April 1541, welche ſehr viele Artikel enthielt.

Während man ſie aber zu Aix wie zu Paris vernahm, riß der Tod den Chaſſeneur dahin.

Alle Geſchichtſchreiber ſagen einſtimmig, und Piton verſichert es in ſeiner

*Hiſtoire de la ville d'Aix,*

daß

daß er durch einen Blumenſtrauß vergiftet wurde. Er berichtet uns aber nicht, von wem dieſer Streich kam; es iſt jedoch, ſagt Niceron, zu vermuthen, daß er die Wirkung des Haſſes war, den diejenigen gegen ihn hatten, welche auf die Bewohner von Merindol ſo erbittert waren, und kurze Zeit darauf gegen ſie jene blutige Tragödie ſpielen ließen.

Man hat von Chaſſeneur einen Lateiniſchen

**Commentar über die Sitten von Burgund und faſt von ganz Frankreich, in Folio,**

welcher bei Lebzeiten des Verfaſſers 5, und ſeitdem wieder 15 Mahl gedruckt wurde. Die letztere Ausgabe, bereichert mit einer Lobſchrift auf Chaſſeneur durch den Präſidenten Bouchier, erſchien 1717 in 4. zu Paris, und wurde ſeitdem durch denſelben Herausgeber wieder in 2 Foliobänden abgedruckt.

*Conſilia,* Lyon 1531, in Folio. Dieß ſind Conſultationen über verſchiedene rechtliche Gegenſtände.

*Les Epitaphes des rois de France juſqu'à François I. en vers, avec leurs effigies.* Bordeaux ohne Druckjahr. Sehr ſelten.

CHASTEL (JEAN), der Sohn eines Wollhändlers zu Paris, wollte den 27. December 1594 Heinrich IV. von Frankreich ermorden. Dieſer Fürſt war von einer kleinen Luſtreiſe zurück gekommen, und befand ſich in dem Zimmer ſeiner Mätreſſe Gabrielle d'Eſtrée, die damahls im Hôtel de Bouchage lebte, und wurde, als er Montigni umarmen wollte, mit einem Meſſer in die Unterlippe geſtochen, wodurch ihm ein Zahn ausgebrochen wurde. Jean Chaſtel, der ihm dieſe Wunde beibrachte, und die Abſicht hatte, ſeine Kehle zu durchſchneiden, war erſt 18 oder 19 Jahr alt. Er hatte dieß kaum gethan, als er ſein Meſſer fallen ließ, und ſich im Gedränge verbarg. Jedermann ſtand beſtürzt da, und wußte nicht, wer dieſer Schändliche geweſen, dem es leicht geweſen wäre, zu entwiſchen. Aber einer von den Umſtehenden warf ein Auge auf den Thäter, und der wilde Blick deſſelben verrieth ihn. — Er wurde den 29. December 1594 durch ein Decret des Parlements zum Tode verurtheilt, und noch an demſelben Tage bei Fackelſchein hingerichtet. Der Urtheilsſpruch brachte mit ſich, „er ſolle vor dem Haupteingange „der Kirche von Paris, von ſeinem Hemd' entblößt, und eine „brennende Wachskerze von 2 Pfunden in der Hand haltend, „Kirchenbuße thun, und hier auf ſeinen Knien ſagen und erklä= „ren: er habe gottloſer und verrätheriſcher Weiſe ſich unterfan=

„gen,

„gen, den unmenschlichsten und verabscheuungswürdigsten Mord
„zu begehen, und den König im Gesichte mit einem Messer ver-
„wundet: und da ihm eine falsche und verdammliche Lehre bei-
„gebracht wurde, und er sagte, man könne den König mit gutem
„Rechte umbringen, und der jetzt regierende König, Heinrich IV.
„sei kein Mitglied der Kirche, biß er die Approbation des Pap-
„stes erhalten habe; solle der besagte Jean Castel dieses bereuen,
„und Gott, den König und das Parlement deßhalb um Gnade
„bitten. Ist dieses geschehen, so soll er nach dem Greve = Platz
„geschleifet, ihm da die Flechsen seiner Arme und Schenkel mit
„glühenden Zangen abgekneipet, und seine rechte Hand, worin
„er das Messer hielt, womit er den König umbringen wollte,
„abgehauen, sein Körper von vier Pferden zerrissen und gevier-
„theilt, dann in das Feuer geworfen, zu Asche gebrannt, und
„seine Asche in die Luft gestreuet werden. Das Parlement hat
„erklärt und erkläret nochmahls alles sein Vermögen für dem
„Könige anheim gefallen. Ehe dieser Spruch an ihm vollführet
„wird, soll er auch auf die Folter geleget werden, und die or-
„dentliche und außerordentliche Tortur erleiden, um ihn zum
„Eingeständniß seines Verbrechens und aller darauf Bezug ha-
„benden Umstände zu bringen."

CHASTELET (GABRIELLE EMILIE DE BRETEUIL,
MARQUISE DU), 1706 vom Baron von Breteuil, Einführer
der Gesandten und fremden Fürsten zu dem Könige, geboren.
Sie wurde ihres Geistes und ihrer Grazie wegen von den meisten
vornehmen Herren zur Ehe gesucht. Sie wählte den Marquis
du Chastelet-Lomont, General = Lieutenant der Armeen des Königs, aus einer vornehmen Familie.

Sie war von ihrer frühsten Jugend an mit den guten alten
und neuen Schriftstellern bekannt, und studierte vorzüglich die Philosophen und Mathematiker. Ihr erster Versuch war eine Erklärung der Leibnitzischen Philosophie, unter dem Titel:
*Institutions de Physique*, in 8.
an ihren Sohn, der ihr würdiger Schüler in der Geometrie war.

Als ihr in der Folge die erhabenen Träume des Deutschen
Philosophen nichts als Träume zu sein schienen, verließ sie ihn,
und hielt sich an Newton. Sie übersetzte und commentierte
seine Principien. Dieses Werk, welches nach ihrem Tode
gedruckt und von Clairaut durchgesehen und verbessert wurde,
besteht aus 2 Quartbänden, und ist seiner Verfasserin und seines
Herausgebers würdig.

Zweiter Theil.                    C                    Die

Die Marquise von Chastelet starb 1749 an den Folgen einer Geburt im Pallast Lüneville.

Die Studien entfernten sie nicht von der Welt. Man sahe mit Verwunderung die Erklärerin des Newton sich allen Vergnügungen überlassen, sie selbst wie ein gemeines Weib suchen, und vom Spieltische zur Unterhaltung mit Philosophen gehen, und sie unterrichten. Sie hatte zu Paris, Cyrei und Lüneville deren beständig um sich. Ob sie gleich mit Gelehrten lebte, und selbst eine Gelehrte war, so sprach sie doch nur mit denen über wissenschaftliche Gegenstände, von denen sie etwas lernen zu können glaubte. Sie lebte lange Zeit in Gesellschaften, wo man nicht wußte, wer sie war, und trug nichts dazu bei, diese Unwissenheit zu heben. Die Damen, welche bei der Königin mit ihr spielten, waren weit entfernt, daran zu denken, daß sie sich an der Seite der Erklärerin des Newton befänden; man hielt sie für eine gewöhnliche Person. Man erstaunte bloß über die Geschwindigkeit und Richtigkeit, mit welcher man sie die Rechnungen machen, und die Streitigkeiten beim Spiel entscheiden sahe. Man hat sie bis auf 9 Zahlen mit 9 andern, aus dem Kopfe und ohne alle Hülfe, in Gegenwart eines Geometers dividieren sehen, der ihr nicht folgen konnte.

Sie hatte von Natur viel Beredsamkeit, aber diese Beredsamkeit zeigte sich nur dann, wenn sie derselben würdige Gegenstände hatte. Der eigentliche Ausdruck, Bestimmtheit, Richtigkeit und Stärke waren der Character ihres Styles.

CHÂTEAU (GUILLAUME), Kupferstecher von Orleans, aufgemuntert von Colbert. Er verdiente die Wohlthaten dieses weisen Ministers durch mehrere Blätter, die er in Bldmaerts und Poillys Manier nach Poussins Werke stach. Er hatte sein Talent in Italien vervollkommnet, und starb 1683 im 50. Jahre zu Paris.

CHATEL (FRANÇOIS DU), von Brüssel gebürtig, ein erfindungsreicher Künstler, und Schüler des jüngern David Tenier. Gleich seinem Lehrmeister mahlte er Tabacks- und Weingesellschaften, Bälle, Märkte und Bildnisse von ganzen Familien auf einer einzigen Tafel. Chatel war in dem Colorit, im Helldunkel und in fleißiger Ausarbeitung seiner Werke sehr geschickt, wobei er auch die Perspective sehr wohl verstand. Seine Figuren sind meistens nur einen Fuß hoch, und nach der Mode gekleidet. Eins seiner vornehmsten Gemählde ist die Beschwörung

des

des Eides der Treue der Brabandischen und Flandrischen Stände. Dieses Stück ist 14 Fuß hoch und 20 breit, und wird in dem Rittersaale des Rathhauses zu Gent aufbewahrt. Das Colorit, die Zeichnung und Zusammensetzung sind in diesem vortrefflichen Werke bewundernswürdig; man zählet mehr als 1000 Figuren in demselben.

Dieser geschickte Mahler blühte um das Jahr 1670. R. Nanteuil, R. Collin u. a. haben nach ihm in Kupfer gestochen.

CHATILLON (LOUIS), 1639 zu Phalzburg, Varden sagt zu St. Meneheu in Champagne, geboren, mahlte für den Französischen Hof Porträts in Email, und erlangte in der Kupferstecherkunst einen gleichen Ruhm. Er stach viel nach Poussin, Domenichino, den Carracci's, Rubens, Seb. le Clerc, u. a. kann aber für kein Muster in der Kupferstecherkunst gehalten werden. Seine Anlagen sind zwar ziemlich gut, er wußte sie aber weder mit Sanftheit zu impastieren, noch ihnen einen harmonischen Accord zu geben, noch auch sie mit zarten Arbeiten zu endigen.

Er war bestellter Zeichner der Academie der Wissenschaften zu Paris, und starb daselbst 1734.

CHAUCER (GEOFFREY), einer der größesten und ältesten unter den Englischen Dichtern, 1328 zu London geboren. Er wurde zu Cambridge erzogen, woselbst er sich befand, als er in seinem 18. Jahre den

### Hof der Liebe

und einige andere Stücke schrieb. Seine ausgezeichneten Vollkommenheiten sowohl des Körpers als des Geistes erwarben ihm die Freundschaft vieler Personen von Stande, durch welche er an den Hof gebracht, und im Jahr 1368 zum Gentleman of the king's privy chamber gemacht wurde. Als er im Jahr 1382 durch Annehmung einiger Lehren des Wickleff bei der Geistlichkeit angestoßen hatte, mußte er das Königreich verlassen, und schrieb in Hennegau, Frankreich und Seeland die meisten seiner Bücher. — Seine Angelegenheiten nöthigten ihn, nach England zurück zu kehren; er wurd' entdeckt, und in das Gefängniß geschickt. Da er aber alles entdeckte, was er von den neulichen Transactionen in der Hauptstadt wußte, wurd' er wieder frei gelassen. Dieß zog ihm sehr schwere Verläumdungen zu. Um seinen Kummer zu zerstreuen, schrieb er sein

Testament der Liebe, eine Nachahmung von Boethius's de Consolatione philosophiae,

C 2                                    und

und nicht lange nachher seine bewundernswürdige
　　　　Abhandlung über das Aſtrolabium.
Er ſtarb den 25. October 1400.　Seine
　　　　Canterburyſchen Erzählungen,
das bedeutendſte ſeiner Werke, wurden von Tyrwhitt unvergleich-
lich ſchön heraus gegeben.

CHAULIEU (GUILLAUME AMFRYE DE), 1639 zu Fontenai in Vexin-Normand mit einem glücklichen und leichten
Génie geboren, welches eine vortreffliche Erziehung vervollkommnete.　Die Annehmlichkeiten ſeines Geiſtes und die Munterkeit ſeines Characters erwarben ihm die Freundſchaft der Herzoge von Vendome.　Dieſe Fürſten ſtellten ihn an die Spitze ihrer Geſchäfte, und gaben ihm 30,000 Livres Renten in Bene-
fizen.　Der Großprior ſpeiſte bei ihm, wie bei einem Freunde.
Der Abbé von Chaulieu hielt in ſeiner Wohnung im Tempel eine
auserleſene Geſellſchaft von Gelehrten und Freunden, die er mit
ſeiner heitern Laune und den Eigenſchaften ſeines Herzens vergnügte.　Schüler des Chapelle, ergab er ſich, wie dieſer,
dem Genuß einer ſanften Wolluſt, und ſtellte ſeinen und ſeines
Lehrers Geiſt in ſeinen Gedichten getreu dar.　Man nannte ihn
den Anacreon des Temple, weil er, wie der Griechiſche
Dichter, die Vergnügungen des Geiſtes und der Liebe bis in ſein
ſpäteſtes Alter genoß.　Er ward in ſeinem 80. Jahre blind, und
liebte die Demoiſelle de Launai, die nachherige Madam de
Staal, mit dem Feuer der erſten Jugend.　Er ſtarb 1720, im
81. Jahre.
　　Die beſten Ausgaben ſeiner Gedichte ſind die von 1733,
in 2 Octavbänden, Amſterdam; und die von Paris 1774, 2
Bände in 8. nach den Handſchriften des Verfaſſers, und vermehrt mit einer Menge neuer Stücke.　Der Verfaſſer des Tempels des Geſchmacks hat ihn in folgenden Verſen ſehr gut
characteriſiert:

Je vis arriver en ce lieu
Le brillant abbé de Chaulieu,
Qui chantoit en ſortant de table.
Il oſoit careſſer le Dieu,
D'un air familier, mais aimable.
Sa vive imagination
Prodiguoit, dans ſa douce ivreſſe,
Des beautés ſans correction,
Qui choquoient un peu la juſteſſe,
Et reſpiroient la paſſion.

　　　　　　　　　　　　　　　Der

Der Gott des Geschmacks sagt ihm, sich selbst nur für den
ersten unter den nachläßigen Dichtern, nicht aber für den ersten
unter den guten Dichtern zu halten. Seine Verse drücken die
Empfindungen des Herzens mit Feuer aus. Seine Einbildungskraft ist bald einfach, bald naif und bald jovialisch. Munter
und lustig mitten unter den Schmerzen des Podagra, theilt er
selbst, wenn er die Leser von seinen Uebeln unterhält, ihnen diese
Lustigkeit mit. Seine Moral, welche die Epicureische ist,
ausgenommen, giebt es in der Französischen Sprache kaum leich-
tere, originellere und der Lecture geschmackvoller Menschen wür-
digere Producte. Horaz und Anacreon sind die beiden
Dichter des Alterthums, denen der Abbé Chaulieu am meisten
gleicht; er hat die Delicatesse des einen, und die liebenswürdige
Philosophie des andern. Besonders sind die Stücke von einer
gewissen Länge voll von einer sanften und interessanten Philosophie.

Die Verdienste des Chaulieu wurden in fremden Ländern wie
in Frankreich anerkannt. Als sein Neffe, Mestre-de-camp de
cavalerie, in der Schlacht zu Marsaglia im Jahr 1693 verwundet und vom Herzog von Savoyen gefangen genommen wurde,
bewies ihm dieser Fürst, in Rücksicht seines Oheims, alle Arten von Hochachtung. Er ließ ihn nicht nur durch seine eigenen
Wundärzte behandeln, sondern beehrte ihn auch mit mehreren
Besuchen. Als er wieder hergestellt war, schickte er ihn nach
Frankreich, und forderte statt der Ranzion bloß das ausdrückliche
Versprechen von ihm, daß der Neffe des Abbts Chaulieu künftigen Winter an seinem Hofe zubringen
wolle, da er nie Reize genug gehabt hätte, den
Abbt Chaulieu selbst anzulocken. Er würde von der
Französischen Academie aufgenommen worden sein, wenn Tou-
reil nicht gegen ihn cabaliert hätte; dieser war gegen ihn eben
so streng, als Boileau gegen den Marquis von St.
Aulaire.

CHAUSSE (MICHEL-ANGE DE LA), ein geschickter Alterthumsforscher von Paris, berühmt im letztern Jahrhundert, verließ frühzeitig sein Vaterland, um in Rom die Alterthümer zu
studieren. Die Neigung, die ihn dahin gebracht, hielt ihn auch
daselbst fest. Sein

*Musaeum Romanum. Romae 1690, Folio, et 1746. 2 vol. in
fol.*

C 3                                          bewei-

beweiſet ſeine Fortſchritte. Dieſe ſchätzbare Sammlung enthält eine zahlreiche Reihe von antiken Gravuren, die noch nicht durch den Druck bekannt gemacht worden waren. Es wurden mehrere Ausgaben davon veranſtaltet. Grävius nahm es in ſeinen Theſaurus der Römiſchen Alterthümer ganz auf. — Derſelbe Schriftſteller gab auch 1707 eine Sammlung antiker geſchnittener Steine, in 4. heraus. Die Erklärung iſt Italiäniſch, und die Blätter ſind von Bartholi geſtochen. Man hat auch von ihm;

*Picturae antiquae Cryptacum Romanarum et Sepulchri Naſo-*
*num, 1738, in Folio.*

CHAUVEAU (FRANÇOIS), Franzöſiſcher Mahler, Kupferſtecher und Zeichner, 1613 zu Paris geboren, ſtarb 1676 daſelbſt. Er debütierte durch einige Blätter nach den Gemählden des Laurent de la Hire; da ſich aber die Lebhaftigkeit mit der Langſamkeit ſeines Stichels nicht vertrug, radierte er ſeine eigenen Gedanken. Wenn ſeine Werke nicht die Sanftheit, die Delicateſſe und das Markichte haben, welches die der andern Gravörs auszeichnet, ſo gab er ihnen alles Feuer, alle Stärke und allen Geiſt, deſſen ſeine Kunſt empfänglich iſt. Seine Leichtigkeit war zum Erſtaunen. Seine Kinder laſen ihm nach Tiſche die Geſchichten vor, die er darzuſtellen hatte. Er faßte den ganzen Gegenſtand in einem Augenblicke, machte die Zeichnung ſogleich mit der Nadel auf die Platte, und ehe er ſich zu Bette legte, war ſie ſchon in dem Stande, daß er ſie morgen ätzen konnte, indeß er dabei noch etwas anderes gravierte oder zeichnete. Er gab nicht nur Mahlern und Bildhauern, ſondern auch Cizelierern, Goldſchmieden, Brodörs und ſogar Tiſchlern und Schlöſſern Zeichnungen. Außer mehr als 4000 Blättern, die er ſelbſt gravierte, und 1400, die nach ſeinen Zeichnungen graviert wurden, hat man einige kleine anmuthige Gemählde von ihm. Der berühmte Le Brun, ſein Freund, kaufte ihrer mehrere nach ſeinem Tode.

CHAVEAU (RENÉ), Sohn des Vorhergehenden, ging auf den Fußtapfen ſeines Vaters. Er hatte, wie ſein Vater, eine bewundernswürdige Leichtigkeit in der Erfindung und Verſchönerung ſeiner Sujets, und eine große Mannigfaltigkeit in der Diſpoſition ſeiner Figuren. Er zeichnete ſich vorzüglich in der Bildnerei aus, und arbeitete für Ludewig XIV. und mehrere auswärtige Fürſten. Er ſtarb zu Paris 1722 im 59. Jahre.

CHAVIGNI

CHAVIGNI ( JEAN AYMES DE), verließ seine Vaterstadt
Beaune, um bei Nostradamus, Arzt zu Salon in der Provence, in der Astrologie Unterricht zu nehmen. Nach dem Tode
seines Meisters begab er sich nach Lyon. Hier dachte er 28
Jahre hindurch über die gedruckten Prophezeihungen des Provensalischen Astrologen, und über die Erklärungen, die er ihm
mündlich darüber gegeben hatte, nach, und gab das Resultat
seiner Nachtwachen unter folgendem Titel heraus:

La première Face du Janus François, contenant som-
mairement les troubles, guerres civiles & autres choses mémo-
rables advenues dans la France & ailleurs, de l'an du salut
1534, jusqu'à l'an 1589, fin de la maison Valésienne: ex-
traite et colligée des Centuries & autres Commentaires, de M.
Michel de Notre Dame, in 4. Lyon 1593.

Es war natürlich, daß Chavigni, da er einen Theil seines
Lebens bei einem Propheten zugebracht hatte, es nunmehr auch
sein, und sich mit den bloßen Rollen eines Erklärers nicht begnügen wollte. Er gab im Jahr 1603 seine Producte unter dem
Titel heraus:

Les Pléiades du St. Chavigni, Beaunois, divisées en sept livres,
prises des anciennes Prophéties, & conférées avec les oracles
du célèbre & renommé Michel de Notre Dame; où est
traité du renouvellement des siècles, changement des Empires
& avancement du nom Chrétien; à Lyon, in 8. über 900
Seiten stark.

Seine Plejaden sind eben so viele Weißagungen, mit einem
prophetischen Commentar vermehrt, und dem allerchrist-
lichsten und siegreichsten Heinrich IV. König von
Frankreich und Navarra, gewidmet. — Chavigni ist
die Cumäische Sibylle, welche dem Könige Tarquin ihre
Sammlung von Orakeln über das Schicksal des Römischen Reiches übergiebt; er folgt Heinrich IV. Schritt für Schritt zu allen seinen künftigen Eroberungen, und verläßt ihn, nachdem er
ihn das Ottomanische Reich umstürzen ließ, endlich als den
Herrn der ganzen Welt.

CHAZELLES (JEAN MATTHIEU), ein berühmter Französischer Mathematiker und Ingenör, 1657 zu Lyon geboren.
Starb 1710.

CHEKE (SIR JOHN), 1514 geboren, 1557 gestorben. Er
war Verfasser verschiedener Schriften, die man in seinem von

C 4    Strype

Strype ausführlich beschriebenen Leben nachsehen kann; er wur=
de unter die bravsten und gelehrtesten Männer seiner Zeit gerech=
net, und für einen ausgezeichneten Wiederhersteller der schönen
Litteratur in England gehalten.

CHEMIN (CATHERINE DU), die Gattin des Girardon,
welche durch ihr großes Talent zur Blumenmahlerei es zu sein
verdiente. Die Academie der Mahlerei und Bildnerei öffnete ihr
ihre Thore. Sie starb 1698 zu Paris. Ihr berühmter Gatte
widmete ihrem Andenken das schöne Mauseleum in der St. Lan=
dry = Kirche. Dieses Denkmahl des Genies und des Dankes
wurde von Nourrisson und Le Lorrain, seinen Schülern,
nach dem Modell ihres Meisters ausgeführt.

CHEMNITIUS (MARTINUS), ein Lutherischer Geistlicher,
1522 zu Britzen in Brandenburg geboren. Seine

**Examination des Tridentinischen Conciliums**

wird für ein meisterhaftes Werk gehalten. — Chemnitz war
ein Mann von großen Talenten, von großer Gelehrsamkeit, Ur=
theilskraft und Bescheidenheit; und protestantische Schriftsteller
haben kein Bedenken getragen, ihn wegen der Dienste, die er der
Reformation leistete, und wegen der Aufdeckung der Irrthümer
und der Büberreien der Römischen Kirchen selbst Luthern zunächst
zu stellen.

CHEMNITIUS (BOGESLAS PHILIPPUS), Enkel des Vo=
rigen, ist Verfasser einer sehr ausführlichen und geschätzten

**Geschichte des Schwedischen Krieges in Deutschland,**
**unter Gustav Adolph dem Großen, 2 Bände in Folio.**

Die Königin Christine erhob den Verfasser zur Belohnung für
dieses Werk in den Adel, und schenkte ihm Hollstädt in Schwe=
den, wo er 1678 starb.

CHEREAU (FRANÇOIS), ein vortrefflicher Kupferstecher
von Bleis, der seinen Grabstichel sehr reinlich, kräftig und ver=
ständig zu führen wußte. Er verfertigte eine ziemliche Anzahl
sehr schöner Porträts nach den Gemählden der besten Meister
seiner Zeit.

Chereau arbeitete zu Paris, wo er 1729 im 49. Jahre seines
Alters starb.

CHERON (CHARLES JEAN FRANÇOIS), ein Medaillör aus
Lothringen, arbeitete zu Paris, wo er von der königlichen Aca=
demie

demie als Mitglied aufgenommen wurde, und 1697 starb. Er
schnitt 1674 zu Rom ein Medaillon auf den berühmten Ritter
Bernini, das man bei Köhler Th. 9. S. 289 in Kupfer gestochen findet. Eben dieser zeiget Th. 16. S 201. eine Münze
mit dem Brustbilde von Armand Johann Bouthillier de Rance,
Abbt de la Trappe, die Cheron 1693 verfertigte.

CHERON (ELISABETH SOPHIE), Tochter eines Email=
Mahlers von Meaur, 1648 zu Paris geboren, hatte ihren Vater zum Lehrer. Sie war schon in ihrem 14. Jahre berühmt,
und verdunkelte ihren Vater. Der berühmte Le Brün stellte
sie 1672 der Academie der Mahlerei und Bildhauerkunst vor,
welche ihre Talente damit krönte, daß sie dieselbe zu einem ihrer
Mitglieder annahm. Dieses vortreffliche Weib theilte ihre Beschäftigungen unter die Mahlerei, die gelehrten Sprachen, die
Dichtkunst und Musik. Sie zeichnete viele geschnittene Steine
im Großen; eine Arbeit, wozu sie entschiedene Talente hatte.
Ihre Gemählde waren wegen des guten Geschmackes in der Zeichnung, der Leichtigkeit eines eigenen Pinsels, des guten Tones
der Farbe, und wegen des großen Verständnisses im Helldunkel nicht weniger empfehlungswürdig. Ihr waren alle Arten
der Mahlerei geläufig. Sie excellierte in der Geschichte, in der
Oehl- und Miniatur=Mahlerei auf Email, im Porträt, und vorzüglich im weiblichen. — Sie starb zu Paris 1711, nachdem
sie sich auch als Schriftstellerin und Dichterin gezeigt hatte.

CHERON (LOUIS), der Vorhergehenden Bruder, lernte
bei seinem Vater Heinrich, einem Medaillör, der 1677 zu
Lyon starb. Ludewig Cheron hielt sich 18 Jahre in Italien auf,
wo er nach Raphael und Julius Romanus studierte.
Aus diesen vortrefflichen Quellen schöpfte Cheron einen schönen
Character und einen großen Geschmack in der Zeichnung.

Wegen der protestantischen Religion, zu welcher er sich bekannte, mußte er Frankreich verlassen, und ging nach England,
wo er gut aufgenommen wurde, und viel Arbeit fand.

Er radierte in einer schönen und großen Manier nach seinen
eigenen Erfindungen, und starb 1723, ohngefähr 63 Jahr alt,
in London.

CHERSIPHON oder CHERSIPHRON, ein Baumeister von
Gnessus in Creta gebürtig, baute vor der 60. Olympiade den
prächtigen und berühmten Tempel der Diana zu Ephesus. Er

setzte

ſetzte ihn auf einen ſumpfichten Boden, und belegte den Grund
mit zerſtoßenen Kohlen und Schafsfellen, damit er weder durch
Erdbeben noch durch Niſſe Schaden nehmen möchte. Die Länge
dieſes Tempels war 425, und die Breite 220 Fuß; er war mit
127 ſechzig Fuß hohen Säulen geziert, welche dieſer Künſtler
durch eine ſelbſt erfundene Maſchine mit leichter Mühe herbei-
ſchaffte. Bei dieſer wichtigen Arbeit war ihm ſein Sohn Me-
tagenes behülflich. Beide ſchrieben eine Abhandlung über die
Joniſchen Ebenmaße des beſagten Tempels.

**CHERUBIN D'ORLEANS (LE PERE), Capuciner, ſchrieb
zwei gelehrte Werke:**

La Dioptrique oculaire, Paris 1671, in Folio.
La Viſion parfaite, 1677 und 1681, 2 Bände in Folio, mit
Kupfern.

**CHESEAUX (JEAN PHILIPPE DE LOYS DE), 1718 zu Lau-
ſanne geboren, 1751 zu Paris geſtorben, war der Neffe des berühmten Crouſaz.** Die Academien der Wiſſenſchaften zu Paris, Göttingen und London nahmen ihn zu ihrem Mitgliede auf.
Er war ein Univerſal-Gelehrter. Die Aſtronomie, Genealogie,
Theologie, Jurisprudenz, Medicin, Geſchichte, Geographie,
die heiligen und profanen Alterthümer beſchäftigten ihn wechſels-
weiſe. Seit ſeinem 17. Jahre hatte er drei phyſiſche Abhandlungen geſchrieben:

Ueber die Dynamik,
Ueber die Gewalt des Pulvers, und
Ueber die Bewegung der Luft bei der Fortpflanzung des
Schalles.

Man hat auch von ihm einen Band in 8. von

Critiſchen Diſſertationen über den prophetiſchen Theil
der Heiligen Schrift, Paris 1751,
eine
Abhandlung über den Cometen von 1743, und
Anfangsgründe der Cosmologie und Aſtronomie.

Dieſes letztere Werk wird für ein Meiſterſtück von Klarheit und
Beſtimmtheit gehalten.

**CHESELDEN (WILLIAM), ein guter Engliſcher Chirurg
und Anatomiker, 1688 zu Somerby in Leiceſterſhire geboren.**
Er

Er hielt in seinem 22. Jahre schon Vorlesungen über die Anatomie, wovon der

*Syllabus*

zuerst 1711 herauskam, und nachher seiner

Anatomie des menschlichen Körpers,

die 1713 zuerst in 8. erschien, angehängt wurde. Worauf er
jedoch seine meiste Aufmerksamkeit wendete, war die Operation
des Steinschneidens. Im Jahr 1722 erhielt er deßwegen einen
großen Beifall, und gab im Jahre darauf sein

*Treatise on the high Operation for the Stone*

heraus. — Im Jahr 1728 machte er sich dadurch einen unsterblichen Namen, daß er einem Knaben, der an die 14 Jahr
alt, und von Geburt, vermöge der Schließung der Iris, ohne
die geringste Oeffnung in der Pupille für das Licht, stockblind
war, das Gesicht gab. Er setzte eine besondere Nachricht über
den ganzen Proceß und die verschiedenen Beobachtungen auf,
welche der Patient nach Erlangung des Gesichtes gemacht hatte.

Sein Ruhm war nun so völlig gegründet, daß er für den
ersten Mann seiner Kunst gehalten wurde. Er wurde zum Oberchirurg des St. Thomas-Hospitals ernannt, und als erster
Chirurg der Königin Caroline angestellt. Da er nun seiner höchsten Wünsche, des Ruhmes und Glücks, theilhaftig worden war,
suchte er das Wünschenswürdigste, ein ruhiges Leben, zu erlangen, welches er 1737 fand, indem er als Oberchirurg des
Chelsea-Hospitals angestellt wurde, welches er bis an seinen
Tod, den 10. April 1752, blieb.

CHESNE (ANDRÉ DU), der Vater der Französischen Geschichte genannt, wurde 1584 in Touraine geboren, und ver-
unglückte 1640 durch den Wagen, in welchem er von Paris
nach seinem Landhause zu Verriere fuhr. Sein vorzüglichstes
Werk war:

*Un Recueil des Historiens de France,*

welches aus 24 Foliobänden bestehen sollte, und wovon er die
2 ersten Bände selbst herausgab. Der 3. und 4. waren unter
der Presse, als er starb, und sein Sohn, François du Chesne,
der Erbe sowohl seines Fleißes als auch seiner Kenntnisse, gab
den 5. heraus.

CHESNE (JACQUES DU). Man sehe den Artikel ENZINAS.

CHESTER.

CHESTERFIELD (Philipp Dormer Stanhope, Graf von), 1694 zu London geboren, starb 1773. und war einer der besten Moralphilosophen von England. Nachdem er vortreffliche Studien gemacht hatte, ging er auf Reisen, um die Menschen kennen zu lernen, von denen uns die Lectüre nichts, als eine unvollkommene Idee giebt. Nach seiner Zurückkunft in sein Vaterland producierte er sich am Hofe, und ward 1722 Capitän bei der Schweizer-Garde; aber drei Jahre nachher fiel er in Ungnade, und verlor alle seine Stellen.

Der Tod seines Vaters, im Jahr 1726, öffnete ihm den Eintritt in das Oberhaus, und der Tod Georgs I. im Jahr 1727, verschaffte ihm eine glänzende Lage. Er hatte das Glück, die berühmtesten Männer seiner Nation, Addison, Vanbrung, Garth, Gay, Pope u. v. a. m. zu Zeitgenossen zu haben. Alle diese Schriftsteller waren seine Freunde, und er hatte in ihrer Mitte nicht, wie so viele andere Große, den Stolz, ihr Beschützer zu sein. Aber eine traurige Leidenschaft schmählerte seinen Ruhm, und raubte ihm die Ruhe seines Lebens — die ausschweifende Liebe zum Spiel, die ihn einigemahl mit den verächtlichsten Menschen in Verbindung brachte. Der Posten eines Gesandten im Haag, im Jahr 1728, störte vollends seinen Umgang mit den Musen; die Grazie einer fließenden Beredsamkeit, seine Freigebigkeit, Pracht und Großmuth machten ihm so viele Anhänger, daß der König ihn in Holland für nothwendig hielt.

Im Jahr 1732 hatt' er die Ehre den Herzog von Lothringen, der nachher unter dem Namen Franz I. Kaiser ward, in den Orden der Freimaurer aufzunehmen. Dieser Fürst behandelte ihn immer als zärtlicher Freund.

Der Graf Chesterfield war im Haag krank geworden, bat um seine Zurückberufung, und glänzte nun auf einem andern Schauplatz. Seine Beredsamkeit und seine Talente erwarben ihm in dem Oberhause einen großen Einfluß. Endlich entschlossen, in einer ehrenvollen Zurückziehung die Philosophie und die Wissenschaften zu cultivieren, zerriß er alle Bande, die ihn mit dem Hofe verbanden. Er vermählte sich im Jahr 1733, und seine Ehe war glücklich. Er hatte das Gouvernement von Irland erhalten, wo seine Menschenliebe und sein offener Character sein Andenken sehr theuer machten.

Man

Man hat von ihm verschiedene moralische, philosophische und politische Werke, die zwar von Fehlern nicht frei sind, aber viele originelle Betrachtungen enthalten. Eins der merkwürdigsten ist sein

### Begeisterter Bramin.

Man zeichnet auch seine

### Briefe an seinen Sohn

aus, worin er als ein Mann spricht, der die Menschen kennt, der aber nur allzu oft glaubt, man sei immer ein ziemlich rechtschaffener Mann, wenn man liebenswürdig ist. Anstatt ihm die Pflichten eines Bürgers, eines Philosophen zu lehren, unterrichtet er ihn in der Kunst die Frauen zu betrügen.

Man hat den Lord Chesterfield beschuldiget, seinen Scepticismus selbst bis in die Grundsätze der Moral zu treiben, und wenig an die Tugend zu glauben, weil er selbst nicht viel davon, wenigstens nicht von derjenigen hatte, welche diesen Namen wahrhaftig verdient. Man sahe ihn daher in dem Parlement auch täglich seine Meinung ändern, weil er täglich sein Interesse änderte. Er verließ die Sache der Könige, wenn sie in Unglück waren, und verrieth die der Nation, wenn er die Gunst der Könige hoffte. Er trug am meisten dazu bei, das Parlement septennell zu machen; und dieß ist nicht seine einzige Kränkung der Constitution seines Vaterlandes.

CHEVERT (FRANÇOIS DE), den 21. Februar zu Verdun sur Meuse geboren, erhob sich vom gemeinen Soldaten bis zum General-Lieutenant. Er verdankte alles seinem Verdienst, und nichts der Gnade noch der Intrique. Ein gründliches Studium der Tactik, eine außerordentliche Liebe zu seinen Pflichten, ein brennendes Verlangen, sich auszuzeichnen, das waren die Beschützer, die für sein Avancement wachten. Wir werden nicht alle glänzenden Thaten verfolgen, die ihn bekannt machten. Die ganze Welt kennt den Rückzug des Marschalls de Belle-Isle von Prag. Chevert, den er mit 1800 Mann daselbst ließ, und der vom Hunger, von den Einwohnern und einer zahlreichen Armee getrieben wurde, sich zu ergeben, nahm die Geißeln der Stadt, schloß sie in sein eigenes Haus ein, und legte Pulverfässer in die Keller, fest entschlossen, sich mit ihnen in die Luft zu sprengen, wenn ihm die Bürger Gewalt thun wollten. Er erlangte, was er forderte, das heißt, er zog mit allen Kriegsehren ab; der Fürst Lebkowitz bewilligte ihm zwei Canonen.

*Die*

Die Kriege von 1741 und 1757 bothen unserm Krieger die gefährlichsten und glänzendsten Gelegenheiten dar. In der Schlacht zu Hastembeck wurde er beordert, den Feind von den Spitzen eines mit Wald bedeckten Berges zu vertreiben. Bei dieser Gelegenheit heftete er auf den Marquis von Brehant flammende Blicke, faßte ihn bei der Hand, und sagte: Schwören Sie mir auf Cavaliersparole, daß Sie und ihr ganzes Regiment sich eher bis auf den letzten Mann todt schlagen lassen wollen, als zurückweichen.

Das Zutrauen, welches er den Soldaten einflößte, war außerordentlich. Bei einer Gelegenheit, wo es darauf ankam, sich eines Forts zu bemächtigen, rief er einen Grenadier zu sich, dessen Muth er kannte, und sagte zu ihm: Geh gerade auf dieses Fort zu, ohne stehen zu bleiben. Man wird rufen: Wer da? du antwortest nicht; man wird nochmahls rufen, du gehst immer fort, ohne zu antworten; beim dritten Mahl wird man auf dich schießen, und dich nicht treffen: du überfällst nun die Post; und ich bin da, dich zu unterstützen. Der Grenadier ging den Augenblick, und alles geschah, wie es Chevert vorausgesehen hatte.

Dieser brave Officier starb den 24. Januar 1769 im 74. Jahre seines Alters. Er war Commandör Groß = Kreuz des St. Ludewigsordens, Ritter vom Pohlnischen weißen Adlerorden, Gouvernör von Givet und Charlemont und General = Lieutenant der Armeen des Königs von Frankreich. Er wurde in der St. Eustachiuskirche zu Paris begraben. Das wahrste Lob, das man dem Chevert geben kann, befindet sich in Form einer Grabschrift an der Hauptthüre dieser Kirche in folgenden Worten: „Ohne Ahnen, ohne Glücksgüter, ohne Stütze, seit seiner „Kindheit Waise, nahm er im 11. Jahre Dienste. Er stieg „durch seine Verdienste, trotz des Neides, und jede Stufe war „der Preis einer glänzenden Handlung. Bloß der Titel Mar„schall von Frankreich fehlte, nicht seinem Ruhme, son„dern dem Beispiel derer, die sich ihn zum Muster nehmen „werden."

CHEVREAU (URBAIN), 1613 zu Laudun geboren, und 1701 gestorben. Sein erstes Werk war eine kleine Schrift, mit dem Titel:

Le:

*Les Tableaus de la Fortune*, 1651 in 8.

ein Roman, der 1656 unter dem Titel:

*Effets de la Fortune*

wieder herauskam, und gut aufgenommen wurde. Mehrere Jahre nachher gab er

*L' Histoire du Monde* (1686)

heraus, die seitdem oft, und am besten 1717, mit beträchtlichen Zusätzen von Bourgeois de Chastenet, wieder aufgelegt wurde.

CHEYNE (GEORGE), ein guter Englischer Arzt, 1671 aus einer alten Familie in Schottland geboren. Er hatte sich anfänglich zu Edinburg auf die Philosophie und Mathematik gelegt. Er starb zu Bath im 72. Jahre. — Er ist durch ein Werk, welches den Titel führt:

*De infirmorum sanitate tuenda, vitaque producenda*, London 1726, in 8..

sehr bekannt. Man hat auch von ihm einen

Versuch über die wahre Natur und Behandlung des Podagra, 1724 in 8. und einige andere Schriften.

CHEYNELL (D. FRANCIS), 1608 geboren. Er war ein Mann von großen Talenten und Kenntnissen, und gab eine Menge Reden und andere Werke heraus, ist aber vorzüglich wegen der fanatischen Opposition gegen des berühmten Chillingworth's vortreffliches Werk,

Die Religion der Protestanten u. s. w.

merkwürdig. Er starb 1665.

CHIABRERA (GABRIELLE), ein Italiänischer Dichter, 1552 zu Savona geboren, starb 1638. So wie er einer der witzigsten Köpfe war, so war er auch einer der häßlichsten Menschen in Italien. Er hinterließ epische, dramatische, idyllische und lyrische Gedichte, welche letztern am meisten geschätzt werden, und daher auch zu Rom 1718 besonders gedruckt wurden, in welchem Jahre auch die Sammlung seiner sämmtlichen Werke in 3 Octavbänden, nebst dem Leben des Verfassers vom Abbé Paolucci, herauskam. Er wird für den Italiänischen Pindar gehalten.

Wir glauben unsern Lesern noch das Urtheil mittheilen zu müssen, welches M. Landi über diesen Dichter fällte. „So

» ist

„ist keine einzige Dichtungsart, an welcher Chiabrera seine
„Kräfte nicht versucht hätte. Niemand hat mehr epische Ge-
„dichte gemacht, als er. Er ist der Verfasser vom befreiten
„Italien, von Florenz, von der Gothiade, von der
„Amadeide, und vom Rugiero. Dieß sind seine großen
„Gedichte; die Zahl der kleinen ist viel größer. In allen findet
„man Majestät, Harmonie, Fruchtbarkeit, sowohl der Bilder,
„als der Ausdrücke, und einen großen Schatz von Griechischer,
„Lateinischer und mythologischer Gelehrsamkeit.

„Indeß machten die Gedichte des Chiabrera nicht so viel
„Glück, als man von ihnen hoffen sollte. — Es ist schwer,
„daß sich ein feuervolles Genie, wie das Genie eines wahren
„lyrischen Dichters, zu dem langsamen und regelmäßigen Gang
„eines epischen Gedichts herablasse; und wenn Pindar eine
„Iliade gemacht hätte, so wär er wahrscheinlich weit hinter
„dem Homer zurück geblieben. Aus derselben Ursache sind
„auch die dramatischen Stücke des Chiabrera schlechter, als die
„Stücke einiger andern Dichter von seiner Nation. Aber in
„den Oden und kleinen lyrischen Stücken hat er alle seine
„Nebenbuhler übertroffen, den Pindar in erhabenen Gegen-
„ständen, und den Anacreon in der erotischen Gattung.
„Er hatte auch das Verdienst, in die Griechische Dichtkunst
„neue Sylbenmaße einzuführen. Man wirft ihm bloß vor,
„sich allzu kühner Metaphern bedient zu haben; aber man ver-
„zeihet ihm diesen Fehler, wegen des Adels der Gedanken,
„wegen der Lebhaftigkeit der Bilder, und wegen des wahrhaf-
„tig dichterischen Enthusiasmus, worein er seine Leser versetzt."
Wenige Schriftsteller haben bei ihren Lebzeiten eines so
großen Ansehens genossen. Fast alle Fürsten Italiens bewiesen
ihm durch Geschenke und Belohnungen ihre Achtung: Papst
Urban VIII. die Großherzoge Ferdinand I. und Cosmus II.
Carl Emannel, Herzog von Savoien, Vincens von Gonzago,
Herzog von Mantua, die Republik Genua, u. s. m.

CHIARI (GIUSEPPE), Römischer Mahler, Schüler des
Carl Maratti, starb 1727 im 73. Jahre am Schlagflusse
in seiner Vaterstadt. Er machte sich durch mehrere schöne Gemählde für Kirchen und Palläste einen Namen.

CHIAVERI (CAJETANO), Baumeister des Königs von
Pohlen, schrieb um das Jahr 1750
    Bedenken über das Vorgeben einer nöthigen Ausbesserung
    des Schadens an der Kuppel der Peterskirche zu Rom,

die

die er zu Dresden in Italiänischer Sprache drucken ließ. Er baute die catholische Kirche dieser Stadt, die L. Zucchi in 7 Kupferstichen vorstellte.

CHILLINGWORTH (WILLIAM), ein Geistlicher der Englischen Kirche, berühmt wegen seiner großen Talente und Geschicklichkeit in Vertheidigung der Sache der Protestanten gegen die Papisten, war im October 1602 zu Orford geboren. Während seines Aufenthalts im Collegio zu Orford wurd' er von dem Jesuiten Fischer von der Englischen Kirche zu der Römisch-catholischen verführt; als er aber kurz darauf die Sophisterei in den Bewegungsgründen, die ihn vermochten zur Römischen Kirche überzutreten, entdeckt hatte, kehrte er wieder in den Schooß seiner Mutterkirche zurück. Sein vorzüglichstes Werk ist

*A free Enqviry into Religion.*

Er starb 1644.

CHILON, einer der sieben Weisen von Griechenland, Ephorus von Sparta, um das Jahr 556 vor Christi Geburt, führte ein mit seinen Lehren übereinstimmendes Leben, und dachte mit großer Richtigkeit. Er antwortete einem, der ihn fragte, was am schwersten sei? — Geheimnisse zu verschweigen, seine Zeit gut anzuwenden, und Beleidigungen ohne Murren zu ertragen. — Er pflegte zu sagen: „Wie man durch den Probierstein den Gehalt des Goldes kennen lernt, so wird das Gold selbst zum Probierstein der guten „und schlechten Menschen." — Periander schrieb ihm, er wolle sich an die Spitze einer Armee stellen, und in das feindliche Land eindringen; er antwortete ihm: „Er solle sich bei „ihm in Sicherheit setzen, anstatt andere zu beunruhigen; und „ein Tyrann müsse sich für glücklich halten, wenn er seine Tage „weder durch Schwert noch Gift endigte." — Er war es, welcher die Inschriften: Erkenne dich selbst, und Wünsche dir kein allzu großes Glück, mit goldenen Buchstaben an den Delphischen Tempel setzen ließ. Man sagt, Chilon sei vor Freude gestorben, als er seinen Sohn umarmte, der auf den Olympischen Spielen im Ringen den Preis erhalten hatte.

CHINE-NOUNG, Kaiser von China, um das Jahr 2837 vor Christi Geburt, lehrte den Menschen das Feld bauen, aus dem Getreide Brot, und aus dem Reiße Wein ziehen. Die

Zweiter Theil.　　　　D　　　　Chineser

Chineſer verdanken ihm auch, nach ihren Geſchichtſchreibern, die Kunſt ſeidene Stoffe zu verfertigen, die Krankheiten zu behandeln, die Geſänge auf die Fruchtbarkeit des Landes, die Leier und Guitarre. Die Chineſiſchen Geſchichtſchreiber ſetzen noch hinzu, er habe zuerſt die Geſtalt der Erde gemeſſen, und die vier Meere beſtimmt.

CHING, Kaiſer von China, lebte um das Jahr 1115 vor Chriſto. Er ſchenkte, ſagt man, dem Geſandten von Cochinchina eine Maſchine, welche ſich beſtändig von ſich ſelbſt nach dem Mittag kehrte, und die Reiſenden zu Waſſer und zu Lande ſicher führte. Einige Schriftſteller glaubten, es ſei der Compaß geweſen.

CHING, oder XI, oder CHI-HOANG-TI, Kaiſer von China, um das Jahr 240 vor Chriſto, machte durch eine Menge Siege ſeinen Namen berühmt; entehrte ihn aber dadurch, daß er alle Bücher zu verbrennen befahl. Als er ganz China erobert hatte, wovon er vorher nur einen Theil beſaß, führte er ſeine ſiegreichen Waffen gegen die Tartaren; und um die Einfälle derſelben zu hindern, ließ er innerhalb fünf Jahren jene berühmte Mauer bauen, welche China von der Tartarei trennt. Sie beſtehet noch in einem Raume von 500 Franzöſiſchen Meilen, erhebt ſich über die Gebirge, ſteigt in die Abgründe hinab, und hat faſt durchgängig 20 Fuß Dicke und über 30 Fuß Höhe. Dieſe Vormauer hat jedoch die Tartaren nicht abgehalten, China zu unterjochen.

CHION, aus Heraclea, hörte mit Leonidas zugleich den Plato. Unter ſeinem Namen ſind 17 Briefe vorhanden, worin der Verfaſſer zu beweiſen ſucht, daß die Philoſophie die Menſchen zu öffentlichen und Privatgeſchäften geſchickt mache.

*Chionis Epiſtolae, Graece, ad codd. Mediceos recenſuit, caſtigavit, notas et indicem adjecit Ioan. Theophilus Coberus. Dresd. et Lipſ. 1765. in 8.*

CHOERILUS, ein Griechiſcher Dichter, Freund des Herodotus, beſang den Sieg, den die Athenienſer über den Xerres erfochten. Dieſes Gedicht gefiel den Siegern ſo ſehr, daß ſie dem Dichter für jeden Vers ein Goldſtück geben ließen, und befahlen, ſein Gedicht mit denen des Homer zu recitieren. Nach den Bruchſtücken, die uns Ariſtoteles, Strabo, Joſephus gegen den Apion davon aufbewahret haben, zu

urtheil

urtheilen, so verdiente dieses Werk eine solche Belohnung. Der General Lysander wollte diesen Dichter beständig bei sich haben, damit er seinen Ruhm und seine Thaten auf die Nachwelt brächte.

Es gab noch einen Choerilus, welcher später als dieser lebte, und ob er gleich ein schlechter Versmacher war, doch eine Art von Celebrität erlangte, indem ihm Alexander erlaubte, ihn nach Asien zu begleiten, um seine Siege zu besingen, und ihn so belohnte, als ob er ein vortreffliches Gedicht gemacht hätte.

Einige Schriftsteller erzählen die Sache anders, und sagen, der Fürst hab' ihm für jeden guten Vers einen Philippsd'or, und für jeden schlechten eine Ohrfeige versprochen, und als er kaum 6 gute in einem sehr langen Gedicht fand, ihn im Unwillen über seine Unwissenheit ins Gefängniß werfen, und darin verhungern lassen.

CHORIER (NICOLAS), Parlements=Advocat von Grenoble, 1609 zu Vienne im Dauphiné geboren, legte sich frühzeitig auf die Litteratur, und vernachlässigte das Barreau, um sich ganz der Geschichte zu widmen. Er gab die

*Histoire du Dauphiné, 1661 et 1672, 2 vol. fol.*

heraus. Chorier, spricht der Abbé Lenglet, war ein wenig genauer Geschichtschreiber. Er brauchte nur eine oberflächliche Kenntniß von einer Thatsache zu haben, um eine neue Geschichte darauf zu bauen. Dasselbe Urtheil muß man über sein

*Nobiliaire du Dauphiné, 1697, 4 vol. in 12.*

über seine

*Histoire Généalogique de la maison de Sassenage, 4 vol. in 12.*

über seine

*Histoire du Duc de Lesdiguieres, 2 vol. in 12.*

fällen. Diese Werke machten, daß man Chorier für einen langweiligen, aber sein Buch, welches den Titel führt:

*Aloysiae Sigeae Toledanae Satyra Sotadica de arcanis Amoris et Veneris,*

machte, daß man ihn für einen schändlichen Schriftsteller hielt. Diese schändliche Schrift, die der berühmten Louise Sigea von Toledo ohne Grund zugeschrieben wird, ist zuverlässig von Chorier, dessen ganzes Leben den darin verbreiteten Maximen entsprach.

D 2

entsprach. Er gab die ersten 6 Dialogen seinem Verleger zur
Entschädigung des Verlustes, den er am ersten Bande seiner
Geschichte des Dauphiné erlitten hatte. Eine Magistratsperson von Grenoble übernahm, sagt man, die Kosten, und der
Sohn des Verlegers die Besorgung einer Französischen Uebersetzung. Dieses des Feuers würdige Buch war Ursache, daß
der Drucker sein Gewerbe aufgeben, und durch die Flucht einer
exemplarischen Strafe entgehen mußte. Der 7. Dialog wurde
nach einer sehr unleserlichen Handschrift zu Genf gedruckt, daher die häufigen Druckfehler dieser ersten Ausgabe. Chorier
hatte die Unverschämtheit, sich darüber zu beklagen, und wollte
durchaus für den Verfasser dieser Schrift erkannt sein. Seinen
Freunden, welche seine Sittenverderbniß kannten, fiel es auch
nicht schwer, es zu glauben. Sein Buch, das in der Folge
unter dem Titel

*Ioannis Meursii Elegantiae Latini sermonis*

gedruckt, und unter dem Titel

*Académie des Dames*

in das Französische übersetzt wurde, verdiente sehr wenig, revin-
diciert zu werden. Sein Latein ist sehr unbedeutend, obgleich
Allard sagt, es sei blühend, angenehm und fließend, und
seine Verse seien so schön, daß man sie für Producte aus dem
Jahrhundert des August halten möchte.

Chorier starb 1692 im 83. Jahre, in welchem das schätzbarste
Werk zu Lyon in 4. erschien, welches er hinterließ, nämlich die

*Jurisprudence de Gui-Pape,*

ein Auszug aus dem großen Werke dieses Rechtsgelehrten.

CHOSROES I. genannt der Große, Sohn und Nachfolger des Cabades, Königs von Persien, im Jahr 531, machte
unter der Bedingung mit den Römern Friede, daß sie ihm die
eroberten Städte wiedergäben, und die Grenzplätze nicht befestigten. Einige Jahre darauf kam er wieder auf Römischen
Boden; Belisarius schlug ihn zurück, und nöthigte ihn,
sich im Jahr 542 wieder in seine Staaten zurück zu ziehen.
(Man sehe den Artikel TRIBUNUS.)

Nach dem Tode des Justinian schickte Chosroes einen Gesandten an Justin II. um ihn zur Fortzahlung der jährlichen
Summe zu bewegen, die ihm das Reich jährlich zahlte. Dieser Fürst antwortete ihm stolz, es sei den Römern
schimpf-

schimpflich, an kleine, hier und da zerstreute Völker Tribut zu bezahlen. Als eine zweite Gesandtschaft eben
nicht besser aufgenommen worden war, zog Chosroes eine mächtige Armee zusammen, überschwemmte das Reich, nahm mehrere Städte ein, und ging nur nach vielen Plünderungen einen
Waffenstillstand auf drei Jahre ein. Er brach ihn 579, ver-
wüstete Mesopotamien und Cappadocien; als aber seine Armee
durch die Truppen des Kaisers Tiberius II. gänzlich geschlagen,
und er selbst zur Flucht genöthiget worden war, starb er noch
in diesem Jahre vor Harm, nachdem er 48 Jahre regiert hatte.

Er war ein stolzer, harter, grausamer und unkluger, aber
muthvoller Fürst, der nur wegen seiner militärischen Talente
und seiner Eroberungen den Beinamen des Großen erhielt.
Wenigstens haben ihn die christlichen Schriftsteller so geschildert; aber die Orientalischen Geschichtschreiber sprechen anders
von ihm. Sie geben ihm eben so viel Tugenden, als Talente.
Sein Hof war der Zuflucht-Ort des unglücklichen Verdienstes.
Er war gewöhnlich selbst in seinem Rathe, beschützte die Wissenschaften, kannte die mechanischen Künste so gut, als die bessern. Obgleich seine Unterhaltung immer ernsthaft war, so sah
er es doch nicht ungern, wenn seine Höflinge sich lustig machten. Er zeigte mitten in seinem Glück eine große Gleichheit der
Seele. Eines Tages rief ein ankommender Eilbote: Gott
ist gerecht, Gott ist gerecht! Der unversöhnliche
Feind unseres Königes ist so eben gestorben! —
„Das wolle Gott nicht,“ antwortete Chosroes, „daß
„ich mich über den Tod meines Feindes freue! Es
„ist für die Menschen nichts lächerlicher, als sich
„über ein Beispiel der Sterblichkeit zu freuen!“

Als er sich eines Tages auf der Jagd befand, und ein Stück
Wildpret zu essen wünschte, gingen einige von seinen Leuten in
ein benachbartes Dorf, und nahmen da so viel Salz weg, als
sie nöthig hatten. Der König, der den Verdacht hatte, daß
dieses Salz nicht bezahlt worden sei, befahl, es sogleich zu
bezahlen. Hierauf wandte er sich zu seinem ersten Diener, und
sagte: „Die Sache ist an und für sich selbst von
keiner Bedeutung, aber in Beziehung auf mich
von Wichtigkeit. Ein König muß immer gerecht
sein, denn er dient seinen Unterthanen zum Beispiel. Wenn es mir unmöglich ist, mein Volk die
Gesetze der Gerechtigkeit in den geringfügigsten

D 3 Dingen

Dingen beobachten zu machen, so muß ich ihnen doch wenigstens zeigen, daß die Beobachtung derselben möglich ist."

Man sagt, er habe auf sein Diadem folgende Inschrift setzen lassen: „Das längste Leben und die glorreichste Regierung vergehen wie ein Traum, und unsere Nachfolger drängen uns abzutreten. Ich habe dieses Diadem von meinem Vater, und es wird bald einem andern zur Zierde dienen."

Er vertraute die Erziehung seines Sohnes Hormisdas, dem Buzurges-Mihir, dem ersten Weisen Persiens, an. Als sich dieser Philosoph eines Tages in Gegenwart des Chosroes in einer Conferenz von Griechischen und Indianischen schönen Geistern befand, fragte dieser Monarch, welches die unangenehmste Lage wäre, in die ein Mensch kommen könnte? Ein Griechischer Philosoph antwortete: Das Alter, von Armuth begleitet. Ein Indianischer Weiser war der Meinung, daß es eine außerordentliche Niedergeschlagenheit des Geistes, verbunden mit heftigen körperlichen Schmerzen, sei. Buzurges-Mihir entschied, „der unglücklichste aller Menschen „sei derjenige, der sich am Ziele seines Lebens „befände, ohne jemahls die Tugend ausgeübt zu „haben."

Chosroes war eines Tages darüber verwundert, daß dieser Philosoph bei einer seiner Berathschlagungen, wo jeder seiner Räthe seine Meinung gesagt hatte, ein tiefes Stillschweigen beobachtete. Die Räthe, antwortete er dem Könige, müssen es machen, wie die Aerzte, welche ihre Mittel nur denen geben, die ihrer bedürfen.

CHOSROES II. stieg 590 auf den Persischen Thron, an die Stelle seines Vaters Hormisdas III. dem seine Unterthanen die Augen ausgestochen und ins Gefängniß geworfen hatten. Der neue König ließ seinen Vater umbringen, und wurde wie er einige Zeit darauf vom Throne gestürzt. In seinem Unglück betete er zum höchsten Wesen, ließ seinem Pferde die Zügel schießen, und daselbe über sein Schicksal entscheiden. Nach vielen Mühseligkeiten kam er in eine Stadt der Römer. Der Kaiser Mauritius nahm ihn gütig auf, gab ihm Hülfstruppen,

truppen, und ließ ihn zum zweiten Mahl zum Könige ausrufen.

Als nun Chosroes im ruhigen Besitze des Thrones war, bestrafte er die Rebellen, belohnte seine Wohlthäter, und schickte
sie in ihre Staaten zurück. Nach dem Tode des Mauritius,
der von Phocas ermordet wurde, wollte Chosroes den Tod
desselben rächen, fiel im Jahr 604 mit einer starken Armee in
das Reich ein, bemächtigte sich mehrerer Städte, drang nach
Armenien, Cappadocien, Paphlagonien, schlug die Römer bei
mehrern Gelegenheiten, und verfolgte seine Verheerungen bis
nach Chalcedonien.

Als Heraclius zum Kaiser gekrönt worden war, nachdem
er den Phocas umgebracht hatte, bat er den König von Persien
um Frieden, und stellte ihm dabei vor, daß kein gerechter
Grund zum fernern Kriege vorhanden sei. Chosroes schickte
statt aller Antwort eine fürchterliche Armee nach Palästina.
Seine Truppen nahmen Jerusalem ein, verbrannten die Kirchen, nahmen die heiligen Gefäße, ermordeten die Geistlichen,
und verkauften alle Christen, welche sie gefangen genommen
hatten, an die Juden. Zonaras berichtet, Chosroes habe
in seiner Wuth geschworen, die Römer so lange zu verfolgen,
bis sie Jesum Christum verläugneten, und die Sonne anbeteten.

Heraclius faßte wieder Muth, schlug die Perser, und trug
ihrem Könige den Frieden an, der dieses Anerbiethen kaum an-
hörte, und mit Verachtung sagte, seine Generale und seine
Soldaten würden es beantworten. Die Römische Armee, die
durch wiederhohlte Erfolge aufgemuntert wurde, erhielt neue
Siege, und nöthigte den Chosroes, die Flucht zu ergreifen.

Dieser Fürst ward darüber ganz niedergeschlagen, und ernannte seinen jüngern Sohn Merdesant, mit Hintansetzung
seines ältern Sohnes Syroes, zu seinem Nachfolger. Dieser letztere ergriff die Waffen, läßt seinen Vater ergreifen und
in ein Gewölbe werfen, das er zur Verbergung seiner Schätze
hatte bauen lassen, und läßt ihm anstatt der Speisen Gold
und Silber vorsetzen. Er starb nach vier Tagen, im Jahr 628,
vor Hunger.

Einige Geschichtschreiber sagten, „Chosroes verstand den
„Aristoteles besser, als Demosthenes den Thucidi-
„des.“ Sein Stolz und seine Grausamkeit beweisen indeß

D 4                                           nicht,

# CHOUL CHRIST

nicht, daß er von der Moral des Griechischen Philosophen viel gewann.

CHOUL (GUILLAUME DU), ein Lyonnesischer Edelmann, Bailli der Gebirge des Dauphiné, reiste nach Italien, um seine Kenntniß des Alterthums zu vervollkommnen. Er ist durch einen vortrefflichen und seltenen Tractat bekannt:

*De la Religion et Castrametation des anciens Romains.*

Dieses sonderbare Werk über das Alterthum ist vorzüglich in Rücksicht des zweiten Theiles merkwürdig, welcher von der Art und Weise, die Lager bei den alten Römern abzustecken und zu befestigen, von ihrer Disciplin und ihren militärischen Exercitien handelt. Es wurde in das Lateinische und Italiänische übersetzt. Die erstere dieser Uebersetzungen wurde 1685 in 4. zu Amsterdam gedruckt, und die letztere, von Rouillé, kam 1559 zu Lyon in Folio heraus. Diese beiden Ausgaben sind sehr selten, aber weniger als das Französische Original, Lyon 1556 in Folio, ob sie gleich nicht so gut ausgeführet sind.

Einem andern du Choul, der aber Jean hieß, verdanken wir eine kleine, wenig bekannte und seltene Lateinische Schrift:

*Varia Quercus historia*, Lyon 1555 in 8.

CHRIST (JOHANN FRIEDRICH), 1701 zu Coburg geboren, wo sein Vater Johann Sebastian Hof=Regierungs= und Consistorial=Rath, wie auch Oberaufseher des Academischen Gymnasiums und Protoscholarch war. Er genoß in seines Vaters Hause eine vortreffliche Erziehung, und wurde zeitig in die vornehmsten Gesellschaften mitgenommen, wo er sich durch mancherlei Modekenntnisse beliebt machte, und wo auch seine große Liebe zu den Alterthümern erweckt wurde. Er ging nach Jena, wo er die Philosophie und Jurisprudenz studierte, und nach drei Jahren zu dem Sachsen=Meiningischen Premierminister, Baron von Wolzogen, als Hofmeister seines ältesten Sohnes, den er in der Folge nach Jena begleitete. Bei dem nachmahligen Aufenthalt auf dieser Universität entstand seine Neigung zum academischen Leben, wider den Willen seines Vaters, der ihn für den Hof bestimmte. Er ging nun mit den beiden jüngsten Söhnen des Ministers 1726 nach Halle, wurde mit Thomasius, Gundling, Ludewig und Böhmer genau bekannt, und erhielt von der philosophischen Facultät Erlaubniß, öffentliche Vorlesungen zu halten,

ten, ohne daß er erſt Magiſter werden durfte, wobei er ſolchen
Beifall erhielt, daß er oft 5 bis 6 Stunden leſen mußte. Von
Halle aus mußte er oft in Angelegenheiten ſeines Fürſten nach
Leipzig reiſen, wo er Gelegenheit fand, mit dem Ordinarius
Michael Heinrich Griebner bekannt zu werden, der un-
ſern Chriſt an den königlich Pohlniſchen Canzler von Bünau
empfahl, der ihm 1729 ſeinen zweiten Sohn zur Erziehung
anvertraute. Ehe ſich Chriſt mit dieſem neuen Zöglinge nach
Leipzig begab, erhielt er von der dasigen philoſophiſchen Facultät die Magiſterwürde, und noch in demſelben Jahre den Titel
eines außerordentlichen Profeſſors der Geſchichte, mit einer kleinen Penſion. Nach 4 Jahren ging er mit dem jungen Grafen
durch Deutſchland nach Holland und England, dann nach Venedig, Verona und Padua.

Chriſt trennte ſich nun nach ihrer Zurückkunft von dem jungen Grafen, kam nach Leipzig, und ward 1740 ordentlicher
Profeſſor der Dichtkunſt. Er wurde wegen des allzu vielen
Studierens 1752 ſchwächlich, und verſchied den 3. Auguſt 1756.
Die Wiſſenſchaften verloren an ihm einen Mann von ausge-
breiteter Gelehrſamkeit, der zwar die Alterthümer zu ſeiner
Hauptbeſchäftigung gemacht, aber doch dabei auch die meiſten
neuern Geſchichtſchreiber und Dichter geleſen hatte, und ſelbſt
ein guter Lateiniſcher Dichter war. Er war einer der erſten,
welcher die alte, und beſonders die Römiſche Litteratur mit
Geſchmack und in Verbindung mit den bildenden Künſten ſtudierte und lehrte, dem dann Winkelmann, Klotz und
Heyne mit verſchiedenem Glücke folgten. Aber eben dieſe
Liebe zur Römiſchen Sprache machte ihm die heutige Deutſche
verächtlich, zumahl da er glaubte, daß ſie im 16. Jahrhundert
die höchſte Stufe ihrer Vollkommenheit erreicht, ſeitdem aber
wieder gefallen ſei.

Von ſeinen Schriften bemerken wir:

*Noctes academicae, obſervationibus litterariis ad rem littera-
riam miſcellis et conjecturis expoſitae. Spec. I — IV. Halae
1727 — 1729, in 8.* mit einigen von ihm ſelbſt radierten
Kupfern.

*Suſelicium. Lipſ. 1732, 8.* Ein ſchönes Lateiniſches Gedicht
über das Bünauiſche Rittergut Seuſelitz bei Meißen
an der Elbe, das den Beifall aller Kenner erhielt, und
welches dem Gedicht zum Grunde liegt, das er 1741 unter
folgendem Titel herausgab:

D 5                                        *Villa-*

*Villaticum libris III. Insunt rusticationis laudes villaeque amoenissimae descriptio, etc.*

Anzeige und Auslegung der Monogrammatum u. s. w. berühmter Mahler, Kupferstecher und anderer Künstler, Leipzig 1747, in 8. In das Französische übersetzt unter dem Titel:

*Dictionnaire des Monogrammes, lettres initiales, logogryphes etc. sous les quels les plus celebres Peintres, Graveurs et Dessinateurs ont dessinés leurs noms traduit de l'Allemand de M. Christ, (par M. Sellius et augmenté par M. d'Argensville le fils) Paris 1750, 1754, in 8.* Die Deutsche Ausgabe dieses nützlichen Buchs ist selten geworden.

*Fabularum veterum Aesopiarum libri II. Lips. 1748, in 4.* mit einigen von ihm selbst radierten Kupfern.

*Dactyliothecae universalis Millenarium I et II. Lips. 1756, in 4.* eine Beschreibung der Lippertschen Abdrücke.

Abhandlungen über die Litteratur und Kunstwerke, vornehmlich des Alterthums, durchgesehen und mit Anmerkungen begleitet von J. K. Jeune, Leipzig 1776, gr. 8. Es sind dieß eigentlich die archäologischen Vorlesungen, die er jährlich in Leipzig hielt, und welche die erste Veranlassung waren, daß archäologische Kenntnisse daselbst getrieben wurden, die sich hernach, besonders seitdem Ernesti dergleichen Vorlesungen zu halten angefangen, auf andere Universitäten ausgebreitet haben.

CHRISTIAN II. König von Dänemark, mit dem Beinamen der Grausame, bestieg im Jahre 1513, nach dem Tode seines Vaters Johann den Thron. Sobald er die Krone von Dänemark besaß, strebte er nach der von Schweden. Er hatte 1520 nach einigen Streitigkeiten das Glück zum Könige dieses Landes erwählt zu werden, und ward der Tyrann seiner neuen Unterthanen, die er wie seine Kinder zu behandeln versprochen hatte. Er gab den vornehmsten geistlichen und weltlichen Herren ein Fest, und ließ mitten unter demselben einen nach dem andern erwürgen.

Gustav entschloß sich, an der Spitze einiger Schweden, sein Vaterland von diesem Ungeheuer zu befreien. Christian, der die Mutter und Schwester seines Feindes zu Copenhagen in seiner Gewalt hatte, ließ diese beiden Prinzessinnen in einem Sacke in das Meer werfen. Der Leichnam des Administrators von Schweden wurde ausgegraben, und der Barbar trieb seine

Wild=

Wildheit so weit, daß er sich über denselben warf, und ihn mit seinen Zähnen biß. Er ließ das Cadaver in Stücken hauen, und in die Provinzen schicken, um ein allgemeines Schrecken einzuflößen. Die Landleute wurden bedroht, daß ihnen ein Fuß und eine Hand abgehauen werden sollte, wenn sie die geringste Klage erhöben. Ein Bauer, der zum Kriege geboren ist, sagte der Tyrann, muß zufrieden sein, wenn er eine natürliche Hand und einen natürlichen Fuß bei einem hölzernen Beine hat.

Dieser Bösewicht, befleckt mit dem Blute seiner Unterthanen, wurde den Dänen bald eben so verabscheuungswürdig, als er es den Schweden war. Seine Völker, angereizt von dem Herzog Friedrich von Holstein, ließen von dem ersten Magistrat von Jütland seine Absetzungs-Acte unterschreiben. Der Chef der Justiz trug die Sentenz zu Christian nach Copenhagen selbst. Der Tyrann erniedrigte sich selbst, indem er entfloh, und begab sich nach Flandern, in die Staaten Carls V. den er lange Zeit um Hülfstruppen bat.

Nachdem er zehen Jahre herum geirrt hatte, machte er vergebliche Versuche, wieder auf den Thron zu kommen. Die Holländischen Truppen waren ihm unnütz. Er wurde gefangen genommen, und in ein Gefängniß geworfen, worin er 1559, in einem verachteten und verabscheuten Alter sein Leben endete. Man nannte ihn den Nordischen Nero. (Siehe den Artikel FEBURG.)

Friedrich, sein Oheim, wurde zu Copenhagen zum König von Dänemark, Norwegen und Schweden erwählt; hatte aber von der Krone von Schweden nichts, als den Titel. Gustav Wasa, der Befreier seines Vaterlandes, wurde zum Könige desselben ausgerufen.

CHRISTINA, Königin von Schweden, 1626 geboren, folgte ihrem Vater Gustav Adolph, der 1632 mitten in seinen Siegen starb, nach. Ihr durchbringender Verstand und ihr Muth zeigten sich seit ihrer frühsten Jugend. Gustav, der große Erwartungen von der jungen Prinzessin hatte, nahm sie auf seinen Reisen mit sich. Er führte sie nach Calmar; sie war damahls noch nicht 2 Jahr alt. Der Gouvernör fragte, ob man die Kanonen abfeuern solle, und ob man nicht fürchte, der Knall möchte das Kind erschrecken. Gustav wußte nicht gleich zu antworten, sagte aber einen Augenblick darauf: Schießt

Schießt los; sie ist die Tochter eines Soldaten, und muß sich daran gewöhnen. Das Kind war weit davon entfernt, sich zu fürchten, lachte, schlug mit den Händen zusammen, und schien eine Wiederhohlung des Schusses zu fordern.

Diese Unerschrockenheit gefiel Gustaven so sehr, daß er in der Folge die Revue seiner Truppen in ihrer Gegenwart hielt, und, als er das Vergnügen sahe, welches sie an diesem militärischen Schauspiel nahm, zu ihr sagte: Laß es gut sein, ich will dich einmahl an Orte bringen, wo es dir noch besser gefallen soll.

Er starb allzu früh, um ihr Wort zu halten, und Christina, welche ihr ganzes Leben hindurch bedauerte, daß sie nie an der Spitze einer Armee bei einer Schlacht gewesen, bedauerte es noch weit mehr, daß sie die Kriegskunst nicht unter einem solchen Meister hatte lernen können.

Der Thätigkeit ihres Geistes entging nichts. Sie lernte acht Sprachen, und las den Thucydides und Polibius im Original, in einem Alter, wo andere Kinder kaum Uebersetzungen lesen. Grotius, Descartes und mehrere andere Gelehrte wurden an ihren Hof berufen, und bewunderten sie.

Als Christina majorenn geworden war, regierte sie mit Weisheit, und befestigte in ihrem Reiche den Frieden. Da sie sich nicht vermählen wollte, machten ihr die Stände über diesen Gegenstand lebhafte Vorstellungen; sie sagte eines Tages dazu zu ihnen: „Ich will lieber, daß ihr einen guten Prinzen zu meinem Nachfolger ernennt, der fähig ist, die Zügel der Regierung zu führen: nöthiget mich daher nicht, mich zu vermählen; ich könnte eben so leicht einen Nero, als einen August gebären.

Eine der großen Angelegenheiten, welche Christina auf dem Throne beschäftigten, war der Westphälische Friede, der im October 1648 zu Stande kam. Salvius, ihr zweiter Bevollmächtigter beim Congreß und ihr besonderer Canzler, trug viel zu dem Schluß dieser wichtigen Angelegenheit bei. Die Königin belohnte ihn damit, daß sie ihn zum Range eines Senators erhob; ein Rang, der in Schweden immer nur der Geburt ertheilt wurde, und den sie dem Verdienst ertheilen zu können glaubte. Wenn es, sagte sie im Senat, darauf ankommt, gute Anschläge und einen weisen Rath zu geben, so fragt man nicht nach 16 Schilden, sondern nach dem, was man thun soll. Es fehlt dem Salvius nichts, als aus einem guten Hause zu sein, und er kann sich für einen großen Vorzug halten, daß man ihm keinen andern Vorwurf zu machen hat. Es liegt mir viel daran, fähige Männer zu haben.

Die Liebe zu den Wissenschaften und zur Freiheit flößten ihr schon in einem Alter von 20 Jahren den Plan ein, ein Volk, welches nichts als den Krieg verstand, zu verlassen, und die Krone nieder zu legen. Sie ließ diesen Plan sieben Jahre hindurch reifen. Als sie endlich durch ihre Abgeordneten beim Westphälischen Frieden, welcher dem Deutschen Reiche Ruhe gab, präsidiert hatte, stieg sie vom Thron, 1654, um ihren leiblichen Cousin, Carl Gustav, auf denselben steigen zu lassen. Der Widerwille gegen die Geschäfte, die Zerstreuungen des Königthums, einige Ursachen zur Unzufriedenheit trugen zu diesem Opfer eben so viel bei, als ihre Philosophie und ihre Liebe zu den Künsten.

Wenige Tage nach ihrer Niederlegung der Krone verließ sie Schweden, und ließ eine Münze mit der Umschrift: Der Parnaß ist mehr werth, als der Thron, schlagen. Sie durchreiste nun in männlichen Kleidern Dänemark und Deutschland, ging nach Brüssel, nahm daselbst die catholische Religion an, und von da nach Insbruck, wo sie den Lutheranismus feierlich abschwor. An demselben Abende gab man ihr ein Schauspiel, weßwegen die Protestanten sagten, welche entweder diese Religionsveränderung nicht billigten, oder sie nicht für aufrichtig hielten: Es ist nicht anders als billig, daß ihr die Catholiken des Abends ein Schauspiel geben, da sie ihnen des Morgens eins gab. Sie schrieb auf eine Handschrift, worin man die Aufrichtigkeit ihres neuen Glaubensbekenntnisses in Zweifel zog: Chi lo fa non scrive, chi lo scrive non lo fa. Man kann sich hierbei erinnern, daß sie dieselbe Prinzessin war, welche sich die Worte: Fata viam invenient, zu ihrer Devise gewählt hatte.

Gleichgültig gegen alle Religionen, änderte sie, wie man sagt, die ihrige nur darum, um die Meisterstücke der Kunst in Italien mit desto größerer Freiheit zu genießen. Als ihr die
Jesuiten

Jesuiten zu Löwen eine Stelle neben der Heiligen Brigitta von Schweden versprachen, antwortete sie ihnen: Es wäre mir weit lieber, wenn man mich unter die Weisen stellte. Was man gewiß weiß, ist, daß Boissac, als sie zu Vienne im Dauphiné war, sehr übel von ihr aufgenommen wurde, weil er ihr, anstatt sie zu haranguieren, eine förmliche Rede über das Urtheil Gottes und die Verachtung der Welt hielt.

Der Französische Hof erzeigte ihr große Ehre. Die meisten Damen und Höflinge bemerkten das Genie nicht, das in dieser Prinzessin glänzte; sie sahen in ihr nichts, als ein Weib in Mannskleidern, welches schlecht tanzte, die Schmeichler brüskierte, und Kopfzeug und Moden verachtete. Mannspersonen, welche nicht so leichtsinnig dachten, ließen ihren Talenten und ihrer Philosophie Gerechtigkeit widerfahren, tadelten aber die Ermordung des Monaldeschi, der ihr Oberstallmeister, und nach einigen ihr Geliebter war. Man weiß, daß sie ihn den 10. November 1657 zu Fontainebleau in der Galerie des cerfs fast in ihrer Gegenwart durchbohren ließ. Die Rechtsgelehrten, welche Stellen compilierten, um dieses Vergehen einer Schwedin, die ehemahls Königin war, zu rechtfertigen, verdienten entweder ihre Henker oder ihre Opfer zu sein.

Der allgemeine Abscheu, den dieser Mord gegen sie erweckte, verleidete ihr Frankreich. Sie wollte nach England übergehen; da aber Cromwell diese Reise nicht billigte, ging sie alsbald wieder nach Rom ab. Christina überließ sich daselbst ihrer Neigung zu den Künsten und Wissenschaften, vorzüglich zur Chemie, den Münzen und Statüen. Alexander VII. saß damahls auf dem Stuhle des H. Petrus. Christina hatte unter seinem Pontificat einige Ursachen zum Mißvergnügen, und war Willens, nach dem Tode des Königs Carl Gustav, im Jahr 1660, nach Schweden zurück zu kehren. Die Stände waren nicht geneigt, ihr eine Krone wieder zu geben, welche sie niedergelegt hatte. Sie kam zum dritten Mahl nach Rom, setzte ihren Umgang mit den Gelehrten dieses Vaterlandes der Künste und mit den Fremden fort.

Im Jahr der Widerrufung des Edicts von Nantes, 1685, schrieb sie an den Ritter von Terson, Französischen Gesandten in Schweden, einen Brief über das revocative Edict. Sie sagte darin, die Kriegsleute wären sonderbare Apostel, und verglich Frankreich mit einem Kranken,

dem

dem man einen Arm ablöſete, um ein Uebel auszurotten, welches Geduld und Sanftmuth geheilt
hätten. Sie beklagte das Loos der Calviniſten mit einer Art
von Freimüthigkeit, welche machte, daß Bayle, der dieſen
Brief in ſein Journal aufnahm, ſagte, er ſei noch ein Ueberreſt vom Prtoeſtanzismus; er war vielmehr eine erſte Bewegung des Mitleids gegen die Proſcribierten, oder ein Ueberreſt
der Animoſität gegen Frankreich.

Im folgenden Jahre ſtarb der Prinz von Condé. Chriſtina,
welche ihn immer bewundert hatte, ſchrieb an die Scuderi,
dieſen Helden zu beſingen. Der Tod, ſagte ſie in ihrem
Briefe, der immer näher kommt, und ſeine Zeit
nicht verfehlt, beunruhiget mich nicht; ich er-
warte ihn, ohne ihn weder zu wünſchen noch zu
fürchten.

Sie ſtarb 3 Jahre darauf, 1689, im 63. ihres Lebens.
Sie verordnete, daß man auf ihr Grabmahl nichts ſetzen ſolle,
als folgende Worte: D. O. M. Vixit CHRISTINA ann. LXII.

Die Ungleichheiten ihres Betragens, ihrer Launen und Neigungen (ſagt M. d'Alembert), die geringe Decenz, die ſie
ihren Handlungen gab, der geringe Vortheil, den ſie aus
ihren Kenntniſſen und ihrem Geiſte zog, um die Menſchen
glücklich zu machen, ihr oft übel angebrachter Stolz, ihre
zweideutigen Geſpräche über die Religion, die ſie verlaſſen,
und über die, welche ſie angenommen hatte, und endlich das,
ſo zu ſagen, irrende Leben, das ſie unter Fremden, welche ſie
nicht liebten, führte, alles dieſes rechtfertiget, mehr als ſie
glaubte, die Kürze ihrer Grabſchrift. Ihre Unzufriedenheit
kündiget ſich in ihren Briefen faſt immer durch die Drohung
mit dem Tode an. Bei Gelegenheit der an gewiſſe Orte ge-
bundenen ungerechten Sicherheitsrechte, welche ſie eifrigſt vertheidigte, ſchrieb ſie an die päpſtlichen Beamten: Ich geb'
Euch mein Wort, daß diejenigen, die Ihr zum
Tode verdammt habt, wenn Gott will, noch einige Zeit leben werden; und wenn ſie zufällig
eines andern, als des natürlichen Todes ſterben
ſollten, ſo würden ſie nicht allein ſterben.

Ein Muſiker war aus ihren Dienſten gegangen, um in die
des Herzogs von Savoien zu treten; ſie ward darüber ſo wü-
thend, daß ſie folgende, ihrer unwürdige Worte ſchrieb: Er
iſt

ist für mich nicht mehr in der Welt; und wenn er
nicht mehr für mich singt, so wird er für niemanden, sei es auch, wer es wolle, lange mehr sin-
gen. — — Er muß in meinen Diensten leben
und sterben.

Christina bekannte selbst, daß sie mißtrauisch, argwöhnisch, stolz bis zur Ausschweifung, hitzig, ungeduldig, spöttisch, ungläubig, indevot, von heftigem und ungestümem Temperament war, das sie
zur Liebe hinzog, der sie aber nicht unterlag.
Wenn dem zu glauben ist, so hatte sie im allgemeinen ein zu
sonderbares Gemisch von Fehlern und großen Eigenschaften,
als daß man sich über die Verschiedenheit der Urtheile, die man
noch jetzt über sie fällt, wundern dürfte.

Archenholz, Bibliothecar des Landgrafen von Hessen Cassel,
hat unter dem Titel Denkwürdigkeiten vier dicke Quartan-
ten über diese Prinzessin herausgegeben. Man findet darin
220 Briefe und zwei Schriften von Christinen. Die erstere ist
überschrieben:

Werk der Muße, oder Maximen und Sentenzen, einige
sind triviell, andere scharfsinnig, fein und stark gedacht.
Die Königin von Schweden spricht darin fast zu gleicher
Zeit für die Toleranz und die Untrüglichkeit des Papstes.
Die letztere Schrift hat zum Titel:

Betrachtungen über das Leben und die Thaten Alexanders des Großen, mit dem sich diese Prinzessin gern vergleichen hörte.

Man hat eine kleine Satyre gegen sie gedruckt, unter dem
Titel:
Leben der Königin Christina, 1677, in 12.
Sammlung ihrer Münzen, 1742.
M. Lacombe lieferte im Jahr 1762 eine gut geschriebene
Geschichte der Königin Christine in 12.
Ein anderer Lacombe von Avignon gab auserwählte
Briefe der Königin von Schweden, und geheime Briefe
heraus, die untergeschoben sind.

Misson, der sie das Jahr vor ihrem Tode zu Rom sahe,
macht folgende Schilderung von ihr: „Sie ist sehr klein, sehr
„dick und fett. Sie hat eine männliche Gesichtsfarbe und
                                              „Stimme,

„Stimme, und ein männliches Gesicht, eine große Nase, große
„blaue Augen, blonde Augenbrauen, ein gespaltenes Kinn,
„mit einigen langen Barthaaren besetzt, eine etwas hervor=
„stehende Unterlippe, krauses, hell=castanienbraunes, gepu=
„dertes Haar, keinen Aufsatz auf dem kleinen Kopfe, eine
„lächelnde Miene, und höfliche, artige Manieren. Denket
„euch zu ihrer Kleidung einen Mannsrock von schwarzem Atlaß,
„bis über die Knie hinab gehend, und bis unten mit Knöpfen
„besetzt, einen sehr kurzen schwarzen Weiberrock, unter welchem
„man einen männlichen Schuh hervor ragen sieht, eine sehr
„große schwarze Bandschleife anstatt der Cravatte, und über
„dem Mannsrock einen Gürtel, welcher die Rundung ihres
„Bauches zeigt.“

CHRISTOPHERSON (JOHN), geboren zu Lancastre, ward
1557 Bischof zu Chichester. Er übersetzte den Philo Judaeus,
Eusebius, Socrates, Theodoretus, Sozomenes und Evagrus
ziemlich fehlerhaft aus dem Griechischen in das Lateinische.
Sein Styl ist weder rein noch bestimmt, und von Barbaris=
men entstellt. Der Uebersetzer schmilzt die Perioden um, tren=
net den Sinn, wie es ihm gut dünkt, verbindet, was die Ori=
ginale sonderten, und trennet, was sie verbanden. Seine Cri=
tik ist wenig sicher, und seine Kenntniß der Alterthümer sehr
oberflächlich. Christopherson kannte die Sprachen, und vor=
züglich die Griechische gut; aber dieß ist nicht genug, um einen
guten Uebersetzer abzugeben. Er starb 1558.

CHRYSIPPUS, ein Stoischer Philosoph, geboren zu Soli in
Cilicien, zeichnete sich unter den Schülern des Cleanthes,
Nachfolgers des Zeno, durch einen feinen Geist aus. Er war
so subtil, daß man sagte, „wenn die Götter Gebrauch von der
„Logik machten, so könnten sie sich keiner andern bedienen, als
„der des Chrysippus.“

Bei vielem Genie hatt’ er noch weit mehr Eigenliebe. Es
fragte ihn jemand, wem er seinen Sohn anvertrauen würde?
Er antwortete: Mir; denn wenn ich wüßte, daß mich
jemand in den Wissenschaften überträfe, so würd’
ich diesen Augenblick in seine Schule gehen.

Diogenes Laertius hat das Verzeichniß seiner Werke
geliefert, welche sich, ihm zu Folge, bis auf 311 Dialecti=
sche Abhandlungen beliefen. Er wiederhohlte und wider=
sprach sich in mehrern, und plünderte alles die kreuz und die

quer zusammen, was vor ihm geschrieben worden war. Daher auch einige Critiker sagten, „wenn man das aus seinen Schrif-„ten nähme, was andern gehört, so bliebe nichts übrig, als „Papier."

Er war, wie alle Stoiker, der Apostel der Bestimmung und der Vertheidiger der Freiheit — ein schwer zu vereinigender Widerspruch. Seine Lehre über mehrere andere Puncte war abscheulich. Er billigte offenbar die Ehe zwischen Vater und Tochter, zwischen Mutter und Sohn. Er wollte, man sollte, anstatt die Leichname zu vergraben, sie genießen. Dieß waren die edeln Lehren eines Philosophen, der für eine der stärksten Stützen der strengsten Schule des Heidenthums angesehen wurde.

Chrysipp entehrte seine Schule durch mehrere Werke, Aulus Gellius führt jedoch ein Bruchstück aus seinem

### Tractat über die Vorsehung

an, welches ihm sehr viel Ehre macht. „Es war, spricht er, „nicht die Absicht der Natur, die Menschen den Krankheiten zu „unterwerfen; eine solche Absicht würde der Quelle aller Güter „unwürdig sein. Wenn aber aus dem allgemeinen Plane der „Welt, so gut er auch immer geordnet ist, einige Ungemäch-„lichkeiten entsprangen, so fanden sie sich erst in der Folge des „Werks; außer dem hätten sie in dem ersten Plane und in dem „Zwecke der Vorsicht gelegen."

Dieser Philosoph starb im Jahr 207 vor Christi Geburt, an übermäßigem Genuß des Weins mit seinen Schülern, oder nach andern, vor übermäßigem Lachen über einen Esel, der aus einer silbernen Schale Feigen fraß. Man sehe den Artikel EPICURUS.

CHRYSOLORAS (EMANUEL), einer von denjenigen ge-lehrten Männern, welche die Griechische Sprache und Littera-tur in die Abendländer brachten, war, wie man annimmt, um das Jahr 1355 zu Constantinopel geboren, und starb 1415 auf der Kirchenversammlung zu Costnitz. — Man hat von ihm eine

Griechische Grammatik, Ferrara 1509 in 8.
Parallele zwischen dem alten und neuen Rom, u. a.

Johann Chrysoloras, sein Neffe und Schüler, stützte den Ruhm seines Oheims. Er starb 1427.

Es giebt auch noch einen andern Griechischen Schriftsteller, Demetrius Chrysoloras, der ohngefähr zu derselben Zeit, unter der Regierung des Manuel Paläologus, lebte.

### CHRYSOSTOMUS (St. Joannes), 344 zu Antiochia

aus einer der ersten Familien der Stadt geboren, gab durch seine Tugenden und seine Beredsamkeit, weßwegen er Chrysostomus, das heißt Goldmund, genannt wurde, seiner Familie einen neuen Glanz. Nachdem er unter dem berühmten Libanius seine Studien mit Erfolg gemacht hatte, wollte er advocieren; aber die Gnade sprach an sein Herz, und er verließ alle Hoffnungen, welche ihm die Welt gab, um sich in eine Wüste zu vergraben. Er wählte zu seinem Zufluchtsorte die Gebirge bei Antiochia. Er fand sich auch hier der Welt noch zu nahe, und schloß sich in eine Höhle ein, wo er mit Studieren und den Uebungen der Buße zwei Jahre zubrachte.

Krankheiten nöthigten ihn, nach Antiochia zurück zu kehren, und Meletius setzte ihn zum Diaconus, und sein Nachfolger Flavian im Jahr 385 zum Priester ein. Bald darauf mußte er das Wort Gottes predigen. Damahls war seine Manier noch nicht reif und populär genug; es sagte daher eine arme Frau, als sie aus einer von seinen Reden ging, zu ihm: „Mein Vater, wir Armen am Geist, wir verstehen dich nicht.“ Er benutzte diesen Wink, besserte sich, und erfüllte sein ehrenvolles Amt mit desto mehrerem Nutzen, da er mit einer rührenden und überzeugenden Beredsamkeit himmlische Sitten verband. Das Volk von Antiochia hörte seine Reden auch mit unglaublichem Eifer und Bewunderung. Man unterbrach ihn oft mit Beifalls-Zurufungen und Händeklatschen, welches seine Bescheidenheit beleidigte, denn er wollte seinen Zuhörern nicht gefallen, sondern sie bekehren. „Wozu sollen mir eure „Lobsprüche dienen, sagte er zu ihnen, da ich nicht „sehe, daß ihr Fortschritte in der Tugend macht? „Ich bedarf weder dieses Klatschens noch dieses „Lärmens. Das einzige, was ich wünsche, ist, daß „ihr, nachdem ihr mich ruhig angehört, und mir „zu erkennen gegeben habt, daß ihr die vorgetrage- „nen Wahrheiten versteht, dieselben nun ausübt; „dieß ist das einzige Lob, nach welchem ich strebe.“

Seine Talente und Tugenden machten, daß er nach dem Tode des Nectarius im Jahr 398 auf den Stuhl zu Constantino-

pel

pel erhoben wurde. Seine erste Sorge war die Reformation
der Geistlichkeit. Er rottete den unter den Geistlichen eingerisse=
nen Mißbrauch, mit den angenommenen so genannten Agape=
ten=, das heißt geliebten=Schwestern, zu leben, aus. Dieser
gute Hirt gab seiner Herde in allem das Beispiel. Er vertrieb
die Wölfe aus dem Schafstall, stiftete mehrere Hospitäler,
schickte Priester zu den Scythen, um an ihrer Bekehrung zu ar=
beiten. Seine Missionen und seine reichen Almosen erforderten
entweder große Einkünfte, oder große Sparsamkeit. Der Pa=
triarch schränkte sich auf ein dürftiges Leben ein. Er wollte we=
der kostbare Geräthe, noch seidene Kleider haben. Er genoß
einfache und leichte Nahrungsmittel, und trank nur bei großer
Hitze Wein. Er speiste wegen seiner öftern Krankheiten, und
um den Zwang großer Gesellschaften und die großen Kosten der
Gastmähler zu vermeiden, fast immer allein. Diese Einschrän=
kungen gaben ihm die Mittel, alle diejenigen zu unterstützen, die
in Mangel lebten.

Seine Werke der christlichen Liebe und sein Eifer in Erfül=
lung seiner Pflichten erwarben ihm bald die Liebe und das Ver=
trauen seines Volkes. Constantinopel gewann eine andere Ge=
stalt. Es gelang ihm, mehrere Unordnungen und Mißbräuche
zu verbessern. Er führte den nächtlichen Gottesdienst in den
Kirchen, und den Gesang der Psalmen selbst in den Häusern der
Privatpersonen ein, brachte mehrere vom Müßiggange und den
Schauspielen ab, und zu einem ernsthaften und thätigen Leben
zurück.

Indeß zogen ihm die Heftigkeit, mit welcher er gegen den
Stolz, die Schwelgerei und die Gewaltthätigkeiten der Großen
sprach, sein Eifer für die Reformation der Geistlichkeit und für
die Bekehrung der Ketzer eine Menge Feinde zu. Eutropius,
Günstling des Kaisers, der Tyrann Gaynas, dem er eine
Kirche für die Arianer abschlug; Theophilus von Alexan=
drien, Anhänger der Origenisten, die Anhänger des Arius,
die er aus Constantinopel vertreiben ließ, alle diese Menschen
vereinigten sich gegen den heiligen Erzbischof. Die Gelegenheit
sich an ihm zu rächen fand sich bald.

Chrysostomus glaubte, sein Amt lege ihm die Pflicht auf,
sich gegen die Ungerechtigkeiten der Kaiserin Eudoxia und ih=
rer Partei zu erheben. Er sprach in einer Rede über den Luxus
der Weiber geradezu darüber. Seine Feinde ermangelten nicht,
ihn

ihn seiner Worte wegen bei der Kaiserin anzuschwärzen, welche seitdem einen tödtlichen Haß gegen den Prälaten faßte. Man darf nur von den Fürsten gehaßt werden, um es bald auch von den Höflingen zu sein. Einige derselben erdichteten Verbrechen, und gaben Memoiren ein. Eudoxia unterstützte sie; sie ließ den berüchtigten Synodus zu Chalcedonien im Jahr 403 halten, auf welchem der Erzbischof von Theophilus von Alexandrien, der mit einer großen Anzahl von Bischöfen, die er selbst aus Judien zusammen berufen hatte, nach Constantinopel gekommen war, verdammt wurde.

Der heilige Prälat wurde nach seiner Verdammung von Constantinopel vertrieben; aber dieses Exil dauerte nicht lange. Die Nacht nach seinem Abgange erfolgte ein so heftiges Erdbeben, daß der Pallast davon erschüttert wurde. Eudoxia bat in Furcht und Schrecken den Kaiser, den Erzbischof zurück zu berufen. Chrysostomus kam also wieder in seine Kirche. Er wurde mit dem Zuruf des ganzen Volkes empfangen, und trat trotz der Sentenz des Synodus die Verwaltung seines Amtes wieder an.

Kaum war er 8 Monate seit seiner Zurückkunft in Ruhe, so setzte man zu Constantinopel der Kaiserin zu Ehren eine Statüe. Sie wurde auf dem Platze zwischen dem Pallaste, wo man die Rathsversammlungen hielt, und der St. Sophien-Kirche errichtet. Bei der Weihe dieser Statüe ermunterte der Präfectus der Stadt, ein Manichäer und Halb-Heide, zu außerordentlichen, mit abergläubischen Gebräuchen vermischten Vergnügungen. Es waren dabei Tänzer und Possenreißer, welche so großes Händeklatschen und Beifallsrufen erregten, daß der Gottesdienst dadurch gestöret wurde. Der Bischof konnte diese Unordnungen nicht ertragen; er sprach mit seiner gewöhnlichen Freimüthigkeit davon, und tadelte nicht allein die, welche sie begangen, sondern auch die, welche sie veranstaltet oder anbefohlen hatten.

Die dadurch beleidigte Eudoxia schwor von neuem seinen Untergang. Der Eifer der größesten Heiligen (sagt le Beau) ist nicht immer von Bitterkeit frei. Johannes Chrysostomus bestieg die Kanzel, und weit entfernt, den Zorn der Eudoxia zu mildern zu suchen, fing er seine Rede mit folgenden Worten an: „Se-„het noch eine Herodias in Wuth; sie tanzet noch „einmahl, sie fordert noch einmahl den Kopf des „Johannes.“

E 3                                              Eudoxia

Eudoria spielte wirklich die Rolle, die der furchtlose Bischof ihr zuschrieb. Sie faßte den Entschluß, ein neues Concilium gegen ihn zusammen berufen zu lassen. Mehrere Bischöfe, durch die Freigebigkeit des Hofes gewonnen, waren seine Ankläger. Arcadius, der die Heiligkeit des Prälaten kannte, sagte zu einem derselben, diese Affäre verursache ihm große Unruhe. Der der Eudoria ergebene Bischof erwiederte ihm: „Herr, „wir nehmen die Absetzung des Johannes auf „uns.“

Der Heilige wurde verdammt, Montags den 10. Juni 404 aus der Kirche gestoßen, und nach Bithynien geschickt. Auf seine Verbannung folgte eine schreckliche Verfolgung aller derer, welche seine Unschuld vertheidigten. Man erfand verschiedene Vorwände, Blut zu vergießen, wie man unter den heidnischen Kaisern gethan hatte.

Johannes Chrysostomus litt in seiner Verbannung viel: sein ganzer Trost bestand in den Briefen, welche der Papst Innocens I. und die größesten Bischöfe des Occidents, die an seinem Unglück Theil nahmen, an ihn schrieben.

Der Kaiser Honorius schrieb zu Gunsten des Chrysostomus an seinen Bruder Arcadius; aber es half nichts. Endlich wurd' er nach einem langen Aufenthalt zu Cucusa, einem verlassenen und von allen zum Leben nothwendigen Dingen entblößten Orte, nach Arabyssa in Armenien gebracht. Als man ihn nach Pythionte am Pontus Eurinus brachte, wurd' er von den Soldaten, welche ihn führten, so gemißhandelt, daß er den 14. September 407 unterwegs zu Cemana starb, ohngefähr in seinem 60. Jahre, nachdem er 9 Jahre und 8 Monate Bischof gewesen war, wovon er jedoch mehr als 3 Jahr im Exsil zubrachte.

Der Heilige Johannes Chrysostomus war eins der größesten Lichter des Orients. Seine vorzüglichsten Werke sind:

*De Sacerdotio libri VI*, die er in der Wüste schrieb.

*De Providentia.*

*De Divinitate Jesu Christi*; er beweiset sie durch die Wunder, welche seine Gnade wirkt.

*Commentarii et Homiliae in Scripturam Sacram.*

*De educandis liberis.*

Eine große Menge Homilien über verschiedene Gegenstände.

Man

Man kann diesen berühmten Kirchenvater als den Cicero
der Griechischen Kirche ansehen. Seine Beredsamkeit glich der
jenes Fürsten der Römischen Redner sehr. Er hat dieselbe Leichtigkeit, dieselbe Klarheit, denselben Reichthum und Ueberfluß an
Ausdrücken, dieselbe Kühnheit in den Figuren, dieselbe Stärke
in den Räsonnements, dieselbe Erhabenheit in den Gedanken.
Alles trägt bei einem wie bei dem andern den Stempel jenes
glücklichen Genies, welches geboren ist, den Geist zu überzeugen
und das Herz zu rühren. Ein so großer Mann auch der Heilige
Augustin ist, so lobte man doch den Heiligen Chrysostomus nicht zu sehr, wenn man ihn, wenigstens in Ansehung der
Kanzelberedsamkeit, mit ihm verglich. Die des Lateinischen Kirchenvaters ist durch Witz, Wortspiele und Antithesen, welche den
herrschenden Geschmack seines Landes und Jahrhunderts ausmachten, nicht selten entstellt. Die des Griechischen Kirchenvaters hätte zu Athen und Rom, in den schönsten Zeiten dieser
beiden Republiken, gehört werden können.

„Es ist wahr," spricht Fleury, „daß der H. Chrysostomus
„nicht so gedrängt ist, als Demosthenes, und daß er seine
„Kunst zeigt; aber im Grunde ist seine Manier nicht schlechter.
„Er weiß, wenn er reden, und wenn er schweigen, wovon er
„reden, und welche Bewegungen er stillen oder erregen muß.
„Man bemerke, wie er in der Angelegenheit der Statüen han-
„delt. Er verbleibt während der ersten Bewegung des Auf-
„ruhrs sieben Tage lang im Stillschweigen, und unterbricht die
„Folge seiner Homilien bei der Ankunft der Abgeordneten des
„Kaisers. Wenn er zu reden anfängt, thut er nichts, als in den
„Schmerz des bedrängten Volkes einstimmen, und wartet einige
„Tage, eh' er in der gewöhnlichen Erklärung der Schrift fort-
„fährt. Dieß ist es, worin die große Kunst des Redners be-
„steht, und nicht in einem feinen Uebergang und einer Proso-
„popäie."

Unter allen Ausgaben der Werke des Heiligen Johannes
Chrysostomus sind die richtigsten und vollständigsten die von
Heinrich Savill, 1613, 8 Bände in Folio, Griechisch; die
von Commelin und Fronto Ducäus, 1698, 10 Bände in
Folio, Griechisch und Lateinisch; und die von Herrn von Mont-
faucon, 1718—1734, 13 Bände in Folio, Griechisch und
Lateinisch. Diese letztere Ausgabe ist mit dem Leben des Heil.
Kirchenlehrers, mit interessanten Vorberichten u. s. f. vermehrt,

Wir haben zwei vortreffliche Lebensbeschreibungen dieses Heiligen; die erstere von Hermant ist in einem etwas schwülstigen Style geschrieben, übrigens aber sehr schätzbar; die letztere von Tillemont ist natürlicher und einfacher und mit einer unvergleichlichen Genauigkeit geschrieben. Sie befindet sich im 11. Bande seiner Memoiren.

CHURCHILL (CHARLES), ein Englischer Dichter und berühmter Satyriker, wurde 1731 geboren, und für die Kirche auferzogen. Sein erstes Product war

The Rosciad, welche durch Richtigkeit der Bemerkungen und vorzüglich durch die Bitterkeit der Satyre das Interesse des Publicums sehr erregte.

Seine nächste Schrift war eine

Apologie der Verfasser des Critical Review, welche gleichfalls vielen Beifall erhielt.

Nach dieser verfaßte er sein Gedicht

Night,

und nachher

The Ghost.

Dr. Johnson, der Verfasser des Rambler, hatte, wie es scheint, von Churchills Producten in einem nachtheiligen Tone gesprochen; er schilderte daher Johnson unter dem Character des Pomposo, und man schreibet dieser Schilderung Verdienst zu.

The Prophecy of Famine

producierte ihn in allem seinem Glanze. Er starb den 5. November 1764 zu Bologna.

CHURCHILL (JOHN), Herzog von Marlborough. Man sehe den Artikel MARLBOROUGH.

CIACONIUS oder CHACON (PEDRO), 1525 zu Toledo geboren, starb 1581 zu Rom, wurde nebst andern Gelehrten vom Papst Gregor XIII. zur Verbesserung des Calenders gebraucht. Wir verdanken seinem Fleiße und seiner Eingezogenheit gelehrte Anmerkungen über den Tertullian, über den Cassian, über den Pompejus Festus, Julius Cäsar, u. a. — Man hat auch von ihm:

Opuscula in Columnae rostratae Inscriptiones; De ponderibus et mensuris et nummis, Romae 1608, in 8.

De Triclinio Romano, Romae 1590, in 8.

In

In einer spätern Ausgabe zu Amsterdam in 12. hat man die Tractate des Fulvius Ursinus und Mercurialis über dieselbe Materie beigefügt.

CIACONIUS oder CHACON (ALFONSO), von Baëça in Andalusien, ein ausgezeichneter Dominicaner, starb 1599 im 59. Jahre als Patriarch von Alexandrien zu Rom. Man hat von ihm:

*Vitae et gesta Romanorum Pontificum et Cardinalium*, 1676 in 4 Foliobänden zu Rom zum zweiten Mahl aufgelegt, mit einer Fortsetzung.

*Historia utriusque belli Dacici.* In diesem Werke will Ciaconius beweisen, daß die Seele des Trajan auf Bitten des H. Gregorius in die Hölle gestoßen wurde.

*Bibliotheca Scriptorum ad annum 1555*, herausgegeben von Camusat, Paris 1731 in Folio, und Amsterdam 1743; ein brauchbares Repertorium für Bibliographen, das aber nicht frei von Fehlern ist.

*Explicatio Columnae Trajanae*, 1576 in Folio, Lateinisch, mit Kupfern, 1680 in Folio, Italiänisch), mit Kupfern.

Seine Bibliothek in alphabetischer Ordnung geht nur bis zum Buchstaben E.

CIAMPINI (GIOVANNI GIUSTINO), 1603 zu Rom geboren. Durch ihn bildete sich zu Rom 1671 eine Academie zum Studium der Kirchengeschichte, für die er eine starke Neigung hatte. Im Jahr 1677 stiftete er unter der berühmten Christine eine Academie der Physik und Mathematik, welche der Name ihrer Beschützerin und das Verdienst ihrer Mitglieder in Europa bald bekannt machte. Er starb 1698.

Man hat von ihm viele Werke in Italiänischer und Lateinischer Sprache, die sehr gelehrt, aber wenig methodisch, und nicht immer in einem reinen Style geschrieben sind.

*Conjecturae de perpetuo Azymorum usu in Ecclesia Latina, 1688* in 4.

*Vetera Monumenta, in quibus praecipue Musiva opera, sacrarum profanarumque aedium structura, dissertationibus iconibusque illustrantur, 1690 und 1699, 2 Bände in Folio, u. a.*

CIBBER (COLLEY), der Sohn des Gabriel Cibber, eines Deutschen Bildhauers, gekrönter Dichter Georgs II. Schauspieler und dramatischer Schriftsteller, geboren den 6. November 1671. Sein erstes Stück war

*Love's last Shift,*

worin er die Rolle des Sir Novelty Fashion selbst spielte. Diese Komödie hatte den verdienten Erfolg; und der Character des Gecken wurde darin so gut executiert, daß man sagte, es komme Cibbern in Rollen der Art keiner gleich. —

*The Careless Husband*

wird für sein bestes Stück gehalten; er selbst aber hielt

*The Nonjuror*

für das wichtigste. Er verließ 1730 die Bühne, und starb im December 1757.

Sein Sohn, Theophilus Cibber, 1703 geboren, folgte dem Beispiel seines Vaters als Schauspieler in denselben Rollen, und war beim Publicum beliebt. Er kam auf einer Ueberfahrt nach Dublin bei einem Schiffbruch im Winter 1757 um. Sein Name steht zwar vor

*The Lives of the Poets of Great-Britain and Ireland,* 1753, 5 Bände in 12.

aber der wahre Herausgeber war Mr. Robert Shiels, ein Amanuensis des Dr. Johnson.

CIBBER (SUSANNA MARIA), die Gattin des Letztern, wurde nicht nur für die beste Schauspielerin in England gehalten, sondern selbst der berühmten Demoiselle Clairon in Frankreich vorgezogen. Sie war eine Schwester des berühmten Dr. Thomas Augustin Arne, heirathete 1734 Theophilus Cibber, und starb den 30. Januar 1766.

CICERO (MARCUS TULLIUS), 106 Jahr vor Christi Geburt, aus einer alten, aber wenig illüstern Römischen Ritter-Familie zu Arpino in Toscana geboren. Die Natur ertheilte ihm alle zu einem Redner nothwendigen Gaben: eine angenehme Figur, einen lebhaften, durchdringenden Geist, ein empfindsames Herz, und eine reiche und fruchtbare Einbildungskraft. Sein Vater versäumte nichts, ein so glückliches Genie auszubilden. Er studierte unter den geschicktesten Meistern seiner Zeit, und machte so schnelle Fortschritte, daß man in die
Schulen

Schulen ging, das werdende Wunder zu sehen. — Als er das
erste Mahl öffentlich redete, trug er die Stimmen der Richter
und die Bewunderung der Zuhörer davon, und machte, daß
Roscius, sein Client, von der Anklage, der Mörder seines
Vaters gewesen zu sein, frei gesprochen wurde. Cicero war,
ungeachtet aller dieser Beifallsbezeigungen, noch nicht mit sich
zufrieden; er fühlte, daß er noch nicht alles sei, was er sein
könnte. Er verließ Rom, ging nach Athen, zeigte sich daselbst
zwei Jahre hindurch weniger als Schüler, denn als Nebenbuhler der berühmtesten Redner dieser Hauptstadt Griechenlands.
Apollonius Melanus, einer von ihnen, blieb, als er ihn
eines Tages hatte reden hören, in tiefem Stillschweigen, indeß
sich alles beeiferte, dem Redner seinen Beifall zu bringen. Der
junge Redner fragte ihn um die Ursache. "Ach, erhielt er zur
"Antwort, ich lobe und bewundere dich gewiß: aber
"ich beklage das Schicksal Griechenlands; es
"blieb ihm bis jetzt nichts übrig, als der Ruhm
"der Beredsamkeit, und nun raubst du ihm den-
"selben, und bringst ihn zu den Römern."

Als Cicero nach Rom zurück kam, war er daselbst das, was
Demosthenes zu Athen gewesen war. Seine Talente erhoben ihn zu den ersten Würden. Er ward im 31. Jahre
Quästor und Gouvernör von Sicilien: nach seiner Zurückkunft
nach Rom ward er Aedilis, und machte, daß Verres, der, um
seinen Finanzen wieder aufzuhelfen, diese Provinz ausgeplündert
hatte, verurtheilt wurde. Man ernannte ihn nachher zum Prätor, und beehrte ihn 63 Jahr vor Christi Geburt mit dem Consulat. Während er Aedilis war, zeichnete er sich nicht sowohl
durch Spiele, zu deren Besorgung ihn seine Stelle verband, als
vielmehr durch die großen Summen aus, die er in das unter
Theuerung der Lebensmittel leidende Rom austheilte.

Sein Consulat wird immer berühmt bleiben, wegen der Entdeckung der Verschwörung des Catilina, der, nach dem Beispiel des Sylla, seine Hände im Blute seiner Mitbürger wa-
schen wollte. Cicero, benachrichtiget durch Fulvia, die Mätresse eines der Verschworenen, kam dem Ausbruch des Com-
plottes zuvor, und ließ die Factionisten bestrafen. Dieses Unternehmen war um desto schwerer zu vernichten, da es Cäsar
in geheim begünstigte. Viele Personen hatten den Cicero vorher
als einen Menschen von zwei Tagen behandelt, den man nicht
auf die erste Stufe des Staates stellen sollte; nun sahe man in
ihm

ihm nichts als den eifrigsten Bürger, und gab ihm den Namen
Vater des Vaterlandes. Als er am letzten Tage seines
Consulats den gewöhnlichen Eid thun sollte, und im Begriff
war, wie dabei gewöhnlich, zum Volke zu reden, wurd' er durch
den Tribun Metellus daran verhindert. Cicero hatte mit
den Worten angefangen: „Ich schwöre; der Tribun unterbrach ihn, und erklärte, er würde ihm zu reden nicht erlauben.
Es erhob sich ein großes Murren. Cicero wartete einen Augenblick, erhob sodann seine edle und tönende Stimme, und sagte
statt seiner ganzen Rede nichts, als: „Ich schwöre, das
„Vaterland gerettet zu haben.“ — Die ganze Versammlung rief: „Wir schwören, daß er die Wahrheit
„sprach.“ Dieser Augenblick war der schönste seines Lebens.

Clodius cabalierte einige Zeit darauf gegen ihn; Cicero
sahe sich genöthiget, Rom zu verlassen, nachdem er es gerettet
hatte, und begab sich nach Thessalonich in Macedonien. Das
folgende Jahr, 58 Jahre vor Christi Geburt, riefen ihn die
Wünsche von ganz Italien zurück. Der Tag seiner Rückkehr
war ein Tag des Triumphs; seine Güter wurden ihm wiederge-
geben; seine Häuser in der Stadt und auf dem Lande auf öffentliche Kosten wieder erbaut. Cicero war von den Beweisen der
öffentlichen Achtung und Liebe so gerührt, daß er sagte: „Hätt'
„ich auf weiter nichts gesehen, als auf das Interesse meines
„Ruhmes, so hätt' ich den Beleidigungen des Clodius nicht wi-
„derstehen, sondern sie suchen und erkaufen müssen.“ — Sein
Mißgeschick hatte jedoch viel, und sogar mehr Eindruck auf ihn
gemacht, als man von einem Manne hätt' erwarten sollen, der
in der Schule der Philosophie gebildet worden war; er ermüdete
seine Freunde und Anverwandten mit seinen Klagen; und dieser
Mann, der Andere so gut vertheidiget hatte, wagte es nicht, zu
seiner eigenen Vertheidigung den Mund zu öffnen.

Als er das Gouvernement von Cilicien erhalten hatte, zeichnete er sich daselbst durch seine Billigkeit und seine Uneigennützigkeit aus, und vereinigte Affabilität mit Thätigkeit, zwei
Tugenden, die sich so selten mit einander vertragen.

Die Parther hatten Antiochia in vollem Frieden angefallen;
er stellte sich an die Spitze seiner Legionen, um seine Provinz
vor den Einfällen dieser Völker zu sichern. Er überfiel die Feinde, zerstreute sie, machte sich Meister von Pindenissa, einem
der festesten ihrer Plätze, plünderte ihn, und ließ die Einwohner
an

an die Meiſtbiethenden verkaufen. Seine kriegeriſchen Thaten
erwarben ihm von den Soldaten den Titel Imperator; und man
hätte ihm zu Rom die Ehre eines Triumphs zugeſtanden, wenn
es nicht die Unruhen der Republik verhindert hätten. Dieſe Beifallsbezeigungen waren um deſto ſchmeichelhafter, da Tapferkeit
und Unerſchrockenheit nicht für ſeine größeſten Tugenden galten.

Im Anfange des bürgerlichen Krieges zwiſchen Cäſar und
Pompejus erſchien er als ein Mann von einem ſchwachen,
furchtſamen, ſchwankenden und unentſchloſſenen Character; es
reute ihn, daß er ſich nicht zur Partei des Pompejus geſchlagen
habe, und er wagte es nicht, ſich für Cäſarn zu erklären. —
Als dieſer letztere über ſeinen Nebenbuhler triumphieret hatte,
erlangte Cicero die Freundſchaft deſſelben durch die niedrigſten
Schmeicheleien. In den Unruhen, welche auf die Ermordung
dieſes großen Mannes folgten, begünſtigte er den Octavius, in
der Abſicht, ſich an ihm einen Beſchützer zu erwerben; und dieſer Menſch, der ſich rühmte, ſeine Lictores hätten die Armeen
des Antonius vernichtet, gab der Republik einen hundert Mahl
gefährlichern Feind. Man warf ihm vor, er fürchte weniger
den Umſturz der Freiheit, als die Erhebung des Antonius.

Als ſich das Triumvirat gebildet hatte, forderte Antonius,
gegen welchen Cicero ſeine

*Philippicas*

gehalten hatte, von Octavius den Kopf deſſelben, der nieder-
trächtig genug war, ihm denſelben zuzugeſtehen. Cicero wollte
ſich anfänglich zu Waſſer flüchten; als er aber die Unbequemlichkeiten der Schiffahrt nicht ertragen konnte, ließ er ſich ans
Land ſetzen, und ſagte, er zöge den Tod in ſeinem Vaterlande, das er ehedem von der Wuth des Catilina gerettet hätte, dem Schmerze vor, entfernt
von ihm zu leben. Die Mörder erreichten ihn bei einem
ſeiner Landhäuſer; er ließ ſogleich ſeine Chaiſe anhalten, und
reichte ruhig ſeinen Hals dem Stahle der Mörder dar. Der
Tribun Popilius Lena, der ſeiner Beredſamkeit das Leben
verdankte, führte dieſen barbariſchen Auftrag aus, hieb den Kopf
und die rechte Hand des Cicero ab, und brachte dem grauſamen
Triumvir dieſen würdigen Tribut. Fulvia, die Gemahlin
des Antonius, eben ſo rachſüchtig, als ihr Gemahl, durch-
ſtach die Zunge des Cicero an mehrern Stellen mit einer gol'nen
Nadel. Dieſe traurigen Reſte des größeſten der Redner, des Be-
freiers ſeines Vaterlandes, wurden auf der Rednerbühne aufge-
ſtellt,

ſtellt, die ſo oft von ſeiner beredten Stimme wiederhallte. Er
war 63 Jahr alt, als er 43 Jahre vor Chriſti Geburt erwürgt
wurde.

Die Geſchichtſchreiber mahlen den Cicero als einen Mann
von hohem, aber ſchmächtigem Wuchſe, mit einem Halſe von un=
gewöhnlicher Länge, mit männlichen und ſehr regelmäßigen Ge=
ſichtszügen, mit einer ſo offenen und heitern Miene, daß er Zu=
neigung und Hochachtung zugleich einflößte. Seine körperliche
Beſchaffenheit war ſchwächlich, aber er hatte ſie durch Mäßigkeit
und Frugalität geſtärkt. In ſeiner Kleidung und Putz, welche
die Weiſen für die Abzeichen der Seele halten, beobachtete er das,
was er in ſeinen Pflichten vorſchreibt. Er kleidete ſich mit
der Beſcheidenheit und dem Anſtande, die ſeinem Rang und Cha=
racter geziemten. Er liebte die Sauberkeit ohne Affectation. Er
vermied die Sonderbarkeiten mit Sorgfalt, von grober Nachläſ=
ſigkeit und übertriebener Delicateſſe gleich weit entfernt. Nichts
war liebenswürdiger, als ſein Betragen und ſeine Manieren im
häuslichen Leben und in der Geſellſchaft ſeiner Freunde: er war
ein nachſichtiger Vater, ein eifriger und aufrichtiger Freund, ein
gefühlvoller und freigebiger Gebiether. Sein Humor war von
Natur luſtig, und ſein Geiſt zum Spott geneigt. Der Gebrauch,
den er in öffentlichen Geſchäften davon machte, war immer ab=
gewogen genug, um ſich dadurch keinen Tadel zuzuziehen; aber
in Privat=Unterhaltungen miſchte er oft gute und ſchlimme Plai=
ſanterien unter die ernſthafteſten Dinge, und fürchtete ſich nicht
genug, ſich durch ſeine Bons-mots Feinde zu machen. Man
hat auch bemerkt, daß er ſich im Glück zu ſehr erhob, und im Un=
glück zu ſehr niedergeſchlagen wurde; er überredete ſich in der ei=
nen und der andern Lage zu leicht, daß ſie ſich nie ändern würde.
Die lebhafteſte und ſichtbarſte Leidenſchaft ſeines Herzens war
der Ruhm, und jener Durſt nach Lobe, den nichts zu ſtillen ver=
mochte. Er bekannte ihn ſelbſt, nährte ihn mit Nachſicht gegen
ſich ſelbſt, und trieb ihn einige Mahl bis zum Lächerlichen. Man
ſpottete oft über die Affectation, mit welcher er ſeine Verdienſte
um die Republik beſtändig pries. In ſeinem Tractat über die
Geſetze ſind die Interlocutoren gleichſam zwei Schüler von ih=
rem Meiſter, beſtändig in Extaſe und Weihrauch in der Hand,
und, wie es ſcheint, einzig damit beſchäftiget, dem Cicero über
ſeine Proſa und Verſe Lobſprüche zu ertheilen. Welch ein ſonder=
bares Ding iſt die Eitelkeit in den größeſten Genies! — Die
Nachwelt hat ſeine Schwachheiten vergeſſen, und läßt ſeinen er=
habenen

habenen Talenten Gerechtigkeit widerfahren. Die uns von ihm übrig gebliebenen Werke machen ihn so unsterblich, als seine Liebe und Eifer für sein Vaterland. Die erste vollständige Ausgabe des Cicero ist die von Mailand 1498 und 1499, 4 Bände in Folio. Die von Venedig 1534, 36 und 37, 4 Bände in Folio, ist wie jene sehr selten.

CICERO (MARCUS), der Sohn des Marcus Tullius, um das Jahr 64 vor Christo geboren. Sein Character ist in einem sehr nachtheiligen Lichte auf uns gekommen, denn er ist sowohl von Alten als Neuern zum allgemeinen Sprichwort der Ausartung geworden.

CID (LE), dessen wahrer Namen RODRIGO DIAS DE BIVAR war, wurd' am Hofe der Könige von Castilien auferzogen, und erwarb sich durch seinen Muth den Namen eines der größesten Capitäne seines Jahrhunderts. Man machte ihn, sobald er im Stande war, die Waffen zu führen, zum Ritter. Die Spanischen Geschicht = oder vielmehr Romanschreiber haben in die Geschichte des Cid eine Menge wahrer Wunderthaten gewebt, welche Ferreras, der die interessantesten Puncte der Annalen von Spanien mit eben so viel Genauigkeit als Beurtheilung prüfte, darauf zurück brachte: Cid begleitete den D. Sancho, König von Castilien, im Jahr 1063 nach Arragon. Er zeichnete sich in der Schlacht zu Grao aus, in welcher D. Ramiro I. König von Arragon, blieb. Er diente dem D. Sancho noch in dem Kriege gegen seinen Bruder Alphons, König von Leon, begleitete ihn zur Belagerung von Zamora, wobei D. Sancho durch Verrätherei erschlagen wurde.

Als Alphons VI. Castilien mit dem Königreiche Leon vereiniget hatte, scheint sich Cid an diesen Fürsten angeschlossen zu haben. Er heirathete 1074 Donna Ximena Diaz, Tochter des Grafen Don Diego Alvarez von Asturien. Alphons gab ihm einige Ursachen zum Mißvergnügen, und Cid verließ Castilien, und nahm mehrere seiner Anverwandten und Freunde mit. Unterstützt durch diese braven Leute, dräng er in Arragon ein, plünderte es, und bemächtigte sich des Schlosses Alcocer. Die Unzufriedenen aus Castilien und Leon stellten sich unter seine Fahnen, und er that Ausfälle in die Länder der Mauren, die er ohne Unterlaß beunruhigte. Der Vortheil, den er von steilen und hohen Orten zog, machte, daß er den Quartieren von Teruel den Vorzug gab; und er hielt sich hier in einer Feste, die man

seitdem

seitdem den Felsen des Cid nennt. Endlich machte er sich nach dem Tode des Königs von Toledo, Hiaya, Meister von Valenzia, und blieb daselbst bis an seinen Tod, 1099.

Dieß ist die kurze summarische Anzeige von den schönen Thaten dieses Castilianischen Helden; alles Uebrige, was man im Mariana und in andern Geschichtschreibern von ihm findet, sind Fabeln, ohne sein Treffen mit dem Grafen Gomez davon auszunehmen, den Cid, sagt man, in einem persönlichen Kampf erlegte. Man setzet hinzu, er habe Chimene oder Ximene, die Tochter dieses Grafen, leidenschaftlich geliebt, und sei von ihr nicht weniger geliebt worden. Ehre und kindliche Liebe forderte Rache, und die Liebe Verzeihung von ihr; diese letztere siegte. Chimene bat den König Ferdinand um Cid, ihre Thränen zu trocknen, und ward seine Gemahlin. Und diese rührende Lage ist es, welche der große Corneille in seinem Trauerspiel Le Cid, nach dem Spanischen, so vortrefflich ausdrückte.

CIGNANI (CARLO), ein vortrefflicher Mahler von Bologna, lernte bei J. Baptista Cairo und Franz Albani, welchem er in seinen Werken an die Hand ging. Er mahlte mit einer prächtigen, wohlausgedrückten, zarten, angenehmen und starken Manier, welche man einen Auszug der Werke des Correggio, Tizian und der Carracci nennen könnte. Er wurde für einen der besten Künstler in Europa gehalten, und man findet von seinen Gemählden in den vornehmsten Gallerien großer Herren. Seine schönste und größeste Arbeit ist das Gewölbe der Kirche Santa Maria del Fuoco zu Forli, mit welcher er viel Jahre zubrachte, und in derselben die Krönung der H. Maria vorstellte. Ju diesem Werke bewundert man die Schönheit seines Genies und die Vortrefflichkeit seiner Talente.

Der Herzog von Parma erhob ihn in den Grafenstand, und Papst Clemens XI. hatte eine besondere Achtung für diesen Künstler, den er ungeachtet seiner Abwesenheit zum beständigen Haupte der neuerrichteten Academia Clementina zu Bologna ernannte. Er starb zu Forli 1719, im 91. Jahre seines Alters.

Cignani war richtig in der Zeichnung, angenehm im Colorit, zierlich in seiner Zusammensetzung. Er mahlte mit großer Fertigkeit, kleidete seine Figuren mit gutem Geschmack, und drückte die Leidenschaften kräftig aus. Vielleicht arbeitete er seine Werke nur allzu fleißig aus, welches ihn verhinderte, die gehörige Lebhaftigkeit darin anzubringen. Marienbilder und halbe Figuren mahlte

mahlte Cignani vorzüglich schön. Mit aller seiner Geschicklichkeit mußt' er das Ungemach des Neides erfahren, welcher aber
seine Verdienste mehr bekannt machte als unterdrückte.

Man hat ohngefähr 30 Kupferstiche nach seinen Werken, unter welchen J. M. Liotard sieben Blätter für den Englischen
Consul Smith zu Venedig verfertigte.

CIGNAROLI (GIOVANNI BETTINO oder BATTISTA),
ein Mahler von Salo am Gardersee, lernte bei Anton Au-
reggio und Anton Calza, und arbeitete zu Verona. Man
siehet in der St. Martinskirche zu Alsano, einem Flecken bei
Bergamo, drei schöne Stücke von seiner Hand. Das Altarblatt
stellet den Tod des H. Josephus vor, und ist wegen der Wahrheit des Ausdrucks, der Richtigkeit der Zeichnung und des Colorits vortrefflich; zur Rechten ist eine büßende Maria Magdalena, und zur Linken eine H. Agatha.

Seine erste Manier war schlecht, besonders in dem Colorit,
aber nachher verbesserte er sie nach den Werken des Correggio und Paul Veronese. Die Gallerien zu Versailles,
Madrid, Petersburg u. s f. besitzen Werke von ihm. Kaiser
Joseph II. besuchte ihn 1769 in seiner Werkstatt.

Cignaroli starb 1770, im 60. Jahre, und wurde sehr betrauert.
D. Cunego, Wagner und andere haben nach ihm gestochen.

Sein Bruder Diomio war Bildhauer und Kupferstecher.
Man siehet von ihm zwei Statüen in der Kirche della Carità zu
Brescia.

CIMA (GIOVANNI BATTISTA), genannt DA CONE-
GLIANO, weil er aus dieser Stadt in Friaul gebürtig war.
Er war einer der ersten Mahler in Venedig, welche der Manier
des Johann Bellini folgten. Cima verfertigte um das
Jahr 1517 viele Gemählde, unter welchen man noch heut zu
Tage eins in der Kirche Corpus Domini findet, welches die H.
H. Petrus Martyr, Nicolaus und Augustinus, nebst einem sin-
genden Engel, vorstellt. Man bewundert das zierliche Colorit in
demselben, da hingegen die übrigen Gemählde in dieser Kirche,
welche 180 Jahre später verfertiget wurden, weit mehr ge-
schwärzt sind.

CIMABUE (GIOVANNI), ein Mahler zu Florenz, lernte
bei einigen Griechischen Mahlern, welche die Musivarbeiten in

**Zweiter Theil.**                 **F**                 den ben Kirchen seiner Geburtsstadt ausbesserten. Cimabue fing an, in den Gemählden seiner Figuren sich der Natur zu nähern, so daß seine Altarblätter, auf einen Goldgrund gemahlt, die man meistens in den Kirchen zu Florenz und Pisa findet, jedermann in Verwunderung setzten. Der Ruhm seiner Kunst bewog Carl I. König von Neapel, welcher durch Florenz reiste, ihn zu besuchen.

Cimabue starb um das Jahr 1300, im 60. seines Alters. Die Oehlfarben waren zu seiner Zeit noch nicht erfunden; er mahlte also gemeiniglich auf frischen Kalt, eine Kunst, die er wieder erfunden haben soll, und in Wasserfarben. Man findet davon noch einige Ueberreste zu Florenz, worin man Genie und viele Naturgaben, aber wenig guten Geschmack bemerkt, welcher nur durch die Erfahrung und durch Betrachtungen über schöne Werke erworben wird. Er übertraf die Griechen seiner Zeit, in dem daß er die Gesichtsmienen viel lieblicher, die Falten der Gewänder natürlicher, auch weniger hart, und die Umrisse richtiger zeichnete. Sein Colorit ist lebhafter, und die Tinten sind ziemlich künstlich abgewechselt. Er gab seinen Figuren Proportion und Natur. Ein Gemählde von Cimabue, welches die Jungfrau Maria vorstellte, wurde so schön befunden, daß die Stadt Florenz dasselbe unter Trompeten- und Paukenschall in die Kirche Santa Maria novella bringen ließ.

CIMON, General der Athenienser, war der Sohn des Miltiades und Hegesiphyla oder Hegesippa. Die erstern Jahre seines Lebens hatten keine allzu vortheilhafte Meinung von ihm erweckt. Sein Vater war beladen mit einer großen Geldstrafe gestorben, Cimon wurde, weil er sie nicht bezahlen konnte, in das Gefängniß geworfen, und erhielt seine Freiheit nur durch Abtretung seiner Schwester Elpinice, die zugleich seine Gattin war, an den Callias, der an seiner Statt den öffentlichen Fiscus befriedigte. Das schlechte Ansehen, in welchem er stand, hatte das Volk so gegen ihn eingenommen, daß es ihn, als er sich unter denen mit darstellte, welche sich um öffentliche Aemter bewarben, sehr übel aufnahm. Zurückgestoßen durch diese mißliche Aufnahme, dachte er auf die öffentliche Geschäfte ganz Verzicht zu leisten, als ihm Aristides, der in ihm unter seinen großen Fehlern große Talente entdeckte, wieder Hoffnung machte, und seine Bildung übernahm.

Kurz

Kurz darauf fand Cimon öftere Gelegenheit, sich in den Schlachten auszuzeichnen. Die Athenienser hatten sich gegen die Perser bewaffnet; Cimon nahm diesen letztern ihre festesten Plätze, und ihre besten Bundesgenossen in Asien. Er schlug an einem und demselben Tage die Persischen Armeen zu Lande und zu Wasser, und flog ohne Zeitverlust 80 Phönicischen Schiffen zuvor, welche sich mit der Persischen Flotte vereinigen wollten, nahm sie alle weg, und erschlug den größesten Theil ihrer Besatzung. Er ging mit einer Flotte von 200 Schiffen in die See, segelte nach Cypern, fiel den Artabazes an, machte sich Meister von einer großen Menge seiner Schiffe, und verfolgte die übrigen bis nach Phönicien. Als er zurück kam, erreichte er den Megabizus, einen andern General des Artarerres, lieferte ihm ein Treffen, und schlug ihn.

Diese Siege des Cimon nöthigten den König von Persien, jenen berühmten Tractat zu unterschreiben, welcher den Atheniensern und ihren Bundesgenossen einen rühmlichen Frieden gab.

Als die Kriegsgefangenen getheilt werden sollten, wandte man sich deßwegen an den siegenden General. Er stellte die nackend ausgezogenen Gefangenen auf die eine, und ihre goldenen Geschmeide, Waffen, Kleider u. s. f. auf die andere Seite. Die Bundesgenossen nahmen die Beute, und glaubten, die beste Wahl getroffen zu haben; und die Athenienser behielten die Menschen, und verkauften sie sehr theuer an die Besiegten.

Cimon zeigte sich im Frieden eben so groß, als im Kriege. Er machte durch seine Freigebigkeit viele seiner Mitbürger glücklich. Seine Gärten und Weinberge wurden dem Volke geöffnet; sein Haus war der Zufluchtsort des Dürftigen. Der Redner Gorgias sagte von ihm: Er häufe Schätze zusammen, um sich derselben zu bedienen, und bediene sich ihrer, um sich beliebt und geschätzt zu machen.

Ungeachtet seiner moralischen Tugenden kam er in der Wissenschaft der Regierung dem Themistocles nicht gleich. Sein Ansehen wurde durch seine öftere Abwesenheit und durch die harten Wahrheiten erschüttert, die er dem Volke sagte; und er hatte, nachdem er seinem Vaterlande gedient hatte, den Schmerz, durch den Ostracismus auf zehen Jahre verbannt zu werden. Man rief ihn aber bald zurück, und ernannte ihn zum General der Flotte der alliierten Griechen. Er zog den Krieg nach Aegypten, faßte seinen alten Plan, sich der Insel Cypern zu bemächtigen,

F 2                    mächtigen,

mächtigen, wieder, konnte ihn aber nicht ausführen, indem er bei seiner Ankunft auf dieser Insel, im 449. Jahre vor Christi Geburt, an der Spitze seiner Armee starb.

CIMON, ein Römischer Greis, war wegen eines Verbrechens von dem Senat verurtheilt worden, im Gefängniß zu erhungern. Seine Tochter, welche die Erlaubniß hatte, ihn zu besuchen, ernährte ihn einige Zeit, indem sie ihn mit ihrer Brust säugte. Die Richter, gerührt durch diese kindliche Liebe, verziehen dem Vater der Tochter wegen.

Titus Livius und einige andere Schriftsteller erzählen, die Mutter und nicht der Vater dieser Tochter sei zum Hungertode verdammt worden.

Ein Niederländischer Kupferstecher, welcher ein Gemählde von Rubens copierte, worauf diese Geschichte vorgestellet war, setzte folgende zwei Disticha unter sein Blatt:

Discite quid sit amor! Lactat pia gnata parentem,
    Quem miseranda fames et fera vincla premunt.
Tantus amor fertur vitam meruisse Cimoni,
    Sicque fuit patri filia facta parens.

CINCINNATUS (Lucius Quinctius), seiner krausen und lockichten Haare wegen so genannt, wurde im Jahr 458 vor Christi Geburt vom Pfluge weggenommen, um Römischer Consul zu sein. Er erhielt während seiner Regierung durch seine weise Festigkeit die Ruhe, und kehrte wieder aufs Land zurück, sein Feld zu bauen.

Er wurde zum zweiten Mahl vom Pfluge weggenommen, um als Römischer Consul gegen die Aequer und Volscer zu Felde zu ziehen. Das einzige, was er gegen die Abgeordneten der Republik bedauerte, war, daß sein Feld dieses Jahr unbebaut liegen bleiben sollte; aber der Senat gab Befehl, daß das kleine Eigenthum des neuen Consuls auf Kosten der Republik bestellt werden sollte. Er wurde zum Dictator ernannt, umzingelte die Feinde, schlug sie, und führte ihren General und die übrigen Officiere in Ketten nach Rom. Man erkannte ihm einen Triumph zu, und es stand nur bei ihm, sich eben so reich zu sehen, als er geehrt und berühmt war. Man both ihm Ländereien, Sclaven, Thiere an; er schlug alles standhaft aus, und legte nach sechzehn Tagen die Dictatur nieder, um den Pflug wieder zu ergreifen.

In

In einem Alter von 80 Jahren wurd' er zum zweiten Mahl zum Dictator ernannt; er triumphierte über die Pränestiner, und legte nach 21 Tagen die Dictatur nieder.

So lebte dieser jetzt einfache und jetzt erhabene, oder vielmehr selbst in seiner Einfalt immer erhabene Mann, eben so groß, wenn er, einen Pflug in seiner siegreichen Hand, eine Furche zog, als wenn er die Zügel der Regierung lenkte, und die Feinde der Republik in den Staub warf.

CINNA (LUCIUS CORNELIUS), Römischer Consul, im 87. Jahre vor Christi Geburt. Er wollte gegen die Einwendungen seines Collegen Octavius, der ein Anhänger des Sylla war, den Marius zurück berufen, mußte deßwegen aus Rom, und wurde vom Senat seiner Consular-Würde beraubt. Er begab sich zu seinen Alliierten, und brachte in Geschwindigkeit eine Armee von 30 Legionen zusammen, kam in Begleitung von Marius, Carbo und Sartorius, deren jeder ein Corps commandierte, Rom zu belagern. Hunger und Desertionen nöthigten den Senat, mit ihm zu capitulieren, und er zog im Triumph in Rom ein, versammlete das Volk, und ließ das Arret der Zurückberufung des Marius ablesen. Nun flossen Ströme Bluts in Rom. Die Trabanten des Siegers erwürgten ohne Barmherzigkeit alle diejenigen, welche ihn zu begrüßen kamen, und deren Begrüßung nicht erwiedert wurde. Dieß war das Signal des Metzelns. Die vornehmsten Senatoren wurden die Opfer seiner Wuth. Octavius, sein College, wurd' enthauptet. Drei Jahre darauf, im 84. vor Christi Geburt, wurde dieser Barbar von einem Centurio seiner Armee ermordet. Er hatte alle Leidenschaften, welche nach der höchsten Gewalt streben machen, ohne eins der Talente zu haben, welche zu derselben führen.

CINNA (CNEJUS CORNELIUS), von einer Enkelin des großen Pompejus geboren. Er wurde einer Verschwörung gegen Augustus überführt, der ihm auf Bitten der Kaiserin Livia verzieh. Der Kaiser ließ ihn auf sein Zimmer kommen, erinnerte ihn an die Verbindlichkeiten, die er ihm selbst schuldig sei, bat ihn nach einigen Vorwürfen der Undankbarkeit einer von seinen Freunden zu sein, und gab ihm zu gleicher Zeit das Consulat, welches er das folgende Jahr, ohngefähr im 36. der Regierung des Augustus, verwaltete. Diese Großmuth rührte den Cinna so sehr, daß er in der Folge einer der eifrigsten Unterthanen

nen dieses Fürsten war. Er setzte ihn, nach Dio Cassius, nach seinem Tode zum Erben seiner Güter ein.

Voltaire zweifelt an der Gnade des Augustus gegen Cinna sehr. Tacitus und Sueton erwähnen nichts von dieser Begebenheit. Der letztere spricht von allen Verschwörungen gegen Augustus; und sollt' er wohl die berühmteste mit Stillschweigen übergangen haben? Die Sonderbarkeit eines Consulats, das dem Cinna zur Belohnung der schwärzesten Treulosigkeit gegeben wurde, würde doch nicht allen gleichzeitigen Schriftstellern entgangen sein. Dio Cassius spricht nur nach dem Seneca davon, und dieses Stück des Seneca gleicht mehr einer Declamation, als einer historischen Wahrheit. Noch mehr, Seneca versetzt diese Scene nach Gallien, und Dio nach Rom.

Diese wahre oder erdichtete Verschwörung gab dem großen Corneille den Stoff zu einem, und vielleicht dem ersten seiner tragischen Meisterstücke.

CINNA (CAJUS HELVIUS), ein Lateinischer Dichter, lebte zur Zeit der Triumvirn. Er hatte ein Gedicht, unter dem Titel

*Smyrna*

in Hexametern geschrieben, worin er die blutschänderische Liebe der Myrrha schilderte. Servius und Priscian haben uns einige Verse aus demselben aufbehalten, die sich im Corpore Poetarum des Maittaire befinden.

CINNAMUS (JOANNES), Griechischer Geschichtschreiber des 12. Jahrhunderts, begleitete den Kaiser Manuel Comnenus auf den meisten seiner Reisen, und schrieb die Geschichte desselben in 6 Büchern. Das erste enthält das Leben des Johann Comnenus, und die 5 letztern das des Manuel. Er ist einer der besten neuern Griechischen Geschichtschreiber, nach Thucydides, Xenophon und den übrigen Alten. Sein Styl ist edel und rein, die Thatsachen sind gut detailliert, und mit Geschmack gewählt. Er stimmt nicht immer mit seinem Zeitgenossen Nicetas überein. Dieser sagt, die Griechen hätten Verräthereien aller Art gegen die Lateiner begangen, und Cinnamus versichert, daß die Lateiner die schrecklichsten Grausamkeiten gegen die Griechen begingen. Sie können vielleicht beide Recht haben. Du Cange gab 1670 eine Ausgabe vom Cinnamus, Paris im Louvre, Griechisch und Lateinisch, mit gelehrten Anmerkungen.

CINO

CINO oder AMBROSINO, wahrscheinlich im Jahr 1336.
aus dem Geschlechte Sinibaldi oder Sinibuldi zu Piſtoja
geboren, (nach andern ſtarb er in dem genannten Jahre zu
Bologna) iſt ſowohl durch ſeine große Rechtsgelehrſamkeit,
durch ſeine Italiäniſchen Gedichte, als auch durch ſeine Schüler bekannt. Er lehrte zu Bologna, vornehmlich aber zu Perugia die Rechte, und hatte daſelbſt den Bartolus und Boccaccio zu Zuhörern, welchem letztern er auch in den ſchönen
Wiſſenſchaften Unterricht gab. Er war gleichfalls der Lehrer
des Petrarca in der Italiäniſchen Dichtkunſt, und ein Freund
des Dante.

Man hat von ihm:

Ueber den *Codex Juſtinianeus* und einige Stücke vom *Digeſto
veteri.*

*Tractatus de ſucceſſione ab inteſtato.*

Italiäniſche Gedichte und Briefe.

CINQ-MARS (HENRI COIFFIER, genannt RUZE, MAR-
QUIS VON), zweiter Sohn des Antoine Coiffier, Marquis
d'Effiat, Marſchall von Frankreich, verdankte ſein Glück dem
Cardinal Richelieu, einem vertrauten Freunde ſeines Vaters.
Er ward Capitaine-aux-gardes, dann im Jahr 1637 Grand-
maître der Garderobe des Königs, und zwei Jahre nachher
Grand-écuyer von Frankreich. Sein Geiſt war angenehm,
und ſeine Geſtalt einnehmend.

Der Cardinal Richelieu, der ſich ſeiner bedienen wollte, die
geheimſten Gedanken Ludewigs XIII. kennen zu lernen, lehrte
ihm die Mittel, ſich des Herzens dieſes Fürſten zu bemächtigen.
Er ſtieg bis zur höchſten Gunſt; aber die Ambition erſtickte die
Dankbarkeit in ihm bald, die er dem Miniſter und dem Könige
ſchuldig war. Er haßte den Cardinal innerlich, weil er ſich
anmaßte, den Gebiether gegen ihn zu ſpielen, und liebte den
Monarchen eben ſo wenig, weil ſeine düſtere Laune ſeiner Neigung zu Vergnügungen entgegen war. Ich bin ſehr unglücklich, ſagte er zu ſeinen Freunden, daß ich mit einem
Menſchen leben muß, der mir von früh bis in die
Nacht lange Weile macht!

Indeß verbarg Cinq-Mars, in der Hoffnung, den Miniſter
zu ſtürzen, und den Staat zu regieren, ſeine Abneigung und
ſeinen Widerwillen. So lang' er ſich bemühte, die außerordentliche Neigung zu cultivieren, welche Ludewig XIII. zu ihm

F 4    hatte,

hatte, verursachte ihm Richelieu einige Kränkungen, die ihn sehr schmerzten. Er befand sich gewöhnlich als der dritte Mann bei den Berathschlagungen, welche der König mit dem Cardinal hielt. Ich will, sagte Ludewig, daß sich mein lieber Freund frühzeitig von den Angelegenheiten meines Rathes unterrichte, damit er dadurch fähig werde, mir Dienste zu leisten.

Der Cardinal, dem Cinq-Mars Gegenwart ungelegen war, und der es nicht gut fand, daß er ihm immer auf der Ferse nachfolgte, wenn er sich zu dem Könige begab, warf ihm eines Tages seine Undankbarkeit in den stärksten Ausdrücken vor. Er sagte ihm, es schicke sich nicht für einen so leichtsinnigen Kopf, als der seinige, daß er sich in Staatsangelegenheiten mische, und es bedürfe nur eines Menschen, wie er, um Frankreich bei Fremden außer Ansehen zu bringen. Er verboth ihm, sich von nun an bei irgend einer Beratschlagung einzufinden, und behandelte ihn mit so viel Härte, daß er vor Bosheit und Zorn weinte.

Von diesem Augenblick an dachte Cinq-Mars auf die bitterste Rache. Er reizte den Herzog Gaston von Orleans zur Empörung, und zog den Herzog von Bouillon zu seiner Partei. Man schickte einen Emissar nach Spanien, und schloß mit Gaston einen Tractat, um Frankreich den Feinden zu öffnen.

Als im Jahr 1642 der König in Person ging, Roussillon zu erobern, begleitete ihn Cinq-Mars, und stand mehr als jemahls bei ihm in Gnaden. Ludewig XIII. sprach mit ihm ohn' Unterlaß von seinem Mißvergnügen, sich von einem befehlerischen Minister beherrschen lassen zu müssen. Cinq-Mars benutzte dieß Geständniß, um ihn noch mehr gegen den Cardinal zu erbittern, und schlug ihm bald vor, ihn ermorden zu lassen, und bald, ihn vom Hofe zu entfernen.

Richelieu, der sich zu Tarascon gefährlich krank befand, zweifelte nicht mehr, daß er in Ungnade gefallen sei; aber sein gutes Glück wollte, daß er den von den Empörern mit Spanien geschlossenen Tractat entdeckte. Er machte ihn dem Könige bekannt; der unkluge Cinq-Mars wurde zu Narbonne arretiert, und nach Lyon gebracht. Man leitete seinen Proceß ein, und mußte, ihn zu verurtheilen, neue Beweise haben; Gaston schaffte sie herbei, um seine eigene Begnadigung dadurch zu erkaufen.

Cinq-

Cinq - Mars wurde den 21. September 1642 enthauptet, als er erst in seinem 22. Jahre war. — Man erzählt, daß Ludewig XIII. der ohngefähr die Stunde der Hinrichtung wußte, mehrmahls nach seiner Uhr sahe, und sagte: In einer Stunde wird der liebe Freund, so pflegte er den Cinq-Mars zu nennen, eine häßliche Grimasse machen; Worte, die noch schrecklicher sind, als die im Artikel Carl IX. angeführten Worte des Vitellius.

CINQUI oder DEL CINQUE (Giovanni), ein Mahler von Scarperia, kam nach Florenz, wo er einer von den besten Schülern des Peter Dandini ward, der ihn zärtlich liebte, und ihm die Ausführung vieler von seinen Erfindungen anvertraute. Cinqui mahlte einige Werke auf frischen Mörtel, verfertigte aber eine unbeschreibliche Menge Oehlfarbengemählde, worunter die ganze Lebensgeschichte Christi für den Großherzog Cosmus III. eins seiner größten und besten Werke ist. Er starb zu Florenz 1743, im 76. Jahre seines Alters.

CIOCCHI (Giovanni Maria), ein Mahler von Florenz, lernte bei Peter Dandini, der ihn allen seinen Schülern zum Muster vorstellte. Auf seinen Reisen in die vornehmsten Städte Italiens zeichnete er alle Werke der größesten Meister nach. Der Märtyrertod der H. Lucia in ihrer Kirche, delle Rovinate genannt, wird für sein bestes Gemählde gehalten. Er arbeitete auch vieles in Oehl- und Frescofarben für andere Kirchen und Palläste seiner Geburtsstadt, und mahlte verschiedene Bildnisse.

Dieser Künstler mußte gegen das Ende seines Lebens, wegen starker Abnahme des Gesichts, die Pinsel niederlegen; in diesem Zustande schrieb er ein Buch:

*La Pittura in Parnasso.*

Er starb endlich 1725, im 67. Jahre seines Alters.

CIOFANI (Hercole), ein gelehrter Italiäner von Sulmo, commentierte im 16. Jahrhundert die Metamorphosen des Ovid, den er als seinen Landsmann liebte, mit viel Gelehrsamkeit und Eleganz. Sein Commentar kam 1661 zu Frankfurt in Folio heraus.

CIPRIANI (Giovanni Battista), ein berühmter Italiänischer Mahler, der sich in England niederließ, und den 14. Jan. 1786

F 5

zu

zu London starb, genoß in dieser Insel eines großen Ansehens. Obgleich seine Zusammensetzungen im allgemeinen wenig verstanden sind, so machte doch die große Mannigfaltigkeit seiner Zeichnungen, der Ausdruck seiner Figuren, die Feinheit seiner Köpfe, und die Zartheit seiner Umrisse, daß man ihn für einen großen Meister hielt. Seine zahlreichen Werke, die durch den Stichel des Bartolozzi in ganz Europa verbreitet sind, athmen Grazie und Schönheit.

Cipriani trug viel dazu bei, den Geschmack an den schönen Künsten in England allgemeiner zu machen. Seine Privattugenden machten seinen Talenten Ehre; er hatte fast eben so viele Freunde, als Schüler.

Er hinterließ einen Sohn, der einen Theil seines Genies erbte, und eine große Menge von Scizzen und Zeichnungen, welche derselbe dem Publicum wahrscheinlich nicht vorenthalten wird.

CIRANI oder SIRANI (ELISABETTA), Tochter des Johann Andreas, wurde wegen ihrer Geschicklichkeit frühzeitig so bekannt, daß sie mit ihrem Vater, mit D. M. Canuti, Bibiéna und Rosso von Neapel in der Carthause zu Bologna arbeitete, wo sie die Taufe Christi auf einer 30 Fuß hohen Tafel mit einer so großen und kühnen Manier verfertigte, daß sie hierin alle ihre Mitarbeiter übertraf. Sie hielt sich beständig an die vortreffliche Manier des Guido Reni, starb aber zu großem Leidwesen ihres Vaters und aller Kunstkenner 1665 in ihrem 27. Jahre von Gift, und wurde mit großem Gepränge in der Kirche St. Dominicus im Grabe des Guido beigesetzt.

Sie radierte einige Blätter nach Raphael, Guido Reni und ihren eigenen Erfindungen. L. Tinti, L. Loli, F. Bartolozzi u. a. haben nach ihr in Kupfer gestochen.

Ihr Gemählde in der Kirche St. Leonhard zu Bologna, welches den H. Antonius von Padua, der dem Kindlein Jesus die Füße küßt, vorstellt, ist sehr schön, wohl gezeichnet, von einer festen Manier, und kräftig ausgedrückten Schatten; es ist auch von einer schönen Färbung und zierlichen Lebhaftigkeit in den Mitteltinten: indeß fehlet ihm doch das männliche Feuer, welches man selten in den Werken des weiblichen Geschlechts antrifft. Sie ist vielleicht die einzige gründliche Mahlerin, zu deren Ruhme nicht Schmeichelei, sondern wirkliches Verdienst beitrug.

beitrug.     Man findet zwei gedruckte Lobreden auf diese
Künstlerin.

CIRANI ober SIRANI (GIOVANNI ANDREA), der vorhergehenden Vater, Mahler zu Bologna, lernte bei Guido
Reni und Jacob Cavedone. Er ward ein vortrefflicher
Meister in großen Gemählden, welche er in der schönen und
zierlichen Manier des Guido ausarbeitete. Er starb 1670, in
seinem 60. Jahre. L. Loli hat nach ihm radiert.

Außer der erwähnten Elisabeth hatt' er noch zwei Töchter, Barbara und Anna Maria, die er in seiner Kunst
unterwies. Sie verfertigten verschiedene historische Gemählde
für die Kirchen und Palläste ihrer Geburtsstadt.

CIRILLO (BERNARDINO), von Aquila, machte sich gegen
das Ende des 16. Jahrhunderts durch eine lesenswürdige und
ziemlich seltene

Geschichte der schönen, aber unglücklichen Stadt Aquila
in Abruzzo,

in Italiänischer Sprache, bekannt, welche 1570 in 4. zu Rom
gedruckt wurde.

Um eine vollständige Geschichte dieser Stadt, der Gelehrten,
welche sie hervorbrachte, der Unglücksfälle, welche sie betraf,
zu haben, verbindet man sie gewöhnlich mit der des Salva-
tore Massonio, eines Schriftstellers aus derselben Landschaft. Dieses letztere Werk wurde 1594 in 4. zu Aquila
gedruckt.

CIRINI (ANDREA), regulierter Geistlicher von Messina,
starb 1664, in seinem 46. Jahre zu Palermo, und ist Verfasser mehrerer, die Jagd betreffenden Werke.

*Variae Lectiones, sive de Venatione Hercum, Messinae 1650, in 4.*
*De Venatione et natura Animalium, Palerm. 1553, in 4.*
*De natura et solertia Canum, de natura Piscium, ibid.*
*Istoria delle Peste, Gen. 1656, in 4.*

CIRO-FERRI, Römischer Mahler und Architect, 1634 geboren, wurde von Alexander VII. den drei folgenden Päpsten
und andern Fürsten mit Ehren überschüttet. Der Groß-Her-
zog von Florenz trug ihm die Vollendung der Werke auf, welche
Peter von Cortona, sein Meister, unvollendet gelassen
hatte; der Schüler zeigte sich dabei seines Lehrers würdig.
Eine

Eine große Manier, eine weise Zusammensetzung, ein schönes Genie, werden seine Werke immer bewundern machen. Diese Bewunderung würde noch verdienter sein, wenn er seine Charactere mehr belebt und vermannigfaltiget hätte. Er starb 1689 zu Rom, aus Eifersucht über das Verdienst des berühmten Genuesischen Mahlers Bacicci.

CITTADINI (CARLO), ein Mahler zu Mailand, lernte bei Guido Reni, und suchte seine Manier nachzuahmen. Sein Bruder Peter Franz war unter dem Namen Franceschino Milanese bekannt; er lernte auch bei Guido Reni, und übertraf Carln in der Kunst. Er machte sich bald durch seinen fertigen Geist bekannt, vermittelst dessen er in allen Arten der Mahlerei eine besondere Fähigkeit verspüren ließ. Peter Franz mahlte Historien, Früchte, Thiere und Landschaften, in welchen er Schauspiele, Märkte, bürgerliche und ländliche Lustbarkeiten abbildete. Er starb zu Bologna 1681 im 67. Jahre.

Er hinterließ drei Söhne: Johann Baptista, der wie sein Vater alle Gattungen der Mahlerei übte; er starb 1692; Carl, besaß gleiche Geschicklichkeit; Angelus Michel, mahlte sehr schöne Blumen und Früchte. Cajetan, Carls Sohn, war ein vortrefflicher Landschaftmahler. Seine Gemählde sind mit einer sehr schönen Manier und einem so glänzenden Colorit ausgearbeitet, daß man die Sonnenstrahlen darauf fallen zu sehen glaubt. Johann Hieronymus, Carls zweiter Sohn, mahlte auf große und kleine Tafeln Blumen, Früchte und Thiere.

CIVILLE (FRANÇOIS DE), ein Edelmann aus der Normandie, verdient wegen der Sonderbarkeit seiner Begebenheiten bei der Belagerung von Rouen, im Jahr 1562, in der Geschichte einen Platz. Er war Hauptmann von 100 Mann zu Fuß, und machte einen Theil der protestantischen Garnison dieser Stadt aus, als die königliche Armee dieselbe zu belagern kam. Bei einem Anfall (den 15. October) mit einer Flintenkugel in den rechten Backen und die Kinnlade verwundet, so daß die Kugel hinten am Halse wieder herausging, fiel er von der Bastei herunter in den Graben, (es war gegen 11 Uhr Vormittags) und wurde auf der Stelle nebst einem andern Soldaten, den man neben ihm ausgestreckt fand, verscharrt.

Gegen

Gegen den Abend erhielt fein Bedienter, der das Unglück feines Herrn erfuhr, und ihm ein rühmliches Begräbniß beforgen wollte, von dem Gouvernör (dem Grafen von Montgommern) die Erlaubniß, ihn auszugraben. Als er aber die beiden Leichname fand, konnte er feinen Herrn nicht erkennen, so sehr war fein Gesicht von Blut und Geschwulst entstellt.

Er ging also mit einem andern Menschen, der ihn begleitete, wieder zurück, als dieser letztere beim Schein des Lichtes auf dem Platze, wo der Leichnam lag, etwas flimmern fahe. Er tritt hinzu, und sieht, daß dieser Flimmer von einem Diamant herkommt, den einer von beiden, deſſen Hand nicht verscharrt worden war, am Finger hatte. An diesem Zeichen erkannte der Bediente feinen Herrn. Er hebt den Leichnam auf, und findet ihn noch etwas warm. Er trägt ihn eilig zu den Chirurgen der Garnison, die ihn anfänglich nicht behandeln wollen, und für todt ansehen.

Der eifrige Bediente denkt nicht so, und trägt ihn in das Haus, in welchem er wohnte. Civille blieb fünf Tage und fünf Nächte ohne ein Zeichen von Bewegung und Leben, brannte aber von Fieberhitze.

Indeß waren Verwandte des Verwundeten (die Herren von Verbois, Vally und Düval) gekommen, ihn zu sehen, und hatten zwei Aerzte (Gueronte und le Gras) und einen Chirurg (Jacob Davaux) herbei gerufen. Sie hielten es für gut, ihm medicinische Hülfe zu leisten. Man öffnete ihm den Mund, und goß ihm einige Fleischbrühe ein.

Als man ihm den folgenden Tag den Verband abnahm, fing der Kranke an, wieder zu fich zu kommen, und brachte felbſt einige Klagen hervor, ohne jedoch jemanden zu kennen. Nach und nach lernte er feine Freunde kennen, und man fing schon an, an feinem Aufkommen nicht mehr zu verzweifeln, ob er gleich beständig in einem heftigen Fieber lag, als den 26. October, 11 Tage nach feiner Verwundung, die Stadt im Sturm eingenommen wurde. Vor Schreck wurde fein so schon sehr heftiges Fieber noch verdoppelt. Indeß behandelten ihn 4 Soldaten, die das Haus, in welchem er wohnte, plünderten, und zufällig von der Compagnie eines feiner Freunde (des Capitäns Lago) waren, mit vieler Menschlichkeit. Als aber diese Soldaten nach einigen Tagen dieses Quartier verlassen mußten,
weil

weil ein Officier von der königlichen Armee (Desmoulins,
Lieutenant der Schottischen Garden) es bezog, warfen ihn die
Bedienten dieses Officiers auf einen elenden Strohhaufen in
einer Hinterkammer.

Um sein Unglück voll zu machen, kamen einige Feinde des
jüngern Bruders von Civille, ihn, aus der Absicht ihn umzubringen, in diesem Hause zu suchen; und als sie ihn nicht fanden, rächten sie sich an dem Verwundeten, und warfen ihn
zum Fenster hinaus auf einen Misthaufen. Hier blieb er
3 Tage und 3 Nächte, im Hemde, bloß mit einer Nachtmütze
auf dem Kopfe, dem Wetter ausgesetzt, liegen. Nach diesen
3 Tagen kam einer seiner Anverwandten (Herr von Croisset,
sein leiblicher Cousin) in das Haus, sich nach ihm zu erkundi-
gen, und eine alte Frau sagte ihm, er sei durch das Fenster in
einen Hinterhof geworfen worden.

Dieser sein Vetter ging in den Hof, und erstaunte, ihn noch
lebendig zu finden. Civille war so schwach, daß er nicht reden
konnte. Indeß hatten die Enthaltung von Speisen und die
Kälte angenscheinlich gute Wirkungen hervor gebracht, denn er
hatte fast gar kein Fieber mehr. Einige Stunden darauf wurd'
er zu Wasser auf das Schloß Croisset an der Seine, unweit
Rouen, gebracht.

Hier wurd' er von denselben Aerzten und Wundärzten behandelt, welche gleich anfangs herbei gerufen worden waren; und
da er nach etlichen Monaten einen Theil seiner Kräfte wieder
erlangt hatte, wurde er zu zwei Brüdern in der Landschaft Caur
(dem Herren de Rufosse und de Sainte-Marie-le-Belleuil)
gebracht, welche vortreffliche Mittel für die Wunden hatten.
Ihre Bemühungen gelangen vollkommen. Civille sahe sich bald
im Stande, wieder Kriegsdienste zu thun, wo er Mühseligkeiten und Wunden erduldete, wodurch seine alten wieder auf-
gingen. Erst im Jahr 1586 heilten ihn die beiden berühmten
Aerzte (Lavinius von Prag und Maillard von Orleans) in
England vollkommen, wohin er sich als Protestant geflüchtet hatte.

Hier schrieb er 1606, 44 Jahre nach seiner Verwundung, in
seinem 70. Jahre selbst seine Geschichte; und aus dieser Geschichte ist dieser Artikel gezogen.

Wir setzen diesem noch hinzu, daß er, als er über 80 Jahr alt
war, sich in ein junges Frauenzimmer verliebte, und sehr eifersüchtig

füchtig war, eine Nacht in kalter Jahrszeit uuter ihren Fen=
stern zubrachte, sich einen Catarrh zuzog, und starb, weßwe=
gen ihm ein Dichter folgende Grabschrift setzte:

Ci gît qui fut deux fois braver la mort,
Et deux fois revint à la vie;
Et dont l'amoureufe folie
Dans l'hiver de fes ans a terminé le fort.

CIVITALI (MATTEO), ein Bildhauer und Baumeister von
Lucca, trieb bis in sein 40. Jahr die Barbierkunst, lernte so=
dann bei Jacob delle Quercia, und arbeitete zu Genua, wo er
für die St. Johanniscapelle der Cathedralkirche die Statüen
Adam, Eva, Zacharias und zweier Engel mit ungemeinem
Fleiß und Zärtlichkeit verfertigte. Man findet auch vieles von
seiner Arbeit in den Kirchen seiner Geburtsstadt, unter andern
drei Statüen auf dem Altare St. Regulus in der Hauptkirche.
Ferner einen kleinen achteckigen Tempel von Marmor, in wel=
chem ein von Nicodemus verfertigtes Crucifix aufbewahret wird.
Ein H. Sebastian, wie auch die aus = und inwendigen Bilder
der Kirche St. Michael, welche alle rühmliche Werkmahle die=
ses vortrefflichen Künstlers sind, der alle Bildhauer seiner Zeit
weit übertraf, und nach einiger Meinung dem berühmten
Michel Angelo gleich geachtet wird, ob er gleich eine ge=
raume Zeit vor ihm, nämlich um 1440, geblühet hat. Seine
Statüen sind zwar sehr fein ausgearbeitet, aber etwas trocken.

CIVOLI oder CIGOLI (LUDOVICO), 1559 im Castell Cigoli
in Toscana geboren, erhielt nach seiner Vaterstadt diesen Na=
men, denn sein wahrer Name war Cardi. Das Studium der
Anatomie verwirrte ihm den Geist; als aber Ruhe und die
vaterländische Luft ihm denselben wieder in Ordnung gebracht
hatten, wurd' er von der Academie der Mahlerei zu Florenz
als Mahler, und von der della Crusca als Dichter aufgenom=
men. Er schlug die Laute sehr gut; man warf ihm vor, dieses
Instrument halte ihn von der Beendigung seiner Gemählde ab,
und er zerbrach es. Er machte die Zeichnung zum Pallaste
Medicis, auf dem Platze Madama, und die zum Pledestal
des bronzenen Pferdes, welches Heinrich IV. auf dem Pont-
Neuf zu Paris trägt. Sein Pinsel war fest, kräftig und genie=
voll. Er ward 1613 noch auf seinem Sterbebette dienender
Malthefer=Ritter. — Seine vorzüglichsten Werke befinden
sich zu Rom und Florenz. Ein Ecce Homo, das er mit

Baroccio

Baroccio und Michel-Angelo da Caravaggio in Concurrenz machte, verdunkelte die Gemählde jener beiden Meister.

CLAESSOON (ARTHUS), genannt Aertgen von Leyden; man sehe diesen Artikel. Er wird von seines Vaters Handwerk auch der Walker, und von den Italiänern Arto da Leone genannt.

CLAGETT (WILLIAM), ein Englischer Geistlicher, 1646 geboren, starb 1688. Er war einer von denen, die sich unter der Regierung Jacobs II. gegen das Papstthum auflehnten.

CLAIRAUT (ALEXIS CLAUDE), den 7. Mai 1713 zu Paris geboren, woselbst sein Vater ein geschickter Lehrer der Mathematik war, der ihm die Elemente des Euclides lesen lehrte. Seit Pascal hatte niemand zu den abstracten Wissenschaften mehr Genie gezeigt, als der junge Clairaut. Er las im Jahr 1726, als er nicht älter als 12 Jahr und 8 Monate war, in der Academie der Wissenschaften einen Aufsatz über vier neue geometrische krumme Linien von seiner Erfindung vor.

Er erfüllte die Idee, die ein so glücklicher Anfang von ihm erweckt hatte, und gab 1730

*Recherches sur les Courbes à double courbure*, in 4.

heraus, welche der größesten Mathematiker würdig sind. Die Academie der Wissenschaften öffnete ihm in seinem 18. Jahre, vor dem in ihren Reglements vorgeschriebenen Alter, ihre Thore, und gesellte ihn zu den Academikern, welche in den Nord reisten, um die Figur der Erde zu bestimmen.

Nach seiner Zurückkunft aus Lappland wagt' er es, die Gestalt der Erde zu berechnen, das heißt, welche Gestalt ihr ihre Bewegung der Rotation, verbunden mit der Attraction aller ihrer Theile, geben mußte. Er unterwarf auch das Gleichgewicht, welches, zu Folge des Newtonianischen Systems über die Sonne, den Mond und die Erde, den Mond zwischen den beiden Weltkörpern hält, seinem Calcul. Die Abweichung der Sterne und Planeten, von welchen Bradley fand, daß sie Phänomene des Lichtes wären, verdanket dem Clairaut gleichfalls die klare Theorie, die man davon hat.

Wir erwähnen einer Menge von Memoiren über mathematische und astronomische Gegenstände nicht, mit welchen er die Academie bereicherte. Seinen Beobachtungen ist es zuzuschreiben,

schreiben, daß die Meinung, nach welcher die Cometen, wie
die Planeten, für eben so alte, als die Welt, und den allgemeinen Gesetzen unterworfene Weltkörper angesehen werden,
nicht bloß eine Hypothese, sondern eine erwiesene Wahrheit ist.

Wir haben von ihm:

*Elémens de Géométrie, 1741, in 8.*

wegen ihrer Klarheit und Bestimmtheit sehr schätzbar. Er
gehet darin einen der gewöhnlichen Methode entgegen gesetzten
Weg. Er geht von der practischen Geometrie auf die Kenntniß der Principe und Axiomen über; eine Methode, welche dem
Schüler das Vergnügen läßt, mit seinem Lehrer einigermaßen
der Erfinder derselben zu sein. Man sagt, er habe diese Elemente für die berühmte Marquise du Châtelet aufgesetzt.

*Elémens d'Algebre, 1746, in 8.* welche das Verdienst der
   vorigen haben.

*Théorie de la figure de la Terre, 1743, in 8.*

*Tables de la Lune, 1754, in 8.*

Diese Werke machten, daß man ihn für einen der ersten Geometers in Europa hielt; und er erhielt die Belohnungen, die er
verdiente. Er war von der Gesellschaft des Journal des Savans,
in welches er viele vortreffliche Auszüge lieferte.

Dieser Academiker starb 1765. Seine sanften Sitten und
sein guter, immer gleicher und verbindlicher Character erwarben
ihm die Achtung der Philosophen und aller guten Menschen.

Clairaut, der zweite von 21 Kindern, hatte einen jüngern
Bruder, der vielleicht der Sagacität seines ältern Bruders
gleich gekommen wäre, wenn er nicht in einem Alter von 16 Jahren gestorben wäre. Ein Jahr vorher hatte er einen

*Traité des Quadratures circulaires*

herausgegeben, welchen die Academie mit ihrem Lobe beehrte.

CLAIRION (JACQUES), ein Bildhauer von Trez, bei Aix
in Provence, arbeitete zu Paris, und wurde 1689 mit seiner
Ehefrau Genevieve Boulogne zu Mitgliedern der königlichen Mahleracademie aufgenommen. Die Venus mit dem
schönen Hintern, nach einer Artike, die Statüen des Jupiter
und Hercules findet man von seiner Arbeit in den königlichen
Gärten zu Versailles. Er starb 1714 im 74. Jahre.

CLARKE (SAMUEL), 1675 zu Norwich geboren, erhielt seiner Verdienste wegen die Predigerstelle an der Pfarrkirche St. Jacob zu London. Er gehörte einige Zeit zur Partei der neuen Arianer, unter welchen sich auch Newton und Wiston befanden. Er behauptete seine Meinung in einem Werk, betitelt:

Die Lehre der Schrift über die Dreieinigkeit, 1712, mit Zusätzen 1719, und nach seinem Tode zum dritten Mahl gedruckt, mit Vermehrungen, die man auf eigenhändig geschriebenen Papieren fand.

Seine allzu bekannte Anhänglichkeit an die Secte, zu der er getreten war, hinderte ihn, Erzbischof zu Canterbury zu werden. Als die Königin Anna ihm diese Würde geben wollte, sagte Gipson, Bischof zu London, zu ihr: Madam, Clarke ist der gelehrteste und rechtschaffenste Mann von England; es fehlet ihm nur das Einzige, daß er kein Christ ist.

Clarke zeichnete sich durch seinen Character eben so aus, als durch seine Talente. Sanft, mittheilend, wurd' er von Fremden und seinen Mitbürgern gleich sehr gesucht. Er starb den 17. Mai 1729, im 54. Jahre, nachdem er den Arianismus aufgegeben hatte.

Ungeachtet mehrerer eigener Meinungen hatt' er viel Religion. „Ich erinnere mich,“ sagt der Verfasser der Elémens de la philosophie de Newton, „daß der D. Clarke bei mehrern „Conferenzen, die ich im Jahr 1726 mit ihm hielt, den Namen „Gott nie anders, als mit sehr merkbarer Ehrfurcht aus„sprach. Ich gab ihm den Eindruck zu erkennen, den dieses „auf mich machte, und er sagte mir, daß er diese Gewohnheit, „die in der That alle Menschen haben sollten, ohne es selbst zu „wissen von Newton angenommen habe.“

Seine Uneigennützigkeit war außerordentlich. Nach Newtons Tode, 1727, trug man ihm die Stelle eines Intendanten der Münze, welche jährlich 1200 Louisd'or einträgt, an: aber selbst so beträchtliche Einkünfte konnten einen Philosophen nicht in Versuchung führen, welcher den Werth der Zeit besser kannte, als den Werth der Reichthümer; er schlug den Antrag aus.

Seine Werke, die 1738 in 4 Foliobänden zu London herauskamen, sind meistentheils in Englischer Sprache geschrieben. Man sieht in allen einen aufgeklärten Gelehrten, einen metho-

bischen

dischen Schriftsteller, der vermittelst einer bewundernswürdigen Reinheit und Bestimmtheit die abstractesten Materien so vorträgt, daß sie jedermann versteht.

Man hat von ihm:

Discours über das Wesen und die Eigenschaften Gottes, über die Verbindlichkeiten der natürlichen Religion, und über die Wahrheit und Gewißheit der christlichen Offenbarung, in 16 Predigten enthalten, die er 1704 und 1705 in der St. Pauls Kirche hielt.

Paraphrasen über die vier Evangelisten.

Siebzehn Predigten über verschiedene interessante Gegenstände.

Briefe an Dodwell über die Unsterblichkeit der Seele, nebst Bemerkungen über das Buch Amyntor, oder Vertheidigung der Lebensbeschreibung von Milton.

Briefe an Herrn Hoalley über das Verhältniß der Geschwindigkeit und Stärke.

Homers Iliade, Griechisch und Lateinisch, London 1754, 4 Bände in 4. mit gelehrten Anmerkungen, welche den Sinn des Griechischen Dichters gut entwickeln.

CLAUBERGE (JOHANN), ein gelehrter Calvinist, 1622 in Westphalen geboren, starb 1661, und ist einer der ersten, welche die Philosophie des Descartes in Deutschland lehrten; Der Churfürst von Brandenburg gab ihm unzweideutige Beweise seiner Achtung. Seine Werke wurden 1691 in 2 Quartbänden zu Amsterdam herausgegeben. Das schätzbarste ist seine

*Logica vetus et nova,*

die mit Recht geschätzet wurde.

CLAUDE GELÉE, aus Lothringen (daher Lorrain genannt), ein berühmter Landschaftmabler, 1600 geboren, wurde anfänglich zu den Wissenschaften bestimmt; da er sich aber außerordentlich dumm und einfältig bewies, wurd' er bei Zeiten wieder aus der Schule genommen, und zu einem Pastetenbecker gethan, bei dem er die Lehrjahre ausstand. Nachher ging er mit einigen junzen Burschen nach Rom, um da sein Unterkommen zu suchen; da er aber die Sprache des Landes nicht verstand, und dabei sehr übel gebildet war, so nahm ihn niemand in Arbeit. Nach mancherlei Schicksalen kam er endlich

zu Agostino Trasso, welcher ihn miethete, ihm die Farben
zu reiben, die Pallette und Pinsel zu reinigen, sein Hauswe-
sen zu besorgen, seine Speisen zu bereiten, und allen seinen
Geschäften vorzustehen; denn Agostino hielt keine andere Bedienung. Sein Herr glaubte, ihn zu seinen größern Werken einigen Maßen mit brauchen zu können, und lehrte ihm nach und
nach die Regeln der Perspective und die Anfangsgründe der
Zeichnung. Claude wußte erst nicht, was er mit diesen An-
fangsgründen der Kunst anfangen sollte; da ihm aber Muth
gemacht wurde, und er nicht ermangelte, sie anzuwenden,
sah er sie endlich ein, und trieb nun die Kunst mit erstaunlichem
Eifer. Er studierte auf den Hügeln an der Tiber, und im
freien Felde, wo er vom frühen Morgen bis in die Nacht saß,
und allen seinen Unterricht aus der Natur selbst nahm. Als er
manches Jahr diese vortreffliche Meisterin fleißig nachgeahmt
hatte, erstieg er die höchste Stufe der Vollkommenheit in der
Landschaftmahlerei. Sein Gedächtniß war so gut, daß er,
wenn er nach Hause kam, mit der größesten Treue mahlte,
was er auswärts gesehen hatte.

Er wurde wegen seiner Erfindung, der Sanftheit seines
Colorits, der reizenden Mannigfaltigkeit und Zartheit seiner
Tinten, wegen seiner künstlichen Vertheilung der Lichter und
Schatten, wegen der herrlichen Disposition seiner Figuren, und
wegen der Harmonie seiner Zusammensetzungen allgemein bewundert. Er wurde vom Papst Urban VIII. und vielen Italiänischen Fürsten zur Verschönerung ihrer Palläste angestellt,
und starb 1682 zu Rom.

CLAUDE, Cölestiner=Bruder, lebte unter der Regierung
Carls VI. zu Anfange des 15. Jahrhunderts, und war würdig,
das unsrige aufzuklären. Wir haben ein philosophisches Werk
von ihm:

Ueber die Irrthümer unserer Sensationen, und die Ein-
flüsse des Himmels auf die Erde,

gegen die Astrologie, worin er sich mit so vieler Richtigkeit und
Bestimmtheit ausdrückt, daß man es für das Werk eines
Neuern halten würde, wenn man es ohne den Namen des
Verfassers aus dem Lateinischen übersetzte. Wir verdanken dieses Werk dem Oronce Finé, der es 1542 bei Simon de Colines
herausgab. Der Verfasser verdienet dem Bacon und Locke
an die Seite gesetzt zu werden.

CLAUDIA-

CLAUDIANUS (CLAUDIUS), ein Lateinischer Dichter, blühte im 4. Jahrhundert, unter dem Kaiser Theodosius und seinen Söhnen Arcadius und Honorius. Die beiden letztern verordneten auf Ansuchen des Senats, daß ihm auf dem Foro Trajano eine Statüe mit folgender Inschrift errichtet wurde: „Dem Claudius Claudianus, Tribun und Notarius, und unter andern edeln Eigenschaften, dem vortrefflichsten der Dichter. Obgleich seine Gedichte hinlänglich sind, seinen Namen unsterblich zu machen, so verordneten doch die gelehrten und glücklichen Kaiser Arcadius und Honorius, ihm diese Statüe auf dem Foro Trajano zu errichten. "

Dieser Dichter hatte einen lebhaften und hohen Geist; und dieser ist auch der Character seiner Werke. Eine Einbildungskraft, welche bisweilen den Glanz der des Homer hat, Ausdrücke des Genies, Stärke, wenn er mahlt, Bestimmtheit, wenn er ohne Bilder spricht, ein ziemlich großer Umfang in seinen Gemählden, und vorzüglich der größeste Reichthum in seinen Farben, dieß sind die Schönheiten des Claudian. Aber selten entspricht das Ende seiner Stücke ihrem Anfang. Er ist oft schwülstig, und läßt sich von einzelnen, glänzenden Gedanken hinreißen. Er hat keinen Geschmack, um den Gang seiner Verse zu vermannigfaltigen, welche beständig wieder in dieselbe Cadence fallen.

Diejenigen Schriftsteller, welche sagten, er sei der heroische Dichter, welcher dem Virgil am nächsten kam, sollten auch bemerken, daß dieß nur in sehr großer Ferne sei. Dem ungeachtet wird er für einen der letzten Lateinischen Dichter gehalten, welche in einem rohen Jahrhundert einige Reinheit haben.

Unter den Ausgaben des Claudian schätzet man die erste, Vicenza 1482 in Folio, die von Heinsius dem Sohn, Elzevir 1650 in 12. die des Barthius, mit einem langen Commentar, Frankfurt 1650 in 4. die cum notis Variorum, 1665 in 8. die ad usum Delphini, 1677 in 4. die ziemlich selten ist, und die von Burmann, Amsterdam 1760 in 4.

Die Stücke, welche die Kenner mit dem meisten Vergnügen im Claudian lesen, sind die Invectiven gegen den Rufin, in 2 Büchern, die gegen den Eutrop, gleichfalls in 2 Büchern. Nach diesen Stücken kommt der Raub der Proserpina, und nächst diesem das Consulat des Honorius.

Claudianus starb in der Entfernung vom Hofe in Ungnade.

G 3  CLAUDIA-

CLAUDIANUS MAMERTUS, oder CLAUDIANUS ECDI-CIUS MAMERTUS, ein Gallier von Geburt und Bruder des Bischofs Mamertus zu Vienne, mit dem er bisweilen verwechselt wurde, war in seiner Jugend Mönch, und wurde für den fähigsten Kopf und schönsten Geist seines Jahrhunderts und Vaterlands gehalten. Mit seiner Gelehrsamkeit verband er Klugheit, Bescheidenheit und Wohlanständigkeit. Er wurde Aeltester an der Kirche zu Vienne, und ließ sich in allen Angelegenheiten als treuen Beistand seines Bruders finden, so daß er, ohne den Namen zu haben, das Amt des Bischofs verwaltete. Man weiß das eigentliche Jahr seines Todes nicht, vermuthet aber, daß er 473 oder 474 starb.

Man hat von ihm:

*De statu animae libri III. Cygneae 1655, cura Melch. Goepneri,*
gegen den Bischof Faustus zu Ries, der in seinem Buche

*De Creaturis*

die Seele zu einem Körper machte. Die Kirchengeschichte des Abbé Racine schreibt ihm auch das

*Carmen contra poetas vanos* oder *ad Iovium*

zu, aber dieses Gedicht ist eine Folge des Briefes des H. Paulinus von Nola an Jovius. Mit mehrerem Grunde schreibt man ihm den Hymnus de passione Domini, welcher sich anfängt:

Pange lingua gloriosi
Praelium certaminis etc.

zu, welcher von andern dem Venantius Fortunatus zugeschrieben wird.

CLAUDIUS I. (NERO), Sohn des Drusus, und Oheim des Caligula, 10 Jahre vor Christo zu Lyon geboren, war der einzige seiner Familie, den sein Neffe leben ließ. Nach der Ermordung des Caligula wurde Claudius von den Soldaten zum Kaiser ausgerufen, die ihn von ohngefähr fanden, als er sich versteckte, um den Mördern zu entgehen.

Ob der Senat gleich Verlangen trug, die Republik wieder herzustellen, so wagte er es doch nicht, sich seiner Wahl zu widersetzen; er wurde also 41 Jahr vor Christo als Kaiser anerkannt. Er war damahls in seinem 50. Jahre. Die Krankheiten seiner Jugend hatten ihn schwach und furchtsam gemacht. Beim Anfange seiner Regierung kündigte er sich ziemlich gut
an;

en; ſtrafte ſich aber bald darauf ſelbſt Lügen, und war nichts,
als ein Kind auf dem Throne. Er hatte alle prächtige Titel
ausgeſchlagen, welche die Schmeichelei der Höflinge erfunden
hatte; hatte Rom mit öffentlichen Gebäuden verziert, es durch
ſeine Leutſeligkeit und Höflichkeit, ſeine Application zu den
Geſchäften und ſeine Billigkeit entzückt. Aber er erſchien in der
Folge als ein Blödſinniger, welcher weder ſeine Stärke, noch
ſeine Schwäche, weder ſeine Rechte, noch ſeine Pflichten
kannte.

Der Senat, der immer ſchmeichelte, weil er nicht mehr Herr
war, beſchloß dem Kaiſer die Ehre des Triumphs, wegen des
Glücks ſeiner Waffen in Britanien. Claudius wollte ihn ſelbſt
verdienen, ging nach dieſer Inſel, und ward durch ſeine Gene=
rale Sieger.

Nach ſeiner Zurückkunft fiel er wieder in ſeinen Blödſinn.
Die unzüchtige Meſſalina, ſeine Gemahlin, hatte ihn ſo
ſehr unter ihrer Gewalt, daß er die Debauchen von ihr lernte,
und ſelbſt Zeuge von den ihrigen war, ohne darüber aufgebracht
zu werden. Wollte ſich dieſes Ungeheuer der Barbarei und
Unzucht wegen der Verachtung eines ihrer Geliebten rächen, ſo
fand ſie ihren ſchwachen Gemahl immer bereit, ihr zu gehorchen.

Dreißig Senatoren und mehr denn dreihundert Ritter wurden
während ſeiner Regierung hingerichtet. Der Barbar fand
Vergnügen daran, dieſe blutigen Hinrichtungen ſelbſt mit an=
zuſehen. Er war mit der Idee der Torturen ſo vertraut, daß
er, als ihm einer ſeiner Beamten von der Todesſtrafe eines
Conſularen Rechenſchaft ablegte, kalt antwortete: Ich hatte
dir nicht geſagt, ihn umzubringen; was ſchadet
es aber, da es nun einmahl geſchehen iſt?

Camillus, Gouvernör von Dalmatien, hatte ſich zum
Kaiſer ausrufen laſſen, und ſchrieb an das Phantom, welches
zu Rom herrſchte, einen Brief voll von Drohungen, wenn er
nicht das Reich niederlegte. Claudius wollte ſich unterwerfen,
wenn man ihn nicht davon abgehalten hätte.

Nach dem Tode der Meſſalina, ſeiner dritten Gemahlin,
von der er ſich ihrer Ausſchweifungen wegen befreite, vermählte
er ſich mit ſeiner Nichte Agrippina, ungeachtet er verſpro=
chen hatte, nicht wieder zu heirathen. Dieſe beherrſchte ihn
gleichfalls, und auf ihr Anſuchen adoptierte er den Nero. Sie
vergiftete ihn mit einem Ragout von Champignons; da ihn
aber

aber das Gift bloß kränklich machte, schickte sie nach seinem Arzte Xenophon, der ihm eins von jenen Brechmitteln zu geben vorgab, deren er sich gewöhnlich nach Debauchen bediente, und ihm eine vergiftete Feder in den Schlund brachte. Er starb daran im Jahr 54 nach Christi Geburt.

CLAUDIUS II. (AURELIUS), im Jahr 214 in Jllyrien geboren, war anfänglich unter dem Decius Tribunus militaris, und erhielt unter dem Valerian das Gouvernement seiner Provinz. Nach dem traurigen Tode des Gallienus erklärte ihn die Armee im Jahr 268 zum Kaiser.

Das Reich erhielt unter diesem neuen Trajan ein neues Leben. Er schlug den Rebellen Aureolus, schaffte die Auflagen ab, gab den Privatpersonen die Güter wieder, die sein ungerechter Vorgänger ihnen genommen hatte. Ein Weib, die von seiner Billigkeit hörte, kam zu ihm, und sagte: „Herr, „ein Officier, mit Namen Claudius, erhielt von Gallien „mein Landgut; es machte mein ganzes Vermögen aus; laß „es mir wieder geben." Claudius, der es alsbald fühlte, daß er selbst es sei, von dem sie sprach, antwortete ihr mit Sanftheit: Es ist billig, daß der Kaiser Claudius dasjenige wieder gebe, was der Privatmann Claudius nahm.

Während er das Reich im Innern blühend machte, vertheidigte er es auch von außen. Die Gothen, an der Zahl 320,000, verwüsteten Thracien und Griechenland. Claudius zieht gegen sie, verfolgt sie bis an den Berg Hämus, und erhält den entschiedensten Sieg über sie. Die Pest, die unter ihrer Armee grassirte, trug viel zu ihrem Verderben bei. Unglücklicher Weise schlich sie sich auch unter den Römern ein, wüthete sehr unter ihnen, und riß 270 auch Claudius in seinem 56. Jahre dahin.

Dieser Kaiser war ein großer General, ein billiger Richter und ein guter Fürst. Hätt' er länger regiert, so hätt' er Rom allen seinen ehemahligen Glanz, und dem Reiche seinen alten Ruhm wieder gegeben.

CLAVIUS (CHRISTOPHORUS), ein Jesuit und großer Mathematiker, 1537 zu Bamberg geboren, wird für den Euclides seiner Zeit gehalten. Papst Gregorius XIII. brauchte ihn nebst andern

andern gelehrten Männern zur Verbesserung des Calenders. Die Werke des Clavius, unter denen seine

Arithmetik und die

Commentare über den Euclides

die wichtigsten sind, wurden in 5 Foliobänden gedruckt. Er starb zu Rom 1612.

CLEANTHES, ein Corinthier, wurde unter die Erfinder der Zeichenkunst gezählt. Er mahlte in dem Tempel der Diana Aphionia die Eroberung der Stadt Troja und die Geburt der Minerva. Plinius B. 35, K. 3.

CLEANTHES, ein Stoischer Philosoph, geboren in der Troas in Asien, war erst Athlet, und wurde dann ein Schüler des Zeno. Er zog des Nachts Wasser, um davon zu leben und bei Tage studieren zu können. Der Areopagus hatte ihn fordern lassen, um zu beantworten, von welchem Gewerbe er lebe; er führte einen Gärtner und eine ehrliche Frau mit sich hin, und sagte: Er schöpfe für den einen Wasser, und knete für die andere. Die Richter wollten ihm ein Geschenk machen; aber Cleanthes, der in seiner Arbeit einen Schatz besaß, schlug es aus. Nach dem Tode des Zeno nahm er seinen Platz in der Stoa ein, und hatte den König Antigonus und Chrysippus, seinen Nachfolger, zu Schülern. Dieser Philosoph, der 240 Jahre vor Christi Geburt blühte, starb in seinem 70. Jahre eines freiwilligen Hungertodes. Er ertrug den Spott der Philosophen, seiner Mitbrüder, geduldig. Es hatte ihn einer einen Esel genannt. „Ich bin der Esel des Zeno, antwortete er, und es giebt außer mir keinen einzigen, der sein Packet tragen könnte." Man warf ihm eines Tages seine Schüchternheit vor: „Sie ist ein glücklicher Fehler, sagte er, ich begehe darum weniger Fehler. Er verglich die Peripatetiker mit musicalischen Instrumenten, welche viel Geräusch machen, und sich selbst nicht verstehen. Diese Vergleichung mußte lange Zeit auf die Philosophen angewendet werden.

Er glaubte, wie fast alle Stoiker, man dürfe sich über sein Schicksal weder freuen, noch beklagen, sich weder auf seine Tugenden viel wissen, noch sich seiner Laster wegen selbst herabsetzen. Das moralische oder physische Uebel schien ihm zur Schönheit der Welt nicht weniger nothwendig, als das physische oder moralische Gute. Die höchste Vollkommenheit

war ihm, ein unvermeidliches Schickſal gern und willig zu
ertragen.

Man tadelte ihn eines Tages, daß er ſo viele Sonderbarkei=
ten in ſeinen Meinungen habe; er antwortete: Lohnt' es
wohl der Mühe ein Philoſoph zu ſein, wenn ich
dächte wie die andern, und dem großen Haufen
folgte? Die Athenienſer bothen ihm ihr Bürgerrecht an.
Wie? antwortet er, giebt die Geburt in der einen
Stadt mehr Ehre, als in der andern? Welches
neue Verdienſt werd' ich erlangen, wenn ich durch
Adoption zum Griechen werde?

CLEARCHUS, ein peripatetiſcher Philoſoph aus Sorli, und
Schüler des Ariſtoteles. Alle alten Schriftſteller ſprechen
mit Lobe von ihm, und verſichern, daß er an Verdienſt keinem
von ſeiner Secte nachſtand. Er ſchrieb verſchiedene Werke, von
denen uns nichts übrig geblieben iſt, als ein Bruchſtück aus
dem Tractat über den Schlaf.

CLEEF (HEINRICH VAN), ein vortrefflicher Landſchaft=
mahler von Antwerpen, reiſte lange Zeit in Italien umher.
Die Zeichnungen, welche er an dieſen Orten verfertigte, dien=
ten ihm zur Zuſammenſetzung ſeiner Gemählde. Oft mahlte er
die Gründe zu Franz Floris hiſtoriſchen Stücken. Ein
leichter Pinſel und eine ſchöne Harmonie der Farben geben ſei=
ner Arbeit einen großen Werth. Er kam 1533 in die Mahler=
geſellſchaft zu Antwerpen, und ſtarb, wie man vermuthet, um
das Jahr 1589. Ph. Galle und A. Colaert haben nach
ſeinen Zeichnungen die Ruinen von Rom, Proſpecte und Land=
ſchaften in Kupfer gebracht. Sein Bruder Wilhelm mahlte
mit Ruhm große Hiſtorien, ſtarb aber in jungen Jahren.

CLEEF (JOAS oder JOSEPH VAN), Wilhelms Sohn, ein
Mahler von Antwerpen, hatte eine ſchöne Manier, und wurde
für den beſten Coloriſten ſeiner Zeit gehalten. Er bediente,
nach Vaſari's Bericht, Franz I. König von Frankreich,
mit Verfertigung vieler Bildniſſe von Herren und Damen ſeines
Hofes. Das Altarblatt der Wundärzte in der Cathedralkirche
zu Antwerpen, welches die H. H. Cosmus und Damianus
vorſtellt, iſt von ſeiner Hand. Der Wahnſinn, in welchen er
verfiel, wird einer allzu großen Einbildung auf ſeine Kunſt zu=
geſchrieben. Er blühte um das Jahr 1550, und hatte einen
Sohn, der ihm in der Kunſt, aber nicht in der Thorheit glich.

CLEEF (JOHANN VAN), ein Mahler von Venloo, lernte bei Ludewig Primo und Caspar de Crayer, dessen hinterlassene Werke er vollendete. Er zeichnete besser, als dieser, blieb aber in dem Colorit hinter ihm zurück. Man hält ihn für den größesten Niederländischen Mahler in Gewändern. Fast alle seine Gemählde bestehen in Altar= und Deckenstücken; in einigen derselben kommt er dem Nicolas Poussin ziemlich nahe. Man siehet sehr viele Gemählde von diesem Meister in den Kirchen von Flandern und Brabant, vorzüglich aber in Gent. Er starb 1716 in seinem 70. Jahre.

CLEEF (MARTIN VAN), Heinrichs Bruder, lernte bei Franz Floris. Er mahlte anfangs große, nachher aber kleine historische Tafeln, in welche sein Bruder die Landschaften mahlte. Viele geschickte Landschaftmahler bedienten sich seiner Arbeit in Figuren, unter andern Aegidius Conixloe. Er starb im 50. Jahre seines Alters, und hinterließ vier Söhne: Aegidius, welcher im Kleinen gut mahlte, aber ein unordentliches Leben führte, und frühzeitig starb; Martin, welcher in Spanien und Indien arbeitete; Nicolas, welcher noch 1604 lebte, und Georg, welcher jung starb.

CLEIVELAND (JOHN). Man sehe den Artikel CLEVE-LAND.

CLEMENS, ein geborner Römer, aus einem vornehmen Geschlecht, war ein Schüler des Apostels Petrus, von welchem er nach dem Zeugnisse des Tertullian die Ordination erhielt, und folgte im Jahr 91 dem H. Cletus oder Anacletus in der Vorstehung der Römischen Kirche nach. Der Apostel Paulus spricht in seinem Briefe an die Philipper von ihm. Unter ihm erregte Domitian die zweite Verfolgung der Christen. Was auch mehrere neuere Gelehrte sagen, so hat es doch vielen Schein, daß man die Sendung der ersten Bischöfe nach Gallien dem Clemens, und nicht dem Fabian zuschreiben müsse. Er starb im Jahr 100 nach einigen den Märtyrertod. Man hat ihm mehrere Werke zugeschrieben; das einzige unter denselben, welches von ihm ist, ist ein Brief an die Corinthier, der 1633 von Patricius Jussius nach einer aus Alexandrien gekommenen Handschrift, wo er sich am Schlusse des neuen Testamentes befindet, zu Orford herauskam. Dieser Brief ist eins der schönsten Denkmähler des Alterthums.

CLEMENS

CLEMENS (TITUS FLAVIUS), von Alexandrien, ein platonischer Philosoph, ward ein Christ, und hielt sich an Pantänus, welcher der Schule zu Alexandrien vorstand, und den er mit einer fleißigen Biene verglich, welche ihr Honig aus den Blumen der Propheten und Apostel bereitete. Nach dem Tode desselben wurde Clemens im Jahr 190 an die Spitze dieser Schule gestellt. Er hatte sehr viele Schüler, die man nachher für die besten Lehrer hielt, unter andern Origenes und Alexander, Bischof von Jerusalem. Er starb um das Jahr 220.

Unter seinen Werken sind die berühmtesten, seine

*Exhortatio ad Gentiles,*

worin er die Fabeln, welche den gewöhnlichen Gegenstand ihrer Dichtkunst ausmachen, lächerlich macht, und sie ermahnt, die Augen der Wahrheit zu öffnen; sein

*Paedagogus,*

ein Lehrer, der nach seiner Absicht bestimmt ist, ein Kind zum Himmel zu erziehen, und es aus dem Stande der Kindheit zum Stande eines vollendeten Mannes zu bringen; seine

*Stromates* oder **Tapeten,**

gewebt aus den reinsten Maximen der christlichen Moral.

Clemens war ein vollendeter Gelehrter, schrieb aber fast beständig ohne Ordnung und Zusammenhang. Sein Styl ist im allgemeinen sehr nachlässig, ausgenommen in seinem Pädagog.

Die beste Ausgabe der Werke dieses Kirchenvaters ist die von Potter, Oxford 1715, 2 Bände in Folio. Man schätzet auch die von Paris, 1629.

CLEMENS XIII. (CARLO REZZONICO), aus einer Familie von Como im Mailändischen, wurde 1693 zu Venedig geboren. Er war anfänglich participierender apostolischer Protonotar, dann Gouvernör der Städte Rieti und Fano, dann Auditör der Rota für die Venetianische Nation. Clemens XII. der seine Kenntnisse und Tugenden ungemein schätzte, gab ihm 1737 den Purpur. Im Jahr 1743 wurd' er auf den Stuhl von Padua erhoben, und zeichnete sich hier durch so große Frömmigkeit und so großmüthige christliche Liebe aus, daß er nach dem Tode Benedicts XIV. den 6. Juli 1758 zum Papst erwählet wurde. Sein Pontificat wird wegen der Vertreibung

der

der Jesuiten aus Portugal, Frankreich, Spanien und Neapel
lange berühmt bleiben.

Als er im Jahr 1768 in den Staaten von Parma auf den
Rath einiger Personen, denen er allzu leicht Gehör gab, eine
Jurisdiction ausüben wollte, welche nur dem Landesherrn
gehört, verlor er die Grafschaft Avignon und das Fürstenthum
Benevent, welche dem heiligen Stuhl erst unter seinem Nach-
folger wieder gegeben wurden.

Clemens XIII. starb zu Anfange des Jahrs 1769 mit dem
Schmerz, die in der Kirche entstandenen Unruhen nicht stillen
gekonnt zu haben. Ein großer Schatz von Religion und Güte,
ein wohlthätiger Character, eine beständige Sanftmuth erwarben ihm das Bedauern seiner Unterthanen, und die Verehrung
selbst der Feinde des päpstlichen Stuhls.

CLEMENS XIV. (GIOVANNI VINCENZO ANTONIO
GANGANELLI), der Sohn eines Arztes, den 31. October 1705
zu St. Archangelo bei Rimini geboren. Er trat mit seinem
18. Jahre in den Franciscanerorden, und gewöhnte sich frühzeitig, richtig und bestimmt zu antworten. Seine Antworten sind lebhaft, sagten seine Obern, aber er legt so
viel Vernunft in dieselben, daß man darüber
nicht böse werden kann. Man schickte ihn nach Pesaro,
Recanati, Fano und selbst nach Rom, um daselbst die Philosophie und Theologie zu studieren. Er ward bald Professor.
Seine Schüler liebten ihn eben so sehr, als sie ihn verehrten.
Er flößte ihnen hohe Gedanken und edle Empfindungen ein,
und machte sie von allen Kleinigkeiten, und von allem frei,
was man Möncherei nennt.

Benedict XIV. legte eines Tages die Hand auf den Kopf
des Paters Ganganelli, und sagte zum General seines Ordens:
Nehmt euch dieses kleinen Bruders treulich an,
ich empfehle ihn euch nachdrücklich. Unter der Regierung dieses unsterblichen Papstes ward Ganganelli Inquisi-
tionsrath; ein zu Rom wichtiger Mann. Dieser aufgeklärte
Papst berief ihn oft zu sich, um seine Meinung zu hören. Er
verbindet, sprach er, gründliches Urtheil mit ausgebreiteter Gelehrsamkeit, und ist dabei tausend
Mahl bescheidener, als ein Mensch, der nichts
weiß, und so munter und aufgeweckt, daß man
glauben sollte, er habe nie einsam gelebt. Dieß
war

war das Mittel, dem Lambertini zu gefallen, deffen Auf-
geweckheit und glückliche Laune man kennt.

Als der Pater Ganganelli eines Tages nach Affife ging, traf
er einen Bauer an, welcher ihm feine künftige Größe weißagte:
fie gingen zufammen; als ihn der Bauer reden gehört hatte,
fagte er: Es ift Schade, daß Ihr nur ein Laien-
bruder feid! (er fchloß dieß aus feinem einfachen und ver-
nachläffigten Aeußern) denn es fcheint mir, mein
Bruder, daß Ihr wohl wie Sirtus V. werden
könntet, wenn Ihr ftudiert hättet. Wir haben
fein Porträt zu Haufe, und ich finde, daß Ihr
feine fchlaue Miene habt.

Ganganelli wurde von Clemens XIII. zum Cardinal gemacht;
fo große Talente er aber auch zeigte, fo erwartete man doch
nicht, einen Mönch auf dem Stuhle des H. Petrus zu fehen.
Die Freiheit, mit welcher er fich über die Nothwendigkeit, dem
Willen der Fürften nachzugeben, ausdrückte, fchien ihm die
Cardinäle nicht geneigt zu machen. In den meiften Congrega-
tionen, welche wegen des Herzogs von Parma und der Angelegenheit mit den Jefuiten unter den Augen des Papftes felbft
gehalten wurden, hatte er Stimmen gegeben, welche den Meinungen des Papftes und des Staatsfecretärs fo entgegen waren,
daß man fich entfchloß, ihn nicht mehr um feine Stimme zu
fragen. Man theilet mir nichts mit, fagte er, und
ich weiß alles. Aber das ift alles umfonft; wenn
man den Römifchen Hof nicht von feiner Größe
herabfinken fehen will, fo muß man fich nothwendig mit den regierenden Fürften vereinigen.
Ihre Arme gehen weit über ihre Grenzen hinaus,
und ihre Macht erhebt fich über die Alpen und Pyrenäen. Diefe feine Meinungen wurden an fremden Höfen bekannt, und machten ihm die Fürften eben fo geneigt, als das
päpftliche Minifterium abgeneigt, und verficherten ihm im Fall
einer Vacanz auf dem päpftlichen Stuhl mächtige Befchützer.

Als Clemens XIII. im Jahr 1769 ftarb, war das Conclave
fehr ftürmifch. Endlich rief das heilige Collegium, beftimmt
durch die überredende Beredfamkeit des Cardinals Bernis, den
19. Mai 1769, Ganganelli zum Papft aus.

Nie war ein Papft unter fchwierigern Zeitumftänden erwählt
worden. Portugal war mit dem päpftlichen Stuhl entzweit,
                                 und

und wollte sich einen Patriarchen geben: die Art und Weise, mit welcher der Vorgänger von Clemens XIV. den Herzog von Parma behandelt hatte, hatte die Könige von Frankreich, Spanien und Neapel dem Papste abgeneigt gemacht; Pohlen suchte das Ansehen desselben zu vermindern, und die Römer selbst murrten. Ein gewisser Taumelgeist verbreitete sich von allen Seiten gegen den Thron und Altar. Um so vielen verschiedenen Uebeln abzuhelfen, suchte Clemens XIV. sich fürs erste mit den Souveräns auszusöhnen: er schickte einen Nuntius nach Lissabon, unterdrückte die Lesung der Bulle In coena Domini, welche die Fürsten aufbrachte und unwürdig behandelte; er negociirte mit Spanien und Frankreich, ohne durch irgend etwas sich kleinmüthig und niedrig zu zeigen.

Er wurde getrieben, sich über das Schicksal der Jesuiten zu erklären, und verlangte zur Untersuchung dieser großen Angelegenheit Zeit. Ich bin, schrieb er, der Vater der Gläubigen, und vorzüglich der Religiosen. Ich kann einen berühmten Orden nicht ausrotten, ohne Gründe zu haben, die mich vor den Augen Gottes und der Nachwelt rechtfertigen. Nach einer Discussion von mehrern Jahren gab er den 21. Juli 1773 das berühmte Breve, wodurch die Gesellschaft Jesu auf ewig ausgerottet wurde.

Seit der Unterdrückung dieses Ordens war Clemens XIV. belastet mit Arbeiten, Sorgen und Furcht, und, sich unter der päpstlichen Krone in die Franciscaner = Zelle zurück sehnend, fast immer kränklich, und seit dem Ende des Juli 1774 nur ein Schatten; seine Knochen schienen zu schwinden und weich zu werden, er fühlte heftige Schmerzen, seine Stimme war erstickt. Ich gehe in die Ewigkeit, sprach er, und weiß warum. Den folgenden 22. September stieß er den letzten Seufzer aus.

Diese traurige Begebenheit gab zu sehr boshaften Vermuthungen Anlaß, die aber zum Theil durch den Arzt des Papstes widerlegt wurden, welcher versicherte, er sei ein Opfer nicht des Giftes, sondern seiner außerordentlichen Arbeiten und seiner schlechten Selbstbeherrschung. Die Kirche verlor durch diesen Tod ein weises, muthiges, gerechtes und aufgeklärtes Oberhaupt, und einen Freund der Wissenschaften. Wie Sixtus V. aus der Dunkelheit des Klosters zum Glanze des Thrones erhoben, wie er in schwierige Umstände versetzt, von Fremden

und

und Fürsten wie Sirtus betrachtet, war er weder hart, noch unbiegsam, noch stolz wie jener Papst. Er behandelte die Mönche, welche ihre Klöster verlassen wollten, mit vieler Nachsicht. Ein Ordensgeneral beklagte sich über das Säcularisations-Breve, welches er einem seiner Religiosen gegeben hatte. Ihr solltet mir deßwegen vielmehr danken, antwortete ihm der Papst; dieser Religiose würde bei Euch verdorben worden sein, andere in sein Verderbniß gezogen, und Euch vielleicht erwürgt haben.

Da er sich für den Vater aller Christen hielt, so nahm er die Fremden, sie mochten Protestanten oder Catholiken sein, mit gleicher Güte auf. Daher sagte Mylord *** eines Tages zu einigen seiner Freunde: „Ihr kennt meine Reichthümer und „meine einzige Tochter: ich liebe sie über alles; aber ich „würde sie ihm geben, wenn er heirathen könnte, so sehr bin „ich von seiner Person und seinem Geiste bezaubert.“

Die Engländer stellten noch bei seinen Lebzeiten seine Büste unter die großen Männer. Als Clemens XIV. dieses erfuhr, sagte er: Wollte Gott, daß sie für die Religion das thäten, was sie für mich thun!

Er war sehr geheim, und sein Pontificat war nach dem Ausdruck eines Cardinals von Geist nicht das der Neugierigen. Ein Fürst, sagte er, der viel Vertraute hat, muß verrathen werden. Unermüdlich in der Arbeit, durchwachte er einen Theil der Nächte, um sich mit den Angelegenheiten der Kirche, deren Oberhaupt, oder dem Staate zu beschäftigen, deren Vater er war. Die Regel, sagte er bisweilen, ist der Compaß der Religiosen; aber das Bedürfniß der Völker ist die Uhr der Regenten: zu welcher Stunde auch die Völker unser bedürfen, so müssen wir für sie da sein. — — Während seiner Regierung war seine beständige Maxime: Die Geschäfte haben ihre Reife, wie die Früchte; und nur dann, wenn sie dringend sind, muß man auf ihre baldige Beendigung denken. Unsere Einbildungskraft ist unsere größeste Feindin, und ich bemühe mich, sie zu unterdrücken, eh' ich eine Partei ergreife, die mich dereinst reuen könnte.

Er

Er war von aufgewecktem Character, und sagte oft Bons mots, die aber niemanden beleidigten. „Ich wundere mich „nicht, sagte er eines Tages, daß der Cardinal Ber „nis sehr wünschte, mich als Papst zu sehen; denn „alle, welche die Dichtkunst treiben, lieben Ver „wandlungen.“ Als er auf ausländische Kaufmannsgüter einige neue Gebühren legen wollte, stellte man ihm vor, daß die Engländer und Holländer dieß nicht gern sehen würden. „Gut, gut, antwortete er lächelnd, sie werden ihr Miß „vergnügen nicht äußern; denn wenn sie mich „böse machen, so schaff' ich die Fasten ab.

Seine Liebe zu den Wissenschaften veranlaßte ihn, zu Rom ein Muséum anzulegen, worin er viele kostbare Reliquien des Alter thums sammelte. Aber er entschied nie als ein Mensch, der für einen Liebhaber oder einen Mann von Geschmack gelten will, über diese Denkmähler. „In einem Dorfe geboren, und in ei „nem Kloster erzogen,“ sagte er zu dem Ritter de Chatelux, „konnt' ich mir nicht die nöthigen Kenntnisse erwerben, um als „Kenner darüber zu urtheilen. Aber als Fürst hielt ich es für „meine Schuldigkeit, die vollkommensten Muster des Alterthums „vor den Augen der Künstler auszustellen, damit sie dieselben „studieren und nachahmen können.“

Er hatte sich von den berühmtesten Schriftstellern seiner Staaten ein Verzeichniß geben lassen; und wenn der Tod die Ausführung seiner Plane nicht gehindert hätte, so hätt' er alle diejenigen belohnt, deren Werke die Religion oder das Vater land zum Gegenstande hatten. „Es ist sehr billig,“ sagte er zum Cardinal Cavalchini, „daß die Schriftsteller, welche „uns belehren oder erbauen, in den Fürsten Belohner ihrer „Verdienste finden. Das Geld kann nicht besser angewendet „werden, als zur Unterstützung des Verdienstes und zur Auf „munterung der Talente. Es gereicht den Staaten zur Schan „de, daß nur gegen Missethäter eine Nachsuchung eingeführt ist, „und daß man sich weder von den Glücksumständen noch dem „Aufenthalte von Männern unterrichtet, welche die Welt er „leuchten.“

Ob er gleich für die Religion sehr eifrig war, so hatt' er doch gegen die Irrenden so viele Nachsicht, als der göttliche Gesetz geber gegen die Sadducäer und Samariter. Er sagte: „Um „den Glauben aufrecht zu erhalten, lasset uns

Zweiter Theil.                    H                    „der

„der Liebe nicht vergessen. Wenn es uns nicht er-
„laubt ist, gegen den Irrthum eine strafbare To-
„leranz zu haben, so ist es uns auch verbothen,
„diejenigen zu hassen und zu verfolgen, welche
„unglücklich genug waren, in ihn zu fallen."

Setzen wir zu diesen Zügen noch hinzu, daß er nüchtern
und uneigennützig war, und den Nepotismus nicht kannte.
Seine Succession war eher die eines Mönchs, als eines Papstes. Man drang in ihn, ein Testament zu machen; er antwortete, die Sachen würden schon an die kommen,
welchen sie gehörten.

Er hatte mit den Königen gleichen Rang, und speiste wie ein
gemeiner Mönch. Als man ihm vorstellte, daß die Würde eines
Papstes mehr erfordere, antwortete er: „Weder der
„Heilige Petrus noch der Heilige Franciscus
„haben mir gelehrt, köstlicher zu speisen;" und als
ihn der Küchemeister bat, ihn auf seinem Posten zu lassen, sagte
er zu ihm: „Ihr werdet euern Gehalt nicht verlie-
„ren; aber um euch in Ausübung eures Amtes
„zu setzen, mag ich meine Gesundheit nicht ver-
„lieren."

Der Marquis von Caraccioli lieferte eine Lebensbeschreibung von ihm, Paris 1775 und 1776, in 12. und
die Uebersetzung der vorgeblichen Briefe und anderer Schriften, deren größester Theil diesem Papste fälschlich zugeschrieben
wird, 1776 und 1777, 3 Bände in 12. Das ganze Verdienst
der unter dem Namen Clemens XIV. herausgegebenen Briefe
besteht darin, daß sie ein ziemlich guter moralischer Roman
sind, und den Character des Papstes treu darstellen. Wenn sie
der Herausgeber über allen Argwohn der Unechtheit hätte hinaus
setzen wollen, so hätt' er die Originale, mit den Zeugnissen derer,
die seine Hand kannten, in eine öffentliche Bibliothek aufstellen
sollen. Setzet man den Namen eines Papstes, dessen Asche
noch warm ist, an die Stirn eines Buches, so kann man nicht
Vorsicht genug gebrauchen, dem Publicum zu beweisen, daß
dieses Buch wirklich von ihm ist. Was die übrigen Schriften
anlangt, welche den dritten Band ausmachen, so sind sie meistens sehr mittelmäßig; und wenn sie auch, wie man jedoch
nicht glaubt, wirklich von Clemens XIV. wären, so könnten sie
kaum zur Vermehrung seines Ruhmes beitragen.

CLEMENT

CLEMENT (JACQUES), Dominicaner, aus dem Dorfe Sarbon in der Diöces Rheims, war ohngefähr 25 Jahr alt, und kurz zuvor Priester geworden, als er den Entschluß faßte, seinen König zu ermorden. Er war ein Mensch von schwachem Geiste und einer unregelmäßigen Einbildungskraft. Er fragte seinen Prior über sein Vorhaben um Rath; und dieser Mensch rieth ihm, anstatt ihn davon abzubringen, zu beten und zu fasten, um den Willen Gottes kennen zu lernen. Man versichert sogar, man habe in der Nacht zu ihm geredet, und ihn eine wie vom Himmel kommende Stimme hören lassen, welche ihm befahl, den Tyrannen umzubringen. Und man sagt, die Herzogin von Montpensier, die Schwester der Guises (dieselbe, die man beschuldigte, sich dem Prior der Jacobiner Bourgoing Preis gegeben zu haben) habe seinen Entschluß vollends zur Reife gebracht. Sie versicherte ihn, wie man sagt, daß ihn der Papst, wenn er davon käme, zuverlässig zum Cardinal machen, und wenn er dabei umkäme, als den Befreier seines Vaterlandes, das von einem Verfolger des Glaubens regiert würde, canonisieren würde.

Der Fanatiker ging den letzten Juli 1589 mit mehreren Empfehlungsbriefen von Paris ab, und wurde vom General-Procurator la Guesle nach St. Cloud geführt. Dieser argwohnte einen schlechten Streich, und schickte des Nachts auf sein Zimmer, um zu sehen, was er etwann vorhabe, wo man ihn in tiefem Schlafe, und sein Brevier neben ihm, und die Ermordung des Holofernes durch Judith in demselben aufgeschlagen fand.

Der Mörder wurde den folgenden Tag zum Könige geführt, und sagte, er komme, ihm von Seiten seiner treuen Diener zu Paris Dinge von der größesten Wichtigkeit mitzutheilen, die er aber nur ihm allein entdecken könne. Als man ihn mit dem Könige allein gelassen hatte, hörte man Heinrich III. schreien: »Ach, ich Unglücklicher, was hab' ich dir gethan, »daß du mich so ermordest!« Man läuft herbei, und sieht sein Blut aus dem Unterleibe rinnen, worein der Bösewicht sein Messer gestoßen, und in der Wunde gelassen hatte. Der König zog es selbst heraus, und warf es dem Ungeheuer an den Kopf. Die Vornehmen des Hofes durchbohrten ihn in der ersten Bewegung mit tausend Stichen. Sein Körper wurde nachmahls auf den Richtplatz geschleift, mit vier Pferden zerrissen und verbrannt.

Von

Von denen von der Ligue wurde dieses abscheuliche Verbrechen ganz anders aufgenommen. Als die Mutter des Jacob Clement nach dem von ihrem Sohne verübten Königsmorde zu Paris erschien, forderten die Prediger das Volk auf, diese hochheilige Mutter eines heiligen Märtyrers zu verehren; so nannte man dieses Ungeheuer von der Kanzel herab, indeß man Heinrich III. den Namen Herodes gab. Sein Porträt wurde auf den Altären zu Paris neben die Hostie gestellt. Die Sorbonne deliberierte, wie der Abbé de Longuerue sagt, seine Canonisation zu verlangen. Man schlug vor, ihm in der Kirche Nôtre-Dame eine Statüe zu errichten, und zog scharenweis nach St. Cloud, um die mit seinem Blut gefärbte Erde aufzukratzen. Man druckte

*Le Martyre de St. Jacques Clément, Paris 1589, in 8.*

Sixtus V. hielt in einem Consistorium seine Leichenrede, und wagt' es, ihn mit Judith und Eleazar zu vergleichen. „Diesen „Tod,“ sagte er, „der so viel Erstaunen und Bewunderung ver„ursacht, wird die Nachwelt kaum glauben. Ein sehr mächtiger „König, umringt von einer starken Armee, der Paris dahin „brachte, daß es ihn um Barmherzigkeit anflehte, wurde durch „einen einzigen Messerstich von einem armen Mönch getödtet. „Gewiß! dieses große Beispiel wurde euch darum gegeben, daß „jedermann die Macht der Gerichte Gottes kennen lerne.“

CLEOBIS und BITON, zwei Brüder, die sich durch ihre Zärtlichkeit gegen ihre Mutter Argia, eine Priesterin der Juno, berühmt machten. Da ein Opfer, welches sie verrichten sollte, erforderte, daß sie auf einem Wagen in den Tempel gebracht würde, ersetzten sie die Stelle der dabei gewöhnlichen Stiere, die man in dem Augenblicke nicht bekommen konnte, spannten sich selbst vor den Wagen, und zogen sie in den Tempel. Ihre Mutter, gerührt durch diesen Beweis von Zärtlichkeit zu ihr, bat die Juno, ihnen das größeste Gut zu geben, welches die Menschen von den Göttern empfangen könnten. Diese jungen Männer gingen, nachdem sie wie gewöhnlich mit ihrer Mutter zu Abend gespeißt hatten, zu Bette, und wurden am folgenden Morgen todt in demselben gefunden.

CLEOBULINA, Tochter des Cleobulus, machte sich durch ihren Geist und ihre Schönheit gleich berühmt. Die Aegyptier bewunderten ihre Räthsel. Man muß glauben, daß die Geschichtschreiber die schlechtesten davon auf die Nachwelt
brachten,

brachten, denn wir haben keins, welches einen Platz in unsern Journalen verdiente.

CLEOBULUS, Sohn des Evagoras, einer der Sieben Weisen Griechenlands, machte eine Reise nach Aegypten, um von diesem Volke die Philosophie zu lernen. Er war Zeitgenosse und Freund des Solon. Man kennt ihn kaum anders, als aus seinen Maximen. Er empfahl, im Glücke nicht stolz, und im Unglück nicht niedergeschlagen zu werden; seinen Freunden gefällig zu sein, um sie sich noch mehr zu verbinden, und seinen Feinde, um sich Freunde aus ihnen zu machen; seiner Frau in Gegenwart Fremder weder liebzukosen, noch mit ihr zu zanken, das erstere sei kleinlich und das letztere unartig; wenn man aus dem Hause gehe, zu bedenken, was man zu thun, und wenn man wieder zurückkomme, was man gethan habe, u. a. m. — Er starb um das Jahr 560 vor Christi Gebur, in seinem 70. Jahre.

Es gab noch einen andern Cleobulus, der ein Häretiker des I. Jahrhunderts und ein Zeitgenosse Simons des Zauberers war; aber seine Irrthümer machten nicht Aufsehens genug, um einen eigenen Artikel zu verdienen.

CLEOMBROTUS, Name zweier Lacedämonischen Könige.

Der erste blieb in der Schlacht zu Leuctra in Böotien, welche Epaminondas, General der Thebaner, 371 Jahr vor Chr. Geb. gewann.

Der zweite, Schwiegersohn des Leonidas, bestieg mit Verdrängung seines Schwiegervaters den Spartanischen Thron. Als dieser von den Lacedämoniern zurück berufen worden war, verfolgt' er den Verräther, welcher ihn seines Königreichs beraubt hatte, und verdammte ihn zum Tode. Chelonis, die Gemahlin des Cleombrotus, hatte ihren Gatten verlassen, um ihrem Vater in seine Einsamkeit zu folgen. Dieses Weib, als Tochter und Gattin gleich unglücklich, hört das Urtheil gegen ihren Gemahl, und werft sich dem Leonidas zu Füßen, welcher das Todesurtheil in die Landesverweisung verwandelt, und seine Tochter nöthiget, bei ihm zu bleiben; sie folgt aber lieber ihrem Gemahl.

Man kennt noch einen dritten Cleombrotus, der ein Philosoph war, und sich nach der Lectüre des Phädon von Plato, über die Unsterblichkeit der Seele, ins Meer stürzte.

CLEOMEDES, ein berühmter Athlet, war so stark, daß er, weil man ihm den Preis nicht gab, den er durch den Sieg über einen Epidaurier im Ringen verdient hatte, wie man sagt, die Säule, worauf ein Schulgebäude ruhte, zerbrach, wodurch 60 Kinder zerschmettert wurden. Er flüchtete sich, aus Furcht vor der Strafe, in ein Begräbniß, wo man ihn zu großem Erstaunen nicht mehr fand. Das Orakel, welches man darüber fragte, antwortete, Cleomedes von Astppaläa sei der letzte der Helden. Welch ein Held! Die Antwort wäre gerechter gewesen, wenn es ihn für den letzten der Rasenden erklärt hätte.

CLEOMENES I. König der Lacedämonier, folgte seinem Vater Anarandrides im Jahr 567 vor Christi Geburt nach, überwand die Argier, und befreite die Athenienser von der Tirannei des Pisistratus. Die erstern hatten sich dem Einfall seiner Armeen in Argolis widersetzt. Cleomenes erhielt an der Spitze der Lacedämonier und ihrer Bundesgenossen einen eben so blutigen als entschiedenen Sieg über sie. Fünf tausend Argier flohen in einen benachbarten Wald. Cleomenes steckte ihn, ungeachtet der Bitten der Besiegten, in Brand, und sie wurden alle von den Flammen verzehrt. Er kehrte nachher seine Waffen gegen die Aegineten, und strafte sie nicht weniger grausam. Sein rachsüchtiger Character verwandelte sich gegen das Ende seines Lebens in Wuth, und in einem Aufall derselben durchbohrte er sich im Jahr 480 vor Christi Geburt mit seinem Schwert. Man sehe auch den Artikel TELESILLA.

CLEOMENES II. Sohn des Leonidas, Königs von Lacedämon, folgte ihm 230 vor Christi Geburt in einem Alter von 17 Jahren in der Regierung nach. Als er den Thron bestiegen hatte, war sein erster Gedanke, den Ephoren, welche zu Lacedämon mächtige Magistratspersonen waren, und selbst den Königen Gesetze vorschrieben, ihr Ansehen zu entreißen. Seine Siege über die Achäer erleichterten ihm die Ausführung dieses Projects. Nach seiner Zurückkunft nach Sparta ließ er die Ephoren ermorden, und die Namen von mehr als 80 zum Erfil verurtheilten Bürgern öffentlich anschlagen. Das Volk zitterte, und nahm alle Gesetze an, die er ihm zu geben für gut fand. Er machte die meisten von denen des Lycurgus wieder geltend, schritt zu einer neuen Vertheilung der Ländereien, cassierte die Schulden, verbannte den Lurus, die Weichlichkeit und Unmäßigkeit eben so durch sein Beispiel, als durch seine Gesetze. Als sein Ansehen befestiget und die Republik reformiert war, durchlief

lief er mit den Waffen in der Hand Arcadien und Elis, nahm den Achdern einige Städte weg, und schlug sie in einer förmlichen Schlacht. Aratus, der Anführer der Ueberwundenen, bat den König von Macedonien Antigonus gegen den Sieger um Hülfe. Seine Armee wurde in der Schlacht zu Selasia zusammen gehauen. Cleomenes flohe nach diesem Verlust nach Aegypten, und nahm daselbst ein tragisches Ende. Er wurde von Ptolemäus Evergetes wohl aufgenommen, fiel aber in die Ungnade seines Nachfolgers, der ihn ins Gefängniß werfen ließ. Der unwürdig behandelte Cleomenes zerbrach seine Ketten, erregte einen Aufruhr, und ermordete sich 220 Jahr vor Christi Geburt selbst.

CLEOMENES, des Apollodorus Sohn, ein Griechischer Bildner, verfertigte die berühmte Statüe der Mediceischen Venus. Man findet seinen Namen daran eingegraben. Mariette hält diese Schrift für zweifelhaft, aber Winkelmann hält seine Gründe dawider für unzulänglich.

CLEONICE, ein junges Frauenzimmer von Stande, welche Pausanias zu Byzanz wegnehmen ließ, um sie zu seiner Beischläferin zu machen. Als sie in das Haus dieses Generals gebracht wurde, bat sie, noch schüchtern, und voll von der Schamhaftigkeit ihres Alters, seine Leute, ehe sie in das Schlafzimmer ihres Räubers trat, alle Lampen auszulöschen; da sie sich aber dem Bette näherte, stieß sie eine derselben um. Pausanias, der schon schlief, wachte bei diesem Geräusch auf, ergriff seinen Dolch, glaubte über einen Feind zu stürzen, und ermordete dieses Mädchen. Dieser Zufall brachte alle Bundesgenossen vollends gegen ihn auf.

CLEONYMUS, Sohn Cleomenes II. Königs von Sparta, bat aus Unzufriedenheit mit seinem Vaterlande, welches ihn der Krone beraubt hatte, um sie seinem Neffen Areus zu geben, den berühmten Pyrrhus, König von Epirus, um Hülfe gegen Lacedämon. Pyrrhus belagerte diese Stadt, und mußte sich wieder zurück ziehen. Der Muth der Spartanischen Weiber, welche selbst an den Verschanzungen arbeiteten, trug viel zur Aufhebung der Belagerung, im Jahr 273 vor Christi Geburt, bei.

CLEOPATRA, Tochter des Ptolemäus Philometor, Königs von Aegypten, Gemahlin dreier Könige von Syrien, und Mutter von vier Prinzen, welche die Krone trugen, heirathete erst den Alexander Bala und dann den Demetrius.

H 4

trius. Als ihr dieser letztere wegen der Rhodogune ungetreu geworden war, both sie seinem Bruder Antiochus ihre Hand und Krone an. Seleucus, älterer Sohn des Demetrius, wollte den Thron seines Vaters besteigen. Er verschaffte sich Anhänger, und fand in der Cleopatra eine grausame Mutter und eine unversöhnliche Feindin. Dieses stolze Weib, welche den Tod des Vaters dadurch verursacht hatte, daß sie ihm zu Ptolemais eine Freistatt ausschlug, stieß den Dolch in die Brust des Sohnes. Dieser Mord empörte das Volk gegen sie; Cleopatra stillte den Aufruhr dadurch, daß sie ihrem zweiten Sohn Antiochus die Kron' aufsetzte. Dieser junge Fürst, der nur auf den königlichen Titel eingeschränkt war, ohne königliche Gewalt zu haben, wünschte ungeduldig, die höchste Gewalt zu bekommen. Cleopatra, die noch eifersüchtiger als er begierig zu herrschen war, ließ einen Gifttrank bereiten, und gab ihm denselben, als er von irgend einer körperlichen Uebung zurück kam. Ihr Sohn, der diese Schandthat ahndete, zwang sie, das Gift selbst zu trinken, das sie ihm zubereitet hatte. So starb dieses herrschsüchtige und grausame Ungeheuer, 120 Jahr vor Christi Geburt.

Diese Cleopatra ist vorzüglich durch die Rolle bekannt, welche sie in Corneille's Rhodogune spielt.

CLEOPATRA, Tochter des Königs Ptolemäus Epiphanes, Wittwe und Schwester des Ptolemäus Philometor, wollte nach dem Tode des Vaters ihrem Sohne die Krone versichern; aber Ptolemäus Physcon, König von Cyrenaica, vereitelte ihre Plane. Ein Römischer Abgeordneter vermittelte die Sache so, daß Cleopatra sich mit Physcon vermählte, und der Sohn der Königin zwar zum Erben des Thrones erklärt wurde, Physcon aber, so lang' er lebe, im Besitz desselben bliebe.

CLEOPATRA, Tochter der Vorhergehenden und des Ptolemäus Philometor, gab ihrem Onkel Ptolemäus Physcon ihre Hand. Dieser Fürst, welcher die Mutter verstoßen hatte, um die Tochter zu nehmen, starb kurz darauf, und hinterließ dieser letztern das Königreich Aegypten und zwei Söhne, mit der Freiheit, sich den einen oder den andern zum Mitregenten zu wählen. Cleopatra setzte ihren jüngern Sohn Alexander, mit Uebergehung des ältern Lathyrus, auf den Thron. Der junge König sahe sich aus Furcht vor der Herrschsucht seiner Mutter, welcher die größeßten Verbrechen

nichts

nichts kosteten, genöthiget, die Regierung nieder zu legen; aber das Volk von Alexandrien, welches nicht dulden wollte, daß ein Weib die Zügel der Regierung allein lenke, nöthigte die Königin, ihren Sohn wieder auf den Thron zu heben. Cleopatra, welche einen Theilnehmer an der königlichen Gewalt nicht mehr ertragen wollte, trachtete ihm nach dem Leben. Alexander wurde von ihren Absichten unterrichtet, kam seiner Mutter zuvor, und ließ sie 89 Jahr vor Christi Geburt umbringen. Diese herrsch=süchtige und unnatürliche Prinzessin hatte ihrem zügellosen Ver=langen zu herrschen alles aufgeopfert, und wurde wegen ihrer Verbrechen durch ein anderes Verbrechen bestraft, welches so groß als die ihrigen war.

CLEOPATRA, Königin von Aegypten, war die Tochter des Ptolemäus Auletes, der bei seinem Tode, 51 Jahre vor Christi Geburt, seine Krone dem ältesten seiner Söhne und der ältesten seiner Töchter vermachte, und verordnete, sie sollten nach dem Gebrauch ihrer Familie einander heirathen, und das Kö=nigreich Aegypten gemeinschaftlich regieren. Sie waren beide noch sehr jung; Cleopatra, die älteste, war erst 17 Jahr, und deßwegen übergab er sie der Aufsicht des Römischen Senats. Sie konnten nicht einig werden, weder sich zu heirathen, noch gemeinschaftlich zu regieren, und die Sache wurde vor Julius Cäsar gebracht, und durch Sachwalter vor ihm geführt. Aber Cleopatra hörte, daß er den Weibern unmäßig ergeben war, und machte den Plan, ihn erst für ihre Person, und dann für ihre Sache zu gewinnen, und trug kein Bedenken, sich ihm des Genus=ses und des Eigennutzes wegen Preis zu geben, je nachdem sie von der einen oder der andern Leidenschaft getrieben wurde. Sie sandte deshalb an Cäsar, und gab ihm zu erkennen, sie wünschte die Erlaubniß zu erhalten, ihre Sache selbst vor ihm zu führen. Sie erhielt die Erlaubniß, kam gegen die Morgendämmerung in einem kleinen Schiffe heimlich in den Hafen zu Alexandria, ließ sich in ihr Bette einpacken, und wurde so auf dem Rücken eines ihrer Sclaven in Cäsars Zimmer getragen. Cäsar war für die Reitze der Schönheit zu empfindlich, um nicht von denen der Cleopatra gerührt zu werden. Sie war damahls in der Blüthe ihrer Jugend, ohngefähr im 26. Jahre ihres Alters, und eine von jenen vollendeten Schönheiten, die in jedem Alter ihre besondere Reitze haben, welches alles von einem bewunderns=würdigen Witze, angenehmen Betragen und überdieß von einer so harmonischen und einnehmenden Stimme unterstützt wurde,

H 5 daß

daß diese einzige Vollkommenheit, sagt man, ohne Hülfe ihrer Augen, die außerordentlich schön waren, hinlänglich waren, das verhärtetste Herz zu erweichen. Kurz, Cäsar schlief bei ihr, und soll von ihr einen Sohn erhalten haben, der nachher nach seinem Namen Caesarion genannt wurde.

Den folgenden Morgen schickte Cäsar zu Ptolemäus, und nöthigte ihn, seine Schwester auf ihre eigenen Bedingungen anzunehmen; aber Ptolemäus merkte, daß er, anstatt ihr Richter zu sein, ihr Advocat geworden war, appellierte an das Volk, und setzte die ganze Stadt in Aufruhr. Es entstand ein Krieg, der durch eine Schlacht bald entschieden wurde, in welcher Cäsar siegte; Ptolemäus versank auf seiner Flucht in einem Boot über den Nil, und ertrank in diesem Flusse. Cäsar übergab nun der Cleopatra das Königreich. — Sie folgte dem Cäsar nach Rom, und befand sich daselbst, als er auf dem Rathhaus ermordet wurde. Aber erschreckt durch diese Begebenheit und die darauf folgenden Unruhen in der Stadt, flohe sie mit großer Eilfertigkeit.

Nach der Schlacht bei Philippi wurde sie vom Antonius ermahnt, auf eine Anklage gegen sich, als habe sie das Interesse des Cassius begünstiget, zu antworten. Sie hatte dieß gewisser Maßen wirklich gethan; aber sie hing von ihrem Witz und ihrer Schönheit ab, und überzeugte sich selbst, daß diejenigen Reitze, mit welchen sie Cäsars Herz erobert hatte, noch mächtig genug wären, auch das Herz des Antonius zu gewinnen, denn sie war damahls noch nicht über 26 Jahre alt. Voll von dieser Ueberzeugung ging sie zu Antonius, und zog ihn durch ihre Künste und die Reitze ihrer Person in jenes Netz, welches ihn, so lang er lebte, gefangen hielt, und endlich seinen Tod verursachte.

Als sie endlich in die Hände ihres Feindes, Octavius Cäsar, fiel, welcher Willens war, sie zu Rom im Triumphe aufzuführen, ließ sie sich von einer Natter in die Brust stechen, welche ihr in einem Körbchen mit Feigen heimlich zugetragen wurde; und so starb diese Fürstin, deren Witz und Schönheit so vieles Geräusch in der Welt gemacht hatte, nachdem sie seit dem Tode ihres Vaters 22 Jahr regieret hatte, und 39 Jahr alt geworden war.

CLEOSTRATUS, ein Griechischer Astronom von Tenedos, entdeckte um das Jahr 536 vor Christo zuerst die Zeichen des Thierkreises, und verbesserte den Calender der Griechen.

CLERC

CLERC (DANIL LE), Arzt von Genf und Staatsrath sei=
nes Vaterlandes, 1652 geboren, wurde wegen seiner Güte und
Rechtschaffenheit von seinen Mitbürgern geliebt, und erwarb sich
unter seinen Kunstverwandten große Achtung durch

die Geschichte der Medicin bis auf die Zeiten des Galen,
Amsterdam 1729 in 4. Dieses Buch, voll von gelehrten
Untersuchungen, ist in einem reinen Style geschrieben, und
giebt über den Character der alten Aerzte, über ihre Mei=
nungen, ihre Verfahrungsart und Mittel gute Belehrung.

Man hat ferner von ihm:

*Historia naturalis latorum lumbricorum*, Genf 1715, in 4.

Er starb 1728.

CLERC (JEAN LE), Bruder des Vorhergehenden, 1657
mit dem glücklichsten Gedächtniß und den besten Anlagen zu allen
Arten von Wissenschaften geboren. Nachdem er Frankreich, Eng=
land und Holland durchreist hatte, ließ er sich zu Amsterdam nie=
der, wo er Professor der schönen Wissenschaften, der Sprachen
und Philosophie ward. Im Jahr 1728 verlor er mitten in einer
Vorlesung auf Einmahl die Sprache. Seit diesem Zufalle nahm
sein Gedächtniß und sein Geist ab, und es blieb von dem gelehr=
ten le Clerc nichts übrig, als eine schwache lebendige Maschine.
Er redete, und es hatte sogar das Ansehen, als ob er noch denke;
aber alle seine Ideen waren ohne Ordnung und Zusammenhang.
Er vertrieb sich in seinem Zimmer beständig mit Lesen, Schrei=
ben und Corrigieren die Zeit. Er gab dann seine Aufsätze seinem
Copisten, um sie zum Drucker zu tragen, der sie aber alsbald
ins Feuer warf. Mitten in diesem Zustande verlor er 1734 seine
Frau, eine Tochter des Gregorius Leti. Er folgte ihr 1736,
gegen das Ende seines 79. Jahres nach.

Man kann ihm viel Eifer zur Arbeit, eine ausgebreitete Ge=
lehrsamkeit, gründliche Beurtheilungskraft, erstaunliche Frucht=
barkeit des Geistes, große Leichtigkeit, über alle Arten von Ge=
genständen zu schreiben, nicht absprechen; aber einige seiner
Schriften tragen das Gepräge der Eile, mit welcher er sie ver=
faßte, und einer allzu großen Mannigfaltigkeit seiner litterari=
schen Arbeiten. Er hatte fast immer fünf bis sechs Werke
unter der Hand, und arbeitete gewöhnlich so viel, als der
Drucker Manuscript haben mußte. Ein Studium von 60 Jah=
ren konnte ihn nicht zur Wahrheit zurück führen. Ein ge=
heimer Anhänger des Socin, vergaß er nichts, die im alten
und

und neuen Teſtament erzählten Wunder auf eine natürliche
Weiſe zu erklären, um die Weißagungen, die ſich auf den Meſ-
ſias beziehen, abzuwenden, und die Stellen zu corrumpieren,
welche die Dreieinigkeit beweiſen. Man beſchuldigte ihn, die
Schrift verfaßt zu haben, welche den Titel führt:

*Sentimens de quelques Théologiens de Hollande, touchant
l'Hiſtoire critique du Vieux Teſtament par M. Simon,*

und die Vertheidigung deſſelben Buches, in der Abſicht,
die Inſpiration der heiligen Bücher zu vernichten, 2 Bände in 8.
Er bemüht ſich, darin zu beweiſen, daß Moſes nicht der Ver-
faſſer des Pentateuchus, die Geſchichte des Hiob eine elende
Tragi-Komödie, und das Hohelied eine profane und verliebte
Idylle ſei.

Unter ſeinen Schriften ſind die berühmteſten:

1) *Bibliotheque Univerſelle & Hiſtorique*, eine Zeitſchrift, die
ſich 1686 anfing, 1693 endigte, und aus 26 Bänden in 12.
beſteht. Man findet darin ſehr ausführliche und ziemlich
treue Auszüge aus einigen Büchern von Bedeutung, und
oft gelehrte Anmerkungen des Journaliſten dabei.

2) *Bibliotheque Choiſie, pour ſervir de ſuite à la Bibliotheque
Univerſelle*, 28 Bände. Der erſte erſchien 1703 und der
letzte 1713.

3) *Bibliotheque ancienne & moderne, pour ſervir de ſuite aux
Bibliotheques Univerſelle & Choiſie*, 29 Bände in 12. von
1714 bis 1727.

4) *Ars critica, 1712 & 1730, 3 vol. in 8.* eins von den guten
Werken des Verfaſſers, und worin man die Freiheit, womit
er ſich über mehrere Schriftſteller, und vorzüglich über die
Kirchenväter erklärt, tadelte.

5) *Traité de l'Incredulité* 1714 und 1733, in 8. ein gründliches und gut geſchriebenes Buch, worin er die Bewegungsgründe prüft, welche die Ungläubigen zur Verwerfung der
chriſtlichen Religion haben.

6) *Parrhaſiana, ou Penſées diverſes ſur des matières de critique, d'hiſtoire, de morale & de politique, 2 vol. in 8.* einige ſind wahr, andere gewagt oder falſch. Er hatte hierbei keine andere Mühe, als zu compilieren, und ſeinen
Compilationen einige Bemerkungen beizufügen, welche
ſeinem Buch ein kritiſches und philoſophiſches Anſehen
geben.

7) *Latei-*

7) **Lateinische Commentare** über die meisten Bücher der heiligen Schrift, Amsterdam 1710 und 1731, 5 Bände in Folio.

8) *Harmonia Evangelica*, Griechisch und Lateinisch, Amsterdam 1700, in Folio; ein Werk, welches sehr gesucht wird.

9) Eine Französische Uebersetzung des Neuen Testaments, mit Anmerkungen, 1703, in 4. Diese Werke über die Schrift mißfielen den Catholiken und Protestanten, wegen einer Menge von Socinianischen Erklärungen, welche Le Clerc bald versteckt bald offenbar hinein brachte.

10) Neue Ausgaben von mehrern alten und neuern, heiligen und profanen Schriftstellern, vom **Pedo Albinovanus, Cornelius Severus, Sulptius Severus, Aeschines, Livius, Menander, Philemon, Ausonius, vom Erasmus, Ueber die Religion, vom Grotius u. a. m.**

11) *Histoire des Provinces-Unies des Pays-Bas depuis 1560 jusqu'en 1728*, eine unrichtige und schlecht geschriebene Compilation, die 1738 zu Amsterdam in 3 Theilen in 2 Foliobänden zum zweiten Mahl gedruckt wurde.

12) *Histoire du Cardinal de Richelieu*, 2 tom. in 12. 5 tom. in 12.

13) Viele polemische Schriften, in welchen sehr oft Präsumtion und Bitterkeit herrschen.

Man sehe sein von ihm selbst Lateinisch geschriebenes Leben, Amsterdam 1711 in 8.

**CLERC (SEBASTIAN LE)**, Zeichner und Kupferstecher, 1637 zu Metz geboren, aus einer so geringen Familie, daß er in die Abbtei S. Arnauld in derselben Stadt als Küchenjunge ging. Der Geschmack, welcher die Talente entscheidet, leitete ihn, die Augenblicke seiner Muße dazu anzuwenden, daß er kleine Porträts mit der Feder auf kleine Papierzettelchen zeichnete. Der Prior dieses Klosters traf ihn eines Tages darüber, und sahe, was er machte: dieses kleine Werk schien ihm sich der schönen Natur so fest zu nähern, daß er nicht zweifelte, der junge Le Clerc würde ein vortrefflicher Künstler werden, wenn er nur in der Kunst etwas unterstützet würde. Er faßte sogleich den Entschluß, seine vergrabenen Talente zu cultivieren, gab ihm den Stift in die Hand, und vertraute ihn einem seiner Religiosen zur Aufsicht und zum Unterricht an. Von seinem

10. Jahre

10. Jahre an fährte er schon den Stichel. Er legte sich zu glei-
cher Zeit auf das Studium der Geometrie, der Perspective, der
Fortification, der Architectur, und machte darin eben so große
Fortschritte, als in der Zeichnung und Gravür.

Der Marschall von la Ferté erwählte ihn zu seinem Ingénieur-
Géographe, Ludewig XIV. auf Colberts Verlangen zu seinem
ordentlichen Gravör, und der Papst Clemens XI. beehrte ihn
mit dem Titel eines Römischen Ritters. Er starb 1714 im 77.
Jahre zu Paris. Dieser Meister behandelte alle Gegenstände
gleich gut: die Landschaft, die Architectur, die Verzierungen.
Man bemerket darin eine lebhafte, glänzende, aber regelmäßige
Einbildungskraft, eine richtige Zeichnung, eine bewundernswürdige Fruchtbarkeit, edle und elegante Ausdrücke, eine schöne
Ausführung. Die Producte seines Stichels, die sich über 3000
belaufen, würden, auch ohne die Producte seiner Feder, hinlänglich gewesen sein, ihm einen großen Namen zu machen.
Die vorzüglichsten dieser letztern Gattung sind:

*Traité de Géométrie théoretique & pratique*, 1745, 2. Auflage
  in 8.

*Traité d'Architecture*, 2 Bände in 4.

*Discours sur le point de vue*, eine Materie, die der Verfasser
erschöpft.

CLESIDES, ein Griechischer Mahler, unter der Regierung
Antiochus I. um das Jahr 276 vor Christi Geburt. Er hatte
einige Ursache, über die Königin Stratonice unzufrieden zu sein,
und rächte sich dadurch, daß er sie in den Armen eines Fischers
abbildete. Die Königin war in diesem satyrischen Gemählde mit
so vielen Reitzen dargestellt, daß sie das Werk trotz seiner Indecenz nicht vernichtete, und den Urheber desselben belohnte.

CLEVELAND, oder richtiger CLEIVELAND (JOHN), ein
berühmter Patriot und Volksdichter unter der Regierung Carls I.
Er hatte das Schicksal derjenigen Dichter, welche den Vorurtheilen ihrer Zeit den Hof machen, und einmahl allzu viel ge-
priesen, und ein ander Mahl allzu sehr verachtet werden. Sowohl die Gegenstände, die er wählte, als auch die Art, wie er
sie ausführte, machten seine Gedichte unter seinen Zeitgenossen
außerordentlich gemein, aber auch seitdem ganz vergessen.
Gleichzeitig mit Milton, wurd' er ihm bei weitem vorgezogen;
und Miltons eigener Neffe sagt, daß er von mehrern für den
besten Englischen Dichter gehalten wurde. Aber Cleiveland ist
                                                        nun

nun in Vergeſſenheit geſunken, indeß ſich Miltons Ruhm allge=
mein ausbreitete

CLISTHENES, ein Athenienſer, aus der Familie der Alc=
mäoniden, machte eine neue Eintheilung des Volks. Er
theilte ſie anſtatt der vier in zehen Stämme, und war der Urhe=
ber des Geſetzes, das unter dem Namen Oſtracismus be=
kannt iſt, vermittelſt deſſen man einen Bürger, von welchem zu
fürchten war, er möchte der Tyrann ſeines Vaterlandes werden,
zur Landesverweiſung verurtheilte. Die Benennung Oſtracis=
mus kömmt vom Wort Oſtracon her, welches einen Scher=
ben bedeutet, weil man den Namen des Proſcribierten auf einen
Scherben ſchrieb. Cliſthenes ließ durch dieſes Geſetz den Tyran=
nen Hippias vertreiben, und ſtellte 510 Jahr vor Chriſti Ge=
burt die Republik wieder her. Er war der Großvater des Pe=
ricles.

CLITOMACHUS, Philoſoph von Carthago, verließ im 40.
Jahre ſein Vaterland. Er begab ſich nach Athen, wo er der
Schüler des Carneades, und um das Jahr 140 vor Chriſti
Geburt ſein Nachfolger ward. Er hat viele Bücher geſchrieben,
die verloren gegangen ſind.

CLIVE (ROBERT, LORD), ein berühmter Gouvernör von
Oſtindien, und ein ſtarkes Beiſpiel von der Unwirkſamkeit der
Glücksgüter und äußerer Ehre, Glückſeligkeit zu gewähren, war
1725 geboren, und machte den 22. November 1774 ſeinem Leben
ein Ende.

CLOELIA, eine von denen Römiſchen Jungfrauen, welche
dem Porſenna zu Geiſeln gegeben wurde, als er um das
Jahr 507 vor Chriſti Geburt die Stadt Rom belagerte, um die
Tarquinier wieder auf den Thron zu ſetzen. Sie entſprang,
und rettete ſich glücklich durch die Tiber, ob man ihr gleich vom
Uſer mit Pfeilen nachſchoß. Porſenna, an den man ſie zurück
ſchickte, machte ihr ein Geſchenk mit einem prächtig equipierten
Pferde, und erlaubte ihr, die von ihren Gefährtinnen mit ſich
nach Rom zu nehmen, welche ſie wollte; ſie wählte die jüngſten,
weil dieſe größerer Gefahr ausgeſetzt waren. Der Senat ließ
dieſer Heldin auf dem öffentlichen Platz eine Ritterſtatüe er=
richten.

CLUVERIUS (PHILIPPUS), 1580 zu Danzig geboren.
Er verließ das Studium des Rechts, um ſich der Geographie
ganz

ganz zu widmen. Er durchreiste Deutschland, England, Frankreich, Italien, und machte sich überall große Freunde. Man lag ihm sehr an, zu Rom zu bleiben, wo seine Talente zu den Wissenschaften, und vorzüglich zu den Sprachen, ihm viele Bewunderer erwarben. Er sprach Griechisch, Lateinisch, Deutsch, Französisch, Englisch, Holländisch, Italiänisch, Ungarisch, Pohlnisch und Böhmisch mit Fertigkeit. Man verdanket ihm mehrere geographische Werke:

*De tribus Rheni alveis*, in 4. ein Werk, voll von Gelehrsamkeit, welches sich auch bei folgendem befindet.

*Germania antiqua*, Leyden 1616, 2 Bände in Folio.

*Italia antiqua, Sicilia, Sardinia et Corsica*, Leyden 1624, 3 Bände in Folio.

*Introductio in universam Geographiam, tam veterem quam novam.*

Cluver starb 1623 im 43. Jahre zu Leyden, und wurde mit Recht für den ersten Geographen gehalten, der seine Untersuchungen in Ordnung zu bringen, und auf gewisse Grundsätze zurück zu führen wußte.

COCCEJUS AUCTUS, ein geschickter Architect von Rom, machte sich durch mehrere schöne Gebäude berühmt. Die Zeit verschonte deren einige, wie z. B. den Tempel, den Calfurnius zu Pozzuoli in Neapel dem August widmete, und der heut zu Tage die Cathedralkirche dieser Stadt ist. Ein noch größeres Unternehmen machte ihn unsterblich, dieß ist die unterirdische Straße, welche von der See, die von den Alten Avernus genannt wurde, bis nach Cumä gehet, und nach einer alten Tradition auch die von Neapel bis nach Pozzuoli. Es ist ein durchbrochener Berg, ohngefähr eine Meile lang, wo zwei Wagen bequem neben einander fahren können. Addison vermuthet mit vieler Wahrscheinlichkeit, daß man anfänglich nichts beabsichtigte, als Steine aus dem Berge zu ziehen, um die Stadt Neapel zu erbauen; und daß man erst in der Folge darauf dachte, den Berg ganz zu durchstechen, um eine Straße zu bilden. Seine Vermuthung gründet sich darauf, daß man keine Schutthaufen um den Berg herum sieht.

COCCEJUS (JOHANN), 1603 zu Brehmen geboren, Professor der Theologie zu Leyden, hat noch heut zu Tage eine große Menge Anhänger, die sich Coccejaner nennen. Voët und

und Desmarêts bestritten eifrig seine Meinungen, und machten, daß Coccejus für einen Ketzer gehalten wurde.

Coccejus glaubte, es werde in der Welt noch ein sichtbares Reich Christi geben, welcher das Reich des Anti = Christ zerstö= ren werde; dieses Reich werde vor dem Ende der Jahrhunderte, nach der Bekehrung der Juden und aller Nationen, entstehen, und die catholische Kirche dann in aller ihrer Glorie erscheinen. Er hatte sich ein besonderes System der Theologie gemacht, ord= nete die Oeconomie des alten und neuen Testaments auf eine neue Manier, und fand fast überall die Ankunft Christi und des Anti = Christ. Seine Commentare über die Bibel sind, außerdem daß sie sehr schwer sind, mit Sonderbarkeiten an= gefüllt. Dieser bizarre Gelehrte starb 1669 im 66. Jahre zu Leyden. Man sammelte seine Werke in 10 Foliobänden, wovon die ersten 8 im Jahr 1689 zu Frankfurt am Main, und die 2 letzten 1706 zu Amsterdam herauskamen. — Im Jahr 1708 gab man noch von ihm:

Opera anecdota, Theologica et Philologica, 2 Bände in Folio.

heraus. Diese ungeheure Sammlung kann nur von einem Coccejas ner ganz gelesen werden. Jurieu schildert ihn als einen guten, sanften und bescheidenen und in der Arbeit unermüdlichen Men= schen.— Die Hauptmeinungen der Coccejaner sind: „Der Deca= „logus ist ein Formular des Gnadenbundes, dessen Bedingungen „er erklärt; und sie sind weit entfernt, zu glauben, daß er einen „Theil des Mosaischen Gesetzes ausmache. Sie behaupten, das „Gesetz des Sabbaths sei nur typisch und ceremoniell, und ent= „halte nichts Moralisches und Unabänderliches; kein natürliches „oder göttliches Gesetz bestimme einen Tag der Woche bloß zu „religiösen Verrichtungen. — Aber die Hauptauszeichnung die= „ser Secte besteht in der besondern Manier, die Heilige Schrift „zu erklären. Ihre Grundsätze sind, man müsse den Worten „des heiligen Textes alle mögliche Energie geben, alles sei myste= „riös und allegorisch, und die Geschichte der christlichen Kirche „ganz in ihm enthalten.- Daher antwortete auch ein Coccejaner „dem Mr. de Joncourt — der ihn fragte, welche Wahl man in „der Geschichte der Patriarchen treffen müsse, um Typen dar= „aus zu nehmen, und welcher Theil ihres Lebens allegorisch „sei? — Man darf nichts auswählen noch zerstü= „keln: ihre ganze Geschichte ist allegorisch, und „keine Schalmei und kein Saumsattel, der nicht

Zweiter Theil.　　　　　　J　　　　　einen

„einen myſtiſchen Sinn habe; und ohne dieß wäre
„es eine ſo elende Geſchichte, als nur irgend eine
„in der Welt. — Dieſe Methode die Schrift zu erklären,
„die man in allen ihren Schriften findet, verbreitet ſich auch
„über ihre Reden, die mit wenig gründlichen Räſonnements,
„mit Myſterien, Typen und prophetiſchen Geſichten angefüllt
„ſind, und worin nichts iſt, was die Menſchen zur wahren
„Frömmigkeit bringen könnte." (Mémoires de Niceron,
Tom. VIII.)

COCCEJUS (HEINRICH VON), den 25. März 1644 zu
Brehmen geboren, Profeſſor des Rechts zu Heidelberg, Utrecht
und Frankfurt. Nachdem er ſich durch Reiſen durch England,
Frankreich und Deutſchland im Studium des öffentlichen Rechtes vervollkommnet hatte, machte ihn der Kaiſer, der ihn in geheimen und wichtigen Geſchäften gebraucht hatte, 1713 zum
Reichs-Freiherrn. Er ſtarb 1719 zu Frankfurt an der Oder.
Man hat von dieſem gelehrten Juriſten mehrere in Deutſchland
geſchätzte Werke über die Wiſſenſchaft, die er gelehret hatte.

*Juris publici prudentia compendioſe exhibita*, 1695 in 8.
*Hypomnemata Juris*, 1698 in 8.
*Prodromus juſtitiae gentium*, in 8. u. a.

Cocceji verdankte ſeine Geſchicklichkeit bloß der Meditation und
Arbeit. Er hatte nur über die Inſtituten gehört.

COCCEJUS (SAMUEL VON), Deutſcher Reichsbaron, Sohn
des Vorigen, gegen das Ende des letztern Jahrhunderts zu
Frankfurt an der Oder geboren, ſtarb 1755. Er erhob ſich durch
ſeine tiefe Kenntniß des öffentlichen Rechtes zum Staatsminiſter
und Groß-Canzler des Königs von Preußen. Dieſer philoſo-
phiſche König vertraute dem Cocceji die Verbeſſerung der Juſtiz
in ſeinen Staaten an. Der

*Codex Fridericianus,*

den dieſer Miniſter 1747 zu Stande brachte, beweiſet, daß er
der Wahl ſeines Fürſten, der ein ſo großer Philoſoph als er
ſelbſt war, würdig war. Außer dieſem Werke, welches aus 3
Bänden in 8. beſteht, verdanket man dem Baron Cocceji auch
eine Lateiniſche Ausgabe des Kriegs- und Friedensrech-
tes des Grotius, Lauſanne 1755, 5 Bände in 4. Der erſte
Band, der dem Werke zur Einleitung dient, iſt von Heinrich
Cocceji.

COCHIN

COCHIN (Charles Nicolas), berühmter Kupferstecher von Paris, 1754 im 66. Jahre gestorben, beschäftigte sich in seiner Jugend mit der Mahlerei, wodurch er sich viele Fertigkeit in der Gravur erwarb. Man findet in seinen Blättern jenen Geist, jenen Teig (pâte), jene Harmonie und Bestimmtheit, welche die Vortrefflichkeit dieser Kunst ausmachen. Seine vorzüglichsten Blätter sind Rebecca, St. Basilius, der Ursprung des Feuers, nach F. le Moine, Jacob und Laban, nach M. Restout, die Bauernhochzeit, nach Watteau, und die Sammlung der Gemählde der Invaliden, die er nach einer ununterbrochenen Arbeit von beinahe 10 Jahren mit Erfolg herauszugeben im Stande war.

COCK (Matthias und Hieronymus), Gebrüder, von Antwerpen gebürtig.

Matthias war ein vortrefflicher Landschaftmahler, und verbesserte hierin seine Manier, die er aus Italien in sein Vaterland zurück brachte. Er wußte die Natur wohl nachzuahmen, und angenehme Veränderungen anzubringen; mahlte auch in Oehl und Wasserfarben. Er starb 1565.

Hieronymus verließ die Mahlerei, und erwählte den Kunsthandel, durch den er sich bereicherte. Er ätzte sehr gut in Kupfer. Zwölf Landschaften, die er nach seinem Bruder radierte, werden stark gesucht. Er hat auch Landschaften von seiner eigenen Erfindung in Kupfer gebracht. Seine besten Blätter sind eine Lage von kleinen Landschaften nach dem alten Breughel, und sein Kupferwerk ist sehr zahlreich, besonders nach M. Hemskerken u. a. Er war auch ein ziemlich guter Mahler, und starb 1570.

COCKBURN (Catharina), den 16. August 1679 geboren, gab Beweise vom Genie zur Dichtkunst, ehe sie noch aus den Kinderjahren getreten war, und schrieb in ihrem 17. Jahre die Tragödie

Agnes de Castro,

welche 1695 aufgeführet wurde. Im Jahr 1698 brachte sie eine zweite, und 1701 eine dritte Tragödie und eine Komödie auf die Bühne. Aber die Dichtkunst war nur das geringste Talent dieser Dame; sie hatte eine große und philosophische Seele, und schrieb eine

Vertheidigung des Lockischen Versuchs über den menschlichen Verstand,

J 2                    gegen

gegen einige Bemerkungen, welche von Dr. Burnet zu verschiedenen Zeiten dagegen gemacht worden waren. Diese Vertheidigung war im December 1701 vollendet, als sie eben 22 Jahr alt war. Sie starb 1749.

COCLES (BARTHOLOMAEUS), lebte im 15. Jahrhundert. Er gab sich mit Weißagungen ab, und mehrere derselben wurden erfüllt. Er veranstaltete eine Sammlung derselben, Straßburg 1536 in 8. worin er seine Kunst erklärte. Achillini zierte sie mit einer Vorrede, die von Freunden und Feinden der Kunst zu weißagen gleich bewundert wurde. Cocles prophezeihte, sagt man, dem berühmten Rechtsgelehrten Luc Gauric, daß er bald eine Art der Todesstrafe ausstehen würde, ohne jedoch daran zu sterben. Und in der That ließ ihn Bentivoglio, Herr von Bologna, der gehört hatte, Gauric habe ihm prophezeiht, er würde vor Verlauf des Jahres aus seinen Staaten vertrieben werden, wippen. — Cocles starb, wie er sich selbst vorher gesagt hatte, an einem Schlag' auf den Kopf. Hermes von Bentivoglio, Sohn des Herrn von Bologna, ließ ihn durch Capponi umbringen, der ihm mit einer Art einen Schlag auf den Kopf gab, als er die Thür öffnete. Zum Erstaunen dabei ist, daß Capponi zum Cocles, der ihn nicht kannte, ging, ihn über die Zukunft zu fragen, und ihm dieser sagte: „Ach, mein „Freund, Ihr werdet noch vor Nachts einen Mord „begehen." Nach seinem Tode fand man in seinem Zimmer Weißagungen über seine Bekannte, deren Hände und Gesicht er in dieser Rücksicht besehen hatte, die alle eben so ausgingen, wenigstens wie es Varillas berichtet; aber man weiß, daß dieser Schriftsteller keinen Glauben verdient.

CODINUS, Curopalat am Hofe zu Constantinopel, blühte in den letzten Zeiten der Paläologen oder in der letzten Hälfte des 15. Jahrhunderts. Man hat von ihm:

*De officiis* [et *officialibus aulae et magnae Ecclesiae Constantinopolitanae libellus*, von F. Junius aus dem Griechischen ins Lateinische übersetzt, 1596 in 8. bei Commelin;

*Excerpta ex libro chronico de Originibus Constantinopolitanis*, wovon die beste Ausgabe ist, Paris 1655 in Folio.

Diese Excerpte sind aus dem Hesychius und andern neuern Schriftstellern gezogen.

CODRING-

CODRINGTON (Christopher), ein braver Soldat und vortrefflicher Schulmann, 1668 zu Barbados geboren, und 1701 daselbst gestorben. Wenige Jahre vor seinem Tode legte er sich vorzüglich auf die Kirchengeschichte und Metaphysik, und man sagte, er sei in der metaphysischen Gelehrsamkeit vielleicht der größeste Meister in der Welt gewesen.

CODRUS, letzter König von Athen, fragte, wie man sagt, das Orakel über die Heracliden, welche sein Land verwüsteten. Es wurde ihm geantwortet, daß das Volk, dessen Anführer fiele, Sieger bleiben würde. Diese Antwort flößte ihm den großmüthigen Gedanken ein, sich in einen Landmann zu verkleiden; er führte ihn aus, und wurde im Jahr 1095 vor Christi Geburt von einem Soldaten erschlagen, den er in Absicht der Erfüllung des Orakels verwundet hatte.

Die Athenienser verwandelten nach seinem Tode ihren Staat in eine Republik, und wurden von Magistratspersonen regiert, welchen man den Namen Archonten gab. Medon, des Codrus Sohn, war der erste derselben.

CODRUS, ein Lateinischer Dichter, von welchem Juvenal spricht, war so arm, daß seine Armuth zum Sprichwort ward: Codro pauperior. Dieser Dichter lebte unter der Regierung des Domitian, und hatte ein Gedicht,

### Die Theseide,

geschrieben, welches nicht bis auf uns gekommen ist.

COEBERGER (Wenzel), ein Mahler und Baumeister von Antwerpen, lernte bei Martin de Vos. Er hielt sich eine geraume Zeit zu Neapel auf, wo er einige Gemählde für die Kirche Santa Maria de Piede Grotte in den Gegenden dieser Stadt mahlte. Er verfertigte auch daselbst für die Cathedralkirche seiner Geburtsstadt ein Gemählde, welches den Märtyrertod des H. Sebastian vorstellt; dieses Stück wird wegen der Zusammensetzung, der Zeichnung und des Colorits bewundert. Der Erzherzog Albert nahm ihn zu seinem Hofmahler an, und Coeberger baute die Kirche Nôtre Dame de Montaigu zu Brüssel nach dem Muster der St. Peterskirche zu Rom, die er auch mit Gemählden auszierte. Man sagt, er habe ein Buch von den antiken Mahlereien geschrieben, welches vermuthlich eine Uebersetzung des 36. Buchs des Plinius sein wird. — Er blühte um den Anfang des 17. Jahrhunderts.

J 3　　　　　COECH,

COECH, oder KOECK, oder KOUC (PETER), Architect, Mahler und Graver, aus den Niederlanden, reisete nach Italien und der Türkei, um seine Talente zu vervollkommnen, und ließ sich nachher zu Antwerpen nieder. Er machte im Ottomanischen Reich' eine Suite von Zeichnungen, welche nachher in Holz geschnitten wurden, und die unter jenem Volke gebräuchlichen Ceremonien vorstellten. Er starb 1551 als Mahler und Architect Carls V. Man hat von ihm

> Abhandlungen über die Geometrie, Architectur und Perspective,

mit einigen Holzschnitten und Kupfern.

COEHOORN oder KOEHOORN (MENNO), der Vauban der Holländer, 1632 geboren. Sein Genie zum Krieg und zu Befestigungen entwickelte sich frühzeitig. Er befestigte und vertheidigte als Ingeniör und General-Lieutenant der vereinigten Staaten die meisten ihrer Plätze. Es war ein schönes Schauspiel, sagt der Präsident Hesnault, bei der Belagerung von Namur, 1692, das Fort Coehoorn von Vauban belagern und von Coehoorn selbst vertheidigen zu sehen. Er ergab sich nur, nachdem er eine für tödtlich gehaltene Wunde, an der er aber nicht starb, empfangen hatte. Als der Churfürst von Cölln, Joseph Clemens, sich 1703 zu den Franzosen geschlagen und in Bonn Französische Besatzung eingenommen hatte, machte Coehoorn ein so lebhaftes und schreckliches Feuer auf diesen Platz, daß sich der Commandant drei Tage darauf ergab. Dieser große Mann starb 1704 zu Haag, und hinterließ den Holländern mehrere von ihm befestigte Plätze. Bergen-op-Zoom, die er für sein Meisterstück hielt, wurde 1747 vom Marschall von Löwendal eingenommen, troß der schönen Fortificationen, welche sie für unüberwindlich halten mochten. Man hat von Coehoorn einen

> Tractat über eine neue Befestigungsart, in Holländischer Sprache.

COELEMANS (JACOB), ein Kupferäßer von Antwerpen, lernte bei Cornelius Vermeulen. Der Herr Boyer d'Aiguilles, Parlementsrath zu Aix, verschrieb ihn gegen das Ende des 17. Jahrhunderts nach der Provence, und ließ ihn die Gemählde, die er von verschiedenen Meistern besaß, abzeichnen, und auf 118 Platten in Kupfer äßen, wozu P. J. Mariette die Beschreibung machte. Diese Kupferstiche waren zwar schon 1709 fertig, wurden aber erst 1744 herausgegeben. Es ist das vornehmste,

vornehmſte, was Coëlemans verfertiget hat. Er ſtarb zu Aix 1733 im 75. Jahre ſeines Alters.

COELLO (ALONSO SANCHEZ), ein Portugieſiſcher Mahler, lernte bei Anton Moro, und ward in Bildniſſen ein berühmter Künſtler. Er beſaß das Colorit in größter Vollkommenheit, welches ihm den Beinamen des Portugieſiſchen Tizian erwarb. Man findet auch hiſtoriſche Stücke von ſeiner Arbeit in verſchiedenen Kirchen und Palläſten zu Madrid, Toledo u. ſ. f. Coello ſtarb 1590 im 75. Jahre ſeines Alters.

COIGNOUIL, ein Lättichſcher Künſtler, übertraf mit ſeinen Basrelifs vielleicht alle Bildhauer dieſes Jahrhunderts. Seine Wittwe ſchickte ſechs ſolcher Basrelifs, die er nach ſeinem Tode hinterließ, nach Brüſſel an den Prinzen Carl von Lothringen. Dieſer Fürſt, der den Werth der ſchönen Künſte ſo ſehr zu ſchätzen wußte, gab 300 Souveränsd'or dafür.

Coignouil wählte immer intereſſante Gegenſtände; drei davon waren: wie Joſua die Sonne ſtill ſtehen hieß, der Kindermord zu Bethlehem, der Durchzug durch das rothe Meer. Auch ſollen im ehemahligen königlichen Cabinet zu Paris Alexanders Schlachten von dieſem geſchickten Künſtler nach Le Brün, in Basrelief gearbeitet, ſorgfältig aufbewahret werden.

COINTUS oder QUINTUS. Man ſehe den Artikel CALABER.

COLBERT (JEAN BAPTISTE), Marquis von Seignelay, wurde den 31. Auguſt 1619 aus einer Schottiſchen Familie, die ſich nach Moreri im 13. Jahrhundert in Champagne niederließ, zu Reims geboren, hatte einen Onkel, der Secretär des Königs und Negotiant zu Troyes war, und ihn zu Mascranni und Conami, den Banquiers des Cardinals Mazarin, that. Dieſer Miniſter kannte ſeine Talente, und vertraute ihm ſeine Geſchäfte an. Kurz vor ſeinem Tode ernannt' er ihn zu einem der Exſecutoren ſeines Teſtaments. Man muß, ſagt der Präſident Henault, es unter die Dienſte rechnen, welche dieſer Cardinal Frankreich leiſtete, daß er das Zutrauen des Königs zu Colbert ſo vorbereitete, daß es ſich, als er ſtarb, ganz feſt gegründet fand. Er empfahl ihn als einen Menſchen von unermüdlichem Fleiße, von erprobter Treue und großer Fähigkeit zu den Geſchäften. „Sire, ſagte er zum Könige, ich bin Ih„nen alles ſchuldig; aber ich glaube gegen Eure

J 4 Majeſ-

„Majestät dadurch einiger Maßen dankbar zu sein,
„daß ich Ihnen Colbert gebe.“

Nachdem Foucquet in Ungnade gefallen war, woran er
vielen Theil hatte, und den er mit etwas allzu viel Erbitterung
verfolgte, verwaltete Colbert mit dem Titel General-Controlör
die Finanzen. Jedermann kennt das beleidigende Sonnett, welches der Dichter Heßnault gegen Colbert machte, und seine Antwort an diejenigen, welche er fragte, ob der König dadurch beleidiget wäre. „Nein, sagten sie. — Ich bin es also
„auch nicht.“

Der neue Minister stellte die Ordnung bald wieder her, welche
sein Vorgänger gestört hatte, und arbeitete unermüdlich zum
Ruhme des Königs und zur Größe des Staats. Das schöne
Jahrhundert Ludewigs XIV. fing an anzubrechen. Man bewilligte den Gelehrten Frankreichs und des Auslandes Gratificationen. Die Briefe, womit der Minister diese Geschenke begleitete,
waren noch schmeichelhafter, als die Geschenke selbst. „Ob-
„gleich der König nicht Ihr Souverain ist, schrieb
„er an Isaac Vossius, so will er doch Ihr Wohl-
„thäter sein. Nehmen Sie diesen Wechselbrief
„als ein Zeichen seiner Achtung und als ein Pfand
„seines Schutzes.“

Der König, der Colberts Verdienste aus Erfahrung kannte,
machte ihn im Jahr 1664 zum Aufseher über die Gebäude. Alle
Künste, die mit der Baukunst in Verhältniß stehen, schienen
wieder aufzuleben. Frankreich sahe Meisterstücke der Mahlerei,
der Bildhauerkunst und Baukunst: die Fassade des Louvre, die
Gallerie der Colonade, das Observatorium von Paris u. s. w.
Durch seine Sorgen wurden neue Gelehrten- und Künstlergesell-
schaften gestiftet. Die Academie der Inschriften entstand 1663
in seinem eigenen Hause; die der Wissenschaften wurde 3 Jahre
später, und die der Architectur 1671 gestiftet. Die Gesellschaften, die lange vorher gegründet worden waren, als die Französische Academie und die der Mahlerei und Bildhauerkunst, fühlten
den Schutz, den der neue Mäcen allen Künsten angedeihen ließ.

Nicht zufrieden, die Finanzen wieder hergestellt und alle
Männer von Verdienst aufgemuntert zu haben, verbreitete er
seine Sorgen auch über die Justiz, über die Polizei, über das
Handlungs- und Seewesen. Ein Conseil, das über alle diese
Materien zu discutieren zusammen berufen wurde, gab jene
Regle-

Reglements und jene schönen Verordnungen, die noch bis zum Ausbruch der Revolution der Grund der Französischen Regierung waren. Der Handel, den Frankreich bis dahin nur sehr unvollkommen getrieben hatte, wurde allgemein cultiviert. Es bildeten sich drei Handlungsgesellschaften, die eine für Ostindien, die andere für Westindien, und die dritte für die Küsten von Africa; alle diese Gesellschaften wurden aufgemuntert und belohnt. Das Conseil des Handlungswesens wurde wieder hergestellt. Der Canal von Languedoc, der zur Verbindung der beiden Meere unternommen worden war, brachte Victualien und Kaufmannsgüter aus allen Theilen der Welt bis in das Herz von Frankreich. In kurzer Zeit wurde eine Menge von Schiffen und Galeeren gebaut. Zu Marseille, Toulon, Brest, Rochefort wurden Arsenale erbaut, welche alles enthielten, was zur Ausrüstung und Equipierung mehrerer Flotten nothwendig war.

Feine Tücher, Seidenstoffe, Spiegelgläser, Blech, Stahl, das schöne Fayance, Corduan u. s. w. welche Artikel um einen sehr hohen Preis aus dem Auslande gehohlt werden mußten, wurden nun in Frankreich selbst fabriciert. Jedes Jahr seines Ministeriums wurde durch die Errichtung irgend einer Manufactur bezeichnet. Man zählte im Jahr 1669 in Frankreich 44,200 Stühle, auf welchen wollene Stoffe bereitet wurden.

Des großen Colbert Zweck war, Frankreich zu bereichern und zu bevölkern. Als er die Verwaltung der Finanzen übernahm, erließ er 3 Millionen Steuern, und alle von 1647 bis 1656 schuldigen Auflagen. Dieß waren die beständigen Beschäftigungen dieses würdigen Ministers, bis er im Jahr 1683 in einem Alter von 64 Jahren und 6 Tagen, von Gram verzehrt, starb, den ihn, wie ein Geschichtschreiber sagt, Louvois dadurch verursachte, daß er ihn nöthigte, das Volk, welches er durch die Handlung bereichert hatte, durch Bedrückungen zu Grunde zu richten. Er war der einzige Märtyrer, den das öffentliche Wohl hatte, der einzige Finanzminister, der in seinem Amte starb.

Er war nur acht Tage krank. Der König schrieb einen Brief an ihn, wie ihn ein Mann verdiente, der den Handel schuf, allen Künstlern Aufmunterungen gab, und seinem Vaterlande hundert Millionen Einkünfte verschafft hatte. Der Sterbende legte ihn, ohne ihn zu öffnen, unter sein Küssen, und sagte, man habe, wenn man in Bereitschaft stände, dem Könige der Könige

J 5 Rechen-

Rechenschaft abzulegen, wenig Gefühl für solche Beweise von Achtung.

Colbert wird mit Recht für den größesten Finanzminister gehalten, den Frankreich jemahls hatte. Bei der Pünctlichkeit und bei dem Eifer zur Arbeit, den Sülly hatte (man sehe diesen Artikel), hatt' er weit ausgebreitetere Plane zur Vermehrung der Größe des Souveräns und des Wohlstandes des Volkes. Der Pöbel von Paris wollt' ihn dem ungeachtet aus St. Eustache wieder ausgraben; aber die guten Bürger erröktheten über diese Tollheit, und dachten wie die Nachwelt über diesen großen Mann. Er hatte das oft ungerechte Murren dieses Pöbels beständig verachtet. Als er einige Renten auf das Hôtel de ville, die seit 1656 um einen geringen Preis erlangt worden waren, unterdrückt hatte, suchten die Inhaber derselben, denen ihr persönliches Interesse mehr am Herzen lag, als der Nutzen aller Etablissements, die Colbert im Königreiche traf, sein Ministerium zu verschreien. Sie wagten es sogar, ihm zu drohen, und belagerten ihn zu jeder Stunde des Tages, wo er ging und stand. Als er sich einst bei dem Canzler Seguier befand, stellten sich mehrere derselben ihm vor, und kamen von Klagen zu Drohungen. Der Minister hörte ihnen mit großer Kaltblütigkeit und Ruhe zu, und schien sogar von ihren Klagen gerührt zu sein. Er fragte sie nachher um ihre Namen; sie schmeichelten sich, ihn bewegt zu haben, und hatten die Indiscretion, sie ihm zu nennen. Colbert vergaß sie nicht, und trug die Sache dem Könige vor, welcher die Schuldigsten in das Gefängniß werfen ließ.

Dieses Beispiel war weit entfernt, die Mißvergnügten zu erschrecken; es brachte dieselben vielmehr vollends auf. Die Rentiers schrien nun so laut, daß die Commis von Colbert, die nicht so viel Muth hatten, als ihr Herr, fürchteten, das Ungewitter möchte endlich über ihren Köpfen losbrechen.

Colbert hatte in seinem Aeußern etwas Zurückstoßendes. Seine Augen lagen tief, seine Augenbraunen waren schwarz und dick. Er sprach wenig, und affectierte selbst eine Art von negativem Stillschweigen. Madame de Cörnüel, die Frau eines Schatzmeisters, sprach eines Tages über gewisse Angelegenheiten mit ihm; der Minister antwortete ihr nichts. „Monseigneur, „sagte sie zu ihm, geben Sie mir wenigstens irgend „ein Zeichen, daß Sie mich verstehen.“ Aber ungeachtet

geachtet seines kalten und feisten Ansehens war er in Gesell=
schaft freundlich und dienstfertig, und seine Rechtschaffenheit
hielt jede Probe aus.  Er konnte nie den Ton noch die Laster
der Höflinge annehmen, und Ludewig XIV. sagte, er habe am
Hofe das Ansehen eines Pariser Bürgers behalten.  Der Prä=
sident de Lamoignon wirft ihm auch vor, daß er fast hartnäckig
auf seinem Willen bestand, alles despotisch behandelte,
die Verminderung seines Ansehens allzu sehr fürchtete, und
aller verschiedenen Eindrücke, die seine Commis auf ihn machen
wollten, empfänglich war.

Sein Leben befindet sich im 5. Bande der
*Hommes illustres de France, par d'Auvigni.*

COLDORÉ, Steinschneider, sowohl en Creux als en Relief,
machte sich gegen das Ende des 16. Jahrhunderts durch die
Feinheit und Eleganz seiner Arbeit einen berühmten Namen.
Seine Porträts waren eben so ähnlich, als zart gearbeitet.
Man vermuthet, daß Coldoré nur ein Beiname, und der
wahre Name dieses Künstlers Julien de Fontenai, und er der=
selbe gewesen sei, den Heinrich IV. in seinem Patent vom
22. December 1608 zu seinem Valet - de - Chambre und Stein=
schneider ernannte.

COLE (WILLIAM), um das Jahr 1626 zu Abberbury in
Orfordshire geboren,  war der berühmteste Botaniker seiner
Zeit.  Im Jahr 1656 gab er
*The Art of Simpling,*
und 1657
*Adam in Eden, or Nature's Paradies*
heraus, und starb 1662.

COLIGNI (GASPARD DE), Admiral von Frankreich, wurde
1516 zu Châtillon-sur-Loing geboren.  Er trug von seiner
frühsten Jugend an die Waffen, und zeichnete sich unter Franz I.
in der Schlacht von Cerisoles, und unter Heinrich II. aus, der
ihn zum General = Major der Französischen Infanterie, und
nachher im Jahr 1552 zum Admiral von Frankreich machte.  Er
verdiente diese Gnadenbezeigungen durch die schönen Thaten,
die er in der Schlacht bei Renti that, durch seinen Eifer für die
militärische Disciplin, durch seine Eroberungen in Spanien,
und vorzüglich durch die Vertheidigung von St. Quentin.  Der
Admiral warf sich in diesen Platz, und that Wunder von
Tapfer=

Tapferkeit; da aber die Stadt eingenommen wurde, blieb er
als Kriegsgefangener zurück.

Nach dem Tode Heinrichs II. stellte er sich an die Spitze der
Calvinisten gegen die Guises, und machte sich eine so mächtige
Partei, daß die catholische Religion in Frankreich einer gänzlichen Ausrottung nahe war. Der Hof, sagt ein Geschichtschreiber, hatte nach Condé, der denselben an sich gezogen
hatte, keinen gefährlichern Feind. Condé war stolzer, unter-
nehmender, thätiger: Coligni von gesetzterer, bedächtigerer
Gemüthsart, und fähiger, der Anführer einer Partei zu sein;
er war zwar im Kriege wirklich eben so unglücklich, als Condé,
machte aber durch seine Geschicklichkeit oft dasjenige wieder gut,
was gar nicht wieder gut gemacht werden zu können schien. Er
war nach einer verlornen Schlacht gefährlicher, als seine Feinde
nach einer gewonnenen, und hatte übrigens so viele Tugenden,
als ihm so stürmische Zeiten und herrschender Parteigeist lassen
konnten.

Er achtete sein Blut für nichts. Als er einmahl verwundet
worden war, und seine Freunde um ihn her jammerten, sagte
er mit unglaublichem Phlegma zu ihnen: Muß uns das
Handwerk, das wir treiben, nicht an den Tod,
wie an das Leben gewöhnen?

Die erste förmliche Schlacht, die zwischen den Hugonotten
und Catholiken vorfiel, war die bei Dreux, im Jahr 1562.
Der Admiral focht tapfer, verlor die Schlacht, und rettete die
Armee. Als der Herzog von Guise kurze Zeit darauf nach der
Belagerung von Orleans durch Verrätherei ermordet worden
war, beschuldigte man ihn, um diesen schändlichen Mord ge-
wußt zu haben; aber er rechtfertigte sich durch einen Eid.

Die bürgerlichen Kriege hörten auf einige Zeit auf, um im
Jahr 1567 mit desto größerer Wuth wieder anzufangen.
Coligni und Condé lieferten die Schlacht bei St. Denys
gegen den Connetable von Montmorency. Auf diese entschiedene Schlacht folgte 1569 die bei Jarnac, zu großem Verlust der Calvinisten. Condé wurde auf eine traurige Weise erschlagen, und Coligni hatte nun die ganze Last der Partei auf
sich. Er allein stützte diese unglückliche Sache, und wurde in
der Schlacht bei Moncontour in Poitou nochmahls geschlagen,
ohne daß sein Muth erschüttert worden wäre.

Im Jahr 1571 endigte ein vortheilhafter Friede diesen blutigen Krieg dem Anschein nach glücklich. Coligni erschien am
Hofe

Hofe, und wurde wie alle von seiner Partei mit Liebkosungen
überschüttet. Carl IX. ließ ihm zur Entschädigung seines Verlustes aus seiner Chatouille 100,000 Franken zahlen, und gab
ihm seine Stelle im Conseil wieder. Man warnte ihn von
allen Seiten, diesen treulosen Gnadenbezeigungen nicht zu
trauen. Ein calvinistischer Capitän, der sich in die Provinz
begeben wollte, kam Abschied von ihm zu nehmen. Coligni
fragte ihn um die Ursache seines so plötzlichen Abschiednehmens.
Weil man uns, sagte derselbe, hier allzu viel Cares-
sen macht. Ich will mich lieber mit den Thoren
retten, als mit denjenigen umkommen, die allzu
weise sind.

Kurz darauf brach ein schreckliches Project aus. Der Admiral kam an einem Freitag aus dem Louvre; man schoß aus
einem Fenster nach ihm, wovon er an der rechten Hand und
dem linken Arme gefährlich verwundet wurde. Der Mörder des
Moul, Maurevert, hatte es auf Bitten des Herzogs von
Guise, der diesen Mord dem Könige Carl IX. vorgeschlagen
hatte, übernommen, Coligni zu ermorden. Er war der Unglückliche, der aus einem Klostergebäude von St. Germain
l'Auxerrois, worin er sich verborgen hatte, den Schuß that.
Der König von Navarra und der Prinz Condé beklagten sich
gegen den König über diese meuchelmörderische That; Carl IX.
der von seiner Mutter in der Treulosigkeit und Verstellung
geübt worden war, bezeigte einen außerordentlichen Schmerz
darüber, ließ den Urhebern nachsuchen, und nannte Coligni
Vater. Zu derselben Zeit war er mit dem nahen Blutbade der
Protestanten beschäftiget, welches, wie man weiß, in der
Bartholomäus-Nacht 1572 anfing. Der Herzog von Guise
zog mit einer starken Escorte auf das Haus des Admirals zu.
Eine Truppe von Mördern, an deren Spitze sich ein gewisser
Besme befand, der in Diensten des Hauses Guise stand,
drang mit dem Schwert in der Hand ein, und fand ihn in
einem Ruhestuhl sitzend. Junger Mensch, sagte er mit
einer stillen und ruhigen Miene zu ihrem Anführer, du soll-
test meine grauen Haare ehren; aber thue was
du willst, du kannst mein Leben nur um einige
Tage verkürzen.

Nachdem ihm dieser Unglückliche mehrere Stiche gegeben
hatte, warf er ihn durch das Fenster in den Hof seines Hauses,
wo ihn der Herzog von Guise erwartete. Coligni fiel zu den
Füßen

Füßen seines Feindes nieder, und soll nach einigen sterbend ge=
sagt haben: „Stürb' ich doch wenigstens durch die Hand eines
„braven Mannes, und nicht durch die eines Buben." Besme
trat nun mit den Füßen auf ihn, und sagte zu seiner Truppe:
Das ist ein guter Anfang, laßt uns nun zur Fort=
setzung unsers Gewerbes schreiten. Sein Leichnam
wurde der Wuth des Volkes drei Tage hindurch ausgesetzt, und
darnach mit den Füßen an den Galgen von Montfaucon aufge=
henkt. Montmorenci, sein Cousin, ließ ihn davon abnehmen,
um ihn in der Capelle des Schlosses Chantilli heimlich bei=
zusetzen.

Ein Italiäner hatte dem Admiral den Kopf abgehauen, um
ihn zu Catharina von Medicis zu tragen, welche denselben ein=
balsamieren ließ, und nach Rom schickte.

Coligni hielt ein Tagebuch, welches nach seinem Tode Carl IX.
übergeben wurde. Man bemerkte darin ein Billet an diesen
Fürsten, worin er ihn warnte, seinen Brüdern dadurch, daß
er ihnen eine Apanage anwies, nicht ein allzu großes Ansehen
zu lassen. Catharina ließ es in Gegenwart des Herzogs von
Alençon vorlesen, von dem sie wußte, daß ihm der Tod des
Admirals sehr nahe ging: Da sehen Sie Ihren guten
Freund, sagte sie zu ihm; merken Sie auf den Rath,
den er dem Könige gab. — Ich weiß nicht, ant=
wortete der Herzog, ob er mich sehr liebte; aber ich
weiß, daß ein Rath der Art nur von einem Manne
gegeben werden konnte, der Seiner Majestät sehr
treu, und für das Beste des Staats eifrig be=
sorgt ist. Carl IX. fand dieses Tagebuch des Drucks wür=
dig; aber der Cardinal von Retz überredete ihn, es ins Feuer
zu werfen.

Wir schließen diesen Artikel mit der Parallele, welche der
Abbé von Mabli zwischen dem Admiral von Coligni
und Franz von Lothringen, Herzog von Guise, zog.
„Coligni," spricht er, „war der größeste Capitän seiner Zeit,
„hatte eben so vielen Muth, als der Herzog von Guise, war
„aber nicht so kühn, weil er nie so glücklich war. Er war ge=
„schickter, große Plane zu entwerfen, und in dem Einzelnen
„ihrer Ausführung weiser. Guise leitete vermittelst eines glän=
„zenden Muthes, der seine Feinde zum Erstaunen brachte,
„die Umstände nach seinem Genie, und machte sich so zu sagen
„Meister derselben. Coligni ließ sich von ihnen leiten, aber
„als

„als ein General, der ihnen überlegen war. Gewöhnliche
„Menschen hätten unter den nämlichen Umständen in dem Be-
„nehmen des einen nichts als Muth, und in dem des andern
„nichts als Klugheit bemerkt, obgleich sowohl der eine als der
„andere von ihnen diese beiden Eigenschaften, aber in verschie-
„dener Mischung, hatte. Guise, der glücklicher war, hatte
„weniger Gelegenheit, die Kräfte seines Genies zu entwickeln;
„sein feiner und dem Anschein nach, wie der des Pompejus,
„auf das Interesse des Fürsten, den er zu Grunde richtete,
„selbst gegründete Stolz, stützte sich auf seinen Namen, bis er
„Stärke genug erlangt hatte, sich durch sich selbst aufrecht zu
„erhalten. Coligni, der weniger geschickt war, ob er es gleich
„mehr zu sein schien, führte wie Cäsar einen offenen Krieg
„gegen seinen Fürsten und ganz Frankreich. Guise verstand zu
„siegen, und von seinen Siegen Vortheil zu ziehen. Col'gni
„verlor vier Schlachten, und war beständig das Schrecken sei-
„ner Feinde, die er überwunden zu haben schien. Man weiß
„nicht, welcher von beiden in den Unglücksfällen, die Coligni
„betrafen, der erste gewesen wäre; aber es ist leicht zu vermu-
„then, daß dieser noch weit größer erschienen wäre, wenn ihn
„das Glück eben so begünstiget hätte. Man sah ihn in einer
„Sänfte, und so zu sagen in den Armen des Todes, die längsten
„und beschwerlichsten Märsche verordnen und anführen, mitten
„durch seine Feinde durchziehen, den jungen Muth des Prinzen
„von Navarra durch seine Rathschläge fürchterlicher werden,
„und ihn zu jenen großen Eigenschaften bilden, welche ihn,
„nachdem er ihn zu einem weisen, in den Schlachten schreck-
„lichen und gnädigen Helden gemacht hatte, zu einem guten,
„großmüthigen, populären und ganz Europa zu beherrschen
„fähigen Könige machen mußten. Die Einigkeit, die er zwischen
„den Franzosen und Deutschen von seiner Armee unterhielt, wel-
„che das Interesse der Religion allein noch nicht fest genug ver-
„band; die Klugheit, mit welcher er von England, wo es nicht
„ganz ruhig war, Hülfstruppen zu erhalten wußte; die Kunst,
„mit welcher er die Langsamkeit der Deutschen Fürsten anzuspor-
„nen verstand, welche nicht so viel Genie hatten, als er, und da-
„her am Wohl der Protestanten in Frankreich eher verzweifel-
„ten und Hülfsvölker zu schicken zauderten, sind Meister-
„stücke seiner Politik. Coligni war ein rechtschaffener Mann.
„Guise hatte die Maske einer größern Anzahl von Tugenden;
„aber durch seinen Stolz wurden sie alle vergiftet. Er besaß
„alle Eigenschaften, welche die Herzen der Menge einnehmen.

„Coligni,

„Coligni, mehr in sich selbst verschlossen, wurde von seinen
„Feinden mehr geschätzt, und von seinen Freunden mehr ver-
„ehrt. Er liebte die Ordnung und sein Vaterland. Der Stolz
„konnte ihn wohl bei seinen Handlungen unterstützen, ihn aber
„nie zur Unternehmung derselben bringen. Ein eben so guter
„Calvinist, als guter Franzos, konnt' er vor allzu großer
„Strenge seine Lehre mit den Pflichten des Unterthans nie ver-
„einigen. Er hatte bei den Eigenschaften eines Helden eine
„furchtsame Seele. Wär' er kein so großer Mann gewesen,
„so würd' er ein Schwärmer geworden sein; er war Apostel
„und Eiferer.“

Wir führen sein Leben von Gatien de Courtilz, 1686
in 12. nicht an; man findet in den

*Hommes illustres de France*

eine weit richtigere und besser geschriebene Beschreibung
desselben.

COLLATINUS (Lucius Tarquinius), Gemahl der
Lucretia, die von Sextus, dem Sohne des Tarquinius, genoth-
züchtiget wurde. Er war zum Theil durch die unbescheidenen
Lobsprüche von seinem Weibe an dieser Mißhandlung selbst
Schuld. Collatinus vereinigte sich mit Brutus, vertrieb die
Tarquinier aus Rom, und wurde 509 vor Christi Geburt
mit ihm zum Consul gemacht; da er aber von der königlichen
Familie war, wurde er einige Zeit darauf abgesetzt. Man
sehe den Artikel LUCRETIA.

COLLIER (Jeremy), ein berühmter Englischer Geistlicher,
1650 geboren und 1726 gestorben. Er gab verschiedene Schriften heraus, unter denen wir nur folgende auszeichnen:

*Essays upon several moral Subjects.*

Im Jahre 1698 machte er einen Versuch, die Bühne zu verbessern, durch sein

*Short View of the Immorality and Profaneness of the Eng-
lish Stage,*

und andere Pamphlets. Dieß verwickelte ihn in einen Streit
mit den schönen Geistern, und Congreve und Wanbrugh,
die er nebst mehrern andern sehr streng vorgenommen hatte,
erschienen offen wider ihn. In diesem Streite mit der Bühne
zeigte sich Collier zu seinem größesten Vortheil, und bewies,
daß ein Geistlicher Witz, Gelehrsamkeit und Vernunft auf seiner

ner Seite haben könne. Merkwürdig ist es, daß seine Arbeiten in England Erfolg hatten, und Reue und Besserung hervorbrachten; denn man gestehet es allgemein ein, daß das Decorum, welches von den neuern dramatischen Schriftstellern meistentheils beobachtet worden, den Erinnerungen des Collier einzig zuzuschreiben sei.

Collier gab auch eine

### Kirchengeschichte von Großbritanien

heraus, welche mit großer Beurtheilung geschrieben ist.

COLLINSON (PETER), Mitglied der königlichen Gesellschaft, ein scharfsinniger Botaniker und Naturhistoriker, starb den 11. August 1768.

COLLIUS (D. FRANCISCUS), von Mailand, machte sich im 17. Jahrhundert durch seinen Tractat

*De Animabus Paganorum*, Mailand 1622 und 1623, 2 Bände in 4.

sehr berühmt. Er untersucht darin das Schicksal mehrerer berühmten Heiden im andern Leben. Er macht scharfsinnige und gewagte Vermuthungen über Dinge, deren Kenntniß nur Gott eigen ist. Er spricht die weisen Aegyptischen Frauen, die Königin von Saba, Nebucadnezar u. a. selig. Er verzweifelt weder an der Seligkeit der Sieben Weisen Griechenlands, noch an der des Socrates, verdammt aber Pythagoras, Aristoteles und mehrere andere ohne Barmherzigkeit, ungeachtet er bekennt, daß sie den wahren Gott kannten. Dieses Werk ist, eigentlich davon zu reden, nichts als ein Spiel des Geistes, gewählt, um mit seiner Gelehrsamkeit Parade zu machen. Es enthält deren wirklich sehr viel, und ist übrigens gut geschrieben, lesenswürdig und selten. — Man hat auch von ihm

*Conclusiones theologicae*, 1609 in 4.

und einen Tractat

*De sanguine Christi*,

voll von Untersuchungen und Citationen, des vorigen würdig, aber nicht so selten; es erschien 1617 in 4. zu Mailand.

COLLOT (GERMAIN), Französischer Chirurgus unter Ludewig XI. ist der erste seiner Nation, welcher die Operation des Steines par le grand appareil versuchte. Vor ihm ließ man

*Zweiter Theil.*    K

man bei dieser Krankheit Chirurgen aus Italien kommen. Collot hatte sie operieren gesehen, übte sich in Cadavern, und endlich an einem zum Tode verdammten Verbrecher. Dieser Unglückliche hielt die Operation muthig aus, erkaufte sich dadurch sein Leben, (Ludewig XI. hatt' es ihm, im Fall er davon käme, geschenkt) und wurde von dem Steine nicht mehr gepeiniget. — Die Familie des Collot, die seine Geschicklichkeit erbte, arbeitete seitdem bis in unsere Tage mit demselben Erfolg.

Philipp Collot, 1656 im 63. Jahre zu Luçon gestorben, wandte die Vorschriften der Kunst seiner Väter mit einer größern Geschicklichkeit an, als die, welche sie ihm gelehret hatten. Er befreite ihre Art zu operieren von allem, was sie rohes und schweres hatte. Er war zu Paris so sehr beschäftiget, daß ihn der Cardinal Chigi (nachher Alexander VII.) vergebens bat, sich nach Cölln zu begeben.

COLOMBO (CRISTOFORO), 1442 geboren; sein Vater war ein Wollkämmer zu Cogureto, einer Stadt, an der Küste von Genua. Einige Reisen auf dem Meer, und das Aufsehen, welches die Unternehmungen der Portugiesen damahls machten, brachten ihm Geschmack an der Schifffahrt bei. Er sah ein, daß man noch etwas Größeres thun könne, als man bisher versucht hatte, und urtheilte bloß aus der Charte von unserer Halbkugel, oder durch Räsonnement aus der Disposition unserer Welt, daß es noch eine andere Halbkugel geben müsse. Er faßte den Entschluß, auf die Entdeckung derselben auszugehen. Als ihn sein Vaterland Genua als einen Schwärmer behandelt, und Johann II. König von Portugal, seine Dienste abgewiesen hatte, ging Colombo an den Spanischen Hof, wo ihm die Königin Isabella drei Schiffe anvertraute, nicht ohne von einem Theile des Volkes wiederhohlte Beweise des Spottes und der Verachtung erfahren zu haben. Es hat sich sogar in Spanien eine Tradition erhalten, welche sagt, daß, wenn Colombo mit jener Träumermiene, welche ihm das große Project, daß er in seinem Geiste führte, geben mußte, durch die Straße ging, die Vernünftigsten den Finger an die Stirn legten, damit quer über dieselbe fuhren, und durch dieses Zeichen einander sagten, Colombo habe sein Gehirn verloren.

Von den Canarischen Inseln, wo er die Anker lichtete, brauchte er nicht mehr, als 33 Tage, um im Jahr 1492 die
erste

erſte Inſel von America zu entdecken. Während dieſer kleinen
Ueberfahrt hörte ſeine Equipage nicht auf zu murren. Es
waren ſogar einige, welche ſehr laut ſagten, das kürzeſte Mit=
tel ſei, dieſen Abenteurer, der nichts zu verlieren habe, über
Bord zu werfen, und alsdann zu ſagen, er ſei, indem er die
Sterne betrachtete, hinein gefallen. Aber ſobald ſeine Reiſe=
gefährten auf der Inſel Guanahani ans Land geſtiegen waren,
grüßten ſie dieſen Wahnſinnigen, den ſie erſäufen wollten, als
Admiral und Vicekönig.

Die Inſulaner, durch den Anblick dreier Spaniſchen Schiffe
in Furcht und Schrecken geſetzt, flohen in die Gebirge. Colombo
konnte nur eines Weibes habhaft werden, welcher er Brot,
Wein, Confituren und einige bunte Steine gab; dieſe gute
Behandlung machte, daß die Wilden zurück kamen. Die
Caſtilianer gaben ihnen Scherben von zerbrochenen Töpfen,
Stücken Glas und Fajance für Gold. Der Cacike, oder An=
führer dieſer Inſulaner, erlaubte ihnen, ein hölzernes Fort auf
der Inſel anzulegen, welche ſie Eſpagnola genannt hatten.
Colombo ließ 38 Mann von den Seinen hier, und ſegelte wie=
der nach Europa.

Ferdinand und Iſabella empfingen ihn, wie er es verdiente,
ließen ihn, als einen Grande von Spanien, in ihrer Gegen=
wart ſetzen und ſich bedecken, erhoben ihn und ſeine ganze Nach=
kommenſchaft in den Adelſtand, ernannten ihn zum Großadmi=
ral und Vicekönig der neuen Welt, und ſchickten ihn 1493 mit
17 Schiffen zurück. Er entdeckte neue Inſeln, als die Caraibi=
ſchen und Jamaica. In dieſer letztern Inſel wär’ er ohne eine
beſondere Liſt Hungers geſtorben. Es ſollte daſelbſt bald eine
Mondfinſterniß ſichtbar ſein; er ließ die Wilden in der Gegend
aufſuchen, warf ihnen ihre Härte gegen ihn vor, drohete ihnen,
daß ſie bald ein ſchreckliches Beiſpiel der Rache des Gottes der
Spanier ſein würden, und weißagte ihnen, daß ſich an die=
ſem Abend der Mond röthen, verfinſtern und ihnen ſein Licht
entziehen würde. Die Mondfinſterniß fing wirklich einige
Stunden darauf an. Die Wilden erſchraken, erhoben ein
fürchterliches Geſchrei, ſtürzten zu den Füßen des Colombo,
und ſchworen ihm, es ihm nie wieder an etwas fehlen zu laſſen.
Colombo ließ ſich nach einiger Zeit erbitten, und verſprach
ihnen, ſeinen Gott zu bitten, daß er den Mond wieder ſchei=
nen laſſe. Er erſchien einige Augenblicke darauf wieder; und
die Wilden, welche ihn nun als ein höheres Weſen betrachteten,

waren überzeugt, daß er den Himmel und die Erde nach seinem Willen regiere.

Als er von dieser Entdeckung zurückkam, sah er sich und die Seinigen, angefallen von einem wüthenden Sturm, dem Tode nah. Umgeben mit allen Schrecknissen des Todes, dacht' er nur an Eins, bedauert' er nur Eins: daß die Frucht seines Laufes für die Menschheit verloren gehen solle. Er ging in sein Zimmer, schrieb geschwind unter dem Getöse des Sturmes und dem Geschrei der Equipage das Tagebuch seiner Reise auf Pergament, hüllte es in gewichstes Tuch ein, schlug es in eine Wachstafel, und warf es in einer wohlverspündeten Tonne ins Meer, in der Hoffnung, der Himmel würde ein so kostbares Depot erhalten, und es auf irgend eine Weise an Menschen kommen lassen.

Bei seiner Rückkehr von diesem Zuge, 1505, beschämte er seine Feinde durch eine berühmt gewordene Plaisanterie. Sie sagten, es sei nichts leichter, als seine Entdeckungen, die er bloß einem bißchen Muth und vielem Glücke verdanke. Er gab ihnen auf, ein Ei auf die Spitze zu stellen; da es niemand konnte, zerbrach er die Spitze des Eies, und brachte es so zum Stehen. Nichts war leichter! riefen die Umstehenden. — Ich zweifle daran gar nicht, erwiederte Colombo; aber niemand dachte daran; und gerade auf diese Weise hab' ich Indien entdeckt.

Dieselben Neider hatten ihn auch bei Ferdinand und Isabella verdächtig gemacht. Bei seiner zweiten Reise wurden ihm sogar auf seinen Schiffen Männer mitgegeben, welche über sein Betragen wachen sollten. Diese führten ihn an Händen und Füßen gebunden nach Spanien zurück. Man behielt ihn 4 Jahr daselbst, sei es nun, daß man fürchtete, er möchte das, was er entdeckt hatte, für sich behalten, wie seine Feinde gesagt hatten, oder daß man ihm Zeit zu seiner Rechtfertigung lassen wollte. Man schickte ihn endlich in seine neue Welt zurück, und auf dieser dritten Reise war es, wo er das feste Land, 10 Grade vom Aequator, und die Küste entdeckte, auf welcher man Carthagena baute.

Als Colombo von dieser letztern Reise zurück gekehret war, beschloß er kurz darauf, im Jahr 1506 in einem Alter von 74 Jahren, zu Valladolid seine mehr glänzende als glückliche Lauf-

Laufbahn. — Man ſetzte ihm zu Genua eine Statüe. — Ferdinand Colombo ſchrieb das Leben ſeines Vaters.

Americus Veſputius genoß des Ruhmes, der neuen Hälfte der Welt ſeinen Namen zu geben. Er gab vor, das feſte Land zuerſt entdeckt zu haben. Colombo hatte ſchon 5 Jahre vorher drei verſchiedene Reiſen als Admiral und Vicekönig gemacht, ehe Americus Veſputius eine als Geograph dahin machte. Dem Colombo gebühret alſo die Ehre, die Werke der Schöpfung für uns verdoppelt zu haben.

Aber der menſchliche Ruhm iſt ſelten rein; der des Genueſiſchen Schiffers wird durch zwei Handlungen geſchwächt, die ihm die Geſchichte vorwirft. Erſtlich: Als er wieder nach St. Domingo zurück kehrte, gegen den Caciken Caonabo ungetreu geweſen zu ſein, welcher die Beleidigungen, die die Indianer empfangen, durch den Tod der Spanier gerochen hatte, die Colombo zurück ließ. Der Cacique wurde in einem Fallſtrick gefangen, und nach Europa eingeſchifft; aber das Schiff, welches er beſtieg, ſcheiterte nebſt fünf andern in einem plötzlichen Sturme, ohne aus dem Hafen gelaufen zu ſein. Zweitens: Abgerichtete Hunde zu einer ſchauderhaften Jagd gebraucht zu haben, welche darin beſtand, daß er die unglücklichen Indianer von dieſen hungrigen Hunden freſſen ließ, welche die Inſulaner am Geruch unterſchieden, und ſie für ihre Sagacität mit doppeltem Futter belohnte. — Dieſe Grauſamkeiten konnten übrigens von den Leuten des Colombo begangen worden ſein, welche eine niedrige Rotte von Caſtilianiſchen Banditen und Abenteurern waren, ohne daß ihr Anführer Theil daran hatte, und ohne daß er vielleicht davon etwas wußte.

COLOMBO (Dom Bartolommeo), Chriſtophs Bruder, machte ſich durch ſeine See c harten und Sphären, die er für ſeine Zeiten ſehr gut machte, einen Namen. Er war mit ſeinem Bruder von Italien nach Portugal gegangen, deſſen Lehrer er in der Cosmographie geweſen war. — Er theilte die Beſchwerlichkeiten einer ſo langen Reiſe mit Chriſtoph, und baute die Stadt St. Domingo. Er ſtarb 1514 in Ehr’ und Reichthum.

COLOMIÈS oder COLOMESIUS (Paul), ein gelehrter Franzöſiſcher Proteſtant, 1638 zu Rochelles geboren, und 1692 zu London geſtorben. Die Republik der Wiſſenſchaften verdanket ihm manches nützliche Werk.

COLON, ein alter Edelsteinschneider, von deſſen Arbeit man ein vortreffliches Bruſtbild einer Bacchantin mit ihrem Stabe findet, dieſes hat Schweickart in einem ſchönen Kupferſtiche vorgeſtellt.

COLONI (ADAM), von Rotterdam, mahlte Hiſtorien, zahmes Vieb und Landſchaften. Er hielt ſich ſeine meiſte Lebenszeit zu London auf, und war vorzüglich wegen ſeiner kleinen Compoſitionen von Jahrmärkten, ländlichen Auftritten u. ſ. f. bekannt. Er copierte verſchiedene Gemählde der Baſſans mit beſtem Erfolg. Er ſtand, ſo lang' er lebte, in gutem Credit; gleichwohl wird ſeine Arbeit ſeitdem nicht ſehr geſchätzt. Er ſtarb zu London 1685 im 51. Jahre.

Sein Sohn Adrian hatte nebſt dem Vater auch ſeinen Schwager Adrian van Dieſt zum Lehrmeiſter. Er ſuchte ſich im Zeichnen nach den beſten Muſtern zu üben, und erlangte dadurch eine ſo feſte Hand, daß ſeine academiſchen Zeichnungen ſehr berühmt wurden. Er mahlte oft in van Dieſts Landſchaften die Figuren; aber einige derſelben ſind ſehr nachläſſig und incorrect gezeichnet, auch von ſchlechter Erfindung, und ohne Zierlichkeit angebracht. Allein die Figuren, in denen er den Geſchmack des Salvator Roſa nachahmte, ſind bloß als eine unentbehrliche Ausſtaffierung anzuſehen. Coloni hatte eine lebhafte und fertige Phantaſie, und in der Ausführung eine ungemeine Leichtigkeit. Heut zu Tage hat er unter den Künſtlern keinen beträchtlichen Rang. Er ſtarb 1701 im 33. Jahre ſeines Alters.

COLONNA (ANGELO MICHAELE), ein Mahler von Rovenna in dem Biſthum Como, lernte bei Caprera, einem Mahler zu Como, und bei Gabriel Ferrantini zu Bologna. Er wurde ſowohl in Figuren als in der Architecturmahlerei ſo geſchickt, daß er mit Auguſtin Metelli an verſchiedenen Höfen in Italien arbeiten konnte. Sie wurden unter guten Bedingungen an den Spaniſchen Hof berufen, wo Metelli die Architectur, Colonna aber die Figuren ſehr meiſterhaft mahlte. Nach dem Tode des Metelli arbeitete Colonna noch einige Zeit an dieſem Hofe mit Dioniſio Mantuano, genannt Donino; hernach kam er wieder nach Italien zurück, und mahlte zu Bologna vortreffliche Werke in Kirchen und Palläſten. Um das Jahr 1662 arbeitete Colonna auch zu Paris in dem Hotel von Lionne. Er ſtarb zu Bologna 1687 im

im 87. Jahre seines Alters, und wurde in der St. Bartholomäus = Kirche begraben.

COLONNA (Francesco), zu Venedig geboren, und
1520 oder 1527 in einem Alter von mehr als 80 Jahren daselbst
gestorben, war ein Dominicaner = Ordensbruder, und ist Verfasser eines sonderbaren und seltenen Buches, welches den
Titel führt:

*Hypnerotomachia Poliphili,*

worin er die Baukunst in aller ihrer Größe und Pracht, und
als die Richtschnur aller übrigen Wissenschaften vorstellt. Die
erste Ausgabe dieses Werks ist von Aldus Manutius 1499 gedruckt, daher man zweifelt, ob die Zeichnungen von Raphael,
der damals erst 14 Jahr alt war, sein können. Allein was
man dabei vermuthet, daß sie nämlich von Johann Cousin
sein könnten, kann von keiner andern, als Kervers Ausgabe
von 1561 gelten. Die letztern Holzschnitte sind zwar nach
denen des Aldus copiert, aber besser gezeichnet, und mit mehrerer Freiheit geschnitten. Im Jahr 1600 kam zu Paris eine'
Französische Uebersetzung von Franz Veroaldo von Verville mit
Kervers Holzschnitten unter dem Titel heraus:

*L: tableau des riches inventions.*

Der dunkle und räthselhafte Styl dieses Werkes gab von Seiten derer, die es zu ergründen suchten, zu vielen willkührlichen
Erklärungen Veranlassung. Viele glaubten, die Grundsätze
aller Wissenschaften darin zu finden; Adepten suchten das Ziel
ihrer Kunst darin, und ermangelten nicht, es zu finden.

COLOTES, ein Mahler von Tejus, wurde von Timanthes
in einem Wettstreit überwunden.

COLOTES, ein Bildner von Paros, und Schüler des Phidias, half seinem Meister an der Statüe des Olympischen
Jupiter, verfertigte auch Bilder der Weltweisen, einen Schild
der Minerva, und eine vortreffliche Statüe des Aesculapius
von Elfenbein.

Pausanias erwähnt noch eines andern Künstlers dieses Namens, der ein Schüler des Pasiteles war, und die Tafel
von Gold und Elfenbein machte, auf welche die Sieger in den
Olympischen Spielen ihre Kränze nieder legten.

COLUMELLA (Lucius Junius Moderatus), von Cadir; ein Römischer Philosoph unter Claudius, um das Jahr 42, hinterließ 12 Bücher

*De Re Rustica,*

und einen Tractat

*De Arboribus,*

welche schön geschrieben und sehr schätzbar sind. Man findet sie in den Rei rusticae Scriptoribus, Leipzig 1735.

COLUTHUS, ein Griechischer Dichter von Lycopolis, der unter dem Kaiser Anastasius I. zu Anfange des 6. Jahrhunderts lebte. Wir haben noch ein Gedicht über

Die Entführung der Helena

von ihm, Basel 1555 in 8. Frankfurt 1600 in 8. Das Urtheil des Paris ist das beste in diesem Producte, welches sich kaum über sein Jahrhundert erhebt.

COMBABUS, ein junger Herr am Hofe des Antiochus Soter, Königs von Syrien, wurde von diesem Fürsten ernannt, die Königin Stratonice auf einer Reise zu begleiten. Diese Ernennung schien ihm delicat zu sein. Die Königin war ein Weib, und Combabus ein schöner Mann. Diese Umstände ließen ihn die Folgen der erhaltenen Ehre fürchten. Um ihnen zuvor zu kommen, beraubte er sich selbst desjenigen, was ihm diese Furcht einflößen konnte, legt' es in ein versiegeltes Kästchen, bat den König, ehe er abreisete, es bis zu seiner Zurückkunft aufzuheben. Was Combabus voraus gesehen hatte, ermangelte nicht, richtig einzutreffen. Stratonice, die ihn alle Tage sah, ward sterblich in ihn verliebt; sie sprach davon, und trieb ihn aufs Aeußerste; und nur durch die Rechtfertigung mit seiner Unfähigkeit konnt' er ihren Versuchungen Einhalt thun. Diese Unfähigkeit vereitelte alle Hoffnungen der Königin, konnte aber ihre Liebe nicht auslöschen. Sie suchte sich mit öftern Têtes-à-Têtes zu trösten. Die Höflinge waren eifersüchtig über die Gnade, in welcher Combabus bei der Königin stand, und klagten ihn der Befleckung des königlichen Bettes an. Man machte ihm den Proceß, und schleppte ihn schon zum Tode, als er sichs nun zur letzten Gnade ausbat, das entscheidende Kästchen herbei zu bringen. Es wurde geöffnet, und die Unschuld des Combabus war außer allem Zweifel. Der König von Syrien beklagte sein unglückliches Schicksal, ließ die Ankläger bestrafen, und schickte ihn wegen der

Erbauung

Erbauung des Tempels, die die Königin unternommen hatte, wieder zu ihr. Man errichtete daselbst dem Combabus eine Statue von Bronze. Einige seiner Freunde waren, wie man sagt, toll genug, sich selbst so zu behandeln, wie er gethan hatte. — Diese Geschichte ist aus dem Lucian De Dea Syria gezogen, und man erzählet sie hier nur, um zu zeigen, was die drei gleich traurigen Leidenschaften, Hochmuth, Liebe und Neid, vermögen.

COMBEFIS (FRANÇOIS), ein gelehrter Dominicaner, 1605 zu Marmande geboren; die Französische Geistlichkeit trug ihm freiwillig eine Pension von 1000 Livres an, als Aufmunterung zur Besorgung einer neuen Ausgabe der Griechischen Kirchenväter. Er gab verschiedene derselben heraus, und starb 1679.

COMENIUS (JOANNES AMOS), ein berühmter Grammatiker und protestantischer Geistlicher, 1592 in Mähren geboren. Er wurde 1624 durch das Edict, welches die Geistlichen seiner Gemeinde proscribierte, aus dem Lande vertrieben, ging nach Lesna in Pohlen, und lehrte daselbst das Latein. Seine

*Janua linguarum reserata,* Lesna 1631,

wurde nicht nur in alle Europäische Sprachen, sondern auch in das Arabische, Türkische, Persische, Mogolische übersetzt. — Er machte verschiedene Reisen durch Schlesien, England, Schweden, und ließ sich endlich zu Amsterdam nieder, wo er einen berühmten

Commentar über die Offenbarung Johannis

schrieb, in welchem er behauptete, das tausendjährige Reich würde mit 1672 oder 73 angehen. Er starb 1671 in dieser letzten Stadt.

COMES (NATALIS), oder Noël le Comte, ein Venetianer, der von Scaliger Homo futilissimus genannt wird, ob er gleich große Gelehrsamkeit besaß, hinterließ eine

Uebersetzung des Athenäus, eine
Geschichte seiner Zeit in 10 Büchern, und eine
Mythologie.

Durch dieses letztere Werk ist er vorzüglich bekannt. Mehrere Schriftsteller haben ihn geplündert und verschrien. Er starb um das Jahr 1582.

K 5                         COMINES

COMINES oder COMMINES (PHILIPPE DE), ein vortrefflicher Französischer Geschichtschreiber, 1446 geboren, starb 1509. Er hinterließ

*Mémoires pour l'histoire de Louis XI. et de Charles VIII. depuis 1446 jusqu'en 1498,*

welche nicht allein von den Gelehrten, sondern auch von allen guten Richtern in der Geschichte bewundert wurden.

COMMANDINUS (FRIDERICUS), 1509 zu Urbino in Italien geboren, war ein vortrefflicher Mathematiker und Grieche. Er übersetzte den Archimedes, Apollonius von Perga, Euclides u. a. in das Lateinische, und starb 1575.

COMMELIN (JÉRÔME), ein berühmter Buchdrucker von Douai, übte seine Kunst zuerst in Frankreich aus; da ihm aber Deutschland ein schönerer Schauplatz zu sein schien, ließ er sich zu Heidelberg nieder, und starb daselbst 1598. Er trieb die Genauigkeit der Presse so weit, daß er die Autoren, die er druckte, nach alten Handschriften verbesserte. Man hat von ihm gelehrte

Anmerkungen über den Heliodor und Apollodor.

Die Revisoren, die er in seiner Officin anstellte, entsprachen seinem Fleiß und Eifer. Casaubon schätzte seine Ausgaben sehr. Es gab noch andere berühmte Drucker dieses Namens.

COMMODIANUS GAZAEUS, vermuthlich weil er aus dem Kirchenschatze unterhalten wurde, eine Art von christlichen Versmachern, lebte um das Jahr 260, und ist Verfasser eines Werkes, welches den Titel führt:

*Instructiones LXXX. adversus gentium Deos pro Christiana disciplina.*

Es ist in einer Art von Versen ohne Sylbenmaß und Cadence verfaßt, wobei er bloß das beobachtete, daß jede Zeile einen vollkommenen Sinn enthielt, und sich mit einem Acrostichon anfing. Der Verfasser nennet sich Mendicum Christi, und predigte die Armuth in einem sehr harten Styl. Sein Werk blieb lange Zeit in der Dunkelheit. Rigaud gab es 1050 zuerst in 4. und Schurzfleisch 1705 gleichfalls in 4. heraus.

COMMODUS (LUCIUS AELIUS AURELIUS), im Jahr 161 nach Christi Geburt von Antonin, dem Philosophen, und von Faustina zu Rom geboren. Im Jahr 180 wurde

er

er einige Tage nach dem Tode seines Vaters zum Kaiser ausgerufen. Die besten und gelehrtesten Philosophen bildeten sein Herz und seinen Geist; aber seine natürlichen Anlagen behielten vor der Erziehung die Oberhand. Er zeigte sich als einen zweiten Nero, ließ wie dieser die angesehensten Personen Roms umbringen, und verfolgte die Christen grausam. Seine Anverwandten waren vor seiner Wuth nicht gesichert. Ein gewisser Cleander, ein Phrygier und ein Sclav von Geburt, stand ihm bei seinen Ausschweifungen bei, ward sein Minister, und unterstützte die Grausamkeit des Tyrannen. Er hatte schon einen gewissen Perennis zum Minister gehabt, der von den Soldaten in Stücken zerhauen wurde. Cleander hatte dasselbe Schicksal; aber Commodus ward dadurch nicht menschlicher. Ein junger Mensch von guter Familie zeigte ihm eines Tages einen Dolch, und sagte dabei: Dieß schickt dir der Senat. Von dieser Zeit an faßte der Kaiser einen unversöhnlichen Haß gegen die Senatoren. Rom ward eine Mördergrube. Wenn es an Vorwänden zum Morden fehlte, so erdichtete er Verschwörungen.

Eben so unzüchtig als grausam, schändete er seine Schwestern, und bestimmte 300 Frauenzimmer und eben so viele Jünglinge zu seinen Debauchen.

Seine Einbildungskraft, die eben so unregelmäßig als sein Herz war, brachte ihn dahin, daß er den Namen seines Vaters verläugnete, und einer seiner Beischläferinnen den Namen seiner Mutter gab; anstatt sich Commodus, Sohn des Antoninus, zu nennen, nannt' er sich Hercules, Sohn des Jupiter, und wehe dem, der seine Gottheit läugnete. Der neue Alcide ging auf den Straßen von Rom in eine Löwenhaut gekleidet, mit einer großen Keul in der Hand, und wollte wie der alte die Ungeheuer ausrotten. Er ließ alle diejenigen aus den Hefen des Volkes, die krank oder krüpelhaft waren, zusammen bringen und ihnen die Beine binden, gab ihnen Schwämme anstatt der Steine in die Hand, um sie ihm an den Kopf zu werfen, fiel über diese Unglücklichen her, und erschlug sie mit seiner Keule.

Er schämte sich nicht, sich auf der Bühne zu zeigen und zum Schauspiel zu geben, und wollte, wie ein Kloppfechter, ganz nackend vor dem Publicum erscheinen. Martia, seine Beischläferin, Lätus, der Praefectus praetorii, und Electus, sein Kämmerling, bemühten sich, ihn davon abzubringen.

Commo-

Commodus, deſſen Vergnügen es war, nicht ſeine Staaten zu
regieren, oder ſeine Armeen anzuführen, ſondern ſich mit Tie-
gern, Leoparden, Löwen und ſeinen Unterthanen herum zu
ſchlagen, ging in ſein Cabinet, und ſchrieb ein Todesurtheil
gegen diejenigen, welche es gewagt hatten, ihm eine Erinne-
rung zu geben.

. Martia hatte ſeine Abſichten erfahren, und gab ihm einen
Gifttrank, als er aus dem Bade ging. Commodus ſchlief ein,
erwachte wieder, und brach ſtark; man fürchtete, er möchte
alles Gift wieder von ſich geben, und ließ ihn im 31. Jahre ſeines Alters, 192 Jahr nach Chriſti Geburt, erwürgen.

Sein Name ſteht unter denen der Tibere, Domitianen
und anderer gekrönten Ungeheuer, welche den Thron und die
Menſchheit ſchändeten. So barbariſch Commodus auch war,
ſo hatt' er doch die Feigheit der Tyrannen: er wagte es nicht,
ſich jemanden zum Barbieren anzuvertrauen, und ſeugte ſich
daher, wie Dionyſius von Syracus, ſeinen Bart ſelbſt ab.

COMNENA. Man ſehe den Artikel ANNA.

COMPAGNI (DOMENICO), genannt dalli Camei, ein
Edelſteinſchneider von Mailand, lernte bei Johann Ber-
nardi, und ward durch Verfertigung von Porträts berühmt.
Camei arbeitete für den Herzog von Florenz und für Ludewig
Moro, Herzog zu Mailand: dieſes letztern Bildniß ſchnitt er
in einen blaſſen Rubin von der Größe eines Achteltbalers; eine
Kunſt, welche damahls noch für etwas ſeltenes gehalten
wurde. Er ſtarb um das Jahr 1490.

COMPAGNO (SCIPIO), ein Mahler zu Neapel, lernte bei
Angelo Falcone und bei ſeinem Mitſchüler Salvator
Roſa. Er mahlte Landſchaften und Marinen mit kleinen, nach
der Natur gezeichneten Figuren, wandte auch allen Fleiß auf
das Zeichnen und Ausarbeiten ſeltener und ſchöner Baumſtämme.
Sein Bruder Ignatius mahlte Hiſtorien mit großen Figuren.
Sie blühten um das Jahr 1680.

COMTE (LOUIS LE), Bildner, geboren zu Boulogne bei
Paris, wurde 1676 in die Academie der Mahlerei und Sculptur
aufgenommen, und ſtarb 1694. Unter den Werken der Bildnerei, mit welchen er Verſailles verſchönerte, zeichnet man aus
Ludewig den Großen, in Römiſchem Coſtum, einen Hercules,

cules, den Kutscher des Circus, zwei Gruppen, Venus und Adonis, und Zephyrus und Flora.

COMTE (FLORENT LE), Bildner und Mahler von Paris,
ist durch den Catalog der Werke der Architectur, Bildhauerkunst, Mahlerei und Kupferstecherkunst der verschiedenen Meister bekannter, als durch seine eigenen. Die Liebhaber, vorzüglich der Kupferstecherkunst, suchen ihn wegen der Nachrichten,
die er von dem Character, den Marken und der Anzahl der
Werke der verschiedenen Kupferstecher giebt. Sein Buch hat
den Titel:

*Cabinet de singularités d'Architecture, Peinture, Sculpture et
Gravure*, Paris 3 Bände in 12.

Die beiden ersten Theile kamen 1699 heraus; da der Verfasser
aber die Fehler dieser beiden Theile fühlte, stellte er neue Untersuchungen an, die einen dritten Theil ausmachen, der 1700
erschien. Er schreibt ziemlich schlecht; die Geschichte der verschiedenen Künstler ist etwas verworren vorgetragen. Er starb
um das Jahr 1712 zu Paris.

CONCA (SEBASTIANO), ein berühmter Mahler von
Gaetta, lernte bei Franz Solimena, unter welchem er
16 Jahre studierte, und schon in seinem 18. Jahre anfing, aus
eigener Erfindung zu arbeiten. Er eröffnete zu Rom eine
Zeichenschule, und verfertigte auf Befehl des Papstes Cle-
mens XI. für die Kirche St. Clemens zwei große Gemählde in
Oehlfarbe und eins auf nassen Kalk. Er mahlte auch für die
Kirche St. Johannes von Lateran das Bild des Propheten
Jeremias, und eine große Anzahl anderer Werke für öffentliche
Gebäude, Gallerien und Palläste zu Rom und außerhalb Ita-
liens. Nachdem er 45 Jahre in dieser Hauptstadt zugebracht
hatte, berief ihn sein König nach Neapel, wo er nebst einigen
Kirchengemählden den königlichen Pallast zu Caserta mit seiner
vortrefflichen Arbeit zierte. Er starb 1764 im 85. Jahre seines
Alters. Seine Zeichnung ist richtig, und seine Färbung gut.
Seine Werke sind im Geschmacke seines Lehrmeisters. J. Frey
und andere Kupferstecher haben nach ihm gearbeitet.

CONDAMINE (CHARLES MARIE DE LA), Ritter vom
Orden St. Lazarus, Mitglied der Französischen Academie und
der der Wissenschaften zu Paris, der Academien zu London,
Berlin, Petersburg, Nancy, des Instituts zu Bologna, 1701
zu Paris geboren, starb den 4. Februar 1774 daselbst, an den
Folgen

Folgen einer Operation des Bruches. Er verließ frühzeitig den
Dienst, um sich den Wissenschaften zu widmen, und unter=
nahm verschiedene Reisen. Nachdem er die Küsten von Africa
und Asien am Mittelländischen Meere durchreiset hatte, wurde
er 1736 erwählt, mit Godin und Bouguer nach Peru zu reisen,
um die Gestalt der Erde zu bestimmen. Der Eifer, Edelmuth,
der unermüdliche Fleiß und Muth, den er auf dieser gelehrten
Reise zeigte, sind allen denen bekannt, die die Wissenschaften
treiben. Nach seiner Zurückkunft in sein Vaterland ging
er auf einige Zeit nach Rom; der Papst Benedict XIV. machte
ihm ein Geschenk mit seinem Porträt, und gab ihm Dispensa=
tion, eine seiner Nichten zu heirathen.

Wir haben von ihm verschiedene Werke:

*Rélation abrégée d'un Voyage fait dans l'intérieur de l'Amé-
    rique méridionnale*, 1745 in 8.

*La figure de la Terre, déterminée par les observations de MM.
    de la Condamine et Bouguer*, (Man sehe dieses letztere
    Wort) 1749 in 4.

*Mesure des trois premiers dégrés du Méridien dans l'hémisphere
    austral*, 1751 in 4.

*Journal du Voyage fait par ordre du Roi à l'Equateur*,
    1751—1752, 2 Theile in 4. nebst der

*Histoire des Pyramides de Quito*, die 1751 in 4. besonders
    gedruckt worden war. Verschiedene

*Mémoires sur l'Inoculation*, in 2 Bänden in 12.

Er trug zur Ausbreitung des Gebrauches dieser Operation in
Frankreich nicht wenig bei, und schenkte diesem Gegenstande
alle Thätigkeit, welche seinen Character ausmachte.

CONDÉ (LOUIS I. DE BOURBON, PRINCE DE), 1520
von Carl von Bourbon, Herzog von Vendome, geboren. Er
machte unter Heinrich II. seinen ersten Feldzug, zeichnete sich
in der Schlacht bei St. Quentin aus, und sammelte bei La Fere
die Trümmer der Armee. Bei der Belagerung von Calais und
Thionville, 1558, zeigte er sich nicht weniger; aber nach dem
traurigen Tode Heinrichs II. ging er aus Unzufriedenheit zur
Partei der Reformierten über. Er war, sagt man, der heim=
liche Chef der Verschwörung von Amboise, und würde mit dem
Tode bestraft worden sein, hätte der Tod von Franz II. den
Sachen nicht eine andere Gestalt gegeben. Carl IX. setzte ihn
in Freiheit, und der Prinz Condé machte davon keinen andern
                                                   Gebrauch,

Gebrauch, als daß er sich von neuen an die Spitze der Protestanten stellte. Er machte sich Meister verschiedener Städte, und hatte den Vorsatz, seine Eroberungen noch weiter zu verfolgen, als er 1562 in der Schlacht bei Dreux verwundet und gefangen genommen wurde. Im Jahr 1567 verlor er die bei St. Denys, und blieb 1569 bei Jarnac, im 39. Jahre seines Alters.

Am Tage der Schlacht trug er einen Arm im Verbande. Als er gegen die Feinde marschierte, gab ihm das Pferd des Grafen von La Rochefoucault einen Schlag, wodurch er am Bein schwer verwundet wurde. Er wandte sich, ohne darüber zu klagen, an die Cavaliers, welche ihn begleiteten, und sagte: Sehen Sie, daß wilde Pferde bei einer Armee mehr schaden als nutzen? Einen Augenblick darauf sagte er: Der Prinz von Condé fürchtet sich nicht, eine Schlacht zu liefern, weil Sie ihn begleiten, und fing sogleich mit seinem im Verbande hängenden Arm und ganz zerschlagenen Beine die Schlacht an. In diesem peinlichen Zustande hört' er nicht auf die Feinde zu verfolgen. Gedrängt von allen Seiten war er gezwungen, sich an zwei Cavaliers zu ergeben, welche ihn mit vieler Menschlichkeit behandelten; aber Montesquieu, Capitän von der Garde des Herzogs von Anjou, hatte aus niedriger Privatrache die Grausamkeit, ihn mit kaltem Blut mit einer Pistole zu erschießen.

Der Prinz von Condé war klein und bucklig, und dennoch voll von Annehmlichkeit, geistreich, galant, und wurde von den Frauenzimmern fast angebetet. Nie wurde ein General von seinen Soldaten mehr geliebt, wovon man zu Pont-a-Mousson ein erstaunendes Beispiel sahe. Es fehlte an Geld für seine Truppen, und vorzüglich für die Deutschen Reiter, die ihm zu Hülfe gekommen waren, und ihn zu verlassen drohten. Er wagte es, seiner Armee, welche er nicht besoldete, vorzutragen, die Hülfstruppen selbst zu besolden, und (was nur in Religionskriegen, und unter einem General wie er geschehen konnte) die ganze Armee gab bis auf den geringsten Troßbuben ihren Beitrag.

Man gab im Jahr 1565 eine Sammlung von kleinen Schriften in 3 Duodezbändchen heraus, die auf die Angelegenheiten Bezug haben, an welchen er Antheil nahm, mit welchen man ein anderes Bändchen in 16. verbindet, welches 1568, und noch eins, das 1571 gedruckt wurde. Aber die Ausgabe dieser

verschie=

verschiedenen Memoiren, welche Secousse und der Abbé Lenglot 1743 in 6 Quartbänden besorgte, ist viel schöner, und machte den Preis der Originalausgabe, die sehr selten ist, geringer.

CONDÉ (LOUIS II. DE BOURBON, PRINCE DE), erster Prinz vom Geblüte und Herzog von Enguien, wurde 1621 von Heinrich II. Prinz von Condé, zu Paris geboren. Er zeigte sich als vorreifes Genie. Der Cardinal von Richelieu, der sich auf die Menschen verstand, sagte eines Tages zu Chavigni: Ich habe mich mit dem Herzog drei Stunden über den Krieg, die Religion und das Interesse der Fürsten unterhalten; er wird dereinst der größeste General von Europa, und der erste Mensch seines Jahrhunderts und vielleicht der Gläubigen in der Zukunft.

Die meisten von den großen Generalen, spricht ein Geschichtschreiber, wurden es stufenweis: Condé war ein geborner General; die Kriegskunst schien bei ihm natürlicher Instinct zu sein. In einem Alter von 22 Jahren gewann er die Schlacht bei Rocroi über die Spanier, welche der Graf von Fuentes commandierte. Man bemerkte, daß der Prinz, nachdem er den Abend vor der Schlacht alles angeordnet hatte, so fest einschlief, daß man ihn, als die Zeit der Schlacht heran rückte, aufwecken mußte. Er erfocht durch sich selbst, durch ein Genie, welches mehr als Erfahrung werth war, durch einen Blick, welcher die Gefahr und die Rettungsmittel zugleich sahe, durch seine von aller Unruhe freie Thätigkeit den Sieg. Die Spanier verloren an diesem Tage 10.000 Mann, und 5000 wurden gefangen genommen. Fahnen, Standarten, Canonen und Bagage kamen in die Hände des Siegers.

Der Herzog von Enguien verherrlichte seinen Sieg durch seine Menschlichkeit; er trug eben so viel Sorge, der Ueberwundenen zu schonen, und sie der Wuth des Soldaten zu entreißen, als er sie zu überwinden getragen hatte.

Auf diesen Sieg folgte die Eroberung von Thionville und verschiedener andern Plätze. Im folgenden Jahre 1644 ging er nach Deutschland, attakierte den General Merci, der sich bei Freiburg auf 2 Hügeln verschanzt hatte, lieferte ihm in 4 Tagen drei Treffen, und war in allen dreien Sieger. Er machte sich Meister vom ganzen Landstriche von Mainz bis Landau.

Man

Man sagt, der junge Held hab' in einem dieser Treffen seinen Commandostab in die Verschanzungen des Feindes geworfen, und sei mit dem Degen in der Hand, an der Spitze des Regiments Conti, marschiert, ihn wieder zu erobern.

Als der Marschall von Türenne, dem er seine Armee übergeben hatte, zu Marienthal geschlagen worden war, flog Condé, das Commando derselben wieder zu übernehmen, und verband mit der Ehre, den Türenne zu commandieren, die, seine Niederlage wieder gut zu machen. Er attakierte den General Merci in den Ebenen von Nördlingen zum zweiten Mahl, und gewann den 3. August 1645 eine vollkommene Schlacht; der feindliche General blieb auf der Wahlstatt, und Glesne, der unter ihm commandierte, wurde gefangen genommen. Der Ruhm des Herzogs von Enguien erreichte den höchsten Gipfel. Im folgenden Jahre belagerte er im Angesicht der Spanischen Armee Dünkirchen, und war der erste, der diesen Platz an Frankreich brachte.

Der Hof rief ihn vom Schauplatz seiner Eroberungen, um ihn nach Catalonien zu schicken. Als er aber 1647 mit schlecht besoldeten Truppen Lerida belagerte, wurd' er genöthiget, die Belagerung aufzuheben. Die schwankenden Affairen veranlaßten den König bald, den Prinzen Condé nach Flandern zurück zu rufen.

Der Erzherzog Leopold, Bruder des Kaisers Ferdinand III. belagerte 1648 Lens in Artois; Condé, der seinen Truppen, die unter ihm beständig gesiegt hatten, wieder gegeben worden war, führte sie gerade auf die feindliche Armee los, und hieb sie in Stücken. Dieß war das dritte Mahl, daß er einen ihm weit überlegenen Feind schlug. Seine Anrede an die Soldaten war kurz, aber erhaben. Er sagte nichts, als folgende Worte: Freunde, denket an Rocroi, Freiburg und Nördlingen.

Indeß der Prinz von Condé die Jahre seiner Jugend nach seinen Siegen zählte, zerrüttete ein bürgerlicher Krieg, der durch den Minister Mazarin veranlaßt wurde, Paris und Frankreich. Der Cardinal wandte sich an Condé, diesen Krieg zu stillen; die Königin bat ihn mit thränenden Augen darum. Der Sieger von Rocroi und Lens endigte auf einer Conferenz zu St. Germain en Laye diese traurigen und lächerlichen Streitigkeiten in der Güte. Als dieser Friede durch die Factionisten

Zweiter Theil. L gebrochen

gebrochen worden war, belagerte er mit einer Armee von 7 bis 8000 Menschen Paris, welches von einer unzähligen Menge Volks vertheidiget wurde, und machte den König, die Königin und den Cardinal Mazarin, der diese Wohlthat bald vergaß, in die Stadt einziehen.

Dieser Minister, der auf den Ruhm des Prinzen eifersüchtig war, und seinen Stolz fürchtete, ließ seinen Befreier den 18. Januar 1650 zu Vincennes gefänglich einziehen, und gab ihm, nachdem er ihn ein ganzes Jahr hindurch aus einem Gefängniß in das andere hatte bringen lassen, seine Freiheit wieder. Der Hof glaubte, ihn diese Strenge vergessen zu machen, wenn er ihn zum Gouvernör von Guienne ernenne.

Condé begab sich sogleich dahin, aber bloß, um sich zum Kriege vorzubereiten, und mit Spanien in Unterhandlung zu treten. Er flog von Bordeaux nach Montauban, nahm Städte ein, und vergrößerte überall seine Partei. Er ging in einem Courier verkleidet durch tausend Abenteuer von Agen bis 100 Lieuen von da, um sich an die Spitze einer Armee zu stellen, die von den Herzogen von Nemours und Beaufort commandiert wurde. Er benutzte den Muth, den seine unvermuthete Ankunft den Soldaten gab, attakierte den Marschall von Hocquincourt, General der bei Gien campierenden königlichen Armee, nahm ihm mehrere Plätze weg, und hätt' ihn gänzlich geschlagen, wenn ihm Türenne nicht zu Hülfe gekommen wäre.

Nach diesem Treffen eilt' er nach Paris, um seines Ruhmes und der günstigen Stimmung eines blinden Volkes zu genießen. Er bemächtigte sich der benachbarten Plätze, indeß sich Türenne der Hauptstadt näherte, sich mit ihm zu schlagen. Die beiden Generale stießen den 2. Juli 1652 bei der Vorstadt St. Antoine zusammen, und schlugen sich so tapfer, daß der Ruhm des einen wie des andern, der keines Wachsthums mehr fähig zu sein schien, wie ein berühmter Geschichtschreiber sagt, vergrößert wurde. Diese Schlacht wäre gegen ihn entscheidend gewesen, wenn die Pariser nicht ihre Thore geöffnet hätten, seine Armee aufzunehmen.

Kurze Zeit darauf wurde Friede geschlossen; Condé aber wollte demselben nicht beitreten. Er begab sich in die Niederlande, wo er die Angelegenheiten der Spanier mit Ruhm unterstützte. Er erntete viel desselben ein durch die Hülfetruppen,

die

die er in Cambrai warf, und durch den berühmten Rückzug bei
Aufhebung der Belagerung von Arras, im Jahr 1654. Zwei
Jahre darauf machte er, daß die Belagerung von Valencienne
aufgehoben werden mußte, wurde aber bei Dünes geschlagen,
wo Türenne Sieger war.

Der Pyrenäische Friede, 1659, gab Frankreich diesen Prinzen wieder. Der Cardinal Mazarin, der mit Dom Ludewig
von Haro diesen Frieden schloß, stimmte nicht eher in die Wiedereinsetzung des großen Condé, bis ihm der Spanische Minister
sagte, Spanien würde, im Fall man ihn nicht annähme, diesem Prinzen in den Niederlanden einen Posten geben, wodurch
Frankreich vielleicht sehr beunruhiget worden wäre.

Der seinem Vaterlande nun wieder gegebene Prinz diente
ihm bei der Eroberung der Franche-Comté, 1668, und bei
der von Holland, 1672, mit Nutzen. Er nahm Wesel ein,
wurde bei dem Fort Tolhuis verwundet, und leistete die folgenden Jahre wichtige Dienste. Im Jahr 1674 sicherte er den
Franzosen ihre Eroberungen, widersetzte sich dem Plane der
alliierten Armeen, und schlug ihre Arriere-Garde in der berühmten Schlacht bei Seneffe. Das belagerte Oudenarde verdankte ihm seine Befreiung.

Nach dem Tode des Vicomte von Türenne, 1675, setzte er
den Deutschen Krieg glücklich fort. Das Podagra nöthigte
ihn, sich zurück zu ziehen, und er trieb nun in der sanften
Ruhe seines schönen Hauses zu Chantilli die Wissenschaften.
Er starb 1686, in seinem 65. Jahre zu Fontainebleau, wohin
er gereist war, die Herzogin, seine Enkelin, zu besuchen, die
an den Blattern darnieder lag.

Seine Physiognomie kündigte das an, was er wirklich war.
Er hatte den Blick eines Adlers. Dieses Feuer, diese Lebhaftigkeit, welche seinen Character ausmachten, zogen ihn in die
Gesellschaft schöner Geister. Corneille, Bossuet, Racine, Despreaux, Bourdaloue waren oft in Chantilli, und hatten keine lange Weile bei ihm.

Desormeaux gab zu Paris 1766 in 4 Duodezbänden sein
Leben heraus, welches das von Coste verdrängte. In den
Hommes illustres de France von Ch. Perrault findet man
eine andere Beschreibung desselben.

CONDILLAC (Etienne Bonnot de), Mitglied der Französischen Academie und der zu Berlin, Abbt von Mûreaur, erster Lehrer Ferdinands, Herzogs von Parma, 17** zu Grenoble geboren, starb den 2. August 1780 auf seinem Landgüte Flux bei Beaujanci an einem Faulfieber. Ein großer Sinn, eine sichere Beurtheilung, eine reine und gründliche Metaphysik, eine eben so gewählte als ausgebreitete Litteratur, ein fester Character, ernste Sitten ohne Strenge, ein etwas sententiöser Ton, mehr Fertigkeit zu schreiben, als zu sprechen, dieß sind die Hauptzüge im Porträt des Abbts von Condillac. Man sammelte in 3 Duodezbänden, unter dem Titel seiner Werke, seinen

> *Essai sur l'origine des connoissances humaines,* seinen
> *Traité des Sensations,* seinen
> *Traité des Systêmes;*

vortreffliche Werke, voll von richtigen, lichtvollen und neuen Ideen, mit Klarheit geschrieben, mit Gründlichkeit gedacht, und worin der philosophische Ton die natürliche Sprache des Verfassers zu sein scheint. Sein

> *Cours d'Etudes,* in 16 Bänden in 12.

zur Unterweisung seines erlauchten Schülers verfaßt, verdient dasselbe Lob; aber in dem historischen Theile, der übrigens sehr gut geschrieben und voll von neuen Ansichten ist, vermißt man oft Wärme und Lebhaftigkeit, und einen mahlerischen Styl. Dieses Buch, welches die aufrichtigste Menschenliebe und das lebhafteste Verlangen, die Regenten zu wohlthätigen und glücklichen Menschen zu machen, athmet, ist nicht in jenem eingreifenden und rührenden Tone geschrieben, dessen sich Fenelon zur Erreichung desselben Zweckes bediente.

CONDIVI (Ascanio), ein Mahler und Bildhauer von Ripa Transona gebürtig, lernte bei Michel Angelo Bonarota, dessen Lebensbeschreibung er 1553 in 4. zu Rom drucken ließ. Die zweite Ausgabe dieses Werks hat der gelehrte Propst Anton Franz Gori besorgt, und mit vielen Anmerkungen und Zusätzen 1746 zu Florenz in Folio drucken lassen.

Von Condivi's Lebensumständen und Werken ist weiter nichts bekannt, als daß er sich große Mühe gab, etwas zu erlernen, wovon man aber nicht die geringsten Früchte weder in Gemählden noch Zeichnungen findet. Er brachte etliche Jahre mit einem Gemählde zu, welches er nach seines Meisters Carton verfer-

verfertigen sollte; allein ob ihm dieser gleich hierzu genugsame Anleitung gab, ging doch alle Hoffnung, in der Kunst berühmt zu werden, bei ihm verloren.

CONFUCIUS oder CONGFUTZÉE, der Vater der Chinesischen Philosophen, zu Chanping um das Jahr 550 vor Christi Geburt aus einer erlauchten Familie geboren, welche ihren Ursprung von Ti-Y, dem 27. Kaiser der zweiten Linie, herleitete. Er zeigte sich schon in seiner Kindheit als Philosoph, und seine Philosophie wuchs durch Lectüre und Meditation. Als er Mandarin und Staatsminister des Königreichs Lu, jetzt Channton, geworden war, zeigte er, wie wichtig es sei, daß die Könige Philosophen sind, oder Philosophen zu Ministern haben. Er hatte das Ministerium nur in der Hoffnung angenommen, seine Aufklärungen von einem erhabenen Orte leichter ausbreiten zu können. Als sich durch die Verführungen mehrerer Weiber, welche der König von Tci dem Könige von Lu geschickt hatte, Unordnungen am Hofe eingeschlichen hatten, legte er sein Amt nieder, und begab sich in das Königreich China, um daselbst die Philosophie zu lehren. Seine Schule ward so berühmt, daß er in kurzer Zeit gegen 3000 Schüler hatte, unter denen 500 waren, welche in verschiedenen Königreichen die höchsten Stellen bekleideten.

Er theilte seine Lehre in vier Theile, und seine Schüler in eben so viele Klaffen. Die der ersten Ordnung beschäftigten sich mit der Uebung der Tugend und Bildung des Geistes und Herzens; die der zweiten übten sich nicht nur in den Tugenden, welche den rechtschaffenen Mann ausmachen, sondern auch in der, welche den Menschen beredt macht; die der dritten widmeten sich der Politik; und die Beschäftigung derer von der vierten Ordnung bestand darin, daß sie die richtigsten Reflexionen über die Sitten in dem elegantesten Styl' aufsetzten.

Confucius hatte bei seiner ganzen Lehre keinen andern Zweck, als die Finsterniß des Geistes zu zerstreuen, die Laster aus dem Herzen zu bannen, und jene Unschuld, das in allen Jahrhunderten so seltene Geschenk des Himmels, wieder herzustellen. Der Gottheit gehorchen, sie fürchten, ihr dienen; seinen Nächsten lieben, als sich selbst; sich überwinden; seine Leidenschaften der Vernunft unterwerfen, nichts thun, nichts denken, was gegen dieselbe ist; dieß waren die Lehren, die dieser große Mann gab und ausübte. Eben so bescheiden, als erhaben, erklärte

L 3
klärte

klärte er, daß er nicht der Erfinder dieser Lehre sei, sondern sie von ältern Schriftstellern, vorzüglich von den Königen Yao und Xun entlehnt habe, die mehr als 1500 Jahre vor ihm gelebt hätten.

Seine Schüler hatten eine so außerordentliche Verehrung vor ihm, daß sie ihm Ehrenbezeigungen gaben, welche man nur denen zu ertheilen gewohnt war, die auf dem Throne saßen. Er kam mit ihnen in das Königreich Lu zurück, in welchem er im 73. Jahre starb.

Einige Jahre vor seinem Tode beweinte er die Unordnungen seines Jahrhunderts: „Ach, sagte er, es giebt keine Weisen, es giebt keine Heiligen mehr. Die Könige verachten meine Maximen; ich bin unnütz in der Welt; es bleibt mir nichts übrig, als aus ihr zu gehen."

Sein Grabmahl ist in der Academie selbst, wo er seine Lehren vortrug, bei der Stadt Rio-fu. Man siehet in allen Städten prächtige Collegien, die ihm zu Ehren errichtet sind, mit folgenden Inschriften in goldenen Buchstaben: Dem großen Meister. — Dem ersten Lehrer. — Dem Lehrer der Kaiser und Könige. — Dem Heiligen. — Dem Könige der Wissenschaften. —

Wenn ein Staatsbedienter vor diesen Gebäuden vorbei geht, steigt er von seinem Palankin, und geht, das Andenken desselben zu ehren, einige Schritte zu Fuß. Seine Nachkommen sind geborne Mandarinen, und bezahlen dem Kaiser keinen Tribut.

Man schreibet diesem Philosophen
Vier Bücher der Moral
zu, die man als sein wahres Porträt und seine schönste Lobschrift betrachtet. Seine Tugend und seine Verdienste waren, wenn man den Chinesischen Geschichtschreibern glaubt, außerordentlich. Er war billig, artig, sanft, leutselig, heiter, strenger gegen sich, als gegen Andere, ein harter Richter seines eigenen Betragens, sprach wenig, dachte viel, bescheiden ungeachtet seiner Talente, und übte sich ohn' Unterlaß in der Ausübung der Tugend.

Unter der Menge seiner Maximen führen wir nur folgende an: „Die Vernunft ist ein Spiegel, den uns der Himmel schenkte; läuft er an, so muß man ihn putzen.

„Man

„Man muß bei seiner eigenen Besserung anfangen, wenn man Andere bessern will.

„Will man nicht, daß Andere das erfahren, was man denkt, so sage man es nicht. Will man nicht, daß Andere erfahren, was man zu thun in Versuchung ist, so thue man es nicht.

„Der Weise fürchtet, wenn der Himmel heiter ist; beim Sturm ging er auf Wellen und Winden.

„Seine Fehler eingestehen, wenn man getadelt wird, ist Bescheidenheit; sie seinen Freunden entdecken, ist Offenherzigkeit, Vertrauen; sich selbst dieselben vorwerfen, ist Demuth; aber sie der ganzen Welt predigen, wenn man sie nicht bemerkt, ist Hochmuth."

Der Pater Coupolet beschenkte die Welt mit den drei ersten Büchern des Confucius in Lateinischer Sprache, mit Anmerkungen, 1687 in Folio.

CONGREVE (WILLIAM), ein Englischer dramatischer Dichter, 1672 geboren. Er hatte die Rechte studiert, fand aber keinen Geschmack daran, und legte sich auf die schöne Litteratur, vorzüglich auf die dramatische Dichtkunst, und schrieb eine Komödie

*The Old Bachelar,*

von welcher Dryden, dem er empfohlen wurde, sagte, „er habe in seinem Leben kein solches erstes Stück gesehen. Sie wurde mit so allgemeinem Beifall aufgeführt, daß Congreve von diesem Augenblick an als die Stütze der sinkenden Bühne und als ein aufgehendes Genie in der dramatischen Dichtkunst betrachtet wurde. — Dieses Stück empfahl seinen Verfasser dem Patrocinium des Lords Hallifar, der einen so vortrefflichen Kopf im Stande der Gemächlichkeit und Ruhe zu sehen wünschte, und ihn nach und nach so anstellte, daß er jährlich 600 Pfund Pension genoß. Er verfaßte nun

*The Double Dealer,* und im Jahr 1695, *Love for Love.*

Als er sich als comischer Dichter einen Namen gemacht hatte, nahm er sich vor, eine Tragödie zu versuchen, und 1697 wurde seine

*Mourning Bride*

auf dem neuen Theater in Lincoln's Inn Fields gegeben. Wenige Stücke hatten höhere Erwartungen erregt, und es war unmög-

L 4                    lich,

möglich, daß irgend eins beffer aufgenommen würde. Sein letztes Stück war

*The Way of the World.*

Nachher vergnügte er sich selbst mit Verfassung von originellen Gedichten und Ueberseßungen, die er 1710 in einem Bande herausgab. Wenn ihn Swift als einen Menschen schildert, der niemahls frei vom Padagra und fast ganz blind war, amüsierte er sich doch noch mit der Verfassung eines

Schwäßers.

Er starb den 19. Januar 1728—9, und wurd' in die Westmünster = Abbtei begraben.

CONINGH (SALOMON), 1609 zu Amsterdam geboren, lernte bei David Colya, Franz Vernando und Niclaus Menart. Er ward durch eine genaue Betrachtung und Nachahmung der Natur ein geschickter Mahler, und kam 1630 in die Mahlergesellschaft seiner Geburtsstadt. Er mahlte Portraite und Geschichten mit Figuren in Lebensgröße. Der Name dieses Mahlers ist bei Künstlern und Liebhabern sehr berühmt. Er hat einige Blätter von seiner Erfindung in Rembrands Geschmack radiert.

CONNOR (DR. BERNARD), ein vorzüglicher Arzt und gelehrter Schriftsteller, 1666 geboren, starb 1698.

CONON, General der Athenienser, entwarf frühzeitig den Plan, seinem Vaterlande seinen alten Glanz wieder zu geben. Unterstützt von Artarerres, der ihm das Commando seiner Flotte anvertraute, schlug er 394 Jahre vor Christi Geburt die Lacedämonier zur See bei Cnidus, bohrte 50 Galeeren in den Grund, erschlug eine große Menge Soldaten, und verwickelte den Admiral Pisander in das Treffen, der sein Leben dabei verlor.

Conon, der seinen Mitbürgern nun die Herrschaft des Meeres gegeben hatte, verfolgte im folgenden Jahre seine Eroberungen. Er plünderte die Küsten von Lacedämon, kehrte mit Ruhm bedeckt in sein Vaterland zurück, und machte ihm ein Geschenk mit den unermeßlichen Summen, die er in Persien gesammelt hatte. Mit diesem Gelde und einer großen Anzahl von Arbeitsleuten, welche ihm die Bundesgenossen schickten, stellte er in kurzer Zeit den Piräus und die Mauern der Stadt wieder her.

Die

Die Lacedämonier fanden kein anderes Mittel, sich an diesem großen Manne, ihrem unversöhnlichen Feinde, zu rächen, als ihn bei Artaxerxes anzuklagen, er wolle Jonien und Aeolis den Persern entreißen, und der Herrschaft der Athenienser wieder unterwerfen. Tiribazus, Satrape von Sardes, ließ ihn unter diesem eiteln Vorwand arretieren.

Man weiß nicht genau, was seitdem mit ihm ward. Die einen sagen, der große Angeklagte sei vor Artaxerxes gebracht worden, der ihn habe umbringen lassen; die andern hingegen versichern, er sei aus dem Gefängniß entsprungen.

Er hinterließ einen Sohn, mit Namen Timotheus, der sich wie sein Vater im Kriege auszeichnete.

CONON, Astronom von der Insel Samos, stand mit Archimedes, der ihm von Zeit zu Zeit Probleme schickte, in litterarischer und freundschaftlicher Verbindung. Er war es, der die Locke der Berenice, der Schwester und Gemahlin des Ptolemäus Evergetes, um das Jahr 300 vor Chr. Geb. in ein Gestirn verwandelte. Diese über das Schicksal ihres Gemahls, der sich im Laufe seiner Eroberungen befand, unruhige Königin, that das Gelübde, ihr Haupthaar zu weihen, wenn er glücklich zurück käme. Als ihre Wünsche erfüllt waren, entledigte sie sich ihres Gelübdes. Diese geheiligten Haare verschwanden einige Zeit darauf; Conon, ein guter Mathematiker, aber ein noch besserer Höfling, tröstete den über diesen Verlust untröstlichen Evergetes, indem er ihm versicherte, daß das Haar der Berenice in den Himmel erhoben worden sei. — Bei dem Schwanze des Löwen befinden sich sieben Sterne, welche bis jetzt noch keinen Theil irgend eines Gestirnes ausgemacht hatten; der Astronom zeigte sie dem Könige, sagte ihm, sie seien das Haar seiner Gemahlin, und Ptolemäus — glaubte es. Catull hinterließ die Uebersetzung eines kleinen Griechischen Gedichtes des Callimachus über diesen Gegenstand.

CONRAD II. der Salier genannt, des Herzogs Herrmann von Franken Sohn, wurde 1024 zum Könige von Deutschland erwählt, und hatte nach Heinrichs Tode mit den meisten Herzogen, die sich gegen ihn empörten, zu kämpfen. Ernst, Herzog von Schwaben, der sich gleichfalls bewaffnet hatte, wurd' in die Reichsacht gethan. Dieß war eins der ersten Beispiele jener Proscription, deren Formel war: „Wir erklären dein Weib zur

L 5                „Wittwe,

„Wittwe, deine Kinder zu Waisen, und senden
„dich in des Teufels Namen in alle vier Enden
„der Welt."

Im folgenden Jahre, 1027, ging Conrad nach Italien, und
wurde mit der Königin, seiner Gemahlin, zu Rom zum Kaiser
gekrönt. Diese Reise der Deutschen Kaiser wurde beständig ein
Jahr und sechs Wochen vorher angekündiget. Alle Vasallen der
Krone waren verbunden, sich in der Ebene von Roncale einzu=
finden, um daselbst die Revûe zu passieren. Die Edeln und
Herren brachten ihre Untervasallen mit. Die Vasallen der
Krone, welche nicht erschienen, verloren ihre Lehen, so wie die
Untervasallen, welche ihre Herren nicht begleiteten. Vorzüglich
seit Conrad wurden die Lehen erblich.

Conrad II. erhielt das Königreich Burgund, vermöge der
Schenkung des letzten Königs, Raoul III. der 1033 starb, und
als Gemahl der Gisele, der ältern Schwester dieses Fürsten.
Eudes, Graf von Champagne, machte ihm diese Erbschaft
streitig, blieb aber 1038 in einer Schlacht. Conrad starb das
Jahr darauf zu Utrecht. Er war ein Fürst von großem Muth,
von vorausfehendem Geiste, begierig nach Ruhm, voll Güte und
Sanftmuth, und von ungemeiner Freigebigkeit.

CONRAD III. Herzog von Franken, Friedrichs, Herzogs
von Schwaben, und der Schwester des Kaisers Heinrich IV.
Agnes, Sohn, wurde 1094 geboren. Nach Lotharius II.
Tode, dem er das Reich streitig gemacht hatte, vereinigten sich 1138
alle Fürsten zu seinen Gunsten. Heinrich der Solze von Baiern wi=
dersetzte sich seiner Wahl; als er aber in die Reichsacht erklärt
und seiner Herzogthümer beraubt worden war, starb er vor
Gram. Der Markgraf von Oesterreich hatte viel Mühe, sich in
den Besitz von Baiern zu setzen. Welft, Oheim des Verstor=
benen, schlug den neuen Herzog zurück, wurde aber beim Castell
Weinsberg von kaiserlichen Truppen geschlagen.

Diese Schlacht ist in der Geschichte des Mittelalters sehr be=
rühmt, weil man vorgiebt, daß sie zu den Namen der Guel=
fen und Gibelinen Veranlassung gab. Das Kriegsgeschrei
der Baiern war der Name ihres Generals, Welft; und das
der Kaiserlichen Wiblingen, Name einer kleinen Stadt in
Schwaben, worin der Herzog Friedrich von Schwaben auferzo=
gen worden war. Nach und nach dienten diese Namen zur Be=
zeichnung der beiden Parteien. Endlich wurden sie so Mode, daß
die

die Kaiserlichen, sagt man, immer Wiblinger, und die, welche gegen die Kaiser waren, Welfter genannt wurden. Die Italiäner, deren sanftere Sprache diese ihnen barbarisch klingenden Wörter nicht aufnehmen konnte, modelten sie so gut sie konnten um, und machten ihre Guelfen und Gibelinen daraus. Diese Etymologie geben einige Geschichtschreiber diesen beiden Namen; sie wird aber nicht allgemein anerkannt, und wir geben an einem andern Orte dieses Wörterbuchs eine andere an. (Man sehe den Artikel BUONDELMONTE.)

Conrads III. Feldzug in das heilige Land war weit weniger glücklich, als sein Krieg gegen Baiern. Unmäßigkeit, und nicht das Gift, welches die Griechen in die Brunnen geworfen zu haben im Verdachte standen, brachte einen Theil seiner Armee um; vielleicht können aber auch beide Ursachen zu diesem Verluste beigetragen haben.

Nach seiner Zurückkunft nach Deutschland starb Conrad 1152 zu Bamberg, ohne in Italien gekrönt werden, und seinen Sohn als König von Deutschland hinterlassen zu können.

Einige Schriftsteller erzählen einen großmüthigen Zug aus der Geschichte dieses Fürsten. Er gab nach der Eroberung von Weinsberg Befehl, alle Männer zu Gefangenen zu machen, und allen Weibern die Freiheit zu schenken. Conrad bewilligte den letztern, so viel als sie tragen könnten mit sich zu nehmen. Sie nahmen ihre Männer auf ihren Rücken und ihre Kinder auf ihre Arme. Der Kaiser wurde durch diese ihre Liebe gerührt, und verzieh allen Einwohnern.

Conrad war ein menschenfreundlicher, freigebiger und frommer Fürst, aber von sehr mittelmäßigem Genie, und ließ sich sehr leicht zu großen Unternehmungen verleiten. Er war wenig zuverläßig, wenig glücklich, und wenig standhaft in der Ausführung derselben, obgleich tapfer in Gefahr. Einfach in seinen Manieren und seinem Betragen, hatt' er eine Sanftheit des Characters, die oft in Schwäche ausartete. Ein furchtloser Krieger, ein guter Fürst, ein schwacher Kaiser — diese Worte, sagt M. de Montigni, schließen seine Eigenschaften und Fehler in sich.

CONRAD IV. Herzog von Schwaben, und Sohn Friedrichs II. ließ sich nach dem Tode dieses Fürsten, 1250, zum Kaiser erwählen. Der Papst Innocens IV. ließ, anstatt
ihn

ihn zum Kaiser zu krönen, gegen ihn und Manfred, einen
natürlichen Sohn Friedrichs II. der seinem Bruder und dem
letzten Willen seines Vaters damahls noch treu war, das Kreuz
predigen. Manfred, Fürst von Tarent, regierte im Namen Conrads über Neapel und Sicilien. Der Papst wollte über diese beiden Königreiche, welche in die Parteien der Gibelinen und Guelfen getheilt waren, und von denselben verwüstet wurden, dispo-
nieren. Sie hatten durch die Streitigkeiten der Päpste mit den
Kaisern ihren Anfang genommen. Diese Wörter waren zu den
Zeiten Friedrichs II. überall die Versammlungswörter gewesen.
Die, welche auf Lehen und Titel, die die Kaiser vergaben, Anspruch machten, erklärten sich zu Gibelinen; die Guelfen schienen
mehr Anhänger der Italiänischen Freiheit zu sein, obgleich die
meisten derselben aus dem Kirchenstaate, für die Päpste
waren. Diese beiden Parteien theilten sich noch in mehrere verschiedene Zweige, und unterhielten die bürgerlichen und häuslichen Zwistigkeiten. Mitten unter diesen Unruhen ging Conrad
nach Italien, um sich als König beider Sicilien anerkennen zu
lassen. Er nahm Neapel, Capua, Aquino ein, und starb kurz
darauf, 1254, in der Blüthe seines Lebens. Man beschuldigte
Manfred, wahrscheinlich aber unverschuldet, ihn vergiftet zu
haben. Man sehe den Artikel CONRADIN.

CONRAD VON MAYNZ (CONRADUS EPISCOPUS), Ver-
faßer der
Chronik von Maynz, von 1140 bis 1250,
gedruckt 1535; eine unverdaute, aber zur Geschichte jener Zeit
brauchbare Compilation.

CONRADIN, oder CONRAD DER JÜNGERE, den 25.
März 1252 von Conrad IV. und Elisabeth, Tochter des
Herzogs Otho von Baiern, geboren, hatte Manfred zum Vormund. Er war König von Sicilien und Herzog von Schwaben
und Franken.

Der Papst Alexander IV. der in die Fußtapfen seines Vorfahren trat, wollte den Sohn plündern, wie es Innocens IV.
mit dem Vater versucht hatte. Er ließ das Kreuz gegen diese
Waise predigen. Der neue Papst, Urban IV. schenkte das Königreich desselben an Carl von Anjou, den Bruder des H.
Ludewig. Conradin erhob eine Armee, um es ihm zu entreißen.
Die Gibellnen von Italien empfingen ihn zu Rom auf dem Ca-
pitol als Kaiser. Aller Herzen waren für ihn; und vermöge
eines

eines besondern Schicksals, wie sich ein Geschichtschreiber aus=
drückt, erklärten sich die Römer und die Türken zu gleicher Zeit
zu seinem Vortheil.    Von der einen Seite ging der Infant
Heinrich, Bruder von Alphons X. König von Castilien, ein
wahrer irrender Ritter, nach Italien, ließ sich in Rom zum
Senator erklären, um daselbst Conradins Rechte zu unterstützen;
von der andern gab ihm ein König von Tunis Geld und Galee=
ren, und alle im Königreich Neapel zurück gebliebenen Sarazenen
ergriffen zu seiner Vertheidigung die Waffen.

Aber alle diese Hülfe war unnütz; Conradin wurde den 23.
August 1268 am See Fucino gefangen genommen, nachdem er
daselbst eine Schlacht verloren hatte, und den 29. October des=
selben Jahres mitten auf dem Marktplatze von Neapel durch die
Hand des Scharfrichters enthauptet.    Der unglückliche Fürst
warf seinen Handschuh vom Schaffot auf den Platz, zum Zei=
chen der Investitur, die er demjenigen von seinen Verwandten
gäbe, welcher seinen Tod rächen wolle.    Ein Edelmann hatte
die Kühnheit, ihn aufzuheben, und trug ihn zu Jacob, König
von Arragonien, welcher sich mit einer Tochter von Manfred
vermählt hatte.

So wurde durch den schmählichsten Tod jener Schwäbische
Fürstenstamm ausgerottet, welcher so viele Könige und Kaiser
hervorgebracht hatte.    Der unglückliche Conradin war nicht älter
als 16 Jahr, da er enthauptet wurde.

Der Henker, der ihm den Kopf abgeschlagen hatte, kam, wie
man sagt, durch die Hand eines andern selbst um, damit er,
spricht Brantome, sich nicht rühmen könne, ein so edles
Blut vergossen zu haben. — Einige Geschichtschreiber behaup=
ten, der Papst Clemens IV. der damals schon todt war, habe
Carln den Rath gegeben, Conradin auf die Seite zu schaffen,
und bei dieser Gelegenheit gesagt:

       Conradi vita, Caroli mors; Caroli vita, Conradi mors.
    „Conradins Leben ist Carls Tod, und Carls Leben Conra=
                        dins Tod.“

Aber dieses ist sehr falsch; und so groß man auch den Haß vor=
aussetzt, den das Haus Schwaben den Vorgängern Clemens
eingeflößt hatte, so ist es doch nicht wahrscheinlich, daß dieser
Papst, der von strengen Sitten war, die Rache so weit trieb.
Indeß muß es damals eine allgemeine als wahr angenommene
Sage gewesen sein; denn man liest noch heut zu Tage auf Con=
                                                        radins

rabins Grabmahl eine Inschrift in lateinischen Versen folgenden Inhalts: „Ach, die Weißagung des Volkes ist nur allzu sehr „erfüllt worden: Carls Leben ward endlich dein Tod. „Alle Gesetze schweigen, und alles ist verkehrt, da ein König „solche Gewalt über einen andern ausübt."

CONRINGIUS (HERMANNUS), Professor der Rechte zu Helmstädt, 1606 geboren, starb 1681. Er verfaßte mehrere Werke über das Recht und die Geschichte, die in 6 Foliobänden gedruckt wurden.

CONSTANS I. (FLAVIUS JULIUS), dritter Sohn von Constantin dem Großen und Fausta, wurde 320 geboren und 333 zum Kaiser ausgerufen. Er erhielt bei der Theilung der Staaten seines Vaters Italien, Africa, Illyrien; und Gallien, Spanien und Groß= Britanien nach dem Tode seines Bruders Constantin, der ihm den Krieg angekündiget hatte.

Constans, Herr des ganzen Orients, beschützte die Wahrheit gegen die Irrthümer der Arianer. ██ die Häretiker die Geneigtheit des Constantins, die Catholiken zu verfolgen, benutzten, so schrieb er ihm, er würde, wenn er dem H. Athanasius nicht Gerechtigkeit widerfahren ließe, selbst nach Alexandrien kommen, ihn daselbst wieder einzusetzen, seine Feinde daraus vertreiben, und sie bestrafen, wie sie es verdienten. Er rief im Jahr 347 das Concilium zu Sardica zusammen, und bemühte sich, das Schisma der Donatisten auszurotten.

Dieser Beschützer der Kirche starb auf eine traurige Weise. Magnentius, der sich in Africa zum Kaiser hatte ausrufen lassen, ließ ihn 350 zu Elna in den Pyrenäen umbringen.

Die Christen lobten diesen Kaiser sehr: die Heiden beschuldigten ihn der größesten Laster; da er sich aber gegen diese letztern erklärte, so muß ihr Zeugniß verdächtig scheinen.

Constans war nicht älter als 30 Jahre, da er ermordet wurde, und hatte 13 Jahre regiert.

CONSTANS II. Kaiser des Orients, Sohn des Heraclius Constantinus und Enkel des Heraclius, wurde 641 an die Stelle seines Oheims Heracleonas gesetzt. Die Monotheliten hatten ihn erhoben; er beschützte sie, und ließ sich von ihnen regieren. Der Patriarch Paulus, Meister seines Geistes, brachte

brachte ihn dahin, die Ecthefis zu unterdrücken, und den
Typus an ihre Stelle zu setzen. Dieß brachte ein Edict hervor, worin, nach einer Auseinandersetzung der Gründe für und
wider, den Orthodoxen und Häretikern verboten wurde, über die
beiden Willen Jesu Christi zu disputieren. Der Papst Martin I.
der erst kürzlich auf den Römischen Stuhl erhoben worden war,
verbannte 649 den Typus auf einer Kirchenversammlung. Constans, aufgebracht gegen seinen Bruder Theodosius, dem
das Volk viel Liebe bewies, nöthigte ihn, aus Furcht, es möchte
denselben auf den Thron setzen, sich als Diaconus einsetzen zu
lassen; da ihn diese Ceremonie aber noch nicht sicher genug machte, ließ er denselben unmenschlich ermorden. Die bittern Früchte
des Verbrechens, Gewissensbisse, bemächtigten sich alsbald seiner, und stellten seinem verworrenen Geiste ohne Unterlaß das
Bild des Theodosius vor, welcher ihn mit einem Kelch in der
Hand verfolgte, und zu ihm sagte: „Trink, mein Bru-
„der.“

Im Jahr 662 ging er nach Italien, die Lombarden zum Gehorsam zurück zu bringen, und von da nach Rom, wo er alles
wegnahm, was zur Verschönerung dieser Stadt diente. Nachdem er sie um alles dasjenige geplündert hatte, was die Wuth
und der Geitz der Barbaren nicht hatte wegnehmen können, ging
er nach Sicilien, um daselbst Hof zu halten. Ein eben so böser
Fürst zu Syracus, als er zu Rom gewesen war, richtete er
durch seine Bedrückungen das Volk zu Grunde, nahm die
Schätze, die heiligen Gefäße, und selbst die Verzierungen der
Grabmähler aus den Kirchen, und ließ die Vornehmsten des
Landes unter Martern sterben.

Andreas, Sohn des Patriciers Troilus, begleitete ihn
eines Tages in das Bad, unter dem Vorwand, ihm dabei zu
helfen, nahm das Gefäß, mit welchem man Wasser zugoß, und
gab ihm damit einen so heftigen Schlag auf den Kopf, daß er,
im Jahr 668, todt darnieder fiel.

Er war den Völkern und noch mehr seiner Familie verhaßt,
ein Verfolger der Catholiken; daher beweinte niemand den Tod
des Tyrannen. Er hatte alle Fehler, ohne eine einzige Tugend
zu besitzen. Er sahe ruhig zu, wie die Saracenen seine Staaten
einnahmen, sich Africa's und eines Theiles von Asien bemächtigten, ohne es zu wagen, sich an der Spitze seiner Truppen
zu zeigen.

CONSTAN-

CONSTANTINUS (FLAVIUS VALERIUS), der Große genannt, Sohn des Constantins Chlerus und der Helena, wurde 274 zu Naissa, einer Stadt in Dardanien, geboren. Als Diocletian seinen Vater zum Mitregenten nahm, behielt er auch den Sohn wegen seiner angenehmen Bildung, wegen der Sanftheit seines Characters, und vorzüglich wegen seiner kriegerischen Eigenschaften um sich. Als Diocletian und Maximian Hercules die Regierung niederlegten, setzte ihn Galerius, der auf diesen jungen Fürsten eifersüchtig war, allen Arten von Gefahren aus, um seiner los zu werden. Constantin entdeckte seine Absichten, und rettete sich zu seinem Vater. Er verlor ihn kurz nach seiner Ankunft, und wurd' im Jahr 306 an seiner Statt zum Kaiser erklärt; aber Galerius schlug ihm den Titel Augustus ab, und gab ihm nur den Titel Cäsar. Er erbte dem ungeachtet die Länder, welche seinem Vater gehört hatten, Gallien, Spanien und England.

Seine ersten Feldzüge waren gegen die Franken gerichtet, welche damahls Gallien verwüsteten. Er machte zwei ihrer Könige zu Gefangenen; ging über den Rhein, überfiel sie unvermuthet, und richtete eine schreckliche Niederlage unter ihnen an. Nun kehrte er seine Waffen gegen Marentius, der sich mit Maximin gegen ihn verbunden hatte. Als er an der Spitze seiner Armee marschierte, um nach Italien zu ziehen, soll er, wie man versichert, kurz nach der Mittagsstunde unterhalb der Sonne ein glänzendes Kreuz mit der Inschrift: In hoc signo vinces, gesehen haben. Auch soll ihm die darauf folgende Nacht Christus erschienen sein, und ihm gesagt haben, er solle sich dieser glänzenden Säule, die ihm in Gestalt eines Kreuzes erschienen wäre, anstatt der Standarte bedienen. Bei seinem Erwachen gab er Befehl, dieses Zeichen zu machen, welches Lubarum genannt wurde; es bildete eine Art von P, mit einer geraden Querlinie.

Einige Tage darauf, den 28. October 312, lieferte er an den Mauern Roms eine Schlacht, und schlug die Truppen des Marentius, der die Flucht ergreifen mußte, und sich in die Tiber stürzte. Den Tag nach seinem Siege zog Constantin im Triumphe ein. Er ließ allen denen die Gefängnisse öffnen, welche durch die Ungerechtigkeit des Marentius sich in denselben befanden, und verzieh allen denen, die sich gegen ihn erklärt hatten. Der Senat ernannte ihn zum ersten Augustus, und zum Oberpriester des Jupiter, ob er gleich damahls schon Catechumene war:

war; eine Sonderbarkeit, die man bei allen seinen Nachfolgern bis auf Gratian bemerkt.

Das folgende Jahr 313 ist durch das Edict des Constantin und Licinius zu Gunsten der Christen merkwürdig. Diese Fürsten gaben darin jedermann volle Freiheit, sich zu einer Religion zu halten, welche sie für die beste hielten, und befahlen, die Christen wieder in den Besitz der Güter zu setzen, die man ihnen während der Verfolgungen genommen hatte. Es wurde nicht nur verbothen, sie zu beunruhigen, sondern auch, sie von öffentlichen Aemtern und Würden auszuschließen. Von diesem Rescript an muß man das Ende der Verfolgungen, den Triumph des Christenthums und den Sturz des Götzendienstes rechnen.

Licinius, eifersüchtig auf den Ruhm Constantins, faßte einen unversöhnlichen Haß gegen ihn, und fing wieder an, die Christen zu verfolgen. Die beiden Kaiser ergriffen die Waffen, und stießen den 8. October 314 bei Cibales in Pannonien an einander. Ehe sie zu schlagen anfingen, betete Constantin, umgeben von Bischöfen und Priestern, beständig zu dem Gotte der Christen um Hülfe. Licinius wandte sich an seine Wahrsager und Zauberer, und bat um den Schutz seiner Götter. Man ward nun handgemein; der letztere wurde besiegt und gezwungen die Flucht zu ergreifen. Er ließ den Sieger um Friede bitten, und erhielt ihn; aber das Kriegsfeuer entbrannte bald wieder.

Licinius hatt' es übel aufgenommen, daß Constantin durch sein Gebieth gezogen war, um die Gothen zu bekriegen; und brach den Friedensschluß. Constantin erhielt bei Calcedonien einen entschiedenen Sieg über ihn, und verfolgte den Besiegten, der sich nach Nicomedien zurück gezogen hatte. Er hohlte ihn ein, und ließ ihn 323 erwürgen.

Durch diesen Tod ward der Sieger Herr des Orients und Occidents. Er beschäftigte sich von nun an bloß mit der Sicherung der öffentlichen Ruhe, und der Ausbreitung der christlichen Religion. Er hob alle Orte der Ausschweifung auf, und wollte, daß alle Kinder der Armen auf seine Kosten erzogen würden. Er erlaubte, die Sclaven in den Kirchen, in Gegenwart der Bischöfe und Pastoren, frei zu lassen; eine Ceremonie, die ehedem bloß in Gegenwart der Priester vollzogen wurde. Er erlaubte in einem Edict, sich über seine Beamten zu beklagen, und versprach, die Klagen selbst zu hören, und die Angeber zu belohnen, wenn ihre Klagen gegründet wären. Er erlaubte den Christen

Zweiter Theil.                    M                    nicht

nicht nur', Kirchen zu bauen, sondern sogar die Kosten derselben von seinen Domänen zu nehmen.

Mitten unter den verwickelten Geschäften der Regierung und den Arbeiten des Krieges würdigte er auch die Zwistigkeiten der Kirche seiner Aufmerksamkeit. Er berief das Concilium von Arles zusammen, um dem Schisma der Donatisten ein Ende zu machen. Ein anderes allgemeines Concilium, welches zu Nicäa in Bithynien, im Jahr 325, auf seine Kosten gehalten wurde, wurde mit seiner Gegenwart beehrt. Er ging in Purpur gekleidet in die Versammlung, blieb so lange stehen, bis ihn die Bischöfe baten, sich zu setzen, und küßte die Wunden derer, die sich während der Verfolgung des Licinius zum christlichen Glauben bekannt hatten.

Die Arianer, aufgebracht darüber, daß er sich gegen sie erklärt hatte, warfen mit Steinen nach seinen Statüen. Seine Höflinge mahnten ihn an, sich deßhalb zu rächen, und sagten, das ganze Gesicht sei verstümmelt; aber er fuhr mit der Hand über sein Gesicht, und sagte: „Ich fühle da keine Be=„schädigung," und wollte keine Rache nehmen.

Constantin hatte seit einiger Zeit den Vorsatz gefaßt, eine neue Stadt zu erbauen, um daselbst den Sitz des Reiches zu errichten. Dieß hieß, spricht der Abbé von Mably, das Interesse des Reichs sehr schlecht kennen, eine neue Hauptstadt anzulegen, indeß es so schwer ist, die alte zu behaupten. Der Grund dazu wurde zu Byzanz in Thracien, auf der Meerenge des Hellesponts, zwischen Europa und Asien, den 26. November 329 gelegt. Diese Stadt war von dem Kaiser Severus beinahe ganz zu Grunde gerichtet worden; Constantin baute sie wieder auf, vergrößerte ihren Umfang, verschönerte sie mit einer Menge von Gebäuden, mit öffentlichen Plätzen, Brunnen, einem Circus und einem Pallast, und gab ihr den Namen, den sie noch bis jetzt führt. Byzanz, fährt der schon angeführte Schriftsteller fort, ward die Nebenbuhlerin Roms, oder machte sie vielmehr allen ihren Glanz verlieren, und Italien sank zur tiefsten Erniedrigung herab. Das abscheulichste Elend herrschte daselbst mitten in Lustschlössern und halb eingefallenen Pallästen, welche die Herren der Welt ehedem daselbst aufgeführet hatten. Alle Reichthümer gingen in den Orient, die Völker trugen ihre Tribute und ihren Handel dahin, und der Occident wurde den Barbaren preis gegeben.

Eine

Eine noch traurigere Folge der Auswanderung Constantins war die Theilung des Reichs. Die Kaiser des Orients wagten es aus Furcht, die Barbaren gegen sich aufzubringen und sie in ihre Staaten zu ziehen, nicht, den Kaisern des Occidents Hülfe zu leisten. Sie erregten ihnen sogar einige Mahl Feinde, und gaben den Vandalen und Gothen von ihren Reichthümern, um sich das Recht zu erkaufen, das Uebrige in Vergnügungen durchzubringen.

Constantin schränkte sich auf diese Versetzung der Hauptstadt nicht allein ein; er veränderte die Constitution der Regierung, und theilte das Reich in vier Theile, worüber vier Obergouvernörs, welche Praefecti praetorii hießen, gesetzt wurden. Diese vier Theile bestanden zusammen aus vierzehn Kreisen, deren jeder einen Vicarius oder Stellvertreter hatte, welcher dem in der Hauptstadt des Kreises residierenden Präfectus untergeordnet war. Die Kreise enthielten 120 Provinzen, wovon jede durch einen Präsidenten regiert wurde, der sich gewöhnlich in der vorzüglichsten Stadt der Provinz aufhielt.

Nachdem er auf diese Weise Rom geschwächt hatte, führte er gegen die Grenzen einen ähnlichen Streich. Er nahm die Legionen weg, die sich an den Ufern der großen Flüsse befanden, und zerstreute sie in die Provinzen, woraus, wie ein Geschichtschreiber sagt, zwei Uebel entsprangen: erstlich, daß die Barrieren weggenommen, und zweitens, daß die Soldaten im Circus und auf den Theatern weichlich wurden.

Der Ruhm, den sich Constantin durch seinen Eifer für die christliche Religion erwarb, wurde gegen das Ende seiner Tage durch seine Schwäche, die Wuth der Arianer gegen ihre berühmtesten Gegner zu unterstützen, vermindert. Verführt durch Eusebius von Nicomedien, einen der eifrigsten Verfechter des Arianismus, trieb er mehrere Bischöfe in das Exil. Kurz darauf, im Jahr 337, ward er bei Nicomedien krank. Er verlangte die Taufe, und erhielt sie nebst den übrigen Sacramenten der Kirche. Er starb den 22. Mai am Pfingsttage desselben Jahres, nachdem er in seinem Testamente verordnet hatte, daß seine drei Söhne, Constantin, Constantius und Constans, das Reich unter sich theilen sollten; wieder ein Fehler, den ihm die Nachwelt verwarf. Man kann zu diesem noch die Ermordung des Crispus, seines Sohnes der ersten Ehe, hinzusetzen, welchen Fausta, seine zweite Gemahlin, fälschlich angeklagt

hatte,

hatte, daß er sie habe verführen wollen (man sehe den Artikel
FAUSTA); das Zaubern, sich in die Geheimnisse der Religion
einweihen zu lassen; den übel verstandenen Eifer, daß er sich
allzu oft, und bisweilen gegen sein wahres Interesse, in die Angelegenheiten der Kirche mischte.   Man beschuldigte ihn auch
eines Stolzes, der keinen Nebenbuhler ertragen konnte, einer
allzu weit getriebenen Pracht und Verschwendung; er verschwen-
dete den öffentlichen Schatz an unnöthige Gebäude, an die Be-
reicherung von Ministern, welche, weit entfernt die geringste
Wohlthat zu verdienen, sein Vertrauen mißbrauchten, und ihn
zum Werkzeug ihrer Leidenschaften machten.

Eigenschaften, die größer waren, als seine Fehler, bedeckten
einen Theil derselben. Er war an der Spitze seiner Armeen tapfer, sanft und leutselig gegen seine Unterthanen, die Liebe seines
Volkes und das Schrecken seiner Feinde.   Der Kaiser Julian
hat sich, ob er gleich Constantins Neffe war, allzu viel gegen
ihn ereifert, wenn er ihn als einen Fürsten schildert, der sich
der Weichlichkeit ergab, und in Wollüsten versunken war.   Ein
Fürst, der fast beständig Krieg führte, hatte keine Muße, in
Unthätigkeit und Sorglosigkeit zu verfallen.   Er war selbst in
den letzten Jahren seines Lebens noch thätig.   Im Jahr 332
führte er gegen die Gothen, die seine Tapferkeit und Macht
schon empfunden hatten, mit Erfolg Krieg.   Als dieses wilde
Volk seine Feindseligkeiten von neuem anfing, schickte er seinen
ältesten Sohn gegen sie, der sie in verschiedenen Treffen schlug,
und gegen 100,000 derselben durch Schwert, Hunger und
Elend aller Art aufrieb.   Constantin benutzte diese Vortheile als
ein einsichtsvoller und mäßiger Fürst.   Als er die Wildheit der
Gothen durch Gewalt und Schrecken zurück geschlagen hatte,
schlug er es nicht ab, mit ihnen in Unterhandlung zu treten;
und da diese Nation aus verschiedenen Völkerschaften bestand,
die nicht alle an dem Kriege Theil genommen hatten, so befolgt'
er bei den Tractaten verschiedene Plane.   Denjenigen, die er
hatte überwinden müssen, legte er härtere Bedingungen auf, und
forderte Geißeln, unter andern den Sohn ihres Königes Aria-
ric, von ihnen.   Die andern wurden unter dem Namen von
Freunden und Bundesgenossen genöthiget, die Majestät des Reiches anzuerkennen.

Die Früchte dieses Sieges und des darauf erfolgten Friedens
waren für den Sieger und die Besiegten gleich groß.   Constantin befreite sich von dem schimpflichen Tribut, den seine Vorfahren

fahren an diese Barbaren bezahlt hatten, und sicherte von der Seite der Donau seine Grenze. Die Gothen fingen durch diese nähere Verbindung mit den Römern an, ihre wilden Sitten zu sänftigen und Menschen zu werden.

Zu derselben Zeit gaben auch die Sarmaten dem Constantin Gelegenheit zur Uebung in den Waffen. Ihrentwegen hatt' er den Krieg gegen die Gothen unternommen. Die Sarmaten, wenig dankbar für diese Wohlthat, wagten es, in das Römische Gebieth Einfälle zu thun; aber Constantin brachte sie zu ihrer Pflicht zurück. Zwei Jahre darauf wurden sie durch eine sonderbare Begebenheit dahin gebracht, die Reichsländer in Zukunft nicht nur nicht mehr zu beunruhigen, sondern sogar in denselben eine Freistatt zu suchen. Es brach zwischen ihnen und den Gothen ein Krieg aus, und sie ergriffen hierbei ein Mittel, das schlimmer als das Uebel selbst war. Sie bewaffneten ihre Sclaven, und da dieselben weit zahlreicher waren, als ihre Herren, und die Gewalt in ihren Händen sahen, so trieben sie dieselben aus dem Lande. Die Sarmaten, 300,000 Männer, Weiber und Kinder, flüchteten in die Staaten Constantins, und flehten ihn um Gnade an. Der Kaiser nahm sie mit Güte auf, steckte diejenigen, die dienstfähig waren, unter seine Truppen, und versicherte den andern ihren Lebensunterhalt, indem er ihnen in Thracien, Klein=Scythien, Macedonien und bis in Italien Ländereien anwies.

Constantin war so wenig weichlich, und behielt seinen kriegerischen Geist bis ans Ende so sehr, daß er sich noch in einem Alter von mehr als 60 Jahren vorbereitete, an der Spitze seiner Armeen gegen die Perser zu ziehen, als er von der Krankheit, an welcher er starb, überfallen wurde. Mit der Liebe zu den Waffen verband er die zu den Wissenschaften. Im Eusebius findet man mehrere Beweise von seiner Gelehrsamkeit. Er verfaßte und hielt mehrere Reden. Man hat noch eine von ihm mit der Ueberschrift:

Rede in der Versammlung der Heiligen,

die er zu Constantinopel am Osterfeste hielt. „Nichts fordert tugendhafte und aufgeklärte Menschen mehr auf, Gutes zu thun, sagte er zu einigen seiner Höflinge, welche ihm abriethen, bei einer Rede gegenwärtig zu sein, „als wenn sie wissen, daß der Kaiser ihre Werke hören oder lesen wird."

N 3

Mehrere

Mehrere Martyrologen der verschiedenen Kirchen der Abend=
länder, welche Constantin den Großen lange Zeit als einen Hei=
ligen verehrten, setzen sein Fest auf den 22. Mai. Die Griechen
und Russen feiern es noch jetzt den 21. desselben Monats.

Wir glauben hier nicht von der vorgeblichen Schenkung reden
zu dürfen, welche dieser Fürst dem Papste Sylvester mit der
Stadt Rom und mehreren Provinzen Italiens gemacht haben
soll. Man kennt die witzige Antwort, welche Hieronymus
Donato, Ambassador von Venedig, dem Papste gab, der ihn
um den Rechtsgrund seiner Republik auf das Adriatische Meer
fragte. „Eure Heiligkeit wird die Concession des
„Adriatischen Meeres, erwiederte er dem Papste, auf der
„Rückseite des Originals von dem Schenkungs=
„briefe finden, mit welchem Constantin dem Pap=
„ste Sylvester die Stadt Rom und die übrigen
„Länder des Kirchenstaates schenkte.“ In den Jahr=
hunderten der Unwissenheit war es gefährlich, diese Schenkung
zu läugnen, die seit langer Zeit von allen, und selbst von Ita=
liänischen Gelehrten widerlegt worden ist. Wer sie läugnete,
wurde zu Rom und in andern Städten hart gezüchtiget. Man
versichert sogar, daß im Jahr 1478 zu Straßburg Menschen zum
Scheiterhaufen verurtheilt wurden, weil sie diesen Irrthum allzu
offenbar bestritten.

Man sehe die

Lebensbeschreibung Constantins des Großen von D. von
Varennes, Paris 1728 in 4.

CONSTANTINUS II. (FLAVIUS JULIUS), der Jün=
gere genannt, ältester Sohn des Vorhergehenden, wurde 316 zu
Arles geboren. Nach dem Tode seines Vaters erhielt er Gallien,
Spanien und Groß=Britannien zu seinem Antheile. Da er sich
aber einbildete, der Theil des Reichs, den sein Bruder Con=
stans besaß, sei größer, als der seinige, so zog er gegen ihn zu
Felde. Die feindlichen Truppen stellten ihm einen Hinterhalt;
er fiel in denselben, und wurde im Jahr 340 bei Aquileja ge=
schlagen und erschlagen. Sein Leichnam wurde in den Fluß ge=
worfen, der heut zu Tage Alse heißt, aus welchem er jedoch
wieder aufgehoben wurde, um ihm zu Constantinopel neben sei=
nem Vater ein Grabmahl zu errichten.

Sein Stolz, seine Treulosigkeit und Unklugheit brachten die=
jenigen gegen ihn auf, welche seine Siege über die Sarmaten,
Gothen

Gothen und Franken, sein Eifer für die catholische Religion und
seine Sanftheit gegen seine Unterthanen für ihn eingenommen
hatten.

CONSTANTINUS III. wurde Pogonatas, d. h. der
Bärtige, genannt, weil er, als er von Constantinopel gegen
den Rebellen Mizizi zu Felde zog, keinen Bart hatte, und
von seinem Feldzuge mit einem zurück kam. Er war der Sohn
Constans II. und wurde, nachdem er jenen Rebellen bestraft
hatte, unter den Zurufungen des Volkes im Jahr 668 zum Kaiser gekrönt.

Einige Zeit darauf kamen die Sarazenen mit vielen Schiffen,
Constantinopel zu belagern; Constantin war von ihrer Absicht
unterrichtet, zog seine Flotte zusammen, lieferte ihnen eine
Schlacht, und schlug sie. Die Barbaren konnten den Winden,
die ihnen entgegen waren, der Tapferkeit der Römer, die durch
die Gegenwart des Kaisers angefeuert wurden, und der Geschicklichkeit des berühmten Callinicus nicht widerstehen, der ein
Feuer erfunden hatte, welches das Wasser nicht zu löschen ver-
mochte. Als das Treffen angehen sollte, schickte der Ingenieur
Taucher ab, unter den Schiffen der Sarazenen Feuer anzulegen,
welches aller Bemühungen ungeachtet nicht möglich war zu
dämpfen. Dieß ist es, was man das Griechische Feuer
nannte.

Die Sarazenen kamen sieben Jahre hinter einander wieder,
und immer mit gleich schlechtem Erfolg. Endlich baten sie um
Frieden; aber Constantin gab ihnen denselben nur unter dem
Versprechen eines Tributs.

Nachdem er nun dem Staate Frieden gegeben hatte, wollt'
er ihn auch der Kirche geben. Er versammelte im Jahr 681
das sechste allgemeine Concilium zu Constantinopel, führte auf
demselben den Vorsitz, und ließ die Monotheliten verdammen. Dieser Eifer erwarb ihm einen Platz in den Annalen der
Kirche; aber die Ermordung seiner beiden Brüder, Tiberius
und Heraclius, machte ihn seinem Jahrhundert und der
Nachwelt verhaßt.

Einige aufrührerisch Gesinnte sagten öffentlich, sie müßten
drei Kaiser haben, und Constantin müßte seine Obergewalt mit
Tiberius und Heraclius theilen. Die Urheber dieser Reden wurden auf Constantins Befehl gehenkt, und seine Brüder heimlich

umgebracht, nachdem man ihnen die Nasen abgeschnitten hatte. Er starb das Jahr darauf, 685.

Er war ein stolzer aber tapferer Fürst, und erwarb sich von außen durch seine Waffen Achtung, und durch weise Strenge von innen Liebe.

Man muß ihn nicht mit dem Tyrannen Constantin III. verwechseln, der ein gemeiner Soldat war, und sich unter der Regierung des Honorius, im Jahr 409, in Groß-Britanien zum Kaiser ausrufen ließ, sich nach Gallien zurück zog, in Arles belagert, gefangen genommen und enthauptet wurde.

CONSTANTINUS IV. mit dem Beinamen C o p r o n y m u s, weil er, als er getauft wurde, das Wasser verunreinigte, wurde 719 von Leo dem Isaurier und Maria zu Constantinopel geboren. Im Jahr 741 folgt' er seinem Vater nach, und übertraf ihn noch in der Wuth gegen die Bilder der Heiligen: er stürzte sie um, und warf ihre Reliquien ins Feuer; brachte die Bischöfe, Geistliche und Mönche um, welche diese von ihm profanierten heiligen Sachen vertheidigten; ließ den einen die Nasen abschneiden, den andern die Augen ausstechen, und färbte alle Städte seines Reiches mit dem Blute jener Märtyrer.

Die von ihm beunruhigten Bulgaren beunruhigten ihn wieder. Er rüstete sich zum Zuge gegen sie, als er im Jahr 775 an einer Pestbeule starb. Er wurde in die Apostelkirche begraben. Der Kaiser Michael III. der ihn unter die N e r o n e n und C a l i g u l a' s setzte, ließ ihn hundert Jahre darauf wieder ausgraben, seinen Leichnam verbrennen, und das Grabmahl dieses Ungeheuers, welches bei seinem Leben von seinen Unterthanen eben so gehaßt, als von seinen Feinden verachtet wurde, zerstören.

Unter seiner Regierung, im Jahr 763, war im Herbst eine so große Kälte, daß der Bosporus und Pontus Eurinus, in einem Raum von 60 Lieuen, vom Propontis oder dem Mer-de-Marmora bis an die Mündungen der Donau, zugefroren waren. Das Eis war an mehreren Plätzen 30 Cubitus dick, und fast eben so hoch mit Schnee bedeckt. Als es aufging, schichteten sich die Schollen wie Berge über einander, erschütterten, von einem wüthenden Winde getrieben, die Mauern der Städte, und rissen die Citadelle von Constantinopel beinahe nieder.

CONSTANTINUS VII. mit dem Beinamen P o r p h y r o - g e n n e t u s, Leo's des Weisen Sohn, 905 zu Constantinopel

pel geboren, stieg unter der Vormundschaft seiner Mutter Zoe in seinem 7. Jahr auf den Thron. Als er die Zügel der Regierung selbst lenkte, züchtigte er mehrere Tyrannen in Italien, nahm den Lombarden Benevent weg, und trieb durch Geld die Türken zurück, welche die Grenzen des Reichs verheerten; ließ sich aber in der Folge von seinem Weibe Helena, der Tochter des Groß-admirals des Reichs, Romanus Lecapenus, regieren. Sie verkaufte die Würden der Kirche und des Staats, über-häufte das Volk mit Auflagen, und machte es unter ihren Be-drückungen seufzen, indeß ihr Mann alle seine Zeit auf die Lec-türe wandte, und dadurch ein eben so geschickter Architect, und ein eben so großer Mahler ward, als er ein schlechter Kaiser war.

Romanus, der Sohn dieses unthätigen Kaisers und der Helena, ließ, aus Ungeduld zu regieren, in eine für seinen Vater bestimmte Arzenei Gift mischen; da aber Constantin den größe-sten Theil derselben wieder von sich gab, starb er erst ein Jahr darauf, 959.

Dieser Fürst, ein Freund der Wissenschaften und der Gelehr-ten, hinterließ mehrere Werke, welche einem Privatmann Ehre gemacht haben würden, derentwegen aber ein Fürst die Angele-genheiten seines Staats nicht hätte vernachlässigen sollen. Die vorzüglichsten sind:

*Vita Basilii Macedonis*, seines Großvaters, welches sich in der Sammlung des Allatius befindet. Es gebricht diesem Leben, welches überhaupt genommen allzu sehr nach einem Panegyricus schmeckt, bisweilen an Wahrheit.

*De Thematibus imperii orientalis et occidentalis libri II.* d. h. von den Lagen der Provinzen und Städte des Reichs, herausgegeben von P. Banduri, in seinem

*Imperium Orientale, Lipf.* 1754, *in fol.*

Man hat aber die Geographie des Mittelalters wenig so wichtige Schriften; aber man darf dem Verfasser nur in demjenigen glau-ben, was er von dem Zustande der Oerter sagt, wie er zu sei-ner Zeit war.

*De administrando imperio liber*, in dem angeführten Werke des Banduri. Er giebt darin Nachricht von dem Ursprunge der verschiedenen Völker, von ihrer Macht, ihren Fort-schritten, Bündnissen, Revolutionen, und von der Aufein-anderfolge der Fürsten, welche dieselben beherrschten. Es enthält auch andere interessante Nachrichten.

M 5                                      De

*De re ruſtica*, Cambridge 1704 in 4.
*Excerpta de legatis, gr. et lat. 1648 in fol.*
*De caeremoniis aulae Byzantinae, Lipſ. 1751 in fol.*
Eine Tactik, von der Kriegskunſt zu Waſſer und zu
Lande.

CONSTANTINUS XV. mit dem Beinamen Dragaſes,
Sohn des Manuel Paldologus, wurde 1403 geboren,
und im Jahr 1448 von dem Sultan Amurat auf den Thron
von Conſtantinopel geſetzt. Muhamed II. Amurats Nachfolger, war über den Kaiſer unzufrieden, und kam, Conſtantinopel
zu Waſſer und zu Lande zu belagern. Seine Armee war 300,000
Mann ſtark, und ſeine Flotte beſtand aus 400 Galeeren mit
drei Ruderbänken. Die Griechen hatten nicht mehr, als 7000
Mann, welche im Stande waren, die Waffen zu tragen, und
13 Galeeren.

Conſtantinopel wurde nach einer Belagerung von 58 Tagen,
den 29. Mai 1453, eingenommen.

Als Conſtantin die Türken durch die Breſchen eindringen ſahe,
warf er ſich mit dem Degen in der Hand ihnen entgegen. Alle
Capitäns, die ihn begleiteten, fielen ihm zur Seite: als alles
mit Blut bedeckt und er ganz allein noch übrig war, rief er:
„Wird ſich denn nicht noch ein Chriſt finden, der
„mir das noch übrige Bißchen Leben nehme?“ und
in dem Augenblicke hieb ihn ein Türke mit dem Säbel über den
Kopf; es kam noch ein anderer dazu, unter deſſen Hieb er er-
lag. Ein ſo rühmlicher Tod iſt der ſchönſte Lobſpruch auf ihn.

Dieſer wirklich große, großmüthige und religiöſe Fürſt war
eines beſſern Schickſals würdig. Die aus dem kaiſerlichen Hauſe
übrig gebliebenen Weiber und Kinder wurden entweder von den
Soldaten niedergehauen, oder aufbehalten, die Lüſte des Siegers zu ſtillen.

Dieß war das Ende des Conſtantinopolitaniſchen Reichs, 1123
Jahre nach der Gründung deſſelben von Conſtantin dem Großen.

Dragaſes hatte einen Bruder, mit Namen Thomas Paläologus, deſſen Tochter Sophia mit dem Fürſten von
Moscovien, Johann Baſilides, vermählt war.

CONSTANTINUS, mit dem Beinamen Africanus, weil
er von Carthago herſtammte, war Mitglied des Collegiums zu
Salerno,

Salerno, und blühte um das Jahr 1070. Die Eifersucht seiner Mitbürger nöthigte ihn, sich nach Sicilien zu flüchten, wo er das Ordenskleid des H. Benedict anzog. Constantin war einer der größesten Compilatoren in der Medicin, und scheint der erste gewesen zu sein, welcher die Griechische und Arabische Arzeneikunde in Italien einführte. Seine Werke wurden 1536 zu Basel in Folio herausgegeben.

CONSTANTINUS (MANASSES), ein Griechischer Geschichtschreiber, blühte um das Jahr 1150 unter dem Kaiser Manuel Comnenus. Er schrieb eine

Kurzgefaßte Geschichte in Griechischen Versen,

die von Leunclavius in das Lateinische übersetzt, und 1655 in Folio im Louvre gedruckt wurde; sie macht einen Theil der Byzantina aus. Es ist eigentlich eine Chronik, von Adam bis auf Alexis Comnenus, und hat alle Fehler des Zeitalters des Verfassers, Plumpheit des Styls und dumme Leichtgläubigkeit.

CONSTANTINUS (ROBERTUS), Doctor der Medicin und Professor der schönen Wissenschaften bei der Universität zu Caen, seiner Vaterstadt, ward nach dem Präsidenten de Thou 103 Jahr' alt. Ein so hohes Alter schwächte weder die Kräfte seines Körpers noch seines Geistes. Er starb 1605 am Seitenstechen. Man hat von ihm:

*Lexicon Graeco-Latinum, 1592, 2 vol. fol.*

Heinrich Stephan hatte in dem seinigen die Wörter unter ihre Wurzeln gestellt, Constantin setzte sie in alphabetischer Ordnung. Diese bequemere Methode machte, daß ihm einige den Vorzug vor Stephan gaben, der übrigens weit vorzüglicher ist.

*Antiquitatum Graecarum et Latinarum libri III.*

*Thesaurus rerum et verborum utriusque linguae.*

*Supplementum linguae Latinae, seu Dictionarium abstrusorum vocabulorum, etc. Genev. 1573, in 4.*

Er war ein Hausgenosse, oder vielmehr Pensionär und Schüler von Julius Scaliger gewesen, und gab nach dem Tode dieses Gelehrten einen Theil seiner

Commentare über den Theophrast, Lyon 1584, in 4.

heraus. Joseph Scaliger, Julius Sohn, ward des Vertrauens wegen, welches sein Vater auf Constantin setzte, eifersüchtig, und faßte einen heftigen Haß gegen ihn. Er behandelte ihn

ihn als einen falschen, unverschämten Menschen, und in Rück=
sicht des Verständnisses der alten Autoren als einen Esel. Aber
diese Beleidigungen schadeten nur dem, der sie ausübte. Uebri=
gens zweifelt der Pater Niceron, daß Constantin ein Alter
von 103 Jahren erreicht habe; im 27. Bande seiner Memoi=
ren kann man die Gründe seines Zweifels sehen.

CONSTANTIUS I. mit dem Beinamen Chlorus, wegen
der Blässe seines Gesichts, Sohn des Eutropius, eines
vornehmen Mannes aus Ober=Mösien, und Vater Constan=
tins des Großen, wurde um das Jahr 250 geboren. Er
ward frühzeitig als ein tugendvoller, weiser und tapferer Mann
bekannt, wurde im Jahr 292 zum Cäsar ernannt, und verdiente
durch seine Siege in Groß=Britanien und Deutschland diesen
Titel. Er verstieß damahls seine erste Gemahlin, um sich mit
Theodora, der Tochter des Maximianus Hercules,
des Collegen des Diocletian, zu vermählen. Als er vermöge
der Abdankung des Diocletian im Jahr 305 Kaiser ward, theilte
er mit Galerius Maximianus das Reich. Er bemühte
sich, Glückliche zu machen, und es gelang ihm. Die Christen
wurden in den Ländern, die besonders unter ihm standen, nicht
gequält. Er stellte sich, diejenigen von seinen Beamten aus dem
Pallaste jagen zu wollen, welche das Christenthum nicht verläug=
nen würden. Einige von ihnen opferten ihre Religion ihrem In=
teresse auf; andere wollten lieber ihre Aemter verlieren, als an
ihrem Gewissen zu Verräthern werden. Die erstern durften ihm
nicht wieder vor Augen kommen, denn er sagte, „leichtsinnige
„und feigherzige Menschen, die ihren Gott verriethen, würden
„ihren Fürsten noch weit leichter verrathen;“ den letztern ver=
traute er seine Person und seine Geheimnisse an, und überschüt=
tete sie mit Wohlthaten.

Dieser große Fürst starb im Jahr 306 zu York, nachdem er
seinen Sohn Constantin zum Cäsar erklärt hatte. Er hatte von
seiner zweiten Gemahlin den Julius Constantius, den
Vater des Julianus Apostata und des Gallus.

Die Tapferkeit des Constantius Chlorus, spricht M. Thomas,
nahm seiner Menschlichkeit nichts. Er war Kaiser, und beschei=
den und sanft, unumschränkter Monarch, und setzte einer Ge=
walt Schranken, die keine hatte. Er besaß keinen Schatz, weil
er wünschte, daß jeder seiner Unterthanen einen habe. An Fest=
tagen borgte er goldene und silberne Gefäße von seinen Freunden,
                                                        weil

weil er selbst keine hatte. Er war in der Religion wie in der
Politik menschlich; und indeß die andern Kaiser aus Aberglauben
verfolgten, ließ er weder ein Schaffot errichten, noch einen
Scheiterhaufen anzünden.

CONSTANTIUS II. (FLAVIUS JULIUS), zweiter Sohn
von Constantin dem Großen und Fausta, seiner zweiten Gemahlin, wurde 317 zu Sirmich geboren, 323 zum Cäsar
ernannt, und 337 zum Kaiser erwählt. Um Constantins dreien
Söhnen das Reich zu versichern, ermordeten die Soldaten
die Oheime, Vettern (man sehe den Artikel HANNIBALIA-
NUS), und alle Minister dieses Fürsten, ausgenommen Julianus Apostata und dessen Bruder Gallus. Einige Geschichtschreiber hegten den Verdacht, Constantin sei der Urheber
dieser schrecklichen Mordthaten gewesen, und der H. Anastasius warf ihm dieselben öffentlich vor; andere hingegen behaupten, Constantin habe bloß der Nothwendigkeit und Gewalt nachgegeben. Nach dieser barbarischen Execution theilten sich Constantins Söhne in das Reich. Constantius bekam den Orient,
Thracien und Griechenland. Im Jahr 338 zog er gegen die
Perser, welche Nisibe belagerten, bei seiner Ankunft die Belagerung aufhoben, und sich in ihr Land zurück zogen, nachdem
sie bei dieser Stadt geschlagen worden waren. Diese Vortheile
waren aber von kurzer Dauer. Die Persischen Generale, die
nun auch siegten, hieben seine Armeen zusammen, und trugen
neue entscheidende Siege davon.

Der Occident war eben so wenig ruhig, als der Orient.
Magnentius, ein Deutscher von Geburt, der zu Autûn von
den Soldaten als Kaiser ausgerufen, und Vetranion, der
zu Sirmich in Pannonien um dieselbe Zeit gleichfalls erwählet
wurde, hatten sich in die Staaten Constantins des jüngern und
Constans getheilt. Ihr Bruder Constantius zog gegen den einen
und gegen den andern. Vetranion wurde von seinen Soldaten
verlassen, flehte den Kaiser um Gnade, und erhielt hinlängliche
Güter von ihm, sein übriges Leben in Ueberfluß zuzubringen.
Magnentius wurde nach einem tapfern Widerstande in der Schlacht
von Mursia geschlagen, und genöthiget, die Flucht zu ergreifen.
Constantius, der sich während der Hitze der Handlung in eine
Kirche begeben hatte, weinte, als er das Schlachtfeld mit Leichen
bedeckt sahe, bitterlich, und gab Befehl, für die Verwundeten
Sorge zu tragen, und die Todten zu begraben. Magnentius,
der von den Stellvertretern des Constantius in Gallien von
neuem

neuem geschlagen worden war, brachte sich selbst um, damit er nicht in die Hände des Siegers falle.

So sahe sich das ganze Römische Reich, unter die drei Söhne des Constantin getheilt, nun im Jahr 353 unter die Macht eines einzigen vereiniget. Als Constantius nun keinen Nebenbuhler mehr zu fürchten hatte, überließ er sich ganz der Wuth seiner Rache. Man durfte nur im Verdacht stehen, an der Partei des Magnentius Antheil genommen zu haben, durfte nur von dem niedrigsten Angeber denunciert werden, um seiner Güter beraubt, in das Gefängniß geworfen, oder mit dem Tode bestraft zu werden. Wer für reich gehalten wurde, war nothwendiger Weise ein Verbrecher.

Drei Jahre darauf, 356, kam Constantius zum ersten Mahl nach Rom, triumphierte, und zog sich daselbst Verachtung zu. Auf seinen Befehl transportierte man den Obelisken, welchen Constantin aus Heliopolis in Aegypten hatte bringen lassen, und richtete ihn in dem großen Circus auf. Das Glück des Julian, der damahls in Gallien Sieger war, weckte seine Eifersucht wieder auf, vorzüglich als er erfuhr, daß ihm die Armee den Titel Augustus gegeben hatte. Er zog in starken Märschen gegen ihn, als er zu Mopsveste, am Fuß des Berges Taurus, im Jahr 361 starb. Euzoius, ein Arianer, gab ihm einige Augenblicke vor seinem Tode die Taufe. Diese Secte hatte unter seiner Regierung triumphiert, und Wahrheit und Unschuld wurden unterdrückt. Dieser stolze, eifersüchtige, mißtrauische, von seinen Verschnittenen und Höflingen beherrschte Fürst war endlich das Ziel seiner Schwächen, und hätte, wie ein Geschichtschreiber spricht, wenn nicht das Leben, doch wenigstens das Reich verloren.

CONSTANTIUS von Nyssa, General der Römischen Armeen, unter dem Honorius, der ihm im Jahr 417 seine Schwester Placidia zur Ehe gab, und ihn zum Mitregenten annahm, schlug den jüngern Constantin, Constans, Gerontius, Jovinus, vertrieb die Gothen aus Gallien, und machte den Rebellen Attalus zum Gefangenen. Er besaß die kaiserliche Würde nur ohngefähr 7 Monate, starb im Jahr 421, und wurde als Krieger und Staatsmann und als das Schild des Reichs bedauert. Valentinian III. sein Sohn, regierte nach ihm in dem Occident.

CONTARINI (VINCENZO), Profeſſor der Beredſamkeit zu Padua, ſtarb 1617 zu Venedig, ſeiner Vaterſtadt, trieb, wie ſein Freund Muretus, die ſchönen Wiſſenſchaften mit Eifer und Erfolg.    Unter den verſchiedenen Werken, die er hinterließ, ſchätzet man vorzüglich ſeinen Tractat

*De Re frumentaria,*

und den

*De militari Romanorum ſtipendio*, Venedig 1609 in 4.

beide gegen Juſtus Lipſius, und ſeine

*Variae Lectiones,* Venedig 1606,

welche gelehrte Bemerkungen enthalten.

CONTI (ARMAND DE BOURBON PRINCE DE), Sohn des Prinzen von Condé, Heinrich II. war der Chef des Hauſes Conti. Er wurde 1629 zu Paris geboren. Sein Vater beſtimmte ihn zum geiſtlichen Stande, und er erhielt die Abbteien St. Denys, Clüni, Lerins und Molene. Nach dem Tode ſeines Vaters vertauſchte er die Kirche gegen die Waffen, warf ſich, aus Neigung zu der Herzogin von Longueville, in die Intriguen der Fronde, und ward Generaliſſimus derſelben. Man ſchickte ihn gegen ſeinen Bruder, den großen Condé, der damahls die Königin und den Cardinal Mazarin vertheidigte. In der Folge vereinigten ſich beide gegen dieſe Prinzeſſin und ihren Miniſter. Conti wurde gefänglich eingezogen, und mit ſeinem Bruder nach Vincennes gebracht, welches er nur wieder verließ, um ſich mit einer Nichte des Cardinals, gegen den er Krieg geführt hatte, zu vermählen. Dieſe Vermählung ſetzte ihn in die höchſte Gunſt. Er wurde 1654 zum Gouverndr von Güienne, und nachher zum General der Armeen in Catalonien gemacht, wo er einige Städte einnahm; endlich ward er Groß = Meiſter des Hauſes des Königs, und 1662 Gouverndr von Languedoc. Er ſtarb 4 Jahre darauf zu Pezenas mit innigem Gefühl der Religion, welche ihm ſeine tugenhafte Gemahlin, Maria Martinozzi, eingeflößt hatte.

Man hat von ihm:

*Traité de la Comédie & des Spectacles, ſelon la tradition de l'Egliſe.*

Er hatte über die Schauſpiele nicht immer ſo gedacht. (Man ſehe den Artikel MOLIERE.)

*Devoirs*

*Devoirs des Grands, avec un Testament.*
*Devoirs des Gouverneurs de Province*, Paris 1667, 3 vol.
in 12.

Er hatte aus seiner Ehe zwei Söhne, Ludewig Armand von Bourbon, Prinz von Conti, der große Hoffnungen von sich gab, starb 1685 an den Blattern, und Franz Ludewig von Bourbon, im nächst folgenden Artikel.

CONTI (FRANÇOIS LOUIS DE BOURBON, PRINCE DE LA ROCHE-SUR-YON, nachher DE), Sohn des Vorhergehenden, 1664 geboren, trat in die Fußtapfen seiner Vorfahren. Er zeichnete sich 1684 bei der Belagerung von Luxemburg, 1685 in dem Ungarischen Feldzuge, im Treffen bei Steinkirchen, in den Schlachten von Fleurus und Neerwinden, und bei andern Gelegenheiten aus. Die Kunst zu gefallen und sich geltend zu machen breitete seinen Namen eben so sehr aus, als seine Tapferkeit.

Im Jahr 1697 wurd' er zum Könige von Pohlen erwählt, aber sein Nebenbuhler, der Churfürst von Sachsen, der von einer andern Partei dazu ernannt worden war, trug diese Krone davon. Der Prinz von Conti mußte mit dem unangenehmen Gefühl, vergebens in Pohlen erschienen zu sein, nach Frankreich zurück kehren. Er starb 1709, im 45. Jahre zu Paris.

CONTI (LOUIS FRANÇOIS DE BOURBON, PRINCE DE), der 4. dieses Namens, wurde den 13. August 1717 zu Paris geboren. Er hatte vielen Geist und Muth, und zeigte im Kriege von 1741 seine kriegerischen Talente. Das Theater dieses Krieges war in Italien, wie in Flandern. Um über die Alpen zu dringen, waren Belagerungen und Schlachten nöthig. Der Prinz von Conti machte sich den 23. April 1744 Meister von Montalban, und hernach von der Citadelle Villa = Franca. Nachdem er Stura, Château-Dauphin und Demont eingenommen hatte, belagerte er Coni, deren Tranchéen in der Nacht vom 12. zum 13. September desselben Jahres geöffnet wurden. Der König von Sardinien war herbei geeilt, diesen wichtigen Platz zu unterstützen; man ward den 30. handgemein, und er verlor, seiner Ueberlegenheit ungeachtet, gegen 5000 Mann, und mußte das Schlachtfeld räumen. Der Cüraß des Prinzen Conti, der General und Soldat zugleich war, wurde hierbei von zwei Kugeln durchbohrt, und zwei Pferde wurden unter ihm todt geschossen.

geschoffen. Aber die Strenge der Jahrözeit, das Schmelzen
des Schnees und die Austretung der Flüffe vereitelten die
Früchte diefes Sieges; der Sieger mußte die Belagerung auf=
heben, und über das Gebirge zurück ziehen. Nach feiner Zurück=
kunft nach Paris trieb er die Litteratur und die Künfte, und ftarb
den 2. Auguft 1776, im 59. Jahre in diefer Stadt.

Seine kriegerifchen Talente erhielten durch die Empfindungen
eines Bürgers, die er bei mehreren wichtigen Gelegenheiten zeig=
te, einen neuen Glanz. Er hatte einen feften und großmüthigen
Character. In dem Briefe, den er nach der Schlacht bei Coni
an Ludewig XV. fchrieb, erwähnte er feiner Wunden nicht, und
fprach bloß von den Verdienften der Officiers, die fich dabei aus=
gezeichnet hatten.

Einer von den Französifchen Dichtern hat ihn in folgenden
Verfen fehr treu gefchildert:

> Des héros de fon fang il augmentat l'éclat.
> Mécene des favans, idole du foldat,
> Favori d'Apollon, de Thémis, de Bellone,
> Il protégea les arts, & défendit le Trône.

CONTI (GIUSTO DE), Italiänifcher Dichter, aus einer
alten Familie, ftarb um die Mitte des 16. Jahrhunderts zu Ri=
mini. Man hat von ihm eine fchätzbare Sammlung galanter
Verfe, unter dem Titel:

> La bella Mano, Paris 1595, in 12.

nebft einigen Gedichten verfchiedener alten Toscanifchen Dichter.
Diefe Sammlung wurde 1492 zu Venedig zum erften Mahl
in 4. herausgegeben. Der Abbt Salvini (und nicht Sil=
vini) beforgte 1715 zu Florenz eine neue Ausgabe, mit Vorbe=
richt und Anmerkungen; fie ift aber nicht fo vollftändig, als die
Parifer, und die Veronifche, 1753, in 4.

CONTI (L'ABBATE ANTONIO), ein edler Venetianer,
ftarb 1749 im 71. Jahre, hatte einen Theil von Europa durch=
reift, und fich durch feine Kenntniffe und feinen Character die
Achtung der Gelehrten erworben. Er hinterließ

> Tragödien, Lucca 1765, die für den Lefer intereffanter find,
>     als für den Zufchauer;

einen Verfuch eines Gedichtes, welches überfchrieben ift:

> Il globo di Venere;

Zweiter Theil.                      N                           und

und den Plan zu einem andern, worin er sich vornahm, ohngefähr denselben Gegenstand zu bearbeiten, den Leibnitz in seiner Theodicee bearbeitet hatte; aber diese Gedichte sind mehr metaphysisch als dichterisch.

Der Abbé Conti kam auf einer Reise nach London in die engste Verbindung mit Newton, der ihm, ungeachtet des Geheimnißvollen dieses großen Mannes, seine Ideen mittheilte, und ihm alle Geheimnisse seiner Wissenschaft entdeckte. Conti brachte einen ganz Englischen Geist und ein ganz Englisches Herz nach Italien zurück. Seine

**Prosaischen und dichterischen Werke**

wurden 1739 zu Venedig in 2 Quartbänden gesammlet, und seine

*Opere postume*

kamen 1756 in 4. heraus.

Obgleich die Werke des Abbé Conti nichts als Embryonen sind, wie sie ein Italiänischer Journalist nannte, so geben sie doch eine vortheilhafte Idee von ihrem Vater. Sie bestehen aus Gedanken, Betrachtungen und Dialogen über interessante Gegenstände. (Man sehe den Artikel LEIBNITZ, gegen das Ende.)

CONTI (FRANCESCO), ein Mahler zu Florenz, lernte bei Simon Pignoni, und studierte zu Rom in der Schule des J. Maria Morandi und des Ritters Maratti; er zeichnete auch sehr fleißig nach Raphael, Hannibal Caraccio und den antiken Statüen. In den 6 Jahren, welche er zu Rom zubrachte, machte er viele Porträts und historische Tafeln für den Papst Clemens XI. für verschiedene Cardinäle, u. s. f. Nach seiner Zurückkunft arbeitete er mit so vielem Fleiße und Fertigkeit, daß man wirklich 110 Altarblätter von ihm zählt. Einige von seinen Gemählden wurden in verschiedene Städte Deutschlands verschickt. Dieser Künstler wurde von Clemens XII. mit dem Ritterorden des goldenen Sporen beehrt, und der Großherzog ernannte ihn zum Zeichenmeister seiner Gallerie. Er starb 1760 im 79. Jahre seines Alters.

CONTO - PERTANA (D. JOSEPH), 1785 zu Lissabon gestorben, hinterließ in seinem epischen Gedicht,

*La Santa Quiteria,*

eine

eins der besten Werke, welches Portugal hervorbrachte. Er hat
bei der Einbildungskraft des Camoens mehr Geschmack und
natürliches Gefühl.

CONTUCCI (ANDREA), genannt SANSOVINO, um
das Jahr 1460 zu Monte Sansovino geboren. Wie Giotto,
hütete er in seiner Jugend aus Armuth das Vieh, welches er zu
seinem Zeitvertreib in den Sand nachzeichnete, und aus Erde
nachformte. Ein vornehmer Florentiner sah mit Erstaunen die
Beschäftigung dieses Jünglings an, nahm ihn zu sich, und gab
ihn dem Anton Pollajuolo in die Lehre, bei welchem er in
kurzer Zeit ein braver Zeichner, ein guter Perspectivist, ein ge=
schickter Baumeister und ein vortrefflicher Bildhauer ward.

Sansovino arbeitete neun Jahre für den König von Portugal.
Man siehet von ihm zwei Grabmähler in der Kirche Santa Maria
del popolo zu Rom, viele Arbeit in der Kirche zu Loretto und
an verschiedenen andern Orten. Er starb in seinem Vaterlande
1529.

Die Bau= und Bildhauerkunst haben diesem geschickten Manne
viel zu verdanken, indem er jene mit verschiedenen Maschinen zu
Bewegung schwerer Lasten, und diese mit einer verständigen und
fleißigen Manier, den Marmor zu bearbeiten, bereicherte. In
seinen Werken bemerket man zwar einen kleinen und trockenen,
aber feinen und richtigen Geschmack. Von diesem Character ist
die Statüe der H. Anna in der Capelle Pamfili der Kirche St.
Augustin zu Rom.

COOK (JAMES), ein berühmter Englischer Weltumsegler,
den 27. October 1728 zu Marton in Yorkshire von armen Ael=
tern geboren, stand die Lehrjahre am Bord eines Kohlenschiffs.
Im Kriege von 1755 zwischen England und Frankreich kam er
als Matrose auf die königliche Flotte. Sein Betragen in dieser
Stelle machte ihn bald bei den Officieren beliebt; und am 15.
Mai 1759 erhielt er die Stelle eines Schiffsmeisters auf dem
Mercurius, welcher kurz darauf bei der berühmten Belagerung
von Quebeck gebraucht wurde. Während dieser Belagerung war
eine sehr mißliche und gefährliche Unternehmung auszuführen;
nämlich, die Tiefen des Canals des St. Laurenco=Flusses, dem
befestigten Lager der Franzosen gerade gegen über, auszuforschen.
Dieß verrichtete er bei der augenscheinlichsten Gefahr seines Le=
bens, welches er kaum davon brachte, und wurde dafür mit der
Stelle eines Schiffsmeisters des Kriegsschiffs Northumberland,

R 2                    eines

eines Land = und Seemeſſers von Newfoundland und Labrador, eines Lieutenants auf der Flotte, und Commandörs der Barke Endeavour belohnt, welche zum Behuf einiger aſtronomiſchen Beobachtungen und Entdeckungen im ſtillen Meere ausgerüſtet war.

Zu dieſer Unternehmung ſegelte er den 30. Juli 1768 von Dephford ab, und kehrte den 12. Juli 1771 nach England zurück. Den 2. April 1772 ſegelte er wieder auf der Reſolution in Geſellſchaft des Capitäns Furneaur auf der Adventure, um das Daſein oder Nichtdaſein eines ſüdlichen feſten Landes mit Gewißheit zu beſtimmen.

Auf dieſer Reiſe, von welcher er 1775 zurückkehrte, wurden die Irrthümer von der terra auſtralis incognita, zum Handel, zur Anlegung von Colonien, oder zu irgend einer andern Benutzung, zerſtreut. Aber zur Belohnung für des Capitäns Cook wichtige Verbeſſerungen zur Erhaltung der Geſundheit der Seeleute, welche er auf dieſer Reiſe gemacht hatte, beſchenkte ihn die königliche Societät mit der Medaille des Sir Geofrey Copley.

Eine andere große Frage war, ob es eine nördliche Straße auf das ſtille Meer gäbe; um dieſe zu entſcheiden, ging Capitän Cook 1776 an Bord der Reſolution, mit Capitän Clerke auf der Diſcovery.

Dieſe Reiſe ſollte zeigen, daß es keine ſchiffbare Straße zwiſchen dem Atlantiſchen und ſtillen Meere nach Norden gebe; aber zum Unglück wurde unſer Seefährer auf ſeiner Rückreiſe in einem Gefecht mit den Eingebornen von Owyee, einer von den Sandwich = Inſeln, den 14. Februar 1779 getödtet.

Sein Tod wurde allgemein bedauert, nicht allein in Groß-Britanien, ſondern in ganz Europa, wo ſeine großen Verdienſte bekannt waren.

COOKE (SIR ANTHONY), Lehrer Eduards VI. wurde um das Jahr 1506 geboren, und ſtarb 1576. Er war ein Mann von beſonderer Frömmigkeit und Güte, und von ungemeiner Klugheit in Führung ſeines Hausweſens. — Da er wußte, daß das weibliche Geſchlecht der Gelehrſamkeit eben ſo fähig wäre, als das männliche, brachte er ſeinen Töchtern des Abends bei, was er dem Prinzen am Tage gelehrt hatte. Er hatte mit dieſen Töchtern beſonderes Glück; denn ſie konnten Lateiniſch und

und Griechisch mehr als man von ihrem Geschlecht erwarten
sollte, und zeichneten sich eben so sehr durch ihre Tugend, Frömmigkeit und ihr gutes Glück aus. —

Man kennt verschiedene witzige und scharfsinnige Einfälle von
ihm, besonders folgende: „Es gäbe drei Gegenstände,
„gegen welche er sich nicht vergehen könnte: sei-
„nen Fürsten, sein Gewissen und seine Kinder.“

Man erzählt ebenfalls folgende komische Geschichte von ihm:
„Ein Ritter aus Suffer, welcher ein großes Vermögen am
„Hofe durchgebracht hatte, und nur noch einen Park und ein
„schönes Haus in demselben besaß, hatte noch den Ehrgeitz, den
„König (Eduard VI.) zu bewirthen. Zu dem Ende ließ er seine
„Thore neu anstreichen, mit seinem Wapen und dem Motto dar-
„über, in großen goldenen Buchstaben: OIA VANITAS. Sir
„Anton las es, und fragte den Ritter, was er mit OIA sagen
„wollte, welcher ihm sagte, es stände für OMNIA. Ich wun-
„dere mich, erwiederte jener, daß Sie, da Sie Ihr
„OMNIA so klein gemacht haben, Ihre VANITAS
„doch so groß machen konnten.“

COOPER (ANTHONY ASHLEY). Man sehe den Artikel
SHAFTESBURY.

COOPER (JOHN GILBERT, ESQ.), Verfasser des
Lebens des Socrates.

Er gab im Jahr 1764 eine Sammlung vermischter Gedichte heraus, welche im 2. Bande von Dodsley's
*Fugitive Pieces*
wieder abgedruckt wurden.

COOPER (SAMUEL), 1609 zu London geboren, lernte bei seinem Oheim Johann Hoskins. Sein Genie trieb ihn an, Porträts
in Miniatur zu mahlen, worin er alle seine Zeitgenossen übertraf.
Man nennet ihn ins gemein Van Dyck im Kleinen, weil
er diesem berühmten Meister in dem Schönen und Hellen seines
Colorits, in der anmuthigen Wendung der Köpfe, in dem Geist
und der Erhabenheit seiner Gesichtsmienen ähnlich war. Uebrigens macht Walpole in seinen Anecdoten die Anmerkung, daß
Coopers Verdienste sich bloß auf den Kopf und die Haare seiner
Bildnisse erstreckt haben. In diesen bestehen seine größesten Vorzüge in der Verschiedenheit des Colorits, womit er seine Carna-

N 3 tion

tion überaus klar und reinlich zu machen wußte, und in einer
sehr freien Behandlung der fliegenden Haare. Er starb 1672 zu
London, und wurde in die St. Pancratius-Kirche daselbst begraben.

Sein Bruder Alexander mahlte mit Wasserfarben Bildnisse und Landschaften, kam aber Samuel bei weitem nicht
gleich. Er arbeitete an verschiedenen Orten in den Niederlanden
und am meisten zu Amsterdam, von da wurd' er nach Schweden
berufen, wo er in Diensten der Königin Christina stand. Man
hält ihn für einen guten Zeichner.

COPERNICUS (NICOLAUS), 1473 zu Thorn in Preußen
geboren. Er legte sich auf Mathematik und Astronomie, für
welche ihn die Natur bestimmt hatte, nachdem er Philosophie
und Medicin studieret hatte. Seine Liebe zu den erstern Wissenschaften machte, daß er auf Reisen ging, um sich des Rathes
derer zu bedienen, welche sie in verschiedenen Ländern mit dem
größesten Erfolg getrieben hatten. Er hielt sich zu Bologna bei
dem geschickten Astronomen Dominico Maria, nachher zu Rom,
wo er die Mathematik lehrte, lange auf. Nach der Zurückkunft
in sein Vaterland erhielt er ein Canonicat an der Kirche von War-
mie, an welcher sein mütterlicher Oheim Bischof war. Als er
nun die zur Bildung eines Systems nöthige Ruhe genoß, und
von Observationen, die er in allen Ländern gesammelt hatte,
unterstützt war, erneuerte er die alten Ideen des Philolaus,
eines Pythagorischen Philosophen, die der Cardinal da Cusa einige Zeit vor ihm wieder aufgebracht und vertheidiget hatte.
Nach diesem System, welches heut zu Tage für das einzig
wahre gehalten wird, stehet die Sonne im Mittelpunct des
Universums. Mercur, Venus, die Erde, Mars, Jupiter und Saturn drehen sich an ihrer Achse vom Abend gegen Morgen um dieses Gestirn. Die verschiedenen Umwälzun-
gen dieser sechs Planeten sind ihren verschiedenen Entfernungen
von der Sonne angemessen. Die Cirkel, welche sie umschreiben,
durchschneiden die Ecliptik in verschiedenen Puncten. Die Erde
macht ihre Bewegung in einem Cirkel, welcher den der Venus
umgiebt, und diese Bewegung ist in einem Jahre vollbracht.
Sie hat noch eine andere Bewegung, welche in 24 Stunden
um ihre eigene Achse geschieht, und wodurch man den Tag und
die Nacht erklärt. Der Mond macht eine Ausnahme von der
allgemeinen Regel, er bewegt sich und beschreibt seinen Cirkel
um die Erde. Der Himmel ist in diesem System unbeweglich,
und

und die Sterne stehen in unermeßlichen Entfernungen von der Sonne.

Copernicus glaubte seine Ideen nicht bekannt machen zu dürfen, ohne sich selbst zu überzeugen, daß dieses neue Arrangement allen Erscheinungen am Himmel entspreche. Indeß wurde sein System, eine der größesten Anstrengungen des menschlichen Geistes, im Jahr 1616, nicht bloß als eine ketzerische Meinung in dem Glauben, sondern auch als abgeschmackt in der Philosophie von der Römischen Inquisition verdammt. (Man sehe den Artikel GALILEO.) Dieses Urtheil gegen eine Wahrheit, die sich seitdem auf so mancherlei Weise bestätigte, ist ein Beweis von der Macht der Vorurtheile.

Copernicus starb 1543 im 70. Jahre, nachdem er zwei vortreffliche Schriften herausgegeben hatte: die eine

> *De motu octavae Sphaerae,* in welcher er sein System entwickelt;

und die andere

> *De Orbium caelestium revolutionibus,* 1566 zusammen gedruckt, in Folio.

Gassendi beschrieb sein Leben, welches ein Muster für wahre Philosophen ist.

COPROGLI-PACHA (MUHAMED), Groß=Visir während der Minderjährigkeit Muhameds IV. war aus Albanien, Sohn eines Griechischen Priesters und Neffe eines Renegaten, auf dessen Zureden er die Muhametanische Religion annahm, und sich auf der Insel Cypern niederließ. Der Pacha dieser Insel nahm ihn mit sich in den Persischen Krieg. Der junge Coprogli zeigte seine Tapferkeit; sein Verdienst ward dem Hofe bekannt, welcher ihm das Gouvernement von Baruth, und dann von Aleppo gab. Der Groß=Visir Achmet ließ ihn aus Eifersucht, und in der Absicht, ihn hinrichten zu lassen, ins Gefängniß werfen. Als aber dieser schändliche Minister erschlagen, und der Kaiser Ibrahim, den er regierte, stranguliert worden war, zog sein Nachfolger Muhamed IV. Coprogli aus dem Gefängniß, um ihn auf Anrathen der Sultanin, seiner Mutter, und Regentin des Reichs, zur Würde des Groß=Visirs zu erheben. Er rechtfertigte diese Wahl durch seine Sanftheit, seinen Eifer für das Wohl des Staats und den Ruhm seines Fürsten, durch seine Achtung gegen die Großen, und seine Gnade gegen die Geringen. Er eroberte einen Theil von Transylvanien, starb

1663 zu Adrianopel, und wurde vom Sultan und Volke be=
dauert ; eine im Ottomanischen Reiche ungewöhnliche Sache,
wo wenige Minister weder in ihrem Bette, noch auf ihrem
Posten sterben.

COPROGLI-PACHA (ACHMET), Sohn des Vorhergehen=
den, Groß=Visir nach seinem Vater, in einem Alter von 22
Jahren, machte sich 1669 Meister von Candia. Die Wunder
von Tapferkeit, welche die Französischen Hülfstruppen bei der
Belagerung dieser Insel thaten, veranlaßte diesen Minister, dem
Sultan zu rathen, die Bundesgenossenschaft der Franzosen zu
suchen. Nachdem er an der Vergrößerung des Ottomanischen
Reiches und zum Ruhme seines Fürsten mit Erfolg gearbeitet
hatte, schenkte er seine Sorgen dem öffentlichen Wohl, und hob
einen Theil der Auflagen auf. Seine Feinde wollten ihn bei Mu=
hamed stürzen. Er entdeckte ihr Vorhaben, bestrafte die Schul=
digsten, und verzieh den übrigen, ob er sie gleich unter dem Ge=
wicht seines Ansehens zerdrücken konnte. Der Friede von Poh=
len war das letzte Werk dieses großen Ministers, der 1676 im
35. Jahre starb, weil er von einem Wasser, dessen er sich statt
des Weins bediente, allzu unmäßig getrunken hatte.

COPROGLI-PACHA (MUHAMED), Bruder des Vorher=
gehenden, Groß=Visir 1689, stellte die Angelegenheiten der
Türkei in Ungarn, wo sie viele Stöße erlitten hatten, wieder
her. Er drang bis Belgrad vor, nahm es im Sturm ein, und
ließ 6000 Christen über die Klinge springen. Von da ließ er
in mehrere seit langer Zeit blokierte Plätze Hülfstruppen werfen,
nahm verschiedene andere ein, und endigte mit dem Brande von
Valcowart. Im Jahr 1691 fiel er die Kaiserlichen bei Salan=
kemen an, und fing an, einen vollkommenen Sieg zu hoffen,
als eine Canonenkugel seinem Leben und seinem Glück ein Ende
machte.

COQUES (GONZALES), von Antwerpen, lernte bei
Adrian Brouwer und bei dem ältern David Rykaert.
Er mahlte kleine Bildnisse nach Vandyck's Manier, und ahmte
in Gesellschaftsstücken den Teniers, Rykaert und Ostade
nach. Sein Pinsel ist kühn und leicht, sein Colorit frisch, die
Hände und Köpfe seiner Figuren sind wohl gezeichnet, und die
Kleidungen sehr natürlich. Was aber seine Gemählde vornehm=
lich beliebt macht, ist die Menge kleiner Umstände, womit er
dieselben ausschmückte. Er schilderte meistens ganze Familien
auf

auf Tafeln von mittelmäßiger Größe. Er machte sich an den Höfen des Churfürsten von Brandenburg, des Erzherzogs von Oesterreich, des Königs von England und des Prinzen von Oranien berühmt, heirathete die Tochter seines zweiten Lehrmeisters, und starb 1684 im 66. Jahre. P. Pontius, C. Caukerken u. a. haben nach ihm in Kupfer gestochen.

CORDIER oder CORDIERI (Niclaus), genannt FRANCIOSINO, ein Bildhauer aus Lothringen, kam in seiner Jugend nach Rom, wo er anfangs das Kupferstechen und Formschneiden, endlich aber die Bildhauerkunst erlernte. In dieser letztern ward er so berühmt, daß er in Diensten der Päpste Clemens VIII. und Paulus V. arbeitete, auch in seiner Werkstatt von ihnen öfters besucht wurde. Er verfertigte unter andern den Engel von Marmor, der das Wapen des letztbemeldeten Papstes hält, und über dem Portale des vaticanischen Pallasts zu sehen ist. Er starb 1612 im 45. Jahre seines Alters, und wurde in die Kirche della Trinitá de i Monti begraben. Dieser Künstler ist einer von den wenigen neuern Bildhauern, die bekannter zu werden verdienen. Seine zwei Statüen des H. Gregorius und der H. Silvia, in zwei Capellen der Kirche St. Gregorius in Monte Celio zu Rom, zeigen eine vortreffliche Kenntniß seiner Kunst, und einen großen Geschmack.

CORDIERE (La belle), man sehe den Artikel ABBÉ.

CORDUS (Euricius), Deutscher Arzt und Dichter, starb den 24. December 1535 zu Brehmen, nachdem er verschiedene medicinische Werke herausgegeben hatte. Er stand mit den meisten Gelehrten seiner Zeit, unter andern mit Erasmus, in Verbindung; aber seine allzu große Aufrichtigkeit und sein allzu offener Character machten ihm zuweilen Feinde. Seine Laieinischen Gedichte erschienen 1623 in 8. zu Leyden.

CORDUS (Valerius), Sohn des Vorhergehenden und seines Vaters würdig, wurde 1515 im Hessischen geboren. Er legte sich auf die Kenntniß der Sprachen und Pflanzen mit gleichem Erfolg, und bereiste die Gebirge Deutschlands, um die einfachen Arzeneimittel zu sammeln. Er reiste nachher nach Italien, und hielt sich zu Padua, Pisa, Lucca und Florenz auf; da er aber von einem Pferde an das Bein geschlagen worden war, starb er in seinem 29. Jahre, 1544, zu Rom. Er bereicherte die Botanik mit folgenden Werken:

Bemerkungen über den Dioscorides, Zürch 1561 in Folio.

*Historia*

*Historia stirpium*, *libri V.* Straßburg 1561 und 1563 in Folio.

. *Dispensatorium Pharmacorum omnium*, Leyden 1627 in 12.

Die Reinheit seiner Sitten, die Artigkeit seines Betragens und sein vielumfassender Geist erwarben ihm die Lobsprüche aller derer, die wahres Verdienst zu schätzen wissen.

. CORELLI (ARCANGELO), ein berühmter Italiänischer Musiker, 1653 zu Fusignano, einer Stadt im Bolognesischen, geboren. Seine Verdienste als ausübender Künstler waren hinlänglich, ihm den Schutz der Großen zu erwerben, und alle Mitbewerber zum Stillschweigen zu bringen; denn das Andenken an dieselben ist heut zu Tage durch die Betrachtung seiner Vortrefflichkeiten als Musiker in weiterm Sinne, als Urheber neuer, origineller Harmonien, als Vater des nicht weniger edeln und großen, als eleganten und pathetischen Styles, ganz verschlungen worden. Er starb zu Rom 1713, und wurd' in der Rotonda begraben, wo an seinem Sterbetage mehrere Jahre hindurch eine feierliche Musik aufgeführet wurde.

CORELLI, ein Italiänischer Musiker, 1733 zu Rom gestorben, machte sich durch seine Symphonien in Italien und Frankreich einen großen Namen. Er besaß die Kunst, den Geschmack dieser beiden Nationen zu reitzen, und ihre Stimmen, die sonst im Fache der Musik fast beständig einander entgegen sind, zu vereinigen. Man sagt, dieser geschickte Mann habe, ob er gleich ein Italiäner war, die Französische Musik nicht verachtet, und habe, als der Cardinal d'Estrées die schöne Composition seiner Sonaten lobte, die Bescheidenheit gehabt, ihm zu antworten: „Monseigneur, das kommt daher, weil ich den Lulli studiert „habe." — Dieß kann sein; aber wahr ist es, daß er bei einer andern Gelegenheit zu dem berühmten Händel sagte, der ihm einige sehr schwer auszuführende Stücke gegeben hatte: „Mein „lieber Sachse, diese Musik ist im Französischen Styl, und ich „verstehe davon nichts."

CORGNIVOLE (GIOVANNI DELLE), einer der ersten von den neuern Edelsteinschneidern, arbeitete zu Florenz für Lorenz von Medicis. Man siehet vieles von seinen vortrefflichen Werken in der Großherzoglichen Sammlung, unter welchen man das Bildniß des berühmten Hieronymus Savonarola vorzüglich bewundert. Er blühte gegen das Ende des 15. Jahrhunderts.

CORINNA.

CORINNA, die Lyrische Muse genannt, ging mit dem Pindar in den Kampf, und überwand ihn fünf Mahl, ob sie gleich weit unter diesem Dichter war. Diese Muse verdankte, nach dem Pausanias, ihren Erfolg mehr ihrer Schönheit, als ihren Talenten. Pindar, aufgebracht über die Ungerechtigkeiten der Richter, ließ es an Beleidigungen und Spöttereien gegen seine Nebenbuhlerin nicht fehlen. Corinna hatte eine Menge von Gedichten geschrieben, von denen aber nichts bis auf uns gekommen ist, als einige Bruchstücke. Ovid besang unter der Corinna eine seiner Geliebten, und zwar, nach der Meinung einiger Gelehrten, die Tochter des Augustus, Julia.

CORINNUS, ein Griechischer Dichter, der, nach Suidas, älter als Homer, und, wie man sagt, ein Schüler des Palamedes war. Er schrieb die Geschichte der Belagerung von Troja und den Krieg des Dardanus in Versen. Man setzet hinzu, er habe sich in seinen Gedichten der von Palamedes erfundenen Dorischen Buchstaben bedient, und Homer habe seine Verse sehr benutzt; aber alles dieses hat ein fabelhaftes Ansehen.

CORIOLANO (BARTOLOMMEO), Christophs Sohn, ein Formschneider zu Bologna, lernte die Zeichenkunst bei Guido Reni. Er brachte verschiedene Werke seines Lehrmeisters, der Carracci u. a. in Holzschnitte, die er dem Papste Urban VIII. zueignete, der ihn mit dem Ritterorden von Loretto und einem jährlichen Gehalt belohnte. Einige von seinen Holzschnitten sind in Helldunkel gearbeitet und in großer Achtung. Man hat von ihm unter andern 82 Sinnbilder nach Paul Macci. Er blühte um das Jahr 1630.

Seine Tochter, Theresia Maria, arbeitete in ihres Vaters Kunst. Sie lernte auch die Mahlerei bei Elisabeth Cirani.

CORIOLANO (CHRISTOPH), ein Formschneider von Nürnberg, arbeitete zu Venedig. Er verfertigte nach J. Calcars Zeichnungen die Bildnisse in des Vasari Mahlerbuch; nach Tizian die Anatomien des Vesalius; die Figuren in des Ulysses Aldrovando Ornithologie, und in des Hieronymus Mercurialis Ars Gymnastica. Er starb 1600 zu Venedig.

CORIOLANUS (CAJUS MARCIUS, genannt), aus einer patricischen Familie Roms, diente bei der Belagerung von Corioli,

rioli, 493 Jahr vor Chr. Geb. als gemeiner Soldat. Als die Römer zurückgeschlagen worden waren, versammelte er einige seiner
Cameraden, fiel mit ihnen über den Feind her, drang in die Stadt
ein, und machte sich Meister derselben. Der General der Römer wollte, er solle den größeßten Theil der Beute empfangen;
er wollte aber nichts annehmen, als den Namen Coriolanus,
ein Pferd, und einen Gefangenen (seinen alten Gastfreund),
dem er alsbald die Freiheit wieder gab.

Als er zwei Jahre darauf troß seiner geleisteten Dienste das
Consulat nicht erlangen konnte, und angeklagt worden war, nach
der Oberherrschaft zu streben, und die Wahl durch Stimmen ab-
schaffen zu wollen, wurd' er von dem Tribun Decius zur
ewigen Landesverweisung verurtheilt. Rom sah ihn aber bald
an der Spitze einer Armee der Volsker, der unversöhnlichsten
Feinde des Römischen Namens, vor seinen Thoren. Er nahm
alle Pläße wieder ein, welche die Volsker verloren hatten, drang
in Latium ein, und kam, seine Vaterstadt zu belagern. Der
Senat schickte, seinen Zorn zu stillen, zwei Deputationen an ihn;
die erste bestand aus Consularen, die zweite aus Pontificialen
in ihren heiligen Gewändern. Coriolan empfing sie als König
und als Sieger, auf seinem Tribunal sitzend, und von dem
glänzendsten Adel der Volsker umgeben. Er war unerbittlich.

Veturia, die Mutter des Coriolan, und Volumnia,
seine Gemahlin, begleitet von mehreren Römischen Damen, vermochten mehr über ihn; ihre Thränen bewegten ihn. Er zog
nach Antium zurück, ohne eine einzige Feindseligkeit auf dem
Marsche zu begehen. Die Römer errichteten auf dem Plaße,
wo die Damen über Coriolan triumphiert hatten, 4 Meilen von
Rom, der Fortuna Foeminina einen Tempel.

Coriolan wurde in dem Augenblicke, in welchem er die Armee
zu den Volskern zurück brachte, als des Hochverraths schuldig
ermordet. Actius Tullius, sein Amtsgenosse, der über
seinen Ruhm eifersüchtig war, war sein Ankläger bei den Volskern, und das Volk sein Henker, 489 Jahr vor Christi Geburt.
Die Römischen Damen, auf deren Flehen er Rom gerettet hatte,
legten auf die Nachricht von seinem Tode eine sechsmonatliche
Trauer an.

Bei einer gewissen Größe der Seele hatte Coriolan, wie sich
ein Geschichtschreiber ausdrückt, jene stolze Wildheit, welche zu
einer Zeit, wo Rom mächtiger und die Republik schwächer war,
die Marius und Sylla's beseelte. Wenn ihn, fährt er
fort,

fort, die Bölker umbrachten, so war dieß eine ziemlich gerechte Strafe für die Art von Hochverrath, den er gegen sie begangen hatte.

Fabius Pictor, ein sehr alter Geschichtschreiber, läßt ihn in seinem Exsil vor Alter sterben; und dieser Meinung scheint auch Titus Livius gefolgt zu sein.

CORIPPUS (FLAVIUS CRESCONIUS), ein Africanischer Grammatiker, lebte zu den Zeiten des Kaisers Justin des Jüngern. Er war ein eben so schlechter Dichter, als übertriebener Schmeichler. Man hat von ihm ein Lateinisches Lobgedicht in 4 Büchern auf diesen Fürsten, Paris 1610, in 8.

CORNACCHINI (AGOSTINO), ein Bildhauer von Pistoja, arbeitete zu Rom, wo man unter seine vornehmsten Werke zählet: zwei Weihwasserschalen von gelbem Marmor, welche von Engeln aus weißem Marmor getragen werden; die Statüe des Propheten Elias, und die Ritterstatüe Carls des Großen, sämmtlich in der Peterskirche. Man tadelt an dem Pferde der letztern den allzu magern Kopf.

CORNARO (LODOVICO), von Venedig, aus einer erlauchten Familie, welche ihrem Vaterlande mehrere Dogen gab, und auch eine Königin von Cypern (Catharina Cornaro) im 15. Jahrhundert hervorbrachte, die bei ihrem Tode den Venetianern ihr Königreich hinterließ. — Ludewig Cornaro starb 1566 zu Padua, über 100 Jahr alt, gesund am Körper und Geist. Er ist Verfasser des Buchs:

*De Vitae sobriae Commodis,*

welches Lessius in das Lateinische übersetzte.

CORNARA-PISCOPIA (HELENA LUCRETIA), aus derselben Venetianischen Familie, 1646 geboren. Sie studierte die ganze Philosophie, und ward Doctor derselben. Sie besaß große Kenntnisse in der Lateinischen, Griechischen, Hebräischen, Spanischen und Französischen Sprache, und starb 1685.

CORNEILLE (PIERRE), den 6. Juni 1606 zu Rouen geboren, erschien im Barreau, hatte darin kein Glück, und widmete sich der Dichtkunst.

Ein kleines Abenteuer entwickelte sein Talent, welches bisher verborgen geblieben war. Einer seiner Freunde nahm ihn mit zu seiner Geliebten; der Neueingeführte nahm sogleich in dem Herzen

Herzen des Mädchens den Platz des Einführers ein. Dieser
Wechsel machte ihn zum Dichter, und war der Stoff von
Melite, seinem ersten Theaterstück. Diese Komödie, so unvollkommen sie auch ist, wurde mit ungewöhnlichem Beifall aufgeführt. Man sahe durch alle ihre Fehler hindurch, daß die dramatische Dichtkunst sich zu vervollkommnen anfange; und auf
das Zutrauen, welches man zu dem neuen Dichter hatte, bildete
sich eine neue Gesellschaft von Schauspielern. Auf Melite folgte
La Veuve, la Galerie du Palais, la Suivante, la Place Royale,
Clitandre und einige andere Stücke, die jetzt zu weiter nichts,
als zur Bezeichnung einer Epoche, der Geschichte des Französischen Theaters dienen. — Corneille flog einen erhabenen Flug
in seiner Medée, und vorzüglich im Cid, einer Tragi-Komödie,
welche 1636 gegeben wurde, wodurch das so genannte Jahrhundert Ludewigs XIV. anfing. Als dieses Stück erschien, war der
Cardinal Richelieu, eifersüchtig über alle Arten von Ruhm,
so unruhig darüber (spricht Fontenelle im Leben seines berühmten Oheims), als wenn er die Spanier vor Paris gesehen
hätte. Er empörte (welches eben nicht sehr schwer sein mußte)
Schriftsteller gegen dieses Werk, und stellte sich an ihre Spitze.
Die Französische Academie gab auf Befehl dieses Ministers, ihres Stifters und Beschützers, ihre Sentimens über diese Tragödie. Aber sie mochte immer critisieren; das Publicum, um
uns des Ausdrucks des Boileau zu bedienen, fuhr hartnäckig
fort, sie zu bewundern. In mehreren Provinzen Frankreichs
war es zum Sprichwort geworden, zu sagen: Dieß ist schön
wie der Cid. Corneille hatte in seinem Cabinett Uebersetzungen dieses Stücks in allen Europäischen Sprachen, die Scla-
vonische und Türkische ausgenommen. Die Spanier, von denen
er diesen Stoff entlehnet hatte, wollten eine Copie, deren Original ihnen gehörte, selbst wieder copieren; die aber, vermöge
der Verschönerungen, die ihr der Französische Dichter gegeben
hatte, höher und größer geworden war, als alles, was das
Spanische Theater jemahls hervorgebracht hat. Er schrieb le-
Horaces und Cinna, welche, nach dem Urtheil der Franzosen,
weder vom Alterthum noch von den neuern Tragikern übertroffen
werden. Der Cid, sagt der Verfasser des Jahrhunderts
Ludewigs XIV. war am Ende nichts als eine Nachahmung
des Guillem de Castro; und Cinna, der auf jenen folgte, war
einzig. Der große Condé weinte in seinem zwanzigsten Jahre,
bei der ersten Vorstellung dieses Stücks, bei folgenden Worten
des Augustus:

Je

Je suis maître de moi, comme de l'Univers;
Je le suis, je veux l'être. O siecles! o mémoire!
Conservez à jamais ma nouvelle victoire.
Je triomphe aujourd'hui du plus juste courroux,
De qui le souvenir puisse aller jusqu'à vous.
Sayons amis, Cinna; c'est moi qui t'en convie.....

Die Französische Bühne war auf dem höchsten Gipfel ihres Ruhmes. Corneille unterstützte sie auf dieser Stufe durch seinen Polyeucte. Vergebens wollte die Critik vor den Schönheiten dieses Stückes die Augen verschließen; vergebens versagte ihm das Hotel Rombouillet, das Asyl der schönen Geister wie des schlechten Geschmacks, seinen Beifall: es wird immer als eins seiner schönsten Werke betrachtet werden. Der Styl in demselben ist weder so stark, noch so majestätisch, als der im Cinna; aber es hat etwas Rührenderes. Die irdische Liebe contrastiert darin mit der göttlichen so schön, daß es zugleich den Frommen und den Weltleuten Genüge leistet. — Nach Polyeucte kam Pompée, worin der Verfasser den Lucan benutzte, wie er in der Medea den Seneca nachgeahmt hatte; er scheinet aber an den Stellen, wo er jene copiert, Original zu sein.

Dieser Dichter hatte das Muster guter Tragödien gegeben, er gab nun in seinem Menteur, 1642, das der Komödie. Es ist nichts, als eine Nachahmung des Spanischen; aber wahrscheinlich haben wir dieser Nachahmung dem Moliere zu verdanken. Die Komödie des Corneille hatte lange Zeit einen ausgezeichneten Vorzug vor allen Stücken seiner Zeitgenossen. Die Fortsetzung des Menteur, 1643 vorgestellt, und gleichfalls nach dem Spanischen, machte anfänglich kein Glück, aber desto mehr in der Folge. — Die Jungfrau und Märtyrerin Theodore, 1645, beweiset, daß das erhabenste Genie bisweilen am tiefsten fällt. Die Versification ist so, wie in den besten Stücken des Corneille, bisweilen stark, bisweilen schwach; immer dieselbe Ungleichheit des Styls, dieselbe Wendung des Ausdrucks, dieselbe Art zu intriguieren. Man findet die niedrigsten Bilder darin. — Nach diesem indecenten Stück gab er eine Tragödie, deren Stoff so groß und schrecklich ist, als der des Theodore bizarr und lächerlich war. Dieß ist Rodogune, welche Corneille vorzüglich liebte. Er sagte, „um das schönste seiner Stücke zu „finden, müsse man zwischen Rodogune und Cinna wählen," ohnerachtet sich das Publicum mehr auf die Seite des letztern neigt. Rodogune hat bei sehr wenigen Flecken zahllose Schönheiten.

ten. Das Interesse wächst von Act zu Act; der zweite ist besser, als der erste, der dritte interessanter, als der zweite, und der letzte übertrifft alle andern. — Nun erschien Heraclius, und das Publicum fand ihn der frühern Meisterstücke nicht unwürdig. — D. Sanche d'Arragon, Andromède, Nicomède, Pertharite, hatten nichts, als einen zweideutigen Erfolg, und das letzte Stück wurde nur ein einziges Mahl aufgeführt. Corneille konnte dem ungeachtet des Theaters nicht satt werden. Auf Antrieb seines dichterischen Genies und auf Bitten Fouequets gab er 1659 seinen Oedipe. Dieses Stück machte Glück, und erwarb ihm neue Wohlthaten vom Könige. — Mit mehrerem Glanze zeigte sich sein Genie im Sertorius, 1662. — Die Stücke Agésilas, Attila, Pulchérie, Bérénice und Suréna, mit welchen dieser Vater des Theaters seine Laufbahn beschloß, sind seiner ganz unwürdig.

Die correcteste Ausgabe der Werke des Corneille ist die von Joly, 1738, 10 Bände in 12. Corneille starb als Decan der Französischen Academie 1684.

CORNEILLE (THOMAS), gleichfalls ein Französischer dramatischer Dichter, aber nicht so groß als Pierre Corneille, dessen Bruder er war. Er wurde 1625 zu Rouen geboren, und starb 1709 zu Andeli. Thomas Corneille war Verfasser des

*Dictionnaire des Arts & des Sciences*, 2 Bände in Folio, 1694,

und des

*Dictionnaire universel*, *Géographique & Historique*, 1707, 3 Bände in Folio.

CORNEILLE (MICHAEL), 1642 zu Paris geboren, war einer von denen vortrefflichen Mahlern, welche das Zeitalter Ludewigs XIV. zierten. Er starb zu Paris 1705.

CORNELIA, Tochter des Scipio Africanus, und Mutter der beiden Gracchen, besaß alle Tugenden, die ihrem Geschlechte eigen sind, und flößte sie ihren Kindern ein. Eine Dame von der Gesellschaft, die eben so eitel als eingebildet war, zeigte der Cornelia ihre Bijouterien, und bat sie, ihr nun auch die ihrigen zu zeigen. Cornelia rief ihre Kinder, und sagte: „Dieß sind meine Kostbarkeiten und mein Schmuck." Man kann ihr jedoch vorwerfen, daß sie den Stolz derselben allzu sehr anfachte; eine Leidenschaft, welche der Republik und ihnen

ihnen selbst verderblich ward. (Man sehe den Artikel GRAC-
CHUS.) Diese erlauchte Dame hatte den Ruhm, daß ihr noch
bei ihren Lebzeiten eine eherne Statüe errichtet wurde, an welche
man folgende Inschrift setzte: Cornelia, mater Gracchorum.
Welche Größe liegt in diesen drei Worten!

CORNELIUS NEPOS. Man sehe den Artikel NEPOS.

CORNELIUS TACITUS. Man sehe den Artikel TACITUS.

CORNUTUS, ein Stoischer Philosoph aus Africa, der Lehrer des Dichters Persius, wurde um das Jahr 54 vor Christi
Geburt auf Befehl des Nero umgebracht.

CORONEL (PAUL), ein gelehrter Geistlicher von Sego-
via, Professor der Theologie zu Salamanca, wurde von dem
Cardinal Ximenes bei der Ausgabe der Alcalischen Bibeln
angestellt. Er starb 1534, und wurde für einen der besten Erklärer der Orientalischen Sprachen gehalten.

CORONELLI (VINCENZO), Minime von Venedig, Cos-
mograph seiner Republik, nachher öffentlicher Professor der Geographie, endlich General seines Ordens. Der Cardinal d'Estrées
gab ihm den Auftrag, für Ludewig XIV. Globos zu machen,
welche den Beifall der Kenner erhielten. Er starb 1718 zu Venedig, nachdem er eine cosmographische Academie gestiftet, und
mehr als 400 geographische Charten herausgegeben hatte.

CORRADINI (ANTONIO), ein Bildhauer von Este in dem
Gebiethe von Padua gebürtig, lernte bei seinem Schwiegervater,
Anton Tarsia, und arbeitete zu Venedig. Er machte sich
durch eine marmorne Statüe des Glaubens, die er mit verhüll-
tem Angesicht vorstellte, berühmt. Er setzte jedermann in Verwunderung, wie es ihm bei einem so schweren Unternehmen,
als der gleichsam durchsichtige Schleier ist, so wohl habe gelingen
können, dieses Bild mit solcher Zierlichkeit hervor zu bringen.
Man findet dieses Meisterstück, welches überdieß sehr angenehm,
wohl gekleidet und richtig gezeichnet ist, in der prächtigen Capelle
des Pallastes St. Severo zu Neapel.

Unter des Corradini Aufsicht und nach seinen Zeichnungen
wurde um das Jahr 1727 der prächtige Bucentaurus zu Venedig
mit Schnitzwerk geziert. Fast der ganze vordere Theil dieses
Schiffes ist von seiner eigenen Arbeit. In der Bildergallerie zu
Dresden sind verschiedene Statüen und Basreliefs von ihm, von
welchen man in des Le Plats Werke Kupferstiche findet. Er
starb 1752 zu Neapel in dem Pallaste St. Severo.

Zweiter Theil.　　　　D　　　　CORRA-

**CORRADINI DE SEZZA** (Pietro Marcellino), 1658 zu Sezza geboren, war schon in seiner frühesten Jugend einer der berühmtesten Advocaten von Rom. Seine Verdienste erwarben ihm 1721 unter Clemens XI. den Purpur. Er starb 1743, und hinterließ mehrere Werke:

*Vetus Latium profanum et sacrum*, 2 Bände in Folio, von 1704 bis 1736 in 7 Quartbänden zu Rom wieder aufgelegt, ein lesenswürdiges und von gelehrten Untersuchungen volles Werk.

*De Civitate et Ecclesia Setina*, Rom 1702 in 4. Dieß ist die profane und Kirchengeschichte der Vaterstadt des Verfassers.

**CORRADO** (Giacinto), von Molfetta in dem Königreich Neapel gebürtig, lernte bei Franz Solimena. Er arbeitete anfänglich zu Rom, hernach wurd' er nach Turin berufen, wo man in verschiedenen Pallästen Deckenstücke und andere Gemählde von ihm siehet. Im Jahr 1753 kam er nach Madrid, und starb, nachdem er 1761 nach Italien zurück gekehrt war, 1765 zu Neapel.

Seine vorzüglichsten Werke in Spanien sind in den königlichen Pallästen zu Madrid, Aranjuez und Buen-Retiro, in Fresco und in Oehlfarben, zu sehen. Seine Zusammensetzungen sind sinnreich und von reizender Wirkung; sein Colorit ist meistens wie das seines Lehrmeisters, schwärzlich aber lebhaft. Seine Manier in den Gewändern ist sehr schön und von großen Partien. Henriquez hat ein Blatt nach ihm radiert, betitelt:

*La Bergère rusée.*

**CORRADO** (Sebastiano), Professor der schönen Wissenschaften zu Bologna, hatte unter den Grammatikern des 16. Jahrhunderts einen großen Namen, und starb 1556.

**CORREGGIO** (Antonio Allegri da), von seinem Geburtsorte Correggio, einer Stadt im Herzogthum Modena, wo er 1494 geboren wurde, so genannt.— Dieser außerordentliche Mahler ist deßwegen merkwürdig, daß er von den Werken anderer nichts entlehnte. Seine Umrisse sind correct, aber der Geschmack in denselben ist groß; und es ist anerkannt, daß er mit großer Stärke, großer Erhöhung und Lebhaftigkeit der Farben mahlte. In der Vertheilung der Lichter und Schatten hatte er eine ganz eigene Manier, welche seinen Figuren eine große Stärke und Rundung gab. Diese Manier bestehet in der Verbreitung

breitung eines großen Lichtes, welches er nach und nach sich in dunkele Schatten verlieren läßt, die er außerhalb der Massen anbringt. Seine Landschaften sind seinen Figuren an Schönheit gleich. — Correggio verlebte den größesten Theil seines Lebens zu Parma; und unerachtet der vielen schönen Stücke, die er verfertigte, und unerachtet des großen Ruhmes, den er sich erwarb, war er außerordentlich arm, und immer genöthiget, emsig zu arbeiten, um nur seine Familie, die etwas groß war, zu erhalten. Er war sehr demüthig und bescheiden, lebte sehr fromm, und starb 1534, in seinem 40. Jahre. — Die Ursache seines Todes war ein wenig sonderbar. Er ging, 50 Kronen für ein verfertigtes Gemählde zu erhalten, die ihm in einer Art Kupfermünze ausgezahlt wurden, welche man Quadrino's nennt. Diese Summe wog sehr schwer, und er mußte sie in der größesten Hitze des Sommers 12 Meilen Wegs tragen. Er war erhitzt und ermüdet, und trank kaltes Wasser, wodurch er sich ein Seitenstechen zuzog, das ihn ums Leben brachte.

CORSINI (EDUARDO), Religiose des Ecoles-Pies, 1702 zu Fanano geboren, starb 1765 zu Pisa, wo er vom Herzog einen philosophischen Lehrstuhl erhalten hatte. Diese Wissenschaft machte seine ersten Studien aus, und die Erfolge derselben zeigten sich bald in seinen

Philosophischen und mathematischen Institutionen, 1723 und 1724, 6 Bände in 8.

Er substituierte den Träumen des Aristoteles eine Art von wahrerer und nützlicherer Philosophie. Angefeuert durch die günstige Aufnahme dieses Werkes gab er 1735 einen neuen

Cours der Geometrischen Elemente, mit Präcision und Klarheit geschrieben,

heraus. Als er zu Pisa zum Professor ernannt worden war, sah er seine beiden Werke wieder durch, und verbesserte sie. Das erstere erschien 1742 zu Bologna mit beträchtlichen Verbesserungen, und das zweite, vermehrt mit den Elementen der practischen Geometrie, kam 1748 in 2 Bänden in 8. zu Venedig heraus. — Er kannte die Hydrostatik und Geschichte. — Nachdem er sich einige Jahre mit den classischen Autoren, und vorzüglich mit den Griechen genährt hatte, nahm er sich vor, die

Fastos der Archonten von Athen

zu schreiben. Der erste Band dieses wichtigen Werkes erschien 1734 in 4. und der 4. und letzte 10 Jahr später. Als er 1746

zum

zum Profeſſor der Moral und Metaphyſik ernannt wurde, ſchrieb er einen

### Cours der Metaphyſik, Venedig 1758.

Seine Freunde, Muratori, Gorio, Maffei, Quirini, Paſſionei, entriſſen ihn bald der Philoſophie; ihre Bitten gaben ihn der Critik und Erudition wieder. Im Jahr 1747 gab er

### Vier Diſſertationen über die Spiele der Griechen, in 4.

heraus, worin er einen ſehr genauen Catalog der ſiegenden Athleten giebt. Zwei Jahre ſpäter gab er ein vortreffliches Werk über die Abbreviaturen der Griechiſchen Inſchriften, unter dem Titel:

### De notis Graecorum,

in Folio heraus. — Er ward 1754 General ſeines Ordens, und widmete ſeine Muße ſeinen alten Studien. Als die Zeit ſeines Generalats vorbei war, kehrte er nach Piſa zurück, und verwaltete wieder ſeine Pflichten als Profeſſor. Dieſem Zeitraume verdanket das Publicum mehrere neue Diſſertationen, und vorzüglich ein vortreffliches Werk, eins der beſten des Verfaſſers:

### De praefectis urbis.

Zuletzt beſchäftigte er ſich einzig mit der

### Geſchichte der Univerſität Piſa,

zu deren Geſchichtſchreiber er ernannt worden war. Er wollte eben den erſten Band derſelben herausgeben, als er an einem Schlagfluſſe ſtarb.

**CORT** (CORNELIUS), Auguſtin Carraccio's Meiſter in der Kupferſtecherkunſt, 1536 zu Hornes in Holland geboren. Die Meiſterſtücke Roms zogen ihn in dieſe prächtige Stadt, in welcher er 1578 ſtarb. Er gehört unter die correcteſten Kupferſtecher.

**CORTE** (GOTTLIEB), 1698 zu Beſcau in der Niederlauſitz geboren, Profeſſor des Rechts zu Leipzig, ſtarb 1731 im 33. Jahre. Er beſorgte 1724 eine vortreffliche Ausgabe des Salluſtius, mit gelehrten Anmerkungen und den Fragmenten der alten Hiſtoriker. Man hat auch von ihm

### Tres Satyrae Menippeae, Leipzig 1720 in 8.

und andere Werke.

**CORTEZ** (FERNANDO), ein Spaniſcher Edelmann, zu Medellino geboren, verlor frühzeitig den Geſchmack an den

ſchönen

schönen Wissenschaften, und fühlte eine starke Neigung zu den Waffen. Er ging 1504 nach Indien. Velasquez, Gouvernör von Cuba, stellte ihn an die Spitze der Flotte, welche er zur Entdeckung neuer Länder bestimmte. Cortez ging 1518 mit 10 Schiffen, 600 Spaniern, 18 Pferden und einigen Feldstücken ab, dieses große Unternehmen zu versuchen. Er segelte längs dem Mexicanischen Meerbusen, und liebkosete bald den Eingebornen des Landes, bald aber verbreitete er durch seine Waffen Schrecken unter ihnen. Die Indianer von Tabasco wurden überwunden, und verloren ihre Stadt. Der Anblick jener kriegerischen Thiere, auf welchen die Spanier fochten, das Krachen der Artillerie, welches man für Donner hielt, die beweglichen Festungen, welche die Spanier auf den Ocean gesetzt hatten, das Eisen, womit sie bedeckt waren, alle diese für jene Völker neue Gegenstände verursachten ihnen ein Erstaunen mit Schrecken vermischt. Cortez zog den 8. November 1518 in die Stadt Mexico ein. Montezuma, der König des Landes, empfing ihn als seinen Gebiether, und seine Unterthanen hielten ihn für einen Gott und für den Sohn der Sonne. Der Indianische Monarch hielt sich schon vorm Anfange der Schlacht für überwunden. Cortez, angefeuert durch diese Furcht und durch den Muth seiner Soldaten, den ihnen die Habsucht einflößte, bildete Etablissements, und baute die Stadt Vera-Cruz. Er rückte immer weiter in das Land, schloß mit mehreren Caciquen, die Feinde des Montezuma waren, Bündnisse, und brachte andere, sowohl durch die Waffen, als durch Tractate, auf seine Seite. Als ein General dieses Monarchen, der, wie man sagt, geheime Befehle erhalten, die Spanier angefallen hatte, ging Cortez in den kaiserlichen Pallast, ließ den General und die Officiers lebendig verbrennen, warf den Kaiser in Ketten, und befahl ihm nachher, sich öffentlich für einen Vasallen von Carl V. zu erklären. Der Fürst gehorchte, und setzte zu dieser Huldigung 600,000 Mark reinen Goldes, und eine erstaunliche Menge von Edelsteinen. (Man sehe den Artikel MONTEZUMA.)

Indeß schickte der Gouvernör von Cuba, Velasquez, eine Armee gegen seinen Lieutenant, dessen Ruhm seine Eifersucht erregte. Der glückliche Cortez, unterstützt durch eine aus Spanien gekommene Verstärkung, schlug und stellte diese Truppen, die gekommen waren, ihn zu vernichten, unter seine Fahnen, und bediente sich ihrer zur Vollendung der Eroberung von Mexico.

Gnati

Guatimoßn, der Nachfolger des Montezuma, hatte anfänglich einiges Glück. Er vertheidigte seine Krone drei Monate hindurch; aber er konnte sich gegen die Spanische Artillerie nicht halten. Cortez nahm nach mehreren Treffen zu Wasser und zu Lande die Hauptstadt dieses Reiches ein. Der Kaiser, seine Gemahlin, seine Minister und Höflinge fielen 1921 in die Hände des Siegers. — Ruhmsucht und die Begierde, sich zu bereichern, machten, daß er die schrecklichsten Grausamkeiten beging. Er ließ Guatimosin und einen seiner Günstlinge auf glühende Kohlen werfen, um sie dadurch zur Entdeckung der Schätze des Montezuma zu zwingen. In diesem schrecklichen Zustande hörte der Fürst einen Schrei, den der Schmerz seinem Günstlinge auspreßte, und sagte zu demselben mit einem stolzen Blicke: „Und „lieg' ich denn etwann auf einem Lager von Ro„sen?" — Cortez, der nun vollkommen Meister der Stadt Merico war, baute sie 1529 im Geschmack der Europäischen Städte wieder auf. Die Tyrannei hörte ungeachtet der Abwesenheit des Tyrannen nicht auf, der nach Europa zurück ging, seine Güter gegen den Procureur-Fiscal des Rathes von Indien zu vertheidigen. Er verfolgte diese große Sache bis an den Hof von Spanien, als der Kaiser zum zweiten Mahle nach Africa zog. Dieser Fürst hatte ihm das Thal Guaraca in Merico geschenkt, und es zu einem Marquisat erhoben, welches ihm jährlich 150,000 Livres einbrachte; aber ungeachtet dieses Titels und seiner Schätze wurd' er mit geringer Aufmerksamkeit behandelt. Kaum konnte er eine Audienz erhalten. Eines Tages drängte er sich durch die Menge, die den Wagen des Kaisers umgab, und stieg auf den Tritt am Schlage des Wagens; Carl fragte ihn: „Wer seid ihr? — Ich bin ein Mensch," antwortete ihm der Besieger von Indien in einem stolzen Tone, „der Euch mehr Provinzen gab, als Euch Eure „Väter Städte hinterließen." Er starb in seiner Vaterstadt 1554, im 63. Jahre. — Die beste und ohne Widerspruch am besten geschriebene Geschichte der Eroberungen des Cortez ist die des Don Antonio de Solis, von Citri de la Guette ins Französische übersetzt, Paris 1701, und 1775, 2 Bände in 12.

COSIMO (ANDREA und PIETRO), Italiänische Mahler, wovon der erstere im Helldunkel, und der letztere in sonderbaren Zusammensetzungen excellirte. Der Geist dieses letztern, der an ausschweifenden Ideen fruchtbar war, machte, daß sich alle
junge

junge Leute seiner Zeit an ihn hielten, um Skizets zu Balletten und Masqueraden von ihm zu erhalten. Uebrigens hatte er zur Arbeit einen so großen Eifer, daß er oft das Essen vergaß. Man rechnet Andrea del Sarto und Franc. de. Sangallo unter seine Schüler. Er starb 1521 im 80. Jahre, an den Folgen der Gicht.

COSMAS, mit dem Beinamen Monachus oder Indicopleustes, ein Aegyptischer Mönch, trieb anfänglich die Handelschaft, und that Reisen zu Schiffe nach Aethiopien, Indien und andern Orientalischen Ländern, daher er den oben erwähnten Namen Indienfahrer erhielt. Sein Werk,

*Topographia Christiana, sive Christianorum opinio de mundo,*

das Bernhard von Montfaucon Griechisch und Lateinisch herausgab, bestehet aus 12 Büchern, wovon jedoch das letztere unvollkommen ist. Er behauptet darin vornehmlich die Meinung, die Erde sei nicht rund, sondern flach, der Himmel steh' als ein Gewölbe an ihren äußersten Enden auf, und die Sterne werden daran durch die Engel bewegt. Er arbeitete noch im Jahr 547 zu Alexandrien an diesem Werke.

COSMUS I. Groß=Herzog von Toscana, aus dem Hause Medicis, schlug sich auf die Seite des Kaisers Carls V. nachdem er sich vergebens bemüht hatte, neutral zu bleiben. Dieser Fürst belohnte ihn damit, daß er ihm zu seinem Herzogthum Toscana noch Piombino, die Insel Elba und andere Domänen gab. Kurze Zeit darauf erhielt er vom Papst Pius IV. den Titel Groß=Herzog, und wenn es von diesem Papste, der dem Cosmus ganz ergeben war, weil er von seinem Hause war, abgehangen hätte, so hätt' er den Titel König erhalten; aber alle Fürsten Italiens setzten sich dagegen.

Die Wissenschaften hatten nie einen eifrigern Beschützer. Eifersüchtig, den zweiten der Cäsarn nachzuahmen, liebte er wie jener die Gelehrten, zog sie an seinen Hof, und stiftete für sie die Universität Pisa. Er regierte mit eben so großer Weisheit als großem Ruhm, und starb 1574 in seinem 55. Jahre. Im Jahr 1562 hatt' er den militärischen St. Stephans=Orden gestiftet. Er hatte Franz Maria zum Sohne, der 1587 starb, und der Vater der Maria von Medicis, der Gemahlin Heinrichs des Großen, und Ferdinands I. war, der 1608 starb.

COSMUS II. Groß = Herzog von Toscana, Sohn und Nach=
folger Ferdinands I. ein sanfter, freigebiger und friedfertiger
Fürst, starb 1620. Der Handel hatte Toscana blühend, und
seine Regenten reich gemacht. Dieser Fürst war im Stande;
im Jahr 1613 dem Herzog von Mantua gegen den Herzog von
Savoyen 20,000 Mann Hülfstruppen zu schicken, ohne seinen
Unterthanen eine Kriegssteuer aufzulegen ; ein bei mächtigen
Nationen seltenes Beispiel. Er stand auch dem Kaiser Ferdinand II. mit seinem Geld und seinen Truppen bei. Florenz,
damahls Roms Nebenbuhlerin, lockte eben so viele Fremde an,
welche kamen, die alten und neuern Meisterstücke der Kunst zu
bewundern.

COSMUS III. Sohn und Nachfolger Ferdinands II. im
Herzogthum Toscana, folgte dem weisen und bedächtigen Betragen seines Vaters nach. Er wußte sich die Achtung seiner Nach-
baren und die Liebe seines Volkes zu erwerben, und starb 1723,
nach einer 54jährigen glücklichen und ruhigen Regierung. Johann Gaston, sein Sohn und Nachfolger, starb 1737 ohne
Nachkommen. Die Königin von Spanien, Elisabeth Far-
nese, hatte als Descendentin von Cosmus II. Rechte auf dieses
Groß=Herzogthum, und trat es gegen das Königreich beider
Sicilien, welches ihrem Sohne Don Carlos gegeben wurde,
noch in demselben Jahre an Frankreich ab. Frankreich vertauschte
Toscana gegen Lothringen.

COSROES, man sehe CHOSROES.

COSSIERS (JOHANN), 1603 zu Antwerpen geboren, lernte
bei Cornelius de Vos. Er arbeitete für den König in
Spanien, den Erzherzog Leopold u. a. m. Seine Zusammensetzung ist erhaben, die Figuren sind meisterhaft gezeichnet, wohl-
geordnet und von großer Verschiedenheit in den Stellungen. Er
zierte auch die Gründe seiner Gemählde mit Architectur. Sein
Pinselstrich ist breit und leicht, die Farbe gut, nur zuweilen etwas allzu gelblich. Verschiedene Kirchen in den Niederlanden
sind Zeugen seiner Kunst. Er bekleidete 1693 die Directorstelle
bei der Academie zu Antwerpen. C. Lauwerts, P. Jode u.
a. haben nach ihm in Kupfer gestochen.

COSSUTIUS, ein Römischer Bürger, wurde wegen seiner
Erfahrenheit in der Baukunst in den Adelstand erhoben. Er
war einer der ersten, der im Griechischen Geschmacke baute.
Antiochus Epiphanes, König in Syrien, ließ ihn nach Athen
kommen,

kommen, den Tempel des Olympischen Jupiters, der unter Pisistratus angefangen worden, auszubauen.

COSTANZI (GIOVANNI), ein vortrefflicher Edelsteinschneider zu Rom, von welchem Stosch einen sehr schönen Kopf des Kaisers Nero anführt. Allein Carl, Johauns Sohn, der den Vater übertraf, schrieb diese Arbeit sich selbst zu. Er schnitt auch eine Leda und einen Kopf des Antinous in eben dergleichen Steine für den König in Portugal. Seine Werke sind weder zu scharf, noch geleckt, er zeichnete auch sehr richtig. Seine Porträte sind fleischicht und scheinen wohl zu gleichen; von dieser Art ist des Cardinals Georg Spinola Kopf, in einen Agathonyx geschnitten, unverbesserlich. Carl ist 1703 zu Neapel geboren. Papst Benedict XIII. machte ihn zum Ritter des Christus= und des St. Johann von Lateran=Ordens. Sein Bruder Thomas arbeitete in gleicher Kunst, kam ihm aber nicht gleich. Ihr Vater lebte noch 1753 im 89. Jahre.

COSTARD (GEORGE), ein Englischer Schulmann, der sich in den Orientalischen Sprachen und in der Astronomie auszeichnete, 1710 geboren, starb 1782.

COSTER (LORENZ), Einwohner von Harlem, stammte durch ein natürliches Kind von den alten Grafen von Holland ab, und starb 1440. Sein Name ist in den Jahrbüchern der Buchdruckerkunst berühmt, weil die Holländer vorgeben, er habe um das Jahr 1430 diese Kunst erfunden. Es fehlet viel, daß sich diese Anmaßung auf einen festen Grund stütze. Die Stadt Harlem dachte erst 130 Jahr nach der ersten Ausübung dieser Kunst zu Mainz daran, sich die Erfindung derselben zuzueignen. Sie setzet den bekannten und gewissen Thatsachen, den sprechenden und nicht zweideutigen Denkmählern, die diesen Ruhm der Stadt Mainz zusichern, nichts als dunkle Traditionen, Erzählungen alter Männer, Geschichtchen, Vermuthungen, und nicht ein einziges typographisches Product entgegen, womit man beweisen könnte, daß es Costern zugehöre. Alles, was man der Stadt Harlem zugestehen kann, ist, daß sie eine der ersten war, worin die Holzschneidekunst geübt wurde, welche nach und nach auf die Idee führte, anfänglich ein Buch mit in Holz geschnittenen Tafeln, nachher mit hölzernen, und endlich mit gegossenen, beweglichen Characteren zu drucken. Aber es soll noch immer erst bewiesen werden, daß diese Idee in Harlem gefaßt und zuerst ausgeführet wurde; anstatt daß es bewiesen ist, daß

D 5  Gutten=

Guttemberg erſt zu Straßburg, und dann zu Mainz mit
hölzernen, beweglichen Lettern druckte, und daß die gegoſſenen
Lettern von Schäffer zu Mainz erfunden wurden. Der ge=
lehrte Meermann, Rath und Penſionnär von Rotterdam,
ein großer Eiferer für die Ehre ſeines Vaterlandes, führte die
Sache Harlems mit aller Sagacität und Gelehrſamkeit in einem
Werke, welches den Titel hat:

*Origines Typographicae*, Haag 1765, 2 Bände in 4.

und man kann ſagen, daß eine ſchlimme Sache nie beſſer verthei=
diget wurde.

COTES (ROGER), ein berühmter Engliſcher Mathematiker,
Philoſoph und Aſtronom, 1682 geboren, ſtarb 1716.

COTTA (CAJUS AURELIUS), ein berühmter Redner aus
einer vornehmen Familie von Rom, war der Bruder des Marcus
Aurelius Cotta, der 74 Jahre vor Chriſti Geburt mit Lucullus das Conſulat erhielt.

Dieſer Marcus Cotta führte den Krieg gegen Mithrida=
tes mit geringem Erfolg, wurde bei Calcedon geſchlagen, und
verlor ein Treffen zur See. Drei Jahre darauf nahm er He=
raclea durch Verrätherei ein, weßwegen er den Namen Pon=
ticus erhielt.

Cajus Cotta wurde während der Kriege zwiſchen Ma=
rius und Sylla aus Rom verbannt. Als die Partei des
letztern triumphierte, wurd' er zurück berufen, und ward 75
Jahre vor Chriſti Geburt Conſul.

Lucius Aurunculejus Cotta, Römiſcher Capitän aus
derſelben Familie, diente unter Cäſar in Gallien, und wurde
54 Jahre vor Chriſti Geburt von den Galliern erſchlagen.

COTTE (ROBERT DE), Architect, 1657 zu Paris geboren,
wurde 1699 zum Director der königlichen Academie der Baukunſt,
einige Zeit darauf zum Viceprotector der Academie der Mahlerei
und Bildhauerkunſt, und endlich zum erſten Architecten des Kö=
nigs, und zum Intendanten der königlichen Gebäude, Gärten,
Künſte und Manufacturen ernannt. Ludewig XIV. gab dieſen
ſeinen Titeln dadurch einen neuen Glanz, daß er ihn mit dem
St. Michaels=Ordensbande beehrte.

Dieſer berühmte Künſtler zierte Paris und Verſailles mit einer
Menge vortrefflicher Werke der Baukunſt. Er führte den Dom
der

der Invaliden auf, endigte die Capelle zu Versailles, erhob die
neuen Gebäude zu St. Denys, und den Säulengang zu Trianon,
wovon die Schönheit des Marmors der Leichtigkeit und Zartheit
der Arbeit nicht nachsteht. Cotte hatte Einbildungskraft und
Genie; und beide wurden unter den Gesetzen des Geschmacks von
der Beurtheilung geleitet. Er war der erste, welcher an den Ein-
fassungen (chambranles) der Camine Spiegel anbrachte.

Dieser geschickte Baukünstler starb 1735 zu Paris, und wurde
wegen seiner Sitten und seines Characters eben so sehr bedauert,
als wegen seiner Talente.

COTTON (Sir Robert Bruce), 1570 geboren, starb
1631, und machte sich durch seine Gelehrsamkeit und Liebe zu den
Büchern einen berühmten Namen. Er sammlete eine schöne Bibliothek, bereichert mit vortrefflichen Manuscripten, kostbaren
Ueberbleibseln, welche der viehischen Wuth derer entgangen waren, die unter Heinrich VIII. die Klöster plünderten. Ein Erbe
dieses erlauchten Gelehrten machte der Krone England mit dieser
reichen Sammlung und dem Gebäude, worin sie aufgestellet war,
ein Geschenk. Smith gab 1696 den Catalog dieser Sammlung
unter dem Titel:

*Catalogus Librorum MSS, Bibliothecae Cottonianae* in einem
   Foliobande

heraus. Man vereinigte diese Bibliothek nachher mit der königlichen; aber das Feuer, das 1731 in der Esse eines Zimmers
unter dem Sahle heraus kam, das diesen Schatz von Gelehrsamkeit einschloß, wüthete in kurzer Zeit so sehr, daß der größeste
Theil der Handschriften der Cottonianischen Bibliothek, die sehr
reich in dieser Art war, die Beute der Flammen ward. Das
Wasser verdarb nun noch die, welche das Feuer verschont hatte,
so sehr, daß es nicht mehr möglich ist, sie zu lesen. — Im
Jahr 1652 gab man eine Sammlung der Abhandlungen heraus,
welche Cotton bei wichtigen Gelegenheiten verfaßt hatte. Dieser
gelehrte Engländer kannte die Rechte der Krone und die Constitution der Brittischen Regierung vollkommen, und man nahm
oft seine Zuflucht zu ihm, um sie geltend zu machen. Er war
es auch, welcher die Wiedereinführung des Titels Baronet be-
trieb, den er aus alten Schriften heraus fand. Dieser Titel giebt,
wie bekannt, den ersten Rang nach den Baronen, welche Pairs
des Reiches sind.

COTTON

COTTON (CHARLES), lebte unter der Regierung Carls und Jacobs II. Er hatte einiges Genie zur Dichtkunst, und war besonders wegen seiner burlesken Verse berühmt. Er gab einen Band von Gedichten auf verschiedene Gelegenheiten heraus:

*The Wonders of the Peak in Derbyshire.*
*Scarronides, or Virgil Travestie.*
*Lucian Burlesqued, or the Scoffer Scoffed.*

wovon 1751 eine neue Ausgabe herauskam.

COTYS, Name von vier Thracischen Königen. Der erste war ein Zeitgenosse von Philipp, dem Vater Alexanders, und wurde wegen seiner Grausamkeiten von einem gewissen Python, 326 Jahre vor Christi Geburt, erschlagen.

Der zweite schickte seinen Sohn an der Spitze von 500 Reitern dem Pompejus zu Hülfe.

Der dritte lebte zu den Zeiten des August, und wurde von seinem Oheim Rhescuporis, einem grausamen Prinzen, umgebracht: er ist es, an welchen Ovid einige seiner Elegien richtete.

Der vierte endlich, der Sohn des Vorhergehenden, trat auf Befehl des Caligula, 38 Jahr vor Christi Geburt, Thracien an seinen Vetter Rhömetalces ab, und erhielt dafür Klein-Armenien und einen Theil von Arabien.

COUCY (ROBERT DE), ein Französischer Baumeister, vollendete um das Jahr 1297 die von Hugo Libergier 1229 angefangene Kirche St. Nicasius zu Rheims, die wegen der künstlichen Arbeit und der schönen Proportionen sehr berühmt ist. Er arbeitete auch an der Cathedralkirche dieser Stadt, und starb daselbst 1311.

COUDRAY (FRANÇOIS), ein Bildhauer, von Villacerf gebürtig, ward 1712 ein Mitglied der königlichen Academie dieser Hauptstadt, und gab ihr bei diesem Anlaß das Bildniß des H. Sebastian von Marmor. Nachher trat er in Dienste des Königs von Pohlen, August II.

Sein Sohn Peter, 1713 zu Paris geboren, ging 1743 nach Rom, wo er bis 1749 blieb. Er arbeitete 7 Jahre in England, und darauf zu Warschau; endlich ward er Professor der Künstlerakademie zu Dresden, wo er 1770 starb. Man findet von seiner

Arbeit

Arbeit in der churfürstlichen Gallerie einige Statüen, die in Le Plat's Werke abgezeichnet find.

**COUDRETTE** (CHRISTOPHE), Priester zu Paris, den 4. August 1774 in dieser Stadt geboren, kam mit den berühmten Einsiedlern von Portroyal, und vorzüglich mit dem berühmten Abbé Boursier, frühzeitig in Verbindung. Seine Meinungen über die Bulle Unigenitus zogen ihm 1735 zu Vincennes eine Gefangenschaft von fünf Wochen, und 1738 einen Aufenthalt von mehr als einem Jahre in der Bastille zu. Er schrieb, die Wahrheit seiner Meinungen zu beweisen.

Man hat von ihm:

*Mémoires sur le Formulaire*, 2 vol. in 12.

*Histoire & Analyse du livre de l'Action de Dieu,*

und verschiedene andere polemische Brochüren. Sein Haupt-werk aber ist:

*Histoire générale des Jésuites*, 1761, 4 vol. in 12. welchem 1764 noch 2 Supplementbände nachfolgten.

Die großen Arbeiten, die ihm die zur Verfassung dieses Buches nothwendigen Untersuchungen machten, schwächten sein Gesicht, und er war, als er starb, fast ganz blind. Die Nouvelles Ec-clesiastiques schilderten ihn als einen erbaulichen, arbeitsamen, thätigen, uneigennützigen Mann. Ob er gleich von den Jesuiten auferzogen worden, und von mehreren Mitgliedern dieser Gesell-schaft Freund war, so war er nichts desto weniger ein heftiger Feind dieser Gesellschaft, und seine Gelehrsamkeit war den Ma-gistratspersonen, welche 1762 ihr Institut auflösten, von nicht geringem Nutzen.

**COUGHEN** (JOHN), ein Englischer Prediger, besaß eine große Gelehrsamkeit, deren er sich nur dazu bediente, sich über die Religion noch blinder zu machen. Da er unter die Zahl derjenigen Sucher gehörte, welche, ohne in Rücksicht der Reli-gion eine Partei ergriffen zu haben, in beständiger Hast sind, die wahre zu finden, so schlug er sich nach und nach zu mehreren Secten. Die Quaker zogen ihn mächtig an. Seine Bekeh-rung zum Quakerismus hat etwas Sonderbares. Er hörte, daß ein Mädchen in den Versammlungen der Quaker mit einer hinreißenden Beredsamkeit prophetisiere. Coughen, entzückt über diese Entdeckung, machte sich unter die Menge, um diese vorgebliche Prophetin zu hören, und wurde von ihr bis zur Be-

wunderung

wunderung eingenommen. Er verließ ihrentwegen eine reiche
Pfründe, und ward der Schüler und Liebhaber der jungen Qua=
kerin. Seine Neigung zum Quakerismus überlebte aber seine
bald erloschene Leidenschaft nicht. Er verließ diese Secte wieder,
um seine vorige Ungewißheit wieder zu ergreifen.

Er ward endlich der Stifter der neuen Religion der Pacifica=
teurs, welche noch in England existiert. Ihr Zweck ist, alle Reli=
gionen unter einander zu vereinigen, und zu zeigen, daß die
Secten nur in Worten, oder in nichtsbedeutenden Glaubensarti=
keln von einander verschieden sind.

Die Pest, welche im Jahr 1665 in London wüthete, raffte
Coughen dahin.

COUPERIN (FRANÇOIS), Sohn des vortrefflichen Orgel=
und Clavierspielers Carl Couperin, starb 1733 zu Paris,
in seinem 65. Jahre. Er hatte seinen Vater sehr früh verloren,
und durch seine Talente seinem Namen einen neuen Glanz er=
worben. Ludewig XIV. machte ihn zu seinem Organisten und
Kammer = Clavierspieler. Er war auf diesen beiden Instrumen=
ten gleich vortrefflich, spielte die Orgel mit großer Kunst und
feinem Geschmack, und das Clavier mit einer bewundernswür=
digen Leichtigkeit. Seine Compositionen für dieses letztere In=
strument sind von einem neuen Geschmack, und erhielten die
Empfehlung des großen Sebastian Bach. Seine verschie=
benen

*Pieces de Clavecin*, 4 vol. in fol.

haben eine vortreffliche Harmonie, und einen edeln, anmuthigen,
natürlichen und originellen Gesang. Seine Divertissements,
die den Titel führen:

*Les Goûts réunis, ou l'Apotheose de Lulli & de Corelli*,

erhielten, wie seine übrigen Werke, nicht nur den Beifall der
Franzosen, sondern auch aller Ausländer, welche die gute
Musik lieben.

COUPLET (PHILIPPE), Jesuit, geboren zu Malines, ging
1659 als Missionär nach China, und kam 1680 zurück. Er
hatte sich wieder eingeschifft, um eine zweite Reise dahin zu ma=
chen, starb aber 1693 unterwegs. Er schrieb einige Werke in
Chinesischer Sprache, und mehrere in Lateinischer, wovon wir
anführen:

*Tabula*

*Tabula chronologica Monarchiae Sinicae*, *Paris 1686 in fol.*

*Confucius Sinarum Philosophus*, *five Scientia Sinenfis Latine exposita*, *Par. 1687, in fol.* Dieſes Werk iſt leſenswürdig und ſelten.

COURAYER (Pierre François le), 1681 zu Rouen geboren. Er war in den Orden der regulierten Chorherren des H. Auguſtin getreten, glänzte darin durch ſeinen Geiſt und ſeine Gelehrſamkeit, und wurde zum Bibliothecar von St. Genevieve zu Paris ernannt. Seine Oppoſition gegen die Bulle Unige-nitus veranlaßte ihn, die Macht des Römiſchen Papſtes und die Rechte der erſten Hirten, über die Lehre zu urtheilen, zu unterſuchen. Er verwickelte ſich in Meinungen, welche denen der Kirche entgegen waren, und ließ ſie in dieſen Converſationen durchſcheinen. Endlich gab er ihnen in ſeiner

*Diſſertation ſur la validité des ordinations Anglicanes*, *Bruxel-les 1723, 2 vol. in 12.*

einen großen Glanz. Sobald dieſes Werk erſchienen war, er-griffen mehrere Gelehrte ihre Feder gegen ihn. Die Journa-liſten von Trevoux, D. Gervaiſe, der Jeſuit Hardouin, der Jacobiner Le Quien nahmen an dem Kriege Theil, und fielen das neue Syſtem mit Nachdruck an. Der Bibliothecar von St. Genevieve war weit entfernt, ſein Unrecht einzuſehen, vergrößerte es vielmehr durch eine

*Defenſe de ſa Diſſertation, 1725, 4 vol. in 12.* welchen 1732 noch ein 5. nachfolgte,

beträchtlich. Dieſe mit vieler Lebhaftigkeit geſchriebene Verthei-digung wurde, wie die Diſſertation ſelbſt, von dem Erzbiſchof von Paris und einer großen Menge anderer Biſchöfe wider-legt, und durch ein Arret des Conſeils vom 7. September 1727 unterdrückt.

Der Pater Le Courayer, deſſen Geiſt gegen die Cenſuren ab-gehärtet war, hatte für die Ercommunication, die der General ſeines Ordens gegen ihn ſchleuderte, mehr Gefühl. Er hatte einige heimliche Freunde in England, verließ zu Anfange des Jahres 1728 St. Genevieve, und ging nach dieſer Inſel, wo er mit offenen Armen empfangen wurde. Die Univerſität Or-ford hatte ihm das Jahr vorher das Dectordiplom geſchickt. Die Königin von England gab ihm eine Penſion; zwei vornehme Herren bothen ihm, der eine während des Sommers, der an-dere während des Winters, ihr Haus und ihren Tiſch an. Da

es

es ihm hier zu einem ruhigen und angenehmen Leben an nichts fehlte, erreichte er ein hohes Alter. Er starb den 16. October 1776 zu London.

Ob er gleich in seinen Schriften einen sehr heftigen Ton hatte, so war er doch in Gesellschaft sanft und artig; seine Sitten waren rein, seine Unterhaltung war belehrend, und mit vielen littera= rischen und historischen Anecdoten gewürzt. Außer den oben ge= nannten Werken hat man noch von ihm:

*Relation historique & apologétique des sentiments du P. le Cou-*
*rayer, avec les preuves justificatives des faits avancés dans*
*l'ouvrage, Amsterd. 1729, 2 tom. in 12.* Dieses Buch
brachte seine Feinde noch mehr auf; er sagt darin, die Ent=
scheidung der allgemeinen Kirchenversammlungen hebe die
eigene Untersuchung nicht auf.

*L'Histoire du Concile de Trente de Fra - Paolo, traduite de nou-*
*veau de l'Italien en François, avec des notes critiques, histori-*
*ques & théologiques, Londres 1736, 2 vol. in fol. Amsterd.*
*1736, 2 vol. in 4.* nebst einer Vertheidigung der Ueberse=
zung. Diese Uebersetzung ist viel besser, als die von A me=
lot de la Houssaie; der Styl ist bis auf einige schlecht
gewählte Ausdrücke klar und rein; die Anmerkungen sind
scharfsinnig und gelehrt, aber oft allzu gewagt. Der Ver=
fasser scheint darin ein System aufführen zu wollen, welches
die Rechtfertigung aller Religionen beabsichtiget. Sein
Hauptzweck scheint der Beweis, daß das Tridentinische
Concilium die alten Dogmen mit neuen vermehrte, und die
Entdeckung der Epoche derjenigen Dogmen zu seyn, die er
auf gerathe wohl für neu hält. Die Mühe, die er sich
nahm, sein Werk mit Anmerkungen über einige historische
Discussionen zu überladen, ist für viele Leser verloren,
welche trockne und langweilige Citate über ein Werk nicht
lieben.

*L'Histoire de la Réformation par Sleidan, traduite du Latin*
*en François, 1767, 3 vol. in 12.* Dieses Werk ist mit vielen
Anmerkungen begleitet, worin der Verfasser interessante
Dinge aus einander setzt, und kann denen, welche die Ge=
schichte der Ketzereien des 16. Jahrhunderts kennen lernen
wollen, wichtige Dienste leisten. Er spricht darin in einem
gemäßigteren Tone, als in seinen übrigen Schriften.

**COURT DE GEBELIN ( •            ), 1725 zu Nimes**
aus einer protestantischen Familie geboren, die von Cevennes
stammte,

stammte, und sich in der Schweiz nieder gelassen hatte, war erst evangelischer Prediger zu Lausanne, gab aber diese Stelle bald auf, und ging nach Paris, um da von seinen erworbenen großen Kentnissen Vortheil zu ziehen. Die beiden ersten Bände seines

*Monde primitif, analysé & comparé avec le Monde moderne,*

voll von nützlichen Untersuchungen, bei einigen chimärischen Ideen, setzten durch die darin enthaltene Gelehrsamkeit die Gelehrten in Erstaunen. Dieses Denkmahl machte den Architecten desselben nicht reich. Die Französische Academie, die seine Rechtschaffenheit und sein Verdienst kannte, sprach ihm die unter dem Namen des jährlichen Preises bekannte Gratification zu.

Als er zum Präsidenten eines von den Museen zu Paris ernannt worden war, wurd' er in eine Reihe von Verdrüßlichkeiten und Aergernissen verwickelt, welche nicht eher als mit seinem Leben endeten. Er war ein enthusiastischer Apostel des thierischen Magnetismus, und wollte die Wirksamkeit desselben durch seine eigene eingebildete Wiederherstellung beweisen, ward aber bald das Opfer des Systems, welches er ausposaunt hatte. Er starb den 13. Mai 1784, in seinem 59. Jahre, zu Paris. Kurze Zeit vor seinem Tode war der neunte Band seines Monde primitif erschienen.

Aufrichtigkeit und Bonhommie waren die Grundzüge seines Characters Er hatte häusliche und gesellschaftliche Tugenden. Als er die Schweiz verließ, trat er seiner Schwester den größesten Theil von seinem väterlichen Vermögen ab. Er hatte von seiner Kindheit an seine Talente geübt. Er schrieb mit unglaublicher Schnelligkeit, und fast so geschwind, als er sprach. Er las mit eben der Geschwindigkeit: er überlief mit einem Blicke ein ganzes Blatt, und brauchte nicht mehr Zeit, ein Buch kennen zu lernen, als ein anderer, es zu durchblättern. Das Studieren war seine einzige Leidenschaft, sie machte aber den Umgang mit ihm weder hart noch schwer. Er affectirte keine Superiorität, lobte, was lobenswürdig war, und hatte von sich selbst eine sehr bescheidene Idee. Sein dienstfertiger Character entriß ihn oft den Vergnügungen der Lectüre und Schriftstellerei, um ihn lange und ermüdente Gänge in Paris und nach Versailles machen zu lassen. Die Thüren der Großen öffneten sich leicht vor ihm, und er kam nie seines eigenen Interesse wegen mit ihnen zu sprechen. Als seine Mutter der Religion wegen ihre Vaterstadt Uzes plötzlich

Zweiter Theil     P     verlassen

verlaſſen mußte, hinterließ ſie daſelbſt Beſitzungen, deren ſich Fremde bemächtigten. Man zeigte dem Sohne die Mittel an, dieſelben wieder an ſich zu bringen. „Ich kann mich, antwortete er, nicht entſchließen, diejenigen aus dem Beſitz derſelben zu treiben, die es nun ſchon gewohnt ſind, ihrer zu genießen.“

Man hat auch von dieſem Gelehrten:

*Hiſtoire naturelle de la parole, ou Précis de la Grammaire Univerſelle,* 1776 *in* 8. Dieſes Buch iſt ein Auszug aus dem Monde primitif, und nicht der ſchlechteſte Theil deſſelben.

*Lettre ſur le Magnétiſme animal, in* 4. ein neuer, oder neuaufgewärmter Charlataniſmus, an welchen er zu glauben ſchwach genug war.

COURTIVRON (GASPARD LE COMPASSEUR DE CRÉQUI, MARQUIS DE), Meſtre de Camp, Ritter des St. Ludewigsordens, Veteran-Penſionnär der Academie der Wiſſenſchaften, 1715 zu Dijon geboren, den 4. October 1785 im 70. Jahre geſtorben, zeichnete ſich als Soldat und als Gelehrter aus. Er wurde in dem Bairiſchen Feldzuge verwundet, indem er den Grafen von Sachſen aus der drohendſten Gefahr riß, und widmete ſich von dieſer Zeit an den Wiſſenſchaften. Wir haben von ihm:

*Traité d'Optique,* 1752, *in* 4. Der Verfaſſer giebt darin die Theorie des Lichts nach dem Newtonianiſchen Syſtem, mit neuen Auflöſungen der Hauptprobleme der Dioptrik und Catoptrik. Dieſes Buch kann zum Commentar der Optik des Newton dienen.

*Mémoires ſur une épizootie qui ravageoit la Bourgogne.*

*Art des Forges & Fourneaux à feu,* in Geſellſchaft mit M. Bouchu.

Der Marquis von Courtivron war ein wahrer Philoſoph. „Er kannte den Werth des Lebens,“ ſpricht M. de Condorcet, „und verließ es ohne Unruhe, und vielleicht ohne Reue. Das „einzige Gefühl, welches man durch die Ruhe und das Still= „ſchweigen in ſeinen letzten Augenblicken hindurch bemerken „konnte, war Dank für die Sorgen, die man ihm bewies, und „ununterbrochenes Bemühen, die Empfindſamkeit ſeiner Freunde „und ſeiner Familie zu ſchonen.“

COURTOIS

COURTOIS (JACQUES), LE BOURGUIGNON genannt,
1621 in einem Dorfe bei Besançon geboren. Sein Vater war
ein Mahler; der Sohn ward es auch, aber ein viel größerer.
Er folgte 3 Jahre hindurch einer Armee. Er zeichnete die Lager,
Belagerungen, Märsche, Treffen, wovon er Augenzeuge gewesen war; eine Gattung der Mahlerei, zu welcher er viel Talent hatte. Seine Werke haben ungemeine Handlung und Einsicht, Stärke und Kühnheit, ein frisches und glänzendes Colorit.
Als ihn seine Feinde und Neider anklagten, er habe seine Frau
vergiftet, suchte er bei den Jesuiten Zuflucht, und zog ihr Ordenskleid an. Das Haus, in welchem er aufgenommen wurde,
wurde bald mit mehreren schönen Mahlereien geziert. Er starb
1676 zu Rom. Seine vorzüglichsten Werke befinden sich in dieser prächtigen Stadt. Parrocel, der Vater, war sein Schüler. ( Man sehe den Artikel GELÉE.)

COURTOIS (GUILLAUME), Bruder des Vorigen, starb 1679.
Er war ein Schüler des Peter von Cortona, und erwarb
sich durch seine Talente in der Mahlerei gleichfalls Bewunderung.
Er wurde vom Papst Alexander VII. angestellt, der, entzückt
über seine Arbeit, ihm eine goldene Kette mit seinem Porträt
schenkte. Wenige Mahler haben die Geschichte so gut behandelt,
als er.

COUSIN (JEAN), ein vortrefflicher Französischer Mahler,
um den Anfang des 17. Jahrhunderts geboren. Seine Gelehrsamkeit erwarb ihm den Namen des Großen. Er wurd' am
Hofe gut aufgenommen, und stand bei 4 Königen hinter einander in Gnaden, namentlich bei Heinrich II. Franz II. Carl IX.
und Heinrich III.

COUSTOU (NICOLAS), ordentlicher Bildhauer des Königs
von Frankreich, Mitglied der königlichen Academie der Mahlerei
und Bildhauerkunst, wurde 1658 zu Lyon geboren, ging im 18.
Jahre auf die Pariser Academie, erhielt im 21. den ersten Preis,
und reiste mit Pension nach Rom, wo er vorzüglich Michel
Angelo und Algardi studierte, und das Rauhe des Einen
durch das Angenehme des Andern mäßigte. Hier machte er
von dem ruhenden Hercules eine Copie. Nach dreien Jahren
kehrte er in sein Vaterland zurück, und wurde sehr gesucht.
Sein erstes und Hauptwerk war die Gruppe, die Vereinigung
der Seine und Marne, neun Fuß hoch, in den Tuillerien. In
der Tritonen-Gruppe zu Versailles , noch mehr aber in der

Herab-

Herabnehmung vom Kreuze, in der Kirche Notre-Dame zu
Paris, zeigte der Künstler alle seine Talente. Sein letztes und
geschätztestes, obgleich unvollendetes, Werk ist das Baßrelief Le
paſſage du Rhin, zu Verſailles. — Die Formen ſeiner Werke
ſind rein, man vermißt aber in ihnen den Character des Alterthums, und findet zu viel Franzöſiſchen Geſchmack, beſonders
in ſeinen Jägern zu Marly. Er ſtarb 1733.

COUSTOU (GUILLAUME), Bruder des Vorigen, Director der königlichen Academie der Mahlerei und Bildhauerkunſt,
1678 zu Lyon geboren, übertraf noch ſeinen Bruder. Er arbeitete mit Le Gros am Baßrelief des H. Gonzaga, vollendete das
von ſeinem Bruder angefangene Baßrelief Le paſſage du Rhin,
und machte mehrere vortreffliche Darſtellungen in derſelben
Gattung. In den Gärten von Marly ſind von ihm Daphne
(oder vielleicht richtiger Atalante) und Hippomenes; die Gruppe,
der Ocean und das Mittelländiſche Meer; und die letzten und
vielleicht ſchönſten ſeiner Werke, zwei Gruppen, deren jede ein
Pferd und einen Menſchen vorſtellt. Seine eherne, zehn Fuß
hohe Figur des Rhone, ehemahls neben der Statüe Ludewigs
XIV. zu Lyon, kann als ein Hauptwerk betrachtet werden. Er
ſtarb 1746.

COUSTOU (GUILLAUME), der Sohn des Vorigen, und
Erbe der Talente ſeines Vaters, 1716 zu Paris geboren, erhielt
in ſeinem 19. Jahre den Preis, reiſte nach Rom, und half nach
ſeiner Zurückkunft ſeinem Vater an den Pferdegruppen zu Marly.
Sein erſtes öffentliches Werk war die Apotheoſe des H. Franz-
Xavier in Marmor, für die Jeſuiten zu Bordeaux. Nachher
machte er einen Apollo zu Bellevüe, Venus und Mars für den
König von Preßen, die Heimſuchung Mariä, auf einem metalle-
nen Baßrelief in der Capelle zu Verſailles, und endlich das
Mauſoleum des Dauphins, des Vaters Ludewigs XVI. für die
Cathedral-Kirche zu Sens. Er ſtarb 1777.

COUTURE (JEAN BAPTISTE), 1651 im Dorfe Langrüne
in der Diöces Bayeux geboren, Profeſſor der Beredſamkeit am
königlichen Collegio, Mitglied der Academie der Inſchriften und
ſchönen Wiſſenſchaften, ſtarb 1728. Die Memoiren der Academie enthalten mehrere Diſſertationen von ihm, Ueber die
Pracht, Ueber das Privatleben der Römer, Ueber ihre Veteranen, Ueber einige ihrer Reli-
gionsgebräuche, u. a.

COUVREUR

COUVREUR (ADRIENNE LE), Französische Schauspielerin, 1690 zu Fismes in Champagne geboren, debütierte den 14. Mai 1717 zu Paris mit der Rolle der Electra, in dem Trauerspiel dieses Namens. Sie wurde noch in diesem Monate für die ersten tragischen und comischen Rollen angenommen, und spielte sie ganz vortrefflich. Diese Schauspielerin, eine der berühmtesten, die Frankreich jemahls hervorbrachte, schaffte das Schreien, die melodischen und gepreßten Lamentationen ab. Ihr Spiel war voll Ausdruck und Wahrheit. In einiger Rücksicht von der Natur schlecht begabt, ersetzte ihr Geist alles, Stimme, Wuchs und Schönheit. „Sie ist die Schauspielerin,“ spricht M. de la Bretonne, „welche die Rolle der Phädra am besten „spielte; jene schwere Rolle, an welcher die größesten Talente „scheiterten, in welche Clairon so viele Kunst brachte, welche „Dumesnil nicht immer ausfüllte, die über die Kräfte der „Gaussin war, die Le Couvreur aber vortrefflich spielte, „weil sie für dieselbe, und die Rolle für sie gemacht zu sein „schien.“ Sie starb den 10. März 1730. Man setzte unter ihr Porträt, gestochen von Coypel, folgende vier Verse:

Ton art, par un effort heureux,
Transmet mon air, mes traits, ma gloire à vos neveux,
Ne t'enorgueillis pas du talent qui t'honore,
Coypel: quand je jouois, je peignois mieux encore.

COWELL (DR. JOHN), ein gelehrter und berühmter Civilist, 1554 geboren, und durch ein mühsames Werk bekannt, welches er 1607 zu Cambridge herausgab, unter dem Titel:

The Interpreter, or Book containing the Signification of Words: wherein is set forth the true Meaning of all, or the most Part of such Words and Terms as are mentioned in the Law-writers or Statutes of this victorious or renowned Kingdom, requiring any Exposition or Interpretation, etc.

Außer diesem gab er 1605 heraus:

Institutiones Juris Anglicani, etc. worin die Gesetze Englands, wie in Justinians Instituten vorgetragen sind.

Er starb 1611.

COWLEY (ABRAHAM), ein guter Englischer Dichter, 1618 geboren, starb 1667, und wurd' in der Westmünster-Abbtei neben Chaucer und Spenser begraben, wo ihm ein Denkmahl errichtet wurde. — Cowley war ein guter Patriot; und als Carl II. von seinem Tode hörte, sagte er: „Cowley hat „keinen bessern Mann in England hinterlassen." Er ist vorzüglich bekannt durch ein Gedicht in 4 Gesängen,

Ueber die Drangsale Davids.

Addison bemerkte, daß, nach Locke's richtiger Definition vom Witze, unter allen Schriftstellern keiner so viel Witz gehabt habe, als Cowley.

COWPER (WILLIAM), ein Englischer Chirurg, erwarb sich vielen Ruhm. Wir haben von ihm einen vortrefflichen

Tractat über die Muskeln, 1694.

Er gab auch ein

Supplement zur Anatomie des Bidloo

heraus. Man findet es bei den Ausgaben von 1739 und 1750.

COXETER (THOMAS), ein treuer und fleißiger Sammler in der alten Englischen Litteratur, 1689 geboren. Er sammelte Materialien zu einer Biographie der Englischen Dichter, und stand dem Mr. Ames bei der

Geschichte der Brittischen Typographie

bei. Er hatte eine schöne Sammlung alter Schauspiele, und gab dem Theobald manche jener Bücher mit Gothischen, verschnörkelten Buchstaben (black-letter books), deren sich dieser Critiker bei seiner Ausgabe des Shakspeare bediente. — Coxeter war der erste, der die Absicht hatte, welche Dobsley ausführte, eine Sammlung alter Englischen Schauspiele heraus zu geben. Er starb 1747.

COYPEL (NOEL), Mahler, 1629 zu Paris geboren, von einem Bürger zu Cherbourg, machte unter dem berühmten Vouet schnelle Fortschritte in der Mahlerei, wozu er entschiedene Talente hatte. Er wurde zum Director der Französischen Schule zu Rom ernannt, und nahm mit einer Pracht, die seiner Nation Ehre macht, von dieser Stelle Besitz. Sein Sohn, Anton Coypel, der erst 12 Jahr alt war, begleitete seinen Vater auf dieser Reise. Die Italiäner bewunderten das vollendete Verdienst des einen, und die großen Hoffnungen, die der andere von sich gab. Dieser berühmte Künstler, der noch in seinem 78. Jahre die großen Fresco = Mahlereien über dem Hauptaltar der Invaliden machte, starb 1707. Seine vorzüglichsten Werke sind in der Kirche Notre-Dame zu Paris, im Palais Royal, und in den Tuillerien,

Tuillerien, im alten Louvre, zu Versaille und Trianon. Die Künstler, welche glückliche Zusammensetzungen, einen schönen Ausdruck, einen guten Geschmack in der Zeichnung, unterstützt durch ein bewundernswürdiges Colorit, lieben, gehen sie zu studieren.

COYPEL (ANTOINE), Sohn des Vorigen, 1661 zu Paris mit sehr glücklichen Anlagen zur Mahlerei geboren, bildete sich zu Rom nach den dasigen Meisterstücken. Seine Verdienste machten, daß er von Monsieur, dem einzigen Bruder Ludewigs XIV. zu seinem ersten Mahler erwählet wurde. Der König machte ihn 1714 zum Director der Gemählde und Zeichnungen der Krone, und zum Director der Academie. Der Herzog von Orleans, Regent des Reichs, ernannte ihn 1717 zum ersten Mahler Ludewigs XV. und erhob ihn das Jahr darauf in den Adelstand. Derselbe Prinz wollte, da er noch Herzog von Chartres war, der Schüler dieses großen Meisters sein, und machte in der Zeichnung große Fortschritte. Der Meister widmete seinem Zöglinge 20 Discourse, voll von Vorschriften, die durch Beispiele, vorzüglich aus den besten Mahlern hergenommen, bestätiget sind. Diese Discourse erschienen 1721 zu Paris in 4. In den Passe-tems poetiques de la Martinière findet man auch ein Stück in Versen von Anton Coypel, überschrieben: Epître d'un Pere à son fils sur la Peinture. Coypel verstand die höhere Poesie seiner Kunst. Er erfand mit Leichtigkeit, und drückte die Leidenschaften der Seele mit vielem Glücke aus. Seine Zusammensetzungen sind edel, seine Köpfe angenehm. Er starb 1722 zu Paris.

COYPEL (NOEL NICOLAS), Bruder des Vorigen, zeichnete sich durch die Richtigkeit, Eleganz und das Angenehme seiner Zeichnung, und durch eine glückliche Nachahmung des Anmuthigsten der Natur aus. Er hätte vielleicht in der Leichtigkeit seiner Tusche, in der Frischheit seines Pinsels, und in dem Reichthum seiner Zusammensetzungen seine Brüder übertroffen, wenn nicht ein unglücklicher Schlag, den er sich vor den Kopf gab, seinen Tod beschleuniget hätte. Er starb den 24. December 1734, im 45. Jahre.

COYPEL (CHARLES ANTOINE), Antons Sohn, starb 1752 im 58. Jahre zu Paris, und zeigte sich seiner Familie würdig. Die Stellen des ersten Mahlers des Königs und des Herzogs von Orleans, des Directors der königlichen Academie der

Mahle-

Mahlerei und Bildhauerkunst , die er bis an seinen Tod mit
Ehren bekleidete, sind authentische Beweise davon. Er hatte viel
Geist, und schrieb außerdem sehr gut. Außer verschiedenen
Academischen Discoursen, die man im Mercure de France
von 1752 findet, verfaßte er auch mehrere theatralische Stücke,
wovon einige am Hofe gegeben wurden. — Seine mahlerischen
Werke werden wegen der Richtigkeit, der Mannigfaltigkeit und
des Adels der Ausdrücke, wegen des Brillanten des Colorits und
der Leichtigkeit der Tusche gelobt.

COYSEVOX (ANTOINE), Canzler der Academie der Mah-
lerei und Bildhauerkunst zu Paris, 1640 zu Lyon geboren,
machte sich schon vor seinem 17. Jahre durch eine Statüe der
Maria in dieser Stadt bekannt, arbeitete nachher zu Paris unter
Lérambert und andern geschickten Künstlern, und machte sich
frühzeitig berühmt. Die Statüe Ludewigs XIV. im Hofe des
Hotel de Ville zu Paris war sein erstes öffentliches Werk;
zu dem Pferde der Statüe desselben Königes , welche die
Stände von Bretagne errichten ließen, wählte er 16 der schönsten
Pferde, und von diesen wiederum die schönsten Theile aus, da
sich Bernini bloß mit einem flüchtigen Studium begnügte. Die
zwei geflügelten Pferde in den Tuillerien zu Paris, auf denen
Mercur und Fama sitzt, sind vortreffliche Beweise der Geschicklichkeit, die er sich in diesem besondern Theile erwarb. Der Flö-
tenspieler, die Flora und eine Hamadryade eben daselbst sind
schöne Denkmahle der Kunst. Außer mehreren schätzbaren Statüen, die in verschiedenen Städten Frankreichs zerstreut sind,
machte er viele Porträts in Büsten und Medaillons. Er starb
zu Paris 1720.

COYTIER oder COCTIER (JACQUES), Arzt Ludewigs XI.
erhielt durch Bedrohung mit dem Tode, den dieser Monarch sehr
fürchtete, Gnaden über Gnaden von ihm. Der König kam jedoch von der Schwachheit zurück, die er für seinen Arzt hatte,
und gab seinem Prevot Befehl, ihn im Stillen auf die Seite zu
schaffen. Coytier, durch den Prevot, seinen vertrauten Freund, davon benachrichtiget, sagte zu ihm; „Was mich bei meinem Tode
„am meisten betrübt, ist, daß mich der König nur vier Tage
„überleben wird; dieses Geheimniß hab' ich durch eine besondere
„Wissenschaft erlangt, und wollte es dir, als einem treuen
„Freunde, noch anvertrauen." Der Prevot hinterbrachte es dem
Könige, der, mehr als jemahls erschreckt, dem Arzte befehlen ließ,
sich nie wieder vor seinen Augen sehen zu lassen. Der Arzt zog
sich

sich mit beträchtlichen Reichthümern zurück, vergaß in Ruhe und
Vergnügungen die Stürme des Hofes, und starb gegen das Ende
des 15. Jahrhunderts. Nach dem Tode Ludewigs XI. wurd' er
wegen der unermeßlichen Summen, die er von diesem Fürsten
erhalten hatte, in Requisition gesetzt, zog sich aber durch Erle-
gung von 50,000 Thalern aus der Affäre. Die Furcht vor dem
Tode war bei Ludewig XI. so mächtig, daß er ihm nie etwas abschlug, damit er nur das abscheuliche Phantom des
Todes, bei dessen bloßem Namen er sich schon unter seinem Bette verbarg, von ihm vertreibe.
Außer den Stellen, womit er seinen Arzt beehrte, überhäufte er
ihn noch täglich mit Geschenken, ungeachtet der Grobheiten und
Flüche, mit welchen er mit ihm sprach. Die Rechnungen der
Trésoriers de l'épargne bewiesen, daß Coytier innerhalb acht
Monaten 98,000 Thaler erhalten hatte.

CRAESBEKE (JOSEPH VAN), 1609 zu Brüssel geboren,
war anfänglich ein Becker. Er machte Bekanntschaft mit Adrian Brouwer; und weil sie beide gleiche Neigung zu einem
unordentlichen Leben hatten, so wurden sie bald die vertrautesten
Freunde. Dem Craesbeke gefiel Brouwers Arbeit, und er ward
sein Schüler; ja, er nahm in der Kunst bald so zu, daß er es
seinem Lehrmeister beinahe gleich that. Er wählte sich meistens
die schlechtesten Auftritte des Lebens zum Gegenstande seiner Gemählde, als Tabackstuben, Schlägereien, betrunkene Soldaten
u. s. f. Sich selbst stellte er öfters mit einem Pflaster auf dem
einen Auge und mit den abscheulichsten Verziehungen des Gesichts
vor. Im Sahle der Brüderschaft der Fechter zu Antwerpen siehet man eine Vorstellung, wie sich die Vorsteher, deren Köpfe
nach dem Leben gemacht sind, auf einem öffentlichen Platze dieser Stadt in ihrer Kunst üben; ein gut coloriertes und ausge-
führtes Gemählde dieses Meisters. Er starb 1641. Basan,
Beaubarlet, u. a. haben nach ihm in Kupfer gestochen.

CRAIG (JOHN), ein Schottischer Mathematiker, der sich
durch ein kleines Buch von 36 Seiten in 4. unter dem Titel:

*Theologiae Christianae principia mathematica.* London 1699.
    Leipzig 1755.
berühmt machte.

CRAIG (NICOLAS), CRAGIUS, 1541 zu Ripen geboren,
ward 1576 Rector der Schule zu Copenhagen, starb 1602, und
hinterließ ein sehr schätzbares Werk,

Ueber die Republik der Lacedämonier, 1592 und 1670 in 8.

und die

Annalen von Dännemark, in 6 Büchern, von dem Tode Friedrichs I. bis auf das Jahr 1550.

Sie wurden 1737 zu Copenhagen in Folio wieder aufgelegt.

CRAMER (JOHANN FRIEDRICH), ein gelehrter Professor zu Duisburg, Rath des Königs von Preußen, und Präsident dieses Fürsten zu Amsterdam. Er starb 1715 zu Haag, nachdem er sich durch seine Gelehrsamkeit in den bürgerlichen Gesetzen, in den Sprachen und der Münzwissenschaft ausgezeichnet hatte. Man hat von ihm:

*Vindiciae nominis Germanici contra quosdam obtrectatores Gallot.* Berlin 1694, in Folio.

CRAMER (GABRIEL), 1694 zu Genf geboren, war ein Schüler von Johann Bernoulli, und von seinem 19. Jahre an Professor der Mathematik. Er war durch ganz Europa bekannt, und Mitglied der Academien von London, Berlin, Montpellier, Lyon und Bologna. Er starb 1752 zu Bagnols in Languedoc, wohin er seiner Gesundheit wegen gereiset war.

CRAMER (JOHANN ANDREAS), ein Metallurg der ersten Größe, ein Kenner der Forstwissenschaft, und ein in seinem Leben viel zu wenig geschätzter, und nach seinem Tode viel zu bald vergessener Deutscher Gelehrter des gegenwärtigen Jahrhunderts, 1710 zu Quedlinburg geboren, war Braunschweig=Lüneburgischer Kammerrath, und starb den 6. December 1777. in einem Alter von 67 Jahren, zu Berggießhübel, unweit Dresden.

Daß die Deutschen die fast allgemeinen Lehrer der Bergwerks= kunst in Europa sind, ist hinreichend erwiesen. In neuern Zeiten war Cramer einer der vorzüglichsten, die den Ruhm der Nation von dieser Seite befestigten. Er besaß, als ein Mann von Genie, eine außerordentliche Einsicht fast in allen Wissenschaften, besonders aber in dem Berg=und Hüttenwesen, viel Gegenwart des Geistes, und hatte die Gabe, sich auf eine leichte, angenehme, lebhafte und einnehmende Art auszudrücken. Er war der erste, der die Probierkunst auf richtige Grundsätze baute, und würde eben dieses bei der großen Feuerarbeit geleistet haben, wenn er nur noch ein paar Jahr länger gelebt hätte. Sein über die Probierkunst geschriebenes Werk, unter dem Titel:

*Elementa*

*Elementa artis docimasticae II. Tomis comprehensa, Lugd. Batav. 1739, in 8. c. fig. aen. ibid. 1744, in 8. maj.*

wurde in das Deutsche, Französische und Englische übersetzt, und machte Cramers Namen fast durch ganz Europa berühmt. Außerdem hat man noch von ihm:

Anleitung zum Forstwesen, nebst einer ausführlichen Beschreibung von Verkohlung des Holzes, Nutzung der Torfbrüche u. s. w. Braunschweig 1766 in Folio. mit 60 Kupfern.

Anfangsgründe der Metallurgie, worinnen die Operationes sowohl im großen, als im kleinen Feuer ausführlich beschrieben werden, Blankenburg, erster Theil, 1774, mit 19 Kupfern, zweiter Theil, 1775, mit 2 Kupfern, in Folio.

Unter seinen chemischen Kunstproducten waren seine bis zum höchsten Grade der Täuschung zubereiteten Edelgesteine besonders merkwürdig. Außerdem besaß er noch eine weit ausgebreitete Kenntniß in der Physik, Naturgeschichte, Mathematik, Astronomie, und in vielen Theilen der Cameralwissenschaft.

Seine Gleichgültigkeit gegen allen Anstand in der Kleidung ging so weit, daß er bald für einen Bettler angesehen wurde, und sich bald in einem reich mit Golde besetzten Kleide und allem Kohlenstaube und Schmutz im Gesichte und an den Händen zeigte. Speise und Trank, Wachen und Schlaf waren für ihn Bedürfnisse, die er sobald befriedigte, als er sie empfand: er genoß daher oft in der Nacht eine Mittagsmahlzeit, und legte sich ordentlich zu Bette, wenn sein Bedienter die Mittagstafel deckte.

CRAMER (JOHANN ANDREAS), ein Mann, der als Gottesgelehrter, Dichter und Geschichtschreiber Deutschlands Ehre ist, Doctor und Professor der Theologie, Procanzler der Universität zu Kiel, den 29. Januar 1723 zu Jöstadt im Erzgebirge geboren, studierte zu Grimma, und von 1742 an zu Leipzig, und ernährte sich mit Informieren und Uebersetzen, z. B. am Gottschedischen Bayle. Er trat bald zu der für Deutschlands ästhetische Bildung so merkwürdigen Gesellschaft der Brehmischen Beiträger, und zeichnete sich beim Consistorialexamen in Dresden so sehr aus, daß er noch ein Stipendium auf 2 Jahr erhielt. Von 1745 an hielt er als Magister in Leipzig Vorlesungen, und fing schon hier seine Uebersetzung der Bossuettischen Kirchengeschichte an. Im Jahr 1748 ward er Prediger zu Crellwitz bei Magdeburg,

-bura, 1750 Hofprediger in Quedlinburg, 1754 Hofprediger in
Copenhagen, und 1765 Professor der Theologie auf der dasigen
Universität.

In der Struenseeischen Epoche verlor er seine Hofprediger-
stelle; er ging daher 1771 als Superintendent nach Lübeck; 1774
trat er wieder als Procanzler, Professor der Theologie und Prediger in der Schloßkirche zu Kiel in Dänische Dienste, und
machte sich um die Universität sehr verdient. Er starb über der
so nützlichen Einrichtung eines Schulmeisterseminariums, die
selbst seine kranken Phantasien noch beschäftigte, den 12. Juni
1788, in einem Alter von 66 Jahren.

In Cramern, spricht der Verfasser der Charactere Deutscher
Dichter und Prosaisten, sind viele Gaben des Geistes und Herzens vereinigt, die den Schriftsteller berühmt machen; er hat
als Redner, als Geschichtschreiber, als Dichter und Uebersetzer
alle seine Fähigkeiten in ihrer ganzen ergiebigen Fruchtbarkeit
aufgeboten, um den besten Köpfen seines Zeitalters ununter-
brochen zur Seite zu bleiben. Seine Kanzelberedsamkeit ist von
der blumenreichen Gattung, unerschöpflich an schönen Worten,
kühnen Tropen und declamatorischen Perioden, den alten Sat-
zungen der Kirche getreu, reich an biblischer Bildersprache, mehr
geschmückt und annehmlich, als eindringend und überzeugend.
Aus seiner Verdeutschung und Fortsetzung des Bossuet sieht man,
wie weit größer sein Talent zum Geschichtschreiber war, und was
er geworden wäre, wenn er nach einem eigenen Plane, mit derselben Beurtheilungskraft und derselben ausgezeichneten Gabe
zu erzählen und zu schildern, gearbeitet hätte. In seiner Psal-
menübersetzung hat er das eigene Colorit der Morgenländischen
Poesie mit besonderm Glücke getroffen, auch den Sinn der heiligen Urkunde treuer und stärker ausgedrückt, als Rousseau
und alle vor ihm; und dieser Hymnenschwung, dieselbe Empfin-
dung und Inbrunst, dieselbe hohe Begeisterung, mit eben der
Kühnheit und Lebhaftigkeit in Metaphern und Gemählden, sind
auch in seinen eigenen lyrischen Gedichten sichtbar u. s. f.

CRANACH (LUCAS VON), man sehe MUELLER.

CRANMER (THOMAS), ein Englischer Erzbischof, und
deswegen merkwürdig, weil er für den Protestantismus den
Märtyrertod erlitt, wurd' 1489 zu Astason geboren, und den
21. März 1555 auf Befehl der Königin Maria zu Oxford verbrannt. Er war ein offner, edelmüthiger, rechtschaffener Mann,
ein Freund der Wahrheit, und ein Feind der Falschheit und des
Aber-

Aberglaubens; und ob er gleich ein herzlicher Eiferer für die Reformation war, so war er doch ein persönlicher Freund von denjenigen, welche sich ihr am meisten widersetzten. Er war ein großer Beschützer der Wissenschaften und Universitäten, selbst ein gelehrter Mann, und Verfasser mehrerer Werke.

CRANTOR, ein Griechischer Philosoph und Dichter, von Soli in Cilicien, war ein eifriger Vertheidiger der Lehre des Plato, und der erste, der ihn commentierte. Er starb in seinen besten Jahren an der Wassersucht, und hinterließ mehrere Werke, die wir nicht mehr haben, unter andern ein Buch
*De Consolatione.*
Er blühte um das Jahr 315 vor Christi Geburt.

CRASHAW (RICHARD), ein Englischer Dichter, der bei seinen Lebzeiten der Freundschaft des Cowley, und nach seinem Tode des Lobes von Pope genoß, der seine Gedichte nicht nur las, sondern sogar aus ihnen entlehnte. Er starb 1650 zu Loretto in Italien.

CRASSUS (PUBLIUS LICINIUS), ein Römischer Rechtsgelehrter aus der Familie der Crassus, welche mehrere Consuln gab, ward im Jahr 131 vor Christi Geburt Pontifex Maximus. Er ging an der Spitze einer Römischen Armee, die gegen Aristonicus bestimmt war, nach Asien, wurde aber in einer großen Schlacht überwunden, und von den Thraciern, die im Solde des Aristonicus standen, gefangen genommen. Crassus schlug den Soldaten, der ihn führte, wurde mit einem Dolch von demselben getödtet, und in Smyrna begraben. Er war der erste Pontifex Maximus, der diese Würde niederlegte, um eine Armee zu commandieren.

CRASSUS (MARCUS LICINIUS), aus derselben Familie, handelte anfänglich mit Sclaven. Er besaß anfänglich nicht mehr, als ohngefähr 300 Talente, erwarb sich aber so große Reichthümer, daß er dem Römischen Volke ein öffentliches Fest, und jedem Bürger so viel Getraide gab, daß er drei Monate davon zehren konnte. Das Inventarium seiner Güter betrug, als er gegen die Parther zog, 7700 Talente. Nach ihm sollte kein Mensch für reich gehalten werden, der nicht so viel hätte, daß er eine Armee unterhalten könnte. Die Furcht vor der Wuth des Cinna und Marius nöthigte ihn, sich nach Spanien zu begeben, wo er acht Monate in einer

einer Caverne verborgen blieb. Sobald er sich wieder zeigen
konnte, zeichnete er sich in dem Kriege gegen die Sclaven durch
seinen Muth aus, erhielt die Ehre eines kleinen Triumphs,
ward 71 Jahr vor Christi Geburt Prätor, und schlug den Anführer der rebellischen Sclaven Spartacus. Das folgende
Jahr ward er mit Pompejus Consul, nachher Censor, und
machte endlich mit Pompejus und Cäsar eine Art von Triumvirat. Diese Verbindung hatte nur mit dem erstern einige Dauer.
Crassus, der zum zweiten Mahl Consul ward, erhielt Syrien
zu seinem Antheil. Als er durch Judäa zog, plünderte er den
Schatz des Tempels zu Jerusalem. Seine Habsucht gab ihm
den Gedanken ein, die Parther mit Krieg zu überziehen. Er
verschlang in der Hoffnung schon alle ihre Reichthümer, als
seine Armee von ihrem General Surena geschlagen wurde.
Es blieben auf dem Platze 20,000 Römer, 10,000 wurden zu
Gefangenen gemacht. Das Uebrige der Armee floh in der Finsterniß, und wurde von den Parthern verfolgt. Crassus wurde
von dem feindlichen General zu einer Conferenz eingeladen,
durch Meuterei der Soldaten genöthiget, diese Einladung anzunehmen, und merkte bald, daß es nur die Absicht des Surena
war, ihn lebendig zu fangen. Er setzte sich in Vertheidigung,
und wurde 53 Jahr vor Christi Geburt mit den Waffen in der
Hand erschlagen. Die Parther hieben ihm den Kopf ab, und
trugen ihn zu ihrem Könige Orodes, welcher ihm geschmelze-
nes Gold in seinen Mund gießen ließ, und sagte: „Trink'
„dich nun satt in diesem Metall, nach welchem
„dein Herz unersättlich dürstete.“

Ungeachtet der gerechten Verwürfe, die dieser Römer verdiente, ist man doch gezwungen, ihm einiges Lob zu ertheilen.
Die Festigkeit, die er bei der Nachricht vom Tode seines Sohnes
bewies, der in diesem unglücklichen Feldzuge umkam, war die
Festigkeit eines Helden. Die Worte, die er zu den Umstehenden
sagte, als er sich genöthiget sahe, sich in die Hände des Surena
zu liefern, ehren sein Andenken nicht weniger. Er sprach zu ihnen: „Saget überall, wo euch das Schicksal hin-
„führt, daß Crassus betrogen von den Feinden,
„nicht aber ihnen von seinen Soldaten überlie-
„fert, umkam.“

CRASSUS (Lucius Licinius), ein Römischer Redner,
den Cicero oft lobte, zeichnete sich eben so sehr durch seine
Gelehrsamkeit, als durch seinen festen Character aus. Er stieß
einen

einen Lictor des Consuls Philippus zurück, der ihn zu arretieren
kam, und sagte: „Ich erkenne den Philippus nicht
„als Consul an, denn er erkennet mich nicht als
„Senator an." Er plädierte gegen Brutus, einem Bürger, der dieses Namens wenig würdig war.

CRATES, Schüler des Diogenes Cynicus, aus The-
ben in Böotien, widmete sich frühzeitig der Philosophie, und um
nicht durch zeitliche Sorgen zerstreut zu werden, verkaufte er
seine Güter, und gab den Ertrag derselben seinen Mitbürgern.
Dieß erzählet wenigstens Antisthenes, und nach ihm Diogenes Laertius. Andere sagen, er legte dieses Geld bei einem Wechsler nieder, unter der Bedingung, es seinen Kindern,
wenn sie unvernünftig wären, das heißt, sich nicht der Philosophie widmeten, und wenn sie dieselbe trieben, es dem Publicum
zu geben, denn sie bedürften dann nichts. Man schreibet ihm
folgende, ziemlich lustige Aufwandstafel zu: „Gieb einem
„Koch 10 Minen, einem Arzt eine Drachme, einem
„Schmeichler fünf Talente, einem Rathgeber
„Rauch, einer Buhlerin ein Talent, und drei
„Oboln einem Philosophen."

Als man ihn fragte, wozu ihm die Philosophie nütze, antwortete er: „Mit Gemüsen zufrieden sein, und ohne Sorgen und
„Unruhe leben zu lernen."

Im Sommer sehr warm, und im Winter sehr leicht bekleidet,
zeichnete er sich in allem vor andern Menschen aus. Er war
von einer unerträglichen Unsauberkeit, und trug einen Mantel
von unbearbeiteten Schafsfellen; eine Sonderbarkeit, die ihn bei
seiner natürlichen Häßlichkeit zu einer Art von Ungeheuer machte. — Alexander, der diesen Cyniker zu sehen begierig war, erbot sich gegen ihn, seine Vaterstadt Theben wieder zu erbauen.—
„Wozu das? antwortete ihm Crates, ein anderer Ale-
„xander würde sie nur von neuem zerstören. Ver-
„achtung des Ruhmes und Liebe zur Armuth ver-
„treten bei mir die Stelle des Vaterlandes; dieß
„sind Güter, die mir das Schicksal niemahls rau-
„ben wird."

Seine Tugend erwarb ihm in Athen das größeste Ansehen.
Er kannte die ganze Stärke dieser Art von öffentlicher Autorität,
und bediente sich derselben, seine Landsleute besser zu machen.—
Geduldig bis zur Ertragung von Schlägen, rächts er sich nicht
weiter

weiter wegen einer Ohrfeige, die er von einem gewissen Nicodromus erhalten hatte, als daß er unten an seine aufgelaufene
Wange schreiben ließ:  Nicodromus fecit.

Ob er gleich häßlich und bucklig war, so flößte er doch der
Hipparchia, der Schwester des Philosophen Metrocles,
die heftigste Leidenschaft ein.  Er that alles, um sie von einem
Geschmack abzubringen, der ihm eben nicht fein zu sein schien.
Er zeigte sich eines Tages ganz nackend vor seiner Liebhaberin.
"Da siehe, sagte er zu ihr, den häßlichen Gemahl,
"den du haben willst," und — indem er seinen Stock und
Quersack auf die Erde warf — "da sieh sein ganzes Ver-
"mögen." — Da Hipparchia dennoch auf ihrer Liebe bestand,
heirathete sie der Cyniker; aber es ist abgeschmackt zu glauben,
was Diogenes Laertius, Sertus Empiricus und
Apulejus erzählen, daß er seiner Frau vorschlug, die Hochzeit unter dem Porticus zu vollziehen, und daß sie darein willigte.
Crates zeugte mit Hipparchia zwei Töchter, verheirathete sie an
zwei seiner Schüler, und vertraute sie ihnen 30 Tage vorher an,
um zu sehen, ob sie mit ihnen leben könnten.

Er blühte um das Jahr 328 vor Christi Geburt.  Man findet
in den Epistolis Cynicis, ohne Angabe des Jahres in der
Sorbonne gedruckt (ein seltenes Buch), Briefe von ihm.

CRATES, ein Academischer Philosoph von Athen, und Schüler des Polemon, dem er um das Jahr 272 vor Christi Geburt in der Schule nachfolgte.  Diese beiden Philosophen liebten
einander beständig mit außerordentlicher Zärtlichkeit.  Crates
hatte Arcesilaus, Bion von Borysthenes, und Theodo-
rus, den Stifter einer Secte, zu Schülern.  Er wurde von
seinen Mitbürgern zu mehreren Gesandtschaften gebraucht.

CRATINUS, einer der größesten Meister in dem, was wir
die alte Komödie nennen.  Er blühte in der 81. Olympiade, einige 20 Jahr vor Aristophanes.  Er war ein Athenienser von
Geburt; scheint ein ausschweifender Trinker gewesen zu sein,
und die Entschuldigung, die er diesem Laster gab, war, er müsse
seine Phantasie schlechterdings erwärmen, um seinen Versen
Geist zu geben.  Aristophanes giebt uns in seinem Frieden
eine lustige Nachricht von seinem Tode, wenn er sagt, er sei
durch eine Ohnmacht veranlaßt worden, die ihn beim Anblick eines Fasses voll edeln Weines befiel, welches zersprang und die
Straße wusch.  Suidas sagt, er habe 21 Komödien geschrieben.

CRATIPPUS,

CRATIPPUS, von Cicero bei weitem der größeste aller peripatetischen Philosophen genannt, die er jemahls hörte, war von Mitylene, wo er die Philosophie lehrte. Er ging nachher nach Athen, wo die Söhne des Cicero und Brutus seine Schüler waren. Pompejus besuchte ihn nach der Schlacht bei Pharsalia, und legte ihm Zweifel gegen die Vorsehung vor. Der Philosoph tröstete den Krieger, und rechtfertigte die Gottheit.

CRAYER (CASPAR DE), ein Mahler von Antwerpen, lernte bei Raphael Corcie, den er schon übertraf, eh' er ihn noch verließ. Er machte eine Auswahl von den besten öffentlichen Gemählden zu Brüssel, nach welchen er studierte, und die Natur dabei zu Rathe zog, aus welchen er folglich seine schöne Manier bildete. Crayer mahlte mehr als 100 Altarblätter, wie man denn allein zu Gent 21 zählt. Man rechnet ihn unter die besten Mahler in Flandern; und ob er gleich weniger Feuer besaß als Rubens, so ist hingegen seine Zeichnung zuweilen regelmäßiger. Seine Compositionen sind vernünftig, und bestehen in wenigen Figuren, da er allem Ueberflüßigen auswich), und sich nur an große Partien hielt, welche er mit großem Fleiß ausarbeitete. Er setzte seine Figuren künstlich zusammen, und gab ihnen sehr natürliche Stellungen. Seine Gewänder haben viele Mannigfaltigkeit, und die Falten sind ungekünstelt. Das Colorit besaß er sehr wohl, und in Mischung der Farben ist er vortrefflich. Man kann ihn mit Vandyck vergleichen, indem seine historischen Gemählde mit eben dem Fleiße und der zierlichen Färbung verfertiget sind, als die Bildnisse jenes Künstlers. Er starb zu Gent 1669, im 87. Jahre seines Alters, und wurde in die Capelle St. Rosa der Dominicanerkirche begraben. P. van Schuppen, P. Pontius, P. Jode u. a. haben nach ihm in Kupfer gestochen.

CREBILLON (PROSPER JOLIOT DE), 1674 zu Dijon geboren, starb 1762, ein Französischer Tragödiendichter, den man gemeiniglich zwischen Corneille und Racine stellt. Er wurde als ein rechtschaffener Mann von vielen und großen Tugenden sehr bedauert. Er war von außerordentlich starkem Körperbau, ohne welchen er es nicht so lange hätte aushalten können, denn er aß beständig zum Erstaunen viel, schlief wenig, und lag so hart, als auf der Diele, nicht wegen eines religiösen Grundsatzes der Casteiung, sondern weil es ihm so beliebte. Er war beständig von 30 Hunden und Katzen umgeben, und rauchte beständig Taback, um die Lüfte seines Zimmers zu reinigen.

Zweiter Theil.                Q                Wenn

Wenn er krank war, so pflegte er sich ganz seinen eigenen Einfällen und Gefühlen zu überlassen; denn er war ein beständiger
Verspotter der Arzeneikunst und der Aerzte. — Man fragte ihn
einmahl in einer zahlreichen Gesellschaft, welches er für das beste
von seinen Werken hielt. „Ich weiß nicht," antwortete er,
„welches mein bestes Product ist; aber dieß," auf seinen Sohn
zeigend, „ist zuverlässig mein schlechtestes." — „Das kommt
„daher," sprach dieser sein Sohn lebhaft, „weil es der Carthäu-
„sermönch nicht gemacht hat." — Man muß sich nämlich erinnern, daß die Feinde dieses großen Mannes das lächerliche Gerücht verbreitet hatten, er verdanke seine schönsten Producte einem Mönche, der sein Freund war.

Crebillon ist der Schöpfer eines Theiles, der ihm allein eigen
ist, jenes Schreckens, der die wahre Tragödie ausmacht. —
Man fragte ihn einmahl nach einer Vorstellung des Atreus,
warum er die schreckliche Gattung angenommen habe? — „Es
„blieb mir keine Wahl übrig, versetzte er; Corneille
„nahm den Himmel, Racine die Erde, mir blieb
„nichts als die Hölle: ich warf mich also unter
„die Verdammten." — Kühn in seinen Mahlereien, männ-
lich in seinen Characteren, groß in seinen Ideen, energisch in
seinen Versen, und schrecklich in seinen Planen ist er vielleicht
der einzige unter den Französischen Dichtern, der das große Geheimniß der Kunst Melpomenens besaß, wie es die Tragiker der
alten Griechen besaßen. — Seine Werke wurden im Louvre in
2 Quartbänden gedruckt; man hat auch 2 schlechtere Ausgaben,
1759, 2 Bände groß 12. 1772, 3 Bände in 12.

CREBILLON (CLAUDE PROSPER JOLIOT DE), Sohn
des Vorhergehenden, den 12. Februar 1707 zu Paris geboren,
starb 1777 daselbst. Sein Vater zeichnete sich durch einen männlichen und kräftigen Pinsel aus; der Sohn glänzte durch die
Grazie und die Ungezwungenheit seiner Conversation und seiner
Schriften. Ein Abbé sagte daher in einem Anfall von Laune zu
ihm: „Schweig du — — Dein Vater war ein gro-
„ßer Mann; du aber, du bist nichts, als ein großer
„Knabe." — „Crebillon, der Vater," sagt Mr. d'Alembert,
„mahlt die Verbrechen und Bosheiten der Menschen mit dem
„schwärzesten Colorit. Der Sohn zeichnete mit dem zartesten
„und wahrsten Pinsel die Feinheiten, Nüancen und selbst die
„Grazien unserer Laster; jenen verführerischen Leichtsinn, wel-
„cher die Franzosen zu dem macht, was man liebenswürdig
„nennt,

„nennt, und welches so viel , als nicht liebenswürdig
„heißt; jene unruhige Thätigkeit, welche macht, daß sie selbst
„im Schooße des Vergnügens lange Weile empfinden; jene Ver-
„kehrtheit verstellter, und gleichsam durch die Maske der Schick-
„lichkeit gemilderter Grundsätze; unsere Sitten endlich, die ver-
„dorben und frivol sind, in welchen das Extrem der Verderbniß sich
„ mit dem Extrem des Lächerlichen verbindet. „— Diese wohl ge-
rathene Parallele beweist, wie lächerlich das Urtheil des Herausgebers des Ladvocat ist, welcher sagt; die Romane Crebil-
lons sind sehr interessant, weil alle Empfindungen darin aus einem empfindsamen Herzen ge-
schöpfet sind. Deßwegen interessieren sie zuverlässig nicht,
und der Verfasser mahlt mehr, als er empfindet.

Seine vorzüglichsten Werke sind:

*Lettres de la Marquise au Comte de * * *,* 1732, 2 Bände
in 12.

*Tanzai & Néardané,* 1734, 2 Bände in 12. Dieser von
satyrischen und oft unverständlichen Anspielungen volle Roman brachte ihn in die Bastille, und wurde mehr gelesen,
als er es verdiente.

*Les Egaremens du coeur & de l'esprit,* 1736, 3 Bände in 12.

*Le Sopha, conte moral,* oder vielmehr *anti-moral,* 1745,
1749, 2 Bände in 12.

*Lettres Atheniennes,* 1771, 4 Bände in 12. u. m. a.

CREECH (THOMAS), berühmt wegen seiner Englischen Uebersetzungen alter Autoren in Prosa und Versen, wurde 1659 geboren,
und starb durch seine eigene Hand 1701. Seine vorzüglichsten Werke
sind die Uebersetzungen des Lucretius und Horaz; er übersetzte aber auch kleinere Stücke aus dem Theocrit, Virgil,
Ovid, Juvenal, Plutarch, u. a.

CRELLIUS (JOANNES), ein sehr berühmter Socinianer,
und dem Socinus selbst an Würdigkeit der nächste, 1590
geboren, starb 1633.

CREMONINI (GIOVANNI BATTISTA), ein Mahler von
Cento, erhielt wegen seiner Verdienste das Bürgerrecht von Bo-
logna. Er mahlte mit einer verständigen und hurtigen Manier
Figuren, Perspectiven, Friesen u. s. w. und war ein geschickter
Baumeister in allerhand Maschinen, Rennbahnen, Schaubüh-
nen. Er arbeitete zu Bologna, Parma, Modena und Miran-
Q 2 dola-

dola. Man rühmt sowohl seine Fertigkeit und Meisterhaftigkeit in Erfindungen und Gemählden, als auch seine Billigkeit in den Preisen. Er starb 1610.

CRENIUS (THOMAS), oder nach seinem eigentlichen Namen, THOMAS THEODOR CRUSIUS, ein Philolog und Critiker, 1648 zu Brandenburg in der Mittelmark geboren, wo sein Vater Superintendent war. Er studierte zu Wittenberg, Leipzig und Gießen, hielt am letztern Ort philosophische Vorlesungen, und kam 1672 als Prediger nach Blumenlage, einer Vorstadt bei Zelle im Lüneburgischen. Eine äußerst unzufriedene Ehe brachte ihn auf den Entschluß, 1676 mit einem andern Frauenzimmer in die Mark zu entweichen. Von dieser Zeit an nannte er sich Crenius, und irrte beinahe in ganz Europa herum; er war einige Zeit Rector zu Eperies in Ungarn, 1680 Prediger zu Riga, und 1682 Superintendent zu Pilten in Curland. Im Jahr 1683 begab er sich endlich nach Leyden, wo er sich theils mit Bücherschreiben, theils mit Unterweisung junger Standespersonen und fremder Studenten reichlich nährte, bis er den 29. März 1728 im 80. Jahre starb.

Er zeigt viele Kenntnisse, und war ein erstaunlicher Sammler, der größtentheils ähnliche Werke anderer Gelehrten, und zwar meistentheils kleine, die sich sonst verlieren, unter einem Titel zusammen getragen hat, z. B.

*Consilia et methodi aureae studiorum optime instituendorum, Roterod. 1692, in 4.*

Diesem ersten Bande folgten noch zwei andere, die 1696 zu Leyden gedruckt wurden: der erstere führt den Titel:

*De philologia et studiis liberalis doctrinae;*

der letztere:

*De eruditione comparanda.*

Eine Sammlung von Vorschriften, über die Art und Weise, die in diesen Bänden enthaltenen Wissenschaften zu studieren.

*Animadversiones philologicae et historicae. Lugd. Bat. 1697 — 1720, 19. vol. in 8.*

*De Furibus librariis. Lugd. Bat. 1705, in 12.*

u. v. a. m.

CREPU (            ), ein Wallon, war in seiner Jugend Lieutenant in Spanischen Diensten. Erst in seinem 40. Jahre kam er als abgedankter Officier nach Antwerpen, legte sich ohne einige

einige Unterweisung auf das Blumenmahlen, worin er in kurzer Zeit alle seine Landsleute übertraf. Seine Blumen sind durchsichtig, zierlich gezeichnet, wohl coloriert, meisterhaft gemahlt, und von guter Haltung. Dieser Künstler blühte im Anfange des 18. Jahrhunderts.

CRESCENS, ein Cynischer Philosoph, um das Jahr 154 nach Christi Geburt, machte sich durch seine Debauchen und durch seine Verleumdungen gegen die Christen einen schändlichen Namen. Der H. Justin schrieb seine zweite Apologie gegen ihn.

CRESCENTIIS (PETRUS DE), von Boulogne, übte sein Metier als Advocat, auf einer 30jährigen Reise, um sich den Unruhen seines Vaterlandes zu entziehen. In seinem 70. Jahre kehrte er wieder zurück, um sich mit einem Werke über den Ackerbau zu beschäftigen, welches er Carl II. König von Sicilien, widmete; es führet den Titel:

*Opus ruralium commodorum.*

Es befindet sich außer zwei verschiedenen Ausgaben desselben, Löwen 1474, Florenz 1481 in Folio, auch in Geßners Rei rusticae Scriptoribus, Leipzig 1735. in 4. —

CRESCENTIUS NUMANTIANUS, ein Römischer Patricier, bemächtigte sich um das Jahr 985 der Engelsburg, und verübte unerhörte Grausamkeiten in Rom. Seine Verbrechen blieben aber nicht unbestraft: der Kaiser Otho III. ließ ihm den Kopf abschlagen.

CRESCIMBENI (GIOVANNI MARIA), ein Italiänischer Dichter, 1663 zu Macerata in der Mark Ancona geboren. Er machte den Plan zur Stiftung einer neuen Academie, unter dem Namen der Arcadischen. Im Anfange waren nicht mehr als 14 Mitglieder, die sich aber in der Folge sehr vermehrten. Sie nannten sich selbst die Arcadischen Schäfer; jeder nahm den Namen eines Schäfers und eines Ortes in diesem alten Königreiche an. Der Stifter dieser Gesellschaft wurde 1690 der Director derselben, und blieb es bis an seinen Tod, 1728. — Von seinen Schriften führen wir nur die

Geschichte der Italiänischen Dichtkunst

an, Venedig 1731, 7 Bände in 4. die sehr geschätzt wird.

CRESPI (GIUSEPPE MARIA), Schüler des Cignani, 1665 zu Bologna geboren, starb 1747 in derselben Stadt. Er bildete sich nach den Werken des Barozzi, Tizian, Paul Veronese. Eine lebhafte und lachende Phantasie verbreitete über seine Gemählde und seine Unterhaltung Reitze. Die Großen suchten seinen Umgang, die Künstler seine Werke. Seine Figuren sind licht und hervorspringend, sein Character frappant und mannigfaltig, und seine Zeichnung correct.

CRESTI (DOMENICO), ein Mahler von Florenz, ist vornehmlich unter seinem Beinamen Passignano bekannt. Er lernte bei Baptist Naldini und Friedrich Zucchero, ward auch in seiner Kunst vortrefflich. Man siehet von ihm in der St. Peterskirche zu Rom drei große Gemählde, nämlich: die Geschichte des Apostels Thomas; die Darstellung im Tempel, und die Kreuzigung des Apostels Petrus, welche ihm den Christus Ritterorden erwarben.

Passignano starb 1638, im 80. Jahre seines Alters, zu Florenz, und hinterließ ein kostbares Cabinet von Medaillen, Zeichnungen und Antiquitäten.

CRETI (DONATO), 1671 zu Cremona geboren, wurde zu Bologna erzogen. Er lernte bei seinem Vater Joseph, bei Georg Raparino und bei Lorenz Pasinelli. Donat ward ein großer Zeichner, ein geistreicher und hurtiger Mahler von fruchtbarer Erfindung und gutem Geschmack, wie man solches an den vielen Gemählden, die man in den Pallästen und Häusern zu Bologna findet, sehen kann. In dem Zeichnen, da er ohne einigen Entwurf seine mahlerischen Einfälle bloß mit der Feder zu Papier brachte und ausarbeitete, war er sehr berühmt; sie wurden für die Kunstcabinette sehr stark gesucht, und man siehet viele davon bei dem Grafen von Fava.

Donat ist nach Cochins Urtheil ein ziemlich feiner Zeichner; seine Gewänder sind gut, wiewohl etwas scharf, und gleichen zu sehr dem Taffet. Er ist aber ein schwacher Colorist: seine Mitteltinten sind gemeiniglich allzu schwach, und geben den Gegenständen nicht die erforderliche Rundung; daher sind seine grau in grau gemahlten Stücke besser als seine Gemählde.

Er starb 1747 im 76. Jahre zu Bologna.

CREUZ (FRIEDRICH CASIMIR VON), ein verdienter Deutscher Dichter, 1724 zu Homburg vor der Höhe geboren, und

und seit 1751 der Berlinischen, seit 1765 der Churpfälzischen Academie der Wissenschaften, und auch der churfürsl. Baierschen Mitglied. Er starb als Reichshofrath und Hessen-Homburgischer
Geheimerath den 6. September 1770 zu Homburg vor der Höhe
an der Wassersucht.

Vorzüglich bekannt von ihm sind:

Die Gräber, ein philosophisches Gedicht in 6 Gesängen,
nebst einem Anhang neuer Oden und philosophischer
Gedanken, Frankf. a. M. 1760, in 8.

Die Reliquien, unter moralischer Quarantaine, mit 3
Anhängen, Frankf. a. M. 1767, in 8. gegen die Reliquien des Freiherrn F. C. von Moser.

Der wahre Geist der Gesetze, Frankfurt 1766, in 8.

Creuz sieht alles unter einem schwarzen Flor; nur die großen
Scenen jenseit des Grabes, die ihm seine Phantasie wie in
Entzückungen vorspiegelt, reißen ihn zu feierlichen und erwär-
menden Stellen hin.

CREVIER (JEAN BAPTISTE LOUIS), 1693 zu Paris geboren, studierte unter dem berühmten Rollin, und ward Professor der Rhetorik. Nach dem Tode seines Lehrers, 1741, unternahm er die Fortsetzung und Beendigung der Römischen
Geschichte desselben. Er gab noch mehrere Werke heraus,
und starb 1765.

CRILLON (LOUIS DE BERTHON DE), aus einer vorneh-
men Italiänischen Familie, die sich in dem Comtat Venaissin niedergelassen hatte, Maltheserritter, und einer der größesten Capitäne seines Jahrhunderts, wurde 1541 geboren. Er diente seit
dem Jahre 1557, befand sich im 15. bei der Belagerung von Calais, und trug durch eine glänzende Handlung, die ihm von
Heinrich II. bemerken machte, viel zur Einnahme dieser Stadt
bei. In den Jahren 1562, 1568 und 1569 zeichnete er sich in
den Schlachten bei Dreux, Jarnac und Montcontour gegen die
Hugonotten aus. Der junge Held that sich, vorzüglich in der
Schlacht bei Lepante 1571, so sehr hervor, daß man ihn, ob er
gleich verwundet war, erwählte, dem Papste und dem Könige
von Frankreich die Nachricht des Sieges zu überbringen.

Zwei Jahre darauf, 1573, fand man ihn bei der Belagerung
von Rochelles, und fast bei allen andern bedeutenden Affairen.
Er zeigte sich überall als der brave Crillon; dieß war der
Name, den ihm Heinrich IV. gewöhnlich gab,

Q 4

Heinrich

Heinrich III. der seine Tapferkeit kannte, belohnte ihn 1585 mit der Würde eines Ritters von seinen Orden. Die schöne Außenseite der Ligue, die Religionsmaske, womit sie ihre Attentate bedeckte, konnte die Treue des braven Crillon nicht wankend machen, so sehr er auch die Hugonotten haßte. Er leistete in den Schlachten von Barricades, Tours und anderwärts seinem Fürsten gegen die falschen Eiferer wichtige Dienste. Heinrich III. wagte es, dem Crillon den Vorschlag zu thun, den Herzog von Guise, einen rebellischen Unterthanen, den er durch das Schwert der Gesetze hinrichten zu lassen sich fürchtete, zu ermorden. Crillon erbot sich, sich mit ihm zu schlagen, wollte aber von einem Meuchelmorde nichts hören. (Man sehe den Artikel HENRI GUISE.)

Als Heinrich IV. sein Königreich erobert hatte, war ihm Crillon eben so treu, als seinem Vorfahren. Er schlug die Ligueurs von Boulogne zurück. Als die Armee des Villars im Jahr 1592 Quilleboeuf belagerte, vertheidigte er diesen Ort tapfer, und antwortete den Belagerern, als sie die Belagerten sich zu ergeben aufforderten: Crillon ist drin, und der Feind draußen. Der gute Heinrich that indeß wenig für ihn, weil er, wie er sich ausdrückte, des braven Crillon schon versichert war, und alle diejenigen, die ihn verfolgten, noch erst zu gewinnen hatte.

Als der Friede von Vervins die Kriege geendiget hatte, welche Europa beunruhigten, zog sich Crillon nach Avignon zurück, und starb daselbst 1615 in seinem 75. Jahre. Demoiselle de Lussan gab das Leben dieses Helden, der zu seiner Zeit der Mann ohne Furcht, der Brave aller Braven hieß, in zwei Duodezbänden heraus.

Er war, nicht wegen des sonderbaren und verwirrten Characters, sondern seines Herzens und seiner Religion wegen, ein zweiter Ritter Bayard. Man weiß, daß Crillon, als er sich einsmahls bei einer Passionspredigt befand, und der Prediger von der Geißelung sprach, von einen plötzlichen Enthusiasmus ergriffen wurde, die Hand an seinen Degen legte und rief: „Wo „warst du damahls, Crillon?" Diese Aufwallungen des Muthes, die Wirkungen eines außerordentlich lebhaften Temperaments, verwickelten ihn oft in Duelle, die er immer rühmlichst verließ.

Wir können uns nicht enthalten, diesen Artikel mit zwei Zügen von Unerschütterlichkeit zu zieren, welche diesen großen Mann

Mann gut schildern. In der Schlacht bei Montcontour, im Jahr 1569, glaubte ein Hugonottischer Soldat seiner Partei einen wichtigen Dienst zu leisten, wenn er sie von dem furchtlosesten und gefürchtetsten aller catholischen Generale befreien könnte. Er stellte sich an einen Platz, wo Crillon bei der Zurückkunft von der Verfolgung der Flüchtlinge nothwendig vorbei mußte. Sobald ihn dieser Fanatiker sahe, schoß er auf ihn. Ob Crillon dadurch gleich am Arme schwer verwundet worden war, lief er doch auf den Meuchelmörder los, erreichte ihn, und wollte ihn eben durchstechen, als ihm der Soldat zu Füßen fiel, und um sein Leben bat. „Ich schenke dir's, antworte ihm Crillon; „und wenn man auf die Treue eines Menschen „rechnen könnte, der ein Rebell gegen seinen Kö-„nig, und treulos gegen seine Religion ist, so „würd' ich dein Wort verlangen, niemahls für ei-„nen andern als für deinen Souverain die Waffen „wieder zu ergreifen." Der Soldat, durch so viele Großmuth beschämt, schwor, sich auf immer von den Rebellen zu trennen, und zur catholischen Religion zurück zu kehren.

Der junge Herzog von Guise, zu welchem Heinrich IV. ihn nach Marseille geschickt hatte, wollte versuchen, bis auf welchen Punct die Festigkeit Crillons gehen könne. Er ließ vor der Wohnung dieses Braven Lärm schlagen, zwei Pferde vor die Thüre führen, ging zu ihm, um ihm anzukündigen, daß die Feinde Meister der Stadt und des Hafens wären, und schlug ihm vor, zu entfliehen, um den Ruhm des Siegers nicht zu vermehren. Crillon war kaum aus dem Schlaf aufgeweckt, als man ihm das sagte, griff ohne bestürzt zu sein nach seinen Waffen, und bestand darauf, lieber mit dem Degen in der Hand zu sterben, als den Verlust des Platzes zu überleben. Guise konnte ihn von diesem Entschluß nicht abbringen, und ging mit ihm aus seinem Zimmer; aber mitten auf der Treppe brach er in ein heftiges Gelächter aus, woraus Crillon sahe, daß alles bloßer Scherz sei. Nun nahm er eine ernsthaftere Miene an, als wenn er sich zu schlagen dachte, faßte des Herzogs Hand, und sagte nach seiner Gewohnheit mit einem Fluche zu ihm: „Junger Mensch, „spaße nie wieder, um den Muth eines rechtscha-„fenen Kerls auszuforschen. Hättest du mich „schwach gefunden, so hätt'ich dich, so wahr ich „lebe, erstochen." Nach diesen Worten zog er sich, ohne weiter etwas zu sagen, zurück.

Man

Man kennt das laconische Billet, welches Heinrich IV. vom
Schlachtfelde von Arques an Crillon schrieb, wo er nicht zugegen
sein konnte: „Hänge dich, Crillon, schrieb der König;
„wir haben zu Arques gesiegt, und du warst nicht
„dabei. Adieu, braver Crillon; ich liebe dich, es
„gehe wie es wolle.“

CRINESIUS (CHRISTOPHORUS), 1584 in Böhmen gebo-
ren, lehrte zu Altorf die Theologie mit Auszeichnung, und starb
daselbst 1626.  Man hat von ihm verschiedene Werke in 4. die
seine Gelehrsamkeit beweisen: eine

Disputation über die Verwirrung der Sprachen.
*Exercitationes Hebraicae.*
*Gymnasium et Lexicon Syriacum*, 2 Bände.
*Lingua-Samaritica.*
*Grammatica Chaldaica.*
*De auctoritate Verbi divini in Hebraico Codice*, Amsterdam 1664.

CRINITUS (PETRUS), oder PIETRO RICCIO, 146- zu
Florenz geboren, lehrte daselbst nach dem Tode seines Lehrers
Angelo Poliziano die schönen Wissenschaften.  Er erwarb
sich durch seinen Geist und seine Gelehrsamkeit vielen Ruhm;
aber dem schändlichsten aller Laster ergeben, verführte er die seiner Sorge anvertrauten Jünglinge.  Einer von ihnen, dem bei
einem Gastmahle der Wein den Kopf erhitzt hatte, übergoß ihn
im Spaß mit einem Glase frischen Wassers.  Der plötzliche
Schreck, und das Spottgelächter, das ihm dieser Possen zuzog,
afficierten den Professor so sehr, daß er 1505 daran starb.  Man
hat mehrere Werke in Versen und Prosa von ihm, die voll von
Wind und Phrasen, und, ungeachtet ihres emphatischen Styles,
im allgemeinen sehr mittelmäßig, und selbst unter dem Mittelmäßigen sind.  Wir führen nur seine
Lebensbeschreibungen der Lateinischen Dichter
an, Lyon 1554 in 4.

CRISPUS (FLAVIUS JULIUS), Sohn des Kaisers Constantin und der Minervina, wurde von seinem Vater mit
dem Titel Cäsar beehrt, und zeigte sich dieser Würde durch seine
Tapferkeit würdig.  Er würde vielleicht einen Ruhm erlangt haben, der demjenigen der größesten Feldherren seines Jahrhunderts
gleich gekommen wäre, wenn die unglückliche Leidenschaft seiner
Stiefmutter Fausta nicht seinen Tod verursacht hätte.  Diese
Kaiserin klagte ihn an, er habe das Bette seines Vaters beflecken
wollen,

wollen, nachdem sie ihn nicht hatte verführen können. Constantin maß dieser Anklage zu vielen Glauben bei, und ließ im
Jahr 324 seinen Sohn vergiften. Bald darauf wurde seine Unschuld erkannt, und die Verläumderin bestraft.

CRISPUS oder CRISPO (GIOVANNI BATTISTA), Theolog und Dichter, von Gallipoli im Königreich Neapel, starb
1595, als eben Clemens VIII. ernstlich darauf dachte, ihn zum
Bischof zu erheben. Seine vorzüglichsten Werke sind:

. *De Ethnicis Philosophis caute legendis*, ein schätzbares Werk,
über die Vorsicht, die man zur Lectüre der Weisen des Heidenthums mit bringen muß. Es leistete ehedem von der einen Seite zur Entdeckung der Irrthümer der Philosophen,
von der andern zur Entdeckung der Wahrheit, die man in
der Philosophie sucht, gute Dienste. Dieses 1594 zu Rom
in Folio herausgekommene Werk ist selten geworden.
Das Leben Sannazars, Rom 1583, Neapel 1633, in 8.
ein lesenswürdiges und gut geschriebenes Werk.

CRITIAS, der erste von den 30 Tyrannen von Athen, ein
Mann von Geburt und Geist, listig, beredt, aber ein gefährlicher
Bürger, schien zum Unglück seines Vaterlandes geboren zu sein.
Er war der grausamste unter seinen Cellegen, und ließ den Al-
cibiades und Theramenes, zwei Chefs, deren Tapferkeit seine tyrannische Gewalt bedrohte, hinrichten. Er verfolgte
selbst die verbannten Athenienser in ihren Freistätten. So viele
Unmenschlichkeit vereinigte diese Unglücklichen zu einem Corps
d'Armée. Sie drangen unter der Anführung des Thrasybu-
lus in Africa ein, und fielen den Critias an. Er wurde 400
Jahre vor Christi Geburt mit den Waffen in der Hand erschlagen.

Dieser berühmte Unterdrücker, der seine Mitbürger quälte,
war dennungeachtet ein Schüler des weisen Socrates gewesen, und hatte Elegien und andere Werke geschrieben, wovon wir nichts, als noch einige Bruchstücke haben.

CRITOLAUS, Sohn des Rerimachus, Bürger der Stadt
Tegea in Arcadien. Er war der älteste von seinen beiden Brüdern, mit welchen er gegen die drei Söhne des Damostratus,
Bürger von Pheneus, gleichfalls in Arcadien, kämpfte, um dadurch den Krieg zu endigen, der zwischen diesen beiden Städten
schon einige Zeit dauerte. Als die beiden Brüder des Critolaus,
nachdem

nachdem sie ihre Gegner verwundet hatten, auf dem Platze geblieben waren, erschlug Critolaus. alle drei.

Als der Sieger nach Hause kehrte, war seine Schwester Demodice, die mit einem der Erschlagenen versprochen war, die einzige, die sich über seinen Sieg nicht freute. Ihr Schmerz bei der allgemeinen Freude brachte den Critolaus so heftig auf, daß er sie tödtete, und die Natur dem Vaterlande aufopferte. Seine Mutter führte ihn vor den Rath der Stadt; aber die Tegeaten konnten sich nicht entschließen, einen Mann zu verurtheilen, der ihnen so eben die Freiheit wieder gegeben, und ihre Macht gegen ihre Feinde sicher gestellt hatte.

In der Folge ward Critolaus Anführer der Achäer gegen die Römer. Man sagt, er habe sich aus Gram vergiftet, weil er 146 Jahr vor Christi Geburt von Cäc. Metellus am Paß von Thermopyle geschlagen worden war.

Die Geschichte des Critolaus, welche Plutarch erzählt, könnte wohl nach der der Horatier gebildet worden sein; vielleicht sind auch beide Fabeln.

CRITON, ein Athenienser und einer der eifrigsten Schüler des Socrates, reichte diesem Philosophen, was er bedurfte, um das Jahr 404 vor Christi Geburt. Er unterhielt sich mit ihm bis an seinen Tod, und schrieb Dialogen, welche verloren gegangen sind. Er hatte mehrere ausgezeichnete Schüler.

CRITON (JAMES), ein Schottländer, von der königlichen Familie Stuart, ein Wunder von vorreifer Gelehrsamkeit, sprach, wie man sagt, in seinem 21. Jahre zehn verschiedene Sprachen, hatte die Philosophie, Theologie, Mathematik, die schönen Wissenschaften inne, spielte musicalische Instrumente sehr gut. Die Kriege nöthigten ihn, sein Vaterland zu verlassen; er ging nach Italien. Zu Venedig, wo er sich einige Zeit aufhielt, vertheidigte dieser neue Pico de la Mirandola Thesen aus allen Wissenschaften öffentlich. Er starb 1583 im 22. Jahre.

CRIVELLI (ANGELO MARIA) von Mailand, war anfänglich ein gemeiner Schildmahler, befleiß sich aber nachher aus eigenem Triebe Thiere zu mahlen, wobei er die Natur zur Lehrmeisterin gebrauchte, und es hierin zu solcher Vollkommenheit brachte, daß die vornehmsten Mahler sich seiner Arbeit zu ihrem Unterricht bedienten. Man siehet von ihm schöne Gemählde in dem Landpallaste zu Arconati. Dieser Künstler starb um das Jahr 1750.

CROCE

CROCE (Baltassare), ein Mahler zu Bologna, lernte bei Hannibal Carraccio. Er arbeitete in der Sala Clementina des vaticanischen Pallastes, in der Kirche St. Johann von Lateran, und verschiedenen andern berühmten Kirchen von Rom. Er starb daselbst 1628 im 55. Jahre. M. Grauther hat nach ihm in Kupfer gearbeitet.

CROCE (Francesco Maria Rizzi, genannt Da), von einer Stadt in dem Gebiethe von Bergamo, lernte bei Jacob Bellino. Er mahlte in der Kirche degli Angeli zu Murano eine wohl ausgeführte Tafel. worauf Maria, Jeremias, Hieronymus u. a. vorgestellt sind; sie ist mit der Jahrszahl 1507 bezeichnet. Im Jahr 1513 mahlte er eine Auferstehung Christi für die Dominicanerkirche Madonna de Rosario. Das Gemählde von dem Märtyrertode des H. Laurentius, welches man von ihm in der Kirche S. Francesco della Vigna zu Venedig sieht, ist von einer besondern und seltenen Schönheit.

CROCE (Geronimo Rizzi, genannt Da), Bruder des Vorhergehenden, lebte zu den Zeiten Giorgione's und Tizians, um das Jahr 1530, zu Venedig, und mahlte demungeachtet noch beständig nach der alten Manier der Bellini, wie man an den großen Schwibbogen der Kirche St. Johannes und Paulus, in der Kirche St. Julianus, und in der Schule St. Franciscus sehen kann; aber in seinen letzten Werken folgte er mehr als andere dem Geschmacke der oben bemeldeten Künstler.

Ein anderer Geronimo Santa Croce, Bildhauer zu Neapel, lernte bei Matteo, einem Mahler von Siena. Er arbeitete in Basreliefs sehr wohl. Sein frühzeitiger Tod, der 1537 in seinem 35. Jahre erfolgte, wurde von allen Kunstverständigen sehr bedauert.

CROCE (Filippo), genannt PIPPO, ein Beiname, der allen seinen Nachkommen gegeben wurde, war von Urbino gebürtig, und legte sich als ein armer Hirtenknabe auf die Zeichenkunst. Er begab sich nach Rom, und fing an, kleine Historien in Elfenbein, Corallen, Agath, Carniol und Jaspis mit einer schönen Ausarbeitung und vortrefflicher Zärtlichkeit zu schnitzen: sie fanden zu Genua, wo er sich häuslich niederließ, viele Liebhaber. Oefters schnitt er in Kirschsteine geist- und weltliche Geschichten. Seine Figuren sind so klein und zart, daß sie dem bloßen Auge fast unsichtbar vorkommen, und durch Vergrößerungsgläser betrachtet werden müssen, da man denn in denselben eine gute Proportion findet. Er blühte um das Jahr 1600.

CROECKER

CROECKER (JOHANN), ein Medailleur, aus Sachsen gebürtig, arbeitete um 1710 zu London, wo alle Medaillen- und Münzstempel von ihm geschnitten wurden. Man rühmt seine Köpfe, aber die Reverse sind gemeiniglich schlecht gezeichnet. Eins seiner schönsten Schaustücke stellet die Brustbilder Georgs II. und seiner ganzen Familie vor. Köhler Tom. 9. p. 1. giebt davon einen Kupferstich.

CROESE (GERHARD), protestantischer Prediger, 1642 zu Amsterdam geboren, ist Verfasser der

Geschichte der Quaker, 1695 in 8.

und eines andern sonderbaren Werkes, welches betitelt ist:

*Homerus Hebraeus, sive Historia Hebraeorum ab Homere, 1704, in 8.*

Er starb 1710 im 68. Jahre in einer Vorstadt bei Dordrecht. Richtigkeit des Geistes war seine auszeichnende Eigenschaft eben nicht; aber seine Werke können denjenigen gefallen, welche die litterarische Critik und Untersuchungen der Erudition lieben.

CROESUS, fünfter und letzter König von Lydien, und Nachfolger des Alyattes, theilte 557 Jahr vor Christi Geburt seine Regierung unter die Vergnügungen, den Krieg und die Künste. Er machte mehrere Eroberungen, und vergrößerte mit Pamphylien, Mysien und mehreren andern Provinzen seine Staaten. Sein Hof war der Aufenthalt der Gelehrten und Philosophen. Solon, einer der sieben Weisen Griechenlands, begab sich zu ihm, und Crösus zeigte ihm seine Schätze, seine Möbeln und Zimmer, und glaubte durch diese Pracht die Augen des Philosophen zu blenden. Solon kränkte seine Eigenliebe, indem er dem Könige, welcher unter den glücklichen Menschen seiner Zeit der erste zu sein glaubte, sagte: Man kann vor seinem Tode keinen Menschen glücklich nennen.

Crösus genoß seiner Reichthümer und seines Glückes nicht lange. Er zog einige Zeit darauf gegen Cyrus, mit einer Armee von 420,000 Mann, wobei 60,000 Mann Cavallerie waren. Er wurde geschlagen, und mußte sich in seine Hauptstadt zurück ziehen, welche auch bald eingenommen wurde.

Herodotus erzählt, daß, als dieser König auf dem Punct war, bei der Belagerung von Sardes von einem Soldaten mit einer Streitart erschlagen zu werden, sein stumm geborner Sohn von einem plötzlichen Schreck befallen die Sprache erhielt, und schrie: ▸ Halt,

„Halt, das ist Crösus!“ — Der Ueberwundene wurde vor den
Sieger geführt, und verurtheilt, lebendig verbrannt zu werden.
Man hatte ihn schon auf den Scheiterhaufen gebunden, als er
sich jener Worte Solons erinnerte. Er rief den Namen dieses
Philosophen drei Mahl seufzend aus. Cyrus fragte, warum er
den Namen Solon mit so großer Lebhaftigkeit nenne. Crösus
erzählte ihm die Bemerkung des Philosophen. Cyrus, gerührt
von der Unbeständigkeit der menschlichen Dinge, ließ ihn vom
Scheiterhaufen herunter nehmen, und schenkte ihm sein Vertrauen. Mit ihm endigte sich 544 Jahr vor Christi Geburt das
Lydische Reich. Man weiß nicht, wenn er starb; man weiß
bloß, daß er den Cyrus überlebte.

CROIX (FRANÇOIS PETIS DE LA), Secretär und Dol-
metscher des Königs von Frankreich in der Türkischen und Ara-
bischen Sprache, starb den 4. November 1713, in seinem 73.
Jahre, nachdem er diese Stelle 44 Jahr verwaltet hatte. —
Außer der Türkischen, Arabischen, Persischen und Tartarischen
Sprache verstand er auch die Aethiopische und Armenische.
Seine Werke sind: die

Französische Uebersetzung des Tausend und Einen Tags,
  5 Bände in 12.
Etat général de l'Empire Ottoman, depuis la fondation jusqu'à
  présent, avec l'Abrégé des Vies des Empereurs, aus einer
  Türkischen Handschrift, Paris 1683, 3 Bände in 12.
L'Histoire de Grand Geugiskan, premier Empereur des
  anciens Mogols & Tartares, aus alten Orientalischen
  Schriftstellern gezogen, 1710 in 12.
Histoire de Timur Bec, connu sous le nom du Grand
  Tamerlan, &c. aus dem Persischen, Paris 1722, 4
  Bände in 12.

Sein Sohn Alexandre Louis Marie, Professor der
Arabischen Sprache am königlichen Collegio, wie sein Vater,
starb 1751 im 53. Jahre, und übersetzte
Le Canon de Soliman II. pour l'instruction de Mourad IV.
  1725 in 12.

CROMWELL (THOMAS), Graf von Esser, um das
Jahr 1490 geboren, der Sohn eines Schmiedeknechtes von Put-
ney in Surey, anfänglich Domestique des Cardinals Wolsey,
lernte unter diesem Staatsmanne die Kunst des Hoflebens.
Heinrich VIII. liebte damahls Anna von Boulen leidenschaftlich.

schaftlich. Er wandte sich an sie, und ward durch ihr Ansehen Premier = Minister. Cromwell war ein heimlicher Lutheraner. Der König, der sich zum Chef der Englischen Kirche erklärt hatte, ernannte ihn zu seinem General = Vicar in den kirchlichen Angelegenheiten. Er wollte sogar, daß er bei der Synode und Versammlung der Bischöfe den Vorsitz führen sollte, ob er gleich ein Laie und nicht gelehrt genug war, bei diesen Conferenzen zu präsidieren. Er unterließ dabei nicht, seinen Herrn gegen die Catholiken einzunehmen, und bediente sich seiner Gnade und seines Ansehens, dieselben zu verfolgen, und mehrere von ihnen hinrichten zu lassen. Einige von ihnen hatten sich geflüchtet; er rieth dem Könige, eine Verordnung ergehen zu lassen, kraft welcher die Aussprüche gegen die Majestätsverbrecher, ob sie gleich abwesend und nicht verhöret worden wären, dasselbe Gewicht hätten, als die der Zwölfe, die das unbescholtenste Tribunal in England ausmachen. Er selbst war das erste Opfer seines gegebenen Rathes. — Heinrich VIII. war der Anna von Cleve überdrüßig, die ihn Cromwell heirathen gemacht hatte, und war entschlossen, den Stifter dieser Heirath ins Verderben zu stürzen. Catharina Howard, Nichte des Herzogs von Norfolk, hatte das Herz dieses Fürsten gewonnen; der Herzog bediente sich derselben, einen Minister zu stürzen, den er verabscheute. Er erhielt eine Commission zu seiner Arretierung. Jemehr das Parlement dem Cromwell, während er in Gnaden stand, geschmeichelt hatte, jemehr drängte es sich jetzt, ihn zu unterdrücken. Man klagte ihn der Ketzerei und des Hochverrathes an. Man verurtheilte ihn (spricht der Abbé Millot) ohne Verhör und ohne Beweise. Er flehte vergebens den bizarren und grausamen Heinrich VIII. in einem so demüthigen als rührenden Briefe um Gnade an, und wurde im Jahr 1540, drei Monate nachher, als ihn Heinrich auf den Gipfel des Glücks und der Ehre gestellt hatte, enthauptet. Alle seine Güter wurden confisciert. — Dieser Minister verdiente in einigen Rücksichten ein nicht so trauriges Schicksal. Vom niedrigsten Range zum höchsten erhoben, war er weder stolz gegen Niedrigere, noch undankbar gegen seine Freunde: aber er konnte seinen Haß gegen die nicht unterdrücken, die sich nicht zu seiner Religion bekannten; und diese Intoleranz war eine von den Quellen seines Unglücks.

CROMWELL (OLIVER), Protector der Republik England, war der Sohn des Mr. Robert Cromwell, und den 25. April 1599 in der Diöces St. John, in Huntingdon, wo sein Vater meist

meiſt lebte, geboren, und in der Freiſchule dieſer Stadt erzogen.
— Von Huntingdon ging er auf das Sidney-Collegium in Cambridge, wo er den 23. April 1616 Unterlehrer (Fellow-commo-
ner) ward. — Er wurde zum Mitgliede des 3. Parlements
Carls I. erwählt, welches ſich den 20. Januar 1628 verſammelte, und von dieſer Zeit an bis 1641 war er gegen alle Maßregeln des Hofes in warmer Oppoſition. Als es endlich zwiſchen
dem Könige und dem Parlement zum öffentlichen Bruche kam,
ward Cromwell Capitän, und ſeine erſte militäriſche Beſtimmung
war, ſich der Stadt Cambridge für das Parlement zu verſichern.
Er ſtieg nachher ſchnell zu dem Range eines General-Lieutenants,
unter dem Grafen von Mancheſter; in welcher Eigenſchaft er ſich
in der Schlacht von Marſton Moor auszeichnete. Er ward alsdann unter Sir Thomas Fairfax General-Lieutenant von der
Cavallerie, trug zur Niederlage der königlichen Partei bei Naſe-
by das meiſte bei, machte ſich Meiſter von Wincheſter und verſchiedenen andern Plätzen, nahm Carliſle und Berwick ein, und
zog in Schottland im Triumph ein. Als er die Hamiltons
(von der Partei des Königs) aller öffentlichen Aemter entlaſſen
hatte, kehrte er, mit allen Zeichen der Ehre und Hochachtung
von Seiten der Schotten, nach England zurück, nahm nach ſeiner
Ankunft in London ſeinen Sitz im Parlement wieder ein, und
empfing den Dank des Hauſes für dieſen ausgezeichneten Dienſt,
welches der letzte war, den er bis auf des Königes Tod als Soldat leiſtete.

Nach dieſer That, zu welcher ihn ſowohl Furcht als Stolz
trieb, ward Cromwell Lord-Gouvernör von Irland, in welches
Königreich er mit großer Pracht einzog, und machte ſich ſehr
bald Meiſter von Drogheda und den übrigen Plätzen, welche
von Royaliſten beſetzt waren. — Als dieſes gethan war, ward er
nach England zurück berufen, und zum General-Capitän aller
Parlements-Truppen ernannt; marſchierte wieder nach Schottland, ſchlug die Schotten bei Dunbar, verfolgte Carln II. nach
Worcheſter, und ſchlug alle ſeine Macht total.

Cromwell ſahe ſich nun im Beſitz einer ſo unwiderſtehlichen
Gewalt, daß er einen kühnern Schritt verſuchte, als vielleicht
jemahls einem Mann aus dieſem Lande zu thun in den Kopf gekommen war. Er entließ plötzlich das lange beſtandene Parlement; und als er alle ſeine Mitglieder aus dem Hauſe gebracht
hatte, verſchloß er die Thüren, ſteckte die Schlüſſel in ſeine
Taſche, und ging heim. Dieß geſchahe den 20. April 1658.

Zweiter Theil. R Den

Den 16. December deſſelben Jahres wurd' er unter dem Titel Lord-Protector der drei Nationen von England, Schottland und Irland mit der höchſten Gewalt bekleidet, in welcher Station er den 3. September 1658 ſtarb, nachdem er die Angelegenheiten des Königreiches 3 Jahre mit großer Thätigkeit und Geſchicklichkeit, ſo unrechtmäßig er ſich auch der Gewalt bemächtigte, verwaltet hatte.

CROMWELL (RICHARD), Sohn des Vorhergehenden, folgte ſeinem Vater im Protectorat nach; da er aber weder ſeinen Muth noch ſeine Verſtellungskunſt beſaß, ſo wußt' er ſich weder der Armee furchtbar zu machen, noch auch die Parteien und Secten im Zaum zu halten, welche England theilten. Er war ein mäßiger, in ſeinen Sitten einfacher, und eben ſo indolenter als ſanfter junger Mann; erzogen in der Provinz, war er von Intriguen und Betreibung der Geſchäfte gleich weit entfernt, und hatte weder die Neigung, die Geſchicklichkeiten, noch auch die Talente, den Platz des Uſurpators einzunehmen. Vielleicht hätt' er die Gewalt ſeines Vaters behalten, wenn er 3 oder 4 Officiers, die ſich ſeiner Erhebung widerſetzten, hätte hinrichten laſſen wollen. Er wollte aber, ſpricht der Verfaſſer des Jahrhunderts Ludewigs XIV. lieber die Regierung niederlegen, als durch Morde regieren.

Das Parlement gab ihm 200,000 Pfund Sterling, und machte ihn verbindlich, den Pallaſt der Könige zu verlaſſen. Er gehorchte ohne Murren, und lebte als ruhiger Privatmann, in Ausübung der geſelligen Tugenden, zwar weniger mächtig, aber glücklicher, als ſein Vater. Er brachte ſein Leben bis auf 80 Jahre, und ſtarb 1702, unbekannt in dem Lande, deſſen Souverän er einige Tage geweſen war. Nach ſeiner Niederlegung des Protectorats war er nach Frankreich gereiſt: der Prinz von Conti, Bruder des großen Condé, der ihn zu Montpellier ſahe, ohne ihn zu kennen, ſagte eines Tages zu ihm: Olivier Cromwell war ein großer Mann; aber ſein Sohn Richard iſt ein Elender, weil er nicht wußte, von den Verbrechen ſeines Vaters Vortheil zu ziehen.

Heinrich Cromwell, Richards jüngerer Bruder, wurde 1654 von ſeinem Vater als Oberſter nach Irland geſchickt, und erhielt in der Folge das Gouvernement dieſer Inſel. Heinrich regierte mit ſo viel Sanftheit und Einſicht, daß man nie einer ſo ſanften Ruhe genoß, noch den Handel ſo blühend ſahe. Als ſein

fein Bruder Richard 1659 abgefetzt worden war, nahm das Parlement auch Heinrichen das Vice = Königthum , und die Geschichte erwähnet seiner nicht weiter.

So lebten also die beiden Söhne des Tyrannen in Dunkelheit,
und ihr Schicksal war also des Neides der Weisen würdiger, als
das Schicksal ihres Baters.

CRONEGK (Johann Friedrich Freiherr von),
1731 zu Anspach aus einer alten Familie geboren, starb 1758 an
den Pocken.    Begabt mit einer lebhaften Einbildungskraft,
hatte er viele Neigung zur Dichtkunst, und zeichnete sich als ein
liebenswürdiger, genievoller und empfindsamer, aber allzu oft
nachlässiger Dichter aus. Er durchreisete einen Theil von Europa,
und hielt sich vorzüglich zu Paris auf, wo er sich die Freundschaft und Achtung der Gelehrten, vorzüglich aber der Madame
de Graffigni, erwarb. Seine Werke kamen 1760 zu Leipzig heraus. Man findet darin vermischte Gedichte, theatralische Stücke,
deren einige nicht ohne Verdienst sind, Arten von Elegien, unter
dem Namen Einsamkeiten, u. s. f.

CRONIUS, ein alter Edelsteinschneider, war nach Pyr-
goteles einer der berühmtesten Künstler in dieser Arbeit.

CROSS (        ), ein Englischer Historienmahler, der
unter der Regierung Carls I. und II. lebte, und dessen größtes
Verdienst in Copieren bestand. Man erzählt von ihm (mit wie
viel historischer Gewißheit ist unbekannt), er habe, da er auf
Befehl Carls I. in Italien die besten Gemählde copiert, und
unter andern zu Venedig die Erlaubniß erhalten, eine sehr berühmte Madonna von Raphael in der St. Marcuskirche zu
copieren, seinen Auftrag so glücklich ausgeführt, daß er das Original entwendet, und an dessen Stelle die Copie hinterlassen habe.
Der Betrug wurde so spät entdeckt, daß man den Mahler, aller
Eilfertigkeit ungeachtet, mit seinem Raube nicht wieder einhohlen
konnte.    So erzählet man auch, daß der Spanische Gesandte zu
Cromwells Zeiten dieses Gemählde, nebst den 12 Kaisern von
Tizian, für seinen König erkauft und in das Escurial geliefert habe.

CROTONA oder CORTONA (Pietro da), ein Beiname
von Peter Beretino.

CROUSAZ (Jean Pierre de), ein berühmter Philosoph
und Mathematiker, den 13. April 1663 zu Lausanne in der

R 2                        Schweiz

Schweiz geboren, starb 1748. Von seinen Schriften erwähnen wir nur:

*Examen du Pyrrhonisme ancien & moderne*, in Folio, gegen Bayle.

*Examen de l'Essai sur l'Homme de Pope.*

*Traité de l'Esprit humain*, Basel 1741. Er bestreitet darin die Hypothesen des Leibnitz und Wolf über die prästabilierte Harmonie lebhaft.

CROWNE (JOHN), ein Americaner von Geburt, kam nach England, und wurde von Carl II. beschützt, auf dessen Befehl er verschiedene dramatische Stücke schrieb, unter denen

*City Politics* und
*Sir Courtly Nice*

am bekanntesten sind. Ueberhaupt schrieb er 17 Stück, deren einige mit großem Beifall aufgeführet wurden. Er starb um das Jahr 1703.

CROXALL (DR. SAMUEL), ein Schriftsteller von gutem Ruf, und bekannt als Herausgeber folgender Werke:

*The Fair Circassian*, ein Gedicht.
*Fables of Aesop and others, translated into English.*
*Select Novels.*

Er starb 1752.

CROZE (MATHURIN VEYSIÉRE DE LA), 1661 zu Nantes geboren, wo sein Vater Kaufmann war, ward 1678 Benedictiner von der Congregation des H. Maur, nachdem er in America gereiset hatte. Er besaß in allen todten und lebenden Sprachen große Kenntnisse, welche er immer mehr erweiterte. Liebe zur Unabhängigkeit, zur Freiheit zu denken, und einige Ursachen zur Unzufriedenheit machten, daß er im Jahr 1696 seinen Orden und seine Religion verließ. Er legte seine Abschwörung zu Basel ab, ging von da nach Berlin, erhielt die Stelle eines Bibliothecars des Königs von Preußen, und starb 1739, im 78. Jahre, daselbst.

Er war eine lebendige Bibliothek, und sein Gedächtniß zum Erstaunen stark. Außer vielen nützlichen und angenehmen Dingen, die er wußte, hatt' er auch andere studiert, die sehr entbehrlich waren; wie die alte Aegyptische Sprache. Seine Werke sind Beweise seiner Gelehrsamkeit. Die vorzüglichsten derselben sind:

*Dissertations*

*Diſſertations hiſtoriques ſur différens ſujets*, *Rotterdam 1707*, *in 8.* Eine gelehrte Sammlung.

*Entretiens ſur divers ſujets d'hiſtoire*, *de litterature*, *de religion & de critique*, *1702*, *in 12.*

*Dictionnaire Arménien*, *2 vol. in 4.* Dieſes Werk koſtete ihm eine Arbeit von 12 Jahren. Der Vorbericht enthält viele Bemerkungen, welche zur Aufklärung der Geſchichte der Armenianer und Indianer dienen können.

*Hiſtoire du Chriſtianisme des Indes*, *la Haye 1724*, *2 vol. in 12.* leſenswerth und ſchätzbar.

*Hiſtoire du Chriſtianisme d'Ethiopie & d'Armenie*, *1739*, *in 8.* Eine nachläſſige Compilation, wenn dem Abbé des Fontaines zu glauben iſt; ein Werk des Gedächtniſſes und nicht der Beurtheilung, und noch weniger des Geiſtes, welches aber eine Menge gelehrter und nützlicher Bemerkungen enthält.

*Dictionnaire Egyptien*, mit den Zuſätzen von Scholtz, herausgegeben von Ch. Gottfr. Wolde, Oxford 1775 in 4.

Jordan, Freund und Schüler des la Croze, hat das Leben ſeines Meiſters in einem eben ſo dicken Bande, als das Leben Alexanders, beſchrieben, welche Beſchreibung ihm nach Voltaire von der Wuth zu ſchreiben, und nach dem Urtheil unparteiiſcher Leſer von der Freundſchaft und Dankbarkeit eingegeben wurde. La Croze ſcheint in ſeinen letzten Jahren ein aufrichtiger Proteſtant geweſen zu ſein. Sein Humor neigte ſich ein wenig zur Unhöflichkeit und Miſanthropie; er war aber, dieſes abgerechnet, ein ſehr guter Mann. Er beſaß eine Menge artiger Anecdoten, Erzählungen und Bonsmots, welche er in ſeine Unterhaltungen einſtreute. Hätte man ſich die Mühe genommen, ſie zu ſammeln, ſo würden die Croziana noch die Menagiana übertroffen haben. Seine Art zu erzählen war um deſto luſtiger, weil er ſeine Erzählungen immer mit tiefen Seufzern und ſchmerzhaften Ausrufungen unterbrach, welche von der Lebhaftigkeit ſeiner Uebel und bisweilen von ſeiner Hypochondrie herkamen. Er machte eine Pauſe, um zu ſeufzen oder zu ſchreien, und fuhr dann in ſeiner immer originellen Erzählung fort. Ungeachtet ſeiner großen Miſanthropie war er ein guter, zärtlicher und empfindſamer Mann, der bisweilen gewiſſe Eindrücke nur allzu leicht annahm, aber auch gern wieder aufgab. Seine Beurtheilungskraft war, beſonders gegen das Ende ſeines Lebens,

R 3                                        nicht

nicht so groß als die übrigen Eigenschaften seines Geistes. Er war damahls ein wahres Kind, dessen Kopf jedoch noch immer jenes große Repertorium von Namen, Jahrzahlen und Schriftstellern enthielt, worüber die Gelehrten erstaunten. Der berühmte Leibnitz hatte von dem Gedächtniß des La Croze Wunderdinge erzählen hören, und war begierig, sich davon zu überzeugen. La Croze war bereit, die Absicht seines Freundes zu erfüllen. Man recitierte einmahl 12 Verse in zwölf verschiedenen Sprachen; La Croze behielt sie nach einem einzigen Hersagen, und versetzte sie, wie es denen, die diesen Versuch machten, beliebte. Pelloutier, ein berühmter Gelehrter, wollte sein Gedächtniß auch auf die Probe stellen. Er wählte vier verschiedene Stellen aus dem Catull, den Scholiasten des Pindar, aus dem Aristophanes und St. Hieronymus, leitete nachher das Gespräch auf diesen Gegenstand, und La Croze citierte die Stellen und die Worte.

CRUSIUS oder KRANS (MARTIN), soll der erste gewesen sein, der in Deutschland die Griechische Sprache lehrte, 1526 in der Diöces von Bamberg geboren, ward Professor der schönen Wissenschaften zu Tübingen, und starb 1607 zu Eßlingen. Man hat von ihm:

*Turco - Graeciae libri VIII.* Basel 1584 in Folio, eine vortreffliche und sehr nützliche Sammlung für die, welche sich auf die Geschichte und Sprache der neuern Griechen legen.
*Annales Suevici, ab initio rerum ad annum 1594,* Frankfurt 1593 und 1596, 2 Bände in Folio; ein schätzbares und ziemlich seltenes Werk.
*Germano - Graeciae libri VI.* 1585, in Folio.

CRUSIUS (CHRISTIAN AUGUST), den 10. Juni 1715 zu Leuna, einem Dorfe bei Merseburg, geboren, wo sein Vater Pfarrer war. Er studierte seit 1734 zu Leipzig die Theologie, Philosophie, Mathematik und die Orientalischen Sprachen, ward 1742 Baccalaureus der Theologie, 1744 außerordentlicher Professor der Philosophie, 1750 Doctor und ordentlicher Professor der Theologie, 1757 erster Professor seiner Facultät, 1764 Custos und Prälat des Stifts Meißen, und 1773 Senior der Universität. Er starb den 18. October 1775 an einer Engbrüstigkeit.

Als Theolog war er ein Mystiker und Schwärmer, dem der größeste Theil der in Leipzig studierenden Theologen anhing; die andere,

andere, aber kleinere Hälfte hielt sich an Ernesti. Letzterer
erklärte die Schrift grammatisch, mit Hülfe gesunder Philo-
logie, echter Critik und eines gereinigten Geschmacks; ersterer
aber durch Eingebung von oben, und durch sein System: daher
hatte Ernesti die vernünftigsten, und Crusius die meisten Anhänger, weil sein Weg leichter war.

Die Schriften dieses großen Mannes sind zahlreich, und bestehen theils in Disputationen und Programmen, theils aber in
Büchern und andern Schriften. Wir bemerken fürs erste die
vorzüglichsten seiner theologischen:

Opuscula philosophico-theologica etc. Lips. 1750 8.
Erläuterung des Briefes Pauli an die Römer, sonderlich
in Absicht der verschiedentlichen Bedeutungen des
Wortes Gesetz, Leipzig 1767, 8.
Gründliche Belehrung vom Aberglauben, zur Aufklärung
des Unterschiedes zwischen Religion und Aberglauben,
Leipzig 1767, 8.
Hypomnemata ad Theologiam propheticam. Tom. I. 1764;
tom. II. 1771, 8.
Kurzer Begriff der Christlichen Moraltheologie, 1772,
73, 2 Bände in 8.
Commentarii in prophetam Iesaiam, Lips. 1779, in 8.

Von seinen philosophischen Schriften führt die Logik den
Titel:

Weg zur Gewißheit und Zuverlässigkeit der menschlichen
Erkenntniß, Leipzig 1747, 1762, in 8.

Die Metaphysik:

Entwurf der nothwendigen Vernunftwahrheiten, wie-
fern sie den zufälligen entgegen gesetzt werden, Leipzig 1745, dritte Auflage 1766, in 8.

die Moral:

Anweisung vernünftig zu leben, Leipzig 1744, dritte vermehrte Ausgabe 1767, 8.

die Physik:

Anleitung über natürliche Begebenheiten ordentlich und
vernünftig nachzudenken, 1749, 2 Bände, vermehrt
1774, 2 Bände in 8.

Crusiussens Verdienste um die Philosophie sind in den Augen
vieler Menschen ungerechter Weise durch seine theologischen

R 4                                    Schwär-

Schwärmereien verdunkelt worden, zumahl da sich dieser Er=
nesti, einer der aufgeklärtesten Männer seiner Zeit, mit so vie=
lem Nachdruck und Ansehen widersetzte. Die meisten guten
Köpfe urtheilten ununtersucht, daß ein Mann, der in vielen
Theilen der Theologie so sehr von Verblendung gefesselt war,
keiner tiefen Einsichten im Fache der Philosophie fähig sein könne.
Allein bei Crusius war es der Fall, daß Theologie der verfinsterte
Theil seiner Seele war, während er im Gebiethe der Philosophie
mehr Licht gewonnen hatte, als alle Philosophen vor ihm  Cru=
sius, als Philosoph, ist vorzüglich ausgezeichnet durch einen echt
systematischen Geist, welcher den großen Denker characterisiert,
durch einen außerordentlichen Tiefsinn, der bis auf die letzten
Gründe der Wahrheit bringt, durch einen feinen Scharfsinn im
Erklären und Eintheilen, ja, wir können hinzusetzen, durch einen
philosophischen Styl, in welchem Bestimmtheit, Deutlichkeit und
Simplicität vereinigt sind. Vorzüglich groß ist sein Verdienst
um die Logik, die Ontologie und Moral. In der Lo=
gik hat er viele neue Aufschlüsse gegeben in den Lehren von
den Kräften des Verstandes, von den Verhältnis=
sen der Begriffe, von der Deutlichkeit, von den
ersten Gründen und den verschiedenen Arten der
Schlüsse, vom Definieren, Beweisen, und der Me=
thode; vor allen aber in der Lehre von der Wahrschein=
lichkeit und den verschiedenen Arten der Gewiß=
heit. In der Ontologie zeichnen sich besonders die Ab=
schnitte über die Möglichkeit, die Wirklichkeit, und
die wirkenden Ursachen aus. Seine Anweisung ver=
nünftig zu leben ist unstreitig das schätzbarste System
der moralischen Wahrheiten, welches vor Kant erschienen ist.
Er stellte die Idee der Pflicht unabhängiger von dem Triebe
nach Glückseligkeit dar, als die Weltweisen vor ihm, und führte
einen tief gedachten Beweis für die Freiheit des Willens.
Sein System bekam eben dadurch eine Reinheit und Bestimmt=
heit, welche man in andern Systemen seiner Zeitgenossen ver=
mißt. Auch in seiner Theorie der Triebe und Reigun=
gen findet man eine Menge treffender Blicke in die Natur des
menschlichen Herzens. Seine Geisterlehre und sein Na=
turrecht sind die unbedeutendsten Producte seiner philosophi=
schen Muse. Der Werth dieses Weltweisen, welcher besonders
durch die Leibnizisch=Wolfische Secte in Schatten gestellt war,
ist vielleicht erst durch die Philosophie Kants in sein volles Licht
gestellt worden, und Heydenreich, Schmid u. a. haben
der

der Verbindlichkeit Genüge geleistet, sein Andenken auf eine
ehrenvolle Weise zu erneuern. Gewiß hat auch, außer David
Hume, kein Weltweiser so vielen Einfluß auf die Speculatio-
nen Kants gehabt, als Crusius.

CRUSIUS (THOMAS THEODOR), man sehe CRENIUS.

CTESIAS, von Gnidos, ein Griechischer Arzt und Geschichtschreiber, wurde von Artarerres Mnemon zum Gefangenen gemacht Dieser Fürst wählte sich denselben zu seinem ersten
Arzt. Man hat von ihm einige Fragmente von seiner Geschichte der Assyrier und Perser, welche von Diodorus von Sicilien und Trogus Pompejus fortge-
setzet, und der des Herodotus vorgezogen wurde. Dem ungeachtet aber schenket man den Erzählungen des Ctesias keinen
Glauben. — Er lebte um das Jahr 400 vor Christi Geburt.

CTESIBIUS, von Alexandrien, ein berühmter Mathematiker,
unter Ptolemäus Physcon, um das Jahr 126 vor Christi Geburt,
war, wie man sagt, der Erfinder der Pumpe. Das Ungefähr
entwickelte seine Neigung zur Mechanik. Er zog in der Bouti-
que seines Vaters einen Spiegel herunter, und bemerkte, daß
das Gewicht, welches dazu diente, ihn hinauf und herab zu lassen, und das sich in einem Cylinder befand, einen Ton bildete,
der durch den Druck der Luft hervorgebracht wurde. Er unter-
suchte die Ursache des Tones näher, und glaubte, es sei möglich,
sie zur Hervorbringung einer hydraulischen Orgel zu be-
nutzen, in welcher die Luft und das Wasser den Ton bildeten.
Er führte sie mit Erfolg aus. — Hierauf machte er sich an einen wichtigern Gegenstand. Ctesibius, aufgemuntert durch dieses
Product, wollte sich der Mechanik zur Messung der Zeit bedienen. Er bauete eine Clepsidra, die von Wasser gebildet
und von gezähnten Rädern reguliert wurde; das Wasser bewegte durch seinen Fall diese Räder, welche ihre Bewegung einer
Säule mittheilten, auf welche die Charactere gezeichnet waren,
welche die Monate und Stunden angaben. Wenn man die gezähnten Räder in Bewegung setzte, erhoben sie zu gleicher Zeit
eine kleine Statue, welche die auf der Säule befindlichen Monate und Stunden anzeigte.

Er darf nicht mit Ctesibius von Chalcis verwechselt werden. Dieser war ein Cynischer Philosoph, von lustigem Character und fröhlichem Geiste, der den Großen zu gefallen, ohne

R 5                                                        ihnen

ihnen niedrig zu schmeicheln, ihnen Wahrheit und Liebe zur Tugend beizubringen wußte, ohne ihnen zu mißfallen.

CTESICLES, ein Griechischer Bildner, verfertigte aus Parischem Marmor eine so schöne Statüe, daß einer, Namens Cleisophon, zu unreiner Liebe gegen sie gereitzt wurde.

CTESILAS oder CTESILAUS, ein Griechischer Bildner, soll mit dem erstern Polyclet von Argos und mit Phidias zugleich, wegen der Amazonen, die für den Tempel der Diana zu Ephes bestimmt waren, den Preis erhalten haben. Er machte einen Doryphorus, einen Menschen, der an einer Verwundung sterben will, und eine Statüe des Pericles.

Plinius rühmt von ihm, daß das Edle vortrefflicher Menschen in seinen Werken noch erhöht worden sei; und aus diesem Grunde glaubt Winkelmann, die unter dem Namen des sterbenden Fechters bekannte Statue sei nicht das erwähnte Werk des Ctesilas, so wie diese Statüe überhaupt keinen Fechter, sondern einen Herold vorstelle.

CTESILOCHUS, ein Griechischer Mahler, und Schüler des Apelles, machte sich durch ein ärgerliches Gemählde bekannt, worauf er den Jupiter in Kindesnöthen mit dem Bacchus, mit weibisch klagenden Geberden, und die Göttinnen als Hebammen darstellte.

CTESIPHON, oder CHERSIPHON, man sehe diesen Artikel.

CTESIPHON, ein Athenienser, überredete seine Mitbürger, eine Verordnung zu geben, kraft welcher beschlossen wurde, daß Demosthenes in voller Versammlung mit einer goldenen Krone gekrönet würde. Aber Aeschines, der Nebenbuhler und Feind dieses Redners, konnte es nicht ertragen, daß man ihm diese Ehre erzeige, klagte den Ctesiphon an, der Urheber eines Aufruhrs zu sein. Demosthenes vertheidigte ihn wegen dieser Verläumdung in jener schönen Rede, welche er De Corona überschrieb.

CUDWORTH (RALPH), ein berühmter Englischer Geistlicher, 1617 in der Grafschaft Sommerset geboren, starb 1688 zu Cambridge. Er war ein Mann von ausgebreiteter Gelehrsamkeit, von außerordentlicher Geschicklichkeit in den gelehrten Sprachen und den Alterthümern, ein guter Mathematiker, ein scharfsinniger Philosoph, und ein gründlicher Metaphysiker.

Sein

Sein

*Syſtema inteſlectuale* von J. L. Mosheim in das Lateiniſche
 überſetzt,

machte ihn ſehr berühmt.

CUEVA (Alfonso de la), bekannt unter dem Namen
Bedmar, aus einer alten Spaniſchen Familie, Geſandter
Philipps III. bei der Republik Venedig, verband ſich, ſagt
man, im Jahr 1618, mit dem Herzog von Oſſone, Vice=
König von Neapel, und Don Pedro von Toledo, Gou=
vernör von Mailand, zum Untergange des Staates, an welchen
er abgeſandt worden war. La Cueva verſammelte Fremde in der
Stadt, und verſicherte ſich ihrer durch Geld. Die Verſchwor=
nen ſollten das Arſenal der Republik in Brand ſtecken, und ſich
der wichtigſten Poſten bemächtigen. Mailändiſche Truppen ſoll=
ten zu Lande ankommen, und beſtochene Matroſen den mit Sol=
daten beſetzten Barken den Weg zeigen. Dieſe ſchreckliche Ver=
ſchwörung wurde entdeckt, und alle die Verſchwornen, deren
man habhaft werden konnte, wurden erſäuft. Im Urheber dieſer
Verſchwörung ſelbſt ehrte man den Character des Geſandten.
Der Rath hieß ihn in geheim abgehen, weil er fürchtete, der
Pöbel möchte ihn zerreißen.

In einer ſehr ausführlichen Auseinanderſetzung dieſer Ver=
ſchwörung, die ſich bei der zweiten Ausgabe der

*Obſervations ſur l'Italie*

befindet, nimmt der gelehrte und ſcharfſinnige Groslei an,
dieſe Verſchwörung ſei nichts, als ein von Fra-Paolo geleiteter
Kunſtgriff der Venetianer geweſen, um ſich dadurch des Mar=
quis von Bedmar zu entledigen, deſſen Gegenwart ihnen unge=
legen war.

Durch die Bewegung, welche dieſer Kunſtgriff unter dem
Volk erregt hatte, genöthiget, Venedig zu verlaſſen, ging Bed=
mar nun nach Flandern, verwaltete daſelbſt die Stelle des Prä=
ſidenten des Conſeils, und erhielt den Cardinals=Hut. Als er
wegen ſeiner Strenge das Gouvernement verlor, begab er ſich
nach Rom, wo er 1665 ſtarb, und für eins der größeſten Genies,
wie für einen der gefährlichſten Köpfe gehalten wurde, die Spa=
nien jemahls hervorgebracht hatte.

Seine Scharfſichtigkeit war ſo groß, daß ſeine Muthmaßun=
gen faſt für Weißagungen galten. Mit dieſer beſondern Pene=
tration

tration verband er ein seltenes Talent, die delicatesten Geschäfte zu führen; eine erstaunliche Gabe, die Menschen zu durchschauen; einen freien, angenehmen und um desto undurchdringlichern Humor, jemehr die ganze Welt ihn zu durchdringen glaubte; alle Aeußerungen einer vollkommenen Ruhe des Geistes, mitten unter den heftigsten Bewegungen.

Man schreibt ihm eine Abhandlung gegen die Freiheit der Venetianischen Republik zu, welche den Titel führt:

*Squitinio della liberta Veneta, Mirandola 1612, in 4.*

welche jedoch andere mit mehrerm Rechte dem Marc Velser zueignen.

CUFF (HENRY), ein berühmter witziger Kopf und vortrefflicher Schulmann, um das Jahr 1560 geboren. Er gab frühzeitige Beweise von Genie und Fleiß, ward mit der Zeit Professor der Griechischen Sprache zu Oxford, und 1594 Prorector der Universität. — Zu welcher Zeit, oder auf welche Veranlassung er Oxford verließ, ist nicht bekannt: doch weiß man, daß er mehr Neigung zu einem geschäftsvollen, als eingezogenen Leben hatte; und diese seine Neigung empfahl ihn der Gunst des berühmten Robert, Grafen von Essex, sehr, der von derselben Gemüthsstimmung war.

Cuff ward sein Secretär: doch wär' es besser für ihn gewesen, wenn er sich mit einer ruhigen und ehrenvollen Lage begnügt hätte, welche ihm seine Gelehrsamkeit und der Beistand seiner Freunde auf der Universität Oxford verschafft hatten; denn er wurde in alles Mißgeschick jenes unglücklichen Grafen mit verwickelt, und nebst Sir Gelly Mervick, dem Hofmeister des Grafen, 1601 enthauptet.

CUJACIUS oder CUJAS (JACOB), 1520 zu Toulon geboren, wo sein Vater Walker war. Die Natur begabte ihn mit einem hohen Geiste, der, wie Scévole de Ste. Marthe sagt, fähig war, ihn über die Niedrigkeit seiner Geburt zu trösten. Er erlernte die schönen Wissenschaften, die Geschichte, das alte und neue, bürgerliche und Kirchenrecht mit gleicher Leichtigkeit. Er hatte zu Toulouse, Cahors, Bourges, Valence im Dauphiné, zu Turin, wo er zu verschiedenen Zeiten Professor war, eine Menge von Schülern, worunter man die berühmtesten Magistratspersonen rechnet, die Frankreich jemahls hatte. Der König von Frankreich erlaubte ihm, den Sitzungen der Parlementsräthe

råthe zu Grenoble beizuwohnen. Der Herzog Emanuel Philibert
von Savoyen und der Papst Gregorius XIII. erwiesen seinem
Verdienst eben so große Achtung. Wenn ihn die Deutschen Pro-
fessoren auf dem Catheder anführten, griffen sie mit der Hand
nach der Mütze, um die Hochachtung zu bezeigen, welche sie für
diesen berühmten Erklärer der Gesetze hatten. Er war, nach
Scaliger, der Vater seiner Zuhörer. Er hatte deren zu Bourges gegen tausend, und borgte ihnen Geld und Bücher.

Cujas ist unter allen neuern Rechtsgelehrten der, welcher in
die Geheimnisse der Gesetze und des Römischen Rechtes am
meisten eindrang. Man hat ihn der Irreligion beschuldiget,
weil er denen, welche mit ihm über die Verheerungen des Calvi-
nismus sprachen, antwortete: „Nihil hoc ad edictum praeto-
„ris, das geht das Edict des Prätors nichts an.“ Aber diese
Antwort scheint mehr den Character eines Gelehrten, der sich
sehr mit seinen Büchern beschäftiget, und gegen alles andere
taub und stumm ist, als den Character eines Menschen zu schildern, der nichts glaubt, und über alles spottet.

Die beste Ausgabe der Werke des Cujas ist die von Fa-
brot, Paris 1658 in 10 Foliobänden. Die, welche Cujas bei
Nivelle zu Paris selbst besorgte, ist sehr selten. Man gab
1762 zu Neapel in 2 Folianten noch eine heraus; sie ist nicht so
schön als die vorhergehenden, aber wegen der beigefügten allgemeinen Inhaltsanzeige bequemer.

Man wandte auf Cujas dasjenige an, was ein Mann von
Geist von den alten Rechtsgelehrten sagte: „Man findet in ih-
„ren Schriften eine ausgebreitete Kenntniß und eine gründliche
„Betrachtung über den Theil der Gesetze, welchem sich ein jeder
„von ihnen besonders widmete; die Absicht, darin alles aufzu-
„klären, und selbst einfacher zu machen; fast immer viel Ver-
„stand; die Energie eines festen und freien Geistes; oft sogar
„kühne Züge eines originellen Geistes und eine Menge Winke
„zu weisen und muthvollen Verbesserungen. Aber diese vortreff-
„lichen Eigenschaften werden durch Mängel verunstaltet, die
„man bloß ihrem Jahrhundert zuschreiben muß: solche Fehler
„sind, beständiger Mißbrauch der Gelehrsamkeit; Vorurtheile,
„welche ihr Genie einschränken; nutz- und verdienstlose Details;
„eine verwirrende und ermüdende Weitschweifigkeit; ein Styl,
„der oft den Stempel des Talentes führt, aber alle Schwerfäl-
„ligkeit und Buntscheckigkeit der Zeiten behält, in welchen man
„noch kein Gefühl, und keine Grundsätze des Geschmackes
„hatte.“

„hatte." Indeß ist Cujas klarer und methodischer, als viele Rechtsgelehrte seiner Zeit. (Man sehe den Artikel MOULIN, CHARLES DU.)

Papyrius Masson hat das Leben dieses berühmten Rechtsgelehrten geschrieben. Er erzählt, Cujas sei gewohnt gewesen, mit dem Bauch auf einem Teppich auf der Erde liegend, und seine Bücher um sich her, zu studieren. Er starb 1590 zu Bourges, wo er sich niedergelassen hatte, und verordnete in seinem Testament, seine Bibliothek, die mit Büchern, in welche er Anmerkungen geschrieben hatte, angefüllt war, einzeln zu verkaufen, weil er fürchtete, man möchte sich, wenn sie im Besitz eines Einzigen wären, seiner nicht recht verstandenen Noten zur Zusammensetzung schlechter Bücher bedienen.

Sein wahrer Name war Cujaus; er warf das u des Wohlklangs wegen heraus.

CULLEN (DR. WILLIAM), erster Arzt des Königs von England für Schottland, Mitglied des königlichen Collegiums der Aerzte zu Edinburg, der königlichen Gesellschaften zu London und Edinburg ꝛc. wurde zu Glasgow erzogen, und practicierte daselbst als Apotheker, bis er eben da, und nachher zu Edinburg zum Professor der Medicin erhoben wurde. Seine vorzüglichsten Werke sind:

*Synopsis Nosologiae methodicae*, Edinburg 1772, 2 Bände in 8.
*Lectures on the Materia Medica*, London in 4.
*First Lines of the Practice of Physic*, 1776 in 8.
*Institutions of Medicin*, part. I. containing *Physiology*, in 8.
*On the Recovery of Drowned Persons.*
*A Treatise on the Materia Medica*, 1789, 2 Bände in 4.
Er starb den 5. Februar 1790.

CUMBERLAND (DR. RICHARD), ein sehr gelehrter Englischer Geistlicher und Bischof zu Peterborough, 1632 zu London geboren, starb 1718. — Wenn ihm seine Freunde vorstellten, daß er durch sein beständiges Studieren seiner Gesundheit schade, pflegte er zu sagen: „Es ist besser, man nutzt sich ab, als daß man verrostet." — Er hatte die Mathematik in allen ihren Theilen, und die Heilige Schrift in den Originalsprachen studiert; er war mit der Philosophie in allen ihren Zweigen durchaus bekannt; hatte gute Kenntnisse in der Medicin und Anatomie, und war in den Classikern sehr belesen. Sein Buch *De Legibus Naturae*, London 1672 in 4. (eine gründliche Widerlegung der Grundsätze des Hobbes)

is

ist sein Hauptwerk, und wird gelesen werden, so lange man die
gesunde Vernunft für die beste Stütze der Religion hält.

CUNAEUS (PETER), ein sehr gelehrter Jurist, und Professor der schönen Wissenschaften, der Politik und des Rechtes zu
Leyden, 1586 zu Flessingen geboren, starb 1638. Er war Verfasser verschiedener scharfsinniger und gelehrter Werke.

CUNITZ (MARIA), die älteste Tochter eines Doctors der
Medicin in Schlesien, legte sich mit gleichem Erfolg auf die
Sprachen, auf die Medicin, Geschichte, Mahlerei, Dichtkunst,
Musik, Mathematik und Astronomie, den Hauptgegenstand ihrer Beschäftigungen und Vergnügungen. Die geschicktesten Astronomen ihrer Zeit theilten ihr ihre Aufhellungen mit, und profitier-
ten von den ihrigen. Sie starb 1664, nachdem sie

Astronomische Tafeln

herausgegeben hatte.

CUNNINGHAM (JOSEPH CALZA oder CALZE, genannt),
ein berühmter Bildniß- und Historienmahler zu Berlin, geboren
zu Calze in Schottland, 1741, war ein unechter Sohn eines
Lords. Cunningham ist der Geburtsort seiner Frau. Er
studierte in Rom bei Mengs und andern, that hierauf sehr
große und weite Reisen durch Spanien, Frankreich, England,
Italien, Rußland u. s. w. und hielt sich darauf in Berlin auf,
wo er den 28. April 1793 starb. Er mahlte meisterlich in Oehl
und Pastell Porträts, und hat fast sämmtliche zur königlich
Preußischen Familie gehörige Personen, wie auch verschiedene Generale in Berlin und Potsdam, vorzüglich aber den König Friedrich Wilhelm von Preußen, den Cunego in Kupfer stach, gemahlt, worunter einige Meisterstücke sind. Er mahlte auch mit-
unter sehr angenehme historische Sachen in Oehlfarben; allein
sein flüchtiger und unbeständiger Character ließ nicht leicht etwas
zur vollkommenen Ausführung gelangen.

CUPERUS (GISBERT), Geschichtschreiber, und eines der
gelehrtesten Mitglieder der Academie der schönen Wissenschaften
zu Paris, 1644 im Geldernschen geboren, starb 1716 zu Deventer.

CURCELLAEUS (STEPHAN), ein gelehrter und berühmter
Geistlicher, 1586 zu Genf geboren, starb 1658 zu Amsterdam.

CURIUS DENTATUS (MARCUS ANNIUS), ein vornehmer Römer, war dreimahl Consul, und genoß zweimahl der
Ehre

Ehre des Triumphs. Er besiegte die Samniter, Sabiner, Lucanier, und schlug 272 Jahr vor Christi Geburt den Pyrrhus bei Tarent. Seine bürgerlichen Tugenden waren noch größer, als seine militärischen Talente. Die Abgeordneten der Samniter fanden ihn auf seinem Landgute, wohin er sich nach seinen Siegen zurück gezogen hatte, wie er sich eben in einem irdenen Topfe Rüben kochte, und bothen ihm goldene Gefäße dar, um ihn dadurch zu ihrem Vortheil zu stimmen. Der edle Römer schlug sie aus, und sprach: „Ich ziehe mein irdenes Geschirr euern goldenen Gefäßen vor, wünsche nicht reich zu sein, und bin in meiner Armuth zufrieden, solchen befehlen zu können, die reich sind.“

CURIUS FORTUNATIANUS, ein Rhetor des 3. Jahrhunderts, von welchem wir in den Rhetoribus antiquis, Aldus 1523 in Folio, Paris 1599 in 4. noch einige Werke haben.

CURSINET (    .    ), Schwertfeger zu Paris, war um das Jahr 1660 in damascinierter Arbeit berühmt. Dieser Künstler war in der Zeichnung, in der Manier, das Gold anzubringen und das Relief zu ciselieren, gleich vortrefflich.

CURTIUS (QUINTUS), ein Lateinischer Geschichtschreiber, der die Thaten Alexanders des Großen in 10 Büchern beschrieb. Kein Mensch maßt es sich an, zu wissen, wenn er geboren wurde; und die Gelehrten streiten sogar darüber, wenn er lebte, und werden vielleicht nie aufhören, darüber zu streiten.

CURTIUS (MARCUS), ein Römischer Ritter, opferte sich um das Jahr 362 vor Christi Geburt dem Wohl seines Vaterlandes auf. Die Erde hatte sich auf einem öffentlichen Platze von Rom geöffnet; das Orakel, das über dieses vorgebliche Wunder um Rath gefraget wurde, antwortete, dieser Schlund könnte nur dadurch ausgefüllet werden, daß man das Köstlichste, was das Römische Volk hätte, hinein würfe. M. Curtius, ein junger Mann voll Muth und Religion, glaubte, die Götter verlangten ein menschliches Opfer. Er stürzte sich in voller Versammlung völlig bewaffnet mit seinem Pferd' in den Abgrund, und galt bei den Abergläubigen für den Retter seines Vaterlandes, da sich, wie man sagt, kurz darauf die Erde wieder schloß.

CUSA (NICOLO DA), von seinem Geburtsorte so genannt, ein Cardinal und Bischof. Seine Aeltern waren geringe Leute
und

und arm, und er erhob sich bloß durch sein persönliches Verdienst zu seinen nachmahls erlangten Würden. Er war ein Mann von außerordentlichen Talenten und Kenntnissen, vorzüglich berühmt durch seine ausgebreitete Gelehrsamkeit in der Jurisprudenz und Theologie, und bei dem allem ein großer Naturforscher und Geometer. Er starb 1464 im 63. Jahre, und hinterließ manches vortreffliche Werk.

CUSPINIAN (JOHANN), ein Deutscher Geschichtschreiber, 1473 geboren, starb 1529 Er war erster Arzt Maximilians I. und wurde von diesem Fürsten bei verschiedenen delicaten Geschäften gebraucht.

CYAXARES I. König der Meder, folgte im Jahr 634 vor Christi Geburt seinem Vater Phraortes, der vor Ninive blieb, in der Regierung nach. Er kehrte seine Waffen gegen diese Stadt, um den Tod seines Vaters zu rächen; und als er eben so weit war, sich Meister derselben zu machen, kam eine fürchterliche Armee der Scythen, ihm seine Beute zu entreißen. Genöthiget die Belagerung aufzuheben, zog er nun gegen dieselbe, und wurde geschlagen.

Als sich die Meder von diesen Barbaren durch Gewalt nicht befreien konnten, thaten sie es durch List. Sie kamen überein, sie zu einem Fest einzuladen, welches eben in jeder Familie gefeiert werden sollte. Jeder berauschte und ermordete seine Gäste. Diejenigen von den Scythen, welche diesem Blutbad entgingen, flohen zu Halyattes, König von Lydien, Vater des Crösus; und hieraus entsprang ein Krieg von fünf Jahren zwischen dem Könige der Lydier und der Meder. Aber eine Sonnenfinsterniß, die während einer Schlacht eintrat, erschreckte beide Armeen so sehr, daß man sich von beiden Seiten zurück zog, und Friede schloß. Cyaxares belagerte nun Ninive wieder, und zerstörte es nach einem langen Widerstande gänzlich. Alle Einwohner mußten über die Klinge springen. Selbst die Kinder wurden an den Mauern zerschmettert, die Tempel und Palläste zerstört, und die Trümmer dieser prächtigen Stadt durch Feuer verwüstet. Der Sieger verfolgte seine Eroberungen, machte sich Meister anderer Städte des Königreichs Assyrien, und starb nach einer Regierung von 40 Jahren im Jahr 593 vor Christi Geburt.

CYAXARES II. Man sehe den ersten Artikel DARIUS

Zweiter Theil.            G            CYDIAS

CYDIAS von Cythnos, lebte in der 104. Olympiade, und muß ein vortreflicher Mahler gewesen sein, indem Hortensius eins seiner Gemählde sehr theuer bezahlte, und Agrippa dem nehmlichen Gemählde die Ehre erwies, es zum Andenken seiner Siege auf der See unter dem Säulengange des Neptun aufzustellen. Er stellte die Argonauten dar.

Die Mahler verdanken dem Cydias eine neue rothe Farbe; er fand nach einer Feuersbrunst gebrannten Oker, und bediente sich desselben als einer Farbe.

CYNEAS, aus Thessalien, Schüler des Demosthenes und Minister des Pyrrhus, war als Philosoph und Redner gleich berühmt. Pyrrhus sagte von ihm: „er habe durch seine „Beredsamkeit mehr Städte erobert, als er selbst durch seine „Waffen.“ Dieser Fürst schickte ihn nach Rom, um Frieden zu bitten. Man war auf dem Puncte, denselben zu bewilligen, als Appius Claudius und Fabricius, die sich durch die Blumen der Rhetorik nicht rühren ließen, den Senat auf andere Gesinnungen brachten. (Man sehe die Artikel EPICURUS, gegen die Mitte, und FABRICIUS.) Cyneas schilderte dem Pyrrhus, nach seiner Zurückkunft in das Lager, Rom als einen Tempel, den Senat als eine Versammlung von Königen, und das Römische Volk als eine Hyder, welche die abgeschlagenen Köpfe immer wieder hervor brächte. Plinius rühmt das Gedächtniß des Cyneas als ein Wunder. Den Tag nach seiner Ankunft zu Rom nannte er alle Senatoren und Ritter bei ihrem Namen. Cyneas gab einen Auszug aus dem Buche des Tactikers Aeneas „Ueber die Vertheidigung der Plätze.“ Casaubon gab im Polybius, von Paris 1609 in Folio, diesen Auszug mit einer Lateinischen Uebersetzung heraus, und M. de Beausobre 1757 eine Französische Uebersetzung, mit einem Commentar.

CYPRIAN (ERNST SALOMO), ein verdienstvoller, gelehrter und berühmter Theolog, Vicepräsident des Oberconsistoriums zu Gotha, wurde den 22. Septb. 1673 zu Ostheim vor der Rhön im Hennebergischen geboren. Er studierte 1692 zu Jena die Medicin, wandte sich im folgenden Jahre zur Theologie, und ging dann nach Helmstädt, wo er 1699 außerordentlicher Professor der Philosophie ward. Im Jahr 1700 erhielt er den Ruf zum Director und Professor der Theologie am Casimirianischen Gymnasium zu Coburg, welches sich unter ihm in einem sehr blühenden Zustande befand. Dreizehn Jahre darauf wurd' er als Kirchenrath

chenrath und Beisitzer im Consistorium und als Bibliothecar nach
Gotha berufen, und ward endlich daselbst Vicepräsident.

Er genoß die vollkommenste Hochachtung der größesten Gelehrten und mehrerer Fürsten, und erhielt häufige Anträge zu
ansehnlichen Aemtern. Er hatte in seiner Jugend viel gereist,
und sich viele unbekannte Nachrichten und Schriften und einen
Reichthum von Menschenkenntniß und klugem Betragen gesammelt. Er starb den 19. September 1745.

Cyprian vereinigte in sich Gottesfurcht und wahre Gelehrsamkeit, ganz vorzüglich aber in der Kirchengeschichte. Nicht nur
die Einsicht in alle ihre Epochen, und jede merkwürdige Begebenheit derselben; der critische Gebrauch aller von derselben
vorhandenen Nachrichten, und ein durchdringendes Erforschen
von den oft geheimen Ursachen und Absichten der Veränderungen,
welche die Kirche und Religion betroffen haben; sondern auch
eine eben so gründliche Kenntniß der bürgerlichen und gelehrten
Geschichte, und der allgemeinen philosophischen Grundlehren des
Rechts, auch selbst des Kirchen=und Staatsrechts von Deutschland; dieses zusammen genommen, hat ihn erst in den Stand
gesetzt, von seiner Wissenschaft in der Kirchengeschichte die lehr-
reichste und gemeinnützigste Anwendung zu machen, deren
Ruhm er mit überaus wenigen theilen darf.

Unter seinen vielen Schriften führen wir an:

Ueberzeugende Belehrung von dem Ursprung und Wachs-
thum des Papstthums, nebst einer Schutzschrift für
die Reformation. Gotha 1719, in 8. Sechste Auflage,
Hof 1769, in 8. Eins der vortrefflichsten Bücher, das
jemahls in der protestantischen Kirche zu ihrer Vertheidigung und Verwahrung gegen die Römische geschrieben worden ist, wozu viele Verfolgungen, welche die Römisch-
catholischen Bischöfe in Deutschland, vorzüglich vom Jahre
1714 an, gegen die Protestanten unter dem Vorwande un-
ternahmen, als wären sie nicht mehr an den Westphälischen
Frieden gebunden, die Veranlassung gaben. Er beweist
darin die Nichtigkeit der päpstlichen Hoheit und himmlischen
Statthalterschaft auf Erden, aus unverwerflichen Urkunden
und Schriftstellern der Römischen Kirche, mit ausnehmender
Stärke der historischen Wahrheit. Die Römisch=catholi-
schen Controversisten fühlten die überzeugende Kraft der darin enthaltenen Gründe und Beweise selbst so sehr, daß sie
nicht dagegen schrieben.

S 2

*Commoni-*

*Commonitorium* , oder abgedrungener Unterricht von kirchlicher Vereinigung der Protestanten, aus Liebe zur nothleidenden Wahrheit abgefaßt, mit historischen Original-Documenten bestärkt, und allen evangelischen Lehrern zur Prüfung übergeben. Frankfurt und Leipzig 1722 und 1726 in 8.    Ein Hauptwerk in der Frage über die Vereinigung der Protestanten.

Historie der Augsburgischen Confeßion, aus den Original-Acten beschrieben, Gotha 1730, in 4. dritte vermehrte Auflage 1731. Sein schätzbarstes historisches Werk, das über die ersten Schicksale der Augsburgischen Confeßion ein großes Licht verbreitet.

Man sehe:

Das Leben E. S. Cyprians, von einem Liebhaber der Wahrheit beschrieben, von ihm selbst revidiert, und zum Druck übergeben von E. X. Fischer, Leipzig 1749.

CYPRIANI (Giovanni Battista), man sehe CIFRIANI.

CYPRIANUS (Thascius Caecilius), aus einer reichen und vornehmen Familie zu Carthago geboren, lehrte daselbst die Beredsamkeit. Er war damahls noch ein Heide, ward aber durch die Bemühungen des Priesters Cäcilius, der ihm die Vortrefflichkeit der Christlichen Religion und die Abgeschmacktheit des Heidenthums aufdeckte, bald ein Christ. Die Heiden, welche es höchst ungern sahen, daß sie einen solchen Mann verloren hatten, warfen ihm Verrücktheit seines Verstandes vor, und erzählten davon kindische Fabeln. Aber Cyprian achtete dieser Spöttereien nicht, und machte täglich größere Fortschritte auf dem Wege des Heils. Er verkaufte seine Güter, theilte den Werth derselben unter die Armen, lebte sehr eingezogen, nahm den Philosophen-Mantel, und las anstatt der profanen Schriftsteller die heiligen Schriften. Er wurde wegen seines Verdienstes zur Priesterschaft, und, ungeachtet aller Widersprüche, kurz darauf, im Jahr 248, auf den bischöflichen Stuhl von Carthago erhoben. Seine Arbeiten für seine Kirche waren unermeßlich. Er war der Vater der Armen, das Licht der Clerisei, der Tröster des Volkes.

Als der Kaiser Decius eine blutige Verfolgung gegen die Kirche erregt hatte, wurde Cyprian genöthiget, seine Herde zu verlassen; war aber immer sowohl durch seine Briefe als durch seine Diener um sie. Als sich der Sturm gelegt hatte, zeichnete

er

er sich durch die Festigkeit aus, mit welcher er denen unter den abtrünnigen Christen widerstand, welche Empfehlungen der Märtyrer und Beichtväter erschlichen, um wieder in den Schooß der Kirche aufgenommen zu werden, die sie während der Verfolgung verlassen hatten. Wegen der Pönitenzen, die ihnen vorgeschrieben werden sollten, berief er 251 eine Kirchenversammlung nach Carthago zusammen. Auf derselben Versammlung verdammte er den Priester Felicissimus und den Häretiker Privatus. Dieser letztere schickte an den Papst Cornelius, um seine Communion zu verlangen, und den H. Cyprian anzuklagen, der von seiner Seite keine Vertheidigung einschicken zu brauchen glaubte. Als ihm der Papst sein Befremden darüber bezeigte, antwortete er ihm eben so bescheiden als entschlossen: „Es ist unter uns „Bischöfen so hergebracht, daß wir das Verbre-„chen da untersuchen, wo es begangen wurde." Und mit dieser Antwort an den Papst, spricht der weise Fleury, klagte Cyprian zugleich über die Appellation an Rom, als eine notorisch unregelmäßige Procedur.

Eine nicht geringere Festigkeit zeigte er in dem Streite, der sich zwischen dem Papste Stephan und ihm über die Verrichtung der Taufe durch Häretiker erhob. Mehrere zu Carthago gehaltene Kirchenversammlungen entschieden, seiner Meinung gemäß, daß man diejenigen wieder taufen müsse, die von Häretikern getauft worden wären. Auf dem letzten erklärte der H. Cyprian, er wolle diejenigen nicht von seiner Gemeinde ausstoßen, die eine der seinigen entgegen gesetzte Meinung hätten. Der heilige Bischof glaubte eine gute Sache zu vertheidigen, indeß er eine schlechte unterstützte. Ob er sich aber gleich nach den Decreten des Papstes St. Stephan nicht fügte (indem diese Decrete damahls noch nicht für allgemein gültige Entscheidungen anerkannt wurden), so hielt er doch eine beständige Eintracht mit der Römischen Kirche.

Im Jahr 257 brach das Feuer der Verfolgung wieder aus, und Cyprian wurde nach Curube, 12 Meilen von Carthago, verwiesen. Nach einem Exil von 11 Monaten wurd'ihm jedoch wieder erlaubt, sich in den bei Carthago liegenden Gärten aufzuhalten; aber kurze Zeit darauf ergriff man ihn, um ihn zum Tode zu führen. Er wurde den 14. September 258 enthauptet.

Der H. Cyprian hatte für die Wahrheit, die er mit seinem Blute besiegelte, viel geschrieben. Lactantius hält ihn für den ersten wirklich beredten Christlichen Schriftsteller. Der

H. Hie-

H. Hieronymus vergleicht seinen Styl mit einem reinen Quell, der einen sanften und ruhigen Lauf hat. Andere aber vergleichen ihn, vielleicht mit mehrerem Rechte, mit einem Strom, der alles, was er antrifft, mit sich fort reißt. Seine männliche, natürliche und vom declamatorischen Styl weit entfernte Beredsamkeit war fähig, große Bewegungen hervor zu bringen. Er räsonnierte fast immer mit eben so großer Richtigkeit, als Stärke. Demungeachtet aber kann man nicht läugnen, daß sein, obgleich im allgemeinen ziemlich reiner, Styl etwas vom Africanischen Genius und von der Härte des Tertullian hat, den er selbst seinen Meister nennt. Wahr ist es jedoch, daß er seine Gedanken oft glättete und verschönerte, und seine Fehler fast immer vermied.

Außer 81 Briefen sind noch mehrere Abhandlungen von ihm bis auf uns gekommen, worunter die vorzüglichsten sind:

*Testimoniorum libri tres adversus Iudaeos.*

*De unitate ecclesiae* oder *De simplicitate praelatorum*, mit starken Gründen erwiesen.

*De Lapsis liber*, das schönste Werk des Alterthums über die Buße.

*De Oratione dominica.* Der H. Augustin, ein würdiger Schüler dieses großen Meisters, schätzte unter allen Schriften des H. Cyprian diese am meisten, und führte sie am öftersten an.

*Epistola ad Fortunatum de exhortatione martyrii.*

*De mortalitate.*

*De opere et eleemosynis.*

*De patientia liber.*

*De zelo et livore.*

Unter den verschiedenen Ausgaben dieses Kirchenvaters schätzet man die Holländische von 1700, welche mit einigen Abhandlungen von Pearson und Dodwel vermehrt ist; ziehet ihr aber die von 1726 in Folio, aus der königlichen Druckerei im Louvre, vor, welche Baluzius anfing, und Dom Prudens Marand, Benedictiner von St. Maur, vollendete, und mit einer Vorrede und Lebensbeschreibung des Heiligen vermehrte.

Ponce, Diaconus, Dom Gervaise, Abbt von la Trappe, und Lombert, der Französische Ueberseßer seiner sämmtlichen Werke, haben sein Leben beschrieben.

CYRANO

CYRANO (Savinien), 1620 zu Bergerac in Perigord geboren, starb 1655, ein Schriftsteller von sonderbarem Character. Seine Werke bestehen aus einigen Briefen, die er in seiner Jugend schrieb, nebst einer Tragödie,

*Agrippine,*

und einer Komödie,

*Le Pédant.*

*L'Histoire comique des Etats & Empires de la Lune.*

*L'Histoire comique des Etats & Empires du Soleil.*

CYRIACUS, Patriarch von Constantinopel, im Jahr 595, Nachfolger des Joannes Jejunator, nahm, nach dem Beispiele seines Vorfahren, den Namen Episcopus oecumenicus oder universalis an, und ließ sich denselben auf einer Kirchenversammlung bestätigen. Als sich dieser Patriarch dem Kaiser Phocas, der die Immunitäten und Privilegien der Kirche angriff, widersetzt hatte, verboth dieser Fürst, um seine Widerspenstigkeit an ihm zu rächen, durch ein Edict, den usurpierten Titel keinen andern Bischöfen außer dem Bischof zu Rom zu geben. Cyriacus starb, wie man sagt, vor Gram darüber, im Jahr 606.

CYRIADES, einer der neun und zwanzig Tyrannen, welche unter der Regierung des Valerianus und Galienus den größten Theil der Provinzen des Römischen Reichs an sich rissen, war ein Mann von vornehmer Familie aus dem Orient, und besaß große Reichthümer. In seiner Jugend ergab er sich einer ausschweifenden Lebensart, und ging, nachdem er seinem Vater eine beträchtliche Summe Geldes gestohlen hatte, nach Persien, welches damahls von Sapores I. beherrscht wurde. Dieser Fürst, von Cyriades gegen die Römer aufgehetzt, erklärte ihnen den Krieg, stellte den Cyriades an die Spitze einer Armee, mit welcher er mehrere Provinzen eroberte. Er drang bis nach Syrien, und plünderte die Hauptstadt desselben, Antiochia. Kurze Zeit darauf nahm er den Titel Augustus an; und obgleich fast alle Persische Soldaten wieder in ihr Vaterland zurück gekehret waren, so bildete er sich doch eine neue Armee, indem er Straßenräuber und Taugenichtse dazu annahm. Dieser Usurpator setzte einen Theil des Orients in Contribution, und verbreitete Schrecken über die benachbarten Provinzen. Als seine Soldaten vernahmen, daß der Kaiser Valerian gegen sie anrücke, welche außerdem seiner Tyrannei und strengen Behand-

S 4                                                  lung

lung wegen gegen ihn aufgebracht waren, ermordeten sie ihn im
Jahr 258. Cyriades führte den Titel August nur ohngefähr
ein Jahr.

CYRILLUS (DER HEILIGE), Patriarch von Jerusalem, nach St. Maximus, arbeitete wie er an der Vertheidigung der Wahrheit gegen die Anfälle des Irrthums. Seine
Streitigkeit mit Acacius, Bischof von Cäsarea, über die
Prärogativen ihrer Stühle, unterbrach das Gute, welches er
bei seiner Herde und Kirche stiftete. Diese persönliche Zwistig-
keit entstand aus der Verschiedenheit der Meinungen. Cyrillus
war ein eifriger Catholik, und Acacius ein halsstarriger Arianer.
Da dieser unruhige und intriguante Mann den Glauben seines
Gegners nicht anfechten konnte, so focht er seine Sitten an: er
klagte ihn an, einige kostbare Gewänder der Kirche verkauft zu
haben, und machte aus einer heroischen That ein Verbrechen;
denn Cyrillus hatte aus keiner andern Absicht die Tempel beraubt,
als während einer Hungersnoth die Armen zu unterstützen.
Eine zu Cäsarea gehaltene Kirchenversammlung setzte ihn im
Jahr 357 ab. Der heilige Bischof appellierte gegen diese unbil-
lige Verurtheilung an ein höheres Tribunal, und wurde von dem
Concilium zu Seleucia im Jahr 359 wieder eingesetzt, und sein
Verfolger von seinem Stuhl vertrieben. Die Intriguen des
Acacius machten, daß er 360 von neuem abgesetzt wurde. Julian, der Nachfolger des Kaisers Constantius, fing seine
Regierung durch Zurückberufung der Exilierten an, und Cyrillus kehrte auf seinen Stuhl zurück. Der Kaiser Valens warf
ihn zum dritten Mahl von demselben herunter, und erst nach dem
Tode dieses Fürsten, über eilf Jahre darauf, kehrte er nach Jerusalem zurück. Die Kirchenversammlung zu Constantinopel,
vom Jahr 381, billigte seine Ordination und Wahl. Er starb
386, nachdem er 35 Jahr Bischof gewesen war.

Wir haben unter andern noch von ihm:

*Catecheses XXIII.*

die für die älteste und beste kurze Darstellung der Christlichen Religion gehalten werden. Die ersten 18 derselben sind an die Ca-
techümenen und die 5 letzten an die Neugetauften gerichtet. Der
Styl dieser Instructionen ist einfach, rein und dem Gegenstand
angemessen. Er setzet darin die Glaubensartikel der Kirche
sorgfältig aus einander, und widerlegt, was sie verwirft,
gründlich.

Dom

Dom Anton Augustin Touttée, Benedictiner von St. Maur, gab 1720 zu Paris in Folio eine vollständige Ausgabe seiner sämmtlichen noch vorhandenen Werke Griechisch und Lateinisch heraus, die, außer einem nach mehreren Handschriften berichtigten Text und einer sehr genauen Uebersetzung, auch gelehrte und belehrende Anmerkungen enthält.

CYRILLUS (DER HEILIGE), Patriarch von Alexandrien, 412 Nachfolger seines Oheims Theophilus, hatte einen feinen und durchdringenden Geist, den er durch die Lectüre der heiligen und profanen Schriftsteller ausbildete. Er war 403 auf der heimlichen Kirchenversammlung zu Chesne, wo St. Chrysostomus verdammt wurde, mit zugegen gewesen, stellte aber das Gedächtniß dieses berühmten Prälaten nach dem Tode seines Oheims wieder her. Der Nestorianismus richtete dannahls in der Kirche Verheerungen an. Er schrieb an die Einsiedler von Aegypten, wie er gewünscht hätte, daß man sich auf die Fragen nicht einließe, welche Nestorius erhoben hatte. Da aber diese Fragen die Geister zu beschäftigen fortfuhren, bemühte er sich, sie gegen diese Lehre zu befestigen, und ließ sie auf der Kirchenversammlung zu Rom, 430, und auf dem allgemeinen Concilium zu Ephes, welches auf Befehl des Kaisers Theodosius versammelt wurde, und worauf er 431 im Namen des Papstes den Vorsitz führte, verdammen. Johann von Antiochia und die übrigen Bischöfe des Orients trennten sich von diesem Concilium, unterstützten den Nestorius lebhaft, und hielten von ihrer Seite eine Synode, worauf Cyrillus abgesetzt wurde. Der kaiserliche Hof war anfänglich dem Häresiarchen geneigt, und Cyrillus wurde gefänglich eingezogen; als dieser Fürst aber beide Parteien gehört hatte, verwies er den Nestorius in ein Kloster, und gab den Cyrillus seiner Kirche wieder.

Der Neurer wurde aber von seinen Anhängern nicht verlassen und mit desto größerm Eifer unterstützt, jemehr sie, da sie das Benehmen des Patriarchen von Alexandrien für hart und gewaltthätig hielten, gegen die Wahrheit eingenommen waren. (Man sehe den Artikel HYPACIA.) Diese Härte hätte seinem Rufe geschadet, wäre nicht durch seine Frömmigkeit und Unschuld der Sitten das Andenken an dieselbe geschwächt worden. Er starb 444, und wurde für einen eifrigen Vertheidiger der Wahrheit gehalten.

Die beſte Ausgabe ſeiner Werke iſt die von Johann Au=
bert, Canonicus zu Laon, 1638 in 6 Theilen in Folio, welche
7 Bände machen, Griechiſch und Lateiniſch. Man findet darin
eine große Menge Schriften, unter andern Homelien und
Commentare über mehrere Bücher des alten und neuen
Teſtaments.

Er ſchrieb mit vieler Leichtigkeit: und es iſt wahr, daß es ihm
nach Du Pin ſehr oft nicht ſchwer fallen konnte, die Materie zu fin=
den; denn entweder copiert er Stellen aus der heil. Schrift, oder
bringt lange Räſonnements vor, oder allegoriſiert. Photius
bemerkt, daß er ſich einen beſondern Styl gebildet habe; er iſt
ohne Eleganz, ohne Klarheit, ohne Wahl und ohne Beſtimmt=
heit. Aber ungeachtet dieſer Fehler hat Cyrillus die Lehre der
Kirche ſo ausführlich erläutert, daß die Kirchenverſammlungen
mehrere ſeiner Briefe für Glaubensregeln hielten. Der letzte
Band ſeiner Werke iſt gegen Neſtorius, Julian, und die
Anthropomorphiten = Mönche, welche behaupteten,
Gott habe eine körperliche Form, gerichtet.

Du Pin, welcher in ſeiner
*Bibliothèque des Auteurs ecclésiastiques*
äußerte, daß die Streitigkeiten zwiſchen Neſtorius und Cyrillus
bloße Worte beträfen, wurde zu widerrufen gezwungen. Man
wird in dem Artikel dieſes Häreſiarchen ſehen, daß er die hy=
poſtatiſche Vereinigung des Wortes mit der menſchlichen Natur
wirklich läugnete, und in Chriſto zwei Perſonen annahm.

Wir ſetzen dem Abbee Plûquet zu Folge noch hinzu, daß,
wenn der Streit, den ſeine Häreſie erregte, mit allzu vieler Leb=
haftigkeit geführt wurde, es dem Neſtorius zum Theil ſelbſt zu=
geſchrieben werden müſſe. Er behandelte ſeine Gegner zuerſt
mit Strenge; er wandte zuerſt Beleidigungen und Mißhandlun=
gen an, wie man aus dem Briefe ſieht, den er durch Photius
ſchreiben ließ; er bediente ſich zuerſt gewaltſamer Mittel. Er
zog die kaiſerliche Macht in eine bloße kirchliche Angelegenheit;
und ward, als ſein Stolz und ſeine heftige Gemüthsart bekannt
wurden, durch ſeinen Character und ſeine Irrthümer gleich ver=
haßt. Wenn Cyrillus, der ſich anfänglich ſehr ſanft gezeigt hatte,
in der Folge dieſer Streitigkeit vielleicht einen allzu lebhaften
Eifer zeigte, ſo geſchah es bloß darum, weil er die Wahrheit
für ſich hatte, und die Sache des Glaubens führte.

CYRILLUS

CYRILLUS (DER HEILIGE) von Theſſalonich, we=
gen ſeiner Gelehrſamkeit der Philoſoph genannt, brachte
das Licht des Evangeliums zu den Sarmaten, Bulgaren und
Marcomannen. Er wurde von Adrian II. um das Jahr 867,
nebſt ſeinem Bruder St. Methodius, zum Biſchof ernannt.
Einige Zeit darauf ergriff Cyrillus das Mönchsleben, und ſtarb
zu Rom.

Er überſetzte die ganze Bibel in die Sclavoniſche Sprache;
und der Papſt Johann VIII. erlaubte in einem vom 8. Juni
880 datierten Briefe ſich dieſer Ueberſetzung bei der Meſſe und der
Feier der heiligen Myſterien zu bedienen, jedoch unter der Be=
dingung, das Evangelium vorher in Lateiniſcher Sprache dem
Volke vorzuleſen. In einigen Orten in Dalmatien bedienet man
ſich noch jetzt dieſer Ueberſetzung.

CYRILLUS LUCARIS, 1572 auf der Inſel Candia geboren,
ſtudierte zu Venedig und Padua, und ging ſodann nach Deutſch=
land. Hier nahm er die Lehre der Proteſtanten an, und brachte
ſie nach Griechenland. Da er in dem Verdacht ſtand, die Luthe=
raner zu begünſtigen, ſo legte er ein Glaubensbekenntniß ab,
worin er ihre Lehre verwarf. Er wurde auf den Stuhl von
Alexandrien, und darauf im Jahr 1621 auf den von Conſtanti=
nopel erhoben, ſetzte ſeine Verbindungen mit den Proteſtanten
fort, und lehrte ihre Dogmen in der Griechiſchen Kirche. Die
Biſchöfe und die Geiſtlichkeit widerſetzten ſich dem. Er wurde
des Patriarchats beraubt, und nach Rhodus ins Exſil geſchickt.
Einige Zeit darauf ſetzte man ihn wieder ein; und ſeitdem er nun
im ruhigen Beſitz des Stuhls von Conſtantinopel war, gab er
Catechismen und Glaubensbekenntniſſe heraus, wo man auf je=
der Seite die reinern Grundſätze des Proteſtantismus ſieht.
Man verwies ihn 1628 nach Tenedos; und nachdem er 7 bis
8 Mahl aus ſeiner Kirche vertrieben, und eben ſo oft wie=
der eingeſetzt worden war, wurd' er endlich auf Befehl des
Groß=Herrn, auf dem Wege in ein neues Exſil, ſtranguliert.
Er war einer der intriguanteſten und unruhigſten Menſchen.

Cyrillus von Berea, ſein Nachfolger, anathematiſierte
auf einem Concilium zu Conſtantinopel ſein Glaubensbekenntniß,
und ſchonte den Urheber deſſelben nicht. Als dieſer Cyrillus nach
Tunis verwieſen, und Parthenius, Biſchof von Adrianopel,
an ſeine Stelle geſetzt worden war, berief dieſer letztere im Jahr
1642 ein neues Concilium zuſammen, wo das Glaubensbekennt=
niß

niß des Lucaris nochmahls verdammt, aber sein Andenken ge-
schont wurde. Das Decret dieser Synode wurde auf der zu
Jassi bestätiget, und auf dem berühmten Concilium zu Jerusalem,
im Jahr 1672, wurden dieselben Lehren verdammt. J. Aymon
veranstaltete davon eine Ausgabe mit einigen Briefen des Cyrillus
Lucaris, Amsterdam 1718, in 4. um sie dem entgegen zu setzen,
was die Herren von Port=Royal in der großen Perpetuitas
Fidei davon berichtet hatten: der Abbée Renaudot antwortete
in den zwei Bänden, mit welchen er die Perpetuität vermehrte, auf dieses Werk.

CYRUS, König von Persien, dessen Name nach Ctesias
Sonne bedeutet, wurde 599 Jahr vor Christo von Cambyses, König dieses Theiles von Asien, und Mandane, der
Tochter des Astyages, Königs von Persien, geboren. He-
robot und nach ihm Justin kleidet die Geschichte seiner Geburt ins Wunderbare. Sie erzählen, daß Astyages seine Tochter einem Perser von sehr dunkler Herkunft zur Ehe gab, um die
traurigen Vorbedeutungen eines Traumes abzuwenden, der ihm
verkündigte, er würde von seinem Enkel vom Throne gestoßen
werden. Als er geboren wurde, gab er dem Harpages, einem seiner Beamten, den Auftrag, ihn umzubringen. Harpages
gab das Kind einem Schäfer, um es in den Wäldern abzusetzen,
aber die Frau des Hirten säugte es aus Mitleid, und zog es in
geheim auf. (Man sehe den Artikel ASTYAGES.) Xenophon
stimmt über den Ursprung des Cyrus mit dem Herodotus nicht
überein; aber alles, was man bei diesem Gegenstande sagen
kann, ist, daß die alte Geschichte in diesem Puncte, wie in mehreren andern, kaum vor der fabelhaften Geschichte einen Vorzug
hat. Man muß sich in diesem Chaos bloß auf die Hauptbege-
benheiten einschränken.

Nach dem Tode des Astyages zog Cyrus mit Cyarares,
seinem Oheim, König von Meden, gegen die Assyrier, schlug
sie, tödtete Nerigliffor, ihren König, und machte unermeßliche Beute. Unter den Gefangenen befand sich eine Prinzessin
von seltener Schönheit. Nach der Schilderung, die man dem
Cyrus davon machte, vermied er sie zu sehen, und befahl, ihr
mit eben so vieler Aufmerksamkeit als Ehrfurcht zu begegnen.
Panthea, dieß war der Name dieser Dame, theilte ihrem Gemahl Abradates diese edelmüthige Handlung mit, welcher
mit 2000 Rittern in das Lager des Cyrus kam, und ihm bis an
seinen Tod anhing.

                                                        Der

Der junge Eroberer, beständig vom Verlangen und der Hoffnung, sich Meister von Babylon zu machen, angefeuert, rückte
bis vor die Thore dieser Stadt, und ließ dem Nachfolger des
Nerigliffor vorschlagen, ihren Streit durch einen Zweikampf zu
enden; da aber seine Herausforderung nicht angenommen wurde,
nahm er den Weg nach Meden. Man machte von beiden Seiten unermeßliche Zurüstungen. Erbsus, König von Lydien,
wurde im Jahr 538 vor Christi Geburt zum Generalissimus der
feindlichen Armee ernannt. Cyrus schlug ihn in der Schlacht
bei Tymbria, einer der größesten im Alterthum, und die erste,
von der wir einige ausführliche Nachricht haben.

Nach diesem Siege eroberte Cyrus mehrere Völker von Klein-
Asien, vom Aegeischen Meer bis an den Euphrat, unterjochte
Syrien, Arabien, einen Theil Assyriens, und belagerte Babylon.
Er eroberte diese prächtige Stadt während der Feier eines großen
Festes, welches das Volk und der Hof gewöhnlich in Lustbarkei-
ten und Ausschweifungen zubrachte. Seine Truppen drangen
in dieselbe, nachdem sie den Euphrat abgeleitet hatten, machten
sich Meister des Pallastes, erschlugen den König und sein Ge-
folge. Mit dieser Catastrophe endigte sich das Babylonische
Reich, im 21. Jahre der Regierung des Belesis, 538 Jahr vor
Christi Geburt.

Cyrus, Meister von ganz Asien, theilte mit Beistimmung
des Cyarares seine Monarchie in 26 Provinzen. Jede Provinz
erhielt ihren Gouvernör. Außer diesen Gouvernörs ernannte
Cyrus drei Surintendanten, die beständig am Hofe residieren
sollten. Man setzte von Raum zu Raum Posten, damit die
Befehle des Fürsten schneller besorgt würden.

Als Cyarares, sein Oheim, und sein Vater Cambyses todt
waren, sahe sich Cyrus 536 Jahr vor Christi Geburt als den al-
leinigen Besitzer des Persischen Reiches, welches die Königreiche
Aegypten, Assyrien, der Meder und Babylonier in sich schloß.
In demselben Jahr' erlaubte er den Juden, nach Judäa zurück zu
kehren, und ihren Tempel zu Jerusalem wieder zu erbauen, wie
der Prophet Jesaias geweißaget hatte.

Herodotus, der diesen berühmten Eroberer auf eine sonderbare
Weise geboren werden läßt, läßt ihn auf eine nicht weniger
außerordentliche Weise sterben. Er sagt, dieser Fürst habe seine
Waffen gegen die Scythen gekehrt, und den Sohn der Königin
Thomyris erschlagen, welche die feindliche Armee comman-
bierte.

dierte. Diese Fürstin beth ihm, von der Wuth sich zu rächen getrieben, ein Treffen an, und lockte ihn durch verstellte Flucht in einen Hinterhalt, worin er mit einen Theil seiner Armee umkam. Da sie nun ihren Feind in ihrer Gewalt hatte, ließ sie ihm den Kopf abhauen, warf ihn in einen mit Blut gefüllten Schlauch, und sagte: „Barbar, trink dich nach deinem Tode in „Blute satt, nach welchem du dein ganzes Leben „hindurch dürstetest.“ Xenophon, der der Geschichte des Herodotus fast immer widerspricht, läßt ihn auf seinem Bette sterben. Dieß geschahe nach den besten Geschichtschreibern 529 Jahr vor Christi Geburt.

CYRUS, der Jüngere, jüngster Sohn des Darius Nothus, wurde von seinem Vater in einem Alter von 16 Jahren, 407 Jahre vor Christi Geburt, den Lacedämoniern gegen die Athenienser zu Hülfe geschickt. Als nach dem Tode des Darius Artaxerxes sein ältester Sohn den Thron bestieg, stellte ihm Cyrus nach dem Leben. Sein Complott wurde entdeckt, und sein Tod beschlossen; aber seine Mutter Parysatis rettete ihn. Diese Gnade heilte seinen Stolz nicht. Er warb unter mancherlei Vorwänden heimlich Truppen. Artaxerxes stellte ihm eine zahlreiche Armee entgegen. Cyrus hatte die Lacedämonier in Sold genommen. Clearchus, der Spartanische General, rieth ihm, seine Person dabei nicht der Gefahr auszusetzen. „Wie, antwortete dieser Fürst, „wenn ich mich „zum König zu machen suche, willst du, daß ich „mich des Thrones unwürdig zeige?“ Die beiden Brüder gingen in der Schlacht bei Cunaxa, 20 Meilen von Babylon, grimmig auf einander los, und der stolze Jüngling starb im Jahr 401 vor Christi Geburt an den Wunden, die er in der Schlacht erhielt. Die berühmte Aspasia, die dem Cyrus gefolgt war, wurde vom Artaxerxes gefangen genommen, der für dieses Weib so viel Leidenschaft hatte, als Cyrus. Zehntausend Griechen, die unter dem Commando mehrerer Chefs, unter andern des Geschichtschreibers Xenophon, für Cyrus gestritten hatten, entgingen den Verfolgungen des Siegers, und machten jenen schönen Rückzug, welcher ihnen Unsterblichkeit erwarb. Der kriegerische Schriftsteller spricht von Cyrus als von einem vollkommenen Fürsten. Aber er war ohne Zweifel zu sehr für ihn eingenommen. War seine Rebellion gegen seinen König, sein Haß gegen seinen Bruder, und seine Wuth, durch einen bürgerlichen Krieg den Thron an sich zu reißen, zu entschuldigen? —

Ju

In dem Briefe, den er an die Spartiaten schrieb, um sie um Truppen zu bitten, rühmte Cyrus seine Religion, seine Philosophie, sein königliches Herz, und das Vermögen, mehr Wein als sein Bruder zu trinken, ohne davon trunken zu werden.

CZERNOHORSKY (BOHUSLAW), von Nimburg, ein Minorit, ward in Italien Magister der Musik, und Regens Chori in der Ordenskirche bei St. Anton in Padua, hernach Regens Chori bei St. Jacob in Prag. Im Jahr 1740 wollt' er wieder nach Italien zurück kehren, starb aber auf der Reise. Er war zu seiner Zeit einer der berühmtesten Tonkünstler Böhmens und der stärkste Orgelspieler. In seinen Kirchenmusiken herrscht eine ihrer Bestimmung angemessene Harmonie; sie zeichnen sich unter andern besonders durch die künstlichen Fugen aus. Noch immer werden einige dieser Werke von Kennern fleißig aufbewahrt, und bei Gelegenheit nicht selten benutzt; nur Schade, daß die meisten davon bei der großen Feuersbrunst im Jahr 1754, welche einen Theil des Minoritenklosters in Prag betraf, durch die Flammen verzehret worden sind.

Den Geist seiner Composition, und seine meisterhafte Manier die Orgel zu spielen erbten seine würdigen Schüler, der Virtuos und Altist Segert (Zekert) und sein Ordensbruder Czeslaus, wie auch Tuma, ein Tenorist, und Zach, ein starker Contrapunctist, deren Namen bei den jetzt lebenden Tonkünstlern noch wohl bekannt sind.

———

COLONNA (GIACOMO), wurde von Nicolas III. zum Cardinalat erhoben. Er hatte großen Antheil an den Zwistigkeiten, welche unter Bonifacius VIII. Rom beunruhigten. Die Familie dieses Papstes, die Cajetanische, von der Partei der Guelfen, hatte mit der Familie der Colonna's, von der Faction der Gibelinen, nie im Einverständnisse gelebt. (Man sehe den Artikel BUONDELMONTE.) Die Cardinäle von dieser Familie hatten sich der Erwählung des Bonifacius, dessen stolze und hochfahrende Gemüthsart sie kannten, widersetzt. Um sich derselben zu entziehen, flüchtete unser Jacob und sein Neffe Peter Colonna nach Palestrina, wo Sciarra Colonna,

lonna, einer ihrer Cousinen,. damahls gouvernierte. Bonifa=
cius hatte sich Meister der Stadt gemacht, und schleuderte die
Bannstrahlen gegen die Rebellen, beraubte Jacob und Peter
des Purpurs, excommunicierte Sciarra, und setzte Preise
auf ihre Köpfe. Sciarra entfloh dieser Verfolgung, wurde von
Seeräubern gefangen, und in Ketten geworfen. Diese Lage
schien ihm, so traurig sie auch war, derjenigen dennoch weit
vorzuziehen zu sein, in welche ihn die Rache des Papstes versetzt
haben würde. Philipp der Schöne ließ ihn zu Marseille,
wohin ihn die Seeräuber geführt hatten, frei machen, und sandte
ihn mit Wilhelm von Nogaret im Jahr 1303 nach Ita=
lien, um den Bonifacius aufzuheben. Sie überfielen den Papst
zu Agnani, wo ihm Sciarra Colonna mit dem Handschuh einen
Backenstreich gegeben haben soll. (Man sehe BONIFACIUS
VIII.) Jacob Colonna, der Gegenstand dieses Artikels,
starb 1318.

COLONNA (GILLE), auch GILLES DE ROME, AE=
GIDIUS ROMAE genannt, General der Augustiner, dann
Bischof von Bourges, war der erste seines Ordens, welcher auf
der Universität Paris lehrte. Sein an Titeln freigebiges Jahr=
hundert nannte ihn Doctor fundatiffimus. Philipp
der Kühne, dem ihn seine Verdienste lieb gemacht hatten, ver=
traute ihm die Erziehung Philipps des Schönen an. Der
Lehrer brachte seinem Schüler Geschmack an den schönen Wissen=
schaften bei. Für diesen Fürsten war es, daß er den Tractat

*De regimine principum, Romae 1492 in folio, et Venet. 1498*

schrieb. Die Regierungskunst wird darin mit dem Schachspiel
verglichen. — Man beschloß in einem Capitel seines Ordens, seine
Meinungen in den Schulen anzunehmen. Colonna starb 1316
zu Avignon. Sein Leichnam wurde nach Paris gebracht, wo
man sein Grabmahl mit folgender emphatischen Inschrift sieht:

Hic jacet aula morum, vitae munditia, Archi-
    Philofophiae Ariftotelis perfpicaciffimus
    commentator, clavis et Doctor Theologiae,
    lux in lucem reducens, etc.

Man hat auch von ihm verschiedene philosophische und theologi=
sche Schriften, Rom 1555 in Folio.

D.

# D.

DACIER (ANDRÉ), ein sehr berühmter Französischer Critiker und Philolog, 1651 zu Chartres geboren, starb 1722 zu Paris. Seine vorzüglichsten Werke sind

Uebersetzungen des Horaz,
Der Poetik des Aristoteles,
Der Lebensbeschreibungen des Plutarch,
Der Werke des Hippocrates, Plato, des Lebens des Pythagoras u. s. f.

DACIER (ANNE LE FÈVRE), die Gemahlin des Vorigen, und ein Weib von außerordentlicher Gelehrsamkeit, wie ihre Werke zeigen: die vorzüglichsten sind

Uebersetzungen des Anacreon, der Sappho, des Plautus, Terenz und Homer.

Ihr erstes Werk war die schöne Ausgabe des Callimachus, 1674. Sie wurde 1651 geboren, und starb 1720.. Die Academie der Ricovrati zu Padua erwählte sie 1684 zu ihrem Mitgliede.

DAEDALUS, ein Athenienfischer Künstler, und der geschickteste und fleißigste seiner Zeit, hatte den Mercur zum Lehrer. Er erfand mehrere Werkzeuge, und verfertigte Statüen, die vortrefflicher waren, als alle, die man bisher gesehen hatte. Ungeachtet seiner großen Talente ergab er sich dem niedrigsten Neide. Talus, seiner Schwester Sohn, der eine Art von Töpferscheibe erfunden hatte, erregte seine Eifersucht: er stürzte ihn vom Dach eines Hauses herab, mußte deßhalb entfliehen, und begab sich an den Hof des Minos, Königs von Creta. Hier baute er das durch die Dichter so berühmte Labyrinth, und ward das erste Opfer seiner Erfindung; denn da er die Liebe der Pasiphae, der Gemahlin des Minos, die von einem Stier, das heißt, von einem jungen Herrn, der den Namen

Zweiter Theil.                    T                    Taurus

Taurus führte, eingenommen war, begünstigt hatte, wurde er mit seinem Sohne in das Labyrinth eingeschlossen. Beide entkamen durch Hülfe künstlicher Flügel, die er an seine und seines Sohnes Icarus Schultern klebte, aus demselben: diese Flügel sind wahrscheinlich die Segel eines Schiffes, das sie bei ihrer Entweichung bestiegen. Cocalus, König von Camicus in Sicilien, gab ihm eine Zuflucht, worin er bis an seinen Tod blieb.

Die Dichter haben dem Dädalus große Lobsprüche ertheilt. Man schreibt ihm die Erfindung der Art, der Bleiwage und der Schiffssegel zu. Man sagte, seine Statüen wären beseelte Automathen. Aber Mr. Goguet glaubt mit Recht, daß diese im Alterthum so sehr gepriesenen Werke den größesten Theil ihres Rufes der Unwissenheit und Plumpheit der Jahrhunderte verdankten, in welchen sie erschienen. Pausanias, welcher mehrere dieser Statüen sahe, bekennet jedoch, daß sie etwas Großes und Auffallendes hatten. Die Verhältnisse an denselben waren übertrieben und colossalisch.

DAELLIKER (JOHANN RUDOLPH), ein geschickter Porträtmahler, 1694 zu Berlin geboren, wo sich seine aus Zürch abstammenden Aeltern niedergelassen hatten. Er lernte die Mahlerei bei Pesne, copierte aber nicht bloß ab, sondern studierte zugleich die Natur. In seinem 19. Jahre kam er nach Braunschweig, und erwarb sich daselbst die Achtung des Herzogs Ulrich; von hier begab er sich nach Leipzig, und endlich 1722 nach Zürch, wo alles von ihm gemahlt werden wollte. Um sich noch mehr in der Kunst zu vervollkommnen, ging er noch einige Zeit nach Paris, wo er nach Rigaud und Largilliere studierte, und ließ sich darauf in Bern häuslich nieder, kam 1746 nach Zürch, und wanderte nachher aus Verdruß in seiner Familie da und dort hin. Endlich ging er nach Schafhausen, wo er 1769 im 75. Jahre starb. Seine Köpfe sind richtig und fest gezeichnet, seine Färbung ist stark und glühend, und sein Pinsel leicht.

DAENS (JOHANN), ein reicher Kaufmann von Antwerpen, berühmt durch einen Zug von Edelmuth, wovon man wenige Beispiele findet. Der Kaiser Carl V. hatte dem Verlangen, ihm in seinem Hause ein Mittagsmahl zu geben, nachgegeben, und der großmüthige Kaufmann warf zu Ende des Gastmahls eine Obligation von 2 Millionen, die er dem Kaiser geborgt hatte, ins Feuer. „Ich bin, sagte er dabei, durch die Ehre, die

„mir

„mir Eure Majeſtät erzeigte, ſchon mehr als bezahlt.“

DAHIPPUS. Man ſehe den Artikel BEDAS.

DAHLBERG (ERICH), ein berühmter Schwede, den 10.
October 1625 geboren, der ſich aus dem bürgerlichen Stande
zum Schwediſchen Grafen, Feldmarſchall und General-Gouver-
nör von Liefland empor ſchwang. Er lernte in ſeiner Jugend,
da ihm ſein Vater frühzeitig ſtarb, faſt nichts, als Leſen, Schreiben und Rechnen; allein nach und nach entwickelte ſich ſein Genie zur Mathematik, welches er auf Reiſen ausbildete. Er widmete ſich vorzüglich der Kriegsbaukunſt, bekam 1648 eine In-
genieurſtelle, und that unter Carl Guſtav die erſten Kriegs-
dienſte, dem er bewies, daß er den kühnen Zug über den gefror-
nen Belt wagen dürfe, und deſſen ganzes Vertrauen er gewann.
In der Folge erhielt er die Generaldirection über alle Schwedi-
ſche Feſtungen, legte deren theils neue an, theis verbeſſerte er
die alten, und gab dem ganzen Schwediſchen Befeſtigungsweſen
eine neue Geſtalt. Man kann ihn daher den Schwediſchen
Vauban oder Löhrre nennen.

Er ſtarb den 16. Januar 1703 als Graf zu Skenäs, Freiherr
zu Stropſta und Erbherr auf Warder, als königlicher Rath und
General-Feldmarſchall. Man hat von ihm:
  *Succia antiqua et hodierna*, Stockholm, ohne Jahr, aber
    um 1700, 3 Bände in Folio,
welche aus lauter Kupferſtichen ohne Text beſtehen.

DAHLEN (CORNELIUS VAN), Vater und Sohn, Kupfer-
ſtecher. Der Sohn arbeitete mit vielem Geſchmack, Verſtand
und Reinlichkeit verſchiedene Blätter mit dem Grabſtichel, in
Reinſts Cabinett, unter andern die Bildniſſe von Boccaccio und
Aretin, die ſonſt dem Cornelius Vißcher zugeſchrieben
werden. Man findet auch von ſeinem vortrefflichen Grabſtichel
Blätter nach Rubens, Vandyck, G. Flinck u. ſ. w.
Seine Manier gleichet zuweilen der des C. Vißcher's, zuwei-
len der des Bloemaerts. Er blühte um das Jahr 1650 zu
London.

DAILLÉ (JEAN), ein Diener der Kirche zu Paris, und einer der geſchickteſten Religionsvertheidiger, den die Proteſtanten
jemahls hatten, war 1594 zu Chatelleraut geboren. Im Jahre
1628 ſchrieb er ſein berühmtes Werk:

T 2                                                    De

*De Usu Patrum,* 1646, welches Bayle als ein Meisterstück rühmt.

*De poenis et satisfactionibus humanis,* Amsterdam 1649, in 4.

*De jejuniis et quadragesima,* in 8.

*De cultibus religiosis Latinorum,* Genf 1671,

u. a. Er starb zu Paris 1670, und war so wenig für das Reisen eingenommen, daß er noch auf seinem Todbette die 2 Jahre bedauerte, die er mit Reisen durch die Schweiz, Deutschland, die Niederlande und Holland zugebracht hatte.

DALECHAMPS (Jacques), ein gelehrter Arzt, 1513 zu Caen in der Normandie geboren. Er war in den schönen Wissenschaften sehr geschickt, und Verfasser einiger Werke, welche seine ausgebreitete Gelehrsamkeit beweisen. Sein vorzüglichstes Werk ist

Anmerkungen zu Plinius Naturgeschichte, 1587 in Fol.

Er starb 1588 zu Lyon, wo er ausübender Arzt war.

DALIN (Olaus de), ein gelehrter Schwede, 1708 zu Winsberg geboren, verdient durch zwei Gedichte, in der Schwedischen Sprache geschrieben, den Namen des Vaters der Schwedischen Dichtkunst. Das eine heißt Die Freiheit von Schweden, das andere ist seine Tragödie Brunhilde. Die Wissenschaften erwarben ihm nicht nur Ruhm; sie machten auch sein Glück. Vom Sohn eines gemeinen Predigers erhob er sich nach und nach zum Lehrer des Prinzen Gustav, zum ordentlichen Canzelleirath, zum Ritter vom Nordstern, und endlich zur Würde des Canzlers des Hofes. So belohnte die Regierung, auf deren Befehl er die

Allgemeine Geschichte des Königreichs Schweden

geschrieben hatte, seine Talente. Diese Geschichte geht bis auf den Tod Carls XI. die des Verfassers erreichte den 12. August des Jahres 1763. — Außer den erwähnten Werken verdanket ihm Schweden auch eine große Zahl von

Episteln, Satyren, Fabeln, Gedanken und einige Lobreden auf Mitglieder der königlichen Academie, wovon er eine der größesten Zierden war.

Man hat auch von ihm eine Schwedische Uebersetzung vom Werke des Präsidenten Montesquieu Ueber die Ursachen der Größe und des Falles der Römer.

DALMA-

DALMASIO (LIPPO), ein Mahler von Bologna, lernte bei
Vitale. Er hatte eine ungemeine Gabe, die Bilder der H.
Jungfrau Maria wohl vorzustellen, weßwegen man ihn Lippo
delle Madonne nannte. Er mahlte sie mit der größten An-
dacht und Ehrerbietung; man findet sie in großer Anzahl in den
Kirchen seiner Geburtsstadt. Dalmasio trat in seinem hohen
Alter 1408 in den Carmeliterorden.

DAMASCENUS (DER HEILIGE, JOANNES), ein gelehrter Priester, wurde um das Jahr 676 von reichen Aeltern zu
Damascus geboren, und erhielt von ihnen eine gute Erziehung. Er wurde von einem Italiänischen Religiosen, Namens
Como, der von den Sarazenen gefangen genommen worden
war, in den Wissenschaften unterrichtet. Der Calif nahm ihn
zu seinem ersten Minister an; aber er verließ diesen Posten, zog
sich in das Kloster St. Saba zu Jerusalem zurück, und übte
darin alle Arten von Tugenden aus. Aus dem Innern seines
Klosters vertheidigte er eifrig die Verehrung der Bilder gegen
die Häretiker, welche sie bestritten. Er starb um das Jahr 760
im 84. Jahre, nachdem er seine Mitbrüder durch Worte und
Thaten lange erbaut hatte.

Ein Mönch seines Klosters, der einen seiner Anverwandten,
dessen Tod ihn mit Traurigkeit erfüllte, verloren hatte, verlangte
von Johannes irgend einen Vers zum Troste. Der heilige Einsiedler gab ihm einen, der den Gedanken folgendes Französischen
Verses enthielt:

Ce que le tems détruit n'est rien que vanité.

Wir haben von ihm:

*Orthodoxae fidei accurata expositio, libri IV.* worin die ganze
Theologie auf scholastische und methodische Art behandelt ist.
Man siehet daraus, daß er glaubte, der Heilige Geist gehe
vom Vater allein, und nicht auch vom Sohne aus.

Mehrere theologische Abhandlungen;
Eine Dialectik und eine Physik;
Mehrere Hymnen.

Man schreibet ihm auch, aber ohne Grund,

*Liber Barlaam et Josaphat, Indiae regis,*

ohne Jahrzahl und Druckort, jedoch um das Jahr 1470 in Fol.
gedruckt, zu.

Sein Eifer für die Religion war so groß, daß er zur Unterstützung der Wahrheiten oft fromme Fabeln annahm. Er schrieb

T 3                                                      sehr

sehr methodisch, brachte die philosophische Lehrart in die Theologie, und ward dadurch der Urheber der systematischen Theologie und der Vater der Scholastik unter den Griechen. Sein Styl ist klar und kräftig. Die beste Ausgabe seiner Werke ist die vom Pater Le Quien, 1712, 2 Bände in Folio, Griechisch und Lateinisch.

DAMASCIUS, ein Stoischer Philosoph aus Damas in Syrien, Schüler des Simplicius und Elamites, lebte zur Zeit des Kaisers Justinian. Er hatte ein Werk in 4 Büchern,

Ueber die außerordentlichen und erstaunlichen Dinge,

Das Leben des Isidorus, und eine

Geschichte der Philosophie

geschrieben, welche alle nicht bis auf uns gekommen sind; und wir dürfen, wenigstens nach dem Urtheile des Photius, ihren Verlust nicht bedauern.

DAMIANUS (PETRUS), 1006 zu Ravenna geboren, verlor als Kind seinen Vater, wurde von seinem ältern Bruder erzogen, und soll aus Dankbarkeit seinen zweiten Namen von demselben angenommen haben. Er begab sich in dem Kloster de S. Croce d'Avellano in den Benedictinerorden, und ward anfänglich Prior und dann Abbt dieses Klosters. Der Papst Stephan IX. der sein Verdienst kannte, machte ihn 1057 zum Cardinal und Bischof von Ostia, und brauchte ihn zu Gesandtschaften in Angelegenheiten der Kirche. Er wurde auch unter den folgenden Päpsten bei wichtigen Angelegenheiten dazu angestellt, und erhielt durch die Betreibung derselben großen Beifall. Er widmete alle seine Sorgen der Wiedereinführung der Disciplin unter der Geistlichkeit und in den Klöstern, und starb den 23. Februar 1073 im 66. Jahre zu Faenza. Vorher hatte er sein Bisthum niedergelegt.

Man hat von ihm Briefe, Reden, kleine Schriften (Opuscula) und andere Werke, wovon 1743 zu Paris in 4 Foliobänden von Constantin Cajetan die beste Ausgabe erschien. Sie leisten zur Kenntniß der Kirchengeschichte des 11. Jahrhunderts große Dienste. Man findet darin eine mannigfaltige Gelehrsamkeit, aber wenig Gründlichkeit in dem Räsonnement, wenig Richtigkeit in den Ideen, wenig Reinheit und Bestimmtheit in dem Styl, und allzu viel Allegorien, Visionen und Mirakel. Sein Geist erhob sich nicht über den Geist seines Jahrhunderts.

DAMIAS

DAMIAS oder DAMEAS, ein alter Bildhauer von Clitor in Arcadien, lebte um das Jahr 406 vor Christi Geburt, und wird unter die Schüler des Polycletus von Argos gerechnet. Er machte die Diana, den Neptun und den Feldherrn Lysander, welche die Lacedämonier nebst den Statüen einiger andern Künstler nach Delphi schickten, als sie unter der Anführung des Lysander die Athenienser bei Aegos Potamos überwunden hatten.

Ein anderer Damias, von Crotona, verfertigte die Statüe seines Mitbürgers, des wegen seiner außerordentlichen Stärke berühmten Ringers Milo. Dieser Damias lebte um das Jahr 540 vor Christi Geburt.

DAMIEN (PATER), Dominicaner von Bergamo, verbunkelte alle Künstler in der Kunst, Werke von Holz, eingelegte Arbeiten u. s. f. zu machen, welche, durch Zusammenfügung verschiedener Holzarten die Figuren mit so vieler Wahrheit darstellten, daß sie mit dem Pinsel gemacht zu sein schienen. Man führet unter diesen Werken die Bänke im Chor der Dominicaner seiner Vaterstadt an.

DAMIENS (ROBERT FRANÇOIS), 1714 in der St. Catharinen-Vorstadt bei Arras geboren, kündigte schon in seiner Kindheit an, was er in Zukunft werden würde. Seine Leichtfertigkeiten und Possen machten, daß man ihn Robert den Teufel nannte. Er ward zweimahl Soldat, und war bei der Belagerung von Philippsburg zugegen. Nach seiner Zurückkunft nach Frankreich trat er als Bedienter in Dienste des Jesuiter-Collegiums zu Paris. Im Jahr 1738 verließ er dasselbe, um sich zu verheirathen. Nachdem er in verschiedenen Häusern der Hauptstadt gedient, und einen seiner Herren in einem Lavement vergiftet hatte, beging er endlich einen Diebstahl von 240 Louisd'or, und mußte deßhalb die Flucht ergreifen. Er schweifte nun ohngefähr 5 Monate hindurch zu St. Omer, Dünkirchen und Brüssel herum, und sprach überall mit großer Heftigkeit über die Uneinigkeiten, welche Frankreich theilten. Zu Poperingen, einer kleinen Stadt bei Ypern, hörte man ihn sagen: „Wenn ich „nach Frankreich zurück komme — — Ja, ich werde wieder hinkommen; werde daselbst sterben, „und der größeste Mann auf der Welt wird auch „sterben, und ihr werdet von mir reden hören.“ Dieß geschah im Monat August 1756. Den 21. December desselben Jahres befand er sich zu Falesque bei Arras bei einem sei-

ner Verwandten, und rief, wie ein Mensch in der vollsten Verzweiflung: „Der König, seine Tochter und seine
„Frau sind verloren." Sein Kopf, sein Blut und Herz
waren in der heftigsten Wallung. Der Bösewicht kehrte nach
Paris zurück, und kam den 31. desselben Monats daselbst an.

In den ersten Tagen des Jahres 1757 zeigte er sich zu Ver-
sailles, und nahm zwei oder drei Tage hinter einander Opium.
In diesem Zustande dachte er über den schrecklichen Mord nach,
den er den 5. Januar Abends um 3 Viertel auf 6 Uhr ausführte.
Der abscheuliche Königsmörder durchstach Ludewig XI. mit einem
Messer in der rechten Seite, als dieser Monarch, umgeben von
den Herren seines Hofes, in den Wagen stieg, um sich nach
Trianon zu begeben.

Der Mörder wurde augenblicklich arretiert, und nach einigem
Verhör zu Versailles in den Thurm Montgommeri zu Paris gebracht, wo man für ihn ein Behältniß eingerichtet hatte, und
zwar gerade über der Kammer, welche ehedem Ravaillac
bewohnte. Der König übertrug es der großen Kammer des
Parlements, seinen Proceß zu instruieren. Ungeachtet der grau-
samsten Torturen, die er mit erstaunlicher Unerschütterlichkeit
erlitt, war es nicht möglich, ihm nur das mindeste Geständniß
zu entreißen, woraus man hätte schließen können, daß er Mit-
verschworne habe. Der Unglückliche versicherte, er würde dieses
sein Verbrechen nicht begangen haben, wenn ihm so oft wäre zur
Ader gelassen worden, als er es verlangte.

Nachdem er auf die schrecklichsten Torturen gebracht worden
war, ohne daß er nur das mindeste gestand, wurde er zu demselben Tode verurtheilt, den die berüchtigten Mörder Heinrichs IV. erduldeten. Den 28 März desselben Jahres, als
am Tage der Hinrichtung, kam er um 3 und ein Viertel-Uhr
auf dem Greveplatz an, und betrachtete mit trocknem und festem
Blicke den Ort und die Werkzeuge seines Todes. Man brannte
ihm fürs erste die rechte Hand, zwickte ihn dann mit glühenden
Zangen, und goß Oehl, geschmolzenes Blei und Pech in die
Wunden. Nun schritt man zur Viertheilung. Die vier Pferde
wurden 50 Minuten lang aus allen Kräften angetrieben, ohne
dieses Ungeheuer zerreißen zu können. Nach Verfluß dieser Zeit
war Damiens noch bei vollem Leben, und die Henker zerschnitten
ihm nun die Sehnen und Flechsen an den Schenkeln und Armen
mit Scheren, was man auch im Jahr 1610 bei Ravaillac
thut

thun mußte. Er hohlte noch Athem, als man ihm die Sehnen an den Schenkeln zerschnitt, und starb erst, als man es an den Armen that.

Seine Todesstrafe währte, von dem Augenblick an gerechnet, wo man ihn aufs Schaffot brachte, bis zum Augenblicke seines Todes, fast Eine und eine halbe Stunde. Er behielt sein ganzes Bewußtsein, und hob seinen Kopf 7 bis 8 Mahl in die Höhe, um die Pferde und seine gekneipten und verbrannten Gliedmaßen zu betrachten. Mitten unter den entsetzlichsten Martern der Tortur entfielen ihm einige Plaisanterien.

Damiens war von ziemlich hohem Wuchs, etwas länglichtem Gesicht, einem kühnen und durchdringenden Blick, hatte eine gebogene Nase, und einen eingedrückten Mund. Er pflegte oft für sich allein zu sprechen, und hatte sich dabei ein gewisses Zucken angewöhnt. Er war voller Eitelkeit, voll Verlangen sich auszuzeichnen, begierig nach Neuigkeiten, tadelsüchtig, obgleich still, sprach und murmelte für sich allein, war halsstarrig in allen seinen Entschlüssen, kühn in der Ausführung derselben, unverschämt, lügenhaft, bald ein Frömmling und bald ein Bösewicht, ging von Verbrechen zu Gewissensbissen über, und wurde ohne Unterlaß von der Heftigkeit des kochendsten Blutes getrieben.

Sein Verbrechen, spricht ein Mann von Geist, hat der Französischen Nation eben so viel Seufzer gekostet, als es Erklärungen ohne Wahrscheinlichkeit von den Ursachen und Veranlassungen desselben hervorbrachte. Wie, sagt man, konnte eine (damahls noch, aber leider jetzt nicht mehr) so sanfte, gebildete Nation als die Französische, wie konnte ein Jahrhundert, welches man das philosophische nennt, einen Mörder eines von seinen Unterthanen geliebten Königs hervorbringen? Man antwortete, weil es zu allen Zeiten Elende gab, die weder zu ihrem Jahrhunderte, noch zu ihrer Nation gehörten. Ein Mensch aus den Hefen des Volks, an Verbrechen gewöhnt, aufgereizt durch die Vorstellungen einiger unruhigen Köpfe, zur Zeit der Streitigkeiten, welche den Staat und die Kirche entzweiten, entschließt sich zu einem Königsmorde. Sein Gehirn entbrennt; es erzeugt sich in ihm eine Fermentation der Verzweiflung, die durch das Elend, durch die Furcht vor der Strafe, welche seine Diebstähle verdienten, und durch aufrührerische Reden hervorgebracht wurde. Immer mehr und mehr getrieben von den widersprechenden Bewegungen, die seine Seele erfährt,

T 5

in dem Nachdenken über einen Vorsatz dieser Art wird sein Verstand vollends ganz verwirrt; und in einem Anfall seiner Raserei begeht er sein Verbrechen, wie ein Unsinniger über den ersten besten herfällt, und ihn zerreißt. Dieß sind dabei die Gedanken eines Philosophen, und aller derer, die über den Character des Ungeheuers nachdachten.

M. Breton hat die Originalacten seines ganzen Verhörs 1757 bei Simon zu Paris, nebst einer kurzen Lebensbeschreibung des Königsmörders, herausgegeben.

DAMINI (PIETRO), ein Mahler von Castelfranco, lernte bei J. Bapt. Novelli und dem jüngern Jacob Palma, und studierte fleißig in den Schriften des Lomazzo und Albrecht Dürer, um aus diesen die Ebenmaße des menschlichen Körpers, und aus jenen die Geschichte und die Regeln der Zusammensetzung zu erlernen. In seinem zwanzigsten Jahre fing er an, öffentliche Gemählde für die Städte Padua, Venedig, Chiozza, Crema, Trevisa u. a. mit einer angenehmen Manier zu verfertigen. Er starb 1631, im 39. Jahre, zu Venedig an der Pest.

DAMO, Tochter des Philosophen Pythagoras, lebte um das Jahr 500 vor Christi Geburt. Sie besaß viel Gelehrsamkeit und Geist. Ihr Vater vertraute ihr alle Geheimnisse seiner Philosophie, und selbst bei seinem Tode seine Schriften an, jedoch mit dem Verboth, sie nie bekannt zu machen. Sie befolgte diesen Befehl so getreu, daß sie, da sie sich von allem entblößt sah, und durch diese Schriften eine große Summe gewinnen konnte, lieber dürftig lebte, und den letzten Willen ihres Vaters allen Schätzen der Welt vorzog. Sie blieb auf Befehl ihres Vaters ihr ganzes Leben hindurch Jungfrau, und nahm eine Menge junger Frauenzimmer unter ihre Führung, welche wie sie das Gelübde des Cälibats thaten.

DAMOCLES, ein Schmeichler des Tyrannen Dionysius, welcher bei einer und der andern Gelegenheit affectierte, das Glück dieses Fürsten zu bewundern; Dionysius lud ihn, um ihn zu überzeugen, daß die Fürsten nicht immer so glücklich wären, als sie zu sein scheinen, zu einem Gastmahle, und ließ an einem Haar ein bloßes Schwert über seinem Haupt aufhängen. Damocles wurde vom Gefühl seiner gefährlichen Lage so stark ergriffen, daß er seine Meinung auf Einmahl änderte, und den Dionysius um die Erlaubniß bat, sich vom Hofe und der großen Welt

Welt in den Mittelstand begeben zu dürfen, wo keine Gefahr vorhanden, und er einer Umstürzung seines Glückes nicht ausgesetzt wäre.

DAMOCRITUS, ein Griechischer Geschichtschreiber, ist Verfasser zweier Werke:

Ueber die Kunst, eine Armee in Schlachtordnung zu stellen, und

Ueber die Juden, worin er erzählt, daß sie einen Eselskopf anbeteten, und alle Jahre einen Pilgrim opferten.

Man weiß nicht, zu welcher Zeit er lebte.

DAMON, ein Pythagoreischer Philosoph, gab dem Pythias, der sich beim Dionysius für ihn zur Bürgschaft gestellt hatte, ein seltenes Beispiel von Freundschaft. Dieser Tyrann, welcher seinen Tod beschlossen hatte, gab ihm die Erlaubniß, in seine Heimath zu gehen, um seine Angelegenheiten in Ordnung zu bringen, wogegen er versprechen mußte, zu einer bestimmten Zeit zurückzukehren. Pythias überlieferte sich an seiner Statt der Gewalt des Tyrannen. Damon kam selbst zu der von Dionysius bestimmten Stunde zurück. Der Tyrann, gerührt von der Treue dieser beiden Freunde, verzieh dem Damon, und bat beide, ihn zum dritten Gliede ihres Bundes aufzunehmen. Dieser Philosoph lebte um das Jahr 400 vor Christi Geburt.

DAMON, Dichter und Musiker, Lehrer des Pericles, war ein geschickter Sophist, das heißt, er verband das Studium der Beredsamkeit mit der Philosophie und vorzüglich mit der Politik. Er hatte die Musik vollkommen inne, und verband mit seiner Geschicklichkeit in dieser Kunst Eigenschaften, welche man sich nur an einem Manne wünschen konnte, dem man die Erziehung junger Leute von ausgezeichnetem Range anvertraute. Damon hatte vorzüglich denjenigen Theil der Musik getrieben, welcher von dem Gebrauche handelt, den man von dem Rythmus oder der Cadenz machen muß. Er zeigte, oder glaubte zu zeigen, daß die Töne, vermöge eines gewissen Verhältnisses oder einer gewissen Aehnlichkeit, die sie mit moralischen Eigenschaften erhielten, in jungen, und selbst in erwachsenen Personen Sitten bilden könnten, welche vorher noch nicht existierten, oder noch nicht entwickelt worden wären. Man sagt in der That, er habe, als er gesehen, daß die Dünste des Weines und die Melodie einer Phrygischen Flöte junge Leute zu Ausschweifungen verleiteten,

diese

diese jungen Leute durch ein Lied von sanftem Tone augenblicklich in einen stillen und ruhigen Zustand versetzt.

Dieser Philosoph war auch Staatsmann, und wollte unter dem angenehmen Aeußern der Musik seine tiefen Fähigkeiten nur vor der Menge verbergen. Er verband sich mit Pericles, und bildete ihn zur Herrschaft; aber er wurde entdeckt, und als einer, der sich allzu sehr mit Intriguen abgäbe und die Tyrannei begünstigte, um das Jahr 430 vor Christi Geburt durch den Ostracismus aus Athen verbannt.

DAMOPHON, ein Griechischer Bildhauer von Messene, muß eine ziemliche Zeit nach Phidias, und also ohngefähr gegen das Ende des vierten Jahrhunderts vor Christi Geburt, gelebt haben, da zu seiner Zeit eine sehr starke Ausbesserung des Olympischen Jupiter nöthig war. Das angeleimte Elfenbein hatte sich durch die Feuchtigkeit, welcher diese Statue ausgesetzt war, abgelöset, und Damophon stellte diese Statue auf das genaueste wieder her, wodurch er sich unter den Eleern sehr berühmt machte. In seiner Vaterstadt war von ihm die Statue der Mutter der Götter, eine der Diana Laphria von Pentelischem Marmor, und mehrere marmorne Statuen im Tempel des Aesculap; unweit Acacesium in Arcadien, im Tempel der Proserpina Deespóna, die Statue der Göttin und der Ceres auf einem Throne sitzend, nebst einem Fußschemmel aus Einem Marmorblock; neben denselben die Statue der Diana mit einem Hirschfell bekleidet, ein Jagdhund und die Statue des Titanen Anytus; zu Aegium die Statue des Aesculap und der Hygiea. Für den Tempel der Juno Lucina, in eben dieser Stadt, machte er die Statue dieser Göttin von Holz, Kopf, Hände und Füße aber von Pentelischem Marmor; sie war mit einem dünnen Schleier bekleidet. Für Megalopolis verfertigte er einen Mercur ganz von Holz, und eine Venus Machinatrix wie vorerwähnte Juno Lucina von Holz, mit Kopf, Händen und Füßen von Marmor.

DAMPIER (CAPIT. WILLIAM), ein berühmter Englischer Seefahrer, 1652 geboren. Wir wissen weder die Zeit noch den Ort seines Todes. Seine

Reise um die Welt in den Jahren 1673 bis 1691, London 1699,

ist bekannt.

DAM-

DAMPIERRE (JEAN), geboren zu Blois, ward, nachdem er sich unter den Advocaten des großen Rathes berühmt gemacht hatte, ein Franciscanermönch, und Director eines Klosters zu Orleans, wo er um das Jahr 1550 starb. Er erwarb sich durch seine Lateinischen Gedichte großen Ruhm, die im Geschmack derer des Catull geschrieben sind. Sie sind im ersten Bande der Deliciae Poetarum Gallorum gesammelt worden.

DANCE (GEORGE oder NATHANAEL), ein Englischer Historien = und Porträtmahler, arbeitete in lebensgroßen Figuren mit einem vortrefflichen Colorit und ungemeiner Kenntniß des Hellbunkels. Man findet auch in seinen Werken viel Wahrheit, Natur und einen festen Pinsel. F. Bartolozzi, E. Fischer, F. Hall, Diron u. a. haben nach ihm in Kupfer gestochen, besonders aber hat J. Gottfried Hayd die Geschichte der Virginia, eine sehr schöne Zusammensetzung, in Schwarzkunst nach ihm gearbeitet.

Dance ward eins der ersten Mitglieder der 1769 neu errichteten Künstleracademie zu London.

DANCHET (ANTOINE), ein Französischer Dichter, 1671 zu Riom geboren. Er wurd' im 19. Jahre zum Professor der Rhetorik zu Chartres ernannt, und bekleidete diese Stelle 4 Jahre mit großem Ruhm. Als er nach Paris zurückkehrte, widmete er sich ganz dem Dienste des Theaters, für welches er bis an seinen Tod, 1748, Gesänge, Opern und Tragödien schrieb. Seine Werke, die mehrere schätzbare Stücke enthalten, kamen 1751 in 4 Duodezbänden zu Paris heraus.

DANCKERTS (CORNELIUS), Baumeister der Stadt Amsterdam um das Jahr 1570. Sein Sohn Cornelius folgte ihm in dieser Stelle. Er baute die Harlemer Pforte, drei neue Kirchen und die Börse. Danckerts erfand die Manier, steinerne Brücken ohne Hemmung des Wassers zu bauen, von welcher man ein Muster an der Brücke über die Amstel, die mehr als 200 Fuß lang ist, siehet. Er starb 1634 im 73. Jahre.

DANDINI (CESARE), ein Mahler zu Florenz, lernte bei Franz Curadi, Dominicus Passignano und Christoph Allori. Er arbeitete in einer angenehmen, wohl ausgeführten und correcten Manier. Man siehet in den Kirchen zu Volterra und Florenz viel schöne Altarblätter von ihm, besonders in der Kirche della S. Annunziata dieser letztern Stadt.

Sein

Sein Sohn Peter lernte bei Valerius Spada und Vincenz Dandini, seinem Oheim. Er studierte zu Venedig, Modena, Bologna und Rom. Dieser Künstler mahlte mit einem schönen und kräftigen Colorit und einer reichen Erfindung sehr viel in Oehl=und Frescofarben für öffentliche Gebäude seiner Geburtsstadt Florenz. Viele von seinen Gemählden wurden in verschiedene Länder, vorzüglich nach Pohlen, versandt. Er würde auch seinen Oheim in der Kunst übertroffen haben, wenn er sich nicht aus Gewinnsucht hätte verleiten lassen, allzu viel zu arbeiten. Er starb zu Florenz 1712 im 66. Jahre.

DANDINI (HIERONIMO), Jesuit von Cesena in Romanien, 1554 geboren, wurde 1596 vom Papst Clemens VIII. als Nuncius zu den Maroniten auf den Berg Libanon geschickt, um ihren wahren Glauben zu erforschen. Er war der erste seines Ordens, welcher zu Paris die Philosophie lehrte, und starb 1634. Die Relation von seiner Reise auf den Libanon kam 1684 zu Haag in einer Französischen Uebersetzung heraus. Man hat auch von ihm Commentare über die 3 Bücher des Aristoteles De Anima, unter dem Titel:

*Ethica sacra*, Cesenae 1651,

welche wenig bekannt sind.

DANDINI (VINCENZO), Mahler zu Florenz, lernte bei seinem Bruder Cäsar, bei Dominicus Passignano und Peter Beretino. Er machte sich die Unterweisung dieses letztern so wohl zu Nutze, daß er seinen Bruder übertraf, und zum Haupte der Academie zu Rom erwählt wurde, bei welcher Gelegenheit er derselben ein großes Gemählde schenkte. Dandini arbeitete auch zu Florenz mit vielem Ruhm, und stand bei seinem Landesfürsten in großen Gnaden. Er starb 1675 im 68. Jahre. A. Scacciati hat nach ihm einen Triumph der Flora radiert.

DANDOLO (HENRICO), Doge von Venedig, aus einer erlauchten Familie, regierte seit neun Jahren diese Republik mit Weißheit und Ruhm, als ihm im Jahr 1202 die Kreuzfürsten Abgeordnete schickten. Er bewilligte ihnen nicht nur die verlangten Schiffe zur Ueberfahrt nach Syrien, sondern gab außer diesen noch 50 wohl bewaffnete Galeeren. Dieser Doge, der als Feldherr eben so geschickt war, denn als Staatsmann, that noch mehr: trotz seines hohen Alters stellte er sich an die Spitze der Venetianischen Flotte, bewies bei der Eroberung von Constantinopel, 1203, seinen Muth, schlug den kaiserlichen Thron dieser

Stadt

Stabt aus, und ließ, im Einverständniß mit den Franzosen, den Grafen Baudouin an seiner Stelle ernennen. Er starb zu Constantinopel, wo er nächst dem Kaiser den ersten Rang behauptete.

DANDRÉ BARDON, siehe BARDON.

DANDRIEU (JEAN FRANÇOIS), ein berühmter Musiker, 1740 im 56. Jahre zu Paris gestorben, spielte die Orgel und das Clavier meisterhaft, und war in der Composition ein eben so großer Meister. Man vergleicht ihn, in Rücksicht des Geschmacks und der Talente, mit dem berühmten Couperin. Man hat von ihm

*III Livres de Piéces de Clavecin,*

und ein

*Livre de Piéces d'Orgue*, mit einer *Suite de Noëls*,

die von Personen von Geschmack gesucht werden. Seine Musik hat eben so viel Mannigfaltigkeit als Harmonie.

DANEAU (LAMBERT), DANAEUS, reformierter Geistlicher, um das Jahr 1530 zu Orleans geboren, Schüler des berühmten Anne du Bourg, war zu Leyden Professor der Theologie, und starb 1596 zu Castres. Er schrieb:

*Commentarii in Matthaeum et Marcum.*
*Geographia Poetica.*
*Aphorismi politici et militares.*

DANET (PIERRE), lange Zeit Prediger zu Paris, seiner Vaterstadt, nachher Abbt von St. Nicolas zu Verdün, starb 1709. Er ist durch ein

Lateinisch = Französisches und Französisch = Lateinisches Wörterbuch, zum Gebrauche des Dauphins,

bekannt, und einer von denjenigen Gelehrten, welche vom Herzog von Montausier zur Erklärung der classischen Autoren zum Gebrauche des Dauphins erwählet wurden. Ihn traf der Phädrus, welchen er mit einer Uebersetzung und Lateinischen Anmerkungen herausgab.

DANHAUER (JOHANN CONRAD), Lutherischer Geistlicher, 1603 im Briesgau geboren, ward 1629 Professor der Beredsamkeit zu Straßburg. Er verwaltete in dieser Stadt mehrere ehrenvolle Aemter, wo er 1666 als Prediger an der Cathedralkirche und Dechant des Capitels starb. Er schrieb mit heftigem Eifer gegen

gegen alle, die nicht von der Augsburgischen Confession waren, und widersetzte sich der Vereinigung der Lutheraner und Calvinisten tapfer. Man hat von ihm eine Menge Schriften; am meisten Aufsehen machten folgende:

*De Spiritus Sancti processione*, in 4.
*De Christi persona, officio et beneficiis*, in 8.
*De voto Jephtaeo* in 8.
*Praeadamitae*, in 8.
*Collegium psychologicum circa Aristotelem de anima*, Straßburg 1630, in 8.
*Idea boni interpretis et malitiosi calumniatoris*, 1670 in 8.
*Idea boni disputatoris et malitiosi sophistae*, in 8.

DANHAUER oder DONNAUER, ein vortrefflicher Porträtmahler, aus Schwaben gebürtig, übte anfänglich wie sein Vater die Uhrmacherkunst und dann die Musik, weßwegen er sich nach Venedig begab. Hier lernte er bei Sebastian Bombelli die Mahlerei, und ward dessen bester Schüler. In Holland legte er sich sehr glücklich auf Rubens Manier. Er kam endlich nach Petersburg, wo er 1737 als Hofmahler Peters des Großen starb.

DANIEL (Arnaud) aus Tarascon, schrieb unter der Regierung Alphons I. Grafen von Provence, mehrere Gedichte, welche Petrarca nicht wenig benützte. Dieser Italiänische Dichter rechnete es sich zur Ehre, ihn nachzuahmen, und betrachtete ihn als den besten Provensalischen Versificatör. Unter seinen Gedichten zeichnet man seine Sextinas, Sirvantes, Aubades und Martegales, vorzüglich aber sein Gedicht gegen die Irrthümer des Heidenthums aus, welches überschrieben ist:

*Fantaumaries dau Paganisme.*

Daniel starb um das Jahr 1189.

DANIEL (Samuel), ein guter Dichter und Geschichtschreiber von England, welcher unter der Regierung der Elisabeth und Jacobs I. blühte. Seine

Geschichte von England

ist kurz und schön geschrieben, und seine politischen und moralischen Reflexionen sind nützlich und belehrend.

DANIEL (Gabriel), ein sehr talentvoller und gelehrter Franzos, 1649 zu Rouen geboren, wurde im 18. Jahre in die
Gesellschaft

Gesellschaft Jesu aufgenommen. Er gab mehrere Werke über
verschiedene Gegenstände heraus, und das Werk, weßwegen der
Name des Paters Daniel am meisten merkwürdig ist und bleiben
wird, ist seine

*Histoire de la Milice Françoise,*

von der wir mehrere Ausgaben haben; die beste ist die von 1756
in 17 Bänden in 4. mit vielen Abhandlungen vom Pater Grif-
fet. — Daniel starb 1728, und die Jesuiten verloren mit ihm
eine der größesten Zierden, die ihr Orden jemahls hatte.

DANTE ALIGHIERI, ein Italiänischer Dichter; 1265 zu
Florenz geboren. Sein wahrer Name war Durante, woraus
man vermöge einer unter den Italiänern damahls üblichen Zusam-
menziehung Dante machte; und dieser verstümmelte blieb ihm.
Seine Familie war eine der edelsten von Florenz.

Dante ging noch sehr jung in ein Franciscanerkloster; da er
sich aber in das Klosterleben nicht finden konnte, verließ er es
wieder, eh' er noch sein Gelübde ablegte. Ein lebhafter und
hitziger Geist brachte ihn zur Liebe, zur Dichtkunst und zu Factionen. Er trat zur Partei der Gibelinen, die gegen
die Päpste war. Dieß hieß, verfolgt werden wollen, und
er wurd' es durch Bonifacius VIII. und durch Carl von Valois, den Bruder Philipps des Schönen, den dieser
Papst nach Florenz geschickt hatte, um daselbst die durch mehrere Factionen unterbrochene Ruhe wieder herzustellen. Dante
wurde verbannt, sein Haus geschleift, und seine Landgüter geplündert. Er begab sich mit seiner ganzen Familie nach Verona.
Can della Scala, Fürst von Verona, liebte und schätzte ihn. Ein
witziger Einfall brachte ihn um den Credit, den er genoß. Als
er sich eines Tages im Pallaste des Fürsten befand, wunderte
sich dieser, daß ein Bouffon von den Höflingen so viele Artigkeiten und Liebkosungen erhielt, wandte sich zu Dante, und
sagte: „Warum wird ein gelehrter und weiser
„Mann wie Sie nicht so gellebt, als dieser
„Narr?" — „Weil ein Jeder seines gleichen liebt,"
antwortete Dante. Dieses Bonmot verursachte sein Unglück. —
Nachdem er ein unruhiges und irrendes Leben geführet hatte,
starb er 1321, im 56. Jahre zu Ravenna.

Unter den verschiedenen dichterischen Werken, die er hinterließ, ist seine

Komödie von der Hölle, vom Fegefeuer und vom Para-
diese, in drei Acte oder Bücher getheilt,

Zweiter Theil.       U       das

das berühmteste. Die erste Ausgabe dieses Gedichtes ist von 1472 in Folio; aber die beste ist die zu Venedig 1757, 3 Bände in 4. mit Kupfern.

Der Verfasser erhebt sich in den Details dieses Werkes über den schlechten Geschmack seines Jahrhunderts. Es ist voll von richtigen und gründlichen Ideen, von starken Bildern, reitzenden Schilderungen, von Ausdrücken des Genies, von delicaten Wendungen und glänzenden und pathetischen Stellen; das Spectrum des Ugolino, das man darin findet, ist eine der stärksten Dichtungen, welche der menschliche Geist jemahls hervorbrachte, und würde allein ihren Verfasser unsterblich zu machen vermögen. Aber die Erfindung ist bizarr, und die Wahl der in seinem Gemählde aufgenommenen Personen ist mit wenigem Geschmacke und ohne Mannigfaltigkeit der Attitüden gemacht.

Diese göttliche Komödie, welche einige Italiäner für ein schönes episches Gedicht hielten, ist nach einem Französischen Schriftsteller nichts, als ein schönes Ragout.

Dante findet am Eingang der Hölle einen Löwen und eine Löwin. Virgil erbiethet sich zu seinem Führer. Der Lateinische Dichter zeigt ihm in der Hölle sehr angenehme Reviere: in dem einen sind Homer, Horaz, Ovid und Lucan; in einem andern Electra, Hector, Lucretia, Brutus, Saladin; in einem dritten Socrates, Plato, Hippocrates und Averroes. Endlich erscheint die eigentliche Hölle, wo Pluto über die Verdammten richtet. Der Dichter erkennt einige Carbinäle und Päpste; er war vorzüglich gegen sie eingenommen. Bonifacius VIII. und Carl von Valois werden da schlecht behandelt. Er will das Geschlecht des letztern dadurch entehren, daß er sagt, Hugo Capet sei der Sohn eines Fleischers.

Man hat von diesem Florentinischen Dichter noch verschiedene andere Werke in Versen und Prosa, welche die Italiäner noch heut zu Tage für eine der ersten Quellen der Schönheit ihres Sprache halten. Man hat auch von ihm:

*Il Convivio*, Florenz 1480 in 8.

*Prose*, 1723 in 4.

Boccaccio gab 1576 zu Florenz sein Leben heraus, und 1744 erschien zu Venedig in 8. ein Tractat:

*De monarchia mundi*,

welches

welcher noch nie gedruckt worden war. Dante behauptet darin, die Macht der Könige hinge mit nichten von der der Päpste ab.

DANTE (FRA IGNAZIO), ein Abkömmling der Familie des Dichters, wurde 1537 zu Perugia geboren, erhielt den Taufnamen Pellegrin, und trat frühzeitig in den Dominikaner-Orden. Unter dem Papst Gregorius XIII. bemahlte er eine Gallerie des vaticanischen Pallastes mit Landcharten, welche alle Theile von Itallen vorstellen. Er beschrieb das Leben des berühmten Jacob Barozio, genannt Vignola, machte Anmerkungen über dessen Buch von der Baukunst, und übersetzte die Perspective des Euclides. Seine Verdienste wurden 1583 mit dem Bisthum Alatri belohnt. Er starb 1586 im 49. Jahre. Nach seiner Zeichnung ist der Triumph des Seehelden Andreas Doria in Kupfer gestochen worden.

DANTE (GIOVANNI BATTISTA), von Perugia, und wahrscheinlich von derselben Familie, ein vortrefflicher Mathematiker, der 1517 in seinem 39. Jahre starb. Er erfand eine Manier, sich künstliche Flügel zu machen, die der Schwere seines Körpers proportioniert waren, daß er sich derselben zum Fliegen bediente. Die wiederhohlten Versuche, die er über dem Thrasimenischen See damit machte, endigten sich durch einen sehr traurigen Zufall. Er wollte bei den Vermählungsfeierlichkeiten des Bartolommeo d'Alviani dieses Schauspiel der Stadt Perugia zeigen. Er stürzte sich vom höchsten Theile der Stadt herab, und richtete seinen Flug gegen den Marktplatz; da aber das Eisen zerbrach, womit er einen seiner Flügel dirigierte, konnte der so scharfsinnige als verwegene Künstler die Schwere seines Körpers nicht mehr balancieren, fiel auf die Kirche unserer lieben Frauen, und zerbrach sich einen Schenkel. Als ihn einige geschickte Chirurgen wieder hergestellet hatten, lehrte er bis an seinen Tod zu Venedig die Mathematik.

DANTE (PIETRO VINCENZO), von Perugia, aus der Familie der Rainaldi, ahmte die Verse des Dichters Dante so gut nach, daß man ihm den Namen desselben gab. Er zeichnete sich durch die Delicatesse seiner Gedichte nicht weniger, als durch seine Geschicklichkeit in der Mathematik und Architectur aus. Er starb 1512 in einem hohen Alter, nachdem er mehrere Maschinen erfunden und einen

Commentar über die Sphäre des Sacrobosco geschrieben hatte.

DANTE (VINCENZO), Enkel des Vorigen, ein geschickter Mathematiker wie jener, war zugleich Mahler und Bildner. Seine Statüe Julius III. wurde für ein Meisterstück der Kunst gehalten. Philipp II. König von Spanien, ließ ihm starke Pensionen anbiethen, um sich ihn zur Vollendung der Mahlereien des Escurials zu verbinden; aber Dante hatte eine zu schwächliche Gesundheit, als daß er es wagte, die vaterländische Luft zu verlassen. Er starb zu Perugia 1576, im 46. Jahre. Man hat von ihm

*Lebensbeschreibungen derer, welche in den Zeichnungen der Statüen am meisten excellierten.*

DANZ (JOHANN ANDREAS), ein Lutherischer Theolog, 1654 zu Sundhausen bei Gotha geboren, reisete nach Holland und England. Er ließ sich zu Jena nieder, und ward daselbst anfänglich Professor der Orientalischen Sprachen, und dann der Theologie. Er erwarb sich durch seine Vorlesungen vielen Ruf, und starb 1727 am Schlagflusse. Man hat von ihm viele Werke über die Orientalischen Sprachen und über die Hebräischen Alterthümer. Er war ein vortrefflicher Critiker, und hatte Eigenschaften, welche ihm Freundschaft und Hochachtung erwarben. Seine vorzüglichsten Werke sind:

*Hebräische und Chaldäische Grammatiken.*

*Sinceritas facrae Scripturae veteris Testamenti triumphans,* Jena 1713 in 4.

*Uebersetzungen mehrerer Rabbinischen Werke.*

*Mehrere Disputationen im Thesaurus Philologicus.*

Alle diese Werke zeigen ihn als einen vollendeten Gelehrten.

DANZIG (SALOMON VON), ein berühmter Mahler in kleinen Figuren, machte sich vorzüglich durch seine Köpfe, in welchen er bald zornige, häßliche und verächtliche, bald lustige und possierliche Mienen verstellte, bei den Kennern berühmt. Er trieb das Ausschweifende in denselben so weit, daß sie jeden, der sie ansieht, zum Lachen bewegen, und arbeitete sie mit größtem Fleiße, auch starkem und glänzendem Colorit nach der Niederländischen Manier aus, ahmte aber in denselben die bloße Natur, ohne Auswahl des Schönen und Richtigen, nach. Er kam um 1695 nach Italien, und arbeitete viel zu Mailand, wo er vermuthlich starb.

DAPPERS

DÄPPERS (OLIVIER), ein Arzt von Amsterdam, starb 1690, ohne sich, wie man sagt, zu irgend einer Religion bekannt zu haben. Er machte sich durch seine

Beschreibungen von Malabar, Coromandel, Africa, Asien, dem Archipelagus, von Syrien, Arabien, Mesopotamien, Babylon, Assyrien, Natolien, Palästina und America,

sehr vortheilhaft bekannt. Alle diese Werke sind in Holländischer Sprache geschrieben. Sie sind zwar nichts als Compilationen aus andern Reisebeschreibungen, aber mit Genauigkeit gemacht.

DAQUIN (Louis Claude), Organist der königlichen Capelle zu Versailles und an mehreren Kirchen zu Paris, wurde 1694 daselbst geboren. Sein Vater hatte durch einen Schiffbruch bei Tunis sein ganzes Vermögen verloren, und erhielt nun sich und seine zahlreiche Familie durch die Mahlerei, die er in seiner Jugend zum Vergnügen getrieben hatte.

Unser Daquin wurde fast schon als Meister in der Musik geboren, und machte bei dem wenigen Unterricht von einem Abbt und einem Organisten so reißende Fortschritte, daß er sich schon im 6. Jahre vor Ludewig XIV. könnte hören lassen. In seinem 8. Jahre überreichte er dem Freunde seines Vaters, Bernier, der ihn im Scherz unterrichtet hatte, ein vielstimmiges Beatus vir mit einer Symphonie: das Stück wurde aufgeführt, und Bernier rief aus: „Ich kann ihm nichts mehr lehren." Der junge Daquin fand bloß durch sein Gehör die ausgesuchtesten Accorde, ohne ihre Namen zu wissen, und machte den bewundernswürdigsten Gebrauch davon. — Im Jahr 1727 erhielt er bei der Probe um die Organisten-Stelle an St. Paul den Preis vor Rameau. Der berühmte Marchand hörte das erste Te Deum des Daquin in der St. Paulskirche mit an, und bewunderte viele Stücke darin, besonders ein Quintett, ein Meisterstück von Melodie und Harmonie. Er erwartete den jungen Componisten unter der Orgel, und sagte, indem er ihn umarmte: „Sie haben ein Wunderwerk gemacht, aber es „giebt noch einen Marchand in der Welt: kom„men Sie, und hören Sie mich in der Vesper „von St. Bonaventura bei den Franciscanern." Daquin unterließ nicht, dieser Einladung zu folgen, und rief nach geendigter Vesper: „Das Publicum ist mir die

U 3　　　„Ver-

„Verbindlichkeit für dieses Meisterspiel des Mar-
„chand schuldig." Sie blieben seitdem beständig Freunde,
und gestanden sich, ob sie einander gleich den Vorzug streitig
machten, doch ein, daß sie einander gewachsen wären.

Im Jahr 1739 ernannte ihn der König zum Hoforganisten an
seiner Capelle, und drei Monate vor seinem Tode übertraf er
als 75jähriger Greis bei der Probe der neuen Orgel der heiligen
Capelle sich selbst; man glaubte einen 20jährigen Jüngling zu
hören. Er starb den 15. Juni 1772.

Er war nach Rameau's Urtheil der einzige, der sich durch
den Modegeschmack nicht mit hinreißen ließ, und die Majestät
der Orgel beibehielt. Seine gestochenen Werke bestehen in Pieces de Clavecin und in Noels. Seine Werke in Handschriften
bestehen in einer Menge Stücke für den Gesang, als Motetten Cantaten, Acten zu Opern, in Symphonien
für die Orgel, in Quadro's, Trio's und Fugen.

DARCI (Graf), ein guter Philosoph und Mathematiker,
1725 in Irland geboren, starb 1779.

DARES, Phrygischer Priester, schrieb eine Geschichte des
Trojanischen Krieges, die man noch zu den Zeiten des
Aelian hatte, aber verloren gegangen ist. Diejenige, welche
wir jetzt unter seinem Namen besitzen, ist untergeschoben. Sie
erschien 1477, in 4. zum ersten Mahl zu Mailand. Madam
Dacier gab 1684 eine Ausgabe, zum Gebrauche des Dauphin,
in 4. heraus.

DARGONNE (Dom Bonaventura), ein Religiose vom
Carthäuserorden, 1640 zu Paris geboren, starb 1703. Wir
haben von ihm ein sehr scharfsinniges Werk, welches überschrieben ist:

*Traité de la lecture des Peres de l'Eglise,* wovon die beste
Ausgabe die von 1697 ist.

Er gab auch heraus:

*Des Mélanges d'Histoire et de Litterature,* unter dem Namen
*Vigneul de Marville,* 3 Bände in 12. wovon der Abbé
Banier den letzten geschrieben haben soll. Es ist eine
sehr lesenswürdige und interessante Sammlung von critischen Reflexionen und litterarischen Anecdoten.

DARIUS,

DARIUS, mit dem Beinamen der Meder, ist nach einigen mit Cyarares II. Sohn des Astyages, eine und dieselbe Person. Unter seiner Regierung sahe Daniel das Gesicht der siebzig Wochen, nach deren Verfluß der Erlöser sterben sollte. Darius starb um das Jahr 348 vor Christi Geburt.

DARIUS I. König von Persien, Sohn des Hystaspes, nahm Theil an der Verschwörung gegen den Pseudo-Smerdis, den Usurpator des Persischen Thrones. Er wurde 522 vor Christi Geburt durch die List seines Stallmeisters an seine Stelle gesetzt. Die sieben Verschwornen waren, sagt man, einig geworden, die Krone demjenigen zu geben, dessen Pferd am ersten wiehern würde. Der Stallmeister des Darius hatte die Nacht vorher eine Stute an den Platz gebracht, wo sie zusammen kommen wollten, und am frühen Morgen nachher das Pferd seines Herrn dahin geführt: es wieherte zuerst, und Darius ward König.

Der Anfang seiner Regierung wurde durch die Wiedererbauung des Tempels zu Jerusalem merkwürdig. Die Juden übergaben ihm das Edict, welches Cyrus zu ihren Gunsten erlassen hatte; Darius bestätigte es nicht bloß, sondern gab ihnen noch große Summen, und alle zu den Opfern nothwendigen Dinge. Einige Jahre nachher belagerte er Babylon, welches gegen ihn rebellierte. Die Babylonier brachten alles um, was zur Vertheidigung der Stadt unnütz war, um mit ihrer Provision desto länger auszukommen. Diese Barbarei rettete ihre Stadt nicht. Sie wurde nach 20 Monaten durch die List des Zopyrus, eines von denen, die sich mit dem Darius gegen den Magier Smerdis verschworen hatten, eingenommen. Dieser Höfling hatte seinen ganzen Körper verstümmelt, ging so zu den Babyloniern über, unter dem Vorwande, sich an seinem Fürsten zu rächen, von dem er so behandelt zu sein vorgab; in der That aber bloß, um ihm die Stadt zu übergeben.

Nach der Eroberung von Babylon folgte der Krieg gegen die Scythen, 514 Jahr vor Christi Geburt. Der Vorwand dieses Krieges war der Einfall, den dieses Volk vor Alters in Asien gethan hatte: die wahrscheinliche Ursache war der Stolz des Fürsten; er brannte vor Verlangen, sich Ruhm zu erwerben. Debazes, ein durch Rang und Alter ehrwürdiger Mann, welcher drei Söhne unter der Armee des Darius hatte, bat ihn, ihm nur einen einzigen davon zu geben. — „Ein einziger „ist dir nicht genug, antwortete dieser grausame Fürst, be= „halt' sie alle drei:" und augenblicklich ließ er sie tödten.

Nach=

Nachdem Darius Thracien unterjocht hatte, zog er endlich gegen die Scythen; aber dieser Feldzug war unglücklich. Seine Armee erfuhr in den großen Wüsteneien, worein sie die Scythen durch eine verstellte Flucht lockten, unglaubliche Mühseligkeiten. Als er gegen dieses Volk fruchtlose Anstrengungen gemacht hatte, kehrte er seine Armee gegen die Indianer, überfiel sie, und machte sich Meister ihres Landes. Kurze Zeit darauf brach der Krieg zwischen den Persern und Griechen aus; der Brand von Sardes, und der Antheil, den die Athenienser daran hatten, war die Veranlassung dazu. Darius, von der Wuth sich zu rächen beseelt, gab einem seiner Diener Befehl, ihm alle Tage vor der Mittags= tafel zuzurufen: Herr, gedenke der Athenienser! — Er übergab dem Mardonius, seinem Schwiegersohne, das Commando seiner Armeen: Mardonius, ein besserer Höfling als Feldherr, wurde von den Thraciern geschlagen, und seine Truppen zerstreut. — Darius schickte eine noch beträchtlichere Armee ab, als die erstere; sie wurde 490 Jahr vor Christi Ge= burt von zehn tausend Atheniensern bei Marathon aufs Haupt geschlagen.

Der Atheniensische General hatte seine kleine Armee kaum in Schlachtordnung gestellt, als seine Soldaten die Perser wie grimmige Löwen anfielen. Zweimahl hunderttausend Mann wur= den erschlagen oder gefangen genommen, und sechs tausend muß= ten über die Klinge springen.

Darius, der über diesen Verlust äußerst bestürzt war, ent= schloß sich, in Person zu commandieren, und gab durch sein gan= zes Reich Befehl, sich zu einem Feldzuge gegen die Griechen zu rüsten; aber er starb, ehe sein Plan ausgeführet wurde, 485 Jahr vor Christi Geburt.

So sehr dieser Fürst auch Eroberer war, so sehr beschäftigte er sich mit dem Wohl seiner Völker; aber sein Stolz und seine Prachtliebe, und der Aufwand, den diese beiden Leidenschaften verursachten, hatten für Persien traurige Folgen. Die erstere richtete dieses Reich zu Grunde, die letztere machte es weichlich, und die tapferste der Nationen war in kurzer Zeit die weibischeste und schwächste.

DARIUS II. neunter König von Persien, Ochus oder Nothus, der Bastard, genannt, geboren von einer Mätresse des Ar= tarerres Longimanus, war bei Lebzeiten seines Bruders Satrape von Hyrcanien. Er bemächtigte sich nach dem Tode

des

des Xerxes, der von Sogdian ermordet wurde, 423 Jahr
vor Christi Geburt des Persischen Throns. Er heirathete seine
Schwester Parisatis, eine grausame Prinzeßin, die ihm den
Arsaces, oder Artaxerxes Mnemon, seinen Nachfolger, Ames-
tris, Cyrus den Jüngern, u. a. gebar. Er führte durch
seine Generale und seinen Sohn Cyrus mehrere glückliche
Kriege, und starb 405 Jahr vor Christi Geburt.

Man sagt, Arsaces hab' ihn kurz vor seinem Tode gefragt,
„nach welcher Regel er regieret hätte, damit er ihm nachahmen
„könne?" — „Ich that beständig das, antwortete ihm
der Sterbende, was Gerechtigkeit und Religion von
„mir foderten." (Man sehe den Artikel DEMOCRITUS.)

DARIUS CODOMANNUS, zwölfter und letzter König von
Persien, stammte vom Darius Nothus her, und war der Sohn
des Arsames und der Sifigambis. Der Verschnittene Bagoas
glaubte unter dem Namen des neuen Königs, dem er die Krone
verschafft hatte, zu regieren; aber seine Hoffnungen waren vergebens. Dieser darüber mißvergnügte Verbrecher bereitete sich
schon vor, ihn umzubringen, als ihn Darius das Gift selbst zu
trinken zwang, das jener für diesen bestimmt hatte. Dieß geschah im Jahr 336 vor Christi Geburt, und ohngefähr um die
Zeit, als Alexander seine Eroberungen anfing, und Klein-
Asien sich dem Macedonischen Sieger ergeben hatte.

Er zog mit einer Armee von 600,000 an den Eingang von
Syrien, erneuerte den Luxus des Xerxes, und ging mit der
Pracht einer Religions-Ceremonie in das Feld. Athenäus
sagt, er habe 277 Köche, 29 Sclaven zur Bedienung seiner Tafel, 17, die ihm das Wasser, und 70, die ihm den Wein ein-
schenkten, 40 Bedienten, die ihn salben, und 66, welche die
Blumenkränze flechten mußten, die um die Tafelgeschirre gewun-
den wurden, bei sich gehabt.

Eine Armee, bei welcher man so viele unnütze Menschen mit
sich schleppte, konnte vor Alexandern nicht Stand halten.
Die des Darius wurde in drei verschiedenen Schlachten, am
Granicus in Phrygien, in der Gegend des Berges Taurus, und
bei der Stadt Arbela, gänzlich geschlagen. Bei der zweiten Action, die nicht weniger schrecklich war, als die erste, mußte sich
Darius unter der Verkleidung und auf dem Pferde seines Waf-
fenträgers durch die Finsterniß retten. Er verlor nebst seiner
Armee seine Mutter, seine Gemahlin, seine Kinder, die von
dem Sieger auf das edelste behandelt wurden.

U 5

In der letzten Schlacht schwebte der Sieg lange zwischen beiden Armeen; aber Alexander wußte ihn, sowohl durch seine
Klugheit, als durch seine Tapferkeit, auf seine Seite zu ziehen.
Darius flüchtete sich voll Verzweiflung nach Meden. Alexander
verfolgte ihn. Bessus, Gouvernör von Bactriana, wollte
diesen unglücklichen Fürsten zwingen, zu Pferde zu steigen, um
geschwinder davon zu kommen; da er aber dieses nicht wollte,
gab ihm dieser Niederträchtige den Tod, 330 Jahr vor Christi
Geburt.

Der sterbende Fürst verlangte ein wenig Wasser, welches ihm
ein Macedonier in seinem Casket brachte. „Mein größtes
„Unglück ist es, sagte er zu demselben, und drückte ihm die
„Hand, daß ich den Dienst, den du mir leistest, dir
„nicht vergelten kann. Bezeige Alexandern mei-
„nen Dank für seine Güte gegen meine unglück-
„liche Familie, indeß ich, noch unglücklicher als
„sie, von der Hand derer sterbe, die ich mit Wohl-
„thaten überhäufte.“

· So kam dieser eines bessern Schicksals würdige Fürst um.
Mit ihm endigte sich das Reich der Perser, 230 Jahre, nachdem
Cyrus den ersten Grund dazu gelegt hatte. Es hatte seit dem
Tode des Cyarares 206, und seit der Eroberung von Baby-
lon 238 Jahre bestanden.

DASSIER (JACOB ANTON), 1715 zu Genf geboren, lernte
bei seinem Vater Johann, der ihn zu Paris und Rom studieren ließ. Hierauf begab er sich nach London, wo er die Stelle
des zweiten Münzprägers erhielt, und zu seinem Zeitvertreib für
sich selbst die Schaumünzen einiger berühmten Engländer verfertigte. Dassier ging mit Erlaubniß seines Königs auf drei Jahre
nach Petersburg, wo er nebst seinen Beschäftigungen in der kaiserlichen Münze die Medaillen der Czarin und des Grafen Sche-
volo schnitt. Aber das allzu kalte Clima griff seine Gesundheit
an, er reiste daher 1759 nach London zurück; da er aber fühlte,
daß ihm das Meer noch stärker zusetze, stieg er zu Copenhagen
an das Land, wo er nach einem Monat in dem Hause des Grafen Bernstorf starb. Man hat von ihm Schaumünzen auf die
größten Männer; die auf Montesquieu ist eine der schönsten.

· DASSIER (JOHANN), ein berühmter Medaillör von Genf,
arbeitete einige Zeit zu Paris. Nach seiner Zurückkunft verfertigte er eine große Anzahl Bildnisse berühmter Personen in Frankreich,

reich, einiger Reformatoren der Kirche, der Könige von England und vieler anderer, die er bei besondern Veranlassungen in Stahl grub. Man findet davon beinahe vollständige Verzeichnisse in Köhlers Münzbelustigungen Th. 17. S. 434, und in Leuts Helvetischem Lexicon. Die Suite der Englischen Regenten hat Dassier von Wilhelm I. bis auf Georg II. sehr sauber in Thaler-Größe geschnitten, welche, die Dedications-Medaille an den zuletzt genannten König mitgerechnet, aus 34 Stücken besteht. Er ward 1738 Mitglied des großen Raths zu Genf, wo er den 15. October 1763 im 86. Jahre seines Alters starb.

DASSOUCI, ein berühmter Französischer Musiker und Dichter des 17. Jahrhunderts, gab im Character des Bouffon seine eigenen, sehr abenteuerlichen Begebenheiten heraus.

DATI (CARLO), ein Italiänischer Dichter und Litterator, starb 1675, und lehrte zu Florenz, seiner Vaterstadt, die schönen Wissenschaften mit Auszeichnung. Alle Reisende, alle Gelehrte, die zu seiner Zeit nach Florenz kamen, lobten sein artiges Betragen sehr; und diese Lobsprüche vorzüglich sind es, was ihn berühmt machte. Unter seinen Schriften zeichnet man die

*Lebensbeschreibungen der ältern Mahler*

aus, 1667 in 4. ob sie gleich nichts als ein Versuch zu einem größern Werke sind, welches der Verfasser herausgeben wollte.

DAU (GERARD), siehe DOUW.

DAVENANT (JOHN), 1570 zu London geboren, Doctor und Professor der Theologie zu Cambridge, ward Bischof zu Salisbury. Er war ein gelehrter Theolog, welcher das Mittel, die Christen über ihre verschiedenen Meinungen zu vereinigen, mit Eifer suchte. Sein Buch, welches den Titel führt:

*Adhortatio ad communionem inter Evangelicas Ecclesias,*

ist ein Denkmahl seiner Bescheidenheit. Er zeichnete sich durch Gelehrsamkeit, Bescheidenheit und Scharfsinn aus, und starb 1640, 41. Seine übrigen Werke sind:

*Praelectiones de judice controversiarum,* 1631, in Folio.
*Commentaria in Epistolam ad Colossenses.*

Alle diese Werke zeigen in ihm einen Mann, welcher das heilige und profane Alterthum kannte.

DAVENANT (Sir William), ein berühmter Dichter des 17. Jahrhunderts, geboren 1605. Sein Vater hielt in Orford einen Gasthof, worin Shakspeare, wenn er von London nach Warwickshire reisete, zu wohnen pflegte; und da seine Mutter eine große Schönheit war, vermutheten einige, aber ohne allen Grund, er habe von Shakspeare seinen Ursprung und zugleich seine dichterischen Talente empfangen. — Als 1637 Ben Jonson starb, ward er gekrönter Dichter. Er hatte zu dem Drama viele Fähigkeit, und erhielt nach der Wiedereinsetzung Carls II. ein Patent zur Errichtung einer neuen Gesellschaft von Schauspielern, unter dem Schutze Jacobs, Herzogs von York, welche mehrere Jahre in klein Lincoln's = inn Fields spielte. Hier starb er den 17. April 1668, und wurd' in die Westmünster = Abbtei begraben. Seine Werke bestehen aus Schauspielen und Gedichten.

DAVENNE, oder vielmehr D'AVESNE (François), der Friedfertige genannt, geboren zu Fleurance, in Nieder-Armagnac, war einer der vorzüglichsten Schüler des Simon Morin, eines berüchtigten Fanatikers. Der Schüler kam dem Meister gleich. Er wurde 1651 wegen einiger Libelle gegen den König von Frankreich, voll Unsinn und Fanatiśmus, in das Gefängniß geworfen, und das Jahr darauf wieder befreit. Man glaubt, er sei 1662 vor seinem Meister gestorben. — Alle seine Schriften sind voll von Visionen, Enthusiasmus und Bizarrerien. Er weißagt darin die Ankunft des jüngsten Gerichts, und die Erneuerung der Welt. Er verkündiget sie den Päpsten und Königen, und verkündiget sie als ein Mensch, der seinen Verstand verloren hat. Die sonderbarsten seiner Werke sind:

*Les huit beatitudes de deux Cardinaux (Richelieu et Mazarin) confrontées à celles de I. C.*

*La Phiole de l'ire de Dieu; versée sur le siége du Dragon & de la Bête, par l'Ange & le Verbe de l'Apocalypse.*

*Factum de la Sapience éternelle au Parlement,* u. m. a.

Niceron hat im 27. Bande seiner Memoiren den Muth, das vollständige Verzeichniß aller rasenden Schriften des Davenne zu geben.

DAVID, der größeste Philosoph von Armenien, blühte gegen die Mitte des 5. Jahrhunderts. Er schöpfte zu Athen die Kenntniß der Sprache und Philosophie der Griechen, und übersetzte diejenigen von ihren Schriften, die er für die nutzbarsten hielt.

Weit

Weit entfernt, dem Plato und Aristoteles abergläubisch zu folgeu, wie die Europäischen Philosophen in den Jahrhunderten der Unwissenheit, wählte er von dem einen und dem andern das aus, was ihm am wahrsten und ingeniösesten zu sein schien, und widerlegte sie zu gleicher Zeit, wo sie sich geirrt hatten. Man bewahret seine Schriften in der ehemahligen königlich-Französischen Bibliothek auf. Sie sind eben so methodisch als gründlich.

DAVID DE DINANT, Häretiker, um den Anfang des 13. Jahrhunderts, war ein Schüler des Amauri, und lehrte, daß Gott die erste Materie sei. Sein System war dem des S p i n o z a sehr ähnlich. Er wurde vom H. T h o m a s und andern Theologen widerlegt.

DAVID-EL-DAVID, falscher Prophet der Juden, empörte sich gegen den König von Persien, der, als er ihn ergriffen hatte, einen Beweis seiner Macht von ihm forderte. David antwortete, man solle ihn enthaupten, und er werde sobald wieder aufleben. Aber er verlangte dieses nur, um dadurch größern Qualen zu entgehen. Die Juden wurden aus Haß gegen diesen ihren Betrüger in Persien mit allen Arten von Taxen und Auflagen belegt, und in das größeste Elend gebracht.

DAVID (GEORGE), Häretiker von Gent, der Sohn eines Schiffers, predigte um das Jahr 1525, er sei der wahre Messias, der dritte David, geboren von Gott, nicht durch das Fleisch, sondern durch den Geist. Da, wie er sagte, der Himmel leer sei, sei er ausgesandt, dieses ewigen Reiches würdige Kinder anzunehmen, und Israel wieder herzustellen, nicht durch den Tod, wie Jesus Christus, sondern durch die Gnade. Er verwarf mit den Sadducäern das ewige Leben, die Auferstehung der Todten und das jüngste Gericht; mit den Adamiten die Ehe, und billigte die Gemeinheit der Weiber, und glaubte mit den Manichäern, daß der Leib allein, nie aber die Seele befleckt werden könne. Der Krieg, welchen die Catholiken mit den Anhängern dieses Schwärmers führten, nöthigte ihn, nach Basel zu fliehen, wo er 1556 starb. Um seine Schwärmereien zu krönen, versprach er sterbend seinen Jüngern, nach dreien Tagen wieder von den Todten aufzustehen. Der Senat von Basel ließ den dritten Tag seinen Leichnam wieder ausgraben, und nebst seinen Schriften, den traurigen Denkmählern des abgeschmacktesten Fanatismus, verbrennen.

DAVID

DAVID (LUDEWIG), 1648 zu Lugano geboren, lernte bei Johann Baptista Cairo, Hercules Procaccino und Carl Cignani. Er mahlte Porträts und geistliche und weltliche Geschichten für Kirchen und Palläste zu Rom, und schrieb ein Buch in drei Theilen, betitelt:

*Il Disinganno delle principali notizie e erudizioni degli arti più nobili del disegno.*

In einem derselben liefert er die Lebensbeschreibung des berühmten Anton Allegri, mit bis dahin unbekannten Umständen. Er radierte nach diesem Meister eine Madonna in 4. worauf man ein gekröntes Herz sieht, welches den Beinamen des Allegri Correggius ausdrücken soll.

Anton David, Ludewigs Sohn, 1698 zu Venedig geboren, ward in Bildnissen so berühmt, daß er von seinem 20. Jahre an Cardinäle, Fürsten, Gesandte, und selbst den Papst Clemens XI. nach dem Leben mahlte. Cl. Drevet, H. Rossi, G. Massi, B. Fariat, A. Westerhout u. a. haben nach ihm in Kupfer gearbeitet.

DAVIES (SIR JOHN), ein berühmter Schottischer Rechtsgelehrter und Dichter, 1570 geboren, starb 1626 zu London.

DAVIES (DR. JOHN), gegen das Ende des 16. Jahrhunderts zu Denbighshire geboren, wurde wegen seiner Kenntniß in der Geschichte und den Alterthümern von England, in der Griechischen und Lateinischen Sprache sehr geschätzt. Er half an der Uebersetzung der Bibel in das Wallisische bei der correcten Ausgabe, welche 1620 herauskam.

DAVIES (DR. JOHN), ein gelehrter und berühmter Critiker, 1679 geboren, starb 1732, und zeichnete sich durch mehrere gelehrte Schriften aus.

DAVIES (THOMAS), 1710 geboren. Er war ein Mann von ungemeiner Stärke des Geistes, und mehrere Jahre hindurch ein geschätzter Schauspieler auf der Londner Bühne. Er gab endlich seine Kunst auf und ward ein Buchhändler, wobei er jedoch nicht mit dem Glück gekrönet wurde, welches seine Geschicklichkeit und Rechtschaffenheit verdiente. Im Jahr 1778 machte er Bankerutt; seine Freunde bewiesen ihm hierbei so viele Achtung, daß sie in sein Retablissement sehr leicht willigten, und keiner von ihnen war, wie er selbst sagte, ihm zu dienen thätiger, als die, welche bei seinem Unglück am meisten

gelitten

gelitten hatten. Im Jahr 1780 erwarb sich Mr. Davies durch sein

## Leben des Mr. Garrick,

welches mehrmahls aufgelegt wurde, mehr Ruf und etwas Geld. — Nachher gab er heraus

*Dramatic Miscellanies,* 3 Bände,

worin er viel Gelehrsamkeit und critischen Scharffsinn zeigte, und sein Werk durch interessante und schätzbare Anecdoten belebte, welche die Bühne und Schauspieler betreffen. Seine übrigen Werke sind:

*Some Memoirs of Mr. Henderson,*
*A Review of Lord Chesterfields Charakters,*
*A Life of Massinger,*

u. a. — Er starb den 5. Mai 1785.

DAVILA (HEINRICH CATHARINA), ein berühmter Geschichtschreiber, aus einer vornehmen Familie von der Insel Cyprus gebören, begab sich nach Avila in Spanien, um sich der Tyrannei der Türken zu entziehen, welche sich 1570 und 1571 seines Vaterlandes bemächtigten. Von da ging er nach Frankreich, und zeichnete sich unter Heinrich III. und IV. vortheilhaft aus. Zuletzt begab er sich nach Venedig, wo er sein wichtiges Werk

*Histoire des Guerres Civiles de France*

schrieb, welches in 15 Bücher eingetheilet ist, und alles Merkwürdige enthält, was sich seit dem Tode Heinrichs II. 1559, bis zu dem Frieden von Vervins, 1598, zutrug. Lord Bolingbroke trägt kein Bedenken, von dieser Geschichte zu bekennen, daß sie in mehreren Rücksichten der des Livius gleich zu achten sei. — Davila wurde um das Jahr 1634 auf einer Reise ermordet, die er auf Befehl der Republik Venedig that.

DAVILA (DON PEDRO FRANCO), zu Guayaquil in Peru gebören, kam noch in seiner Jugend nach Spanien, und von da nach Paris, und machte sich frühzeitig zur vornehmsten Beschäftigung, eine vollständige Sammlung von Conchylien und Mineralien zusammen zu bringen. Sie war bereits sehr beträchtlich, als er sie dem vorigen Könige von Spanien, Ferdinand IV. anboth, der sie aber nicht annahm. Glücklicher war er 1771 bei dem gegenwärtigen Könige, der die ganze Sammlung kaufte, und ihn zum Aufseher des Cabinets ernannte, worauf

auf es noch ungemein erweitert wurde, so daß es eins der voll=
ständigsten in Europa ist.

Er wurde von der Berlinischen Academie zum Mitglied auf=
genommen, und starb zu Anfange des Jahres 1785 zu Madrid.
Er führte einen beständigen Briefwechsel mit den Gelehrten von
Europa, welche seine Belehrungen schätzten, und seinen dienst=
fertigen Character liebten. Der von ihm selbst in 3 Bänden her=
ausgegebene Catalog seines Cabinets wird von den Naturge=
schichtskundigen sehr geschätzt.

DAVILER (AUGUSTIN CHARLES), siehe AVILER.

DAUMIUS (CHRISTIANUS), aus dem Meißnischen, Rec=
tor zu Zwickau, starb 168, im 75. Jahre, mit dem Ruf eines
der größesten Litteratoren seiner Zeit. Er verstand die todten und
lebenden Sprachen. Man verdanket ihm Ausgaben mehre=
rer Werke des Alterthums, und verschiedene andere
Schriften, die mehr seinen Eifer zur Arbeit, als die Superio=
rität seiner Talente beweisen. Die geschätztesten sind:

*Tractatus de causis amissarum quarundam linguae Latinae ra=*
*dicum, 1642, in 8.*
*Indagator et restitutor Graecae Linguae radicum, in 8.*
*Epistolae, Jenae 1670, in 8. Dresdae, 1677, in 8.*
*Carmina etc.*

DAUN (LEOPOLD JOSEPH, GRAF VON), 1705 aus einer
alten und vornehmen Familie geboren, wurde der Feldzüge we=
gen, die sein Vater in Italien machte, und weil er Vicekönig in
Neapel war, in Italien erzogen, studierte in Rom, und wurde
dem geistlichen Stande gewidmet. Sein kriegerischer Geist
machte, daß er den Stand eines Maltheserritters wählte; er er=
hielt eine Commende, und that unter den kaiserlichen Truppen
Dienste, wo er in seinem 20. Jahre schon Obrist war. In sei=
nen ersten Feldzügen wider die Türken erwarb er sich die Würde
eines Feldmarschall=Lieutenants.

In dem folgenden Kriege mit Preußen kam er erst nach dem
Treffen bei Molnitz zur Armee, half nachher Prag belagern,
Baiern erobern, und die Franzosen bis Straßburg verjagen.
Bei dem berühmten Uebergange des Prinzen Carl über den
Rhein, noch mehr aber beim Rückzuge, wo er die Arriergarde
führte, zeigte er viele Vorsicht. Während des nachher erfolgten
Friedens mit Preußen vermählte er sich mit der größten Favo=
ritin

ritin der Kaiserin, Maria Ernestina, Gräfin von Fur. Diese Vermählung trug sehr viel dazu bei, daß ihm alles, was er that, zum Ruhm gerechnet wurde. Bald darauf ward er General=Feldzeugmeister. Im Jahr 1746 führte er die Infanterie nach den Niederlanden, und wurde, obgleich die Alliierten wenig Glückliches ausführen konnten, 1748 mit der Würde eines geheimen Raths belohnt.

Nach dem erfolgten Frieden erhielt das Oesterreichische Militär mancherlei Verbesserungen. Daun machte dabei die Vorschrift des neuen Exercitiums, und ward darauf Commandant von Wien. Die vortreffliche Militär=Academie in Neustadt wurde 1751 nach seiner Anordnung errichtet, und seiner Aufsicht anvertraut, und zur besondern Belohnung erhielt er das Ordensband des goldenen Vließes, und wurde zum General=Feldmarschall gemacht. Im Ingenibr=Saale dieser Academie wurde seine 9 Fuß hohe bronzene Statue aufgerichtet.

Im Jahr 1756 brach ein neuer Krieg wider Friedrich II. aus, worin er sich einen unsterblichen Ruhm erwarb. Er erhielt 1757 den Befehl, die Hauptarmee bei Prag zu verstärken. Als er den 6. Mai bei Böhmisch=Brot anlangte, erfuhr er, daß die kaiserliche Armee an demselben Tage geschlagen worden sei. Er raffte in der Geschwindigkeit Völker zusammen, und eilte dem Prinzen Carl von Lothringen, der in Prag eingeschlossen war, zu Hülfe. Der Prinz von Bevern konnte ihm mit seinen 20,000 Mann nicht widerstehen; aber die ihm vom Könige zugeführte Verstärkung machte, daß er bei Collin den Feind erwarten mußte. Hier griff ihn der König mit äußerster Macht zu wiederhohlten Mahlen an, ward aber so geschlagen, daß Prag befreit und ganz Böhmen vom Feinde geräumt wurde. Bei dieser Gelegenheit stiftete die Kaiserin den militärischen Theresien-Orden, wovon Daun das zweite Großkreuz erhielt. Die Schlacht bei Hochkirchen 1758 gab dem Befreier von Prag neue Lorbern; in eben diesem Jahre hatt' er schon Olmütz befreit und sich dadurch den Namen des Deutschen Fabius Cunctator erworben. Im Jahr 1759 fiel er die Preußen bei Pirna an, hob die ganze vom General Fink commandierte Armee auf, und machte sie zu Kriegsgefangenen. Im Jahr 1760 hatt' er zu Süptitz bei Torgau nicht dasselbe Glück, wo der schon überwundene Feind, nachdem Daun eine gefährliche Wunde erhalten hatte, eine Superiorität erlangte, die den Sieg für ihn entschied.

**Zweiter Theil.** X Der

Der Hubertsburger Friede machte 1763 seinem Glück ein Ende. Er starb den 5. Februar 1766 im 61. Jahre zu Wien, mit dem Ruhm eines erfahrnen, tapfern, klugen, vorsichtigen Generals. Die Gelegenheiten, wo Klugheit nöthiger war, als Thätigkeit, waren ihm vorzüglich günstig. Sein coup d'oeil war sicher; wenn ihm aber das Bedürfniß des Augenblicks keine reifliche Ueberlegung erlaubte, so hielt es schwer, sich zu entschließen. Seine Siege waren auch oft ohne Wirkung, und die Besiegten ersetzten durch kühne und geschwinde Manövres ihre Niederlage bisweilen eher, als sie der Ruf bekannt gemacht hatte.

DAY (THOMAS), 1748 geboren, ein Englischer practicirender Rechtsgelehrter, der aber dieses Geschäft bald aufgab, und als Schriftsteller der Advocat des menschlichen Geschlechtes ward. Das bewundernswürdige Gedicht

*The Dying Negro,*

von ihm selbst und dem verstorbenen John Bicknell geschrieben, und sein

Fragment eines Briefes über die Sclaverei

setzen ihn unter die ersten von denen, welche alle ihre Kräfte anwandten, um einen großen Theil des menschlichen Geschlechtes von der Grausamkeit und Tyrannei zu befreien. Sein letztes Werk:

*The History of Sandfort and Merton*

wird als eine Instanz der glücklichen Application des Geistes, die Gemüther der Jugend zu thätiger und männlicher Tugend zu bilden, lange bestehen. Er starb den 28. September 1789.

DEANE (SILAS), von Groton im Staate Connecticut, zeichnete sich durch seine litterarischen Verdienste, mercantilischen Kenntnisse, Staatsklugheit und durch seinen Eifer für die Wahrheit aus. Im Jahr 1776 wurd' er vom Congreß als Gesandter an den Französischen Hof geschickt, wo er dadurch seine Geschicklichkeit bewies, daß er den Hof überzeugte, sein eigener Vortheil würde vermehret werden, wenn er die Revolution von America unterstützte. Als er von den Americanern undankbar behandelt wurde, ging er nach England, wo er den 23. August 1789 am Bord eines Schiffes starb.

DECHALES (CLAUDE FRANÇOIS MILLIET), ein vortrefflicher Mathematiker, Mechaniker und Astronom, 1611 zu

Cham=

Chambery in Savoyen geboren. Seine vorzüglichsten Schriften sind eine Ausgabe von

*Euclidis Elementis,*

wo er die unnöthigen Propositionen ausließ, und die Anwendung derer beifügte, die er aufnahm; ein Discours über die Befestigungskunst; ein anderer über die Schifffahrt, welche in 3 Foliobänden unter dem Titel

*Mundus Mathematicus*

herausgegeben wurden, und in der That ein vollständiger Cursus aller mathematischen Wissenschaften sind. Er starb als Professor der Mathematik bei der Universität Turin 1678.

DECIANUS (TIBERIUS), Rechtsgelehrter von Udina, im 16. Jahrhunderte, von dem man

*Consultationes* und andere Werke, in 5 Foliobänden,

hat. Er starb 1581 im 73. Jahre. Sein Ruf ist nicht bis auf uns gekommen, denn er ist heut zu Tage sehr wenig bekannt.

DECIUS (CNEJUS METIUS QUINTUS TRAJANUS), im Jahr 201 zu Bubalia in Nieder-Pannonien geboren, hatte das Herz eines Helden. Er thut sich in den Waffen hervor, und stieg bis zu den ersten Graden empor. Im Jahr 246 rebellirten die Soldaten in Mösien. Der Kaiser Philipp schickte ihn hin, die Schuldigen zu bestrafen; aber anstatt dieses zu thun, ließ er sich zum Kaiser ausrufen, und zog nach Italien gegen seinen Wohlthäter. Der Tod Philipps und seines Sohnes, mit deren Blut er seine Hände befleckte, sicherten ihm das Reich.

Der neue Kaiser zeichnete sich gegen die Perser und Gothen aus, welche Mösien und Thracien verheerten, und kam bei der Verfolgung des letztern Volkes in einem tiefen Morast um. „Man erzählt," spricht Crevier, „bei dieser Gelegenheit ei„nen Zug von Festigkeit und Größe der Seele von ihm, der dem„jenigen ganz ähnlich war, den man von Crassus; mitten in „seinem Mißgeschick im Angesicht der Parther, erzählt. Man „sagt, daß, als der ältere Sohn des Decius, den er zum „Range des Augustus erhoben hatte, in dem Treffen gefallen „war, der großmüthige Vater, weit entfernt dem Schmerz zu „unterliegen, seine Truppen tröstete, ihnen Muth einsprach, sich „tapfer zu halten, und sagte, der Verlust eines Soldaten sei „nicht der Ruin einer Armee. Sein Muth war ihm in der „schrecklichen Lage, worin er sich befand, von keinem Nutzen.

„In

„In den Schlamm vertieft, von den Pfeilen eines Feindes „durchbohrt, der aus der Ferne auf ihn schoß, kam Decius, „sein Sohn und die ganze Römische Armee, Gemeine und Of= „ficiers, um, ohne daß ein einziger dem Tod entging. So „rächte die göttliche Gerechtigkeit das Blut ihrer Heiligen, das „dieser heftige Verfolger grausamlich vergossen hatte.“

Die Regierung des Decius dauerte nur wenig über zwei Jahre. Sein Tod ereignete sich zu Ende des Novembers oder im An= fange des Decembers 251. Er hinterließ einen Sohn, Namens Hostilianus, der das Opfer der Treulosigkeit des Gallus ward. Es scheint, daß Decius den Wohlstand im Betragen schätzte, und die Verbesserung der Sitten wünschte. Trebel= lius Pollio berichtet, daß Decius aus Jllyrien an den Senat schrieb, die Wahl eines Censors zu verordnen, und daß diese Wahl auf Valerian fiel, der nachher Kaiser ward. Die Ge= schichtschreiber lobten, indem sie seinen Stolz verabscheuten, seinen Muth und seine Gerechtigkeitsliebe sehr. Sein Geist war gründ= lich, frei, thätig und zu den Geschäften geschickt; seine Sitten waren regelmäßig und durch die Wissenschaften vervollkommnet. Der Senat erklärte ihn in jenem Decret dem Trajan gleich, und beehrte ihn mit dem Titel des sehr Guten. Durch die grausame Verfolgung der Christen, die seine Barbarei verab= scheuten, verdiente er diesen Titel nicht. Aus Haß gegen Phi= lipp, welcher sie geliebt und geschätzt hatte, verfolgte er sie mit Feuer und Schwert.

[1] DECIUS MUS (PUBLIUS), Römischer Consul, zeigte früh= zeitig seinen Muth. Er war Tribun bei der Armee, als er den Cornelius von einem nachtheiligen Schritt zurückhielt, und vielen Theil an dem über die Samniter erhaltenen Siege hatte. Als Consul mit Manlius Torquatus, im Jahr 340 vor Christi Geburt, weihte er sich in der Schlacht gegen die Latei= ner den unterirdischen Göttern. Decius Mus, sein Sohn, und Erbe der Tugenden und des Aberglaubens seines Vaters, widmete sich während seines 4. Consulats gleichfalls dem Tode. Sein Enkel folgte während des Krieges gegen Pyrrhus seinem Beispiel. Wenn man einem Schriftsteller glauben darf, so war das freiwillige Opfer dieses Consuls um desto glorreicher, da ihm Pyrrhus sagen ließ, wenn er sich entschlösse, es zu thun, so würde man auf seiner Hut seyn, ihn nicht in der Schlacht zu er= schlagen, sondern lebendig gefangen zu nehmen, und dann hin= zurichten. Derjenige, welcher sich auf diese Art dem Tode wid= mete,

mete, bewaffnete sich nach einigen Ceremonien und Gebeten, welche der Pontifex verrichtete, vollständig, und warf sich dann mitten in das Schlachtgetümmel. Es kostete dem Enthusiasten das Leben, aber sein Aberglaube, unterstützt durch die Truppen, denen er einen neuen Muth gab, rettete bisweilen das Vaterland.

DECKER (JAMES), ein dramatischer Schriftsteller von einiger Celebrität, unter der Regierung Jacobs I. In seinem
*Honest Whore*
und in der Komödie
*Old Fortunatus*

sind Schönheiten, sowohl des Characters, der Verwickelung, als auch der Sprache, vorzüglich in dem erstern, wie sie nur irgend ein dramatischer Dichter in England, Shakspeare ausgenommen, hervorgebracht hat. Man weiß die Zeit der Geburt und des Todes dieses Dichters nicht genau, aber er kann nicht jung gestorben sein, da wir finden, daß sein erstes Product 1600 und sein letztes 1638 herauskam.

DECKER (JOHANN), Reichs-Cammergerichts-Advocat und Procurator zu Speier; sein Hauptwerk hat den Titel:
*De scriptis adespotis, pseudepigraphis et supposititiis conjecturae.*
Man findet es auch in dem
*Theatrum anonymorum et pseudonymorum 1708*, in Folio.
Er lebte im 17. Jahrhunderte.

DECKER (JOHANN), Jesuit, geboren zu Hazebruck in Flandern, lehrte zu Douai und dann zu Löwen die Philosophie und scholastische Theologie. Er wurde nachher nach Steyermark geschickt, und ward Canzler der Universität Grätz, wo er 1619 im 69. Jahre starb. Sein Hauptwerk handelt von dem Geburts- und Todesjahre Christi, und führt den Titel:
*Velificatio, seu Theoremata de anno ortus ac mortis Domini.*
Grätz 1616 in 4.
Er besaß eine große Gelehrsamkeit, und war in der Chronologie sehr erfahren.

DECKER (JOHANN HEINRICH), ist Verfasser eines ziemlich seltenen Buchs:
*De Spectris. Hamburg 1690, in 12.*

DECKER

DECKER (PAUL), ein Baumeister von Nürnberg, 1677 daselbst geboren, ging 1699 nach Berlin, um von Schlütern die Baukunst zu lernen, und wurde von ihm bei dem Schlosse und andern Gebäuden zum Zeichnen gebraucht. Im Jahr 1703 stach er mit J. W. Heckenauers Beihülfe dieses Schloß auf 6 Blätter in Kupfer, wie es nach Schlüters Gedanken hatte ausgeführt werden sollen, ging 1706 nach Nürnberg zurück, ward Sulzbachischer Hofbaumeister, und starb 1713 als Hofbaumeister zu Baireuth. Er gab ein Werk mit vielen Kupfern,

>    Der fürstliche Baumeister, in 3 Foliobänden,

heraus. Seine Entwürfe sind mit bunten Zierathen überhäuft, voll seltsamer und fremder Ideen, die nicht ausgeführt werden können, oder nicht dauerhaft sein würden; oft sind sie auch sehr gezwungen. So sind auch verschiedene Hefte von Zeichnungen für Goldschmiede, Gipsarbeiter u. s. f. die er herausgab.

· DEDEKIN (FRIEDRICH), ein Deutscher, gab im 16. Jahrhundert ein Werk im Geschmack des Lobes der Narrheit, von Erasmus, heraus. Es ist ein ironisches Lob der Unhöflichkeit und Grobheit, und ist betitelt:

>    *Grobianus, sive de incultis moribus et inurbanis gestibus,* Frankfurt 1558 in 8.

Der Verfasser scheint mehr Feinheit des Geistes zu haben, als damahls seine Landsleute hatten.

DEE (JOHN), ein großer Mathematiker, und ein außerordentlicher Mann in der litterarischen Welt, 1527 zu London geboren. Er war ein Mann von ungemeinen Talenten und Kenntnissen, und würde große Dinge geleistet haben, wenn er mit einer gründlichen Urtheilskraft begabt worden wäre; aber er war außerordentlich leicht und abergläubisch. Er ließ sich zu der Meinung verleiten, daß man durch gewisse Beschwörungen den Umgang oder die Gemeinschaft der Geister erlangen könne, wovon er sich Einsichten in die verborgenen Wissenschaften versprach. Er fand einen jungen Mann, einen gewissen Eduard Kelly, von Worchestershire, welcher schon tief in diese Wissenschaften eingedrungen war, und sich leicht bereden ließ, das Werkzeug zu denselben zu sein, wofür er ihm jährlich 50 Pfund bezahlen mußte. Sie fingen den 2. December 1581 ihre Beschwörungen an, vermöge welcher Kelly, durch die Ansicht einer gewissen Tafel, mit vielen abergläubischen Ceremonien, eingeweihet wurde, den John mit allem dem vertraut zu machen, was die

Geister

Geister zu zeigen und zu entdecken für gut befänden. Diese Con⸗
ferenzen wurden über 2 Jahre fortgesetzt, und die Gegenstände
derselben schriftlich aufgezeichnet, aber nie herausgegeben, ob
sie gleich noch in Ashmole's Museum aufbewahret werden. Er
reisete in Gesellschaft des Kelly, der, wie man sagt, im Besitz
eines philosophischen Pulvers war, welches sie sehr reichlich mit
Gelde versah, viel in Frankreich und Deutschland. Gegen das
Ende seines Lebens ward er jedoch außerordentlich arm, und es
ist sehr wahrscheinlich, daß er bis an seinen Tod bei seiner Ver⸗
blendung blieb; denn er war eben zu einer zweiten Reise nach
Deutschland gefaßt, als er, von Alter und Elend gebeugt, 1608
im 80. Jahre starb, und zu Mortlake begraben wurde. — Er
hatte ein Cabinet voll von sonderbaren Dingen, wovon die
meisten seine eigenen Erfindungen waren. Casaubon ließ den
größesten Theil seiner mathematischen Schriften 1659 zu London
in Folio drucken, und zierte sie mit einer gelehrten Vorrede. Diese
Sammlung, die selbst in England selten ist, wird von denen ge⸗
sucht, welche den Aberglauben und die Ausschweifungen kennen
lernen wollen, denen sich der menschliche Geist ergeben kann.

DEELEN (DIRK oder THEODOR VAN), ein Mahler von
Heusden, lernte bei Franz Hals, verließ aber dessen Ma⸗
nier, und legte sich auf das Perspectivmahlen von Kirchen und
andern Gebäuden, wodurch er sehr berühmt wurde. Er ließ
sich zu Armuyden nieder, wo er Bürgermeister ward, und um
das Jahr 1670 blühte.

DE FOE (DANIEL), ist vorzüglich durch seine unter⸗
haltende

### Geschichte Robinson Crusoe's

bekannt, welche, ob sie schon ein Roman ist, so natürlich und
mit so großer Wahrscheinlichkeit geschrieben ist, daß man sie ei⸗
nige Zeit nach ihrer Erscheinung für eine wahre Geschichte hielt.
De Foe starb 1731 zu Jslington.

DEJOCES, erster König der Meder, machte dieses Volk das
Joch der Assyrier abschütteln. Nachdem er einige Zeit mit eben
so großer Billigkeit als Klugheit in einer republicanischen Form
regiert hatte, ward er zu ihrem König ernannt. Seine Regie⸗
rung zeichnete sich durch nützliche Einrichtungen aus. Er baute
nach dem Herodotus die Stadt Ecbatana. Sie war mit sie⸗
ben Ringmauern umgeben; die letzte umschloß den Pallast des
Königs. Als sie zum Bewohnen fertig war, bevölkerte sie De⸗

joces,

joces, und gab ihr Gesetze, deren Ansehen er durch die Furcht vor der Strafe aufrecht erhielt. Er starb 656 Jahr vor Christi Geburt, nachdem er 53 Jahr regiert hatte.

DEJOTARUS, einer der Tetrarchen von Galatien, erhielt vom Römischen Senat den Titel König dieser Provinz und Klein=Armeniens. Als der bürgerliche Krieg zwischen Cäsar und Pompejus ausbrach, nahm er die Partei des letztern. Cäsar überschüttete ihn deßhalb mit Vorwürfen, und nahm ihm Klein=Armenien. Der Sieger legte ihm die Verbindlichkeit auf, ihm gegen Pharnaces, König von Pontus, zu folgen, und ließ ihm nichts, als den königlichen Titel. Als Dejotarus von Castor angeklagt worden war, dem Cäsar nach dem Leben zu trachten, wurd' er von Cicero durch dessen schöne Rede pro Rege Dejotaro vertheidigt. Einige Zeit darauf wurde der Dictater ermordet. Dejotarus kehrte in seine Staaten zurück, und stieß mit schönen Truppen in Asien zu Brutus.

Man weiß nicht gewiß, in welchem Jahr er starb; so viel aber weiß man, daß er 50 Jahre vor Christi Geburt noch in sehr hohem Alter lebte. Er war immer sehr abergläubisch gewesen. Seine Gemahlin, welche unfruchtbar war, bat ihn, dem Throne Erben zu geben, und stellte ihm eine schöne Gefangene vor. Sie erkannte die aus dem Umgange mit derselben gebornen Kinder für rechtmäßig, liebte sie als ihre eigenen, und erzog sie als Prinzen, die dazu geboren waren, dereinst das Scepter zu führen.

DELAUDUN (PIERRE), Sohn eines schlechten Dichters von Uzes, geboren zu Aigaliers, beschäftigte sich noch mehr als sein Vater mit der Französischen Dichtkunst. Er machte sich zu seiner Zeit durch eine

*Art poetique François*, 1559, in 16. und durch andere *Pieces de Poëses*, im Styl des Ronsard geschrieben,

bekannt, und starb 1629 zu Aigaliers an der Pest. Außer seiner Dichtkunst kennt man von ihm

*La Franciade, 1604*, in 12.

ein abgeschmacktes Gedicht in 9 Büchern, welches Heinrich IV. gewidmet ist, der eine bessere Huldigung verdiente.

DELIUS (CHRISTOPH TRAUGOTT), kaiserlich=königlicher Hof=Commissionsrath und Referendarius bei dem Berg= und Münzwesen zu Wien, wurde 1728 zu Wallhausen in Thüringen geboren,

geboren, studierte zu Wittenberg die Rechte, und legte sich
dabei mit großem Fleiß auf die Philosophie, Mathematik und
Naturgeschichte. Er wurde von Wien aus mit einer Pension
nach Schemnitz geschickt, um dort die Mineralogie und Metallurgie zu studieren, wurde 1756 nach dem Bannat geschickt, wo
er die Stelle des Markscheiders erhielt, und ward 1770 Professor der Metallurgie und der practischen Chemie auf der dasigen
Bergacademie, und zugleich kaiserlicher Rath und Beisitzer des
Oberst-Kammergrafen-Amts. Er zeichnete sich in diesen Stellen so sehr aus, daß er 1772 nach Wien berufen, zum Hof-Com-
missionsrath ernannt, und in das Ober-Berg-und Münzcolle-
gium eingeführt wurde. Von 1775 bis 76 bereiste er alle Ungarischen Bergwerke, führte die nöthigen Verbesserungen ein, und
wurde zum wirklichen Hofrath und Referenten in Bergwerks-
und Münzsachen ernannt.

Sein vorzüglichstes Werk ist die

Einleitung zur Berg-Baukunst, nach ihrer Theorie und
Ausübung, nebst einer Abhandlung von den Grundsätzen der Berg-Cameralwissenschaft, Wien 1773, in 4.
mit 24 großen Kupfern, ein für jeden Metallurgen, besonders aber in den Oesterreichischen Staaten, unentbehr-
liches Buch, welches auf Befehl Ludewigs XVI. in das
Französische übersetzt, und unter dem Titel:
*Traité sur la Science de l'exploration des mines etc. Paris 1778,*
in 4. auf königliche Kosten gedruckt wurde.

Er starb auf einer Reise in die Bäder nach Pisa den 21. Januar 1779 zu Florenz.

DELMATIUS (FLAVIUS JULIUS), Enkel des Constantius Chlorus und Neffe des Constantin, der in ihm eine
vortreffliche Gemüthsart und ausgezeichnete Talente liebte.
Dieser Kaiser ließ ihn 333 zum Consul ernennen, erklärte ihn 335
zum Cäsar, und gab ihm bei der Theilung des Reichs Thracien,
Macedonien und Achaja. Er sollte diese Provinzen als sein Eigenthum besitzen, aber nach Constantins Tode, der sich 337 ereignete, wollte die Armee nur die drei Söhne desselben als Kaiser anerkennen, und ermordete die übrigen, welche auf die kaiserliche Nachfolge Anspruch machten. Delmatius war einer von
ihnen. Man sagt, Constantius habe die Soldaten selbst aufgemuntert, ihm das Leben zu nehmen.

Dieser Fürst verdiente ein besseres Schicksal; er hatte die Züge, die Gestalt und die guten Eigenschaften Constantins, ohne die Fehler desselben zu haben.

DELRIO (MARTIN ANTON), ein sehr gelehrter Mann, 1551 zu Antwerpen geboren. Man erzählet die Fortschritte, die er schon als Knabe in den Wissenschaften gemacht hatte, mit Erstaunen, denn er war erst 19 Jahr alt, als er gute Anmerkungen zu den Tragödien des Seneca herausgab, in welchen er beinahe 1100 Autoren, mit aller Festigkeit eines Mannes, der sie gründlich studiert, und ihren Sinn mit großer Beurtheilung abgewogen hat, anführt. Seine

*Disquisitiones Magicae*, Mainz 1624 in 4.

machten ihn sehr bekannt. Er war 1580 zu Valladolid Jesuit geworden, und starb 1608 zu Löwen.

DEMADES, ein Athenienser, ward aus einem Ruderer, durch eigenen Fleiß und ohne eine Rednerschule besucht zu haben, einer der größesten Redner, und ein mächtiger Mann bei dem Volke. In der Schlacht bei Chäronea ward' er gefangen genommen. Seine Beredsamkeit erwarb ihm einen großen Einfluß auf den Geist des Philippus. Der Fürst zeigte sich eines Tages in allem Schmuck des Königthums vor den Gefangenen, und spottete unmenschlich ihres Elends. »Ich erstaune, sprach »Demades zu ihm, daß du, da dir das Glück die »Rolle des Agamemnon gab, ein Vergnügen darin findest, die Rolle des Thersites zu spielen!«

Demades war so eigennützig als beredt. Antipater, sein wie Phocions Freund, sagte, »er könne den letztern nicht »bewegen, ein Geschenk anzunehmen, und dem erstern nie genug »geben.« Demades wurde ohngefähr 321 Jahr vor Christi Geburt von Cassander oder Antipater umgebracht, weil er eine Verrätherei gegen denselben angesponnen hatte. Man schreibet ihm eine Rede zu, die sich in den Sammlungen der Griechischen Redner des Aldus, Stephanus und Gruter befindet.

DEMARATUS, Sohn des Ariston, und sein Nachfolger in der königlichen Würde zu Sparta, wurde durch die Kabalen des Cleomenes, der ihn durch ein Orakel, welches er bestochen hatte, für einen unechten Sohn des letzten Königs erklären ließ, vom Throne geworfen. Er begab sich nun, 424 Jahr

vor

vor Christi Geburt, nach Asien, wo er von Darius, dem Sohne des Hystaspes, mit vieler Güte aufgenommen wurde. Man fragte ihn, warum er sich als König hätte vertreiben lassen? Weil, antwortete er, zu Sparta das Gesetz mächtiger ist, als die Könige. Ob er am Hofe des Königes von Persien gleich mit Gütern überhäuft wurde, und von den Lacedämoniern verrathen worden war, so benachrichtigte er sie doch von den Zurüstungen, welche Xerxes gegen sie machte. Zu desto größerer Sicherheit schrieb er seine Nachricht auf eine hölzerne, mit Wachs überzogene Tafel.

DEMARATUS, einer der vornehmsten Bürger von Corinth, aus der Familie der Bacchiaden, ging um das Jahr 658 vor Christo, indem die Regierung des Cypselus, der die höchste Gewalt in dieser Stadt an sich gerissen hatte, ihm ein allzu drückendes Joch war, mit seiner ganzen Familie nach Italien, und ließ sich zu Tarquinii in Hetrurien nieder. Hier empfing er einen Sohn, Namens Lucumon, welcher nachher unter dem Namen Tarquinius Priscus zu Rom König ward.

DEMETRIUS POLIORCETES (der Städteeroberer), Sohn des Antigonus, einer von den Nachfolgern Alexanders des Großen, führte gegen Ptolemäus Lagus mit abwechselndem Glücke Krieg. In der Folge zeigte er sich an der Spitze einer mächtigen Flotte vor dem Hafen von Athen, machte sich Meister der Stadt, vertrieb den Demetrius Phalereus, und gab dem Volke die Verwaltung der Geschäfte wieder, die es seit 15 Tagen verloren hatte. (Man sehe den Artikel STILPON.) Nachdem er den Cassander bei Thermopylis geschlagen hatte, kam er wieder nach Athen, wo dieses ehedem so stolze und jetzt sclavische Volk ihm und seinen Hofleuten Altäre errichtete. Seleucus, Cassander und Lysimachus verbanden sich gegen ihn, und erfochten 299 Jahre vor Christi Geburt den berühmten Sieg bei Ipsus über denselben. Nach dieser verlornen Schlacht begab er sich in Gesellschaft des jungen Pyrrhus nach Ephes. Er wollte sich in der Folge nach Griechenland flüchten, welches er für seinen sichersten Zufluchtsort hielt; aber es kamen ihm Abgeordnete von Athen entgegen, und kündigten ihm an, das Volk habe ein Decret gefaßt, keinen König aufzunehmen. Er zog nun seine Galeren von Attica zurück, und schiffte gegen den Chersonnes von Thracien, wo er die Länder des Lysimachus plünderte, und eine beträchtliche Beute davon trug.

Nachdem

Nachdem er einige Zeit hindurch Asien verwüstet hatte, nöthigte ihn Agathocles, des Lysimachus Sohn, die Eroberung von Armenien und Meden aufzugeben, und sich nach Cilicien zu flüchten. Seleucus, dem er seine Tochter Stratonice gegeben hatte, war durch seine Höflinge gegen ihn aufgebracht worden, zwang ihn, sich bis auf den Berg Taurus zurück zu ziehen, und gab ihm aus Gnaden Cataonien, eine an Cappadocien angrenzende Provinz, und ließ die Defile's und Pässe aus Cilicien nach Syrien bewachen.

Er zauderte nicht, die Barriere zu durchbrechen, die man gesetzt hatte. Er überfiel in der Nacht den Seleucus in seinem Lager, mußte sich aber, da er von seinen Soldaten verrathen worden war, seinem Sieger auf Gnade und Ungnade unterwerfen. Seleucus schickte ihn in den Chersonnes von Syrien, und that alles, was er konnte, ihm die Härte des Erfils zu mildern. Demetrius starb drei Jahre darauf allhier, 286 vor Christi Geburt, an einem durch den Genuß allzu vieler Speisen zugezogenen Schlagfluß.

Dieser Fürst, sagt Rollin, war von vortheilhaftem Wuchs und besonderer Schönheit. In seinem Gesicht sahe man Sanftheit und Würde, etwas Heiteres und zugleich Schreckendes, eine jugendliche Lebhaftigkeit, gemäßigt durch eine heroische Miene und eine wahrhaft königliche Majestät. Derselbe Contrast fand sich in seinen Sitten. Wenn er nichts zu thun hatte, war sein Umgang äußerst reitzend; er war der prachtliebendste, wollüstigste und weichlichste unter allen Fürsten. Wollt' oder mußt' er dem Feind ein Treffen liefern, so war er der thätigste und wachsamste unter allen Menschen. Nichts kam seiner Lebhaftigkeit und seinem Muthe gleich, als seine Geduld und Beharrlichkeit bei der Arbeit.

Plutarch macht, als auf einen Zug, der ihn vor allen übrigen Fürsten seiner Zeit auszeichnete, auf seine tiefe Ehrfurcht vor seinem Vater und seiner Mutter aufmerksam. Antigonus hatte von Seiten seiner eine wahrhaft väterliche Zärtlichkeit für seinen Sohn, welche, ohne daß das Ansehen des Vaters und Königs dadurch verringert wurde, eine Art von Einigkeit und Vertrauen zwischen ihnen bewirkte, die von jeder Furcht und jedem Verdachte frei war.

Als Antigonus eines Tages damit beschäftiget war, fremden Gesandten Audienz zu geben, kam Demetrius von der Jagd zurück,

zurück, ging in den Sahl, grüßte seinen Vater mit einem Kuß, und setzte sich, noch die Wurfpfeile in den Händen haltend, neben ihm nieder. Antigonus rief den abgehenden Gesandten noch nach: „Saget euren Herren die Art und Weise, „wie ich und mein Sohn zusammen leben."

Als Demetrius auf dem Throne saß, hatt' er nicht die weise Politik, sich bei seiner Armee beliebt zu machen, und sahe sich daher oft von ihr verlassen; aber er war im Unglück immer eben so standhaft, als er im Glück stolz und hochfahrend war.

DEMETRIUS SOTER (der Erretter), Enkel von Antiochus dem Großen, und Sohn des Seleucus Philapator, wurde von seinem Vater als Geißel nach Rom geschickt. Als dieser gestorben war, bemächtigte sich Antiochus Epiphanes, und nach ihm sein Sohn Antiochus Eupator, Onkel und Cousin des Demetrius, der Krone von Syrien. Der vom Thron gestoßene Prinz hatte den Senat vergebens um seinen Schutz angefleht, und entwich nun heimlich aus Rom, um seine Rechte in Syrien geltend zu machen. Die Armee erklärte sich für ihn, und vertrieb den Eupator und Lysias aus dem Pallast. Der neue König ließ sie hinrichten, und befestigte sich auf seinem Throne. Alcimus, welcher die Oberpriesterschaft der Juden von Antiochus Eupator gekauft hatte, kam zu Demetrius, ihn um die Bestätigung in seiner Würde zu bitten. Um seine Absicht desto besser zu erreichen, schilderte er den Judas Maccabäus als einen Tyrannen und Feind der Könige von Syrien. Demetrius sandte den Nicanor gegen diesen großen Mann, den Vertheidiger seines Vaterlandes und seiner Religion, und nach ihm den Bacchides, der ihm ein Treffen lieferte, worin jener berühmte Jude das Leben verlor. Demetrius, stolz auf diesen Erfolg, beunruhigte nun alle benachbarte Fürsten, welche die Absichten des Alexander Bala, der für den Sohn des Antiochus Epiphanes gehalten wurde, wetteifernd beförderten. Dieser Alexander both ihm ein Treffen an, und schlug ihn, und Demetrius selbst kam auf der Flucht, nach einer Regierung von 11 Jahren, im Jahr 150 vor Christi Geburt um.

DEMETRIUS NICANOR (der Sieger), war der Sohn des Vorhergehenden. Ptolemäus Philometor, König von Aegypten, setzte ihn auf den Thron seines Vaters, nachdem er Alexander Bala von demselben geworfen hatte. Der
junge

junge König ergab sich einem ausschweifenden Leben, und überließ die Sorge der Regierung einem seiner Minister, der in seinem Namen tyrannisierte. Diodorus Tryphon unternahm
es, einen des Thrones so wenig würdigen Fürsten von demselben
zu stürzen. Er bediente sich dazu eines Sohnes des Alexander
Bala, und erreichte seinen Zweck. Demetrius zog in Vereinigung mit den Juden gegen die Parther, um die Schmach seiner
Weichlichkeit auszulöschen, ward aber von Tryphon gefangen
genommen, und ihrem Könige Phraates ausgeliefert. Dieser Fürst gab ihm seine Tochter Rhodogune zur Gemahlin,
141 Jahr vor Christi Geburt; seine erste Gemahlin Cleopatra
heirathete den Bruder des Demetrius, Sidetes. Als dieser
130 Jahr vor Christi Geburt in einem Treffen gegen die Parther
fiel, wurde Demetrius wieder auf den Thron gesetzt, den er
4 Jahre besaß.

Seine frühern Fehler hatten ihn nicht gebessert. Sein Stolz
machte ihn seinen Unterthanen unerträglich. Sie verlangten von
Ptolemäus Physcon, König in Aegypten, einen König
von der Familie der Seleuciden. Demetrius, von seinem Volke
vertrieben, flüchtete sich, da er kein anderes Asyl fand, nach
Ptolemais, wo sich seine erste Gemahlin befand, welche die
Thore der Stadt vor ihm verschließen ließ. Er mußte nun bis
nach Tyrus fliehen, wo er auf Befehl des Gouvernörs 126 Jahr
vor Christi Geburt umgebracht wurde. Alexander Zebina,
den Ptolemäus an seinen Platz gesetzt hatte, belohnte die Tyrier
für diesen Mord dadurch, daß er ihnen erlaubte, nach ihren besondern Gesetzen zu leben. Die Tyrier machten dieses Jahr zu
einer Epoche ihrer Zeitrechnung.

DEMETRIUS PHALEREUS, ein berühmter Schüler des
Theophrast, erhielt durch die Reitze seiner Beredsamkeit, und
vorzüglich durch seine Tugenden, über den Geist der Athenienser
so viel Gewalt, daß er im Jahre 309 vor Christi Geburt zum
Archonten ernannt wurde. Während der zehn Jahre, in welchen
er diese Stadt regierte, verschönerte er sie mit prächtigen Gebäuden, und machte seine Mitbürger glücklich. Ihre Dankbarkeit beschloß, ihm so viel bronzene Statüen zu setzen, als das
Jahr damahls Tage hatte (360).

Sein Verdienst erregte den Neid. Er wurde zum Tode verdammt, und seine Statüen wurden umgestürzt. „Wenigstens,
„antwortete er dem, der ihm die Nachricht brachte, sollen sie
　　　　　　　　　　　　　　　　　　　　　　　„mir

„mir nicht die Tugend nehmen, die mir dieselben „erwarb." Der Philosoph begab sich ohne zu klagen zu Ptolemäus Lagus, König von Aegypten. Dieser Fürst fragte ihn um die Nachfolge seiner Söhne um Rath. Man sagt, er habe ihm gerathen, die Krone auf das Haupt der Söhne der Euridice zu setzen. Philadelphus, Sohn der Berenice, wurde durch diesen Rath so beleidiget, daß er ihn nach dem Tode seines Vaters, 283 Jahr vor Christi Geburt, nach Ober=Aegypten verwies. Demetrius gab sich hier aus Ueberdruß des Lebens selbst den Tod, und ließ sich von einer Natter stechen. Wenigstens versichert dieses Diogenes Laertius, dem andere Schriftsteller widersprechen. Diese versichern, Demetrius habe bei Philadelphus in großem Ansehen gestanden, seine Bibliothek mit 200,000 Volumen vermehrt, und diesen Fürsten veranlaßt, das Gesetz der Juden aus dem Hebräischen in das Griechische übersetzen zu lassen.

Alle Werke, die Demetrius Phalereus über die Geschichte, Politik und Beredsamkeit geschrieben hatte, sind verloren gegangen. Die Rhetorik, die ihm mehrere Geschichtschreiber zueignen, ist von Dionysius von Halicarnaß.

DEMETRIUS, ein Cynischer Philosoph. Caligula wollte ihn durch ein Geschenk für sein Interesse gewinnen; er antwortete: „Wenn der Kaiser die Absicht hat, mich in „Versuchung zu führen, so schick' er mir sein Dia= „dem." Der Kaiser Vespasian, der diese mehr brutale als philosophische Freiheit nicht gewohnt war, vertrieb ihn nebst allen andern Philosophen aus Rom, und verbannte ihn auf eine Insel. Der Cyniker machte sich sein Exil durch Schmähungen auf den Kaiser angenehm. Dieser Fürst ließ ihm sagen: „Du „thust alles, was du thun kannst, mich dahin zu „bringen, daß ich dich umbringen lasse; aber ich „lasse nicht alle Hunde todt schlagen, welche bel= „len."

Dieser Demetrius war ein Schüler des Apollonius von Tyana. Er starb auf dem Stroh, gefürchtet von den Schlechten, geschätzt von den Guten, und selbst von Seneca bewundert, welcher von ihm sagt: „Die Natur hatte ihn gebildet, um seinem „Jahrhundert zu zeigen, daß sich ein großes Genie vor der Ver= „derbtheit der Menge bewahren kann."

DEME-

DEMETRIUS, Bischof von Alexandrien, man sehe den ersten Artikel ORIGENES.

DEMETRIUS CHALCONDYLES, man sehe das letztere Wort.

DEMETRIUS GRISKA EUTROFEJA, aus einer edeln, aber armen Familie von Gereslau, anfänglich Mönch vom Orden des H. Basilius, hatte eine angenehme Gestalt und vielen Geist. Ein Mönch aus demselben Kloster, in welchem er sich befand, der es bedauerte, daß ein Mann wie Demetrius in einem Kloster vergraben bleiben sollte, unternahm es, ihn auf den Thron zu setzen. Als dieser alte Mönch dem jungen Menschen Anweisung gegeben hatte, wie er die Rolle, die er ihm gab, spielen sollte, schickte er ihn nach Lithauen in Dienste eines vornehmen Herrn. Hier wurde Demetrius eines Tages von seinem Herrn gemiß-handelt, klagte laut darüber, und sagte, man würde ihn nicht so behandeln, wenn man wüßte, wer er wäre. „Und wer bist du denn? fragte ihn sein Herr. — Ich bin, antwortete „der junge Moscowiter, der Sohn des Czar Johann „Basilowitz: der Usurpator Boris wollte mich „umbringen lassen; aber man ermordete an mei= „ner Statt den Sohn eines Priesters, der mir „vollkommen ähnlich sahe, und brachte mich da= „von.“ Der Lithauer, dem der Ton der Wahrheit auffiel, welchen der Betrüger in seine Worte legte, erkannte ihn für den wahren Demetrius. Er empfahl ihn nun dem Woiwoden von Sandomir, und Pohlen bewaffnete sich seinetwegen, unter der Bedingung, daß er in Moscau die Römisch-catholische Religion einführe. Sein Glück machte die Russen bestürzt; sie schickten Gesandten an ihn, um ihn zur Besitznehmung seiner Staaten einzuladen. Man überlieferte ihm den Czar Födor und des-sen ganze Familie. Der Usurpator ließ die Mutter und den Sohn dieses Fürsten strangulieren.

Der von Demetrius gefaßte Entschluß, eine Catholikin zu heirathen, machte ihn bald verhaßt: dieß war die Tochter des Woiwoden von Sandomir. Das Volk sahe einen catholischen König und Königin, einen aus Fremden bestehenden Hof, und vorzüglich den Bau einer Kirche für die Jesuiten mit dem höch-sten Abscheu. Ein vornehmer Russe, Namens Zuiski, stellte sich mitten unter den Feten, die man der Vermählung des Czars wegen gab, an die Spitze mehrerer Verschwornen, drang mit dem Säbel in der einen und dem Crucifir in der andern

Hand

Hand in den Pallast, und durchschoß dem Betrüger mit einer Pistolenkugel den Kopf. Sein Leichnam wurde auf den Platz vor dem Schlosse geschleppt, und blieb 3 Tage hindurch dem Auge des Publicums ausgesetzt. Der Woiwode von Sandomir, sein Sohn und seine Tochter wurden in das Gefängniß geworfen. Zuiski, der Chef der Verschwörung, wurde zum Großfürsten erwählt, und den 1. Januar 1606 gekrönt.

Man sagt, das habe die Moscowiter am meisten gegen Demetrius aufgebracht, daß er den Patriarchen nicht um die Erlaubniß bat, bei seiner Frau zu schlafen; daß er sich, nach dem Gebrauche des Landes, nicht in gewissen Badestuben, nach dem Beischlaf, badete, und daß die Neuvermählte und andere Pohlnische Damen, als sie Piquet spielten, ihre Pointen auf die Rückseite eines Bildes vom H. Nicolas mit Kreide anmerkten.

DEMETRIUS, Sohn des Vorhergehenden, und der Tochter des Woiwoden von Sandomir, wurde im Gefängniß geboren. Man war um die Zeit ihrer Niederkunft sehr wachsam, um sich des Kindes zu versichern; aber sie fand demungeachtet Mittel, es in die Hände eines vertrauten Cosaken zu bringen Der Priester, der den Knaben taufte, prägte seinen Schultern mit Scheidewasser Buchstaben ein, welche seine Geburt bezeichneten. Der junge Mensch lebte bis in sein 26 Jahr in gänzlicher Unwissenheit dessen, was er war. Als er sich eines Tages in einem öffentlichen Bade badete, bemerkte man die Zeichen auf seinen Schultern. Ein Russischer Geistlicher entzifferte sie, und las: Demetrius, Sohn des Czars Demetrius.

Das Gerücht von dieser Entdeckung verbreitete sich alsbald. Ladislas, König von Pohlen, berief den Demetrius an seinen Hof, und behandelte ihn als den Sohn des Czars. Nach dem Tode dieses Fürsten gewannen die Sachen eine andere Gestalt. Demetrius mußte sich nach Schweden, und von da nach Holstein flüchten; aber unglücklicher Weise bedurfte der Herzog von Holstein eben der Moscowiter. Ein Gesandter, den er nach Persien schickte, hatte vom Schatz des Großfürsten in seinem Namen eine beträchtliche Summe geborgt, und der Herzog bezahlte sie dadurch, daß er den unglücklichen Demetrius auslieferte. Sein Todesurtheil wurde 1635 gesprochen und vollzogen. Michael Föderowitz ließ ihm den Kopf abschlagen, Hand' und Füße abhauen, und vor dem Schlosse in Moscau auf Stangen stecken. Der Rumpf blieb auf dem Platze liegen, und wurde von Hunden gefressen.

Zweiter Theil.   Y   DEMO-

DEMOCHARES, ein Griechischer Redner und Geschichtschrei=
ber, Neffe des Demosthenes, wurde nebst noch andern an
Philippus von Macedonien als Abgeordneter gesandt.  Als
sie ihm die Instructionen, die sie bekommen, vorgetragen hatten,
fragte sie der König sehr artig, wodurch sie wohl glaubten, daß
er sich den Atheniensern gefällig bezeigen könnte.  „Dadurch,
„antwortete Demochares, daß du dich erhenkest.“  Seine
über diese Antwort unwilligen und höchst betroffenen Collegen
schwiegen still.  Philipp beabschiedete sie, ohne einen Unmuth zu
äußern, und sagte zu ihnen: „Fraget die Athenienser,
„wem es zukomme zu befehlen, ob denen, die sol=
„che Reden führen, oder denen, welche sie gedul=
„dig anhören.“

Cicero sagt, Demochares habe außer verschiedenen Reden
auch die Geschichte seiner Zeit, aber als Redner und nicht als
Geschichtschreiber, geschrieben.

DEMOCRITUS von Abdera in Thracien.  Sein Vater bewir=
thete den Xerxes auf dessen Zuge nach Griechenland in seinem
Hause.  Dieser Fürst ließ ihm aus Dankbarkeit einige Magier
zurück, welchen er die Erziehung des jungen Abberiten übertrug.
Sie lehrten ihm die Theologie und Astrologie. — Er studierte
nachher unter dem Leucippus, der ihm das System der
Atomen und des leeren Raumes vortrug.

Seine Liebe zu den Wissenschaften und zur Philosophie war so
groß, daß er in alle diejenigen Länder reisete, in welchen er sich
neue Kenntnisse erwerben konnte.  Er besuchte die Priester von
Aegypten, von Chaldäa, die Weisen von Persien, und man sagt
sogar, er sei bis nach Indien gegangen, um mit den Gymnoso=
phisten zu conferieren.

Seine Reisen vermehrten seine Einsichten, verminderten aber
sein väterliches Vermögen, welches sich über 100 Talente belief.
Er war nahe daran, als Verschwender öffentlich beschimpfet zu
werden.  Der Philosoph wollte dieser Schande zuvor kommen,
ging zu dem Magistrat, und las ihm seinen großen Diacos=
mus vor, eins seiner besten Werke.  Die Magistratspersonen
wurden dadurch so entzückt, daß sie ihm ein Geschenk mit 500
Talenten machten, ihm Statüen errichteten, und verordneten,
daß er nach seinem Tode auf öffentliche Kosten begraben wer=
ben solle.

Democritus liebte die Traurigkeit nicht. Man sagt, er habe beständig gelacht, und dieß war nicht ohne Grund: er konnte sich nicht enthalten, über die Menschen zu spotten, wenn er sie so schwach und so eitel, von der Furcht zur Hoffnung, und von der ausschweifendsten Freude zum unmäßigsten Schmerz über= gehen sahe. — Die Abderiten, bestürzt über dieses beständige Lachen, und in Furcht, ihr Philosoph möchte wahnsinnig wer= den, schrieben an den Hippocrates, seinen Kopf wieder in Ordnung zu bringen. Der Arzt begab sich zu dem Weisen, und fand ihn mit der Lectüre und anatomischen Untersuchungen der Natur beschäftigt. Er war bloß über den spöttischen Ton etwas betroffen, den Democrit bei dieser ersten Unterhaltung annahm. Er fragte ihn um die Ursache dessen; der Philosoph antwortete ihm dadurch, daß er ihm ein pikantes Gemählde von den Bizar= rerien und Ungereimtheiten des menschlichen Geschlechtes ent= warf. Er zeigte ihm, daß nichts comischer noch lächerlicher sei, als das Leben. „Man wendet es dazu an,“ sprach er, „um „eingebildete Güter zu suchen, und Plane zu entwerfen, deren „Ausführung mehrere Lebensalter erforderten. Und was ge= „schieht? Das Leben entflieht gerade in demselben Augen= „blicke, in welchem man auf seine Dauer am sichersten rechnet. „Es ist endlich nichts, als eine immerwährende Täuschung, die „um desto leichter verführt, jemehr man das Princip der Ver= „führung in sich selbst trägt. Wenn sich das Universum auf ein= „mahl vor unsern Augen aufdeckte, was würden wir da sehen?— „Schwache, leichtsinnige, unruhige, für Kleinigkeiten leiden= „schaftlich eingenommene, nach Sandkörnern laufende Men= „schen; niedrige und lächerliche Neigungen, die man mit dem „Namen Tugend maskiert; kleinlichen Eigennutz, Familien= „zwistigkeiten, Verhandlungen voll von Betrügereien, worüber „man sich im geheim freut, und die man an das Tageslicht zu „bringen nicht wagen würde; durch das Ungefähr gestiftet Ver= „bindungen; Dinge, die uns unsere Schwachheit, unsere äu= „ßerste Unwissenheit für schön, für heroisch und glänzend halten „läßt, da sie doch im Grunde nichts als verachtungswürdig „sind.“

Dieser Discours machte, daß Hippocrates in dem vorgeblichen Narren einen vollendeten Weisen sahe, und sich nicht enthalten konnte, zu den Abderiten zu sagen, daß nach seiner Meinung diejenigen, welche sich selbst für die Gesündesten hielten, die Kränkesten wären.

Hippocrates hatte, sagt man, ein Mädchen bei sich, als er den Democritus besuchte. Der Philosoph grüßte sie, da er sie zum ersten Mahle sah, als Jungfrau; aber den Tag darauf behandelte er sie als Frau, weil man sie während der Nacht gemißbraucht hatte. Diese Sage ist sehr berühmt, aber darum nicht wahrer. Glauben wir vielmehr, sagt ein Mann von Geist, daß man über das Leben des Philosophen eben so viele wunderbare Abenteuer verbreitete, als über das Leben der Stocknarren. Nicht weniger falsch ist es, daß er sich selbst blendete, um desto ungestörter und tiefer nachdenken zu können.

Democritus starb 362 vor Christi Geburt, in einem Alter von 109 Jahren. Von seinen Schriften ist nichts bis auf uns gekommen. Er glaubte, die Atomen und der leere Raum seien die Principe aller Dinge; daß sie rollten und in das Universum gekommen wären, und durch ihr Zusammentreffen sich das Feuer, das Wasser, die Luft und die Erde gebildet habe. Er glaubte, nach dem Lucian, daß die Seele mit dem Körper sterbe. Da er nicht an Gespenster glaubte, verkleideten sich junge Leute in scheußliche Geistererscheinungen, suchten ihn des Nachts in seinem Aufenthalte auf, welcher eine Art von Grabstätte außerhalb der Stadt war. Der Philosoph sagte, ohne sich bei dem Anblick der vergeblichen Gespenster zu beunruhigen und sich im Schreiben stören zu lassen: „Machet doch keine „Narrenspossen."

**DEMOCRITUS (CHRISTIANUS).** Man sehe den Artikel DIPPEL.

**DEMOIVRE (ABRAHAM),** ein berühmter Mathematiker, im Mai 1667 zu Vitri in Champagne geboren. Seine großen Kenntnisse öffneten ihm bald den Eintritt in die königliche Gesellschaft zu London, und nachher in die Academie der Wissenschaften zu Paris, und seine Verdienste wurden von der erstern in so hohem Grade anerkannt, daß sie ihn für fähig erklärte, den berühmten Streit zwischen Newton und Leibnitz zu entscheiden. Er gab einige Capitalwerke heraus, ist aber durch seine

Lehre von dem Ohngefähr, oder Methode, die Wahrscheinlichkeiten bei den Zufällen des Spieles zu berechnen

allgemein bekannt. Er starb 1754 zu London.

**DEMO**

DEMONAX, Philosoph von Creta, aus einem vornehmen und reichen Hause. Er hielt sich zu keiner besondern Secte, sondern nahm das Gute aus allen Secten an. In Ansehung der Art zu denken näherte er sich sehr dem Socrates, und in der Art zu leben dem Diogenes. Er starb freiwillig vor Hunger, ohne etwas von seiner heitern Laune zu verlieren, und wurde auf öffentliche Kosten begraben. Er sagte zu denen, die um sein Bette standen: „Gehet nun, die Komödie ist aus,“ welche Worte man auch dem Augustus zuschreibt.

Dieser Philosoph übte die Tugend, ohne allzu große Prahlerei, und tadelte das Laster ohne Bitterkeit. Er wurde bei seinen Lebzeiten gehört, geschätzt und geliebt, und nach seinem Tode selbst von Lucian erhoben. Er lebte unter dem Kaiser Adrian, um das Jahr 120 nach Christi Geburt.

DEMOSTHENES, einer der größesten Redner des Alterthums, wenn nicht der größeste, wurde im 2. Jahre der 101. Olympiade, d. i. um das Jahr 370 vor Christi Geburt zu Athen geboren. Philipp von Macedonien sagte von seiner Beredsamkeit, „sie sei eine größere Macht gegen ihn gewesen, als alle „Flotten und Armeen der Athenienser,“ und „er habe keinen „Feind, als den Demosthenes gehabt.“

Man ist allgemein darüber einstimmig, daß kein Redner jemahls mit so großer Kraft redete, oder die Leidenschaften seiner Zuhörer so sehr in seiner Gewalt hatte, als Demosthenes. Er schien wirklich begeistert zu sein. Er widersetzte sich dem Philipp von Macedonien, und nachher Alexandern dem Großen aus allen Kräften. Alexander verlangte von den Antheniensern, daß ihm Demosthenes ausgeliefert würde; es wurd' ihm aber abgeschlagen: als aber sein Nachfolger Antipater nachher dieselbe Forderung machte, wurde sie ihm bewilliget. Aber Demosthenes wollte ihm nicht ausgeliefert werden, und entfloh daher auf die Insel Celauria, wo er Gift zu sich nahm, um seiner Gefangennehmung zuvor zu kommen. Er starb im 3. Jahre der 114. Olympiade.

Es sind noch 61 Reden unter seinem Namen vorhanden, die sehr oft herausgegeben wurden. Ob er es gleich zu einer so großen Vollkommenheit in seiner Kunst brachte, so wurd' er doch mit großen Hindernissen zu einem Redner geboren, denn er konnte lange Zeit den Buchstaben R nicht aussprechen. Er hatte eine schwache Stimme, kurzen Athem, ungesittete und unangenehme

Manie=

Manieren; doch durch Entschlossenheit und unendliche Mühe
überwand er alle diese Fehler. Er stieg auf hohe Plätze, um
seine Brust zu erweitern und seine Stimme zu stärken; er sprach
mit Steinchen in seinem Munde, um der Unvollkommenheit in
seiner Sprache abzuhelfen; er stellte einen Spiegel vor sich, um
die Ungeschicklichkeit seiner Gesticulation zu verbessern, und lernte
von den besten Schauspielern die der Action und Pronunciation
eigene Grazie, welche ihm so wichtig zu sein schien, daß er
glaubte, die ganze Kunst der Beredsamkeit bestehe in einer Art
derselben. Er war in seinem Studium so eifrig, daß er sich oft
in eine Erdhöhle verbarg, und sein Haupthaar zur Hälfte ab-
schor, so daß er nicht mit Anständigkeit im Publicum erscheinen
konnte, bis sein Haar wieder gewachsen war. Er gewöhnte sich
an der See zu reden, wo ihm das Treiben der Wellen eine Idee
von den Bewegungen in einer Volksversammlung gab, und ihm
zur Vorbereitung und Stärkung gegen dieselben diente. Aus
allen diesen verschiedenen Arten von Gewalt, die er sich selbst an-
that, ist es klar, daß er nicht sowohl zu einem Redner geboren,
als vielmehr ein Beispiel war, wie weit man es mit Anlagen
und Application in irgend etwas bringen kann.

DEMOSTHENES, Vicepräfect des Prätoriums unter Valens, ein eifriger Gönner der Arianer und Verfolger der Catholiken, war Haus=Hofmeister desselben Kaisers, als er einige
Unterredungen tadelte, die der H. Basilius mit dem Kaiser
hielt. Es entfiel ihm hierbei ein Barbarismus, und Basilius
sagte lachend: „Wie, ein Demosthenes, der nicht
„richtig sprechen kann?“ — — Demosthenes, der
sich dadurch beleidiget fand, ließ sich in Drohungen aus,
und Basilius antwortete ihm: „Bekümmere dich nur um die
„gute Bedienung der Tafel des Kaisers, und mische dich nicht in
„theologische Gegenstände.“ Als er Vicepräfect geworden war,
stürzte er alle Kirchen um, rief Versammlungen Arianischer
Bischöfe zusammen, und übte schreckliche Verfolgungen gegen die
Stützen der guter. Sache aus.

Es gab auch einen berühmten Marseilischen Arzt, Namens
Demosthenes.

DEMPSTER (THOMAS), ein sehr gelehrter Mann, geboren
in Schottland, wir finden aber nicht, in welchem Jahre. Er
hielt auf verschiedenen Universitäten Vorlesungen über die schönen
Wissenschaften, vorzüglich aber zu Nismes, wo er um eine Professur

feſſur diſputierte, und ſie erhielt. Er ging nach Bologna, und war daſelbſt Profeſſor bis an ſeinen Tod, 1625, und hinterließ mehrere gelehrte Werke, worunter ſeine

Kirchengeſchichte von Schottland in 19 Büchern, Bologna 1627 in 4.

das berühmteſte iſt.

DENHAM (SIR JOHN), ein berühmter Engliſcher Dichter, 1615 geboren. Im Jahre 1641 gab er ſeine Tragödie

The Sophy, welche von den beſten Richtern außerordentlich bewundert wurde,

und 1643 ſein

Cooper's Hill

heraus, „ein Gedicht,“ ſagt Dryden, „welches wegen der „Majeſtät des Styles die Standarte der guten Schreibart iſt und „immer ſein wird.“ Pope pries in ſeinem Windſor Foreſt dieſes Gedicht ſehr hoch, und alle Menſchen von Geſchmack lobten es einſtimmig.

DENNER (BALTHASAR), ein bekannter Bildnißmahler, 1685 zu Hamburg geboren, lernte daſelbſt bei Ammama, einem mittelmäßigen Waſſerfarben = Mahler. Sein Meiſter aber erklärte, daß er nichts mehr von ihm lernen könnte. Er kam 1707 nach Berlin, um in der Academie zu ſtudieren. In ſeinen letzten Jahren ließ er ſich zu Hamburg nieder, ſtarb aber 1749 zu Roſtock, im 64. Jahre ſeines Lebens.

Er mahlte anfangs in Miniatur, zeichnete ſehr leicht und fein, mahlte auch Blumen und Früchte mit einer Zärtlichkeit, die ſogar die Wirkungen des Thaues auszudrücken wußte. Er mahlte meiſtens die Porträts abgelebter Leute mit bewundernswürdigem Fleiß in Lebensgröße, wobei er das hohe Alter in der äußerſten Betagtheit abzubilden wußte, und ſich dadurch einen großen Namen erwarb. Seine Köpfe ſind wie Miniaturgemählde punctiert; zwei der ſchönſten ſieht man in der churfürſtlichen Bildergallerie zu Manheim. In dem herzoglichen Schloſſe zu Gottorp iſt ein großes Gemählde von ſeiner Hand, auf welchem die ganze fürſtliche Familie mit einigen der vornehmſten Hofbedienten in 21 Figuren abgebildet iſt. Kaiſer Carl VI. ließ Dennern für einen alten Weiberkopf, der für ſein Meiſterſtück gehalten wird, 4700 Gulden auszahlen. Wolfgang, Fritſch, J. J. Hayd, Bernigeroth u. a. haben nach ihm in Kupfer geſtochen.

D 4

DEN-

DENNIS (JOHN), ein berühmter Critiker, 1657 geboren. Ob es gleich jetzt Mode geworden ist, in einem verächtlichen Tone von ihm zu sprechen, so hatte er doch Talente genug, sich den vorzüglichsten Personen von Geburt, Witz und Gelehrsamkeit seiner Zeit zu empfehlen; aber niedrige Leidenschaften waren so herrschend in ihm, und sein Hochmuth, Neid, Eifersucht und Verdacht verwickelten ihn in so mancherlei abgeschmackte und lächerliche Maßnehmungen, daß sein ganzes Leben nichts als eine Mischung von Thorheit und Wahnsinn zu sein schien. — Er fing schon 1690, wenn nicht noch früher, an, Schriftsteller zu werden, und blieb es bis an seinen Tod, 1633. Er hatte mehr Talent, die Schriften anderer zu beurtheilen, als selbst etwas hervorzubringen, welches machte, daß jemand von ihm sagte, Dennis sei der geschickteste Mann von der Welt, einen dramatischen Schriftsteller zu belehren, denn er gebe Regeln, gute Stücke zu schreiben, und zeige durch seine eigenen, was schlecht ist.

DENTRECOLLES (FRANÇOIS-XAVIER), Jesuit, 1664 zu Lyon geboren, widmete sich nebst dem P. Parennia der Mission nach China. Er blieb daselbst eben so lange als dieser, und starb mit ihm im Jahre 1741, im 77. seines Alters. Sein liebenswürdiger Character, sein einschmeichelnder Geist, sein sanftes und gefälliges Betragen, erwarben ihm die Achtung und Liebe der Gelehrten und des Volks. Er gab eine Menge Schriften in Chinesischer Sprache heraus, sowohl um die Chineser von der Wahrheit der christlichen Religion zu überzeugen, als auch die neuen Gläubigen in derselben zu erhalten. Außer diesen Schriften, die uns nicht bekannt sind, haben wir in der Sammlung der Lettres édifiantes & curieuses, und in der Histoire de la Chine du Halde mehre interessante Stücke von ihm.

DENYS (PIERRE), 1658 zu Mons geboren, zeigte von seiner frühesten Jugend an Neigung zu den Künsten, und vorzüglich zu Eisenarbeiten. Er vervollkommnete sich zu Rom und Paris bis 1690, in welchem Jahre er in den Orden des H. Benedict als Commis trat. (So nennet man die Laien, die sich durch einen bürgerlichen Contract verbindlich machen, gewisse Regeln zu beobachten, und sich nach dem Befehl der Obern mit den Künsten und Handwerken zu beschäftigen, die sie gelernt haben.) Er lebte 43 Jahre in der Abtei St. Denys, und starb 1753. Man hält ihn für den geschicktesten Eisenarbeiter, den Frankreich jemals gehabt hat. Noch niemand hat die Feinheit, Schönheit und Vollkommenheit seiner Arbeit erreicht. Von ihm sind

ſind die meiſten eiſernen Verzierungen der Abbtei St. Denys, die von Kennern allgemein geſchätzt, und ſelbſt von denen bewundert werden, die ihren Werth nicht zu ſchätzen wiſſen.

DERHAM (WILLIAM), ein großer Philoſoph und Theolog, 1657 geboren, ſtarb 1735 zu London. Er brachte ſein Leben in der Betrachtung der Natur zu, und machte alle ſeine Unterſuchungen der Sache der Religion und Tugend dienſtbar. Seine Schriften ſind ſehr zahlreich; die bekannteſten davon ſind

Phyſico-Theologie, oder Beweis von dem Daſein und den Eigenſchaften Gottes aus den Werken der Schöpfung, und

Aſtro-Theologie, oder Beweis von dem Daſein und den Eigenſchaften Gottes aus dem Anblick des Himmels.

Beides ſind Werke von großem Verdienſt.

DESAGULIERS (JEAN THEOPHILE), ein berühmter Lehrer der Erperimentalphyſik zu London, der auch in der Mechanik verſchiedene Verbeſſerungen machte, 1683 zu Rochelle in Frankreich geboren, kam mit ſeinem Vater, einem proteſtantiſchen Geiſtlichen, nach Widerrufung des Edicts von Nantes noch als Kind nach England. Sein berühmteſtes Werk iſt ſeine

Erperimentalphyſik, 1734, 2 Bände in 4.

Er verlor, ſagt man, gegen das Ende ſeines Lebens den Verſtand, und kleidete ſich bald als Harlekin, bald als Pickelhering, und ſtarb 1749.

DESBILLONS (JOSEPH-FRANÇOIS), ein durch ſeine vortrefflichen Fabeln und beſondere Verdienſte um die Lateiniſche Litteratur berühmter Erjeſuit, den 15. Januar 1711 zu Chateauneuf in der Provinz Berri geboren. Er war 6 Jahre Lehrer der Beredſamkeit in den Collegien zu Caen, Nevres, la Fleche, Bourges, und arbeitete während dieſer Zeit ſeine Fabeln aus. Seine Obern ſtellten ihn dann im Collegio Ludewigs des Großen zu Paris, wo er bis 1762 lebte, als Lehrer der Theologie an, welche aber damahls zu Paris ſo ſehr in Verfall gerathen war, daß er keine Zuhörer fand; er ſagte daher von ſich, er ſei nur Einen Tag Profeſſor geweſen, habe Eine Stunde geleſen und Einen Zuhörer gehabt.

Nach Aufhebung des Jeſuiterordens hielt er ſich bei Freron auf, ging wieder in ſein Vaterland, und von da nach Mannheim, wo er von dem Churfürſten Carl Theodor gütig aufgenommen,

Y 5          genommen,

genommen, und von jedem Gelehrten geschätzt wurde. Er starb daselbst den 19. Mai 1789.

Er besaß ein besonderes Talent zu Lateinischen Jamben, und unter seinen Händen ward alles zu Senarien; selbst sein Testament ist in Senarien abgefaßt. Er besaß eine vortreffliche Bibliothek, die in Rücksicht der classischen Litteratur eine der seltensten ist, und aus mehr denn 13000 Bänden besteht. Er vermachte sie den Lazaristen. Die erste Ausgabe seiner Fabeln in 5 Büchern erschien zu Glasgow 1754; die beste Ausgabe ist die Manheimische, 1768, 2 Bände in 8. welche 15 Bücher, Anmerkungen und Kupfer enthält. Eben daselbst wurde 1792 noch ein 16. und 17. Buch als Anhang unter dem Titel

*Miscellanea posthuma*

gedruckt.

Seine Fabeln, die großentheils nur in sehr weiter Bedeutung des Wortes Fabeln sind, haben in catholischen Schulen ein beinahe classisches Ansehen erlangt, und den Phädrus zum Theil verdrängt, und dieses Ansehen nicht sowohl dem dichterischen Verdienste und der Originalität, als vielmehr, theils dem guten Lateinischen Ausdruck, theils ihrer, wo nicht durchgängigen Anwendbarkeit, doch Unschädlichkeit für das jugendliche Alter, zu danken.

DESCAMPS (JEAN BAPTISTE), ein Niederländischer Mahler, arbeitete um 1750 zu Paris, wo er ein Mitglied der königlichen Academie ward. Er machte sich vorzüglich durch seine

Lebensbeschreibung der Flamändischen, Holländischen und Deutschen Mahler, 4 Bände in 8. mit vielen Bildnissen geziert,

bekannt. Le Bas hat einige Blätter nach ihm gestochen. Die

*Voyage de Descamps*

ist gleichfalls von diesem Künstler.

DESCARTES (RENÉ). Man sehe den Artikel CARTES.

DESGODETS (ANTOINE), Architect des Königs von Frankreich, wurde 1653 geboren, 1674 von Colbert nach Italien geschickt, unterwegs gefangen und nach Algier geführt. Nach einer Gefangenschaft von 16 Monaten ging er nach Rom, und blieb daselbst 3 Jahre. Während dieses Aufenthaltes schrieb er sein Buch:

*Edifices*

*Edifices antiques de Rome, deſſinés & meſurés tres-exactement,* 1 Band in Folio, Paris 1682.

Der Verfaſſer hatte viele Zeit daran gewandt, die köſtlichen Ueberbleibſel von den Denkmählern zu zeichnen, welche die alte Hauptſtadt des Römiſchen Reichs verſchönerten. Er hatte die Grundriſſe mit der größeſten Beſtimmtheit aufgenommen, die Aufriſſe, die Durchſchnitte und Profile mit außerordentlicher Richtigkeit gezeichnet. Seine Arbeit gefiel dem Miniſter Colbert ſo ſehr, daß er den König dahin brachte, die Koſten des Drucks und der Kupferſtiche zum Vortheil des Verfaſſers herzugeben. Die Platten dieſes wichtigen Werkes waren ſeit dem Tode des Verfaſſers, der 1728 erfolgte, in die Hände eines eiferſüchtigen Liebhabers gekommen; aber ſeine Erben gaben ſie endlich zu einer neuen Auflage her, welche 1779 erſchien.

DESHAYS (JEAN BAPTISTE HENRY), ein Mahler von Rouen, lernte bei ſeinem Vater, bei Hyacinth Collin de Vermont und Johann Reſtout. Er ward Profeſſor-Adjunctus der königlichen Academie. Die Kirchen ſeiner Geburtsſtadt, zu Orleans, Verſailles u. a. m. haben Gemählde von ihm, die allgemein gelobet werden. In der Kirche von St. Louis ſieht man drei Gemählde von ſeiner Hand, welche den aus der Gefangenſchaft erlöſten Apoſtel Petrus, die Bekehrung des Apoſtels Paulus und den H. Hieronymus vorſtellen. Die Werke dieſes vortrefflichen Künſtlers zeigen eine richtige Zeichnung, eine ſinnreiche Zuſammenſetzung, und eine leichte Ausarbeitung. Er ſtarb 1765 im 36. Jahre. J. E. François, l'Evesque, Parizeau, L. Bonnet, Moreau u. a. haben nach ſeinen Zeichnungen radiert, und Cochin hat einen Verſuch von ſeiner Lebensbeſchreibung herausgegeben.

DESHOULIERES. Man ſehe die Artikel HOULIERES.

DESJARDIN. Man ſehe den Artikel BAUGAERTEN.

DES-MAIZEAUX (RENÉ), Secretär der königlichen Geſellſchaft zu London, 1666 zu Auverque geboren. Er begab ſich frühzeitig, wahrſcheinlich als ein Flüchtling, nach England, und ſtarb daſelbſt 1745. Er lebte mit St. Evremond und Bayle in genauer Verbindung und beſorgte eine ſehr ſchöne Ausgabe der Werke des erſtern, 3 Bände in 4. mit dem Leben des Verfaſſers, und ſchrieb auch das Leben des letztern, welches vor der Ausgabe ſeines Dictionnärs 1730 ſteht. Er gab auch

Bayles

Bayles vermischte Werke in 4 Foliobänden heraus. Er war auch Herausgeber anderer Schriften, und begleitete alles, was er herausgab, mit litterarischen Anecdoten.

DESMARTEAUX ( ), genannt der Aeltere, ein Kupferstecher zu Paris um das Jahr 1750, war einer der ersten, die in ihren Blättern Kreidezeichnungen (in der sogenannten crayonnierten Manier) nachahmten. Er arbeitete nach Raphael, C. Vanloo, Boucher, Pierre, Cochin u. a. Man sehe den Artikel MAGNY.

DESPLACES (LOUIS), ein Kupferstecher von Paris gebürtig, wußte die Wirkungen der Lichter mit der Richtigkeit der Zeichnung geschickt zu verbinden, und gelangte durch eine tägliche Uebung nach dem Modell zu zeichnen zu diesem Talent. Er arbeitete in die vornehmsten Sammlungen, welche zu seiner Zeit herausgegeben wurden. Seine besten Blätter, die von Basan angezeigt werden, sind nach G. Reni, Jouvenet, L. de Boulogne, C. le Brün u. a. Dieser geschickte Meister starb 1739 im 57. Jahre.

DESPORTES (ALEXANDRE FRANÇOIS), 1661 im dem Dorfe Champigneul in Champagne geboren, lernte bei Nicasius Bernaert, und ward in Thieren, Blumen, Früchten, Kräutern, Landschaften und Jagden ein berühmter Mahler. Er begleitete den König oft auf die Jagd, wo er die mannigfaltigen Zufälle, die sich dabei ereignen, zu Pferde sitzend nach der Natur zeichnete, und in seinen Gemählden wohl anzubringen wußte. Der König sah ihm oft bei seiner Arbeit mit Lust zu, und überhäufte ihn mit Wohlthaten. Seine Gemählde wurden bald an alle Europäische Höfe begehrt. Er starb zu Paris 1743.

Sein von der Natur geleiteter Pinsel folgte auch ihrer Verschiedenheit. Seine Arbeit ist natürlich, leicht und fertig; seine Farben sind nach Beschaffenheit ihrer verschiedenen Stellen mit Verstand angebracht, und die Luftperspective verstand er vortrefflich. In seinen Gemählden herrscht eine Harmonie, Fruchtbarkeit, Auswahl und Geschmack, welche die Bewunderung der Kenner allerdings verdienen. Joullein hat sein Bildniß und zwei Jagden, und Le Bas eine Lage von zwei Jagdhunden nach ihm radiert. Desportes hinterließ einen Sohn, der in gleicher Kunst mit Ruhm arbeitete. Nicolas Desportes, sein Neffe, lernte bei Hyacinth Rigaud, mahlte Bildnisse,

kam

kam 1723 in die königliche Academie, und erhielt eine Wohnung in den Gallerien des Louvre.

DESPORTES (JEAN-BAPTISTE RENÉ POUPÉE), Doctor der Medicin, den 28. September 1704 zu Vitré in Bretagne geboren. Seine Familie, die aus Fléche in Anjou stammte, hatte schon mehrere Aerzte hervorgebracht: unser Desportes war der fünfte seines Namens. Sein beständiger Fleiß in den Studien, worin sich seine Vorfahren ausgezeichnet hatten, gab ihm frühzeitig eine Erfahrung, die andere nur mit der Zeit erlangen. Seine Talente machten ihn bald bekannt. Er war erst 28 Jahr alt, als er 1732 zum königlichen Arzt auf der Insel St. Domingo erwählt wurde. Wir haben von ihm:

*L'Histoire des Maladies de St. Domingue*, Paris 1771, 3 Theile in 12.

*Traité des Plantes usuelles de l'Amerique, avec une Pharmacopée ou Recueil de formules de tous les Médicamens simples du pays.*

Er starb den 15. Februar 1748 im Quartier Morin auf der Insel St. Domingo.

DESPRÉAUX. Man sehe den Artikel BOILEAU.

DESTOUCHES (ANDRÉ CARDINAL), ein berühmter Französischer Musiker, 1672 geboren, starb 1749.

DESTOUCHES (PHILIPPE NERICAUT), ein Französischer dramatischer Schriftsteller, 1680 geboren, starb 1754. Destouches hatte nicht die Laune des Regnard, noch das starke, warme Colorit des Moliere, ist aber immer zärtlich und natürlich.

DETRIANUS, berühmter Architect unter Adrian, baute das Pantheon wieder, die Basilica des Neptun, die Bäder der Agrippina, u. a. m. Sein Meisterstück war das Grabmahl des Kaisers Adrian, und die Engelsbrücke.

DEVEREUX (ROBERT), Graf von Esser, 1567 geboren, ist deßwegen merkwürdig, weil er der große Günstling der Königin Elisabeth, und das unglückliche Opfer der Künste seiner Feinde und seines eigenen Hochmuthes war. Der erste Stoß, den er in Rücksicht der Gunst der Königin erhielt, entsprang aus einem warmen Streit zwischen ihr und ihm über die Wahl einer geschickten und zur Verwaltung der Angelegenheiten

von

von Irland fähigen Person. Die Königin hielt Sir William Knolles, den Oheim des Esser, für die würdigste Person zu diesem Posten, und Esser behauptete, Sir George Carew sei noch geschickter dazu. Als er die Königin nicht überreden konnte, seine Wahl zu billigen, vergaß er sich und seine Pflicht so sehr, daß er ihr auf eine verächtliche Weise den Rücken zukehrte; die Königin konnte diese Insolenz nicht ertragen, gab ihm eine Ohrfeige, und sagte, er solle sich zum Henker scheren. Er legte seine Hand unmittelbar an den Degen (der Lord=Admiral trat zwischen beide), und schwor einen heiligen Eid, daß er eine Beleidigung der Art weder tragen könne noch wolle, daß er sie nicht von der Hand Heinrichs VIII. angenommen haben würde, und verließ sogleich in großer Leidenschaft den Hof. Er wurde nachher wieder ausgesöhnt, und dem Anschein nach wieder in die Gunst der Königin gesetzt; aber es ist viel Grund zu zweifeln vorhanden, daß er sie in der That nie wieder erhielt, und seine Freunde datierten seinen Fall von diesem unglücklichen Zufall an. Er wurde den 25. Februar 1601 als ein Verräther enthauptet.

D'EWES (Sir Symonds), ein guter Englischer Geschichtschreiber und Antiquar, 1602 geboren, starb 1650. Er war noch nicht 30 Jahr alt, als er das große und accurate Werk vollendete, weßwegen er vorzüglich merkwürdig ist, nämlich:

*The Journals of all the Parliaments during the Reign of Queen Elizabeth, both Lords and Commons, caet. caet.*

DE WITT (John). Man sehe den Artikel WITT.

DEXIPHANES, ein Baumeister aus der Insel Cypern, blühte in der 188. Olympiade. Er baute auf Kosten der Königin Cleopatra den berühmten Pharus zu Alexandrien.

DEYDIER (Antoine), von Montpellier, Professor der Medicin daselbst. Er schrieb eine Dissertation

*De Morbis venereis, 1723,*

worin er den venerischen Krankheiten einen mehr scharfsinnigen als wahren Grund giebt. Er findet die Ursache dieser Uebel in der Mittheilung einer unendlichen Menge kleiner Thierchen, die aus dem Körper des Angesteckten in den des Gesunden übergehen, und durch ihre giftigen Bisse darin alle Uebel verbreiten, welche die Ausschweifung nach sich zieht.

DEYSTER

DEYSTER (LUDEWIG VON), ein Mahler von Brügge, 1686 geboren, lernte bei Johann Maes, und hielt sich 6 Jahr in Italien auf. Er mahlte sehr schöne historische Stücke, die wohl gezeichnet, und vernünftig zusammengesetzt sind. Man hält ihn für einen der besten Mahler seiner Zeit in den Niederlanden. Er gab seinen Köpfen viel Character, ließ das Nackte unter der schönen Weite seiner Bekleidungen gut fühlen, hatte ein feuriges Colorit, und häufte, treu dem Grundsatze des Rubens, seine Lichter sehr. Er hatte die große Zauberkraft des Helldunkels inne, und brachte durch große Aufopferungen große Wirkungen hervor.

Man hat auch von ihm radierte und in Schwarzkunst gearbeitete Kupferstiche. Seine Nadel ist leicht und nachlässig. Er suchte allein die Wirkung, und opferte ihr oft die Richtigkeit auf. Er starb 1711.

Seine Tochter Anna mahlte in seinem Styl und seiner Manier. Sie ahmte seine Züge und sein Colorit in den Copien, die sie nach den Gemählden desselben machte, so genau nach, daß auch die Kunstverständigsten kaum zuverlässig entscheiden konnten, welches die Copien oder die Originale seien. Sie starb 1746 im 50. Jahre.

DEZALLIER D'ARGENVILLE. Man sehe den Artikel ARGENVILLE.

DIAGORAS (DER ATHEIST GENANNT), von Melos, blühte in der 91. Olympiade, um das 412. Jahr vor Christi Geburt. Man erzählet die Geschichte seines Atheismus auf folgende Weise: Es wurd' ihm eins seiner Gedichte gestohlen; er verklagte den Dieb, welcher schwor, das Gedicht sei von ihm selbst, und die Früchte und den Ruhm davon einerntete. Diagoras war bis dahin fromm und selbst abergläubisch gewesen; da er aber die Ungestraftheit und noch dazu die großen Belohnungen des Diebes sahe, fing er an, an der Vorsehung und dem Dasein der Götter zu zweifeln, und schrieb einige Bücher, seine Grundsätze zu beweisen.

Er befand sich eines Tages in einem Gasthause, wo es an Holz mangelte, nahm die Statue des Hercules, warf sie ins Feuer, und sagte: „Du mußt heut unsern Topf kochen machen, welches die letzte deiner Arbeiten sein wird." — Ein ander Mahl befand er sich auf einem Schiffe,

Schiffe, welches einen großen Sturm erfuhr. Die Reisenden sagten zu einander, sie hätten diesen Sturm wohl verdient, weil sie sich mit einem Gottesläugner eingeschifft hätten. „Sehet „doch, sagte der Atheist, die große Menge von Schif„fen, welche alle denselben Sturm leiden; glau„bet ihr denn, daß ich auf jedem dieser Fahrzeuge „bin?“ Diese und andere Reden von ihm erregten den Eifer des Areopagus. Man setzte ein Talent auf seinen Kopf, und versprach dem zwei Talente, der ihn lebendig bringen würde.

DIBUTADES, ein Griechischer Modellierer, dessen Zeitalter man nicht genau angeben kann, soll die Kunst erfunden haben, Porträts in gebrannter Erde zu machen. Seine Tochter Callirrhoe zeichnete den Schatten ihres in den Krieg ziehenden Geliebten mit einer Kohle an die Wand; diese Erfindung der Tochter brachte den Vater auf die seinige. Er war aus Sicyon, arbeitete aber zu Corinth.

DICAEARCHUS, von Messina, ein berühmter Philosoph, Geschichtschreiber und Mathematiker, war einer der würdigsten Schüler des Aristoteles. Er benutzte die Lehren dieses großen Meisters in seinen vortrefflichen Schriften sehr, von denen nur Bruchstücke bis auf uns gekommen sind. Sein berühmtestes Werk war seine

Republik Sparta, in 3 Büchern,

welche der Magistrat zur Belehrung der jungen Spartiaten alle Jahre öffentlich vorlesen ließ. Seine

*Descriptio montis Pelii,*

findet man in den Geographiae veteris Scriptoribus Graecis minoribus, Oxford 4 Bände in 8.

DICKINSON (EDMUND), ein berühmter Arzt und Chemiker, geboren 1624, starb 1707.

DICTYS CRETENSIS, zog mit dem Jdomeneus, König von Creta, mit zum Trojanischen Kriege, und soll die Geschichte dieses berühmten Krieges in 9 Büchern beschrieben haben. Ein Gelehrter des 15. Jahrhunderts aber ist der Verfasser der

Geschichte des Trojanischen Krieges,

die wir unter dem Namen des Dictys von Creta besitzen. Dieses untergeschobene Werk kam zum ersten Mahle zu Mainz heraus, man weiß nicht, in welchem Jahre. Madam Dacier besorgte
1680

1680 eine Ausgabe in 8. zum Gebrauch des Dauphin, mit dem Dares Phrygius; Perizonius gab 1702 eine andere davon heraus, die jedoch nicht so gut ist, als die der Dacier, obgleich viel Gelehrsamkeit in derselben verschwendet worden ist.

DIDEROT (DENYS), Mitglied der Academie zu Berlin, 1713 zu Langres geboren. Die Jesuiten, bei welchen er seine Studien machte, wollten ihn in ihren Orden ziehen; einer seiner Oheime bestimmte ein Canonicat für ihn, und ließ ihn die Tonsur nehmen; da aber sein Vater sahe, daß er weder zum Stande eines Jesuiten noch eines Canonicus Neigung habe, schickte er ihn nach Paris, um daselbst seine Studien fortzusetzen. Er gab ihn nachher zu einem Procurator, wo er sich einzig mit der Litteratur beschäftigte. Da diese lebhafte Neigung zu den Wissenschaften und schönen Künsten den Absichten nicht entsprach, welche sein Vater mit ihm hatte, so zahlte er ihm seine Pension nicht mehr, und schien ihn einige Zeit ganz zu verlassen.

Die Talente des jungen Diderot arbeiteten für sein Glück, und zogen ihn aus der Dunkelheit. Physik, Geometrie, Metaphysik, Moral, schöne Wissenschaften — er beschäftigte sich mit allem, sobald er mit Überlegung lesen konnte. Seine glühende und hohe Einbildungskraft schien ihn zur Dichtkunst zu ziehen; aber er vernachlässigte sie. Er ließ sich frühzeitig zu Paris nieder, und die natürliche Beredsamkeit, welche seiner Conversation Geist und Leben gab, erwarb ihm Anhänger und Beschützer. Was den Anfang seines großen Rufes machte, war unglücklicher Weise eine kleine antichristliche Sammlung von philosophischen Gedanken, die nachher unter dem Titel

*Etrennes aux Esprits-forts*, 1746 in 12.

wieder gedruckt wurde. Die Adepten der neuen Philosophie vergleichen dieses Buch in Ansehung der Klarheit, Beredsamkeit und Stärke des Styles mit den Gedanken des Pascal; aber der Zweck beider Schriftsteller ist sehr verschieden. Der eine stützt das Gebäude des Christenthums mit allem, was Gelehrsamkeit, Logik und Genie Entscheidendes gewähren kann: der andere setzt alle Federn seines Geistes in Bewegung, um den Grund aller Religionen zu untergraben. Er spricht mit einer Zuverlässigkeit, als ob er sich niemahls irren könne. Dieser feste Ton täuschte Halbgelehrte und Weiber. Die Pensées philosophiques wurden ein Toiletten-Buch. Man glaubte, der Verfasser habe Recht, weil er immer behauptet. Andere wei-

Zweiter Theil.　　　З　　　sere

sere Leser trauten ihm nicht, und verglichen Diderot, der die Heilige Schrift mißhandelt, da sie seine Kühnheit sahen, mit Carl XII. der das Blatt aus dem Boileau riß, auf welchem er gegen die Eroberer los zieht. Sie glaubten, man müsse gegen diese, sophistischen Ideen vorzüglich auf seiner Huth sein, welche dadurch, daß sie die Religion verwunden, die Moral anfallen, und endlich die Sitten der Nation verderben.

Diderot beschäftigte sich nützlicher, als er mit Eidous und Toussaint ein

*Dictionnaire universel de Médecine,* in 6 Foliobänden

herausgab. Diese Compilation ist zwar in manchen Rücksichten nicht fehlerfrei, sie hat oberflächliche und unrichtige Artikel; enthält aber auch viel Gründliches, und wurde daher gut aufgenommen. — Dieser Erfolg machte dem Verfasser Muth, und er machte nun das Project zu einem größern Unternehmen, zu einem

*Dictionnaire Encyclopédique.*

Da ein solches Denkmahl nicht von einem einzigen Künstler aufgeführt werden könnte, so theilte d'Alembert, Diderots Freund, die Ehre und die Gefahren dieser Arbeit, wobei sie von mehreren Gelehrten und verschiedenen Künstlern unterstützet wurden. Diderot übernahm allein die Beschreibung der Künste und Handwerker, einen der wichtigsten und von dem Publicum am meisten verlangten Theil. Im Detail der Proceduren der Handwerker fügt er bisweilen Reflexionen, Vorschläge, Grundsätze zu ihrer Aufklärung bei. Außer dem Theile der Künste und Handwerke supplierte der Chef der Encyclopädisten eine beträchliche Menge von fehlenden Artikeln aus verschiedenen Wissenschaften. Es wäre zu wünschen gewesen, daß er in einem so viel umfassenden und nützlichen Werke die größeste Belehrung in den möglichst kleinen Raum eingeschlossen hätte, weniger wortreich, weniger Dissertater, und weniger zu Digressionen geneigt gewesen wäre. Man warf ihm auch vor, daß er sich ohne allzu große Noth einer wissenschaftlichen Sprache bediente; daß er zu einer oft unverständlichen Metaphysik seine Zuflucht nahm (weßwegen man ihn den Lycophron der Philosophie nannte); daß er sich einer Menge von Definitionen bediente, welche den Unwissenden nicht aufklären, und daß der Philosoph auf nichts gedacht habe, als glauben zu machen, er habe große Ideen, indeß er in der That oft nicht die Kunst besitzt, die Ideen anderer klar und einfach auszudrücken.

Was

Was den Grund des Werkes anlangt, so gestand Diderot ein, daß das Gebäude einer Reparatur bedürfe. Zwei Buchhändler wollten eine neue Ausgabe von der Encyclopädie veranstalten; der Herausgeber der erstern schrieb ihnen in Betreff der Mängel und Fehler, von welchen sie wimmelt, folgendes: „Die Un-„vollkommenheit dieses Werkes entsprang aus vielen verschiede-„nen Ursachen. Man hatte keine Zeit, es bei der Wahl der „Mitarbeiter genau zu nehmen. Unter einigen vortrefflichen „Männern befanden sich schwache, mittelmäßige und ganz „schlechte. Daher jenes Buntscheckige in dem Werke, worin „man die Ebauche eines Schülers an der Seite eines Stückes „von einer Meisterhand, und eine Sottise in der Nähe eines er-„habenen Dinges findet. Einige arbeiteten ohne Honorar und „verloren bald ihren ersten Eifer; andere, die schlecht belohnet „wurden, gaben uns dessen für unser Geld. Die Encyclopädie „war ein Schlund, worin diese Art von Tröblern eine unendliche „Menge von schlecht gefaßten, schlecht verdauten, guten, schlech-„ten, abscheulichen, wahren, falschen, ungewissen, und immer „unzusammenhängenden und disparaten Dingen kraus über und „unter einander warf. Man achtete es sogar nicht, die Anwei-„sungen zu erfüllen, die zu demselben Theile gehörten, den man „übernommen hatte. — Man findet oft an einer Stelle eine „Widerlegung, wo man einen Beweis dafür suchte. Da war „an keine genaue Uebereinstimmung mit der Abhandlung und den „Kupferstichen zu denken. Um diesem Fehler abzuhelfen, ließ „man sich in lange Erklärungen ein Aber wie viel unverständ-„liche Maschinen, weil die Buchstaben fehlen, die ihre Theile „bezeichnen."

Die erste Ausgabe dieses wichtigen Werkes, welche von 1751 bis 1767 dem Publicum übergeben wurde, war bald vergriffen, weil ihre Fehler zum Theil durch mehrere gut geschriebene Arti-kel und durch verschiedene Memoiren, welche den künftigen Her-ausgebern gute Materialien darbothen, ersetzt wurden.

Diderot, welcher beinahe 20 Jahr an diesem Dictionnär ge-arbeitet hatte, erhielt kein Honorar, das seiner Mühe und sei-nem Eifer angemessen war. Er sahe sich kurz nach der Publi-cation der letzten Bände genöthiget, seine Bibliothek zu verkau-fen. Die Kaiserin von Rußland ließ sie um 50,000 Livres kau-fen, und ließ sie ihm zu seinem Gebrauch, ohne selbst eine jener Zueignungsschriften zu verlangen, welche den Beschützer erröthen, und das Publicum lachen machen.

Z 2 Bei

Bei allen den Verdrüßlichkeiten, die mit der Herausgabe seiner Encyclopädie verbunden waren, wurde doch Diderots Genie
nicht unterdrückt, und er verfaßte zu derselben Zeit Schriften,
die aus keinem encyclopädischen Kopfe gekommen zu sein scheinen.
Seine

*Bijoux indiscrets*, 2 Bände in 12.

gehören unter diese. Sie sind in einem sehr freien und zum
Theil schmuzigen Tone. Seine beiden Komödien:

*Le Fils naturel* und *Le Pere de Famille*, 1757 und 1758,

sind zärtlich und rührend.

Sein Beobachtungsgeist zeigt sich, aber mit allzu großer
Kühnheit, in zwei Werken, welche viel Aufsehens machten.
Das erstere erschien 1749 in 12. unter dem Titel:

*Lettre sur les Aveugles, à l'usage de ceux qui voient.*

Die freien Gedanken des Verfassers kosteten ihm seine Freiheit.
Er wurde 6 Monate zu Vincennes in Arrest gethan, wo ihm J. J.
Rousseau, der damahls sein Freund war, Tröstungen gab, die
er nicht hätte vergessen sollen.

Dem Briefe über die Blinden folgte ein anderer:

*Sur les Sourds & Muets, à l'usage de ceux qui entendent & par-
lent,* 1751, 2 Theile in 12. Der Verfasser giebt unter
diesem Titel Betrachtungen über die Metaphysik, Dichtkunst, Beredsamkeit, Musik, u. s. w. Ob er sich hierin
gleich bemüht, klar zu sein, so versteht man ihn doch nicht
immer, und dieß ist mehr seine als seiner Leser Schuld.
Man urtheilt von allem, was er über abstracte Materien
schrieb, daß es ein Chaos sei, worin nur bisweilen ein
Lichtstrahl glänze.

Seine übrigen vorzüglichsten Schriften, die eben so wenig Klarheit und Ordnung haben, sind:

*Principes de la Philosophie morale,* 1745, in 12.
*Mémoires sur differens sujets de Mathématiques,* 1748, in 8.
*Pensées sur l'interpretation de la Nature,* 1754, in 12.
*Le sixieme sens,* 1752, in 12.
*De l'education publique,* eine Brochüre, die man unter denen
auszeichnet, welche die Erscheinung des Emil und die Aus-
rottung der Jesuiten veranlaßten.
*Vie de Sénéque,* u. a.

DIDIER

DIDIER (GUILLAUME DE SAINT¹), ein Provensa'ischer Dichter des 12. Jahrhunderts, brachte die Fabeln des Aesop in Reime seiner Muttersprache. Er machte sich auch durch andere Werke bekannt, unter andern durch einen

Tractat über die Träume,

worin er immer angenehme zu haben lehrt. Die vorgeschriebenen Regeln sind, mäßig zu trinken, den Magen nicht mit Speisen zu beschweren, damit sie nicht dem Kopfe dicke Dünste und düstere Ideen zuführen.

DIDO, Tochter des Belus, Königs von Tyrus, und Gemahlin des Sichäus, des reichsten aller Phönicier, verlor ihren Gemahl durch die Treulosigkeit ihres eigenen Bruders Pygmalion, der ihn ermordete, um sich seiner Schätze zu bemächtigen. Dido entging den Verfolgungen dieses Barbaren. Als sie in einem Hafen in Africa, Drepano in Sicilien gegenüber, glücklich gelandet hatte, legte sie daselbst den Grund zu der Stadt Byrsa, die nachher unter dem Namen Carthago so berühmt wurde. Hyarbas, König von Mauritanien, suchte sie zur Ehe. In der Furcht, diese Verbindung eingehen zu müssen, gezwungen sowohl durch die Waffen ihres Liebhabers, als durch die Wünsche ihrer Unterthanen, ließ sie einen Scheiterhaufen errichten, und nachdem sie als zur Beruhigung der Manen ihres ermordeten Gemahls, Opferthiere geschlachtet hatte, stieg sie, ehe sie den Hyarbas heirathete, auf diesen Scheiterhaufen, und durchstach sich, 890 Jahr vor Christi Geburt, in Gegenwart ihres Volkes, die Brust mit einem Dolche.

Nichts ist fabelhafter und mehr gegen die historische Wahrheit, als das Abenteuer der Dido mit dem Aeneas, das Virgil erdachte. Es ist gewiß, daß diese Prinzessin erst ohngefähr 330 Jahr nach dem Trojanischen Prinzen auf die Welt kam. Vielleicht fühlte der Lateinische Dichter diesen chronologischen Irrthum, wollte sich aber denselben lieber erlauben, als sein Gedicht einer so angenehmen und den Römern so interessanten Episode berauben. Man findet hierin den Ursprung des Hasses zwischen Rom und Carthago, seit der Erbauung dieser beiden Städte.

DIDYMUS von Alexandrien, ein ecclesiastischer Schriftsteller, der Lehrer des H. Hieronymus, Ruffinus, Palladius, Isidorus, starb 395 im 85. Jahre. Von seinen Schriften ist nichts, als sein Tractat

*De Spiritu Sancto.*

Z 3     auf

auf uns gekommen. Nach seinem Tode wurd' er von der 5. allgemeinen Kirchenversammlung verdammt.

DIEMERBROECK (ISBRAND), ein sehr gelehrter Professer der Medicin und Anatomie zu Utrecht, 1609 geboren, war ausübender Arzt, und hielt öffentliche Vorlesungen mit ausgezeichnetem Ansehen, und starb 1674. Er schrieb

Vier Bücher über die Pest.
Geschichte seltener Krankheiten und Wunden und
Anatomische und medicinische Schriften.

welche sein Sohn Timann Diemerbroeck sammelte, und 1685 zu Utrecht in Folio herausgab. Sie sind voll von langweiligen Digressionen.

DIEPPENBECK (ABRAHAM VAN), von Herzogenbusch, war schon ein geschickter Glasmahler, als er in Rubens Schule kam; hernach reiste er nach Italien. Nach seiner Zurückkunft lernte er aufs neue bei Rubens, und studierte besonders das Colorit. Im Jahr 1641 wurd' er zum Director der Academie zu Antwerpen erwählt, und starb daselbst 1675 im 68. Jahre. Er war einer der besten Schüler Rubens, und hatte ein erhabenes Genie. Seine Zusammensetzungen sind meistens klein, doch siehet man an einigen großen, daß er in diesen eben so geschickt war. Seine Zeichnung ist ziemlich unrichtig, und selbst seine Reise nach Italien konnte ihn nicht von diesem Fehler befreien. Was man aber am meisten an ihm bewundert, sind theils die vortrefflichen Erfindungen in seinen Gemählden, theils die meisterhafte Haltung und ein Colorit, welches dem des Rubens nichts nachgiebt. Zeugen davon sind die Fenster verschiedener Kirchen in den Niederlanden. Er wurde viel von den Buchhändlern gebraucht, Zeichnungen zu Titelkupfern und Vignetten zu verfertigen: sie wurden meistens von den Gallen, Bolswerts, W. Hollar u. a. gestochen, und werden auf 80 Blätter geschätzt. Er selbst hat einige Devotionsstücke radiert. Das größeste Werk, das man nach diesem Künstler herausgab, ist der

*Temple des Muses,*

er ist von C. Bloemaert, Th. Matham, und einigen andern gestochen, und macht dem Dieppenbeck die meiste Ehre.

DIEST (ADRIAN VAN), von Haag gebürtig, mahlte Landschaften und zahme Heerden. Er brachte die meiste Zeit
seines

feines Lebens in England zu, und da er von feinem Vater, einem geschickten Seemahler, guten Unterricht genoffen hatte, so kam er nach und nach in einen beträchtlichen Credit. Sein Geschmack an Landschaften bildete sich, nach seinem eigenen Geständniß, am meisten durch die Zeichnung der angenehmen Aussichten in den westlichen Theilen Englands und längs der Küste.

In seinen besten Gemählden findet man ein helles und durchsichtiges Colorit, und in den Fernungen eine ganz eigene Anmuth. Seine Lüfte haben viel Wahres, und seine Wolken eine ungemeine Leichtigkeit, und durch das Ganze herrscht eine angenehme Harmonie. Allein da er oft genöthiget war, für niedrige Preise zu arbeiten, so sind seine Werke von sehr ungleichem Verdienst. Die schlechte Beschaffenheit seiner häuslichen Umstände drückte sein Genie nieder, und da er genug zu thun hatte, seine Familie durchzubringen, so konnt' er nicht sehr für seinen Ruhm besorgt sein. Wär er in glücklichern Umständen gewesen, so würd' er sehr wahrscheinlich in seiner Kunst zu einem sehr hohen Grade der Vollkommenheit gelangt sein. Oft sind die Figuren in seinen Landschaften von seinem Schwager Abrian Coloni verfertigt. Er starb 1704 im 49. Jahre. — Er radierte auch Landschaften mit einer groben Nadel, die aber mit sehr dreister Hand ausgeführt sind.

DIETERICH (JOHANN CONRAD), 1612 zu Butzbach in der Wetterau geboren, starb 1667 als Professor der Sprachen zu Gießen, und machte sich durch mehrere Werke bekannt, unter andern durch seine

Alterthümer des alten und neuen Testaments, 1671 in Folio, worin tiefe Gelehrsamkeit herrscht,
und durch ein schätzbares
*Lexicon etymologicum Graecum.*

DIETRICH (CHRISTIAN WILHELM ERNST), 1712 zu Weimar geboren, lernte bei seinem Vater und bei J. Alexander Thiele, aber sein Genie half ihm mehr, als seine Lehrmeister. Der Graf Brühl that ihm allen Vorschub zur Fortsetzung seiner Studien. Er machte eine Reise nach Holland, und 1743 nach Italien. Nach seiner Zurückkunft machte ihn der König von Pohlen zu seinem ersten Mahler.

Dietrich componierte schon in seiner Jugend historische Stücke nach den Manieren großer Meister, unter welchen er vornehmlich die
Z 4    die

die des Poelemburg studierte, und man muß sehr aufmerksam sein, um seine Nachahmungen von den Originalen zu unterscheiden, wiewohl er seiner Seits, von allem Scheine, die Liebhaber zu hintergehen, weit entfernt, alle seine Gemählde mit seinem eigenen Namen bezeichnete, wodurch er deutlich zu erkennen gab, seine einzige Absicht hierbei sei, in diesem unschuldigen Betruge bloß seine Lust und Gefallen zu suchen.

In Ausführung seiner Werke bemühte er sich, die Fruchtbarkeit seines Genies, die Munterkeit und Lebhaftigkeit seines Geistes durch neue Ideen und fremde Gedanken zu zeigen. Man hat von ihm eine große Menge radierte Blätter, in welchen er die verschiedenen Manieren großer Meister, als des Caspar Poussin, G. Lairesse, S. Rosa, Ostade, Rembrand u. s. f. auf das genaueste nachzuahmen wußte. Sie sind schwer zusammen zu bringen, und nirgends vollständig zu sehen, als in der churfürstlichen Sammlung zu Dresden.

Dieser vortreffliche Mahler ward 1764 Professor der erneuerten Künstleracademie zu Dresden, und Director der Zeichen- und Mahlerschule zu Meissen. Er starb 1744. Wille, Zingg, Daulle, Malouebre u. a. haben nach ihm radiert.

DIEU (LOUIS DE), Professor zu Leyden, ein Mann von großen Kenntnissen, und in den Orientalischen Sprachen ungemein erfahren, 1590 geboren, starb 1642. Er hinterließ gelehrte Anmerkungen über die Heilige Schrift, unter dem Titel:

*Critica Sacra*, Amsterdam 1693 in Folio.

*Historia Christi, Persice et Latine*, Leyden 1639 in 4. Dieß ist eine Uebersetzung des vom Jesuiten Hieronymus Favier Persisch geschriebenen Lebens Jesu.

*Grammatica linguarum Orientalium*, Frankfurt 1683 in 4.

DIGBY (SIR EVERARD), 1581 geboren, war in die Pulververschwörung mit verwickelt, und wurde, als sie entdeckt, und mißlungen war, mit andern Papisten ergriffen. Als ihm das Todesurtheil gesprochen wurde, schien er sehr gerührt zu sein, und sagte mit einer tiefen Verbeugung zu den Lords, "wenn "einer von Ihnen sagte, ich vergeb' euch, so würd' ich getroster "an den Galgen gehen." Alle Lords antworteten: "Gott ver- "giebt euch, und wir thun es auch." Er wurde mit den andern Verschwornen den 30. Januar 1605—6 gehenkt. Nach seinem Tode fand man einen Zettel mit folgenden Worten bei ihm:

"Hätt'

„Hätt' ich geglaubt, daß diese Verschwörung nur im mindesten
„Sünde sei, ich hätte um die ganze Welt nicht Theil an ihr ge-
„nommen, und nur Eifer für die Gottes-Religion machte, daß
„ich mein Leben und Glück auf das Spiel setzte."

DIGBY (SIR KENELM), ein sehr berühmter Englischer
Philosoph, und der älteste Sohn von Sir Everard, 1603 zu
Gothurst in Buckinghamshire geboren, starb 1665 an seinem
Geburtstage. Er hatte die Schriften des Descartes gelesen,
und entschloß sich, nach Holland zu reisen, um ihn persönlich
kennen zu lernen. Er that es, und fand ihn zu Egmond. Als
er hier, ohne sich zu nennen, einige Zeit mit ihm über philosophische Gegenstände gesprochen hatte, sagte Descartes, welcher
einige seiner Schriften gelesen hatte, zu ihm, es sei keinem Zweifel unterworfen, daß er der berühmte Sir Kenelm Digby sei. —
„Und wenn Sie, mein Herr," antwortete der Ritter, „nicht
„der berühmte Descartes wären, so wär' ich nicht gekommen,
„Sie zu besuchen." Man hat von ihm einen
    Tractat über die Unsterblichkeit der Seele, 1661 in 4.
    Ueber die Vegetation der Pflanzen,
u. a.

DIGBY (LORD GEORGE), ein Englischer Cavalier von
großen Talenten, Sohn von John Digby, Grafen von Bristol,
1612 geboren. „Er war," sagt ein neuerer Schriftsteller ziemlich ernstlich, „ein sonderbarer Mann, dessen Leben Ein Wider-
„spruch war. Er schrieb gegen das Papstthum, und nahm es
„an; er war ein eifriger Gegner des Hofes, und opferte sich
„demselben auf. Bei großen Talenten schadete er sich und seinen
„Freunden beständig, und war bei romantischer Tapferkeit be-
„ständig ein unglücklicher Commandeur. Er sprach für die Test-
„Acte, ob er gleich ein Catholik war, und widmete sich am Ge-
„burtstage der wahren Philosophie der Astrologie." Er starb
1676 als Graf von Bristol.

DIGGES (LEONARD), ein Englischer Cavalier, berühmt
wegen seiner mathematischen Gelehrsamkeit, starb um das Jahr
1574.

DIGGES (THOMAS), einziger Sohn des Leonard Digges,
und einer der größesten Mathematiker seiner Zeit. Er starb 1595.

DIGGES (SIR DUDLEY), Registrater Carls I. war der
älteste Sohn des eben erwähnten Thomas Digges, 1583
Z 5                    geboren.

Er war, sagt man, ein großer Beschützer der Freiheit seines Landes, in jenen schlimmen Zeiten, wo die Schleußen derPrärogativen geöffnet, und die Höhen der Gesetze von ihnen meist überschwemmt wurden, und der Verfasser verschiedener litterarischer Schriften. Er starb 1639.

DINARCHUS, ein Griechischer Redner, Sohn des Sostratus und Schüler des Theophrastus, verdiente sich zu einer Zeit, da Athen ohne Redner war, durch Verfassung von Reden vieles Geld. Er wurde angeklagt, er habe sich durch die Geschenke der Feinde der Republik bestechen lassen, nahm die Flucht, und kam erst in 15 Jahren, um das Jahr 340 vor Christi Geburt, wieder. Von 64 Reden, die er geschrieben hatte, sind ihrer nur 3 übrig geblieben, welche sich in der Sammlung alter Redner von Stephan, 1575 in Folio, und in der von Venedig, 1513, 3 Bände in Folio, befinden.

DINGLINGER (JOHANN MELCHIOR), ein künstlicher Goldarbeiter, Juwelierer und sinnreicher Mechanicus von Lüberach, unweit Ulm, gebürtig, arbeitete am Dresdner Hofe, wo er vortreffliche und sehr kostbare Werke von Gold, Silber, Email und Edelsteinen verfertigte, von welchen man verschiedene Stücke in dem so genannten grünen Gewölbe zu sehen bekommt. Dieser geschickte Künstler starb 1731 im 67. Jahre seines Alters.

Sein Bruder, ein vortrefflicher Schmelzmahler, arbeitete an demselben Hofe. Man zeiget von ihm im obbemeldeten grünen Gewölbe eine Maria Magdalena auf einer Obalplatte, welche anderthalb Ellen hoch ist, und in Ansehung der Größe ihres gleichen nicht hat.

DINOCRATES oder DIOCLES, von Macedonien, ein Architect, welcher Alexandern dem Großen vorschlug, den Berg Athos in die Form eines Menschen zu bilden, welcher in seiner linken Hand eine Stadt, und in der rechten eine Schaale hielte, die das Wasser aller Flüsse auffinge, die von diesem Berge fließen, und es in das Meer göße. Alexander glaubte nicht, daß dieses Project ausgeführt werden könne, behielt aber den Architecten bei sich, um Alexandrien zu erbauen. Plinius versichert, daß er die Wiederaufbauung des berühmten Tempels der Diana zu Ephesus vollendete. Nachdem er die letzte Hand an dieses große Werk gelegt hatte, befahl ihm Ptolemäus Philadelphus, dem Andenken seiner Gemahlin Arsinoe einen Tempel zu erbauen. Dinocrates hatte den Plan, am Gewölbe
dieses

dieſes Denkmahls einen Magnetſtein anzubringen, an welchen
die Statúe dieſer Fürſtin zu hången kommen ſollte. Er wollte
dadurch das Volk zu einem Erſtaunen bringen, daß es die Arſi-
noe als Göttin anbete; da aber Ptolemåus und ſein Architect
ſtarben, wurde dieſer Plan nicht ausgeführt.

DINOSTRATUS, ein alter Geometer, Zeitgenoſſe des Plato, beſuchte die Schule dieſes Philoſophen, die durch das Studium, welches man darin von der Geometrie machte, berühmt
war. Er iſt einer von denen, welche das meiſte zu den großen
Fortſchritten beitrugen, die dieſe Schule in dieſer Wiſſenſchaft
machte. Man hålt ihn für den Erfinder der Quadratrix, die
man deßwegen ſo nennt, weil man, wenn man ſie ganz beſchrei-
ben könnte, die Quadratur des Cirkels haben würde.

DINUS, von Mugello in Toscana, Rechtsgelehrter und Profeſſor des Rechts zu Bologna, blühte zu Ende des 13. Jahrhunderts, und galt für den erſten Rechtsgelehrten ſeiner Zeit, wegen ſeiner Talente zum Redner, der Lebhaftigkeit ſeines Geiſtes,
und der Reinheit ſeines Styls.

Der Papſt Bonifacius VIII. ließ ihn an der Compilation
des ſechſten Buches der Decretalen arbeiten. Dieſer Rechtsgelehrte ſtarb 1303 zu Bologna vor Gram, daß er nicht den Römiſchen Purpur erhalten habe.

Er iſt Verfaſſer mehrerer Werke über das bürgerliche Recht:
eines

*Commentarii in regulas Juris pontificii, in 8.* Cynos,
ſein Schüler, verſichert, es enthalte die ausgeſuchten Principe dieſer Wiſſenſchaft; und wenn man dem Alciatus
glaubt, ſo iſt es ein Buch, welches Wort für Wort aus-
wendig gelernt zu werden verdient. Aber diejenigen, welche
wiſſen, daß Charles du Moulin, indem er es commentirte,
unzåhlige Fehler darin verbeſſerte, werden finden, daß dieſes Lob ſehr vermindert werden müſſe.

*De Gloſſis contrariis, II Vol. in folio,* worein ſich gleichfalls
eine Menge Jrrthümer einſchlichen.

DIO CASSIUS, auch unter dem Namen Coccejus oder
Coccejanus bekannt, von Nicåa in Bithynien, wurde von
verſchiedenen Kaiſern zu den höchſten Würden erhoben, und
blühte im 3. Jahrhundert. Er ſchrieb eine

Römiſche Geſchichte in 80 Büchern.

Sie

Sie fing mit der Ankunft des Aeneas in Italien an, und endigte mit der Regierung des Alexander Severus. Wir besitzen nur noch einen Theil dieses Werkes. Die 34 ersten Bücher desselben sind verloren gegangen. Die 20 folgenden, vom 35. bis zum 54. sind vollständig; die 6 folgenden sind trenkiert, und von den letzten 20 haben wir nur einige Bruchstücke. Xyphilin, der Neffe des Patriarchen von Constantinopel, hat uns im 11. Jahrhundert einen Auszug aus dieser Geschichte gegeben.

Dio nahm sich den Thucydides zum Muster; er erreicht es aber bei weitem nicht; bemühet sich jedoch sehr, seine Manier zu erzählen, und vorzüglich seine Reden nachzuahmen. Sein Styl ist klar, seine Maximen sind gründlich, vernünftig, scharfsinnig, seine Ausdrücke edel, seine Erzählung fließend, seine Wendungen glücklich; aber man beschuldiget ihn, leichtgläubig, abergläubisch, bizarr, parteiisch, zur Schmeichelei und Satyre gleich geneigt gewesen zu sein. Die beste Ausgabe des Dio ist die von Herrmann Samuel Reimarus, Hamburg 1750 in Folio, 2 Bände, Griechisch und Lateinisch; man schätzet auch die von Leunclavius, Hanau 1606 in Folio.

DIO CHRYSOSTOMUS, so genannt wegen seiner Beredsamkeit, ein Redner und Philosoph von Prusa in Bithynien, gab sich vergebliche Mühe, den Kaiser Vespasian zur Niederlegung der Regierung zu bewegen. Er mußte unter Domitian, der ihn haßte, Rom verlassen. Er gab sich einen andern Namen, und lebte mehrere Jahre unbekannt, irrte von Stadt zu Stadt, von Land zu Land, und litt an allem Mangel; mußte oft, um sein Leben zu fristen, die Erde bauen. So durchzog er Mösien und Thracien, und selbst Scythien. Als Domitian starb, befand sich Dio als Bettler in einem Lager der Römischen Armee, welche sich empören wollte. Er gab sich zu erkennen, und stillte den Aufruhr. Dio kam unter dem Kaiser Trajan zurück. Dieser Fürst, ein Freund der Talente, ließ ihn oft in seinen Wagen setzen, um sich mit ihm zu unterhalten, und gab ihm einen Platz auf seinem Triumphwagen. Man sagt, Dio sei oft mit einer Bärenhaut bekleidet im Publicum erschienen. — Die erste Ausgabe seiner Werke ist die von Mailand 1476 in Folio: die beste, die zu Paris 1604 in Folio. Man findet darin

**Achtzig Reden,**

und einen Tractat in 4 Büchern

Ueber die Pflichten der Könige, worin die Philosophie die Fürsten unterrichtet.

DIOCLES,

DIOCLES, ein Geometer, bekannt durch die krumme Linie, Cycloïs, die er zur Auflösung des Problems zweier proportioneller Münzen erfand, blühte vor dem 5. Jahrhundert.

DIOCLETIANUS (CAJUS VALERIUS), dessen eigentlicher Name Diocles war, wurde 245 zu Dioclea in Dalmatien geboren. Einige sagen, er sei der Sohn eines Schreibers, andere, er sei ein Sclav gewesen; was man aber hierüber gewiß weiß, ist, daß er von einer sehr obscuren Familie herstammte. Er war anfänglich Soldat, und stieg stufenweise bis zum General. Er hatte das Commando über die Beamten des Pallasts, als er nach der Ermordung des Numerian, im Jahr 284, auf den kaiserlichen Thron erhoben wurde. Man sagt, er habe den Mörder dieses Fürsten, Aper, mit eigener Hand umgebracht, um die Weißagung einer Druidin zu erfüllen, welche ihm gesagt hatte, er würde Kaiser werden, sobald er selbst Aper geopfert hätte. Da dieses Wort in der Lateinischen Sprache ein wildes Schwein bedeutet, so schlug er vorher alle wilde Schweine todt, die ihm aufstießen; als er aber den Aper umgebracht hatte, sagte er zu Maximianus Hercules, dem er diese Weißagung anvertraut hatte: „Nun ist die Prophezeihung der Druidin erfüllt!"

Dieser Maximianus Hercules war sein Freund; hatte unter Einer Cohorte als Gemeiner mit ihm gedient, und theilte im Jahr 286 mit ihm das Reich. Sie waren immer, ehe sie noch mit einander regierten, sehr einig gewesen, und wurden es, seitdem sie regierten, noch mehr, und ob sie gleich keine Blutsfreunde waren, so nannte man sie doch Brüder.

Im Jahr 292 erwählte er zwei neue Cäsarn, Constantius Chlorus und Galerius Maximianus. Diese Vervielfältigung der Kaiser richtete das Reich zu Grunde, weil jeder von ihnen so viele Officiers und Soldaten haben wollte, als seine Collegen, und man daher genöthiget war, die Auflagen ansehnlich zu vermehren.

Galerius war es, der dem Diocletian seinen Haß gegen das Christenthum beibrachte. Er hatte es, wie Eusebius versichert, mehrere Jahre hindurch geliebt, und veränderte auf einmahl seine Gesinnung. Seine Collegien erhielten Befehl, in ihren verschiedenen Departements alle diejenigen, welche sich zur Christlichen Religion bekannten, zum Tode zu verdammen, ihre Kirchen niederreißen, ihre Bücher verbrennen, die geringsten

unter

unter ihnen als Sclaven verkaufen, und die vornehmsten öffentlichen Beschimpfungen auszusetzen zu lassen. Diese Verfolgung,
die letzte vor Constantin, fing im 19. Jahre der Regierung
des Diocletian (303 nach Christi Geburt, und 239 nach der
ersten Verfolgung unter dem Nero) an, und dauerte, sowohl
unter diesem Kaiser, als unter seinen Nachfolgern, 10 Jahre.
Die Zahl der Märtyrer war so groß, daß die Feinde des Christenthums ihm den tödtlichen Streich beigebracht zu haben glaubten,
und sich deß in einer Inschrift rühmten, welche besagte, sie
hätten den Namen und den Aberglauben der
Christen ausgerottet, und den alten Dienst der
Götter wieder eingeführt. Um sich einer solchen Sache
berühmen zu können, mußte man viel Gläubige umgebracht haben. Wie kann es daher ein berühmter Schriftsteller wagen, zu
sagen: Es ist nicht wahr, daß die Provinzen mit
Blut überschwemmt wurden, wie man sich ein-
bildet? Es ist unglücklicher Weise nur allzu wahr.

Aber anstatt daß die Verfolgung den Untergang des Christenthums beschleunigte, machte sie vielmehr, daß die Religion
triumphierte.

Man kann mit Wahrheit eingestehen, daß Diocletian ein grausamer Verfolger des Christenthums war, und doch übrigens seinen guten Eigenschaften Gerechtigkeit wiederfahren lassen. Dieß
that Crevier, der folgendes unparteiische und treue Porträt
von ihm entwirft. „Alles zusammen genommen," spricht er,
„war er ein großer Mann, von erhabenem und viel umfassendem
„Genie, der sich Gehorsam und selbst Achtung von denen zu
„verschaffen wußte, von denen er keinen vollkommenen Gehorsam
„fordern konnte, er war standhaft in seinen Projecten, und er-
„griff zu ihrer Ausführung die zweckmäßigsten Maßregeln; er
„war thätig und beständig in Bewegung, sorgsam, das Verdienst
„anzustellen und lasterhafte Menschen von seiner Person zu ent-
„fernen; besorgt, in der Hauptstadt, bei der Armee, im ganzen
„Reiche den Ueberfluß zu unterhalten. Aber bei so achtungs-
„würdigen Eigenschaften kannte er die Kunst, sich beliebt zu
„machen, wenig, und ob er sichs gleich zum Ruhm anrechnete,
„dem Marcus Aurelius nachzuahmen, so fehlte ihm doch
„noch sehr viel, seiner Güte gleich zu kommen. Außer der grau-
„samen Verfolgung, die er gegen die Christen befahl, war seine
„Regierung im Allgemeinen hart, und auf Unterdrückung der
„Völker abgesehen. Die ganze Geschichte wirft ihm Hochmuth,
„Stolz

„Stolz und Arroganz vor. Selbst seine Klugheit artete in Fein=
„heit aus, und flößte Mißtrauen und Verdacht ein. Man hat
„bemerkt, daß der Umgang mit ihm wenig sicher war, und daß
„die, welche er seine Freunde nannte, von Seiten seiner auf
„keine wahre und aufrichtige Liebe rechnen konnten. Sein Cha=
„racter glich dem des Augustus sehr: beide bezogen alles nur
„auf sich, und beide waren nur aus Eigennutz tugendhaft.
„Aber Bescheidenheit und Sanftmuth machen zwischen ihnen ei=
„nen Unterschied, der sehr zum Vortheil des Stifters der Mo=
„narchie der Cäsarn ist. Aber in Rücksicht des Krieges kommt
„die Parallele zwischen ihnen einander wieder nahe. Es liebte ihn
„weder der eine, noch der andere, und beide waren keine große
„Kriegshelden, ob man gleich nicht sagen kann, daß sie den
„Krieg gar nicht verstanden, noch daß es ihnen erforderlichen
„Falls an Muth fehlte. Beide aber ersetzten das, wovon sie
„fühlten, daß man es in Rücksicht dessen von ihnen fordern konn=
„te, durch die Wahl guter und geschickter Stellvertreter oder
„Mitregenten. Diocletians Geist war nicht im mindesten gebil=
„det, und ich finde nichts, was uns glauben machen könne, er
„habe die Wissenschaften, von denen er nichts verstand, be=
„günstiget.“

So war dieser Fürst bis auf die Zeit seiner Niederlegung der
Regierung. Den 13. December 304 fiel Diocletian durch eine
schleichende Krankheit in so große Schwäche, daß man ihn für
todt hielt. Er kam wieder zu sich; aber sein gänzlich geschwäch=
ter Geist behielt nur noch einigen Schimmer der Vernunft.
Diese Schwäche, verbunden mit den Vexationen des Maximian
Galerius, nöthigten ihn im Jahr 305 zu Nicomedia den kaiser=
lichen Purpur abzulegen. Er lebte nach seiner Genesung noch
9 Jahre in seiner Eingezogenheit zu Salone, welches einige für
seinen Geburtsort hielten. Er vergnügte sich hier mit der Pflege
seiner Gärten, und sagte zu seinen Freunden, er habe erst
mit dem Tage der Niederlegung des Reichs zu le=
ben angefangen. Man setzet sogar noch dazu, Maximian
habe ihm angelegen, wieder auf den Thron zu steigen, und Dio=
cletian ihm geantwortet: „Der Thron wiegt die Ruhe
„meines jetzigen Lebens nicht auf; ich finde an
„der Pflege meines Gartens mehr Vergnügen,
„als ich ehedem an der Beherrschung der Welt
„fand.“ Die Betrachtungen seiner Einsamkeit waren eines
Weisen würdig. „Ein König, sagte er, siehet die Wahr=
„heit

„heit nie mit seinen Augen: er muß den Augen
„Anderer trauen, und wird fast immer betrogen.
„Man überredet ihn, diejenigen mit Wohlthaten
„zu überschütten, welche Strafe verdienten, und
„die zu bestrafen, welche belohnt werden sollten.“

Dieses Leben mußte ihm, so lange die Cäsarn lebten, die den
Purpur ihm zu danken hatten, sehr angenehm sein, weil sie ihm
die größeste Ergebenheit bezeigten. Als aber Constantin
und Licinius die einzigen Herren im Orient waren, mußte
Diocletian in der Bauung seines Gartens nicht mehr so viel Vergnügen finden. Der erstere hatte den Maximian und Ma-
xentius, seinen Sohn, den Diocletian immer geliebt hatte,
umgebracht. Constantin machte ihm sogar diese Freundschaft in
einem Briefe zum Vorwurf, und der darüber verschüchterte
Greis entschloß sich, sagt man, durch Enthaltung der Speisen
sein Leben zu enden. Er starb wirklich im Jahr 314 nach Christi
Geburt, im 68. seines Alters.

Seine Regierung zeichnete sich durch einige interessante Gesetze
und durch die prächtigen Gebäude aus, womit er mehrere Städte
des Reichs, vorzüglich aber Rom, Mailand, Nicomedien und
Carthago, verschönerte. Aber sein Aufwand an Gebäude war
dem Volk etwas drückend, und seine stolze Prachtliebe brachte
verderbliche Wirkungen hervor. Seine Nachfolger ahmten seine
Eitelkeit nach, ohne seine Tugenden zu haben, und wollten nach
seinem Beispiel, daß man sie als Unsterbliche behandle, und
sich vor ihren Statüen, wie vor denen der Götter, zur Erde
werfe.

Seit Diocletian fing das immer mehr und mehr erschöpfte
Reich an, in einen wirklichen Verfall zu gerathen. Hören wir
den Abbé de Condillac über diesen interessanten Gegenstand:
„Vom Augustus bis auf Marcus Aurelius,“ spricht dieser weise Schriftsteller, „erhielten sich die Römer unter den gu-
„ten Kaisern durch ihre eigenen, weislich gesparten Kräfte; und
„unter den schlechten, durch die einmal herrschende Gewohnheit,
„sie zu fürchten; man fürchtete sie weniger, weil sie die Kräfte
„zu siegen hatten, als weil man sich an ihre ehemaligen Siege
„erinnerte. Vom Marcus Aurelius bis auf Diocletian trug
„alles zu ihrem Ruin bei: die größten Erfolge waren ohne
„Frucht; sie hatten nichts mehr, als den Ruhm sich zu verthei-
„digen, und richteten sich durch ihre Siege zu Grunde. Die
„bür-

„bürgerlichen und auswärtigen Kriege entvölkerten die Provin-
„zen; die Verheerungen der Barbaren machten sie arm; die
„Mißbräuche, denen man von Zeit zu Zeit, so gut sichs thun
„ließ, abhalf, und die mit größerer Heftigkeit immer wieder
„einrissen, vermehrten die Unordnungen beständig; und die Auf-
„lagen, die sich um desto mehr vermehrten, je weniger Hülfs-
„quellen übrig waren, vollendeten das allgemeine Elend. Un-
„ter dem Diocletian waren vier Fürsten und vier große Armeen
„eine Ueberlast für den Staat, die er, ohne sich zu erschöpfen,
„nicht ertragen konnte. Nichts desto weniger schlich sich unter
„diesen Umständen die Asiatische Pracht am Hofe der Kaiser ein,
„welche den Völkern bisweilen so viel kostete, als selbst die Un-
„terhaltung der Armeen. Rom war damahls nicht mehr der
„Mittelpunct, in welchen die Reichthümer des Staats flossen, weil
„sich die Kaiser nicht mehr daselbst aufhielten; es verarmte da-
„her merklich, und dennoch unterwarf man Italien noch immer
„denselben Auflagen, die es ehedem entrichtet hatte. Dem
„Reiche, dessen Reichthümer erschöpft waren, gebrach es end-
„lich auch an Armeen zu seiner Vertheidigung. Da vor dem
„Diocletian, seitdem die kaiserliche Würde von den Armeen ab-
„hing, der Stand der Soldaten der glücklichste war, und zu den
„Waffen greifen nichts anders hieß, als aus einem Sclaven ein
„Unterdrücker und Tyrann werden; so fand das Reich bestän-
„dig mehr Miliz zu seiner Disposition, als es vonnöthen hatte.
„Als aber dieser Fürst die Legionen zum Gehorsam gewöhnt hatte,
„und die Armeen nicht mehr im Stande waren, die Kaiser ab-
„zusetzen, die Völker zu plündern, und sich selbst willkührliche
„Gratificationen geben zu machen; so wurde der Stand der Sol-
„daten nicht mehr beneidet, und niemand wollte mehr die Waf-
„fen tragen." — Als die Kaiser genöthiget waren, Barbaren
in ihren Sold zu nehmen, so fühlten diese Barbaren bald, daß
sie die ganze Macht des Reiches ausmachten, und wollten aus
Söldnern, die sie anfänglich waren, Herren und Gebiether werden; und von nun an war alles verloren.

DIODATI (GIOVANNI), ein berühmter Geistlicher und
Professor der Theologie zu Genf, 1579 zu Lucca geboren, starb
1652 zu Genf. Er ist bekannt durch seine

Uebersetzungen der Bibel in das Italiänische und Französische, und der

Geschichte des Tridentinischen Conciliums des Bruders
Paul in das Französische.

Zweiter Theil. A a DIODO-

DIODORUS, der Sicilianer, weil er aus Agyrium, einer Stadt in Sicilien war, schrieb unter Julius Cäsar und Augustus. Man hat von ihm eine

### Historische Bibliothek,

die Frucht von dreißigjährigen Untersuchungen. Man versichert, daß er alle die Orte besuchte, von welchen er zu reden hatte; und sein langer Aufenthalt zu Rom setzte ihn in den Stand, in den Bibliotheken nützliche Untersuchungen anzustellen. Sein Werk war in 40 Bücher getheilt, von denen uns nur noch 15 und einige Fragmente übrig sind. Er umfaßte die Geschichte fast aller Völker der Erde, der Aegyptier, Syrier, Meder, Perser, Griechen, Römer, Carthaginenser. Sein Styl ist weder elegant, noch zierlich, sondern einfach, klar und verständlich, und diese Einfalt hat nichts Niedriges noch Kriechendes. Freigebig in nichts bedeutenden und fabelhaften Dingen, schlüpft er über wichtige Begebenheiten hinweg. Da er aber viel compiliert hatte, so stellt seine Geschichte von Zeit zu Zeit wissenswürdige Dinge dar, und man muß den Verlust seiner übrigen Bücher, welche über die alte Geschichte vieles Licht verbreitet haben würden, sehr bedauern. Die erste (Lateinische) Ausgabe des Diodorus erschien zu Mailand, 1742 in Folio. Den beßten Text enthalten die von

Heinrich Stephan, 1559, Griechisch, und die von
Wesseling, Amsterdam 1746, 2 Bände in Folio, Griechisch und Lateinisch.

DIODORUS, von Antiochien, Priester dieser Kirche und nachher Bischof zu Tharsus, war ein Schüler von Sylvan und der Lehrer des H. Johannes Chrysostomus, Basilius und Athanasius. Diese Heilige ertheilen seinen Tugenden und seinem Eifer für den Glauben große Lobsprüche, welche auch von der ersten Kirchenversammlung zu Constantinopel bestätiget wurden. Der H. Cyrillus nennt ihn hingegen einen Feind des Ruhmes Christi, und hält ihn für den Vorläufer des Nestorius; aber dieses Urtheil scheint nicht gegründet zu sein.

Diodorus war einer der ersten Erklärer, die sich an den Buchstaben der Schrift hielten, ohne sich mit der Allegorie abzugeben; aber es ist von seinen Werken nichts, als einige Bruchstücke in der

### Catena Patrum Graecorum,

bis auf uns gekommen. Dieser Verlust ist gering, wenn es wahr ist, was man sagte, daß er die Liebe für den buchstäblichen

chen Sinn so weit trieb, daß er dadurch sogar die Weißagungen von Christo vernichtete.

DIOGENES, der Cyniker, geboren zu Sinope, einer Stadt in Pontus, wurde als ein falscher Münzer aus seinem Vaterlande vertrieben. Sein Vater, der ein Wechsler war, wurde eben dieses Verbrechens wegen vertrieben. Aus einem falschen Münzer ward er ein Cyniker: seine Bestrafung war die Ursache zu seiner Philosophie. Als er Sinope verließ, schrieb er an seine Mitbürger: „Ihr habt mich aus eurer „Stadt verwiesen, und ich verweis' euch in eure „Häuser. Ihr bleibt in Sinope, und ich gehe „nach Athen; ich werde mich täglich mit den vor= „trefflichsten Menschen von der Welt unterhal= „ten, indeß ihr in der schlechtesten Gesellschaft „sein werdet." Er nahm einen Sclaven, Namens Me= nades, mit sich, der bald darauf von ihm lief. Als man ihm rieth, ihm nachsetzen zu lassen, sagte er: „Wär es nicht lä= „cherlich, da Menades ohne den Diogenes leben „kann, wenn Diogenes nicht ohne den Menades „leben könnte?"

Als er nach Athen gekommen war, ging er zu dem Antis= thenes, dem Stifter der Cynischen Secte; aber dieser Philo= soph, der seine Schule geschlossen hatte, wollte ihn nicht anneh= men. Er kam von neuem. Antisthenes griff nach dem Stocke: „Schlag zu, sagte Diogenes, so lange du mir noch et= „was zu lehren haben wirst, wirst du nie einen „Stock finden, der hart genug wäre, mich von dir „zu entfernen." Der Meister wurde durch seine Beharrlich= keit überwunden, und erlaubte ihm, sein Schüler zu sein. Er hatte nie einen eifrigern. Diogenes fand an einer Art von Phi= losophie großen Geschmack, welche ihm Celebrität versprach, und ihm nichts vorschrieb, als Verzichtleistung auf Reichthümer, die er nicht besaß. Er vermehrte die Strenge der Lebensart des Cynismus noch mit neuen Graden derselben; nahm die Uniform der Secte; nahm einen Stock und einen Queersack, und hatte keine andere Möbel, als eine Trinkschaale. Als er einen jungen Menschen aus der hohlen Hand trinken sahe, sagte er, er leh= ret mich, daß ich noch überflüßige Dinge bei mir habe, und zerbrach die Schaale. Eine Tonne diente ihm zur Wohnung, und er nahm wie die Schnecken sein Haus überall mit sich. Man glaube indeß nicht, daß er in seinem zerrissenen

Mantel, mit seinem Queersack und in seiner Tonne nur um desto bescheidener war; er bildete sich auf seinem Haufen Stroh so viel ein, als ein Persischer Monarch auf seinem Throne.

Dieser eingebildete Philosoph kam eines Tages zu Plato, dessen Philosophie sanft und bequem war, trat mit beiden Füßen auf einen schönen Teppich, und sagte: „Ich trete den Stolz „des Plato mit Füßen.“ — „Ja, versetzte dieser, aber mit einer andern Art von Stolz.“ — Plato hatte den Menschen als ein zweifüßiges Thier ohne Federn definiert; Diogenes rupfte einem Hahne die Federn aus, warf ihn in die Schule des Plato, und sagte: Da ist euer Mensch. Wahrscheinlich sagte Plato bei dieser Gelegenheit, Diogenes sei ein Socrates-Narr.

Als sich Alexander der Große zu Corinth befand, verlangte er diesen sonderbaren Mann zu sehen, und fragte ihn, was er für ihn thun könne? Diogenes bat ihn, sich nur so bald als möglich von ihm weg zu begeben, und ihm nicht in der Sonne zu stehen. Der Eroberer wurde bei dieser Gelegenheit von dem Philosophen überwunden. Diese Antwort schien ihm so erhaben, daß er sagte: „Wenn ich nicht Alexander wäre, so wünscht' ich Diogenes zu sein.“

Sensit Alexander, testa cum vidit in illa
Magnum habitatorem, quanto felicior hic, qui
Nil cuperet, quam qui totum sibi posceret orbem.
*Iuven. Sat. 14.*

Kaum war das Decret publicieret worden, welches befahl, den Macedonischen Sieger unter dem Namen des Indischen Bacchus zu verehren, als er selbst unter dem Namen des Griechischen Serapis dasselbe verlangte. — Mit einem muntern, lebhaften, witzigen Geiste, und einer stolzen und hohen Seele, spottete er aller Thorheiten und trotzte allen Schrecknissen. — Eines Tages erschien der Cyniker am hellen Mittage, auf einem öffentlichen Platze mit einer Laterne in der Hand. Man fragte ihn, was er suche? Einen Menschen, antwortete er. — Ein andermal sah' er Richter, welche einen Missethäter zum Tode führten, der aus dem öffentlichen Schatze ein kleines Gefäß gestohlen hatte: Sehet da, rief er, große Spitzbuben, welche einen kleinen führen. — Ein Weib hatte sich an einen Olivenbaum gehenkt, er sprach:

Es

Es wäre zu wünschen, daß alle Bäume solche Früchte trügen.

Er war einige Zeit gefangen gewesen; als man ihn verkaufen wollte, rief er aus: Wer will sich einen Herrn kaufen? — Man fragte ihn: Was verstehst du? — den Menschen zu befehlen, antwortete unser Cyniker. — Als ihn ein edler Corinthier gekauft hatte, sagte er zu ihm: Du bist mein Gebiether; aber mache dich gefaßt, mir zu gehorchen, wie die Großen den Aerzten. — Seine Freunde wollten ihn frei kaufen: Ihr seid Schwächlinge, sagte er zu ihnen, die Löwen sind nicht die Sclaven derer, die sie ernähren, sondern diese sind die Diener der Löwen.

Diogenes entledigte sich bei seinem neuen Herrn aller Aufträge so gut, daß Xeniades (dieß war sein Name) ihm seine Söhne und Güter anvertraute, und immer sagte: ein guter Genius ist bei mir eingezogen. Man glaubt, daß er in diesem Hause alt ward, und 320 Jahr vor Christi Geburt im 96. Jahre starb. Man fand ihn in seinem Mantel gehüllt, ohne Leben. Er verordnete, sagt man, seinen Leichnam in einen Graben zu werfen, und nur mit ein wenig Erde zu bedecken. Aber du wirst so den wilden Thieren zur Nahrung dienen, sagten ihm seine Freunde. O, sagte er, gebt mir nur einen Stock in die Hand, damit ich sie forttreiben kann. — Aber wie wirst du das können, erwiederten sie, da du nichts empfinden wirst? — Nun, versetzte Diogenes, was schadet es also, wenn mich die Thiere zerreissen? — Man nahm auf seine Gleichgültigkeit gegen die Ehre des Begräbnisses keine Rücksicht. Seine Freunde hielten ihm ein prächtiges Leichenbegängniß zu Corinth. Die Bewohner von Sinope errichteten ihm Statüen. Sein Grab wurde mit einer Säule geziert, auf welche man einen Hund von Marmor setzte. Man verglich die Cyniker deßwegen mit diesem Thiere, weil sie vor aller Leute Augen sich ihrer dringendsten Bedürfnisse entledigten.

Man schreibt ihm folgende schöne Gedanken zu:

„Es giebt eine Uebung der Seele, wie des Körpers. Die erstere ist eine fruchtbare Quelle erhabener Bilder, welche in der Seele entstehen, sie entflammen und erheben. Die letztere darf nicht vernachläßiget werden, indem der Mensch nicht gesund ist,

wenn

wenn einer jener beiden Theile, aus welchen er besteht, krank
ist. "

„Durch Uebung kann alles erlangt werden, selbst die Tugend
nicht anßgenommen; aber die Menschen haben gearbeitet, sich
unglücklich zu machen, indem sie sich solchen Uebungen widmeten, die ihrem Glück deßwegen entgegen sind, weil sie ihrer Natur nicht angemessen sind. "

„Gewohnheit ertheilet selbst der Verachtung der Wollust Vergnügen. "

„Wir verdanken der Natur mehr, als dem Gesetz. "

„Zwischen dem Weisen und seinen Freunden ist alles gemein;
er ist in ihrer Mitte, wie das wohlthätige und höchste Wesen in
der Mitte seiner Geschöpfe. "

„Ohne Gesetz giebt es keine Gesellschaft. Durch das Gesetz
genießet der Bürger seiner Stadt, und der Republikaner seiner
Republik. Sind aber die Gesetze schlecht, so ist der Mensch in
der Gesellschaft unglücklicher und selbst schlechter, als im Stande
der Natur. "

„Was man Ruhm nennt, ist die Lockspeise der Narrheit,
und was man Adel nennt, die Maske desselben. "

„Eine wohlgeordnete Republik wäre das Bild des Lebens der
alten Welt. "

„Welches wesentliche Verhältniß waltet zwischen der Astronomie, der Musik, der Geometrie, und der Kenntniß seiner
Pflicht und der Liebe zur Tugend ob? "

„Der Triumph über sich selbst ist der höchste Zweck aller Philosophie. "

„Die Prärogative des Philosophen ist, über nichts zu erstaunen. "

„Die höchste Tollheit ist es, die Tugend zu lehren, sie zu
preisen, und nicht außzuüben. "

„Die Liebe ist die Beschäftigung der Geschäftslosen. "

„Der Lästerer ist das grausamste aller wilden Thiere, und
der Schmeichler das gefährlichste aller zahmen. "

„Man muß dem Glück durch Verachtung, dem Gesetz durch
die Natur, den Leidenschaften durch die Vernunft widerstehen. "

                                                          „Be-

„Bemühe dich, die Rechtschaffnen zu Freunden, damit sie dich antreiben, Gutes zu thun, und die Schurken zu Feinden zu haben, damit sie dich am Bösen hindern."

„Betrachte die Großen wie das Feuer: entferne dich weder allzu weit von ihnen, noch komm' ihnen allzu nahe."

„Die Musiker tragen Sorge, ihre Instrumente rein zu stimmen, ohne daran zu denken, in Rücksicht ihrer Leidenschaften dasselbe zu thun."

Diese Maximen sind vortrefflich, aber der Cyniker hatte auch gefährliche. — Er ergab sich mit Schamlosigkeit den unanständigsten Ausschweifungen. Er rühmte sich jener Unsittlichkeiten, über die man einen Schleier ziehen muß, weßwegen man sagte, man müsse nicht zu tief in seine Tonne sehen. Seine wenige Achtung für den öffentlichen Wohlstand, sein Hochmuth unter Lumpen, seine beißende Satyre, und nach einigen, sein Hang zum Atheismus, machten die Nachwelt glauben, die Tugenden des Diogenes wären mehr die Frucht des Stolzes, als der Weisheit. Da indeß sein Charakter viel Lebhaftigkeit hatte, so ist es wahrscheinlich, daß jene ruhige und heitere Unempfindsamkeit, aus welcher er die Uebel der Natur und die Beleidigungen der Menschen nicht achtete, großen Theils Folge seines Temperaments war.

DIOGENES, von Appollonia in Creta, zeichnete sich unter den Philosophen aus, welche, ehe Socrates zu Athen philosophierte, in Jonien blühten. Er war der Schüler des Anaximenes, und der Nachfolger desselben in der Jonischen Schule. Er berichtigte die Meinung seines Meisters über die erste Ursache in etwas. Er erkannte, wie jener, die Luft für die Materie aller Wesen an; aber er schrieb dieses primitive Princip einer göttlichen Kraft zu. Man sagt, er habe zuerst beobachtet, daß sich die Luft verdicke und verdünne. Er blühte um das Jahr 500 vor Christi Geburt.

DIOGENES BABYLONIUS, ein Stoischer Philosoph, zu Seleucia bei Babylon. Er war ein Schüler des Chrysippus. Die Athenienser schickten ihn mit Carneades und Critolaus um das Jahr 155 vor Christi Geburt nach Rom. Er starb im 88. Jahre, nachdem er sein Leben hindurch sowohl durch seine Aufführung als durch seine Lehren die Weisheit geprediget hatte. Als er eines Tages über den Zorn sprach, und stark gegen diese

Leiden=

Leidenschaft declamierte, spuckte ihm ein junger Mensch ins Gesicht; Diogenes sprach zu ihm: Ich erzürne mich nicht, bin aber mit mir selbst noch nicht einig, ob ich mich nicht erzürnen sollte.

DIOGENES LAERTIUS, zu Laerte, einer kleinen Stadt in Cilicien, geboren, ein Epicureischer Philosoph, schrieb Lebensbeschreibungen der Philosophen in 10 Büchern. Dieses Werk ist bis auf uns gekommen. Ob es gleich ohne Annehmlichkeit, ohne Methode, und selbst nicht mit Genauigkeit geschrieben ist, so ist es doch für diejenigen sehr schätzbar, welche denken, weil man darin den Character und die Sitten der berühmtesten Philosophen des Alterthums studieren kann. Diesem Geschichtschreiber fehlte es an Geist, und dennoch machte er bisweilen Verse, mit welchen er seine Lebensbeschreibungen der Philosophen überlud, und die noch platter sind, als seine Prosa. Er hatte auch ein Buch Epigrammen geschrieben, auf welche er sehr oft verweiset. Er lebte um das Jahr 193 nach Christi Geburt.

Die erste Ausgabe seiner Werke ist die zu Venedig, 1475 in Folio; die beste die zu Amsterdam, 1692, mit Anmerkungen von Menagius, 2 Bände in 4.

DIOGENIANUS, aus Heraclea im Pontus oder in Carien, ein berühmter Grammatiker in der ersten Hälfte des zweiten Jahrhunderts, hinterließ eine Sammlung von Sprichwörtern, welche Andreas Schottus zuerst aus zwei Handschriften bekannt machte, Antwerpen 1612 in klein Folio.

DIOGNETUS, Baumeister der Stadt Rhodus, lebte in der 119. Olympiade. Er mußte einem andern, Namens Callias, einem Baumeister von Aradas, diese Stelle abtreten, weil sich dieser durch Erfindung einer Maschine, vermittelst welcher man die Sturmthürme über die Mauern ziehen, und in die Stadt versetzen konnte, bei der Bürgerschaft von Rhodus einschmeichelte. Indessen ließ der König Demetrius Poliorcetes einen solchen Thurm von 125 Fuß in der Höhe und 60 in der Breite verfertigen, um diese Stadt daraus zu bestürmen: da nun Callias aufgefordert wurde, diesen Thurm vermittelst seiner Maschine in ihre Gewalt zu bringen, mußte er gestehen, daß er es nicht vermöchte. Man erholte sich daher beim Diognetus Raths, welcher es anfänglich ausschlug, sich aber endlich dazu bere-

bereden ließ. Er ließ an dem Orte, wo dieser Thurm zu stehen kommen sollte, eine Oeffnung in die Mauer machen, und befahl, eine große Menge Wasser, Koth und Unreinigkeiten dahin auszugießen, in welchem Schlamme der Thurm bei seiner Annäherung stecken blieb, und weder vorwärts noch zurück gebracht werden konnte, daher Demetrius genöthiget wurde, die Belagerung aufzuheben, worauf die erledigte Stadt dem Diognetus öffentlichen Dank abstattete, und ihn mit Ehre und Geschenken überhäufte.

DIOGNETUS, ein Philosoph unter der Regierung des Marcus Aurelius, lehrte diesem Fürsten die Philosophie lieben und ausüben, und Dialogen machen. Der Zögling hatte beständig viel Achtung für seinen Meister. Man glaubt, daß er derselbe sei, an welchen der Brief an Diognetus gerichtet ist, der sich in den Werken des H. Justinus befindet: wenigstens scheint es gewiß, daß er nicht an einen Juden, wie einige Gelehrte glaubten, sondern an einen Heiden geschrieben wurde. Die Art und Weise, mit welcher der Verfasser desselben zu dem spricht, an welchen er ihn schrieb, läßt fast keinen Zweifel daran übrig. Siehe, spricht er zu dem Diognetus, nicht nur mit den Augen des Körpers, sondern auch mit denen des Geistes, auf welche Weise und unter welcher Form diejenigen existieren, welche ihr für Götter haltet. Der eine ist von Stein, der andere von Erzt; und doch betet ihr sie an, und dienet ihnen. Würde man wohl zu einem Juden so sprechen?

Dieser Brief an den Diognetus ist eins der köstlichsten Stücke des kirchlichen Alterthums. Nichts ist mit der Schilderung zu vergleichen, die der Verfasser darin von dem Leben und den Sitten der ersten Christen macht; und was er von den Geheimnissen der Religion sagt, ist voll von Nachdruck und Größe.

DIOMEDES, Grammatiker, älter als Priscian, da ihn dieser oft anführt. Wir haben von ihm 3 Bücher:

*De orationis partibus, et vario Rhetorum genere,*

wovon mehrere Ausgaben vorhanden sind; die von Elias Putschius, 1605 in 4. wird für die beßte gehalten.

DION, von Syracus, General und Schwiegersohn des ältern Dionysius, Tyrann von Syracus, beredete diesen

Fürsten,

Fürſten, daß er den **Plato** an ſeinen Hof kommen ließ.    **Dion**
vertrieb den **jüngern Dionyſius** aus Syracus, und leiſtete
ſeinem Vaterlande große Dienſte.    Er wurde von **Callippus**,
einem ſeiner Freunde, 354 Jahr vor Chriſti Geburt ermordet.

**DIONIS** (Pierre), Rath und erſter Chirurg der Dauphine
und der Kinder von Frankreich, wurde zum Lehrer der Anatomie
und der chirurgiſchen Operationen, bei der Errichtung dieſes
Lehrſtuhls von **Ludewig** XIV. im königlichen botaniſchen Garten,
ernannt.    Dieſer geſchickte Mann ſtarb 1718 zu Paris, ſeiner
Vaterſtadt, nachdem er mehrere in Frankreich und im Auslande
wohl aufgenommene Schriften geliefert hatte.    Den meiſten
Beifall erhielten:

*Cours d' Operations de Chirurgie*, Paris 1707, 1736, in 8.

*L' Anatomie de l' homme, 1729.*

*Traité de la maniere de ſecourir les Femmes dans leurs accouche-
mens.*

**DIONYSIUS**, Patriarch von Alexandrien, folgte
im Jahr 247 dem **Heracles** nach, war durch Leſung
der Paulliniſchen Briefe zum Chriſtenthum bekehrt worden,
und einer der vornehmſten Schüler des **Origenes**.
Sein Muth, ſein Eifer, ſeine chriſtliche Liebe zeigten ſich
während der Verfolgungen, die ſich unter der Regierung des
**Philippus**, und unter der des **Decius**, im Jahr 250,
gegen ſeine Kirche erhoben, in allem Glanze.    Nicht weniger
glänzten ſeine Tugenden während des Schisma der Novatianer
gegen den Papſt **Cornelius**, und während der Verwirrungen,
welche der Irrthum des **Sabellius**, der die Dreieinigkeit
läugnete, anrichtete.    Dieſe Häreſie verwüſtete Pentapolis:
Dionyſius ſchrieb mehrere donnernde Briefe gegen ſie.    Er ſtarb
264, nachdem er die Kirche zu Alexandrien 11 Jahr verwaltet
hatte.

Von allen ſeinen Schriften ſind nach Einiger Meinung nichts
als Bruchſtücke und ein **Brief** noch vorhanden.    Man legt
ihm bei:

*Commentarii in Dionyſium Areopagitam*, die ein Werk eines
viel jüngern Dionyſius von Alexandrien ſind;

*Epiſtola ad Paulum Samoſatenum*, welche von den meiſten
als unecht verworfen wird;

*Epiſtola*

*Epiſtola de reſurrectione Dominica et paſchalis jejunii termíno,*
welche auch

*Epiſtola, ad Baſilidem episcopum Pentapolitanum,* heißt,
daher einige zwei Briefe daraus gemacht haben.

DIONYSIUS von Antiochia, lebte nach dem Jahr 484, und
war ein Sophiſt und Chriſt, und ſtand mit dem Aeneas Ga=
zäus in einem Briefwechſel. Es ſind von ihm 46 Briefe übrig,
welche ſich in den

*Epiſtolis etc. Pariſ. Henr. Steph. 1577.* in 8.

und in den

*Epiſtolis Graecanicis. Col. Allobr. 1606.* in Folio.
befinden.

DIONYSIUS AREOPAGITA, ein Richter des Areopagus
zu Athen, wurde von dem Apoſtel Paulus bekehrt, und zum Bi=
ſchof von Athen eingeſetzt. Er endigte in dieſer Stadt ſein Le=
ben um das Jahr 95 durch den Märtyrertod. In den Jahrhun=
derten der Unwiſſenheit ſchrieb man ihm mehrere Werke zu; heut
zu Tage aber, wo man falſche Traditionen auf der Wage der
Critik wägt, iſt man von dieſen Vorurtheilen zurück gekom=
men. Der Styl und die Methode dieſer Werke iſt von der Ma=
nier, in welcher man im erſten und zweiten Jahrhunderte ſchrieb,
weit entfernt, und ſcheint in das fünfte zu gehören. Der Jeſuit
Balthaſar Corderius gab ſie 1634 zu Antwerpen Griechiſch
und Lateiniſch in 2 Foliobänden heraus. Der erſte Band ent=
hält die

Scholien des H. Maximius, die Paraphraſe des
Georg Pachymera, das Buch
*de Hierarchia coeleſti* in 15, das
*de Hierarchia eccleſiaſtica* in 7, und das
*de Nominibus divinis* in 13 Capiteln,

Der zweite Band enthält die

*Theologia myſtica* in 5 Capiteln und einige Briefe.

Seine Liturgie findet man in einem kleinen und ſeltenen Octav=
bande, Cölln 1530, unter dem Titel:

*Ritus et obſeruationes antiquiſſimae.*

Seine Werke ſtehen auch in der Bibliotheca Patrum.

DIONY-

DIONYSIUS ATTICISTA (AETIUS), von Halicarnaß, ein Nachkomme des Geschichtschreibers, stand unter dem Adrian vor dem Jahr 138, als Sophist und Tonkünstler in Ruhm, und schrieb verschiedene Werke, worunter ein Tractat

περι ἀκλιτων ῥηματων

vorhanden ist, der sich im

Cornu Copiae., f. Horti Adonid. Venet. 1496, Sol. befindet.

DIONYSIUS, der Chartheuser, aus Rikel, in der Diöces Lüttich, lebte 48 Jahr bei den Chartheusern zu Rüremonde, und starb 1471 im 69 Jahre, nachdem er durch seine Gelehrsamkeit und seine Tugenden der Kirche gedient hatte. Sein beständiger Hang zur Betrachtung machte, daß man ihn Doctor extaticus nannte. „Dieser Titel,“ spricht der Abbe Goujer, „scheint mir eben nicht allzu vielen Grund zu haben. Wer „die Menge seiner Werke kennt, wird leicht einsehen, daß „er sich kaum Zeit nahm, zu meditieren, und sich während er „schrieb in eine Extase versetzen zu lassen.“ Er schrieb an den Papst und an mehrere christliche Fürsten Briefe, um sie zu belehren, daß der Verlust des Orientalischen Reichs eine Wirkung des Zornes Gottes sei, der auf die Gläubigen verdienter Maßen zürne. Man hat von ihm eine große Menge Werke, die voll von nützlichen Belehrungen und einer rührenden Salbung, aber in einem Styl ohne Politur und ohne Erhabenheit geschrieben sind.

Dionysius hatte viel gelesen, und es fehlte ihm nicht an Gelehrsamkeit. Er wandte auf Gegenstände des gemeinen Lebens Stellen der Schrift glücklich an, war nüchtern und weise in der Spiritualität, und es giebt kaum einen Mystiker, dessen Werke man mit so vielem Vergnügen und Nutzen liest. Sie wurden 1540 zu Cölln in 21 Foliobänden herausgegeben, wobei auch seine Commentare mit begriffen sind. Sein

Tractat gegen den Alcoran, in 5 Büchern, Cölln 1533, in 8.

ist nicht gemein. Der Tractat

De bello inftituendo aduerfus Turcas,

der im ersten jener Bücher enthalten ist, wurde wegen gewisser gezwungenen Anwendungen und wegen einiger sonderbaren Visionen unterdrückt.

DIONY-

DIONYSIUS, Biſchof von Corinth, blühte unter der Regierung des Marcus Antoninus und Commodus, und ſoll um das Jahr 178 den Märtyrertod geſtorben ſein. Er hatte mehrere Briefe geſchrieben, aus welchen Euſebius intereſſante Bruchſtücke aufbewahret hat.

DIONYSIUS EXIGUUS, ſo genannt, weil er von kleinem Wuchſe war, wurde in Scythien geboren, gieng nach Rom, und ward daſelbſt Abbt eines unbekannten Kloſters. Er war es, welcher den

*Cyclus paſchalis,*

und die Zeitrechnung von der Geburt des Erlöſers zuerſt einführte, und dadurch ſeinen Namen unſterblich machte, obgleich ſeine Zeitrechnung um zwei Jahr zu früh anfängt.

Man hat von ihm einen

*Codex canonum eccleſiaſticorum,*

welchen er auf Veranlaſſung des Biſchofs Stephanus zu Salona ſammelte, und aus dem Griechiſchen überſetzte. Er wurde nach dem Zeugniß des Caſſiodorus von der Römiſchen, und nach dem Zeugniß des Hincmar, von der Franzöſiſchen und andern Lateiniſchen Kirchen gebilliget und angenommen. (Chriſtoph Juſtel gab 1628 zu Paris von dieſer Sammlung eine Ausgabe in 8. heraus). Dionyſius vermehrt ihn noch mit einem

*Liber decretorum, ſ. decretalium epiſtolarum pontificum Romanorum,*

welches mit denen des Siricus, vom Jahr 385, anfängt, und ſich mit denen des Anaſtaſius, vom Jahr 496, ſchließt. Man hat auch von ihm eine Ueberſetzung des Tractats

*De creatione hominis,*

vom H. Gregorius von Niſſa. Der Sinn deſſelben iſt treu und verſtändlich ausgedrückt, aber nicht in eleganten und gewählten Ausdrücken.

Caſſiodorus, der ihn mit Lobſprüchen überhäufte, verſichert, er habe das Griechiſche ſo vollkommen verſtanden, daß er, wenn er die Augen auf ein Buch in dieſer Sprache warf, es Lateiniſch, und ein Lateiniſches in Griechiſcher Sprache las. Er ſtarb vor dem Jahr 536.

DIONYSIUS von Halicarnaß, Geſchichtſchreiber und Critiker des Alterthums, geboren zu Halicarnaß, einer Stadt in

Carien,

Carien, dem gewöhnlichen Aufenthalt der Könige dieser Provinz, in welcher auch Herodotus vor ihm geboren wurde. Dionysius ging um das Jahr 30 vor Christi Geburt nach Rom, woselbst er 22 Jahre blieb. Er lernte die Lateinische Sprache, um die Geschichtschreiber des Landes zu studieren. Er stand mit allen Gelehrten Roms in Verbindung, und studierte ernstlich alle Schriftsteller, so wohl Griechen als Lateiner, die vom Römischen Volke sprachen. Mit diesen Hülfsmitteln schrieb er seine

*Antiquitates Romanae* in 20 Büchern,

von denen wir nur die 11 ersten noch haben, die bis auf das Jahr 312 der Erbauung Roms gehen.

Die alten Schriftsteller, welche des Dionysius erwähnen, geben ihm ein gewandtes Genie, gründliche Gelehrsamkeit, richtige Beurtheilung und scharfe Critik. Heinrich Stephan sagt, die Römische Geschichte konnte nicht besser geschrieben werden, als es Dionysius von Halicarnaß in der Griechischen, und Titus Livius in der Lateinischen Sprache thaten. Dieses Urtheil ist in Ansehung des Styles nicht ganz war. Die des Lateinischen Schriftstellers ist ganz anders schön, edel, erhaben, groß, lebhaft, als die des Griechen, die fast immer schwach, weitschweifig und schleppend ist. Was sie mit einander gemein haben, ist, daß sie bisweilen allzu leichtgläubig sind; aber Dionysius ist mehr ein Compilator der Alterthümer als ein Geschichtschreiber. — Die beste Ausgabe seiner Werke ist die von Johann Hudson, Orford 1704, 2 Bände in Folio, man schätzet auch die von Sylburg, Frankfurt 1586.

Er schrieb auch einen Tractat

*De Structura Orationis*,

der sehr geschätzt wird.

DIONYSIUS, Bischof von Mailand, vertheidigte auf der Kirchenversammlung in dieser Stadt, im Jahr 355, den Glauben des Nicäischen Conciliums. In der Folge hatte er die Schwachheit, das Verdammungsurtheil des H. Athanasius zu unterschreiben; als er aber seinen Fehler wieder gut gemacht hatte, schickte ihn der Kaiser Constantius nach Cappadocien in das Exsil, wo er einige Zeit darauf starb.

DIONYSIUS, erster Bischof zu Paris, wurde unter der Regierung des Decius, um das Jahr 240, nach Gallien geschickt.

geschickt. Er erhielt die Palme des Martyrthums, und wurde nebst seinen Gehülfen, dem Priester Rusticus, und dem Diaconus Eleutherus, enthauptet. Man hat ihn sehr unrichtig mit dem Dionysius Areopagita verwechselt. Hilduin, Abbt von St. Denys, war der erste, der es im 9. Jahrhundert unternahm zu beweisen, der Bischof von Paris und der Bischof von Athen sei Eine und dieselbe Person. Er war es auch, welcher es aufbrachte, der heilige Martyrer habe seinen Kopf in seinen Händen getragen. Diese Meinung kam durch Hilduin von Paris nach Rom; durch Methodius, seinen Zeitgenossen, von den Römern zu den Griechen, und aus Griechenland, vermittelst der Uebersetzung, welche Anastasius von der vom Methodius verfaßten Lebensbeschreibung des H. Dionysius machte, wieder nach Frankreich zurück. Diese Meinung gehörte lange Zeit unter diejenigen, deren Bestreitung gefährlich war; jetzt aber ist sie selbst durch die gläubigsten Legendenschreiber gänzlich widerlegt.

DIONYSIUS PERIEGETA, zu Carax im glücklichen Arabien geboren, ein alter Dichter und Geograph, schrieb eine Menge Bücher, aber seine

*Periegesis* oder Beschreibung der Welt,

ist das einzige, was uns von ihm übrig geblieben ist, und es würde überflüßig sein, zu sagen, daß es eins der genauesten Systeme der alten Geographie ist, da man sagt, daß es sich selbst Plinius zum Muster nahm.

Einige lassen ihn zu den Zeiten des Augustus leben, aber Scaliger und Salmasius setzen ihn unter die Regierung des Severus oder Marcus Aurelius, und diese Meinung scheint die gegründetste zu sein. Sein Werk erschien zu Orford 1697, 1704 und 1710 in 8. Die Ausgabe von 1710 ist die schönste, aber die von 1704 hat Carten, welche die beiden andern nicht haben.

DIONYSIUS, der Römer, Nachfolger des Sixtus im Pontificat, stand der Römischen Kirche 10 Jahr und einige Monate vor. Er wurde den 22. Juli 259 auf Petri Stuhl gesetzt, und starb den 26. December 269. Im Jahr 261 hielt er eine Synode, auf welcher er die Häresie des Sabellius, und den ihr entgegen gesetzten, seitdem von Arius behaupteten Irrthum anathematisierte. In den Epistolis Romanorum Pontificum

des

des D. Constanz findet man einige Briefe dieses Papstes ge=
gen den Sabellius.

DIONYSIUS I. Tyrann von Syracus, Sohn des
Hermocrates, ward aus einem bloßen Schreiber General
der Syracusaner, und in der Folge ihr Tyrann. Er declamier=
te mit Nachdruck gegen den alten Magistrat, ließ ihn absetzen,
einen neuen wählen, und stellte sich 405 Jahr vor Christi Ge=
burt an dessen Spitze. Um sich in seiner Macht zu befestigen,
erhöhte er den Sold der Soldaten, rief die Verbannten zurück,
und ließ sich vom Volk eine Leibwache geben. Er führte gegen
die Carthaginenser fast beständig, aber mit verschiedenem Erfolge
Krieg. Als die Stadt Gela von ihnen erobert worden war,
empörten sich die Syracusaner gegen ihn. Der Tyrann unter=
drückte die Rebellen, verordnete die Niedermetzelung aller in
Sicilien befindlichen Carthaginenser, und schwor der Stadt Car=
thago einen ewigen Haß.

Mit der Leidenschaft zu befehlen verband er auch die, Verse
zu machen. Er schickte seinen Bruder Theodor nach Olympia,
um daselbst in seinem Namen um den Preis der Dichtkunst und
des Wagenrennens zu kämpfen. Seine Gedichte wurden aus=
gepfiffen. Da er sich nun aber an den Verächtern seiner Verse
nicht rächen konnte, so rächte er sich an seinen Unterthanen. Alle
schönen Geister von Syracus, welche an seiner Tafel speisten,
benutzten jede Gelegenheit, in ihm den Krieger, aber noch nicht
den Dichter zu loben. (Man sehe den Artikel ARISTIPPUS).
Nur der einzige, durch seine Dithyramben berühmte Philoxe=
nus ließ sich von dem Strohme nicht hinreissen. Dionysius las
ihm eines Tages ein Stück in Versen vor, und dräng in ihn,
seine Meinung darüber zu sagen. Er erklärte sich ohne Beden=
ken, daß es schlecht sei. Der Fürst befahl, ihn in die Stein=
brüche zu führen, ließ ihn aber auf Bitten seines Hofes wieder
frei. Den Tag darauf wählte er das, was er für sein Meister=
stück hielt, und zeigte es dem Philoxenus. Der Dichter wandte
sich hierauf, ohne ein Wort zu sagen, zu dem Hauptmann der Leibwa=
che, und sagte Bringt mich in die Steinbrüche. Zu Athen
wurde der Tyrann weniger streng beurtheilt. Er ließ bei einem
Concurs um den Preis eine seiner Tragödien daselbst aufführen; und
man erklärte ihn zum Sieger. Dieser Triumph schmeichelte ihm
mehr, als alle seine gewonnenen Schlachten. Er verordnete,
den Göttern deßhalb feierliche Dankopfer zu bringen. Seine
Auf=

Ausschweifung in der Freude ließ es nicht zu, daß er an der Tafel mäßig war, und er starb an einer Indigestion, im 38. Jahre seiner Regierung, im 63. seines Alters, und im Jahr 386 vor Christi Geburt.

Dionysius hatte alle Laster eines Usurpators: er war ruhm=süchtig, grausam, rachsüchtig, argwöhnisch. Er ließ sich ein unterirdisches Haus, mit einem breiten Graben umgeben, bauen, in welches seine Gemahlin und seine Söhne nur dann kommen durften, wenn sie sich von ihren Kleidern entblößt hatten, weil er fürchtete, sie möchten Waffen unter denselben verborgen ha=ben. Er trug beständig einen Brustharnisch. Als ihm einmahl sein Barbier sagte, sein Leben stehe jetzt in seinen Händen, ließ er ihn umbringen, und sahe sich nun in der Nothwendigkeit, sich den Bart selbst abzusengen. Sein tyrannisches Mißtrauen ist in einem Denkmahl verewiget, welches noch in Sicilien vorhanden ist; es ist eine Höhle von außerordentlicher Größe, welche das Ohr des Tyrannen Dionysius genannt wird. Sie ist in einen Felsen gehauen, und hat genau die Gestalt eines mensch=lichen Ohrs; ihre Höhe ist 80 Fuß, und ihre Länge 250. Man sagt, sie sei so gebaut gewesen, daß alle in derselben hervorge=brachten Töne sich wie in einem Brennpuncte auf einem gewissen Platze sammelten, welcher das Tympanum genannt wurde. Ueber d esem Tympanum hatte sich der Tyrann ein kleines Loch machen lassen, welches mit einem Zimmer in Verbindung stand, worin er sich zu verbergen pflegte. Er hielt sein Ohr an das Loch, und hörte so alles genau, was in der Höhle gesprochen wurde. Als dieses Werk vollendet war, ließ er alle, die daran gearbeitet hatten, umbringen. Er warf in der Folge alle die Personen hinein, die er für seine Feinde hielt, und ließ sie, sagt man, nachdem er auf vorbemeldete Weise ihre Reden gehört hatte, entweder hinrichten oder wieder auf freien Fuß.

Eben so bekannt als sein Mißtrauen, ist auch seine Gottlosig=keit. Er hatte einer Statüe des Jupiter den goldenen Mantel genommen, und ihn mit einem wollenen ersetzt, und sagte: Ein goldener Mantel ist im Sommer zu drückend und im Winter zu kalt; der gute Sohn des Saturn kann sich mit einem schlechtern begnügen. Ein ander Mahl nahm er dem Aesculap den goldenen Bart, und sagte, es schicke sich nicht, daß er einen Bart trage, indeß sein Vater Apollo keinen habe. Er plünderte den Tempel der Proserpina zu Locri, und als er zu

Zweiter Theil.　　　　　B b　　　　　seiner

seiner Rückkehr günstigen Wind hatte, sprach er zu denen, die ihm zu dieser Expedition gefolgt waren: Ich sehe, daß die Götter keine Feinde der Kirchenräuber sind.

Er nahm sich an Einem Tage zwei Gemahlinnen: Doris von Locri, und Aristomache, die Tochter eines der vornehmsten Bürger von Syracus. Die erstere gebahr ihm den Dionysius, der sein Nachfolger war. (Man sehe die Artikel DAMOCLES und DAMON).

Am Schluß dieses Artikels wollen wir noch anführen, daß wir den Dionysius darin nur nach der allgemeinen angenommenen Idee von demselben geschildert haben. Aber die Wahrheit der Geschichte fodert, daß wir nun auch, nach Rollin, hinzusetzen, daß in seine Laster der Herrschsucht und des Despotismus große Eigenschaften gemischt waren. Er ertrug den Widerspruch oft, ohne weder Unwillen noch Zorn darüber zu bezeigen. Er beobachtete gegen das Volk von Syracus im Allgemeinen ein sehr freundliches und populäres Betragen. „Die „Vertraulichkeit, mit welcher er mit den geringsten Bürgern, und „selbst mit den gemeinsten Handarbeitern sprach; die Gleichheit, „die er unter seinen beiden Gemahlinnen beobachtete, die Achtung „und Aufmerksamkeit, die er ihnen bewies; alles dieß be„weiset," spricht Rollin, „daß Dionysius mehr Billigkeit, „Mäßigung, Güte und Großmuth besaß, als man gemeiniglich „glaubt."

Er war weder wie Phalaris, noch wie Nero, ein Tyrann. Was seine Dichter-Manie anlangt, so sagt Rollin, es sei immer besser, daß Dionysius die Stunden seiner Muße aufs Versemachen wendete, als wenn er sie den Wollüsten und eben so verderblichen Vergnügungen gewidmet hätte. Eben so dachte auch Dionysius der jüngere darüber, als er sich zu Corinth befand. Philipp von Macedonien fragte ihn in einem ironischen Tone, wo denn sein Vater die Zeit zu seinen Oden und Tragödien hergenommen hätte? Dionysius antwortete ihm: Er machte sie in denjenigen Stunden, die Du und ich am Trinktisch und in Vergnügungen zubringen.

DIONYSIUS, der Jüngere genannt, Sohn und Nachfolger der Vorhergehenden, berief auf den Rath seines Schwagers Dion den Plato an seinen Hof. Der Philosooh brachte
dem

dem Tyrannen keine sanftern Empfindungen bei. Dionysius
erstlierte, verführt durch seine Schmeichler, den Dion, und
ließ seine Gemahlin einen andern heirathen. Diese Kränkung
reitzte das Herz des Dion zur Rache auf; er zog gegen den
Dionysius, und nöthigte ihn, im Jahr 343 vor Christi Geburt
Syracus zu verlassen. Zehen Jahre nachher kehrte er zurück,
und wurde von dem General der Corinthier Timoleon von
neuem vertrieben.

Dionysius der Aeltere hatte seinem Sohne vorher gesagt, was
ihm begegnen würde. Er machte ihm eines Tages Vorwürfe
über die Gewalt, die er einer Dame von Syracus angethan
hatte, und fragte ihn im Zorn, ob er wohl jemahls gehört hätte,
daß er in seiner Jugend so etwas begangen habe? Dieß kam
daher, antwortete ihm der junge Mensch mit Heftigkeit,
weil du kein Sohn eines Königs warst. — „Und
„du," erhielt er zur Antwort, „wirst nie der Vater
„eines Königs werden!" Eine Weissagung, die in Erfüllung ging.

Als Dionysius der Jüngere, der noch grausamer und
weniger staatsklug als sein Vater war, aus Syracus vertrieben
worden war, begab er sich nach Corinth, wo er, sagt man, eine
Schule eröffnete, um, wie sich Cicero ausdrückt, doch noch
eine Art von Herrschaft zu haben. Man hätte ihm diese
Plaisanterie selbst sagen können; denn er schien Spaß zu verstehen, und wußte darauf zu antworten. Ein Corinthier, der
in sein Zimmer trat, und sein spotten wollte, schlug, wie vor
einem Tyrannen, seinen Mantel auseinander, um zu zeigen,
daß er keine Waffen darunter verborgen habe; aber Dionysius
faßte den Streich, der ihm selbst versetzt werden sollte, sogleich
auf, und ließ ihn auf den Spötter zurück fallen, indem er
sagte: Mein Freund, schlage lieber deinen Mantel
auseinander, wenn du fortgehen wirst, um ihm damit zu erkennen zu geben, er trau es ihm zu, daß er etwas
mitnehmen könne. — Ein anderer Corinthier suchte ihn über
den Umgang aufzuziehen, den er während seiner Größe mit den
Philosophen gehabt hatte, und fragte ihn spöttisch, wozu ihm
die ganze Weisheit des Plato genutzt habe? Findest du denn,
erwiederte er ihm, daß ich von der Lehre des Plato
gar keinen Nutzen zog, wenn du bedenkst, wie ich
mein Mißgeschick ertrage?

Seine

Seine Schulmeisterschaft schien Heumann, einem Deutschen Gelehrten, welcher einen dicken Quartband über diesen Gegenstand geschrieben hat, eine Fabel zu sein.

DIOPHANTUS, ein Griechischer Mathematiker, von welchem wir
*Quaestiones Arithmeticas* in 6 Büchern
haben, die 1575 zum ersten Mahl gedruckt wurden. Er ist der
erste und einzige Grieche, bei welchem wir Spuren der Algebra
finden, weßwegen man ihn für den Erfinder derselben hält.
Diese sechs Bücher, das Ueberbleibsel von einem Werke, welches
aus 13 Büchern bestand, wurden zuerst von Xylander und
dann von Meziriac übersetzt und commentiert. — Diophantus wurde zu Alexandrien, man weiß aber nicht wenn, geboren,
einige sagen er lebte vor Christo, andere aber unter der Regierung des Nero und der Antoninen; beide Angaben sind aber gleich
ungewiß. Sein Ansehen scheint unter den Alten sehr groß gewesen zu sein, denn sie setzen ihn ohne Bedenken dem Pythagoras und Euclides an die Seite.

DIOSCORIDES (PEDACIUS), ein großer Arzt von Anazarba,
nachher Cäsarea, in Cilicien, blühte unter der Regierung des
Nero, und schrieb 5 Bücher über die
*Materia medica.*

DIOSCORIDES, einer der berühmtesten Edelsteinschneider,
blühte um das Jahr der Welt 3950. Man findet in der Stoschi-
schen Sammlung Kupferstiche nach seinen Werken, Nr. 25 und
26 die Köpfe des Kaisers Augustus, Nr. 27 des Mäcenas,
Nr. 28 das Bild des Mercur, Nr. 29 des Diomedes, Nr. 30
des Perseus, und Nr. 31 des durch Hercules bezwungenen Cer-
berus, welche in verschiedene Gattungen von Edelsteinen mit
des Künstlers eingegrabenem Namen in Kunstcabinetten zu
finden sind. Der Kaiser August bediente sich seines von Dioscorides verfertigten Bildnisses statt eines Insiegels, welches
auch einigen nachfolgenden Kaisern zu gleichem Gebrauch diente.

Ein anderer Dioscorides von Samos arbeitete in Musaik.
Man hat um die Mitte des 18. Jahrhunderts zwei schöne, mit
seinem Namen bezeichnete Stücke zu Pompeji ausgegraben.

DIOSCORUS, Patriarch von Alexandrien, erst Diaconus
und Apocrysiarius dieser Kirche, verwaltete diese letztere Stelle,
als

als er den alten Streit über die Primatie gegen den Patriarchen von Antiochia erhob. Als im Jahr 439 diese Angelegenheit vor eine Synode zu Canstantinopel gebracht wurde, vertheidigte Theodoretus, Suffragant von Antiochien, die Rechte dieser Kirche mit so großer Beredsamkeit, daß Dioscorus der Stärke seiner Gründe nachgab. Aber von diesem Augenblick an faßt' er einen unversöhnlichen Haß gegen seinen Besieger.

Als er nach dem Tode des H. Cyrillus, im Jahr 444, zum Patriarchen erwählt wurde, nahm er den Häretiker Eutiches in seinen Schutz. Auf der Synode zu Ephes, 449, welche mit so großem Recht die Straßenräuberei von Ephes genannt wird, verblieb er halsstarrig bei seinen Irrthümern. In dieser aufrührerischen Versammlung wurden alle Regeln verletzt. Hundert und dreißig Bischöfe, die entweder durch Liebkosungen gewonnen, oder durch Drohungen in Schrecken gesetzt worden waren, unterschrieben die Wiedereinsetzung des Eutyches, und die Absetzung des H. Flavianus, der diese Mißhandlung nur kurze Zeit überlebte. Nach der Synode wagte es Dioscorus, gegen den Pabst Leo eine Excommunication vorzubringen, welche er von zehen Bischöfen unterschreiben ließ; aber im folgenden Jahre ward er auf einer Kirchenversammlung zu Constantinopel selbst abgesetzt. Er wurde vor das allgemeine Concilium zu Chalcedonien gefordert, und erschien nicht. Diese Versammlung, die im Jahr 451 gehalten wurde, setzte ihn nach drei vergeblichen Vorladungen vom Bißthum und Priesterthum ab. Mehrere Personen reichten Klagen gegen ihn ein, woraus man alle seine Verbrechen aufdeckte. Der Kaiser verwies ihn nach Gangra in Paphlagonien, wo er im Jahr 458 starb.

DIPOENUS und SCYLLIS, Söhne oder Schüler des Dädalus von Sicyon, der ohngefähr 580 Jahr vor unserer Zeitrechnung lebte, machten zu Sicyon die Statüen des Apoll, der Diana, des Hercules und der Minerva. Die Städte Ambracia, Argos, Cleone besaßen viel von ihren Werken, meist aus Parischem Marmor. Für Argos bildeten sie mehrere Statüen von Ebenholz, in deren Haaren sie einige schwache Partien von Elfenbein machten. Dieses Gemisch zeigt von einer Liebe zu dem Bunten, welche man den Griechen in den Künsten, selbst noch in dem schönen Jahrhundert ihre Kunst, nur allzu oft vorwerfen kann, und die mit der Reinheit ihres Geschmacks im Allgemeinen nicht übereinstimmt.

Diese

Diese beiden Künstler waren die Meister einer großen Schule.

DIPPEL (JOHANN CONRAD), ein durch ausschweifende Meinungen berühmter Schriftsteller, nannte sich in seinen Werken Christianus Democritus. Er declamierte gegen die controversen Anti-Pietisten zu Straßburg öffentlich. Als ihn sein ärgerliches Leben nöthigte, diese Stadt zu verlassen, begab er sich nach Gießen. Hier zeigte er sich eben so eifrig für die Pietisten, als er zu Straßburg gegen sie gewesen war. Er wollte eine Frau und eine Professur haben; da er aber beide nicht erhielt, nahm er die Maske ab, und bestritt in seinem

*Papismus Protestantium vapulans,*

die reformierte Religion lebhaft. Da dieses Buch die Protestanten gegen ihn aufbrachte, vertauschte er die Theologie gegen die Chemie. Er mochte glauben, daß er es binnen 8 Monaten so weit gebracht habe, sich Goldes genug zu machen, um ein Landgut zu bezahlen, welches er für 50,000 Gulden kaufte. Der Goldmacher befand sich aber damals wirklich in den traurigsten Umständen; er fand gegen die Verfolgungen seiner Gläubiger keine andere Zuflucht, als sich unsichtbar zu machen.

Nachdem er mehrere Länder durchreiset hatte, Berlin, Copenhagen, Frankfurt, Leyden, Amsterdam, Altona, Hamburg, und in allen im Gefängniß gesessen hatte, wurde er 1727 nach Stockholm berufen, um den König von Schweden zu behandeln. Die Geistlichkeit dieses Reiches, die sich freute, daß der König wieder hergestellet war, aber sich ärgerte, daß dieß durch einen Menschen geschehe, der ihrer Religion öffentlich spottete, brachte es so weit, daß der alchymistische Arzt die Hauptstadt verließ.

Dippel kehrte nach Deutschland zurück, ohne weder sein Leben noch seine Gesinnungen geändert zu haben. Als sich das Gerücht von seinem Tod schon öfters fälschlich verbreitet hatte, gab er 1733 eine Art von Patent heraus, worin er verkündigte, daß er nicht vor dem Jahre 1808 sterben würde: eine Prophezeihung, die nicht erfüllet wurde, denn man fand ihn den 25. April 1734, in seinem 62. Jahre zu Witgenstein todt in seinem Bette.

Dippel verdiente einen Platz in der Histoire de la Philosophie Hermétique, so wie in der der Verirrungen des menschlichen Geistes. Der Abbe Lenglet hat ihn darin anzuführen vergessen.

DITHMAR

DITHMAR oder DITMAR , ein fehr fchätzbarer Gefchicht=
fchreiber, war des Grafen Siegfried zu Walbeck Sohn, und
976 geboren. Er war 3 Jahr Mönch in dem Klofter Bergen,
und darauf Propft zu Walbeck und Kaifer Heinrichs II. Capel=
lan. Im Jahr 1008 gelangte er zum Bißthum Merfeburg, dem
er 10 Jahr vorftand. Hier verfertigte er fein Chronicon von den
Thaten der Kaifer Heinrichs I. der drei Ottonen, und Hein=
richs II. das insgemein

*Chronicon Martisburgenfe*

genannt wird. Es beftehet aus acht Büchern, und wird als ein
Schatz diefes Zeitalters hochgehalten, ohne welches die Deut=
fchen und Sächfifchen Begebenheiten großen Theils unbekannt
wären. Die befte Ausgabe davon, und die einzige, welche keine
Lücken hat, ift die, die Leibnitz in feinen Scriptoribus rerum
Brunsvicenfium Tomo I. p. 323. davon beforgte.

DIVINI (EUSTACHIO), ein Italiänifcher Künftler, machte
vortrefliche Telefcope. Huyghens war jedoch gefchickter oder
glücklicher als er; denn er entdeckte mit denen von feiner Con=
ftruction den Ring des Saturn. Divini leugnete ihm in
der Schrift:

*Brevis annotatio in Syftema Saturni, 1660.* in 8.

die Wahrheit feiner Entdeckung. Sein Grund war, weil er
diefen Ring mit feinen Telefcopen nicht fähe. Huyghens
widerlegte ihn in einer Antwort gänzlich, die Divini vergeblich
erwiederte. — Er lebte 1663 noch.

DLUGOSS (JOHANN), ein Pohle, Canonicus von Cracau
und Sandomir, Erzbifchof von Leopol genannt, ftarb 1480 im
65. Jahre, nachdem er vom Könige Cafimir viele Verfolgun=
gen erfahren hatte, und ift Verfaffer einer Lateinifchen

Gefchichte von Pohlen, Frankfurt 1711. in Folio, 12 Bü=
cher, das 13. wurde 1712 zu Leipzig gedruckt.

Obgleich der Verfaffer genau und treu erzählt, fo war er doch,
fpricht Lenglet, von der Barbarei feines Zeitalters nicht frei. —
Seine Gefchichte fängt mit dem Urfprunge feiner Nation an,
und geht bis auf das Jahr 1444.

DO (GIOVANNI), ein Mahler zu Neapel, lernte bei
Jofeph Ribera, deffen Manier er fo vollkommen nach=
machte,

machte, daß viele von seinen Gemählden, sonderlich halbe Figuren, für seines Lehrmeisters Arbeit gehalten werden. Sein
vornehmstes Stück befindet sich in der Sacristei der Kirche della
Pieta de Turchini, und stellet die Geburt Christi vor. Es
wird besonders wegen seiner vortreflichen Färbung in hohem
Werthe gehalten.

DOBSON (WILLIAM), ein Englischer Mahler, 1610 geboren. Aus seinen Werken ist leicht zu ersehen, wie viel er
dem Van = Dyck schuldig ist, da kein Mahler der Vollkommenheit dieses vortreflichen Meisters so nahe kam, als dieser
sein glücklicher Nachahmer. Van = Dyck stellte ihn Carl I. vor,
der ihn in seinen unmittelbaren Schutz nahm. Er starb 1647.

DOCTOR ANGELICUS. Man sehe den Artikel THOMAS
AQUINAS.

DOCTOR AUTHENTICUS. Man sehe den Artikel GRE-
GORIUS VON RIMINI.

DOCTOR EVANGELICUS. Man sehe den Artikel CHAR-
LIER.

DOCTOR EXTATICUS. Man sehe den Artikel DIONY-
SIUS der Cartheuser.

DOCTOR FUNDATISSIMUS. Man sehe den Artikel CO-
LONNA, GILLE.

DOCTOR ILLUMINATUS. Man sehe den Artikel RAI-
MOND LULLE.

DOCTOR INVINCIBILIS. Man sehe den Artikel OCKAM.

DOCTOR IRREFRAGABILIS. Man sehe den Artikel
ALEXANDER ALES.

DOCTOR RESOLUTISSIMUS. Man sehe den Artikel
DURAND DE.ST. POURÇAIN.

DOCTOR SERAPHICUS. Man sehe den Artikel BONA-
VENTURA.

DOCTOR SUBTILIS. Man sehe den Artikel DUNS.

DOCTOR UNIVERSALIS. Man sehe den Artikel ALAIN
DE LILLE.

                                        DODART

DODART (DENYS), Arzt Ludewigs XIV. und Mitglied der Französischen Academie der Wissenschaften, 1634 geboren. Er ist unter andern Verfasser einer

*Statica Medicina Gallica,*

und starb 1707. Guido Patin nennt ihn Monstrum sine vitio, ein Wunder der Weisheit und Gelehrsamkeit ohne Mängel.

DODD (DR. WILLIAM), ein talentvoller Geistlicher, unglückseligen Andenkens, wurde 1729 zu Bourne in Lincolnshire geboren, woselbst sein Vater, ein Geistlicher, Vicarius war. Er machte sich frühzeitig durch kleine Gedichte bekannt, arbeitete an dem

*Christian's Magazin,*

und redigierte es, zog dafür jährlich 100 Pfund, gab einen weitläuftigen Commentar über die Bibel heraus, der aus drei Foliobänden besteht, bekleidete verschiedene einträgliche Aemter, und ward 1765 — 66 Capellan des Königs, und wurde 1774 wieder abgesetzt. Seine Verschwendungen aller Art brachten ihn so weit, daß er einen falschen Wechsel von 4200 Pfund machte; er wurde darüber entdeckt, und den 27. Juni 1777 enthauptet.

DODDRIDGE (DR. PHILIP), ein berühmter Geistlicher der Dissenter, 1702 geboren, starb 1751. Er ist Verfasser mehrerer vortreflichen Schriften, in welchen sich überall sein frommer, wohlwollender und unermüdlicher Eifer, die Menschen weise, gut und glücklich zu machen, offenbart. Die vorzüglichsten seiner Werke sind:

*The Rise and Progress of Religion in the Soul, illustrated in a Course of serious and practical Addresses, suited to Persons of every Character and Circumstance,* und

*The Family Expositor, containing a Version and Paraphrase of the New Testament, with critical Notes, and a practical Improvement of each Section,* in 6 Quartbänden.

DODSLEY (ROBERT), ein berühmter Buchhändler und ingeniöser Schriftsteller, 1703 zu Mansfield in Nottinghamshire geboren. In seiner Jugend war er Lakai bei Mrs. Lowther, aus welchem Zustand er sich aber durch seine Geschicklichkeiten bald erhob. Denn als er

*The Toyshop*

Bb 5

geschrieb

geschrieben hatte, und dieses Stück dem berühmten Pope gezeigt
wurde, empfahl die Feinheit der Satyre, welche in demselben,
obgleich in die größeste Einfachheit des Planes gekleidet, glänzt,
seinen Verfasser diesem vortrefflichen Dichter so sehr, daß er
von diesem Tage an ein warmer Freund und eifriger Beförderer
desselben ward, und bis an seinen Tod blieb; und ob er gleich
selbst mit keinem Theater in Verbindung stand, so veranstaltete
er doch, daß sein Stück unmittelbar gegeben wurde. Es machte
alles Glück, welches es verdiente. Eben so glücklich war er
auch mit einer Piece, welche überschrieben war

*The King and Miller of Mansfield*,

und im Jahr 1736 zum erstenmal gegeben wurde.

Nachdem er durch diese zwei Stücke vielen Beifall eingeerntet
hatte, begab er sich zu dem Geschäft, welches ihn mit Personen
von Geist und Kenntnissen in die engste Verbindung setzte: er
ward Buchhändler. In diesem Stande erlangte er durch Pope's
Empfehlung und seine eigenen Verdienste nicht nur die Bekanntschaft von Personen von den größesten Kenntnissen, sondern auch
vom ersten Range, und hob sich in wenigen Jahren so hoch empor, daß man ihn für den ersten Buchhändler ansahe. Er schrieb
6 dramatische Stücke, die in der Biographia dramatica angege-
ben sind; und außer diesen gab er noch eine kleine Sammlung
seiner übrigen Werke, unter dem bescheidnen Titel

*Trifles*, 1745. 1 vol. in 8.

und ein Gedicht von beträchtlicher Länge, welches den Titel
führt:

*Public Virtue*, 1754. in 4.

heraus. Ein zweites Bändchen seiner

**Kleinigkeiten** (*Trifles*)

wurde nach seinem Tode gesammelt: es enthält

1) **Cleone.** 2) **Melpomene, oder die Regionen des
Schreckens und des Mitleids, eine Ode.** 3) **Der
Ackerbau, ein Gedicht.** 4) **Die Oeconomie des mensch-
lichen Lebens.**

Mr. Dodsley führte auch zwei Werke aus, welche der Sache
des Genies von großem Nutzen sind, indem sie Stücke von Verdienst aufbewahren, welche außerdem in Vergessenheit gerathen
konnten; er veranstaltete nämlich

*A Col-*

*A Collection of Poems by different eminent Hands*, 6 Bände, in 12. und

*A Collection of Plays by old Authors*, 12 Bände in 12.

Er ſtarb den 25. September 1764.

DODSWORTH (ROGER), 1585 geboren, ſtarb 1654. Mr. Gough (Topograph von Yorkſhire) ſpricht folgendermaßen von ihm: „Man kann die Gränzen dieſes Landes nicht betreten, ohne dem Andenken dieſes unermüdlichen Sammlers von Alterthümern, dem Andenken des Roger Dodsworth, den gebührenden Tribut zu bezahlen, der ein Werk unternahm und ausführte, welches den Alterthumsforſchern des gegenwärtigen Jahrhunderts der Stein des Inoiden geweſen ſein würde. Hundert und zwei und zwanzig Volumina von ſeiner eigenen Hand, außer den OriginalHandſchriften, welche er von verſchiedenen Händen empfing, und mit jenen zuſammen 162 Volumina in Folio machen, die jetzt im großen Repoſitorium der alten Engliſchen Monumente, in der Bodlejaniſchen Bibliothek, aufbewahret werden, ſind dauernde Denkmähler von dem, was ihm dieſes Land verdankt; ſo wie die zwei Bände des

*Monaſticon,*

(welche, obgleich unter ſeinem und Dugdale's Namen gemeinſchaftlich herausgegeben, beide von ihm allein geſammelt und geſchrieben wurden) den außerordentlichen Fleiß unſterblich machen werden, dem das ganze Königreich Verbindlichkeiten ſchuldig iſt."

DODWELL (HENRY), ein ſehr gelehrter und frommer Mann, 1641 zu Dublin gebohren, ſtarb 1711 zu Schottesbrooke. Sein merkwürdigſtes Werk iſt:

*Epiſtolariſche Discourſe,*

worin er ſich aus der Heiligen Schrift und den Kirchenvätern zu beweiſen bemüht, daß die Seele von Natur ſterblich ſei, und nur durch die Taufe, von geſetzmäßig durch Biſchöffe verordneten Prieſtern ertheilt, die Unſterblichkeit erlange. Dieſes ſonderbare Werk, aus welchem man gefährliche Folgerungen ziehen könnte, erſchien 1606 in 8. zu London. — Er gab auch mehrere klaſſiſche Authoren, mit ungemein gelehrten Anmerkungen heraus.

DOES

DOES (ANTON VAN DER), ein Niederländischer Kupferstecher, von welchem man verschiedene Blätter hat,    lebte um
die Mitte des 17. Jahrhunderts.

DOES (JACOB VAN DER), genannt Tambour, ein
Mahler von Amsterdam, 1623 geboren, lernte bei Nicolaus
Moyaert.   Er that eine Reise nach Rom, wo er aus Armuth
päpstliche Kriegsdienste anzunehmen Willens war, aber von seinen Kunstgenossen, welche seine Talente kannten, davon abgehalten wurde.   Er studierte täglich mit der Reißfeder in der
Hand nach den Gegenden dieser Stadt.   Die Manier des Bam-
boccio gefiel ihm vorzüglich wohl, und er kam in seinen Gemählden diesem Meister ziemlich nahe.   Bei seiner Zurückkunft
nach Holland ließ er sich im Haag nieder, ward 1659 Vorsteher
der Mahlergesellschaft,    und starb 1673 in seinem 50. Jahre
daselbst.

In den Werken dieses Meisters bemerket man die Stimmung
seines Characters.   Er war schwermüthig, und sein Colorit ist
bräunlich und etwas finster.    Er mahlte Landschaften mit kleinen wohlgezeichneten Figuren, und in Thieren war er vortrefflich,   besonders rühmt man seine Schafe und Ziegen.   Er radierte kleine Landschaften mit Thieren von seiner Erfindung.  Die
schönsten Aussichten von Haag, in Versen beschrieben, und von
C. Fland in Kupfer geätzt, sind vermuthlich nach ihm. Dieses
Werk ist 1668 in 4. gedruckt.

DOES (JANUS).   Man sehe den Artikel DOUSA.

DOESSIN (LOUIS), Jesuit, ist durch zwei Lateinische
Gedichte bekannt:
    Ueber die Bildnerei — und Ueber die Gravur,
die in einem edeln, leichten und eleganten Style geschrieben sind.
Beide erschienen 1752 in einem Duodezbande.   Die darin gegebenen Vorschriften über diese beiden Künste werden durch die
Einbildungskraft verschönert.   Worin aber der Dichter vorzüglich schätzbar ist, dieß ist in der Beschreibung sowohl der alten
als neuern Meisterstücke der Bildnerei: er macht in seinen be-
seelten Gemählden die Venus des Praxiteles, den Laocoon
des Vaticans, die berühmte Kuh des Myron, die schönen Statüen der Tuillerien, zu St. Cloud, Marly, Versailles u. s. w.
athmen.   Der P. Doessin starb 1753 im 32. Jahre.

DOLA-

**DOLABELLA** (Publius Cornelius), Schwiegerſohn
des Cicero, zeichnete ſich während der bürgerlichen Kriege zu
Rom durch ſeinen unruhigen Character und ſeine Anhänglichkeit
an die Partei des Julius Cäſar aus.     Er befand ſich mit
dieſem großen Manne in den Schlachten bei Pharſalia, in Africa
und bei Munda.     Als er zum Tribun des Volks erwählt worden war, wollte er ein Geſetz einführen, welches den Gläubi-
gern ſehr nachtheilig war.     Marcus Antonius widerſetzte
ſich einem Plane, den er aus keiner andern Abſicht entworfen
hatte, als um diejenigen zu betrügen, denen er ſchuldig war,
und das Volk zu gewinnen.     Cäſars Zurückkunft nach Rom
machte ſeinen Störungen der Ruhe ein Ende.     Als dieſer Held
einige Jahre darauf im Begriff war, gegen die Parther zu Felde
zu ziehen, ließ er den Dolabella an ſeiner Statt zum Conſul ernennen, ob er gleich das im Geſetz vorgeſchriebene Alter noch
nicht erreicht hatte.     Marcus Antonius, ſein College, machte
die Wahl rückgängig; als aber Cäſar ermordet worden war, mußt'
er den Dolabella, der das Gouvernement von Syrien erhalten
hatte, anerkennen.     Caſſius kam dieſem neuen Gouvernör
zuvor.     Dolabella, der verzweifelte, ihn vertreiben zu können,
begab ſich nach Smyrna, wo er den Trebonius, Gouvernör
von Kleinaſien, und einen der Verſchwornen, die an Cäſars
Tode Antheil hatten, als Verräther hinrichten ließ.     Dieſe Hinrichtung machte, daß er zum Feinde der Republik erklärt wurde.
Endlich wurde er nach einigen Erfolgen in Kleinaſien dahin gebracht, daß er ſich zu Laodicea, wo er von Caſſius belagert
wurde, 45 Jahre vor Chriſti Geburt ſelbſt das Leben nahm.

Er war ein kleiner Mann, welcher mehr dazu gemacht zu
ſein ſchien, in einem Cirkel von Weibern zu figurieren, als die
Arbeiten des Mars in einem Lager auszuhalten.     Cicero, der
nicht immer allzufein ſcherzte, ſah ihn eines Tages mit einem
ſehr langen Schwert an der Seite in ſein Zimmer treten, und
rief ihm zu: Wer hat denn meinen Schwiegerſohn
an dieſes Schwert angegürtet?

**DOLCE** (Carlo), ein Mahler zu Florenz, lernte bei
Jacob Vignali, und arbeitete mit einer ſehr fleißigen Manier und einem ſchönen und glänzenden Colorit.     Seine Gemählde beſtehen meiſtens in geiſtlichen Geſchichten: er mahlte
jedoch auch ſchöne Porträts, weßwegen er nach Wien berufen
wurde.     Er ſtarb in ſeinem Vaterlande 1686 im 70. Jahre ſeines
Alters.

Alters. Drei von seinen Gemählden, welche in der Dreßner Gallerie aufbewahret werden, sind unter den Numern 41, 42, 43 in Kupfer gestochen. C. Faucci, R. Earlom, F. Bartolozzi haben nach ihm radiert.

DOLCE (LUDOVICO), 1508 zu Venedig geboren, starb 1568 in derselben Stadt, und wurde in das Grab gelegt, worein 3 Jahre früher sein Zollus Ruscelli gelegt worden war. Er ist durch seine dichterischen Werke, und durch verschiedene Uebersetzungen aller Schriftsteller bekannter, als durch seine Thaten. „Er war, sagt Baillet, einer der beßten Schriftsteller seiner Zeit. Sein Styl hat Sanftheit, Reinheit und Eleganz; aber der Hunger zwang ihn oft, seine Werke auszudehnen, und ließ ihm nicht Zeit, sie gehörig auszufeilen. — Man sucht folgende:

*Dialogo della pittura, intitolato l'Aretino*, Venedig 1557. in 8.

Dieses Werk kam 1735 zu Florenz mit einer Französischen Uebersetzung wieder heraus. —

*Cinque primi Canti del Sacripante*, Venedig 1535. in 8.
`Primaleone*, in 4.
*L'Achille ed l'Enea*, 1570. in 4.
*La prima imprese del Conto Orlando*, 1572. in 4.

Gedichte in verschiedenen Sammlungen, unter andern in der des Berni.

DOLET (ETIENNE), ein sehr gelehrter Franzos, 1508 geboren, wurde wegen Religionsmeinungen 1546 zu Paris verbrannt. Man sagt, er habe, als er zum Tode geführt wurde, die Augen zum Volke erhoben, welches von seinem Tode gerührt zu sein schien, und gesagt:

Non dolet ipse *Dolet*; sed pia turba dolet;

worauf ihm der Geistliche, der ihn begleitete, geantwortet haben soll:

Non pia turba dolet; sed dolet ipse *Dolet*.

Man machte folgendes Epigramm auf seinen Tod:

Mortales! animas gaudebas dicere pridem;
Nunc immortales esse, *Dolette*, doles.

Man hat von ihm:
*Commentarii Linguae Latinae*, 2 Bände in Folio, Lyon 1536 - 1538.
*Formulae Latinarum Locutionum*, 1539.
*De Re Navali*, 1537.

DOMAT

DOMAT oder DAUMAT (JEAN), ein berühmter Französischer Rechtsgelehrter, 1625 zu Auvergne geboren, starb 1696
zu Paris.      Die Verwirrung, die er in den Gesetzen seines Vaterlandes bemerkte, veranlaßte ihn zu dem Plane, sie in ihre natürliche Ordnung zu bringen; er gab sie in 6 Quartbänden unter
folgendem Titel heraus:

>  *Les Loix Civiles dans leur ordre naturel*, *1689*.

DOMENICHINO, ein Beiname des Zampieri; man sehe
diesen Artikel.

DOMENICI (BERNARDO), 1684 zu Neapel geboren, lernte
bei seinem Vater Raimund und bei Matthias Preti.
Seine Gemählde bestanden in Landschaften, Seestücken und
Bauergesellschaften. Was ihn aber vornehmlich bekannt machte,
waren seine

>  Lebensbeschreibungen der Neapolitanischen Mahler,
>  Bildhauer u. s. f. 1733. in drei Quartbänden.

Die Schwester seines Vaters, Maria, eine Closterfrau,
hatte dieselben Lehrmeister, arbeitete zu Rom, und verfertigte
für die Theresianerkirche daselbst die Statüen dieser Heiligen aus
Marmor.      Sie mahlte auch einige Heiligen-Bilder und heilige
Geschichten, welche C. de la Haye und A. Maglier in
Kupfer stachen.   Sie starb 1703.

Bernhards Vater, von Maltha gebürtig, war ein Schüler
von Matthias Preti und Lucas Giordano, und wurde
vorzüglich in theatralischen Maschinen berühmt.   Er starb 1705
im 60. Jahre zu Neapel.

DOMINICUS DE GUZMAN, 1170 zu Calarvega in Spa-
nien geboren, stiftete den Orden der Predigerbrüder, starb 1221
zu Bologna, und wurde wegen der erstaunlichen Dienste, die er
der Kirche leistete, zum Heiligen gemacht.

DOMINIS (MARCUS ANTONIUS DE), Exjesuit, aus der
Familie des Papstes Gregorius X.      Nachdem er zehen Jahre
in der Gesellschaft Jesu zugebracht, und sich in allen seinen
Stellen ausgezeichnet hatte, gerieth er in die Versuchung, Bischof zu werden, und unterlag ihr.   Der Kaiser Rudolph verlangte das Bisthum Segni für ihn, und erhielt es.   Verschiedene Uneinigkeiten, die er mit den Geistlichen von seiner Diöces
hatte, veranlaßten ihn, um das Erzbisthum Spalatro in Dalmatien

matien anzusuchen, wo er sich ein wenig ruhiger verhielt. Da er im Innern nichts zu thun hatte, so machte er sich von außen etwas zu thun. Er schrieb zu Gunsten seiner Wohlthäter, der Venetianer, gegen den Papst Paul V. Die Inquisition censurierte seine Schriften. Das Bedauern, das ihm diese Verdammung einflößte, die Liebkosungen der Protestanten, und die Hoffnung einer großen Ruhe und Freiheit, zogen ihn im Jahr 1616 nach England.

Nach seinem Vorgeben unternahm er diese Reise aus der Absicht, um an der Vereinigung der Religionen zu arbeiten; es geschah aber bloß deßwegen, daß er in einem Lande wohne, wo er, ohne die Verfolgungen der Inquisition fürchten zu dürfen, seine Schriften drucken lassen könne. Er predigte und schrieb gegen die catholische Kirche, und ward Dechant zu Windsor.

Während seines Aufenthaltes in England gab er die
Geschichte des Tridentinischen Conciliums von Fra Paolo
heraus, der ohngefähr dieselben Gesinnungen, wie er hatte. Dieser Erzbischof leistete dem Könige Jacob I. gute Dienste, dessen herrschende Leidenschaft ein Kirchenlehrer zu scheinen war.

Mitten unter den Beweisen von Freundschaft und Achtung, womit ihn der König und die Englische Geistlichkeit überschütteten, fühlt' er Gewissensbisse. Sie vermehrten sich noch, als seine Präsumption, seine Eitelkeit, sein Geiz, die er anfänglich verborgen hatte, und in der Folge allzu sehr aufweckte, ihn in England allen Credit verlieren gemacht hatten. Als Gregorius XV. sein Freund und ehemaliger Mitschüler, davon benachrichtiget wurde, ließ er ihm durch den Spanischen Gesandten zu wissen thun, er könne ohne alle Furcht wieder nach Rom kommen.

Dominis wollte, ehe er von England abginge, seine Rückkehr zum Glauben der Römischen Kirche durch eine kühne That auszeichnen, welche geschickt sei, das durch seine Abtrünnigkeit gegebene Aergerniß wieder gut zu machen. Er trat auf die Canzel zu London, und widerrufte alles, was er gegen die Römische Kirche gesagt oder geschrieben hatte. Jacob I., der über diese Kühnheit höchst aufgebracht war, befahl ihm, binnen drei Tagen seine Staaten zu verlassen.

Als

Als der Erzbischof zu Rom angelangt war, schwor er den Protestantismus ab, und bat in einem öffentlichen Consistorium wegen seiner Apostasie um Verzeihung.

Sein unbeständiger und bizarrer Humor ließ ihn die Reitze seines neuen Aufenthaltes nicht in Frieden genießen. Aufgefangene Briefe ließen urtheilen, daß er 1623, das heißt, 6 Monate nach seiner Rückkehr, seine Bekehrung zum Papstthum bereute. Urban VIII. ließ ihn auf die Engelsburg setzen, wo er 1625, in seinem 64. Jahre, nach einigen Geschichtschreibern an Gift starb.

Man hat von ihm einen weitläuftigen Tractat

*1). De Republica Ecclesiastica*, 3 Bände in Folio, London 1617 und 1620, Frankfurt 1658.

den 15. December 1617 von der theologischen Facultät zu Paris censuriert. Unter dem Vorwande, zur Vereinigung der Catholiken mit den Protestanten, Mittel an die Hand zu geben, bringt er mehrere den letztern günstige Sätze vor. Die vorzüglichsten sind: „Die Kirche ist unter dem Römischen Oberpriester nicht „mehr Kirche, sondern ein menschlicher Staat, unter der zeitlichen Monarchie des Papstes; die Kirche hat keine coactive Gewalt, noch einen äußern Zwang; die Priester reichen, eigentlich zu reden, nicht das Opfer Jesu Christi dar, sondern feiern „bloß das Gedächtniß desselben; die Ungleichheit der Macht unter den Aposteln ist eine menschliche Erfindung, die keinen Grund „im Evangelium hat; der heilige Geist ist der wahre Stellvertreter Christi auf der Erde; Johann Huß wurde von dem „Costnitzer Concilium unverdient verdammt; Jesus Christus versprach seinen heiligen Geist der ganzen Kirche, und behielt ihn „weder den Priestern noch den Bischöfen allein vor, und schloß „auch die Laien nicht von der Verheißung desselben aus; der Orden ist kein Sacrament; die Römische Kirche ist wegen der „Würde ihrer Stadt die erste in der Ordnung, aber nicht in der „Jurisdiction; das feierliche Gelübde der Mönche hat weiter „keine Folgen, denn bloß als ein jedes Gelübde; das Papstthum „ist eine Erfindung der Menschen, u. s. f." Dieses Buch des Dominis wurde nach dem Urtheil der Inquisition nebst dem Leichnam des Verfassers auf dem Campo di Fiore verbrannt. (Man sehe den Artikel MARIUS LEONHARD).

*a) De radiis visus et lucis in vitris perspectivis et iride tractatus,* Venet. 1611. in 4.

Zweiter Theil.     C c     Wie

Bis auf ihn war der Regenbogen ein fast unerklärliches Wunder gewesen: Dominis war der erste, der den Grund der Farben dieses Phänomens mit Scharfsinn entwickelte. Er spricht in seinem Buche von Ferngläsern, deren Erfindung damahls noch sehr neu war. Unter die von ihm entdeckte Wahrheit sind einige Irrthümer gemengt; aber Descartes, der ihm folgte, berichtigte und übertraf ihn.

DOMITIA LONGINA, Tochter des berühmten Corbulon, General unter Nero, und Gemahlin des Domitian, machte sich durch ihre Ausschweifungen, deren sie sich noch berühmte, berüchtigt. Sie war anfänglich an Lucius Aelius Lamia verheirathet gewesen, nach welchem sie Domitian nahm. Als ihr Umgang mit dem Schauspieler Paris, und ihre übrigen Vergehungen bekannt wurden, verstieß sie der Kaiser, konnte sich aber nicht enthalten, sie einige Zeit darauf wieder zu nehmen.

Domitia trat, überdrüßig ihres Gemahls, der Verschwörung des Parthenius und Stephan bei, in welcher Domitian sein Leben verlor. Auf diese Weise befreite sie sich von der Furcht, in welcher sie täglich schwebte, ihr Gemahl möchte sie seiner Unzufriedenheit mit ihr und seiner Eifersucht aufopfern. Man hatte sie eines blutschänderischen Umganges mit ihrem Schwager, dem Kaiser Titus, angeklagt: sie reinigte sich davon durch einen Eid, und die Unverschämtheit, mit welcher sie ihre übrigen Ausschweifungen eingestand, erwarb ihr hierin Glauben.

Domitia starb unter der Regierung des Trajan. Sie war von vollendeter Schönheit, und hatte ein sehr verbindliches Betragen, großes Verlangen zu gefallen, einen erhabenen und alles zu unternehmen fähigen Geist. Sie hatte von Domitian einen Sohn, der jung starb, und unter die Götter versetzt wurde

DOMITIANUS (Titus Flavius), Bruder des Titus, Sohn des Vespasian und der Flavia Domitilla, im Jahr 51 nach Christo geboren, ließ sich im Jahr 81 zum Kaiser ausrufen, ohne den Tod des Titus zu erwarten, entledigte sich aber, nach einigen Schriftstellern durch Gift, desselben bald.

Seine Gelangung auf den Thron versprach dem Römischen Volke anfänglich heitere Tage. Er affectierte sanft, freigebig, mäßig, uneigennützig, ein Freund der Gerechtigkeit, ein Feind der Schicane, der Angeber und der Satyriker zu sein. Er errichtete die vom Feuer verzehrten Bibliotheken wieder, und ließ aus verschiedenen Orten, vorzüglich aber aus Alexandrien, Exemplare der Bücher kommen. Er verschönerte Rom mit mehrern prächtigen Gebäuden. Aber dieser glückliche Anfang endigte sich mit unerhörten Grausamkeiten. Er vergoß das Blut der Christen, und wollte ihren Namen gänzlich ausrotten. Er ließ unter dem Vorwande der Unenthaltsamkeit Cornelia, die erste der Vestalinnen, ganz lebendig begraben. Es war gewiß nicht Tugend, was ihn dieses Urtheil fällen machte, denn er hatte mit seiner eigenen Nichte, wie mit seinem rechtmäßigen Weibe, lange Zeit hindurch gelebt. Nicht zufrieden, sich mit dieser schrecklichen Blutschande besudelt zu haben, trieb er auch noch widernatürliche Wollust.

Seiner Schändlichkeit in der Wollust kam nichts gleich, wenn es nicht sein Hochmuth war. Er verlangte, daß man ihm in allen an ihn gerichteten Schriften die Namen Gott und Herr gäbe. Die Philosophen und Gelehrten wurden verfolgt, vorzüglich aber die Geschichtschreiber, weil sie die gerechten Ertheiler des Ruhms bei der Nachwelt sind.

Dieses, von den Vorwürfen seiner begangenen Verbrechen, und durch die verschiedenen Wahrsagungen der Astrologen beunruhigte Ungeheuer, war in beständiger großer Furcht, welche ihn dahin brachte, daß er die Gallerie seines Pallastes, auf welcher er spazieren zu gehen pflegte, mit polierten Steinen belegen ließ, welche das Bild wie ein Spiegel zurück warfen, damit ihm die Zurückprallung des Lichtes entdeckte, wenn ihm jemand nachfolgte. Aber alle diese Vorsichtsmaßnehmungen halfen ihm nichts. Er wurde den 18. September 96 von Stephan, dem Freigelassenen seiner Gemahlin Domitia, in seinem 45. Jahre ermordet, nachdem er 15 Jahre und 5 Tage regiert hatte.

Der Senat beraubte ihn nach seinem Tode aller Ehrenbezeugungen, und sogar des Begräbnisses. Ehedem hatt' er dieses ehrwürdige Corps zusammen berufen, um zu entscheiden, in was für einem Gefäß er einen Seefasan sollte kochen lassen. Ein andermal belagerte er dasselbe förmlich, und ließ es mit Soldaten einschließen. Als er an einem andern Tage die vornehmsten Senatoren zur Tafel eingeladen hatte, ließ er sie in Procession in einen großen, schwarz ausgeschlagenen Saal ziehen, der von einigen Todtenfackeln nur so sehr erleuchtet war, daß man verschiedene Särge erkennen konnte, an welchen die Namen der Gäste geschrieben standen. Zu gleicher Zeit sah man ganz nackte,

und

und eben so schwarze Menschen, als die Tapete, in den Saal eintreten, mit einem Schwert in der einen und einer brennenden Fackel in der andern Hand. Diese Art von Furien öffneten ihnen endlich die Thüre, nachdem sie ihnen einige Zeit Schrecken verursacht hatten.

Er blieb ganze Tage in seinem Cabinet, einzig beschäftiget, mit einem sehr spitzigen Stachel Fliegen zu durchstechen. Man fragte einmal einen muntern Kopf, ob der Kaiser allein sei? — So sehr allein, antwortete dieser, daß auch nicht einmal eine Fliege bei ihm ist. (Man sehe auch den Artikel ASCLETARION).

Man muß bekennen, daß Domitian weder ein so großer Narr, noch auch so verderbt war, als Caligula und Nero. Tillemont sagt, er habe wegen seines düstern Humors, seiner überlegten Niederträchtigkeit, und seiner eben so kunstreichen als grausamen Verstellung, mehr Aehnlichkeit mit dem Tiber. Aber mitten in allen seinen Ausschweifungen hatt' er die Absicht, die Gerechtigkeit in seinem Reiche zu handhaben. Er war groß und wohl gebaut; sein Gesicht kündigte Bescheidenheit an, und er erröthete sehr leicht. Er machte sich in einer Rede an den Senat daraus eine Ehre, und rühmte sich dessen mit diesen Worten: „Bis hieher, meine Herren, haben Sie meine Meinung, und die Scham, die auf meinem Gesichte herrscht, gebilligt." Aber sein Innres strafte diese anscheinende Bescheidenheit Lügen. Die seinem Gesicht zur Fertigkeit gewordene Schamröthe war bei ihm, spricht Tacitus, nur ein Präservatif gegen die Schamhaftigkeit, die sich zu erkennen zu geben weiter kein Zeichen hatte.

Er bekam bei Zeiten einen kahlen Kopf, härmte sich sehr darüber, und fand sich sogar beleidiget, wenn man einem andern sowohl zum Scherz als Ernst, daraus einen Vorwurf machte. Deßwegen nennet ihn auch Juvenal, wenn er ihm einen beleidigenden und auffallenden Beinamen geben will, den kahlen Nero. Dem ungeachtet aber tröstete Domitian in einer kleinen Schrift über die Sorge für die Haare, welche er an einen seiner Freunde richtete, der wie er einen kahlen Kopf hatte, diesen Freund und sich selbst mit ziemlichem Muthe über ihr gemeinschaftliches Unglück. „Siehest du nicht," sagt' er, und wendete damit die Worte des Achill im Homer auf sich an, „wie viel ich „von Seiten der Gestalt und des Wuchses Vorzüge vor dir habe? „Indeß

„Indeß erfahren meine Haare daffelbe Schickfal, als die deinen,
„und ich ertrage mit Standhaftigkeit das Unangenehme, mein
„Haupthaar alt werden zu fehen, indeß ich noch jung bin. Dieß
„ift uns eine Lehre, welche uns zeigt, daß uns nichts angeneh=
„mer, aber auch nichts von kürzerer Dauer ift, als alles das=
„jenige, was zur Zierde dient."

Er hatte anfänglich die Wiffenfchaften zu lieben gefchienen;
vernachläffigte fie aber in der Folge fo fehr, daß er fich gegen die
Gewohnheit der erften Cäfarn zur Niederfchreibung feiner Be=
fehle, feiner Reden und felbft feiner Briefe der Feder eines an=
dern bediente.. Er las nichts, als die Memoiren des Tibe=
rius, um die Marimen der Tyrannei daraus zu ftudieren.

Er war der letzte von den zwölf Kaifern, die man Cäfares
nennt.

DOMITIUS AENOBARBUS (Cnejus), Römifcher Conful
im Jahr 96 vor Chrifti Geburt, erhielt das Gouvernement vom
Transalpinifchen Gallien, wohin er gefchickt wurde, die dafelbft
fich erhobenen Unruhen zu ftillen. Bituitus, König oder An=
führer der Auvergnaten, deren Herrfchaft fich damahls von
Narbonne bis an die Grenzen von Marfeille, und von den Py=
renäen bis an den Ocean und Rhein erftreckte, ging mit einer
ftarken Armee über die Rhone, und Domitius zog gegen ihn.
Die Truppen ftießen bei der Vereinigung des Fluffes Sorgue mit
der Rhone zufammen, und wurden handgemein. Domitius war
Sieger: 20,000 Mann von den Truppen des Bituitus wurden
zufammengehauen, und 3000 Mann gefangen genommen. Der
Schrecken, den der Anblick der Elephanten den Galliern verur=
fachte, trug viel zu ihrer Niederlage bei. Der Sieger ließ auf
dem Platze, wo er den Sieg erfochten hatte, ein Denkmahl def=
felben errichten. Einige andere behaupten, diefe Trophäe fei zu
Carpentras gefetzt worden, wo man noch heut zu Tage einen
viereckigten Thurm fieht, an welchem fich gefeffelte Menfchen
befinden.

Domitius war fehr ftolz. Man fagt, er habe fich in der
ganzen Römifchen Provinz, wie im Triumph auf einem Ele=
phanten herumtragen laffen. Er war es, welcher Occitanien,
oder Languedoc, der Römifchen Republik unterwarf.

DONATELLO (Donato di Betto Bardi genannt),
ein unvergleichlicher Bildhauer, erfahrner Gipsarbeiter, guter

Baumeister u. ſ. f. 1383 zu Florenz geboren, lernte bei Lorenz
Bicci. Er war in den Stellungen, Gewändern und Umriſſen
der Figuren in Marmor und Bronze, die er zu Rom, Venedig
und Florenz verfertigte, ſo vortrefflich, daß man ſie den Griechi⸗
ſchen und Römiſchen Werken gleich hielt. Man zählet unter
ſeine vornehmſten Werke das prächtige Basrelief in der H.
Kreuzkirche zu Florenz, welches die Verkündigung vorſtellt; ein
anderes von der Geſchichte der Judith; die gegoßne Ritterſtatüe
des Kriegshelden Gattamellata, welche die Regierung von
Venedig zu Padua aufrichten ließ, vornehmlich aber die gehar⸗
niſchte Statüe des H. Georgius, an welcher man die jugendliche
Schönheit des Angeſichts, ein herzhaftes Ausſehen, eine ſchrek⸗
le⸗de Lebhaftigkeit, und eine bewundernswürdige ſehr natürliche
Stellung bemerkt, ſo daß ihr hierin keine von den neuern Sta⸗
tüen beikommt, und ſie in ihrer edeln Einfalt den Griechiſchen
Werken an die Seite geſetzt wird. Der Ritter Bleughels
ließ ſie auf königlichen Befehl zum Gebrauch der Franzöſiſchen
Academie zu Rom abformen, und Franz Bocchi ſchrieb über
dieſes vortreffliche Werk ein Buch, welches 1583 zu Florenz in
8. gedruckt iſt. Donatello ſelbſt hielt den Greis am Glocken⸗
thurm der Kirche Santa Maria de Fiori für ſein Meiſterſtück.
Seine eherne Statüe des H. Marcus an der Kirche deſſelben in
Orto wurde durch die Frage des Michel Angelo: Marco,
perchè non mi parli? (Marcus, warum redeſt du nicht mit
mir?) berühmt.

Donatello ſtarb 1466. Wegen ſeines Bruders Simon ſehe
man den Artikel FIORENTINO (Simon).

DONATO (Alessandro), Jeſuit von Siena, ſtarb 1640
zu Rom, und gab eine Beſchreibung des alten und neuen Rom
       *Roma vetus et recens*, Rom 1639. in 4.
heraus. Sie iſt fleißiger und beſſer gearbeitet, als alle, die vor⸗
her erſchienen waren. Grävius gab ihr im 3. Bande ſeiner
Römiſchen Alterthümer einen Platz. Man hat auch
       Gedichte, Cölln 1630. in 8.
und andere Werke von ihm.

DONATO DI BETTO BARDI. Man ſehe den Artikel
DONATELLO.

DONATUS

DONATUS (AELIUS), Grammatiker des 4. Jahrhunderts von Rom, und einer von den Lehrern des H. Hieronymus, schrieb

Commentare über den Terenz und Virgil,

die verloren gegangen sind; die, welche den Namen dieses Authors führen, sind untergeschoben. Man hat von ihm einen Tractat
*De Barbarismo et octo partibus Orationis,*
der sich beim Diomedes, Venedig, in Folio, ohne Jahreszahl, befindet, und 1522 in Folio besonders gedruckt wurde. Den Commentar über den Terenz schreibt man dem Evanthius zu.

DONATUS, Bischoff von Casae-Nigrae in Numidien, wird für den Stifter der Secte der Donatisten gehalten. Diese Secte, welche die Römische Kirche lange Zeit beunruhigte, fing im Jahr 311 an. Da Cäcilian erwählt worden war, dem Mensurius auf dem bischöfflichen Stuhle von Carthago nachzufolgen, wurde diese Wahl durch eine mächtige Partei vernichtet, welche ein Weib mit Namen Lucilia, und zwei Priester, Brotus und Cälestius, gebildet hatten, die auf diesen Stuhl selbst Anspruch machten. Sie ließen den Majorin erwählen, und erklärten die Wahl des Cäcilian für ungültig. Die Bischöffe von Africa theilten sich. Donat ward der Chef der Anhänger des Majorin; Cäcilian kam jedoch noch auf den Stuhl, und Donat wurde vom Papst Miltiades abgesetzt und excommuniciert.

DONATUS, schismatischer Bischoff von Carthago, von dem vorigen verschieden, aber von derselben Partei, und selbst Chef dieser Partei, nach dem Tode des Majorin, dessen mittelbarer Nachfolger er um das Jahr 316 war. Er war ein geschickter, beredter, gelehrter und wohlgesitteter Mann, aber von einem so unerträglichen Stolze, daß er aller Welt mit Verachtung begegnete. Er bestätigte das Schisma in Africa, sowohl durch seine Authorität, als durch seine Schriften. Einige Wüthende von seiner Secte, die sich Vertheidiger der Gerechtigkeit nannten, setzten mit den Waffen in der Hand die Sclaven in Freiheit, und zwangen die Creditoren, ihre Schuldner frei zu sprechen. Man schickte Soldaten gegen sie, die einige von ihnen tödteten, welche aber, da sie im Geiste der Donatisten Märtyrer waren, neue Fanatiker machten.

Diese Sectierer, die durch mehrere Concilien verdammt wor=
den waren, wurden in der berühmten Conferenz, welche 411 zu
Carthago zwischen den katholischen und Donatistischen Bischöfen
gehalten wurde, aus aller Fassung gebracht. Der Heilige
Augustin, der für die Catholiken sprach, discourierte alle
Quästionen derselben. Die 286 Bischöffe, welche diese Ver=
sammlung ausmachten, erboten sich aus Ueberzeugung, ihre
Stühle zu Gunsten derjenigen Donatistischen Bischöfe, die sich
wieder mit der Kirche vereinigen würden, zu verlassen, wenn es
das catholische Volk mit Widerwillen zu leiden schiene, daß zwei
Chefs auf demselben Stuhle sitzen.

Die Beredsamkeit und Sanftmuth des H. Augustin, verbun=
den mit dem Edelmuth dieser Prälaten, konnten dieses unglückli=
che Schisma nicht ganz ausrotten, dessen Anhänger eine Menge
ungeheurer Irrthümer annahmen. Sie behaupteten, „die
„wahre Kirche sei durchaus zu Grunde gegangen, ausgenommen
„in der Partei, die sie in Africa hätten; sie betrachteten alle
„übrigen Kirchen als entheiligt, und in Blindheit liegend; die
„Taufe und alle andern Sacramente, die ausserhalb der Kirche,
„das heißt, ausserhalb ihrer Secte, ertheilet würden, seien null
„und nichtig, und dem zu Folge tauften sie alle diejenigen wie=
„der, die aus der katholischen Kirche zu der ihrigen übergingen.‟

Sie unterließen nichts, ihre Secte auszubreiten: List, Insi=
nuation, verführerische Schriften, offenbare Gewaltthätigkeiten,
Grausamkeiten, Verfolgungen der Catholiken.

Diese durch die vielen Bischöfe, welche sie unterstützten, fürch=
terliche Trennung in der Kirche, hätte vielleicht noch länger ge=
dauert, wenn sich die Donatisten nicht bald in mehrere kleine
Nebenzweige getheilt hätten, die unter den Namen der Clau=
dianisten, Rogatisten und Urbanisten bekannt sind. End=
lich entstanden bei Gelegenheit der doppelten Wahl des Pris=
cian und Marimian zu ihrem Bischof, um das Jahr 392
oder 393, noch zwei neue Zweige: die Priscianisten und
Marimianisten. Sie subsistierten noch bis zur Eroberung
Africa's von den Vandalen, und man findet noch in der Kirchen=
geschichte des 6. und 7. Jahrhunderts einige Spuren von ihnen.

Einige Schriftsteller beschuldigten die Donatisten, die Irrthü=
mer der Arianer angenommen zu haben, weil Donat, ihr Stif=
ter, denselben zugethan war; aber der H. Augustin spricht sie da=
von

von frei. Es ist jedoch glaublich, daß einige derselben, um sich die Geneigtheit der Gothen, die Arianer waren, zu verschaffen, ihnen sagten, sie hätten über die Dreifaltigkeit mit ihnen Eine Meinung; aber auch hierin wären sie durch die Authorität ihrer Vorfahren der Heuchelei überführet worden, da ihr Stifter Donat kein Arianer war.

Die Donatisten sind in der Kirchengeschichte auch unter den Namen Circumcellioner, Montenser, Campiten, Rupiter bekannt, deren erstern man ihnen wegen ihrer Straßenräubereien, und die drei letztern deßwegen gab, weil sie ihre Versammlungen zu Rom in einer Höhle, auf dem freien Felde, oder unter Felsen hielten.

Donat starb 355 im Exsil.

DONDUS oder DE DONDIS (JACOBUS), berühmter Arzt von Padua, Aggregator genannt, wegen der großen Menge von Arzneimitteln, die er machte, war in der Mathematik nicht weniger erfahren, als in der Medicin. Er erfand eine Uhr von einer ganz neuen Zusammensetzung. Man sahe an ihr nicht nur die Stunden des Tages und der Nacht, die Tage des Monats, und die Feste des Jahres, sondern auch den jährlichen Lauf der Sonne und des Mondes. Der Erfolg dieser Erfindung machte, daß man ihn Giacomo d'Orologio nannte, ein Name, der in seiner Familie seitdem beständig beibehalten wurde. Dieser Dondus war es auch, der zuerst das Geheimniß erfand, aus dem Wasser des Brunnen von Albano im Paduanischen Salz zu machen. Er starb 1530, und hinterließ einige physische und medicinische Werke. Von ihm allein ist das

*Promptuarium Medicinae*, Venedig, 1481. in Folio; und in Gemeinschaft mit Ioannes de Dondis, seinem Sohne,

*De fontibus calidis Patavini agri*, in einem Tractat *De Balneis*, Venedig 1553. in Folio.

DONNE (JOHN), ein Englischer Dichter und Geistlicher, 1573, stammte durch seine Mutter von der Familie des Sir Thomas More ab. Er wurde 6121 von Jacob I. zum Dechant an der St. Pauls-Kirche ernannt, und starb 1631. — Seine Gedichte bestehen aus Gesängen, Epigrammen, Elegien, Epithalamien, Satyren, Episteln, Trauergedichten, u. s. f. Dryden characterisiert ihn als den größesten witzigen Kopf, obgleich nicht den größesten Dichter der Englischen Nation, und

Cc 5                                        der

der Lord Falkland nennt ihn einen der witzigsten und beredtesten der neuern Englischen Geistlichen. Unter seinen übrigen Schriften sind die bekanntesten:

*Pseudo-Martyr*, 1613, in 4.

*Biothanathos*, worin gezeigt wird, daß der Selbstmord nicht so sehr Sünde ist, daß er nicht bei gewissen Gelegenheiten erlaubt wäre. London 1648, in 4.

DONNER (GEORG RAPHAEL), ein berühmter Bildhauer von Esling, einem Dorfe in Niederöstreich, lernte bei Brenner und Johann Giuliani. Man bewundert unter seinen Werken den schönen Brunnen auf dem neuen Platze zu Wien, und die Statüe Carls VI. in dem Kaiserlichen Lustschlosse zu Breitenfuhrt. Er starb 1741 im 45. Jahre seines Alters.

Er hatte viele Schüler: unter diese zählet man seine zwei Brüder, Matthias und Sebastian, Fritsch, Balthasar und N. Moll, Friedrich Oeser, Rossler und Wurtbauer.

Matthias Donner war ein vortrefflicher Medailleur und Professer der Academie, und Sebastian ein geschickter Bildhauer.

DOPPELMAYER (JOHANN GABRIEL), 1677 zu Nürnberg geboren, verließ die Rechte, zu welchen ihn seine Aeltern bestimmt hatten, und widmete sich der Mathematik, zu welcher ihm die Natur viel Talent gegeben hatte. Nachdem er sich auf Reisen in Holland und England darin vervollkommnet hatte, lehrte er sie in seiner Vaterstadt. Die Academien von Petersburg, London und Berlin nahmen ihn zu ihrem Mitglied auf. Er starb 1750 im 73. Jahre.

Außer dem Uebersetzungen verschiedener Französischen und Englischen Schriften über astronomische und mechanische Gegenstände verdanket man ihm

Geographische und physische Werke,

in seiner Muttersprache. Er gab auch einige in Lateinischer Sprache heraus:

*Physica experimentis illustrata*, in 4.

*Atlas coelestis, in quo XXX tabulae astronomicae aeri incisae continentur*, 1742. in Folio.

DOPSON

DOPSON oder DOBSON (WILLIAM), ein Mahler von London, studierte nach den Werken berühmter Meister, die ihm ein Kunsthändler zu copieren gab. Er legte sich sodann auf das Portraitmahlen, und brachte es darin so weit, daß Vandyck selbst ihn in den königlichen Hof empfahl. Seine Manier ist kräftig und zugleich lieblich, die Stellungen sind angenehm, und die Köpfe lebhaft. Besonders glücklich war er in Frauenzimmerköpfen. König Carl I. ernannt, ihn zu seinem ersten Mahler. Er starb 1647 in 37. Jahre seines Alters. Er hat sein eignes Bildniß geätzt, welches des Vandyck würdig ist. White, Faithorne u. a. haben nach ihm in Kupfer gestochen.

DORAT (JEAN), Auratus, Griechischer, Lateinischer und Französischer Dichter, aus Limousin, hieß eigentlich Dinemandi oder Dinnemâtin, nahm aber den Namen der Stadt Dorat an. Er war ein guter Litterator, der bei dem Aeußern eines Landmannes einen feinen Geist und eine edle Seele hatte. Er erwarb sich durch seine Gedichte so vielen Ruhm, daß ihn die Dichter seiner Zeit den Französischen Pindar nannten, welchen Namen ihm die Nachwelt nicht lassen wird. Carl IX. schuf seinetwegen die Stelle eines königlichen Dichters. Scaliger sagt, er habe mehr als 50,000 Griechische und Lateinische Verse gemacht. Es kam kein Buch heraus, daß nicht einige Verse von ihm auf dem Titelblatte standen. Es starb fast keine selbst wenig bekannte Person, deren Verlust seine Muse nicht besungen hätte.

Er starb 1588 im 80. Jahre, und fast in Dürftigkeit, weil er sehr freigebig war, und ein Vergnügen darin fand, seine Freunde zu bewirthen. Gegen das Ende seines Lebens verlor er seine Frau, und heirathete ein Mädchen von 22 Jahren. Seinen Freunden, die ihn deßwegen aufzogen, sagte er zur Entschuldigung, „es wäre eine dichterische Freiheit; und da er denn einmahl durch einen Schwertstreich sterben sollte, so wär' es doch besser, sich dazu eine Klinge zu wählen, die neu wäre, als eine, die der Rost schon angefressen hätte."

Seine

Gedichte, Paris 1586, 2 Bände in 8.

sind größtentheils ohne Stärke, ohne Feinheit und Reinheit. Wenn er seine lyrischen Verse zu feilen, zu polieren, und vorzüglich ihnen jene Stärke, jene Kraft zu geben verstanden hätte, welche

welche die des Horaz und Pindar characterisieren, so hätt' er an dem Ruhme dieser beiden Dichter einigen Antheil haben können.

Dorat war der erste, welcher die Anagrammen in Frankreich einführte, ein Schulspiel, welches man den Acrostichen = und Logogryphen = Machern lassen muß. — Das größeste Verdienst des Dorat bestehet darin, daß er zur Wiederherstellung der Griechischen Sprache, die er unter vortrefflichen Meistern gelernt hatte, viel beitrug. Er ward 1560 königlicher Professor dieser Sprache zu Paris, und verwaltete dieses Amt mit vielem Ruhme.

DORBAY (FRANÇOIS), ein Baumeister zu Paris, lernte bei Ludewig le Vau. Er gab die Zeichnungen zu den Kirchen de quatre Nations und der Prämonstratenser = Mönche à la Croix rouge, ferner zu dem so regelmäßigen als bequem eingerichteten Capuzinerkloster auf dem Platz Vendome, und zu verschiedenen andern großen Werken im Louvre und in den Tuillerien. Er baute auch das Jagdhaus des Schlosses Fontainebleau.

Dorbay starb 1697 oder 1698. Er hat mit andern Künstlern an den Kupferstichen der königlichen Palläste gearbeitet.

DORDONI (ANTONIO), ein geschickter Edelsteinschneider von Busetto in dem Herzogthum Parma, arbeitete zu Rom. Er starb daselbst 1584 im 56. Jahre, und wurde in der Kirche S. Maria in Araceli begraben, wo man diese Nachricht auf seinem Leichensteine lieset.

DORE' (PIERRE), Dominicaner, Doctor der Sorbonne, Professor der Theologie in seinem Orden, starb 1569, und wurde, wie Rabelais glaubt, Notre maitre Doribus genannt. Er ist nur durch Werke bekannt, die nach dem Geschmack seines Jahrhunderts bizarr geschrieben und überschrieben sind. Die burleskesten sind:

La Tourterelle de viduité, 1574, in 12.

Le Passereau solitaire;

Les neuf Médicamens du Chrétien malade;

Les Allumettes du Feu divin;

Le Cerf spirituel;

La Conserve de Grace, genommen aus dem Psalmen Conserva me.

Ausser diesen hat man noch mehrere Lateinische Werke von ihm.

DORFLING,

DORFLING, berühmter Preußischer Officier, der unter dem Churfürsten Friedrich Wilhelm von Brandenburg von einem Schneidergesellen bis zum Feldmarschall empor stieg. Er zeichnete sich vorzüglich 1665 gegen die Schweden aus.

Die Geschichte dieses Helden ist sehr sonderbar. Als er von den Lehrjahren zu Tangermünde frei gesprochen war, hatte er den Stolz, nach Berlin in Arbeit zu gehen. Als er an eine Fähre über die Elbe kam, und die Ueberfahrt nicht bezahlen konnte, wurd' er zurück gewiesen. Er ärgerte sich hierüber, schimpfte auf sein Handwerk, das er für die Ursache davon hielt, warf sein Felleisen in den Fluß, und ward Soldat. In dieser neuen Laufbahn machte er Riesenschritte, erhielt bald die Achtung seiner Cameraden, dann seiner Officiere, und endlich des Churfürsten, seines Herrn. Dieser große Fürst, der den Krieg liebte, ihn verstand und zu führen genöthiget war, avancierte einen Menschen schnell, der mit den Tugenden eines Bürgers alle Talente eines Kriegers verband. Dorfling ward Feldmarschall, und erfüllte die Idee, die man sich von einem Manne machen muß, der vom gemeinen Soldaten bis zum Generalat stieg. Ein so großes Glück erregte die Eifersucht niedriger Seelen. Es gab Menschen, die schlecht genug waren zu sagen, Dorfling habe, da er ein großer Herr geworden sei, die Manieren seines ersten Standes noch nicht abgelegt. „Ja, sagte er zu denen, die ihm dieses wieder erzählten, ich bin ein Schneider gewesen, ich habe Tuch geschnitten; — aber das ist jetzt, fuhr er fort, und legte die Hand an den Degen, das Instrument, mit welchem ich denen, die Uebels von mir reden, die Ohren abhaue."

DORIA (ANDREA), ein edler Genueser, der größeste Seemann seines Jahrhunderts, 1468 zu Oneglia, einer kleinen Stadt an der Küste von Genua, geboren, wovon sein Vater Ceva Doria Cosignore war. Er trug frühzeitig die Waffen, und zeichnete sich mehrere Jahre im Dienste verschiedener Italiänischer Fürsten aus. Nach seiner Zurückkunft in sein Vaterland schickte man ihn zweimahl nach Corsica, und er führte den Krieg gegen die Rebellen dieser Insel mit Erfolg, welche zum Gehorsam gegen die Republik zurück kehrten. Der Ruhm der Tapferkeit und Klugheit, den sich Doria erworben hatte, machte daß er um das Jahr 1513 zum General-Capitän der Genuesischen Galeeren ernannt wurde; und es ist zu bemerken, daß er über 4 Jahr alt war, als er das Metier des Seekrieges ergriff.

Die

Die Africanischen Seeräuber, welche damahls das Mittel-
ländische Meer beunruhigten, gaben ihm die ersten Gelegenheiten, sich auszuzeichnen. Er verfolgte sie ohne Rast, und bereicherte sich in kurzer Zeit mit ihrer Beute, womit er, bei einiger Unterstützung seiner Freunde, in den Stand gesetzt wurde,
sich vier Galeeren zu kaufen.

Revolutionen, die in der Regierung von Genua ausbrachen,
bestimmten ihn in der Folge, in die Dienste von Franz I. zu
treten. Nach der Gefangennehmung dieses Fürsten zu Pavia,
wandte er sich, unzufrieden mit den Ministern von Frankreich,
und gesucht von Clemens VII. an diesen Papst, der ihn zu seinem
Admiral machte. Als aber im Jahr 1527 Rom von dem Connetable von Bourbon eingenommen wurde, befand sich der Papst
ausser Stande, den Doria in seinem Solde zu behalten, und
rieth ihm, wieder in den Französischen Dienst zu treten. Franz I.
empfing ihn mit offenen Armen, ernannte ihn, mit 36,000
Thalern Gehalt, zum General seiner Galeeren, und gab ihm
noch nachher den Titel Admiral des Levantischen Meeres.

Doria war damahls Eigenthümer von acht wohl bewaffneten
Galeeren. Ihm vorzüglich verdankten die Franzosen die Ero-
berung von Genua; woraus in demselben Jahre, 1527, die
Adorni vertrieben wurden.

Das Jahr darauf erhielt Philippin Doria sein Neffe und
Lieutenant, den er mit acht Galeeren an die Küste von Neapel
geschickt hatte, um daselbst die Operationen der von Lautrec
commandierten Französischen Armee zu begünstigen, am Capo
d'Orso bei dem Golfo von Salerne, über die Seemacht des Kaisers einen vollkommenen Sieg. Die Kaiserliche Flotte war vernichtet, das von Lautrec belagerte Neapel konnte von der See-
seite nicht secundiert werden; der Kaiser war nahe am Fall, und
die Eroberung der Hauptstadt zog die Einnahme des ganzen
Königreiches nach sich, als Doria auf Einmahl den Französischen
Dienst verließ, und in Kaiserlichen trat. Dieß machte die Unternehmung auf Neapel scheitern, und verursachte den gänzlichen
Verfall der Französischen Angelegenheiten in Italien.

Was die Bewegungsgründe anlangt, die ihn zu dieser Ver-
änderung brachten, so scheint es, daß die Minister von Franz I.
die über den Credit dieses Fremdlings eifersüchtig waren, der sie
übrigens mit dem Stolz eines Republicaners, und mit der
Offenheit eines Seemanns behandelte, gesucht hatten, ihn bei

· dem

dem Könige herab zu setzen, und darin zum Theil glücklich
gewesen waren. Doria, der darüber aufgebracht war,
wartete nur auf eine Gelegenheit, seinen Verdruß ausbrechen zu
lassen. Seine Feinde verschafften sie ihn bald. Sie beredeten den
König, sich die den Genuesern zuständige Stadt Savona zuzueignen, den Hafen derselben zu vergrößern, und ihn zum
Rival der Hauptstadt zu machen. Vergebens machte Doria,
um ihn daran zu hindern, im Namen der Republik Vorstellungen:
sie wurden nicht nur nicht gehört, sondern falsch ausgelegt, und
man schilderte ihn dem Könige als einen Menschen, der sich
seinem Willen offenbar widersetze. Man that noch mehr: man
beredete ihn, denselben arretieren zu lassen, und zwölf Galeeren
hatten unter dem Commando des Barbezieux Befehl, sogleich
nach Genua abzugehn, um sich daselbst seiner Person zu versichern, sodann nach Neapel zu seegeln, und sich daselbst seiner
Galeeren zu bemächtigen, welche sein Neffe Philippin commandierte.

Aber Doria hatte den Streich vorher gesehen, als er sich nach
Lerice in den Golfo di Spezia zurück zog; er sandte von da eine
Brigantine an Philippin, um ihn sogleich zu sich zu berufen. Er
glaubte sich zu diesem Betragen um desto mehr berechtiget, da
sein Engagement bei dem Könige bald zu Ende ging.

Von diesem Augenblick an dachte Doria nur eine Verbindung
mit dem Kaiser zu schließen, der sich ihn schon seit langer Zeit
wünschte. — Franz I. suchte ihn bald durch alle Arten von
Anerbiethungen wieder zu gewinnen; aber weder die glänzendsten
Versprechungen, noch sogar die Vermittelung des Papstes Clemens VII. konnten seinen Entschluß ändern.

Was das Andenken des Doria immer in Ehren erhalten muß,
ist, daß er bei dieser Gelegenheit die Souveränetät von Genua
ausschlug, welche ihm von Seiten des Kaisers angetragen wurde.
Er zog den Titel eines Wiederherstellers dem eines Herrn vor,
und stipulierte, daß Genua, im Fall es das Joch der Französischen Herrschaft abwürfe, unter dem Kaiserlichen Schutz frei
bliebe.

Nun fehlte nur seinem Ruhme noch, selbst der Befreier seines
Vaterlandes zu sein. Der unglückliche Erfolg der Expedition
von Neapel machte ihm in demselben Jahr, 1528, Muth, die
Unternehmung zu versuchen; und als er sich mit 13 Galeeren
und ohngefähr 500 Mann vor Genua gezeigt hatte, machte er
sich

sich in einer einzigen Nacht, und ohne einen Tropfen Bluts zu
vergießen, Meister dieser Stadt. Diese Expedition erwarb ihm
den Namen Vater und Befreier des Vaterlandes,
der ihm durch ein Decret des Senats zuerkannt wurde. Dasselbe
Decret verordnete, daß ihm eine Statüe errichtet, und auf
öffentliche Kosten ein Pallast gekaufet würde.

Auf sein Anrathen wurde zu Genua ein neues Gouvernement
errichtet, und dieses Gouvernement ist dasselbe, welches noch
heut zu Tage besteht; und so ward er nicht nur der Befreier,
sondern auch der Gesetzgeber seines Vaterlandes.

Doria fand bei dem Kaiser Carl V. alles, was er nur wünschen konnte. Dieser Fürst schenkt' ihm sein ganzes Vertrauen,
ernannte ihn zum General des Meeres, mit vollem und unbe-
dingtem Ansehen. Er besaß damahls 12 Galeeren eigenthümlich,
welche dem Contract zu Folge zum Dienste des Kaisers unterhalten werden sollten; und diese Anzahl wurde nachher bis auf
22 vermehrt.

Doria fuhr fort, sich in mehrern Expeditionen zur See auszuzeichnen, und leistete dem Kaiser die wichtigsten Dienste. Er
nahm im Jahr 1532 den Türken die Städte Coron und Patras
an den Küsten von Griechenland. Die Eroberung von Tunis
und dem Fort Goulette, wobei Carl V. im Jahr 1535 persönlich
zugegen war, muß vorzüglich der Tapferkeit und Geschicklichkeit
des Doria zugeschrieben werden.

Ganz gegen seinen Willen und seinen Rath unternahm der
Kaiser im Jahr 1541 die unglückliche Expedition gegen Algier,
wo er einen Theil seiner Flotte und seiner Soldaten, und Doria
11 von seinen Galeeren verlor. Nicht mehr begünstigte ihn das
Glück bei dem Rencontre bei Prevesa. Er befand sich mit der
Kaiserlichen Flotte, in Verbindung mit den Venetianischen und
päpstlichen Galeeren, im Angesicht der Türkischen Armee,
welche von Barberousse commandiert wurde, und weit schwächer
als die seinige war, und ließ sich unter mancherlei Verwänden
in kein Treffen ein, und einen sichern Sieg entgehen. Diesen
Vorwurf machten ihm mehrere Geschichtschreiber. Einige
behaupteten sogar, (und dieß war, sagt Brantôme, das öffentliche Gerücht jener Zeit) es habe zwischen Barberousse und ihm
ein geheimes Verständniß obgewaltet, vermöge dessen sie überein-
gekommen wären, gegenseitig entscheidende Gelegenheiten zu
ver-

vermeiden, um den Krieg zu verlängern, der sie unentbehrlich machte, und ihnen die Mittel darboth sich zu bereichern.

Die Africanischen Corsaren hatten nie einen fürchterlichern Feind als Doria, er machte sowohl durch sich selbst, als durch seine Lieutenants, unermeßliche Beute von ihnen. Unter andern wurde der berüchtigte Dragut, nebst 9 von seinen Fahrzeugen, von seinem Neffen Jeanettin Doria gefangen genommen.

Der Eifer und die dem Kaiser Carl V. von diesem großen Manne geleisteten Dienste, erwarben ihm den Orden vom goldnen Vließ, die Investitur des Fürstenthums Melfi und des Marquisats Tursi im Königreich Neapel, für sich, und seine Erben, und die Würde des Großcanzlers dieses Königreichs. — Erst im das Jahr 1556, als er beinahe 90 Jahr alt war, hörte er auf, seine Galeeren zu besteigen, und in Person zu commandieren. Jetzt erlaubte Philipp II. König von Spanien, diesem, von der Last der Jahre gedrückten großen Manne, Johann Andreas Doria, seinen Neffen, zu seinem Lieutenant zu erwählen. (Man sehe die Artikel DRAGUT - RAIS und OUCHALI).

Er endigte seine lange und glorreiche Laufbahn 1560, im 93. Jahre, ohne Nachkommen, ob er schon verehelicht war, und ohne so große Reichthümer zu hinterlassen, als man nach der Gelegenheit, die er sich zu bereichern gehabt hatte, vermuthen konnte; aber seine ausserordentliche Prachtliebe, und seine wenige Aufmerksamkeit auf seine häuslichen Angelegenheiten, hatten sein Vermögen sehr vermindert.

Wenige Menschen haben, ohne aus dem Privatstande heraus zu treten, auf dem Theater der Welt eine so große Rolle gespielt, als Doria: in Genua wurd' er von seinen Mitbürgern als der Befreier und Schutzgeist seines Vaterlandes verehrt; auswärts behauptete er, so zu sagen, bloß durch seine Galeeren den Rang einer Seemacht. Wenige Menschen haben ein so langes Leben hindurch eines beständigeren Glückes genossen. Zweimahl wurde ein Untergang beschlossen: zuerst im Jahr 1547, durch die Verschwörung des Grafen Johann Ludewig von Fiesco, die vorzüglich gegen ihn gerichtet war; aber in dem Augenblicke der Ausführung scheiterte die Unternehmung durch den Tod des Chefs; dann kurze Zeit darauf durch die des Julius Cibo, die entdeckt wurde, und ihrem Urheber den Kopf kostete. Diese beiden Verschwörungen hatten keine andere Wirkung, als daß sie

Zweiter Theil. D d sie

sie das Ansehen und den Ruhm dieses großen Mannes zu Genua noch vermehrten.

Einige Schriftsteller beschuldigen ihn, bisweilen allzu grausam gewesen zu sein, und führen folgendes Beispiel an. Der Marquis von Marignan, der im Jahr 1555 Porto Hercole einnahm, und Ottobon von Fiesco, Ludewigs Bruder und Theilnehmer an der Verschwörung, zum Gefangenen machte, lieferte denselben in die Hände des Doria, um den Tod des Jeannetin Doria, der in dieser Verschwörung erschlagen worden war, nach seinem Gefallen an ihm zu rächen. Andreas ließ flammend vor Zorn den Fiesco in einen Sack stecken, und gleich einem Vatermörder in das Meer werfen. — Die, welche zum Lobe des Doria schrieben, haben diese Handlung, als seiner unwürdig, weislich mit Stillschweigen übergangen.

Eines Tages kam einer seiner Piloten, der ihm oft beschwerlich fiel, zu ihm, und sagte, er habe ihm nur drei Worte zu sagen. „Gut, antwortete Doria; wenn du aber ein einziges mehr sagst, so laß ich dich hängen." Der Pilote nahm ohne Bestürzung das Wort wieder, und sagte: „Geld oder Abschied." Diese Antwort gefiel dem Doria, er ließ ihm bezahlen, was er zu fordern hatte, und behielt ihn zu seinem Dienst.

DORIA (ANTONIO), berühmter Genuesischer Capitän, Vetter des Vorigen, zeichnete sich zu derselben Zeit aus. Wir haben von ihm eine

Kurzgefaßte Geschichte der Weltbegebenheiten unter Carl dem Fünften, Genua 1571, in 4.

DORIGNY (MICHEL), Mahler und Kupferstecher, von St. Quentin, Schüler und Schwiegersohn des berühmten Bouet, kam seiner Manier sehr nahe. Er gravierte den größesten Theil seiner Werke in Scheidewasser, und gab ihnen den wahren Character ihres Urhebers. Dieser Künstler starb 1663 als Professor der Königlichen Academie der Mahlerei zu Paris, in seinem 48. Jahre.

DORIGNY (LOUIS), des vorhergehenden und der Johanna Angelica Bouet Sohn, lernte bei Carl le Brün. Er that eine Reise nach Italien, wo er hernach beständig blieb, da er zu Venedig und in vielen andern Städten, vornehmlich aber

aber zu Verona arbeitete, und viele schöne Werke in Oehl= und
Frescofarben verfertigte. . Er setzte mit vieler Leichtigkeit zusam=
men: die größten Stücke konnten ihn nicht schrecken, und er
verstand die Verkürzungen sehr gut. Genie, Richtigkeit in der
Zeichnung, gute Färbung, und eine lebhafte Führung des Pin=
sels findet man in seinen Werken vereiniget. Man bemerket in
denselben einen festen und wohl ausgedrückten Geschmack; einen
heroischen und erhabenen Styl. Nur möchte man zuweilen mehr
Annehmlichkeit und einen größern Character wünschen.

Er starb zu Verona 1742 im 88. Jahre seines Alters.

DORIGNY (NICOLAS), des vorhergehenden Bruder, war
anfangs zum Advocaten bestimmt, als es aber damit nicht recht
fort wollte, legte er sich auf die Mahlerei und zuletzt aufs
Kupferstechen. Er hielt sich 28 Jahr in Italien auf, und machte
sehr schöne Werke nach Raphael, Guercino, Maratti,
Domenichino, Lanfranco u. a. Man bewundert in den=
selben mit Recht den guten Geschmack in der Zeichnung, eine
verständige und mahlerische Manier, die er sich durch vernünftige
Betrachtungen über die Gemählde der größesten Meister erwarb.
In England brachte er die in dem königlichen Pallaste zu Hamp=
toncourt befindlichen sieben Cartons von Raphael in Kupfer, zu
welchen er 15 Jahre anwandte. König Georg I. dem er dieses
schöne Werk zueignete, überhäufte ihn mit Wohlthaten; und
machte ihn zum Ritter.

Sein Meisterstück ist die Verklärung Christi nach Raphael,
unstreitig das schönste und edelste Blatt in der Welt. Dieser
Künstler ging endlich nach Paris zurück, und starb daselbst 1746
im 88. Jahre seines Alters.

DORING oder DGRINK (MATTHIAS), Deutscher Fran=
ciscaner, Professor der Theologie in seinem Orden, starb 1494
zu Kiritz seinem Geburtsorte. Er ist, wie man glaubt, Ver=
fasser des

Auszuges aus dem historischen Spiegel des Vincent von
Beauvais, fortgesetzt bis auf das Jahr 1493.

Man glaubt, dieß sei das, was man gewöhnlich die Chronik
von Nürnberg nennt, weil 1472 in dieser Stadt die erste
Ausgabe davon in 4. veranstaltet wurde. Einige Schriftsteller
schreiben diese Chronik vielleicht mit mehrerm Grunde dem Halt=
mann Scheder zu. Der Verfasser, er sei wer er wolle,

war

war in gewiſſen Rückſichten Luthers Vorläufer. Er erhebt
ſich mit Bitterkeit gegen die Laſter der Cardinäle, der Biſchöfe
und Päpſte, und ſelbſt gegen die Jubiläen und Indulgenzen.

DOSA (GIORGIO), ein Sicilianiſcher Abenteurer, wurde
1513 von den Bauern von Ungarn, als ſie gegen die Geiſtlichkeit
und den Adel die Waffen ergriffen, zum Könige gekrönt. Johann, Woiwode von Tranſylvanien, ſchlug im folgenden Jahre
die Rebellen, und nahm ihren König gefangen. Um ihn wegen
ſeiner Uſurpation und Verbrechen zu beſtrafen, ließ man ihn auf
einen Thron von glühendem Eiſen ſetzen, gab ihm eine Krone
auf den Kopf und einen Scepter in die Hand, beide von demſelben Metall und glühend. Man öffnete ihm nachher die Adern,
und gab ſeinem Bruder Lucas, den er mit in ſeine Empörung
gezogen hatte, einen Becher von ſeinem Blute zu trinken. Drei
Landleute, denen man drei Tage weder Speiſe noch Trank gegeben hatte, erhielten Befehl, über ihn herzufallen, und ihn
mit ihren Zähnen zu zerreiſſen. Nach dieſen grauſamen Operationen wurde er geviertheilt; die Theile wurden gekocht, und
einigen andern von ſeinen Mitverbrechern zu eſſen gegeben.

Der unglückliche Doſa ertrug dieſe unmenſchliche Behandlung
ohne zu klagen: alles, um, was er bat, war, ſeines Bruders
zu ſchonen. Die übrigen Gefangenen wurden lebendig geſpießt
oder geſchunden, bis auf einige wenige, die man verhungern
ließ.

DOSIO (GIOVANNI ANTONIO), 1533 zu Florenz geboren,
lernte bei Raphael da Montelupo. Er arbeitete zu Rom,
wo er viele antike Statüen des Belvedere im vaticaniſchen Pallaſt ergänzte. Doſio verfertigte Baßreliefs von Stuck, zierte
einige Grabmähler mit Bruſtbildern, und machte Zeichnungen
zu Gebäuden. Er zeichnete auch die Ruinen von Rom, welche
J. B. de Cavaleriis 1579 auf 33 Blättern heraus gab.

DOSITHEUS, Zauberer von Samaria, der ſich den Meſ-
ſias nannte, wird für den erſten Häreſiarchen gehalten. Er
wandte alle Prophezeihungen auf Chriſtum auf ſich an, und
hatte 30 Schüler in ſeinem Gefolge, ſo viel als der Monat
Tage hat, und wollte ihrer nicht mehr. Unter dieſe hatte er
ein Weib aufgenommen, welche er den Mond nannte. Er
beobachtete die Beſchneidung, und faſtete viel. Um die Welt zu
überreden, er ſei gen Himmel gefahren, ging er in eine Höhle,
und verhungerte in ihr,

Die

Die Secte der Dofitheiften schätzte die Jungfräuschaft sehr. Eingenommen für die Keuschheit betrachtete sie das ganze menschliche Geschlecht mit Verachtung. Ein Dofitheift wollte sich keinem nähern, der nicht wie er dachte und lebte. Sie hatten sonderbare Gebräuche, an welchen sie sehr hingen, einer von diesen war, 24 Stunden hindurch in derselben Stellung zu bleiben, in welcher sie sich mit dem Anfange des Sabbaths befanden. Diese Unbeweglichkeit der Dofitheiften war die Folge des Verboths, am Sabbath zu arbeiten. Durch ähnliche Gebräuche glaubten die Dofitheiften besser zu sein, als die aufgeklärtesten Menschen, die tugendhaftesten Bürger, und die wohlthätigsten Seelen; dadurch daß sie 24 Stunden gerade standen, den rechten oder linken Arm ausgestreckt hielten, glaubten sie der Gottheit weit besser zu gefallen, als ein Mensch, der sich viel bewegte, Bedrängte zu trösten oder Unglücklichen zu helfen. Diese Secte bestand in Aegypten bis in das 6. Jahrhundert. Als einer von den Schülern des Dositheus gestorben war, setzte er den Simon an seine Stelle, welcher seinen Meister bald übertraf, und Chef der Secte ward; dieß war Simon der Zauberer. Man sehe diesen Artikel.

DOSSI (Dosso), ein Mahler von Ferrara, lernte bei Lorenz Cofta, und war ein Zeitgenosse von Ludewig Ariofto, dessen Porträt er mahlte, und dafür von ihm in seinen Schriften gelobt wurde. Er arbeitete lange Zeit in Diensten des Herzogs Alphons, starb in hohem Alter 1558, und wurde in der St. Pauluskirche zu Ferrara begraben.

Sein Bruder Baptifta war ein guter Landschaftsmahler, und diese beiden Brüder die vortrefflichsten Coloriften ihrer Zeit. Ihre Gemählde sind wie geschmolzen, ohne geleckt zu sein, und ihre Zeichnung ist der des Raphael in seiner ersten Manier gleich. Man muß ihre Werke zu Ferrara sehen, denn außer dieser Stadt sind sie außerordentlich selten. Von dem erstern siehet man den Märtyrertod des H. Laurentius, ein sehr schätzbares Stück, in der Capelle Sighizelle der Kirche S. Lorenzo di Porta Stiera, und von dem letztern ein Altarblatt in der Kirche S. Maria degli Innocenti, beide zu Bologna.

DOUDYNS (WILHELM), genannt Diomedes, ein Mahler in Haag, lernte bei Alexander Petit. Er ging nach Rom, wo er 12 Jahre lang die Werke großer Meister studierte, und dabei eine Manier annahm, die ihn nachmahls berühmt machte.

machte. Bei seiner Zurückkunft ward er alsbald einer von den
Vorstehern der Mahlergesellschaft, und starb 1697 im 67. Jahre
seines Alters.

Douvenö hat eine große Manier in der Zusammensetzung,
sein Nacktes ist richtig gezeichnet, und meisterhaft ausgearbeitet.
Seine Gewänder sind schön in Falten gelegt, und sein Colorit
ist vortrefflich. Er besaß ein vorzügliches Talent zu Deckenstücken, deren er viele verfertigte. Eins seiner besten Gemählde
in dieser Art siehet man auf dem Rathhause in Haag. Meistens
wählte er sich eine mythologische Geschichte oder allegorische
Figuren zum Gegenstande seiner Arbeit.

DOUGLAS (ADMIRAL SIR CHARLES), ein geborner Schottländer, war erst in Deutschem Dienst, und erlangte nicht ohne
einige Schwierigkeit in der Englischen Seemacht einen Rang.
Er war ein so vortrefflicher Linguist, daß er 6 Europäische
Sprachen richtig sprach. Als der Krieg mit America ausbrach,
commandierte er die Esquadre im Golfo St. Lorenz. Seine
hier geleisteten Dienste erwarben ihm bei seiner Rückkunft nach
England viel Ehre, und als Brereton, wegen seines schlechten
Verhaltens, das Commando des Duke von 98 Kanonen genommen wurde, erhielt es Sir Douglas. Auf diesem Schiffe machte
er in Ansehung der Mechanik der Kanonen wesentliche Verbesserungen, welche in der ganzen Englischen Marine eingeführet
wurden. Während der Zurüstung zum Kriege im Jahre 1787
war er Contre-Admiral, und starb im Januar 1789.

DOUSA (JANUS), gemeiniglich Van der Does genannt,
wurde 1545 zu Norwick geboren. Er wurde zum Gouvernör
von Leyden ernannt, und vertheidigte im Jahr 1574 diese Stadt
gegen die Spanier, mit eben so viel Muth als Klugheit: der
Spanische General forderte die Bürger durch Briefe auf, sich
zu ergeben, und Dousa antwortete darauf nichts, als folgenden
Vers, den er unter einen jener Briefe schrieb:

*Fistula dulce canit volucrem dum decipit auceps.*

Die Belagerten wurden noch bei Zeiten unterstützt, und die
Spanier mußten die Belagerung aufheben. Der dichterische
Krieger wurde im folgenden Jahre zum ersten Curator der neu
errichteten Universität Leyden ernannt. Er war durch seine Gelehrsamkeit, welche ihm den Namen des Holländischen
Varro erwarb, dieses Platzes würdig. Er starb 1604 im
59. Jahre zu Haag an der Pest.

Mit

Mit vielem Muth und Gelehrsamkeit vereinigte er eine außerordentliche Sanftheit in sich. Man hat von ihm

Annalen von Holland in elegischen Versen und Prosa, Leyden 1601, in 4.

Dieses von Janus Dousa, dem Sohne, angefangene, und von Dousa, dem Vater, bis auf das Jahr 1520 fortgesetzte Werk, wurde 1617 mit einem Commentar des gelehrten Hugo Grotius wieder aufgelegt.

Anmerkungen zu dem Sallust, Petron, Catull, Tibull, Propertz, Horaz.

Eccho, sive Lusus imaginis jocosae, Haag 1603, in 4.

Poemata, Leyden 1609.

Die Eleganz und Reinheit des Styls und die Mannigfaltigkeit der Bilder müssen nicht machen, daß man ihm mehrere obscöne Bilder verzeiht.

Dousa hinterließ vier Söhne, welche den guten Ruf ihres Vaters behaupteten. Die bekanntesten derselben waren Janus, Dichter, Philosoph, Mathematiker und Bibliothekar zu Leyden, wo er 1597 im 26. Jahre starb. Man hat von ihm

Carmina Latina, 1607, in 8.

Und Georg, der große Sprachkenntnisse besaß, nach Constantinopel reiste, und eine

Beschreibung seiner Reise, Antwerpen 1599, in 8.

heraus gab. Man hat auch von ihm

Georgii Codini selecta de originibus Constantinopolitanis, Griechisch und Lateinisch, Genf 1607, in 8.

Georg Dousa starb 1599 auf der Insel St. Thomas, auf einer Reise nach Indien.

DOUW (GERARD), ein vortrefflicher Mahler von Leyden, lernte schon in seinem 9. Jahre die Zeichenkunst bei Bartholomäus Dolendo, einen Kupferstecher zu Leyden; bald darauf ward Peter Kouwhoorn sein Lehrmeister; nachher kam er in Rembrands Schule. Er studierte diesen großen Meister in Ansehung des Lichtes, Schattens und Colorits, wobei ihm aber desselben erste Manier wegen ihrer sorgfältigen Ausarbeitung besser gefiel, als die letztere; ja Douw übertrieb es fast in allzu fleißiger und langsamer Verfertigung seiner Gemählde.

D d 4                                    Dieser

Dieser in feiner Art vortreffliche Künstler wählte meistens Gegenstände aus dem bürgerlichen Leben zu seinen Werken, in welchen man das lebhafte Colorit, die Nettigkeit in Ausdrückung der kleinsten Umstände, und seine genaue Nachahmung der Natur nicht genug bewundern kann. Douw betrachtete den Staub als ein sehr beschwerliches Uebel, und war überaus sorgfältig, seine Gemählde davor zu bewahren.

Viele von seinen besten Werken befinden sich in dem königlichen Pallast zu Turin. Man kann sich von der Achtung reicher Liebhaber für die Arbeit dieses Mahlers einen Begriff aus dem machen, was bei Versteigerung des berühmten Cabinets des Herrn de la Court van der Voort geschehen ist, wo drei von seinen Gemählden um 16150 Gulden verkauft wurden. Der König von Sardinien hat eins, welches 30000 Livres kostete.

Douw starb 1680 im 67. Jahre seines Alters. Sarrabat, van Meurs, Verkolie, Surugue, Wille u. a. haben ungefähr 20 Blätter nach ihm gestochen. Er beschäfftigte sich bloß mit kleinen Gemählden, die er sich nach Verhältniß der darauf verwendeten Zeit bezahlen ließ. Ueber den festgesetzten Preis ließ er sich gewöhnlich 20 Stüber für die Stunde geben. Nichts ist vollendeter als seine Gemählde: man muß sich der Hülfe der Vergrößerungsgläser bedienen, um alle Arbeit darin zu sehen. Seine Figuren, ob sie gleich sehr klein sind, haben außerordentlich viel Bewegung und Ausdruck.

**DRABICIUS (Nicolas)**, ein protestantischer Geistlicher, 1585 in Mähren geboren, wurde aus seinem Vaterlande vertrieben, und begab sich 1628 nach Ungarn. Er renoncierte auf geistliche Aemter, und ergab sich der Trunkenheit. Da ihn dieses verächtlich machte, gab er, um sich wieder in Achtung zu bringen, Offenbarungen vor. Seine Schwärmereien, die durch den Ausgang für Lügen erkläret wurden, hatten keinen andern Zweck, als einen Krieg gegen die Römische Kirche und gegen das Haus Oesterreich, welches den Calvinisten Feind war, zu erregen. Die Kaiserlichen rächten seine aufrührerischen Schriften durch seinen Tod. Andere geben vor, er sei in der Türkei gestorben, wohin er sich geflüchtet hätte. Sein Hauptwerk ist überschrieben

*Lux in tenebris*, (man sehe den Artikel Kotter) ein Titel, welcher der Dunkelheit der Materie, und der Bizarrerie der Ideen des Verfassers wenig angemessen ist. — Der Fürst Ragotski bediente sich seiner Gesichte, als einer Maschine,

ſchine, um das Volk zu empören, hatte aber nicht den mindeſten
Glauben an dieſelben.

DRACO. Geſetzgeber von Athen, 624 Jahr vor Chriſti Geburt, machte ſich in ſeiner Republik durch ſeine Rechtſchaffenheit
wie durch ſeine Einſichten ſchätzbar. Ein aufgeklärter Archont
gab er zur Reform ſeiner Mitbürger Geſetze, welche durchaus
eine grauſame Strenge athmeten. Der Meuchelmord und ein
des Müßiggangs überführter Bürger wurden ohne Unterſchied
mit dem Tode beſtraft. Gerecht genug, um niemanden zu begünſtigen, war er, wie ein Mann von Geiſt ſagt, nicht Philoſoph genug, um zu wiſſen, daß er Menſchen befehle. Als
man ihn um die Bewegungsgründe zu ſeiner Strenge fragte,
antwortete er: „Die kleinſten Vergehungen hätten ihm des
„Todes würdig geſchienen, und für die größeſten hätt’ er keine
„andere Strafe finden können.“

Seine Geſetze, die nach dem Ausdrucke des Redners D e m a-
des mit Blut geſchrieben waren, hatten das Schickſal
alles Heftigen: ſie wurden bald gemildert, und darauf gar nicht
mehr geachtet. Der weiſe S o l o n ſchaffte ſie alle ab, ausgenommen das gegen die Mörder.

Das Ende des Draco war ſo traurig, als glorreich. Als er
einmahl auf dem Theater erſchien, bezeigte ihm das Volk durch
wiederhohlte Zurufungen ſeinen Beifall, und warf ihm nach der
Gewohnheit jener Zeit ſo viel Röcke und Mützen zu, daß er
unter den Zeichen der Hochachtung und Verehrung erſtickte.

DRACONTIUS, ein Spaniſcher, chriſtlicher Dichter, der
um die Mitte des 5. Jahrhunderts lebte. Man hat von ihm
ein Gedicht, über das Werk der ſechs Tage der Schöpfung:
eine Elegie an den Kaiſer Theodoſius den jüngern, welche zuſammen unter folgendem Titel heraus kamen:

*Dracontii, Presbyteri Hispani, carmen epicum Hexaëmeron,
ab Eugenio II. episcopo Tolet. emendatum. Ejusdemque elegia
ad Theodosium juniorem, imperatorem Augustum. Denuo
edita notis illustravit Jo. Bened. Carpzovius. Helmſt.
1794, 8.*

DRAGUT - RAIS, das iſt Capitain, aus Natolien, war
anfänglich Domeſtik eines Corſaren, ward der Günſtling des
Barberouſſe, und endlich ſein Nachfolger. Er führte die
D d 5                    Gefährten,

Gefährten seiner Seeräubereien mit so vielem Glück und so
großen Fähigkeiten, als dieser berühmte Seeräuber, zur Beute.
Er zeichnete sich anfänglich an den Küsten von Neapel und Calabrien aus. Aber im Jahr 1550 wurd' er an den Küsten von
Corsica überfallen; und von Jeannetin Doria, dem Neffen
und Lieutenant des berühmten Andreas Doria, mit mehrerern
seiner Fahrzeuge gefangen genommen, und erhielt erst nach
mehrern Jahren und nach Zahlung eines großen Lösegeldes seine
Freiheit wieder. Diese lange Gefangenschaft besserte diesen Räu-
ber nicht. Im Jahr 1560 ruhte er sich im Hafen der Insel
Gerbes aus. Andreas Doria blokierte ihn mit seinen Galeeren, die an der Mündung des Hafens die Anker warfen, um
ihm jeden Rückzug abzuschneiden. Der Corsar, der sich ganz
eingeschlossen sah, dachte auf ein Mittel, sich heraus zu ziehen,
welches ihm auch gelang. Er machte durch die Aufmerksamkeit,
welche er auf die Befestigung der Ufer des Hafens wandte, den
Doria glauben, er wolle den Eingang in denselben bis aufs
äußerste vertheidigen. Zur selben Zeit ließ er einen Weg ebnen,
welcher sich an dem Platze anfing, wo seine Galeeren auf der
Rheede lagen, und über welchen er eine Erhöhung von Holz,
und über diese mit Talg bestrichene Breter legen ließ,
um darüber alles desto leichter hinschieben zu können. Man
wand nun seine Galeeren auf dieses Bretergerüst, und brachte
sie auf hölzernen Walzen bis auf einen Platz der Insel, wo das
Erdreich viel niedriger war. Er hatte von dieser Seite einen
neuen Canal graben lassen, dem von Cantara gegen über, (in
diesem befanden sich damahls die Spanier) und auf diesem neuen
Canal gingen seine Galeeren aus einem Meer in das andere.

Doria erfuhr diese außerordentliche Neuigkeit nur durch den
Verlust der Hauptstadt Siciliens, die Dragut fast vor seinen
Augen wegnahm. So zog sich dieser Corsar aus der Gefahr:
ein Mittel, dessen sich lange vorher die Tarentiner auf Hanni-
bals Rath bedient hatten.

Er machte sich durch eine schreckliche Treulosigkeit Meister
dieser Insel. Er hatte einen gewissen Soliman, der Herr derselben war, unter dem Vorwande der Freundschaft nach Tripolis
eingeladen, ließ ihn hängen, und nahm ihm so dieselbe. Fünf
Jahre nachher, 1565, befahl Soliman II. dem Dragut, sich
vor Maltha einzustellen, welches er belagern wollte. Als er
eines Tages die Bresche recognoscierte, schlug eine Kanonen-
kugel, welche gegen die Mauer anprallte, ein Stück Stein los,

wobei

wovon der Corsar so heftig an das Ohr getroffen wurde, daß er einige Zeit darauf starb.

DRAKE (SIR FRANCIS), einer der ausgezeichnetsten Englischen Seehelden, der unter der Regierung der Elisabeth blühte, wurde 1545 bei Tariftock in Devonshire geboren. Er machte durch eine Reise in die Südsee durch die Magellanische Straße, welche bisher noch kein Engländer gethan hatte, seinen Namen unsterblich. Er segelte den 13. December 1577 von England ab, und lief den 3. November 1580 in Plymouth ein, und hatte also in 2 Jahren und ohngefähr 10 Monaten eine Reise um die Welt gemacht. Er starb, nachdem er seinem Vaterlande durch seinen Muth und seine Geschicklichkeit große Dienste geleistet hatte, im Jahre 1595—96 am Bord seines eigenen Schiffes in West-Indien. — Die Stadt Plymouth ist Drake'n besonders verbindlich, denn er unternahm es im Jahre 1587 Wasser in dieselbe zu bringen; er leitete einen Strom, dessen Quelle in gerader Linie 8 Meilen entfernt ist, und vermöge der Leitungen über 20 Meilen läuft, in dieselbe.

DRAKE (JAMES), ein berühmter politischer Schriftsteller und Arzt, 1567 geboren, starb 1706—7. So groß auch das Verdienst seiner politischen Schriften sein mag, und so sehr er sich auch bei seinem Leben durch dieselben auszeichnete, so ist er doch jetzt vorzüglich durch seine medicinischen Werke, und besonders durch sein

Neues System der Anatomie

bekannt, welches kurz vor seinem Tode beendiget wurde, und 1707 erschien.

DRAKE (FRANCIS), ein Chirurg zu York, und ein guter Antiquar, gab 1736

Eboracum, oder Geschichte und Alterthümer der Stadt York, von ihrem Ursprunge bis auf jetzige Zeiten,

heraus.

DRAKENBORCH (ARNOLD), Professor der Geschichte und Beredsamkeit zu Utrecht, starb 1748. Er ist durch schöne Ausgaben in.4. von 2 alten Authoren merkwürdig, vom

Titus Livius, in 7 Bänden, und vom
Silius Italicus,

mit sehr gelehrten Anmerkungen. Er ist auch Verfasser einiger kleinen Schriften.

DRAYTON

DRAYTON (Michael), ein Englischer Dichter, 1663 geboren. Als er 10 Jahr alt war, scheint er Page einer angesehenen Person gewesen zu sein, wie wir aus seinen eigenen Worten schließen. Es scheint ihm auch außerordentlich angelegen zu haben, zu wissen, was für eine sonderbare Art von Geschöpfen die Dichter wären, und von seinem Beschützer vor allen Dingen begehrt zu haben, daß er ihn, wenn es irgend möglich wäre, zu einem Dichter machen möchte. — Sein Verlangen wurde erfüllt, und er zeichnete sich durch seine Talente, 9 oder 10 Jahre vor dem Tode der Königin Elisabeth, wenn nicht etwas früher, auf diesem Wege aus.

Drayton starb 1631, und wurde in die Westmünster = Abbtei unter die Dichter begraben. Die Inschrift, welche in goldenen Buchstaben auf sein Denkmahl gesetzet wurde, soll Ben Jonson zum Verfasser haben, und ist folgende:

> Do, pious marble, let thy readers know,
> What they, and what their children owe
> To Drayton's name; whose sacred dust
> We recommend unto thy trust:
> Protect his memory, and perserve his story,
> Remain a lasting monument of his glory:
> And when thy ruins shall disclaim
> To be the treasurer of his name,
> His name, that cannot fade, shall be
> An everlasting monument to thee.

DREBEL (Cornelius), ein philosophischer Alchymist, erblickte im Jahre 1572 zu Alcmäar in Holland das Licht der Welt, und starb zu London im Jahre 1634 in einem Alter von 62 Jahren. Seine ungemein großen Fähigkeiten zeigten sich vorzüglich in der Erfindung neuer Maschinen. Indessen muß man nicht alles glauben, was man von dem Scharfsinn dieses Philosophen erzählt hat. Er verfertigte, wie man sagt, gewisse Maschinen, mit denen er den Regen, den Hagel und die Blitze so natürlich, als wenn diese Wirkungen vom Himmel kämen, hervorbrachte. Durch Hülfe anderer Maschinen brachte er eine Kälte hervor, die der Kälte des Winters gleich war. Man giebt vor, daß er auf das Ansuchen des Königs von England, im Westmünstersahl eine solche künstliche Kälte hervorbrachte, die so groß war, daß man nicht im Stande war, sie auszuhalten.

Er

Er hatte ein Glas verfertigt, welches den Schein eines Lichtes, das am andern Ende eines Saales stand, an sich zog, und dieß so viel Glanz von sich gab, daß man bei diesem Scheine ohne Mühe lesen konnte. Allein alle diese Wunder müssen in das Land der Hirngespinste zurückgeschickt werden. Drebel hat einige in die Physik einschlagende Bücher geschrieben. Das vorzüglichste führt die Ueberschrift:

*De natura Elementorum*, in 8.

Man behauptet, daß er zuerst das Geheimniß, mit Scharlach zu färben, entdeckte. Er vertrauete dieses Geheimniß seiner Tochter an, welche Cuffler heirathete, der zu Leyden Gebrauch von demselben machte. Einige haben dem Drebel die Ehre der Erfindung des Telescops zugeeignet. Man hält ihn ziemlich allgemein für den Erfinder zweier höchst nützlicher Instrumente, des Microscops und des Thermometers, von denen das erste anfänglich nur in Deutschland bekannt war. Es erschien zum erstenmahle im Jahr 1621. Fontana eignete sich dreißig Jahre nachher sehr unschicklich die Erfindung desselben zu.

DRELINCOURT (CHARLES), Prediger an der reformierten Kirche zu Paris, 1595 zu Sedan geboren, starb 1669 zu Paris. Seine

*Consolations contre les frayeurs de la Mort*

wurden unter allen seinen Werken am öftersten wieder aufgelegt, erlebten über 40 Ausgaben, und wurden in verschiedene Sprachen übersetzt. Seine

*Charitables Visites*

in 5 Bänden, dienten Privatpersonen zu beständigem Troste, und Predigern zu einem Quell von Materien und zum Muster. Er gab auch

drey Bände von Predigten

heraus, in welchen eine erstaunliche Frömmigkeit, Salbung und Rührung herrscht.

DRENTWET (ABRAHAM), ein berühmter Goldschmid in getriebener Arbeit und Wachsbossierer von Augsburg, war ein vortrefflicher Zeichner in kleinen Figuren. Seine in Wachs bossierten kleinen Cabinetsstücke werden sehr gesucht und hoch geschätzt. Man zeiget einige davon in der Gallerie des Herzogs von Sachsengotha, unter welchen man die Bildnisse der herzoglichen Familie, welche er 1724 verfertigt, sehr bewundert. Dieser

ser geschickte Künstler starb 1727 im 80. Jahre in seiner Vater=
stadt.  Er hat zwei Werke in Kupfer stechen lassen, unter den
Titeln:

Allerlei Silberarbeiten auf acht Blättern, und

Die Augsburgische Goldschmidskunst, in zwei Heften,
beide von 14 Blättern.

DRESSER (MATTHIAS), ein Lutherischer Geistlicher, 1536
zu Erfurt geboren, studierte zu Wittenberg unter Luther und
Melanchthon.  Nachdem er auf verschiedenen Academien die
Griechische Sprache und die Beredsamkeit mit Auszeichnung ge=
lehrt hatte, ward er 1581 Professor zu Leipzig, wo er 1607 starb.
Er war ein strenger Lutheraner, und ein Mann von einem bieg=
samen und geschmeidigen Character.  Als er sich zu Orford be=
fand, wußte er den Geist seiner Collegen so gut zu leiten, daß sie
es zufrieden waren, daß die Augsburgische Confession und das
Hebräische auf der Academie gelehret wurde.  Man hat von ihm
verschiedene litterarische und theologische Werke:

*Rhetoricae libri quatuor*, in 8.

*Tres libri Progymnasmatum Litteraturae Graecae*, in 8.

*De Festis et praecipuis anni partibus liber.*

*De festis diebus Christianorum, Judaeorum et Ethnicorum li-
ber*, in 8.

worin er mehrere lesenswerthe Gegenstände mit Gelehrsamkeit
abhandelt.

DREVET (PIERRE), der Vater, 1664 zu Lyon geboren,
starb 1739 zu Paris.  Er lernte die Zeichenkunst bei Gerhard
Audran, das Kupferstechen aber von sich selbst, und ging sich
zu vervollkommnen nach Paris.  Er widmete sich der Gravur
des Porträts, brachte es darin sehr weit, und würde der Mann
gewesen seyn, der nicht nur mit dem meisten Character, Leben
und Kühnheit, sondern auch am feinsten und angenehmsten stach,
wenn er nicht von seinem Sohn übertroffen worden wäre.

DREVET (PIERRE), der Sohn, 1697 zu Paris geboren,
starb 1739 daselbst.  Man hat ein Blatt von ihm, welches er
in einem Alter von 13 Jahren stach, und das vollendete Künstler
zur Verzweiflung bringen kann.  Man kann ohne Zweifel wil=
der und freier gravieren als er, kann in das Porträt selbst mah=
lerischere Arbeiten bringen, nud sich durch eine kühnere Tusche
auszeichnen, wird es aber in der vollendeten und precibsen Gra=
vur

dur vielleicht nie weiter bringen.   Es ist unmöglich, sein berühmtes Portrait von Bossuet, welches er in seinem 26. Jahre machte, ohne Erstaunen zu sehen.   Man findet in diesem Blatte weiße Haare, Fleisch, Hermelin, feine Leinwand, Spitzen, Moire, Sammt, goldene Franzen, Holz, mit der Kunst der Ebenisten gearbeitet, Bronze, Marmor, Papier u. s. f.   Jeder dieser Gegenstände ist in einem besondern Character graviert, und dieser Character ist allemahl der, der ihm eigen ist. — Er verlor das Geistreiche, das Richtige und Wahre der Umrisse nie aus den Augen, wohlwissend, daß ohne dieses die schönste Arbeit nichts andres, als ein künstliches Gekritzel auf der Kupferplatte ist.   Man bemerket in den Blättern sowohl des Vaters, als des Sohnes, eine kluge Regelmäßigkeit in Anlegung der Schraffierungen, welche das Biegsame der Natur ungezwungen nachahmt.

DRIEDO oder DRIDOENS (JOHANN), von Tournehout in Brabant, Doctor und Professor der Theologie zu Löwen, Canonicus von St. Peter, starb 1535.   Man hat von ihm verschiedene Theologische Schriften, in 4 Bänden in Folio und in 4. Die wichtigsten sind:

De Ecclesiasticis Scripturis.
De Libertate Christiana.
De captiuitate et redemptione generis humani.
De concordia liberi arbitrii et praedestinationis.
De gratia et libero arbitrio.

DRUIDEN, die Priester der Celten, daß heißt, der Bewohner des alten Scandinaviens, Germaniens, Galliens und Großbritanniens.   Man nannte sie Druiden, weil sie ihre religiösen Versammlungen unter Eichen hielten, Bäume, welche sie verehrten, und die in der Celtischen Sprache Druis hießen.

Diese halb gebildeten und halb wilden Priester, spricht der Abbe' Cerutti, in einer Anmerkung zu seinem Gedicht Les Jardins de Betz, Paris 1792, übten über das Volk, das zur Hälfte aus Jägern und zur Hälfte aus Straßenräubern bestand, eine vollkommene Oberherrschaft, eine Theocratie aus, wie die Hohenpriester der Hebräer, die Magier die Chaldäer, die Gymnosophisten der Indier und die Hierophanten der Aegyptier. Sie verehrten den Mercur unter dem Namen Theutattes, den Mars unter dem Namen Hesus, und den Jupiter unter dem Namen Taranes, und brachten ihnen fast täglich
Mensch-

menſchliche Opfer, ſei es, um mit ihrem Verſöhnungsblute zu
handeln, oder um die Einbildungskraft des Volkes mit einem
heiligen Schauder zu treffen.

Wenn man dem Dichter Lucan glaubt, ſo waren dieſe barbariſchen Betrüger eine Art von heuchleriſchen Gottesleugnern,
welche unter ſich der Dummheit des Volkes ſpotteten, indem
ſie dieſelbe durch den Schrecken der Götter, welche ſie als unbe-
greiflich ſchilderten. damit ſie ſie deſto furchtbarer machten, ohne
Unterlaß vermehrten: Tantum terroribus addit, quos timeant
non noſſe Deos.

Dem Ammianus Marcellinus zu Folge waren ſie in
mehrere Klaſſen eingetheilt: in die Barden, welche ihre Dichter und Geſchichtſchreiber waren; in die Eubagen, welche ſich
mit geometriſchen Berechnungen und den Erfindungen der Künſte
abgaben, und in die eigentlichen Druiden, welchen zwei ſchreckliche Verrichtungen oblagen, die unglücklichen Schlachtopfer zu
opfern, und das Volk zu regieren.

Julius Cäſar ſpricht von ihnen in ſeinen Commentarien:
„Die Druiden haben bei göttlichen und menſchlichen Angelegen-
„heiten den Vorſitz.     Sie entſcheiden die Streitigkeiten; und
„ihre Urtheile, wie ihre Meinungen, werden als das Urtheil
„der Götter betrachtet.     Wenn es ein kühner Sterblicher wagen
„wollte, ihnen zu widerſtreben, ſo würd’ er unter die Gottloſen
„gerechnet, von der Gemeinſchaft der Opfer ausgeſchloſſen,
„aller Bürgerrechte beraubt, und aus allen Wohnungen verbannt
„werden, wie ein Verbrecher und von der Peſt Angeſteckter.
„Inhaber aller Gewalt ſind ſie frei von allen Abgaben, tragen
„ſie den Donner der Götter, das Scepter der Könige, und die
„heilige Miſtel, vor der ſich die Menge zur Erde wirft; ver-
„walten aber keine Staatsämter.“

Unter den prieſterlichen Decorationen vergaß Julius Cäſar den
Wahrſagerſtab. Es iſt zwar wahr, daß das heilige Privilegium,
die Zukunft vorher zu ſagen, vorzüglich ein Eigenthum der Drui-
diſchen Sibyllen war.     Daher jene Verehrung, jene Idololatrie,
welche die Weiber den Celten einflößten, wie das Beiſpiel der
Velleda und Aurinia bezeugt, welche nach dem Bericht des
Tacitus zu dem Range der Göttinnen erhoben wurden.     Dieſer Geſchichtſchreiber erzählt auch, daß die Druiden bei den Ver-
ſammlungen des Volks den Vorſitz führten, und dem Volk und

                                                              dem

dem Volk und den Rednern Stillschweigen auferlegten: Silentium per sacerdotes, quibus tum coercendi jus est, imperatur.

Der Druidismus herrschte noch zu der Zeit, als Großbritannien von den Römern erobert und civilisiert wurde. Unter dem Kaiser Tiberius schickte der Senat ein wohlthätiges Decret dahin, welches nicht den Gottesdienst der Nation, sondern nur die Opfer des Menschenblutes aufhob. Die darüber äußerst aufgebrachten Druiden empörten das Volk, fielen die Römische Legion unvermuthet an, machten viele davon zu Gefangenen, und verbrannten sie feierlichst in colossalischen Statüen, die aus Weiden und Eisendraht geflochten waren, und den Theutates, Hesus und Taranes vorstellten.

Der Römische Senat beschloß nun die Vernichtung der Druiden. Sie flüchteten sich auf die Insel Anglesey. Ostorius verfolgte sie dahin mit neuen Legionen. Angefallen in ihrer letzten Zuflucht, vertheidigten sich die Tiger mit der höchsten Wuth. Man sahe die Weiber mit zerstreuten Haaren und die Priester mit Blute besprützt an den Ufern laufen, und hörte ihr entsetzliches Geheul. Die Römer blieben bei diesem Schauspiel einen Augenblick unbeweglich, fielen sodann über die Barbaren her, und zerstreuten sie wie in Furcht gejagte wilde Thiere, bemächtigten sich der ganzen Insel, erschlugen die Druiden, schlossen die Druiden ein, und zerstörten mit der Art in der Hand ihre Altäre, stürzten ihre heiligen Haine um, und ließen keine Spur ihres abscheulichen Gottesdienstes übrig.

DRUSILLA (LIVIA), Tochter des Germanicus und der Agrippina, und Urenkelin August's, wurde im Jahre 15 nach Christi Geburt zu Trier geboren. Ihr erster Gemahl war Lucius Cassius, und ihr zweiter Marcus Lepidus, der Bruder desselben. Ihre Ausschweifungen zogen ihr den gerechten Haß der Römer zu. Der Kaiser Caligula, ihr Bruder, pflog einen blutschänderischen Umgang mit ihr. Er liebte sie so leidenschaftlich, daß er sie in einer gefährlichen Krankheit zur Erbin des Reichs und seines ganzen Vermögens einsetzte. Nach ihrem Tode, welcher sie ihm im Jahre 38 nach Christi Geburt entriß, ließ er sie ungeachtet der Ehrlosigkeit, die ihr ihre ärgerliche unkeusche Lebensart mit Recht zuwege gebracht hatte, unter die Göttinnen versetzen. Bis dahin waren den Römern dergleichen Gottheiten unbekannt gewesen. Allein eben so verhaßt, als

Zweiter Theil. E e sie

fie ihnen auf der Erde gewefen war, war fie ihnen in ihrem Himmel, den fich ihre Einbildungfraft gefchaffen hatte.

DRUSIUS oder DRIESCHES, denn Drufius ift fein latinifierter Name (JOANNES), 1550 zu Dudenarde geboren, Profeffor zu Leyden, und einer der gelehrteften Männer unter den Proteftanten feiner Zeit, war Verfaffer verfchiedener Schriften, welche von feiner Gefchicklichkeit im Hebräifchen, und von feiner großen Kenntniß in den Jüdifchen Alterthümern zeugen. Er ftarb 1616.

DRUSIUS (JOANNES), Sohn des vorigen, und in dem Alter, worin andere Kinder zu lefen anfangen, fchon ein Wunder der Gelehrfamkeit. Im 5. Jahre verftand er etwas Lateinifch; im 7. überfetzte er die Hebräifchen Pfalmen ohne zu ftocken; im 9. las er Hebräifch ohne Puncte, und fetzte die Puncte nach den Regeln, wohin fie gehörten; im 12. fchrieb er in Profa und Verfen nach Art der Hebräer; im 17. hielt er vor Jacob I. König von England, eine Lateinifche Rede, worüber der ganze Hof erftaunte und entzückt war. Diefes vorreife Genie ftarb 1609 im 21. Jahr am Stein, nachdem er angefangen hatte, die Reifebefchreibung des Benjamin von Tudele, und die Chronik des zweiten Tempels aus dem Hebräifchen in das Lateinifche zu überfetzen.

DRUSUS (MARCUS LIVIUS), war der Sohn desjenigen Drufus, welcher zu gleicher Zeit mit dem Cajus Gracchus Tribun des Volks war. Die Natur hatte ihn fo wie feinen Vater mit hervorftechenden Geiftesfähigkeiten ausgerüftet. Er war einer der beredteften, geiftreichften und muthigften Männer feiner Zeit. Allein fein gränzenlofer Ehrgeitz verdunkelte diefe glänzenden Eigenfchaften. Damahls theilten die Partei des Senats und die Partei der Ritter die Stadt. Drufus, natürlicher Weife geneigt, dem Senate feine erften Rechte wieder zu verfchaffen, wurde von der Furcht, fich die Feindfchaft des Ritterftandes zuzuziehen, zurückgehalten. Er that den Vorfchlag, daß man die fehlenden Senatoren durch eben fo viele Ritter wieder erfetzen, und zu gleicher Zeit diefen neuen obrigkeitlichen Perfonen das Recht zu urtheilen, eben fo wie es die alten Senatoren hätten, zugeftehen follte. Anftatt die beiden Theile, wie es feine Abficht war, mit einander auszuföhnen, brachte er fie noch mehr gegen einander auf. Die Unzufriedenheit ftieg, da er das Gefetz der Gracchen, betreffend die Vertheilung der Ländereien an das Volk,

Volk, und das Gesetz, dem Lateinischen Volke die Vorrechte der Bürger von Rom zu bewilligen, wieder in Gang bringen wollte. Obgleich Drusus das Gesetz von der Vertheilung der Ländereien nicht hatte durchsetzen können, weil es den größten Widerstand fand, so wollte er wenigstens sein den Ausländern gegebenes Versprechen halten. Allein da er, begleitet von einer Menge Lateiner, die ihn zu unterstützen gekommen waren, in seine Wohnung zurückkehrte, wurde er beim Eingange seines Hauses meuchelmörderischer Weise ermordet. Er fiel todt zur Erde nieder, und seine letzten Worte, die man nicht ohne Rührung lesen würde, wenn sie gegründet wären, waren: Nie habe ich in meinem Leben andere Vortheile als die Vortheile der Republik beabsichtiget, und niemand wird ihr aufrichtiger ergeben seyn, als ich. Sein Tod fällt in das Jahr 90 vor Christi Geburt.

DRUSUS (NERO CLAUDIUS), Sohn des Tiberius Nero und der Livia, die nachher den August heirathete, und Bruder des Kaisers Tiberius, wurde im Jahre 38 vor Christi Geburt geboren. Zeitig zeichnete er sich durch seinen Muth aus. Nachdem er die Graubünder überwunden hatte, besiegte er die Gallier und die Germanen, und wurde zur Würde eines Prätor's erhoben. In demselben Jahre, da man ihm die Prätur übertrug, kehrte er an den Rhein zurück, über den er glücklich hinüber ging, und erwarb sich in diesem Feldzuge so vielen Ruhm, daß man ihm die Ehre des Triumphs bewilligte, und daß er zum Proconsul sogleich nach dem Verlauf seiner Prätur ernannt wurde. Die unter seiner Anführung stets siegreichen Armeen beehrten ihn mit dem Titel Imperator. Allein August hielt es nicht für rathsam, ihm denselben zu bestätigen. Er machte zur Fortsetzung seiner Eroberungen Anstalten: er kam mit seinen Truppen sogar bis an's Ufer der Elbe. Allein nach vergeblichen Versuchen, über sie hinüber zu setzen, begnügte er sich dort Siegeszeichen zu errichten, um zu erkennen zu geben, daß er bis dorthin vorgedrungen wäre. Dio Cassius behauptet, daß er durch die Erscheinung einer riesenmäßigen menschlichen Gestalt von seinem Vorsatze, über den Elbfluß zu setzen, zurück gebracht worden sey. Diese Gestalt soll nämlich folgende Worte zu ihm gesagt haben: Drusus, wird dein Ehrgeiz keine Gränzen haben? Das Verhängniß erlaubet dir nicht, weiter zu gehen; du bist dem Ziele deiner Heldenthaten und deines Lebens nahe. Es mag nun

nun mit dieser Erzählung eine Bewandniß haben, welche es wolle, so ist doch soviel gewiß, daß Drusus bald nachher an den Folgen eines Falles vom Pferde im zosten Jahre seines Alters, und im 9ten Jahr vor Christi Geburt sein thatenvolles Leben endigte. Rom verlor an ihm einen muthvollen, ungemein gütigen und tugendhaften Prinzen, der es verdiente, August's Nachfolger zu werden, und der das Römische Reich vor einem solchen Ungeheuer, als Tiberius war, verwahrt haben würde. Auch verdient noch bemerkt zu werden, daß Drusus den Rheincanal bis an die Issel ziehen ließ. Er zeugte mit seiner Gemahlin Antonia drei Kinder, den Germanicus, die Livia und den Claudius.

DRUSUS, Sohn des Tiberius und der Vipsania, hatte mehrere von den Fehlern seines Vaters. Er war grausam, hitzig, wollüstig. Allein er hatte nicht alle Fehler seines Vaters. Nachdem er im Jahre 10 nach Christi Geburt Quästor gewesen war, schickte man ihn nach fünf Jahren nach Pannonien, wo er die Legionen, die sich seit dem Tode des August empört hatten, wieder zum Gehorsam bringen sollte. Die Weisheit und die Entschlossenheit, die er bei dieser Gelegenheit zeigte, erwarben ihm das Consulat. Eben so sehr zeichnete er sich in Illyrien aus, von wo aus er auf eine geschickte Art die Uneinigkeiten, die die Deutschen zerrissen, zu unterhalten wußte. Der Senat bestimmte ihm die Ehre desjenigen Triumphs, den die Römer die Ovation nannten, um den glücklichen Erfolg seiner Unternehmungen zu belohnen. Drusus kehrte nach Rom zurück, und wurde mit dem Kaiser, seinem Vater, zum Consul gemacht. In der Folge theilte er die Gewalt eines Tribunus mit ihm. Diese Würden schienen diesem Prinzen das Reich zu sichern. Allein Sejanus, jener verwegne Schurke, dem er eine Ohrfeige gegeben hatte, bestach Livia, die Gemahlin des Drusus, und, im Einverständniß mit ihr, ließ er ihn durch einen Verschnittenen vergiften. Der Arzt der Livia, der unter die Zahl ihrer Liebhaber gehörte, nahm an diesem niederträchtigen Complott Antheil. Das Gift wirkte langsam, raffte aber demungeachtet im Jahre 23 nach Christi Geburt den Drusus weg.

DRUSUS, Sohn des Germanicus und der Agrippina, besaß anfänglich die Gunst des Kaisers Tiberius in einem hohen Grade, und wurde zu ansehnlichen Würden befördert. Allein der schlaue und ränkevolle Sejanus suchte ihn um die Gunst des

des Tiberius zu bringen, und war in seiner Bemühung nur zu glücklich. Dieser Kaiser ließ ihn in das Gefängniß setzen, und verbot allen denjenigen,| die ihn bewachten, ihm die mindeste Nahrung darreichen zu lassen. Er genoß das Haar in seinen Matratzen, und starb neun Tage nach seiner Gefangennehmung im Jahre 33 nach Christi Geburt. Tiberius beging noch die Abscheu erregende Grausamkeit, ihn nach seinem Tode im Senate anzuklagen.

DRYDEN (JOHN), ein berühmter Englischer Dichter, war der Sohn von Erasmus Dryden von Tichmersh in Northamptonshire, und den 9. August 1631 zu Aldwincle geboren. Er wurde in der Westmünsterschule unter dem berühmten Dr. Busby erzogen, und ging 1650 auf das Trinitäts-Collegium zu Cambridge. Sein Ansehen als Dichter, und seine Anhänglichkeit an den Hof erwarb ihm die Stelle eines gekrönten Dichters und Geschichtschreibers Carls II. von welchen Stellen er nach dem Tode des Sir William Davenant, im Jahr 1668 Besitz nahm. Im Jahr 1669 wurde seine erste Comödie

*The Wild Gallant*

auf dem Königlichen Theater aufgeführt, aber mit so wenigem Erfolg, daß, wenn der Verfasser nicht eine außerordentlich starke Neigung zur dramatischen Dichtkunst gehabt hätte, er zur Genüge von jedem folgenden Versuche hierin abgeschreckt worden wäre. Er fuhr jedoch in dieser Dichtungsart fort, und lieferte innerhalb 25 Jahren 27 Stücke, außer seinen andern zahlreichen poetischen Schriften.

Was Drydens Character anlangt, so wurde er von einigen zu sehr erhoben, von andern zu sehr herabgesetzt. Congreve stellt ihn in Rücksicht seines moralischen Characters, als einen nicht nur tadellosen, sondern verehrungswürdigen Mann dar; und was seine Schriften anlangt, so sagt er, „kein Engländer habe so viel, und über so mancherlei Gegenstände so gut geschrieben."

„Merkwürdig ist es, daß seine Talente mit seinen Jahren nicht ab, sondern sogar bis nahe an sein 70. Jahr zunahmen; sein Feuer, seine Einbildungskraft wuchs sowohl, als sein Urtheil, welches seine Ode auf den H. Eäciliens-Tag, und seine Fabeln, seine letzten Producte, beweisen."

„Er war in Versen und in Prosa gleich vortrefflich. Seine Prosa hat bei allem Adel des Ausdrucks alle nur gedenkliche Klar-

heit; alle Gracie und allen Schmuck, deſſen ſie empfänglich iſt,
ohne jedoch in die Sprache oder Diction der Dichtkunſt auszuar-
ten.　Und ich ſelbſt hörte ihn oft mit Vergnügen ſagen, daß er,
wenn er einiges Talent zur Engliſchen Proſa habe, dieſes Talent
der öftern Lectüre der Schriften des großen Erzbiſchofs Tillot-
ſon verdanke.“

„Seine Verſification und ſeinen Numerus konnte er von niemanden lernen, denn er war der erſte Engländer, der dieſes Talent in ſeiner Vollkommenheit beſaß.　Seine Diction iſt in ſeinen
Gedichten, wenn es der Gegenſtand erfodert, ſo erhaben und ſo
wahrhaftig dichteriſch, daß das Weſen deſſelben, gleich dem reinen Golde, nicht zerſtöhret werden kann.“

„Was er in irgend einer beſondern Gattung von Schriften leiſtete, wäre hinlänglich geweſen, ihm einen großen Namen zu
erwerben.　Wenn er nichts, als ſeine Vorreden, oder nichts,
als ſeine Geſänge oder Prologen geſchrieben hätte, ſo würde ihn
jedes dieſer Stücke ſchon zu dem vortrefflichſten Schriftſteller in
dieſer Art erhoben haben.“

DUAREN (FRANÇOIS), von St. Brieux in Bretagne, ein
Franzöſiſcher Civiliſt, 1509 geboren.　Er ward Profeſſor des
Rechts zu Bourges, und war, dem Thuanus zu Folge, nach
Alciat, der ſein Lehrer geweſen war, der größeſte Rechtsgelehrte ſeiner Zeit.　Er verband mit dem Studium des Rechts
die Cultur der ſchönen Wiſſenſchaften, und war einer der erſten,
der die Gloſſarien von ihren Barbarismen reinigte, und in die
juriſtiſchen Schriften eine gute Sprache einführte.　Er ſtarb
1559.

DUBOIS (JEROME), Mahler von Herzogenbuſch, blühte zu
Anfange des 17. Jahrhunderts.　Er excellirte in Grottesken,
lächerlichen Figuren und Phantomen.　Er mahlte eine Hölle
ſo lebhaft, wahr und ſchrecklich, daß der Betrachter ſo von ihr
ergriffen wird, als ob er ſich in dieſem Orte des Schreckens befände.　Der Ausdruck, die Stärke und die Mannigfaltigkeit der
Charactere, der Zauber ſeines Colorits, alles macht, daß ſeine
Werke ſehr geſucht und außerordentlich bezahlet werden.

DUBOS (JEAN BAPTISTE).　Man ſehe den Artikel BOS.

DUBRAW oder DUBRAVIUS SCALA (JOHANN), Biſchof
zu Olmütz in Mähren, im 16. Jahrhundert, wurde zu Pilſen
in

in Böhmen geboren, und starb 1553 mit dem Ruf eines frommen und aufgeklärten Prälaten. Die Functionen des Bißthums hinderten ihn nicht, Ambassadör in Schlesien und nachher in Böhmen, und Präsident der Commission zu sein, welche niedergesetzet wurde, den Rebellen den Proceß zu machen, die an den Unruhen von Schmalkalden Theil genommen hatten.

Man hat von Dubraw verschiedene Werke, unter andern eine Geschichte von Böhmen, in 33 Büchern, treu und sorgfältig geschrieben. Die besten Ausgaben sind die von 1575, mit chronologischen Tafeln, und die von 1688 zu Frankfurt, vermehrt mit der Geschichte von Böhmen von Aeneas Sylvius.

DUC (JEAN LE), 1636 im Haag geboren, lernte bei Paul Potter. Das größte Lob, das man ihm beilegen kann, ist, daß er seinen Lehrmeister vollkommen nachahmte. Seine Gemählde und Zeichnungen von Thieren werden stark gesucht. Er ward 1671 Director der Academie in Haag. Dieser Mahler hat einige Blätter von seinen Zusammensetzungen mit gutem Erfolg radiert, unter andern eine Lage von acht Hunden, die er mit vieler Genauigkeit abzubilden wußte. Allein le Duc verließ dieß alles, und trat in Kriegsdienste, in welchen er eine Hauptmannsstelle erhielt.

DUCA (GIACOMO DEL), von Palermo gebürtig, lernte bei Michel Angelo Buonaroti, welchem er in allen Theilen der Kunst zu dessen großer Zufriedenheit an die Hand ging. Man findet von seiner Arbeit in der Kirche St. Johann von Lateran das berühmte Grabmahl der Helena Savelli, welches das jüngste Gericht vorstellt. Sein Bruder Ludewig goß es in Erzt. Jacob baute 1585 den Pallast Pamfili zu Rom. Er wurde in sein Vaterland zurück berufen, und zum ersten Kriegsbaumeister erwählt, besaß aber diese Stelle nicht lange, indem er in seinem Bett' ermordet wurde.

DUCAEUS (FRONTO), FRONTON DU DUC, ein Jesuit, geboren zu Bourdeaur im Jahre 1558. Er war der Sohn eines Parlamentsrathes, und gab in verschiedenen Häusern seines Ordens, zu Pont-à-Mousson, zu Bourdeaur, zu Paris, Unterricht. Er starb in dieser letzten Stadt im Jahre 1624 an Steinschmerzen. Der Stein, den er in der Blase trug, wog

Ee 4                              fünf

fünf Unzen. Der Vater du Duc war in allen Gattungen der Gelehrsamkeit zu Hause. Indessen befand er sich in seinem eigentlichen Vaterlande, wenn er sich mit dem Studium der Griechischen Sprache, die er sehr gründlich verstand, und der Kritik der alten Schriftsteller beschäftigte. Wir haben ihm zu verdanken.

**Eine Ausgabe der Werke des H. Johann Chrysostomus, in 6 Bänden, in Fol.**

Richard Simon rühmt diese Ausgabe sehr. Es wäre zu wünschen, wie er sagt, daß wir die sämmtlichen Werke des Chrysostomus von der Hand dieses Jesuiten hätten. Wenn man diese Ausgabe vollständig machen will, so braucht man nur Morels oder Commelins Ausgabe, die in 4 oder 2 Foliobänden bestehen, von dem Commentare des Chrysostomus über das Neue Testament dazu zu nehmen. Fr. du Duc hat eine Ausgabe von den sämmtlichen Werken des Chrysostomus in Lateinischer Sprache 1613 in 6 Bänden in Folio herausgegeben.

Mehrere andere Ausgaben alter Schriftsteller, besonders von Kirchenvätern, von denen einige mit Anmerkungen versehen sind, und unter denen die beste die Ausgabe des Nicephorus Calistus ist.

**Controversen gegen Duplessis Mornai, drei Bände in 8.**

*L' Histoire tragique de la Pucelle de Domremi, autrement d'Orléans, à Nanci, 1581, in 4.*

Dieß ist ein Trauerspiel, welches vor Karl III. Herzoge von Lothringen, prächtig aufgeführt wurde. Dieser Fürst war mit demselben so zufrieden, daß er dem Dichter eine beträchtliche Summe auszahlen ließ, für die er sich ein neues Kleid kaufen sollte. In der That hatte der Verfasser, ein geschickter und sich kasteiender Mann, damahls grade eines, welches ein wenig zu sehr nach der evangelischen Armuth roch. Ducäus war ein Mann, der sich aller Annehmlichkeiten des Lebens beraubte. Noch mehr als die Wissenschaften liebte er seine frommen Andachtsübungen. Er trank nie Wein bei seinen Mahlzeiten, und brachte es zeitig dahin, daß er nie mehr als eine einzige, sehr mäßige Mahlzeit des Tages zu sich nahm.

DUCAS (Michael), ein Griechischer Geschichtschreiber, von
deſſen Leben man nichts weiß, auſſer, daß er zu mehrern Ne-
gociationen gebraucht wurde.    Man hat von ihm eine

Geſchichte des Griechiſchen Reiches, von der Regierung
des ältern Andronicus, bis auf den Fall dieſes Reiches.

Man ziehet den Ducas, ungeachtet er in einem barbariſchen
Style ſchreibt, dem Chalcondyles vor, weil er Thatſachen erzählet, die man anderwärts nicht findet, und ſie als
ein vernünftiger Mann erzählt, der von den meiſten derſelben
ein treuer Zeuge war.    Sein Werk wurde 1649 in Folio, im
Louvre gedruckt, durch Veranſtaltung des Ismael Bouillaud,
welcher es mit einer Ueberſetzung und gelehrten Anmerkungen
begleitete.    Der Präſident Coufin überſetzte es ins Franzöſiſche,
und es beſchließt den 8. Band ſeiner Histoire de Constantinople,
Paris 1672 und 1674, in 4.

DUCCIO DI BUONINSEGNA, ein Grottesken-Mahler
und Bildhauer zu Siena, von welchem man zu Siena, Lucca,
Piſa und Florenz Arbeit findet.    Er ſtarb 1357 in ſeiner Vaterſtadt, und wird für den erſten gehalten, der die Fußböden mit
Figuren von weiſſem und grauem Marmor belegte, wovon man
einige Muſter in der Domkirche zu Siena findet.

DUCHÉ DE VANCY (Joseph François), geboren zu
Paris im Jahre 1668, war der Sohn eines gewöhnlichen Edel-
mannes von der Königlichen Kammer.    Sein Vater ließ ihn
mit Sorgfalt erziehen.    Allein dieß war auch alles, was er ihm
geben konnte.    Seine ſehr mäßigen Vermögensumſtände machten, daß er ſich auf die Dichtkunſt legte.    Die Marquiſe von
Maintenon bekam einige von ſeinen Verſuchen zu Geſichte,
und übertrug ihm die Beſorgung der geiſtlichen Gedichte
für ihre Eleven zu Saint Cyr.    Dieſe Dame empfahl ihn ſo
nachdrücklich dem Staatsſecretair Pontchartrain, daß der
Miniſter den Dichter für einen bedeutenden Mann hielt, und
ihn ſeines Beſuchs würdigte.    Da Duché einen Staatsſecretair in ſein Zimmer hereintreten ſah, glaubte er, daß man ihn
in die Baſtille führen wollte.    Allein die Artigkeiten des Miniſters flößten ihm bald Muth ein.    Duché verdiente die Achtung
des Miniſters.    Denn er vereinigte mit der liebenswürdigſten
Sanftmuth des Charakters die größte Anmuth des Geiſtes.
Nie erlaubte er ſich irgend einen ſatyriſchen Zug, ein Vorzug,

den in der That nur wenige Dichter haben. Er und Rousseau
verbreiteten zusammen über die Gesellschaften, an denen sie
Theil nahmen, Reitz und Annehmlichkeit. Aber der Eindruck,
den Duché machte, war dauerhafter, ob er gleich anfänglich
weniger lebhaft war. Auch gefiel er durch das Talent der Decla=
mation, welches er in einem ungewöhnlichen Grade besaß. Die
Academie der Inschriften und schönen Wissenschaften nahm ihn
mit Vergnügen in ihre Gesellschaft auf. Sie verlohr ihn im
Jahr 1704, in dem sieben und dreißigsten Jahre seines Lebens.
Duché gab dem Französischen Theater drei Trauerspiele:

Jonathas, Absolom und Debora,

von denen sich das zweite, welches sich durch mehrere pathetische
Scenen auszeichnet, bis in die neuesten Zeiten auf dem Theater
erhalten hat; und dem Theater der Oper,

*Les Fetes galantes*, *les Amours de Komus*,

welches Ballets sind;

*Théagène et Cariclée*, *Céphale et Procris*, *Scylla*, *Iphigénie*,

welches Trauerspiele sind. Die letzte Oper ist sein erstes Werk;
sie ist nach dem Ausdrucke eines Mannes von Geist, im großen
Geschmacke; und ob es gleich nur eine Oper ist, so vereiniget sie
in sich alle Schönheiten und Vorzüge der Griechischen Trauer=
spiele. Auch hat man von diesem Schriftsteller ein

*Recueil d'Histoires édifiantes*,

die man sonst zu Saint Cyr mit eben so viel Erbauung als Ver=
gnügen las. Man verwechsle diese Sammlung nicht, wie es
manchmal geschehen ist, mit den

*Histoires de piété et de morale*,

des Abts von Choisi. Diese Werke haben beide den Zweck,
die Jugend vom Lesen frivoler Bücher abzuwenden. Zwar ist
die Sammlung des Dichters minder bekannt als die des Abbe;
allein sie stehet nicht unter ihr. Sie empfiehlt sich durch die
Erhabenheit der Gesinnungen, durch die Wahrheit der Charaktere,
und sogar durch die Anmuth der Schreibart.

**DUCHANGE** (GASPARD), Kupferstecher, 1660 zu Paris
geboren, starb 1757. Er machte seine Talente durch die Blätter
Jo, Leda und Danae bekannt, die er nach Correggio
stach. Als er sich über die Indecenz dieser Gegenstände selbst
Vorwürfe machte, hatt' er den Muth, die Platten durch große

Striche

Striche mit dem Stichel zu verstümmeln. Unter die vorzüglichsten Werke dieses Künstlers rechnet man

das Gastmahl des Pharisäers, und
die aus dem Tempel vertriebenen Verkäufer.

Man findet darin jene schöne Impastierung der Schraffierungen,
jene Gegensetzungen der Arbeiten, jene Wildheit des Werkzeuges
und jene Feinheit der Tusche, welche das Markichte, den
Character und Geist des Jouvenet auf das Kupfer übertra-
gen. Mit demselben Erfolg stach Dûchange

die Geburt der Maria von Medicis, und
die Apotheose Heinrichs IV. nach Rubens.

DUCHAT (JACQUES LE), 1658 zu Metz geboren, starb
1735 zu Berlin. Er wurde für einen sehr gelehrten Mann gehalten, zeigte sich aber mehr als Herausgeber, denn als Schriftsteller. Er besorgte neue Ausgaben von den

*Satyris Menippeis,* von der
Apologie des Herodotus von Heinrich Stephan,

u. a. m. alle mit eigenen Anmerkungen begleitet.

DUCK (ARTHUR), 1580 geboren, starb 1649. Er war
ein vortrefflicher Civilist, ein erträglicher Dichter, vorzüglich in
seinen jüngern Jahren, und in der Kirchen- und bürgerlichen
Geschichte sehr wohl beschlagen. Er hinterließ

*Vita Henrici Chichele, etc.* und
*De Vsu et Auctoritate Juris Ciuilis Romanorum in Domi-
niis principum Christianorum,*

ein sehr brauchbares und unterhaltendes Werk, welches daheim
und im Auslande mehrmahls aufgelegt wurde.

DUCK (STEPHEN), ein außerordentlicher Mensch, der aus
einem Drescher ein Dichter ward. Er hatte ursprünglich nur so
viele Kenntnisse, daß er Englisch lesen und schreiben konnte;
wurde um sein 14. Jahr aus der Schule genommen, und zu den
niedrigsten Verrichtungen des Landlebens gebraucht.

Von seiner Kindheit an hatt' er einen starken Trieb zur
Dichtkunst, brachte oft bei seiner Arbeit seine Gedanken in Verse,
und versuchte es endlich, diese Gedanken zu Papier zu bringen.
Einige dieser Versuche fielen einmahl einer vornehmen Dame in
die Hände, welche eine Gesellschaftsdame der Königin Caroline
war,

war: er ward also dieser Königin bekannt, welche ihn in ihre
Protection nahm, und ihm eine jährliche Pension von 30 Pfund
gab, wodurch er in den Stand gesetzt wurde, ohne Arbeit zu
leben. Duck wurde nachher ordiniert, und zu einer Pfründe
zu Byfleet in Surry befördert. Hier fuhr er mehrere Jahre
fort, Gedichte und Predigten zu machen, und das Volk hing
ihm als Prediger gewaltig an, bis er in eine Melancholie verfiel, und sich von einer Brücke bei Reading in die Themse stürzte
und ertrank. Dieß geschah im Mai oder Juni 1756.

DUCLOS (CHARLES DINEAU), geboren zu Dinaut in
Bretagne, war der Sohn eines Hutmachers, und erhielt eine
ausgezeichnete Erziehung zu Paris. Sein Geschmack an den
Wissenschaften öffnete ihm die Thüren der Academien der Hauptstadt, der Provinzen und der fremden Länder. Die Academie
der Inschriften nahm ihn im Jahre 1739, und die Französische
Academie, im Jahre 1747 zu ihrem Mitgliede auf. Nach
Mirabauds Tode wurde er zum beständigen Secretär dieser
letztern Gesellschaft erwählt, welche Stelle er als ein Mann
führte, der die Litteratur nicht nur selbst hochschätzte, sondern
ihr auch die Hochachtung anderer zu erwerben wußte. Ob er
gleich zu Paris seinen beständigen Wohnsitz aufgeschlagen hatte,
so wurde er doch im Jahre 1744 zum Maire von Dinant ernannt; und im Jahre 1755 wurde er zur Belohnung für den
Eifer, den die Staaten von Bretagne für die Unterstützung des
Vaterlandes gezeigt hatten, durch öffentliche Brief des Königs
in den Adelstand erhoben. Da diese Provinz den Befehl erhalten
hatte, diejenigen Subjecte zu bezeichnen, die die Gnadenbe-
zeugungen des Monarchen am meisten verdienten, so wurde
Duclos einmüthiglich vom dritten Stande genennt. Er starb
zu Paris den 26. März des Jahres 1772 mit dem Titel eines
Geschichtschreibers von Frankreich. Seine Unterhaltung war
eben so angenehm, als unterrichtend und aufgeräumt. Neue und
interessante Wahrheiten entwischten ihm wie witzige Einfälle.
Er war ein tiefer Denker, und drückte sich sehr richtig aus. Er
bewies oft seine Grundsätze mit wohl gewählten Anekdoten. Ob
ihn gleich die Natur mit einem hohen Grade von Lebhaftigkeit
und Heftigkeit versehen hatte, so war er doch oft der strenge
Sittenrichter aller derer, welche grundlose Anmaßungen hatten.
Aber das Alter, die Erfahrung, der Umgang mit Menschen,
ein hoher Grad von Wohlwollen lehrten ihm, daß man für die
Menschen überhaupt jene harten Wahrheiten, die, einzelnen

jederzeit

jederzeit mißfallen, vorbehalten muß. Seine strenge Recht=
schaffenheit, von der jene etwas harte Freimüthigkeit, die man
ihm in der Gesellschaft zum Vorwurf machte, eine Folge war;
seine Wohlthätigkeit und seine übrigen Tugenden, erwarben ihm
gegründete Ansprüche auf die öffentliche Hochachtung. »Wenige
»Personen, sagt der Prinz von Beauveau, kannten ihre
»Pflichten und den Werth der Freundschaft besser. Er wußte
»seine Freunde und das vergessene Verdienst muthig zu unter=
»stützen. Er besaß dann eine Kunst, in die man kein Mißtrauen
»setzte, und die man sogar von einem Manne nicht erwartet
»hätte, der sein ganzes Leben hindurch lieber mit Kraft die
»Wahrheit zeigte, als sie mit Geschicklichkeit einschärfte.« Anfäng=
lich war er ein Mitglied der unter dem Namen der Philosophi=
schen bekannten Partei gewesen. Allein die Uebertreibungen des
vorzüglichsten Anführers dieser Partei, und einiger ihrer Soldaten,
hatten ihn vorsichtiger gemacht. Er tadelte, in seiner Unterhaltung
so wie in seinen Schriften, jene unbesonnenen Schriftsteller,
welche, unter dem Vorwande, den Aberglauben anzugreifen,
den Grund der Sittenlehre zu untergraben suchen, und die Bande
der Gesellschaft auflösen. Er halte sie für besto unvernünftiger,
sagt er, je gefährlicher es für sie selbst sei, Proselyten zu machen.
»Die traurige Wirkung, sagt er, die sie in den Lesern hervor=
»bringen, ist die, daß sie in der Jugend schlechte Bürger, und
»im Alter schamlose Verbrecher und Unglückliche aus ihnen
»machen.« Oft wiederholte er, wenn er die Mißbräuche er=
fuhr, die gottlose Schwärmer von ihren Geistesfähigkeiten
machten: Sie werden es so lange treiben, biß sie
mich endlich zum Andächtigen machen. Da er außer=
dem seine Ruhe und sein Glück liebte, so hütete er sich wohl,
ihre Uebertreibungen nachzuahmen, so, daß er sich sogar entwe=
der ihre Freundschaft, oder ihre Stimmen, zu verbitten suchte.
Duclos ist zugleich aufrichtig und verschlagen,
sagte einer seiner philosophischen Freunde, der bisweilen Grad=
heit besaß, dem es aber fast stets an Verschlagenheit fehlte.
Eine Folge dieser Verschlagenheit, oder vielmehr dieser vernünf=
tigen Klugheit, war, daß er nichts von dem, was er als Histo=
riograph von Frankreich geschrieben hatte, bekannt machen wollte.
Man ist oft in mich gedrungen, (sagte er,) einige
Bruchstücke von der jetzigen Regierung dem Pu=
blicum mitzutheilen. Immer antwortete ich, daß
ich mich eben so wenig durch die Wahrheit in das
Unglück stürzen, als durch die Schmeichelei er=

niedri=

niedrigen wollte. Allein ich verletze eben so we=
nig die Pflichten, die mir mein Amt auflegt.
Wenn ich nicht zu meinen Zeitgenossen sprechen
kann, so werde ich den Söhne lehren, was ihre
Väter waren. In der That hat er die Geschichte von der
Regierung Ludwigs XV. mit strenger Wahrheitsliebe abge=
faßt. Sie ist aber erst nach seinem Tode abgedruckt worden.
Seine übrigen Werke sind:

Beissende und sinnreiche Romane; die
*Confessions du Comte de* \* \* \*, in 12, die
*Baronne de Luz;*
*Mémoires sur les mœurs du XVIII. siècle;*
*Acajou, in 4. et in 12,* mit Kupfern.

„In den Confessions hat er das, was in seinen Considérations
„sur les mœurs trocken und etwas unzusammenhängend zu sein
„scheint, in Handlung gesetzt. Wenn wir zwei oder drei Cha=
„raktere der Einbildung, die mehr seltsam als wahr sind, aus=
„nehmen, (sagt Palissot,) so halten wir das Uebrige für eine
„Zeichnung, die eine Meisterhand entworfen hat. Die Situa=
„tionen sind zwar hier nicht so entwickelt, wie sie sein könnten;
„der Verfasser hat die Gradationen, die Nüanzen vernachlässigt;
„der Roman ist nicht dramatisch genug. Aber die anziehende
„Geschichte der Frau von Selve beweiset, daß Duclos mit
„eben der Geschicklichkeit zu vollenden als zu entwerfen wußte."
Seine andern Romane haben weniger Werth als die Bekennt=
nisse. Die Baronesse von Luz ist die Geschichte einer Frau,
die wider ihren Willen dreimahl unterliegt. Die Abenteuer der=
selben sind nicht sehr wahrscheinlich, und die meisten Charaktere
gezwungen oder gehässig. Die Denkwürdigkeiten über
die Sitten des 18. Jahrhunderts enthalten eine große
Anzahl richtiger und feiner Bemerkungen über die Weiber, über
die Männer nach der Mode, über die Liebe. Allein sie werden
fast gar nicht von der Einbildungskraft und dem Interesse belebt,
und die Schreibart derselben ist weit weniger rasch als die
der Bekenntnisse. Acajou ist zwar ein etwas riesenmäßi=
ges, aber gut geschriebenes Mährchen, welches bloß bestimmt
ist, einige seltsame Kupfer zu begleiten.

*L' Histoire de Louis XI.* in 3 Bänden in 12, 1745; und
das *Supplément,* 1746, 1 Band.

Die Untersuchungen, die er in dieser Geschichte angestellet hat,
verdienen gelesen zu werden, und die Schreibart in diesem Werke
ist

ist gedrängt und zierlich, nur zu kurz und epigrammatisch. Nach dem Beispiele des Tacitus, den er sich zum Muster nahm, ihm bei weiten aber nicht gleich kommt, beschäftiget er sich weniger mit der genauen und umständlichen Auseinandersetzung der Thatsachen, als mit ihrem Ganzen und ihrem Einflusse auf die Sitten, auf die Gesetze, die Gebräuche und die Revolutionen des Staates. Ob man gleich seine Schreibart getadelt hat, so muß man doch gestehen, daß seine lebhafte und gedrängte, aber etwas trockne Erzählung sich weit angenehmer lesen läßt, als die lächerliche Emphase, die sich fast in allen Französischen Geschichtschreibern der neuesten Zeit in einer Gattung findet, wo die Declamation und die Uebertreibung die größten Fehler sind.

*Considérations sur les moeurs de ce siècle*, in 12.

ein mit wahren Grundsätzen, genauen Definitionen, sinnreichen Untersuchungen, neuen Gedanken und wohl gefaßten Charakteren angefülltes Buch. Allein man bemerkt, sagt Palissot, daß das Bestreben, seinen Ausdruck gedrängt zu machen, in seine Schreibart bisweilen Dunkelheit bringt, und daß er von Zeit zu Zeit nach neuen Wörtern und Redensarten hascht, die sich ein über den Geschmack streng haltender Schriftsteller nicht erlaubt haben würde. Für diesen Fehler entschädiget uns ein standhafter und vernünftiger Eifer für das Wahre, für das Gute, für die Rechtschaffenheit, für die Wohlthätigkeit, für alle bürgerliche und sittliche Tugenden. Ludwig XV. sagt von diesem Buche: „Es ist das Werk eines rechtschaffnen Mannes.“

*Remarques sur la Grammaire générale de Port-royal,*

ein eines philosophischen Sprachlehrers würdiges Werk.

Mehrere Dissertationen in den

*Mémoires de l'académie des belles-lettres,*

Sie zeichnen sich aus durch viele Gelehrsamkeit, die die Annehmlichkeiten des Witzes, und der Schmuck eines deutlichen, leichten, richtigen und jederzeit dem Stoffe angemeßnen Ausdruckes mildern.

Er war der thätigste Theilnehmer an der Ausgabe des

Wörterbuchs der Französischen Academie vom Jahre 1762, in dem man die ganze Richtigkeit und Präcision seines Geistes findet.

Er hatte angefangen, die

Geschichte dieser Gesellschaft,

fortzusetzen,

DUDLEY

DUDLEY (EDMUND), ein berühmter Rechtsgelehrter und geschickter Staatsmann, unter der Regierung Heinrichs VII. 1462 geboren, wurde den 18. August 1510 als Verräther hingerichtet.

DUDLEY (JOHN), Sohn des Vorigen, und Herzog von Northumberland, wurde 1502 geboren, und ward einer der mächtigsten Männer, die England jemahls sahe. Wegen des Versuchs, die Krone auf das Haupt seiner Schwiegertochter, der Lady Jane Grey, welche das Opfer seines Stolzes ward, wurd' er 1553 enthauptet.

DUDLEY (AMBROSE), Graf von Warwick, Sohn von John, Herzog von Northumberland, 1530 geboren, zeigte, unter der Regierung der Königin Elisabeth, als Staatsmann große Weisheit und Rechtschaffenheit, und große Tapferkeit als General, und erwarb sich den Namen der gute Graf von Warwick. Er starb 1589.

DUDLEY (ROBERT), Baron von Denbigh, und Graf von Leicester, Sohn von John, Herzog von Northumberland, und Bruder des vorerwähnten Ambros, Grafen von Warwick, wurde 1532 geboren, und starb 1588. Bei Elisabeths Thronbesteigung wurd' er als vorzüglicher Günstling am Hof' unterhalten, erhielt von der Krone eine erstaunliche Freiheit nach der andern, und alles öffnete seinem Stolze und Einflusse den Weg. — In seinem Privatleben affectierte er eine bewundernswürdige Regelmäßigkeit, und trieb seine Anmaßungen in der Frömmigkeit sehr hoch; aber kein Verbrechen war zu groß, daß er es zur Befriedigung seiner Leidenschaften nicht begangen hätte.

DUDLEY (SIR ROBERT), Sohn von Robert, Grafen von Leicester, 1573 geboren, starb 1639. Er behauptete unter den Gelehrten, sowohl wegen seiner Geschicklichkeit in der Philosophie, Chemie und Physik, als auch wegen seiner vollkommenen Bekanntschaft mit allen Zweigen der Mathematik, und mit den Mitteln, sie zum Dienst und Nutzen der Menschheit anzuwenden, einen sehr hohen Rang.

DUERER (ALBRECHT), eines Goldschmids Sohn, 1470 zu Nürnberg geboren, lernte bei Michael Wohlgemuth. Er hatte ein großes Genie, welches zu allen Künsten aufgelegt war. In der Mahlerei, Bildhauer- und Baukunst, auch im Kupferstechen

ſtechen und Formſchneiden war er vortrefflich, und beſaß die
Mathematik ſehr gründlich. Er machte ſich gleich mit ſeinen
erſten Werken berühmt; er arbeitete am Hofe des Kaiſers Maxi=
milian I. und wurde von ihm gewelt, war auch bei Kaiſer Carl
V. und ſeinem Bruder, König Ferdinand, ſehr wohl angeſehen.
Er ſtiftete mit den vornehmſten Künſtlern ſeiner Zeit genaue
Freundſchaft, unter welchen Raphael und Lucas von
Leyden nahmhaft gemacht werden. Seine Gemählde ſind hin
und wieder in den Gallerien großer Herren zu ſehen. Dieſer
vortreffliche Mann ſtarb 1528 im 58. Jahre zu Nürnberg, und
wurde in die St. Johanniskirche begraben.

Man bewundert an ſeinen Werken eine lebhafte und fruchtbare
Einbildungskraft, ein erhabenes Genie, meiſterhafte Pinſelzüge,
eine ſehr fleißige Ausarbeitung, und eine richtige Zeichnung,
daher zu wünſchen wäre, daß er eine beſſere Wahl in den Ge=
genſtänden, welche ihm die Natur zeigte, getroffen hätte; daß
ſeine Ausdrücke edler, ſein Geſchmack in der Zeichnung weniger
ſteif, ſeine Manier etwas angenehmer ſein, und daß er endlich
die Luftperſpective in Brechung der Farben beſſer beobachtet ha=
ben möchte. Seine Landſchaften ſind wegen ihrer angenehmen
und ſonderbaren Lagen beliebt. Seine Kupferſtiche und Holz=
ſchnitte ſind in hoher Achtung: die erſtern verdienen die Bewun=
derung der Kenner wegen der Feinheit ſeines Grabſtichels, da ſie
zumahl als die erſten Arbeiten einer neuen Kunſt anzuſehen ſind;
in Anſehung der Holzſchnitte, eine Kunſt, die er vermuthlich bei
Pleydenwurf lernte, muß man ſich wundern, daß dieſer
alte Meiſter ſo viel Ausdruck und Haltung, ſo viel Character in
den Köpfen anbringen konnte, und daß alles ſo gut ausgeführt
iſt. Einige von dieſen letztern ſind in Helldunkel gearbeitet und
geben an Schönheit der Arbeit des Hugo da Carpi nichts
nach.

Seine mit dem Grabſtichel verfertigten Blätter werden auf
94 Stück geſchätzt; 4 ſtach er in Zinn und 6 ſind geätzt. Ueber=
dieß findet man 262 Holzſchnitte, die mit ſeinem Namen be=
zeichnet ſind. Einige andere ſind von verſchiedenen Meiſtern in
Kupfer gebracht, die aus Copien nach ſeinen Kupferſtichen,
Zeichnungen und Gemählden in mehr als 200 Stücken beſtehen.
Endlich ſchrieb Duerer auch einige Bücher

Ueber die Geometrie, die Perſpective, die Fortification
und die Proportion des menſchlichen Körpers.

Man zeiget auch Schaumünzen von ihm. Arends und Schröber haben sein Leben beschrieben. Die Italiäner nennen ihn gemeiniglich Duro.

DUERER (DER KLEINE ALBRECHT), ein Beiname des Andreas Andreani, Andreasi, Andreassi, Andriam oder Andriani, der auch unter dem Namen der Mantuaner bekannt ist. Er war ein berühmter Formschneider und Kupferstecher von Mantua, und arbeitete zu Rom, wo er 1623 in hohem Alter starb. Viele von seinen Holzschnitten sind nach des Hugo da Carpi Manier auf zwei und drei Stücke mit Licht und Schatten gearbeitet, und wegen der freien Hand, und der richtigen und geistreichen Ausführung merkwürdig. Sie sind rein und regelmäßig gezeichnet, und thun eine schöne Wirkung. Wenige Blätter kommen der Mahlerei so nahe. Sie haben einen Nachdruck, den der Grabstichel auf Kupfer nicht erreichen kann, und das Getuschte der Mitteltinten giebt ihnen das sanfte Ansehen einer Zeichnung. Er arbeitete nach Tizian, A. Casolano, D. Beccafumi, Johann von Bologna, A. Mantegna, J. Ligozzi, F. Mazzuoli, Raphael, Polydor u. a.

DUFFEL (THOMAS), ein Englischer dramatischer Schriftsteller des letzten Jahrhunderts.

DUGARD (WILLIAM), ein berühmter Englischer Schulmann, und gelehrter Schriftsteller, 1606 geboren, und 1662 gestorben.

DUGDALE (SIR WILLIAM), ein berühmter Englischer Antiquar und Geschichtschreiber, 1605 geboren, und 1686 gestorben.

DUGHET (GASPARD), in Frankreich unter dem Namen Gaspe oder Guaspre bekannt, auch Poussin, von seinem Schwager und Lehrmeister Nicolas Poussin, genannt, wurde 1613 zu Rom geboren. Er hatte zu den Landschaften große Anlagen, und beschäftigte sich auf den Rath seines Schwagers einzig mit dieser Art von Mahlerei. Man bemerket in seinen Landschaften ein frisches Colorit, eine vortreffliche Leichtigkeit des Pinsels, eine vollkommene Kenntniß der Perspective, und eine künstliche Abbildung der von dem Winde bewegten Bäume, der Stürme und Ungewitter. Sein Schwager machte öfters einige Figuren in dieselben.

Dughet

Düghet miethete zu gleicher Zeit vier verschiedene Wohnungen: zwei in den höchsten Gegenden der Stadt Rom, eine zu Frescati und ene zu Tivoli, in welchen er nach der Natur studieren konnte. Ueberdieß liebte er die Jagd, und wußte sich dieselbe zu seiner Arbeit wohl zu Nutze zu machen.

Man unterscheidet dreierlei Manieren in den Werken dieses Meisters: die erste war trocken; die zweite, welche die beste ist, näherte sich der des Claude Lorrain — sie ist ganz einfältig, natürlich und sehr reitzend — die dritte, ist buntfarbig, aber doch angenehm. Die Kirche S. Martino nelli monti ist um und um von der Hand dieses Künstlers mit sehr schönen Landschaften bemahlt, welche von Kennern hochgeschätzt werden. Er starb 1675 im 62. Jahre. Man hat acht von ihm selbst radierte Landschaften; viele andere sind von verschiedenen andern geschickten Kupferstechern in Frankreich, vornehmlich aber in England, verfertiget. Seine eigenen sind mit einer leichten, aber meisterhaften Manier geätzt, und es ist zu bedauern, daß man nicht mehr Blätter von einem so großen Meister hat. Glauber, Ligny, Coelemans, Th. Major, Canot, Chatelain, Vivares, Mason, Wood u. a, haben nach ihm radiert.

DUJARDIN (CHARLES), siehe JARDIN.

DUILLIUS oder DUELLIUS (CAJUS), mit dem Zunamen Nepos, Römischer Consul, war der erste von allen Heerführern der Republik, welcher die Carthaginenser zur See besiegte, und ihnen 50 Schiffe wegnahm. Nach diesem Siege hob Duillius die Belagerung von Segeste auf, und eroberte Macella in Calabrien mit Sturm. Der Senat belohnte seine Siege dadurch, daß er ihm 260 Jahr vor Christi Geburt den ersten See-Triumph zuerkannte, und die besondere Erlaubniß gab, Musik und Fackeln bei seiner Abendtafel auf Kosten des Publicums zu haben. Mit diesen geringen Belohnungen, spricht ein Geschichtschreiber, bezahlten die Römer den wahren Ruhm. Der falsche, setzt er hinzu, wird in unsern Tagen teurer bezahlt. — Man schlug zum Andenken der Expedition des Duillius Münzen, und errichtete eine Columna rostrata, welche noch bis jetzt steht.

DUISBURG (PETER VON), zu Duisburg im Herzogthum Cleve geboren, schrieb im 16. Jahrhundert eine

Chronik von Preußen, von 1226 bis 1325 in Lateinischer Sprache, welche mit der Fortſetzung eines Ungenannten bis auf das Jahr 1426, und 19 Diſſertationen, worin man viel Gelehrſamkeit findet, zu Frankfurt in 4. heraus kam. Ob ſie gleich über die Geſchichte von Preuſſen viel Licht verbreiten, ſo muß man dieſen Schriftſteller doch nur für einen arbeitſamen Mann halten, der Facta compilierte, und deſſen Werk mehr eine Sammlung hiſtoriſcher Bruchſtücke, als eine Geſchichte ſelbſt iſt.

DUKE (RICHARD), ein Dichter, der im letztern Jahrhunderte in einigem Credit ſtand, und von Dr. Johnſon unter die claſſiſchen gerechnet wurde. Er ſtarb den 10. Februar 1710—11 plötzlich.

DULLART (HEYMANN), Mahler und Dichter, 1636 zu Rotterdam geſtorben, zeigte in früher Jugend viel Lebhaftigkeit und Beurtheilung. Da er von ſehr ſchwächlicher Leibesbeſchaffenheit war, überließen ihm ſeine Aeltern die Wahl ſeiner vorzüglichſten Beſchäfftigung. Er wählte die Mahlerei, und wurde nach Amſterdam zu dem berühmten Rembrand geſchickt, deſſen Manier er ſo gut nachahmte, daß man, wie man ſagt, mehrere Werke des Schülers für Werke des Meiſters hielt. Die Schwächlichkeit ſeiner Geſundheit erlaubte ihm nicht, ſeinem Eifer zur Arbeit zu folgen, man hat daher nur wenige Stücke von ihm, welche in Figuren und Porträts beſtehen.

Er hatte mit dem Studium der Mahlerei ſeit ſeiner früheſten Jugend das Studium der Sprachen und Wiſſenſchaften verbunden, und ſeine Erhohlungen beſtanden in der Uebung der Muſik und Dichtkunſt. Er hatte eine ſchöne Stimme, und machte ziemlich gute Verſe. Er ſtarb 1684.

DUMAS (LOUIS), Man ſehe den Artikel MAS.

DUME'E (JEANNE), eine Pariſerin, wurde von ihrer Kindheit an in den ſchönen Wiſſenſchaften unterrichtet. Man verheirathete ſie ziemlich jung, aber kaum hatte ſie das 17. Jahr erreicht, als ihr Mann an der Spitze einer Compagnie in Deutſchland erſchlagen wurde. Sie benutzte die Freiheit der Wittweſchaft dazu, daß ſie ſich mit mehrerm Eifer den Wiſſenſchaften widmete. Sie legte ſich auf die Aſtronomie, und gab zu Paris 1680 einen Band in 4. heraus, unter dem Titel:

*Entretiens de Copernic touchant la mobilité de la Terre, par Mademoiſelle Jeanne Dumée de Paris.*

Sie erkläret hierin die drei Bewegungen, die man der Erde giebt, ſehr ſchön, und die Gründe, welche das Syſtem des Copernicus

nicus rechtfertigen oder bestreiten, sind darin mit Unpartei-
lichkeit auseinander gesetzt.

DUMONT (HENRI), Capellmeister des Königs von Frankreich, schlug die Orgel vortrefflich. Er war 1610 im Lüttich-
schen geboren, und starb als Abbt von Silly 1684 zu Paris. Der
Abbe Dûmont war der erste Französische Musiker, der den
Basso continuo in seinen Werken anbrachte. Wir haben noch
von ihm schätzbare Motetten, und fünf große Messen,
in einem sehr schönen Choral-Gesang, welche noch vor der Revolution in einigen Klöstern zu Paris und in mehrern Kirchen
der Provinz gesungen wurden.

DUMONT (JEAN), Freiherr von Carelscroon,
Historiograph Ihro kaiserlichen und catholischen Majestät, flüchtete nach Holland, nachdem er ohne großen Vortheil zu genießen
in Frankreich gedient hatte, und ist durch mehrere Schriften
bekannt. Die vorzüglichsten sind:

*Mémoires politiques, pour servir a l'intelligence de la paix de
Ryswich, Haag 1699 4 Bände in 12.*

deren Actenstücke gleichfalls 4 Bände in 12. betragen, 1705.
Diese unterrichtende und interessante Schrift enthält in einem
Auszuge das Wichtigste, was seit dem Münsterschen Frieden, bis
zu Ende des Jahrs 1676 vorfiel.

*Voyages en France, en Italie, en Allemagne, à Malte et en
Turquie, 1699, 4 vol. in 12.*

Eine sehr lesenswürdige obgleich wenig exacte Sammlung.

*Corps universel diplomatique du Droit des gens,* enthaltend die
Allianz-Friedens- und Handels-Tractate, seit dem
Münsterschen Frieden, bis zum Jahr 1709, Amster-
dam 1726, 8 Bände in Folio.

Dieses Werk ist von Fehlern nicht frei, leistet aber seinen Nutzen.

*Lettres historiques, depuis Janvier 1652 jusqu'en 1710.*

Eine andere, nicht so geschickte Hand als Dûmonts hat sie fortgesetzt. — Dieser Schriftsteller schrieb schleppend und incorrect;
man findet aber in allem, was er hinterließ, brauchbare Untersuchungen. Er starb um das Jahr 1726.

DUNAN, ein Jude, König der Homeriten, eines Volkes im
glücklichen Arabien, lebte zu Anfange des 6. Jahrhunderts.
Man sagt, er habe, nachdem er in einer großen Schlacht überwunden worden war, seinen Zorn über die Christen ergehen
lassen, die in seinem Lande wohnten. Es war darin eine
Stadt, mit Namen Nagran, welche mit Christen angefüllt war:
er belagerte sie, und übte darin unglaubliche Grausamkeiten ge-

gen

gen die Gläubigen aus, welche Jesum Christum nicht verläugnen
wollten. Elesbaan, König von Aethiopien, kam auf Bitten
des Patriarchen von Alexandrien, die Christen zu rächen, und
brachte den Jüdischen Nero um, nachdem er seine Truppen geschlagen hatte.

DUNCAN (DANIEL), aus einer edeln Schottischen Fami-
lie, die sich in Frankreich niedergelassen hatte, Mitglied der me-
dicinischen Facultät zu Montpellier, begab sich 1690 nach Genf.
Er wurde durch den Neid der Aerzte aus dieser Stadt vertrieben.
Er ging hierauf nach Bern, von da nach Haag, und endlich nach
London, wo er 1735 im 86. Jahre starb. Man hat von ihm:

*Explication nouvelle et méthodique des fonctions animales.*

*Chymie naturelle,*

die er ins Lateinische übersetzte, und mit beträchtlichen Zusätzen
unter dem Titel herausgab:

*Chymiae naturalis specimen.*

*Avis salutaire contre l'abus des choses chaudes, et particulière-
ment du Caffé, du Chocolat et du Thé, Rotterd, 1685 in 8.*

ein seltenes Werk, in welchem man bei einer sehr schlechten Theorie sehr gute Rathschläge findet. Alle diese Schriften werden von
den Meistern der Kunst geschätzt.

DUNCOMBE (WILLIAM), ein Englischer dramatischer
Schriftsteller und Uebersetzer des Horaz, starb 1769.

DUNOIS (JEAN D'ORLEANS, COMTE DE), und Longueville, natürlicher Sohn Ludewigs von Orleans, der vom
Herzog von Burgund ermordet wurde, im J. 1403 geboren. Er
machte durch seinen Muth den Fehler seiner Geburt wieder gut. Die
Wittwe des Herzogs von Orleans pflegte zu sagen, "unter den Kindern ihres Gemahls sei nur Dünois fähig, den Tod seines Vaters
zu rächen. Der junge Held fing seine Laufbahn durch die Niederlage von Warwick und Suffolk an, die er bis nach Paris verfolgte. Als Orleans von den Engländern belagert wurde, vertheidigte er diese Stadt tapfer, und verschaffte der Johanne
von Arc dadurch Zeit, ihm zu Hülfe zu kommen. Nach der
Aufhebung der Belagerung erfocht er eine große Menge Siege.
Der Graf von Dünois hatte fast allein die Ehre, aus der Normandie und aus Guienne die Feinde vertrieben zu haben. Er
brachte ihnen 1451 bei Castillon einen tödtlichen Streich bei, nachdem er ihnen Blaie, Fronsac, Bourdeaux, Baionne weggenommen hatte.

Carl VIII. verdankte dem Degen desselben seinen Thron. Dieser Monarch war gegen Dünois nicht undankbar, er gab ihm den
Titel

Titel Wiederhersteller des Vaterlandes, machte ihm
mit der Grafschaft Longueville ein Geschenk, und beehrte ihn mit
der Charge des Oberkammerherrn von Frankreich. Ludewig XI.
schätzte ihn nicht weniger. Unter der Regierung dieses Fürsten
trat er zur Ligue du Bien public, und war die Seele derselben.

Er starb 1648, als der zweite du Guesclin betrachtet, und
wegen seiner von Klugheit begleiteten Tapferkeit, wegen seiner
Seelengröße, Wohlthätigkeit und aller der Tugenden, die den
großen Mann ausmachen, von den Feinden des Staats eben so
sehr gefürchtet, als von den guten Bürgern verehrt.

DUNS (JOHN), gemeiniglich Duns Scotus genannt, ein berühmter Theolog, vom Orden des H. Franciscus, in Northumberland geboren. Er zeichnete sich durch seine Spitzfündigkeit,
und vorzüglich durch seine Art zu disputieren so sehr aus, daß er
sich den Namen Doctor Subtilis erwarb. Er behauptete denen
des Thomas Aquinas entgegengesetzte Meinungen, wodurch
in den Schulen zwei Partelen, die der Thomisten und Sco-
tisten, entstanden. Er starb 1308 zu Cölln, ohngefähr 30,
33 oder 35 Jahr alt. Seine Werke kamen 1639 in 12 großen
Foliobänden zu Lyon heraus.

Mehrere Schriftsteller haben Johann Duns für den Urheber der
Meinung von der unbefleckten Empfängniß der Jungfrau Maria gehalten, die seit dem so große Fortschritte machte.
Indeß scheint sie doch schon seit der Mitte des 12. Jahrhunderts vorgetragen worden zu sein. Der Brief des H. Bernhard an das
Capitel zu Lyon kann dafür zum Beweise dienen. Es ist zwar
wahr, daß Duns Scotus diese Meinung mit größerm Glanz
unterstützt; aber er giebt sie nicht für eine gewisse Lehre aus.

DUPAON (        ), der Dragoner genannt, eines
Bauers Sohn, 1740 unweit Paris geboren, nahm in seiner
frühen Jugend Kriegsdienste, in welchen er sein Talent, Pferde
zu zeichnen, entwickelte. Er trieb hierin seine Lernbegierde so
weit, daß er den Nationalcharacter dieser Thiere sehr genau zu
bezeichnen wußte. Nach geendigtem Kriege dankte er ab, und
widmete sich einzig der Mahlerei. Er ging nach Paris, wo er in
der königlichen Academie zeichnete, und zugleich die Anatomie,
besonders der Pferde, studierte. Er copierte auch alles, was er
von Gemählden des Bourguignon, van der Meulen,
Parrocel u. s. f. finden konnte, wollte sich aber nicht entschließen, unter einem Meister zu lernen. Seine Zusammensetzungen, die er meistens in Wasserfarben mahlte, sind voll von
Feuer und Genie. Er arbeitete viel für den Hof, und seine

Arbeit

Arbeit wurde sehr gut bezahlt. Er mahlte für den Prinzen von Condé, der ihm in dem Pallaste Bourbon eine Wohnung gab, Feldschlachten, worin die vordersten Figuren in Lebensgröße sind, und mußte auch auf Befehl des Hofes das Hotel der königlichen militärischen Schule mit seiner Arbeit zieren.

DU PATY (            ), anfänglich General-Advocat beim Parlement von Bourdeaux, nachher Président à mortier in demselben Parlement, wurde zu Rochelle geboren, starb 1788 noch nicht allzu alt zu Paris, und war ein rechtschaffener, aufgeklärter und beredter Mann. In der Revolution der Magistratur im Jahr 1771 machte er sich durch seinen Muth viel Ehre. Er machte sich deren dadurch noch mehr, daß er drei Unglückliche von Chaumont, die zum Rade verurtheilt waren, der Todesstrafe entriß. Die Schrift, die er bei dieser Gelegenheit herausgab, ist voll von Kraft und Gefühl. Seine

*Reflexions historiques sur les Loix criminelles*

verdienen dasselbe Lob, und bereiten vielleicht eine vortheilhafte Revolution im Criminal-Coder aller Völker vor. Der Präsident du Paty beschäfftigte sich lange Zeit mit dieser Reform und bewies bei den Hindernissen, die der Ausrottung alter Vorurtheile entgegen standen, eben so viel Einsicht als Eifer. Als Litterator hat man von ihm

*Discours academiques*, und
*Lettres sur l'Italie*, 1788. 2 vol. in 8.

Der Verfasser war als ein Mann gereist, der für die Meisterwerke der Kunst und die Schönheiten der Natur Gefühl hat. Sein Buch, welches durch Gefühl und Enthusiasmus oft belebt wird, ist noch öfter durch emphatische Phrasen, durch Wendungen, deren einige originell, wovon aber die meisten allzu nahe an Sonderbarkeit und Affectation gränzen, verunstaltet. Der Präsident du Paty, dieß ist nicht zu läugnen, hatte einigen Mangel an Geschmack, und suchte allzusehr, Diderot und Thomas nachzuahmen, die ihn oft mit mehrern ihrer Phrasen versahen.

Seine Feinde sprengten aus, Voltaire habe, als er um ein Urtheil über die Talente desselben als Magistratsperson gefragt wurde, geantwortet: Er ist ein guter Litterator; und als man seine Meinung über die Anlagen desselben zu den Wissenschaften und Künsten wissen wollte, gesagt: Er ist ein guter Präsident. Es ist indeß leicht möglich, daß Voltaire
dieses

dieſes Epigramm machte, da dieſer Dichter ſelbſt über diejenigen
ſpottete, die er ſchätzte.

DUPIN (LOUIS ELLIES), 1657 aus einer alten, aus der
Normandie herſtammenden Familie zu Paris geboren, wurde von
ſeinem Vater mit vieler Sorgfalt erzogen. Er zeigte von ſeiner
Kindheit an viele Neigung zu den ſchönen Künſten und Wiſſenſchaften. Nachdem er ſeinen Curſus der Humanioren und Philoſophie im Collegium Harcourt gemacht hatte, widmete er ſich
dem geiſtlichen Stande, und erhielt 1684 den Doctorhut der
Sorbonne. Er hatte ſich ſchon damahls Materialien zu ſeiner

*Bibliothèque univerſelle des Auteurs Eccleſiaſtiques,*

deren erſter Band 1686 in 8. erſchien geſammelt. Die erſten acht
Jahrhunderte waren beendiget, als die Freiheit, mit welcher er
über den Styl, die Lehre und andere Eigenſchaften der Kirchenſcri-
benten ſein Urtheil fällte, dem Boſſuet mißfiel, der beim Erzbiſchof Harlay zu Paris deßhalb Klagen anbrachtee. Dieſer Prälat
nöthigte Dupin, eine ziemlich großee Menge von Sätzen zu widerrufen, wovon einige einer vortheilhaften Erklärung fähig waren. Der Verfaſſer unterwarf ſich in der Hoffnung, daß ſein
Werk nicht unterdrückt werden würde, allem, was man von ihm
verlangte. Er that dieß den 16. April 1693, und erhielt die
Freiheit, ſein Werk fortzuſetzen, wenn er ihm nur einen andern
Titel gäbe.

Dieſes unermeßliche Werk, welches allein fähig wäre, das
ganze Leben mehrerer Menſchen zu beſchäfftigen, hielt ihn jedoch
nicht ab, mehrere andere Schriften über wichtige Gegenſtände
zu verfaſſen. Die Thätigkeit ſeines Geiſtes reichte zu allem zu.
Er war Commiſſar in den meiſten Angelegenheiten der Facultät;
war verbunden, ſein philoſophiſches Catheder im königl. Collegium einzunehmen; arbeitete mehrere Jahre am Journal des Savans; war der Rathgeber mehrerer Schriftſteller, und gab den
einen Memoiren und den andern Zurechtweiſungen und Nachrichten. Ungeachtet dieſer Menge von Geſchäfften fand er noch Zeit,
ſich einen Theil des Tages mit ſeinen Freunden zu erholen. Mit
einem gefälligen und geſelligen Character geboren, ſchlug er ſich
niemanden ab.

Die Ruhe ſeines Lebens wurde durch die Affäre des Caſus con-
ſcientiae geſtöhrt; er war einer der Doctoren, welche dieſen Caſus ſignierten. Dieſe Deciſion machte, daß er ſeinen Lehrſtuhl
und den Aufenthalt in der Hauptſtadt verlor. Erfüllt nach Cha-

telleraut im Jahr 1703, erhielt er seine Zurückberufung durch ei=
nen Widerruf, konnte aber seine Stelle als königlicher Profeſſor
nie wieder erlangen. Clemens XI. dankte Ludewig XIV. für
dieſe Strafe, und nannte in dem Breve, welches er an dieſen
Monarchen ergehen ließ, den Dupin einen Mann von ſehr
ſchlimmer Doctrin, der ſich mehrerer Ausfälle ge=
gen den apoſtoliſchen Stuhl ſchuldig gemacht hätte.

Unter dem Regenten, während der Minderjährigkeit Lude=
wigs XV. war Dupin nicht glücklicher. Er ſtand mit dem Erz=
biſchof von Canterbori in genauer Verbindung und in beſtändigem
Briefwechſel. Man argwohnte hierunter ein Geheimniß, und
nahm ihm den 10. Februar 1719 alle ſeine Papiere weg. „Ich
„befand mich,“ ſagt Laſiteau, Biſchof von Siſteron, von
welchem dieſe Anecdoten entlehnt ſind, „zu der Zeit im Palais
„Royal, als man ſie dahin brachte. Es war darin geſagt, die
„Grundſätze unſeres Glaubens könnten mit den Grundſätzen der
„Anglicaniſchen Religion in Uebereinſtimmung gebracht werden.
„Es hieß ferner darin, man könnte ohne der Echtheit der Dog=
„men Schaden zu thun, die Ohrenbeichte abſchaffen, und im
„Sacrament des Abendmahls nicht mehr von der Transſubſtan=
„tiation ſprechen; man könnte die Gelübde der Religion, das
„Faſten und die Enthaltung in der Faſtenzeit aufheben, des
„Papſtes entbehren und den Prieſtern die Ehe erlauben.“

. Die Feinde des Dupin geben vor, ſein Leben habe mit ſeinen
Religionsgrundſätzen übereingeſtimmt; er ſei verheirathet gewe=
ſen, und ſeine Wittwe habe ſich zum Empfang ſeiner Verlaſſen=
ſchaft gemeldet. War dieſer berühmte Mann ſo, wie man ihn
uns ſchildert, ſo muß der Papſt in den Benennungen, die er ihm
gab, ſehr mäßig erſcheinen; aber nichts iſt falſcher, als alle
dieſe ärgerlichen Gerüchte. Das Project einer Vereinigung der
Anglicaniſchen mit der Römiſchen Kirche, war nichts weniger
als ein Geheimniß; es war eher die Frucht von Dupins friedlie=
benden Geiſte, als die Folge ſeiner Neigung zu Irrthümern in
den Lehrſätzen ſeiner Kirche. Der Cardinal de Noailles und
der General=Procurator des Parlements zu Paris, Joly de
Fleury, hatten es gebilliget. Wir wiſſen von ſicherer Hand,
und von Perſonen, die mit nicht ſo umnebelten Augen als der
Biſchof von Siſteron die Projecte des Dupin geleſen hatten, daß
in ſeiner Schrift nichts vorhanden war, was einem vernünftigen
und mäßigen Theologen verdächtig vorkommen konnte. Eben
                                                        dieſer

dieſer friedlichen Geſinnungen wegen wurde er auch vom Czar
Peter, während ſeines Aufenthaltes zu Paris, über einige Ver-
einigungsprojecte zu Rathe gezogen, die aber nie ausgeführt
wurden. Man fälle endlich auch über ſeine Art zu denken und
zu leben welches Urtheil man wolle, ſo kann man ihm einen hellen, beſtimmten und methodiſchen Geiſt, eine unermeßliche Be-
leſenheit, ein glückliches Gedächtniß, einen in der That zwar
wenig correcten, aber leichten und ziemlich edeln Styl, und einen weit weniger unruhigen Character nicht abſprechen, als man
Schriftſtellern von derjenigen Partei, mit welcher er in Verbindung ſtand, gewöhnlich zuſchreibt.

Dieſer berühmte Mann ſtarb 1719 in ſeinem 62. Jahre zu
Paris, und wurde von ſeinen Freunden und dem Publicum bedauert. Vincent, ſein Verleger, ehrte ſein Grab mit einem
marmornen Denkmahl, mit einer Inſchrift vom berühmten
Rollin.

Die vorzüglichſten Werke dieſes arbeitſamen Schriftſtellers
ſind:

> *Bibliotheque des Auteurs Eccleſiaſtiques, contenant l'hiſtoire de
> leur vie, le Catalogue, la Critique, la Chronologie de leurs
> Ouvrages, tant de ceux que nous avons, que de ceux qui ſe
> ſont perdus, un jugement ſur leur ſtyle, leur doctrine, et le
> dénombrement des différentes editions de leurs Ouvrages, 58
> vol. in 8. 19 vol. in 4.*

Dom Cellier lieferte ein Werk von derſelben Art, das zwar
viel richtiger iſt, ſich aber mit weniger Vergnügen lieſt. Der
Abbe' Dupin urtheilt faſt immer ohne Parteilichkeit und vorge-
faßte Meinung, und ſeine Critik iſt gewöhnlich von den gemeinen
Vorurtheilen frei; aber die Geſchwindigkeit, mit welcher er arbeitete, macht, daß er eine große Menge Fehler beging. Die
letztern Bände ſind nicht mit demſelben Fleiß ausgearbeitet, als
die erſtern. Die Lebensbeſchreibungen, die er von den Schriftſtellern giebt, ſind allzu kurz; die Thatſachen ſind weder genug
entwickelt, noch allzu gut behelligt. Die chronologiſchen Tafeln
ſtehen mit dem Werke oft in Widerſpruch. Die Catalogen der
Bücher ſind kaum richtiger. —

> *Hiſtoire des Juifs depuis Jeſus-Chriſt jusq' à préſent, 1710,
> 7 vol. in 12.*

Es ist das Werk des Basnage, welches sich Düpin einiger darin vorgenommenen Veränderungen wegen zuschreibt:

*Bibliothèque univerſelle des Hiſtoriens*, 2 vol. in 8.

nach dem Plane seiner eccleſiaſtiſchen Bibliothek; wurde aber nicht vollendet.

DUPLEIX (SCIPION), 1566 zu Condom aus einer edeln von Languedoc abstammenden Familie geboren. Sein Vater hatte unter dem Marschall de Montlüc mit Auszeichnung gedient. Scipio hatte sich am Hofe der Königin Margaretha, damahls zu Nerac, bekannt gemacht, und kam 1605 mit dieser Prinzeſsin nach Paris, die ihn nachher zum Maître-des-requêtes ihres Hotells machte. Er ward in der Folge Historiograph von Frankreich, und arbeitete lange Zeit an der Geschichte dieses Reiches. In seinem Alter compilierte er über die Freiheiten der Gallicaniſchen Kirche; als aber der Canzler Seguier die Handschrift, worüber er ein Privilegium verlangte, in seiner Gegenwart verbrennen ließ, starb er kurze Zeit darauf, 1661 in einem Alter von 92 Jahren, zu Condom vor Gram.

Man hat von ihm mehrere Werke. Die vorzüglichsten davon sind:

*Les Mémoires des Gaules*, 1650 in Folio,

welche den ersten Theil seiner Geschichte von Frankreich ausmachen. Sie werden mehr geschätzt als alles übrige: man sieht, daß der Verfasser aus den Quellen schöpfte. Da dieses Buch indeß schlecht geschrieben ist, so ist es wenig bekannt, und wird noch weniger gelesen.

*Hiſtoire de France*, 5, dann 6 Bände, in Folio.

Die Erzählung des Dupleir ist, obgleich ziemlich rein, doch wenig angenehm, nicht bloß wegen der veralteten Sprache, sondern noch weit mehr wegen der eingestreuten schwülstigen Platitüden. Dem Cardinal Richelieu wird darin sehr geschmeichelt, weil der Geschichtschreiber zu seiner Zeit schrieb, und die Königin Margaretha wird, ob sie gleich seine Wohlthäterin war, darin als eine Messalina geschildert, weil sie schon todt war, und der Verfasser von ihr nichts mehr zu erwarten hatte. Er opferte schlechten Antithesen und plumpem Witze die Wahrheit nicht selten auf. Die niedrige Schmeichelei, die an allen Stellen, wo er von dem Cardinal Richelieu spricht, durchschimmert, mißfiel dem Matthias de Morgues und dem Marschall von Baſ-

som-

sompierre sehr. Beide überführten ihn der Unwissenheit und
Treulosigkeit. Dupleix antwortete ihnen so schlecht als möglich.
Nach dem Tode des Cardinals wollt' er seine Geschichte um=
schmelzen; aber sein hohes Alter erlaubt' ihm nicht, diesen Vor=
satz auszuführen.

*Histoire Romaine, 3 vol.* in Folio,
eine ungeheure Masse ohne Geist und Leben.

*Curiosité naturelle rédigée en question, Lyon 1620* in 8.
Dieses Buch, voll von obscönen Gegenständen, und zum Theil
aus den Problemen des Aristoteles, des Alexander von
Aphrodisias und aus den berühmtesten Aerzten und Natur=
forschern gezogen, enthält viele lesenswürdige und einige ge=
fährliche Dinge.

Man sehe über diesen Geschichtschreiber die Bibliothèque des
Historiens des Paters le Long, nach der letzten Ausgabe.

DUPLESSIS. Man sehe PLESSIS.

DUPORT (JAMES), Dechant von Peterborough im 17. Jahr=
hunderte, hinterließ verschiedene gelehrte Werke, worunter eine
Lateinische Uebersetzung der Psalmen ist.

DUPPA (BRIAN), Bischof von Winchester, 1588-9 geboren,
wurde 1638 zum Vormund von Earl, Prinz von Wallis, und
nachher von seinem Bruder, Herzog von York, eingesetzt, stand
bei Carl I. in großen Gnaden, und soll ihm bei Erbauung der
Eikon=Kirche beigestanden haben. — Dieser Bischof ist wegen
vieler wohlthätigen Stiftungen merkwürdig, unter welchen vor=
züglich ein Almosenhaus zu Richmond zu erwähnen ist, woran
folgende Inschrift steht: Ich will dem Herrn die Ge=
lübde bezahlen, die ich ihm that in meiner Noth.

Er starb 1662.

DUPRE' DE GRUYER (JEAN), ist der Name eines Einsied=
ler=Architecten, dem man ein Talent zuschreibt, das dem Wun=
derbaren nahe kommt. Er bauete, sagt man, mit Hülfe seines
einzigen Bedienten die Eremitage von Freiburg in der Schweiz
in einen Felsen. Der Glockenthurm und der Schorstein der Küche
erregen die Bewunderung der Reisenden am meisten; der Canal
dieses Schorsteins ist 90 Fuß hoch. Ist es glaublich, daß zwei
Menschen allein, selbst in einem Zeitraume von 20 Jahren, ein
so erstaunliches Werk ausführen konnten? — Vielleicht hatte
aber

aber übrigens dieser Maurer-Anachoret die Gabe des Wunder-
thums, wie der, welcher die Brücke zu Avignon baute.

DUPUIS (CHARLES), ein Kupferstecher und Mitglied der
Königlichen Academie zu Paris, 1685 daselbst geboren, starb
1742, war ein Schüler von Caspar du Change, und hatte
einen sehr guten Geschmack in seiner Arbeit. Seine vornehmsten Blätter sind nach Le Brün, L. de Boulogne, C. Vanloo, N. Coypel u. a. Die Hochzeit der Jungfrau nach C.
Vanloo wird unter seine beßten Werke gezählt.

DUPUIS (NICOLAS), Bruder des vorhergehenden, um das
Jahr 1695 geboren, starb 1770, gravierte anfänglich wie sein
Bruder mit Scheidewasser und dem Stichel, zuletzt aber einzig
mit dem Stichel, wobei er alle Freiheit der Radiernadel behielt.
Er arbeitete nach Wateau, Lancret, C. Vanloo, Raoux
u. a., auch für die Sammlung von Crozat, und die Gallerien
von Versailles und Dresden.

Ein anderer Nicolaus Dupuis, Porträtmahler zu Nancy, wird mit Rigaud, de Troy, Largilliere u. a. seinen
Zeitgenossen, in Vergleichung gesetzt.

DURAND (GUILLAUME), Speculator genannt, wurde zu
Puimwisson in der Diöces Riez geboren, war ein Schüler von
Heinrich von Susa, ward zu Bologna Doctor, ging alsdann
nach Mailand, um daselbst das canonische Recht zu lehren. Der
Papst Clemens IV. machte ihn zu seinem Capellan und zum Au-
ditor des Pallastes. Er wurde nachher zum Legaten Grego-
rius X. auf dem Concilium zu Lyon, welches 1274 gehalten
wurde, und endlich 1286 zum Bischof von Mende ernannt. Er
schlug das Bißthum von Ravenna aus, welches ihm Nicolas
IV. anboth, und starb 1296, im 64. Jahre. Man nannte ihn
Vater der Praxis, wegen seiner Geschicklichkeit in den
Geschäfften.

Man hat von ihm verschiedene Werke:

*Speculum Juris*, Rom 1474 in Folio,
welches ihm den Namen Speculator erwarb.

*Repertorium Juris*, Venedig 1496 in Folio,
weniger bekannt, als das erstere.

*Rationale divinorum Officiorum*, welches 1459 zum erstenmahle zu Maynz erschien.

Diese Ausgabe ist sehr selten, und wird von Kennern sehr gesucht. Es wurde nachher an verschiedenen Orten wieder aufgelegt.

DURAND DE SAINT-POURÇAIN, geboren in der Stadt dieses Namens, in der Diöces Clermont, war Dominicaner, Doctor von Paris, Magister des heiligen Pallastes, ward 1318 Bischof zu Puy, und endlich 1326 zu Meaur. Er starb 1333. — Sein Jahrhundert gab ihm den Namen Doctor resolutissimus, weil er viele neue Meinungen vortrug, und, ohne sich ganz an einen Schriftsteller zu binden, aus allen das nahm, was ihm am meisten gefiel. Er hinterließ

Commentare über die vier Bücher der Sentenzen, Paris 1550, 2 Bände in Folio.

Abhandlung über den Ursprung der Gerichtsbarkeiten, in 4.

und andere Tractate, worin er mehr Scharfsinn zeigt, als die Theologen seiner Zeit hatten. Der Doctor Merlin besorgte eine Ausgabe seiner Werke.

DURELL (JOHN), ein berühmter Englischer Geistlicher, 1626 geboren, starb 1683.

D'URFE' (HONORÉ), man sehe URFE'.

D'URFEY (THOMAS), dieser Schriftsteller, der unter dem Namen Tom bekannter ist, wurde zur Jurisprudenz bestimmt, die er jedoch frühzeitig verließ, und sich den Musen widmete, wobei er keine kleinen Fortschritte machte. Seine dramatischen Stücke, die sehr zahlreich sind, wurden im allgemeinen gut aufgenommen; wodurch aber Mr. d'Urfey sich den meisten Ruf erwarb, war ein besonderer glücklicher Kunstgriff, den er in der Verfassung satyrischer Schriften und unregelmäßiger Oden besaß. Mehrere derselben schrieb er auf besondere Zeitveranlassungen, und leistete der Partei keine geringen Dienste, in deren Angelegenheit er sie schrieb; wodurch er sich bei seiner natürlichen Lebhaftigkeit und seinem guten Humor die Freundschaft einer Menge von Personen von allen Ständen und Conditionen, selbst Monarchen nicht ausgenommen, erwarb. Der Verfasser des Guardian, der in seiner 67. Numer eine sehr launige Schilderung von Mr. D'Urfey macht, sagt uns, er erinnere sich, daß sich Carl II. mehr als Einmahl auf Tom d'Urfey's Schulter gelehnt, und mit ihm ein Liedchen gesungen hätte.

Er war ein sehr guter, lustiger Gesellschafter, und ein liebreicher, rechtschaffener, guter Mann, so daß er von dem Anfange der Regierung Carls II. bis zu Ende der von Georg I. das Vergnügen der gebildetesten Gesellschaften ausmachte, und sich mancher ehrliche Edelmann in seinem Lande dadurch ein Ansehen gab, daß er vorgab, mit Tom d'Urfey in Gesellschaft gewesen zu sein.

DURRIUS

DURRIUS (JOANNES CONRADUS), 1625 zu Nürnberg geboren, war nach und nach Professor der Moral, Poesie und Theologie zu Altorf, wo er 1667 starb. Man hat unter andern von ihm einen lesenswerthen B r i e f, worin er einem seiner Freunde sagt, die Erfinder der Buchdruckerkunst wären von den Mönchen, welche über die Erfindung dieser schönen Kunst deßwegen aufgebracht waren, weil sie ihnen den Gewinn entzog, den sie durch Copierung der Handschriften zu machen gewohnt waren, d e r  Z a u b e r e i  angeklagt worden.

DURY (JOHN), Duraeus oder Dureus im Lateinischen, ein Schottischer Geistlicher, welcher an der Vereinigung der Lutheraner und Calvinisten mit großem Eifer arbeitete, in welcher lobenswürdigen Absicht er den größesten Theil von Europa durchreisete, und um das Jahr 1675 starb.

DUVAL (VALENTIN JAMERAY), Bibliothekar des Kaisers Franz I., war der Sohn eines armen Landmannes, und wurde im Jahre 1695 im Dörfchen Artonay in Champagne geboren. Schon im zehnten Jahre wurde er seiner Eltern beraubt, und sah sich im vierzehnten Jahre genöthiget, sein Vaterland zu verlassen, weil er keinen Dienst bekommen konnte. Er überließ sich dem Zufalle, machte sich auf den Weg, und wurde in dem höchst strengen Winter des Jahres 1709 mitten auf dem Felde von den Kinderpocken überfallen. Er befand sich in der traurigsten Lage. Bedeckt mit Schnee, und halb erfroren hatte er kein Brod, keinen Zufluchtsort und nicht die mindeste Hofnung, seinen Zustand zu verbessern. Die Heftigkeit seiner Schmerzen und die Strenge der Jahreszeit zwangen ihn, vor einer Meierei still stehen zu bleiben, wo er zu seinem Aufenthalte nur einen Stall und einen Misthaufen bekam, unter dem man ihn gegen die Kälte schützte. Die hier befindliche Hitze erwärmte ihn nach und nach, und erleichterte den Ausbruch der Krankheit. Bald war er über und über mit Pocken bedeckt. Allein man leistete ihm keine Unterstützung. Der ganze Bauerhof war verschuldet. Der Herr hatte selbst nichts zu leben, und nur ein hoher Grad von Mitleid machte, daß er dem Sterbenden einen Trank gab, der in Eißwasser, und eine Nahrung reichte, die in ein wenig kaum gesalzner Wassersuppe bestand, wozu noch schlechtes und gefrornes Brod kam, welches er in seinem Miste aufthauen ließ.

Die Lämmer, deren Wohnung er theilte, schienen seine Schmerzen zu rühren. Es schien, als wollten sie ihm durch
ihr

ihr Belecken eine Art von Linderung verschaffen. Allein obgleich
ihre rauhe Zunge seinen Schmerz vergrößerte, so schien er sich
mehr mit der Besorgniß, ihnen das Gift, von dem er sich durch-
drungen fühlte, mitzutheilen, zu beschäftigen. So unbedeutend die Unterstützung war, die er in diesem Stalle erhielt, so
war es doch dem Besitzer des Bauerhofes unmöglich, sie fortzusetzen. Man mußte ihn daher ungeachtet seiner Schwäche bedeckt mit elenden Lumpen und Heu zu einem Prediger in der
Nachbarschaft bringen, wo es nicht viel fehlte, daß ihm die
Kälte, die er unterweges ausgestanden hatte, den Tod zuzog.
Jedoch er genas. Allein die Hungersnoth, die diese Gegend ver-
heerte, brachte auch ihn um jenen Zufluchtsort, sobald es ihm
seine Kräfte erlaubten, seinen Weg weiter fortzusetzen.

Da er nicht wußte, wo er sich hinwenden sollte, so erkundigte
er sich, ob es nicht ein Land gäbe, welches jene Geißel verschont
hätte. Man rieth ihm, sich in eine Gegend zu begeben, die
nach Mittag oder Morgen zu läge. Die Vorstellungen Mittag,
Morgen, waren neue Ideen für ihn, die die Quelle seiner ersten
Betrachtungen und sein erster Unterricht in der Erdbeschreibung
waren. Er ging also gegen den Punct zu, wo die Sonne ihm
aufzugehen schien; er durchreiste Champagne. Elende Hütten,
die kaum mit Stroh und Thon bedeckt waren, blasse, schmach-
tende und bleiche Menschen, Kinder, von denen sich nur hier
und da eines sehen ließ, und die die Noth ausgemergelt hatte,
zeigten ihm das Elend in seiner schrecklichsten Gestalt. Endlich
langte er zu Sénaide an, und plötzlich wurde er von einem neuen
Auftritte überrascht. Geräumige Häuser, die gut bedeckt und
der starken und von Gesundheit strotzenden Männer werth waren,
die sie bewohnten; flinke und wohl gekleidete Weiber, zahlreiche
und muntre Kinder, unzweideutige Beweise vom Wohlstande und
Glück des Landes, ließen ihn merken, daß er sich in einer andern Gegend befand.

Das Ungefähr machte, daß er in der Einsiedelei la Rochette
einkehrte, wo ihn der gute Einsiedler Palämon aufnahm, ihm
Geschmack für seine Lebensart und Arbeiten beibrachte, und ihm
lesen lehrte. Duval, den die Natur mit einer ungestümen
Reizbarkeit begabt hatte, trat in das Alter, wo sich die Leidenschaften entwickeln. Das Bedürfniß einer bestimmten Neigung,
das Lesen ascetischer Schriften, aus denen die Büchersammlung
des Einsiedlers bestand, brachten ihm anfänglich einen entschied-
nen Hang zur Andacht bei, die aber nichts weniger als eine
gründliche und reine Frömmigkeit war, die nach sei-

G g                                                    ner

ner eignen Definition das Wesen der Andacht ist. Es war vielmehr jene Devotion, die sich mit Kleinigkeiten abgiebt, ihre
meiste Zeit mit Beten, unnützen Andachtsübungen und Betrachtungen zubringt, sich sehr wohl mit den Leidenschaften verträgt,
und selbst eine strafbare Leidenschaft wird.

Er hatte damahls ein sehr lustiges Abenteuer, das ihn über
seine Empfindungen aufklärte. Benachbarte Domherren besuch-
ten die Einsiedelei, und brachten einen großen Schinken und einige Flaschen mit, die, wie er sagt, nichts weniger als
Weihwasser enthielten. Man kostet: er nimmt an dem
köstlichen Mahle Theil, und schluckt zum erstenmahle zwei voll
eingeschenkte Gläser vortreflichen Weins hinunter. Als er allein
war, befand er sich in einem Zustande, den er geneigt war, für
eine Erscheinung zu halten. Sein Gesicht entzündet sich, sein
Blut kocht, sein Kopf fängt an, die Wirkung des genossenen
Weines zu fühlen. Ob er gleich von Natur nicht viel redete, so
fühlte er doch jetzt eine so unmäßige Begierde zu sprechen, daß
er Psalmen laut herzusagen anfing, um dieselbe zu befriedigen.
Allein seine Zunge fühlt sich gefesselt, seine Lippen sind nicht
mehr so beweglich, wie vorher, seine Beine wanken. Von ungefähr setzt er sich vor ein Bild des guten Hirten. Dieser Gegenstand flößt ihm zärtliche Empfindungen ein. Er bildet sich
ein, daß dieser ausserordentliche Zustand ein, von jenen Entzük-
kungen wäre, die Gott seinen Auserwählten sendet. Er tritt
näher an das Bild hin, wirft sich nieder, benetzt es mit seinen
Thränen, liebkoset es, und spricht mit ihm in den mystischsten
und rührendsten Ausdrücken. Doch alles hat sein Ende. Er
schläft daher mitten im Genuß seiner Seligkeit ein. Wie groß
war bei seinem Erwachen sein Erstaunen, da er sich so unem-
pfindlich wie der Marmor fühlte, und jene andächtigen Seufzer und jene Ermattungen vorüber waren, die ihn des Abends
vorher so glücklich machten.

Aus dieser Einsamkeit begab er sich in die Einsiedelei der Heil.
Anna bei Luneville. Die einzigen Hülfsmittel, die hier Duval
für seine Erziehung fand, waren sechs Kühe zu hüten, vier im
höchsten Grade unwissende Einsiedler und einige Stücke von der
Bibliotèque bleue oder blauen Bibliothek. Indessen brachte er
es so weit, daß er von sich selbst schreiben lernte. Ein Auszug
aus der Rechenkunst wurde der neue Gegenstand seiner Studien,
denen er sich in der Stille des Gehölzes überließ.

Man muß ihn selbst erzählen hören, wie er sich die ersten Begriffe in der Astronomie und Geographie bloß durch Hülfe seiner
                                                    Betrach-

Betrachtungen, einiger Carten, und eines aus Schilfrohr ge=
machten Tubus, den er auf eine hohe Eiche, die ihm zur Stern=
warte diente, gestellt hatte, verschafte. Je mehr er lernte, de=
sto mehr brannte er vor Begierde noch mehr zu lernen *); allein
die Verfassung seiner Finanzen entsprach seiner Begierde nicht.
Um selbige zu verbessern, ließ er es sich, ungeachtet er Gefahr
lief, als ein Wilddieb gefangen zu werden, einfallen, den Thie=
ren der Wälder den Krieg zu erklären, in der Absicht, ihre Pelze
zu verkaufen. Die Hitze und der Muth, mit dem er bei dieser
Jagd, welche ihr Bewegungsgrund adelte, zu Werke ging, sind
in der That unglaublich. Einmal hatte er einen gewaltsamen
Kampf mit einer wilden Katze auszuhalten, deren Sieg ihm vie=
les Blut kostete. In einem Zeitraume von einigen Monaten
erwarb er sich mit seiner ausdauernden Anstrengung etliche vier=
zig Thaler, die er sehr bald nach Nanci trug, um Bücher dafür
einzukaufen.

Eine glückliche Begebenheit vergrößerte seinen kleinen Schatz.
Er fand eines Tages ein goldnes Petschaft, das mit einem Wa=
pen ausgeziert war. Er läßt es in der Predigt anzeigen. Ein
Engländer meldete sich. Dieß war Herr Forster, ein Mann
vor bekannten Verdiensten. Wenn dieses Petschaft ih=
nen gehört, sagte Duval zu ihm, so bitte ich Sie, mir
zu erlauben, es zu blasonnieren. Du hast mich zum
Besten, junger Mensch! die Wapenkunst gehört sicherlich nicht
in den Kreis deiner Kenntnisse. — Mag's seyn; genug ich
erkläre Ihnen, daß Sie Ihr Petschaft nicht eher
wieder bekommen, als bis ich es blasonniert habe.
Erstaunt über diesen entschloßnen Ton gehorchte Herr Forster,
belohnte den jungen Hirten, und lud ihn ein, ihn zu besuchen.
Durch seine Großmuth wuchs die Bibliothek Duvals bis zu
400 Bänden, während daß seine Kleidung immer die nämliche
blieb. Sein ganzer Anputz bestand in einem leinenen oder wol=
lenen Kittel, und in Holzschuhen.

G g 2      Kampf

---

*) Folgender Zug kann uns einen Begrif von der Heftigkeit dieser
Begierde geben. Gequält in seiner Jugend von jenem Fieber
der Sinne, die uns die Natur durch die Erfahrung kennen lehrt,
von der Liebe, die seinem Studieren Abbruch that, wußte der
junge Philosoph gar bald seine Begierden in Ordnung zu brin=
gen. Er erinnerte sich, im Propheten Jeremias gelesen zu
haben, daß man sich mit Schierling davon heilte. Er aß eine
so reichliche Portion Schierlingssalat, daß er bald daran gestor=
ben wäre, und daß seine Begierden auf immer erstorben waren.
Glücklicher Weise verdarb dieses Gift die Reitzbarkeit seiner
Seele nicht.

Während daß er auf diese Art seinen Geist durch fleißiges Studieren ausbildete, vernachläßigte er seine Heerde. Die Einsiedler beschwerten sich darüber, einer von ihren drohte sogar, seine
Bücher in das Feuer zu werfen, und begleitete diese Drohung
mit einer beleidigenden Geberde. Duval hatte, wie schon
eben gesagt worden ist, von Natur ein hitziges und reitzbares
Temperament. Da er dienen mußte, so war zwar seine Seele
an die Unterwürfigkeit gewöhnt, konnte aber keinesweges höh-
nenden Spott vertragen. Er ergreift eine Feuerschaufel, sezt
den Mönch an die Thüre seiner eignen Wohnung, macht es eben
so auch mit den andern, die beim Lärmen herbeieilen, und ver-
schließt sich ganz allein, so, daß er die Thüre mit doppeltem
Riegel zumachte. Der Superior kommt: Duval erklärt ihm
umständlich durch das Fenster seinen schönen Feldzug. Der
sanfte Charakter des ehrlichen Einsiedlers besänftigte ihn indessen
endlich. Allein er öffnete die Thüre nicht eher, als bis er ihm
eine Capitulation bewilligt hatte, die darin bestand, daß er
ihm versprechen mußte, den ganzen Vorfall zu
vergessen, und ihm in Zukunft täglich zwei Stunden zu verstatten, die er dem Studium der Wissenschaften widmen könnte. Unter diesen Bedingungen
machte er sich anheischig, der Einsiedelei zehn Jahre hindurch
für Kost und Kleidung zu dienen. Das Lustigste dabei war,
daß diese Acte bei einem Notarius in Luneville ratificiert wurde.

Das Gehölz, in welches Duval seine Kühe weiden führte, war
sein gewöhnlichstes Studierzimmer. Als er eines Tages dort war,
und seine Landcarten, wie gewöhnlich, um ihn herumlagen, wurde
er von einem Manne von freundlicher Miene angeredet, der,
erstaunt über diesen Apparat, ihn fragte, was er da machte?
— Ich studiere die Erdbeschreibung. — Versteht
er denn etwas darin? — — Ja freilich, das wollt' ich
meinen; ich beschäftige mich nur mit den Dingen,
die ich verstehe. — Wo ist er denn jetzt? — Ich suche
die Straße nach Quèbec, wohin ich mich begeben
will, um auf der Universität dieser Stadt meine
Studien fortzusetzen. (Er hatte in seinen Büchern gelesen, daß diese Stadt eine berühmte Universität hätte). — Es
giebt, erwiederte der Unbekannte, mehr Universitäten,
die er beziehen kann; ich kann ihm deren nennen.
In dem Augenblick sah er sich von einem zahlreichen prächtigen
Gefolge umringt; es war das Gefolge der jungen Prinzen von
Lothringen.

**Men**

Man that ihm endlich den Vorschlag, daß er seine Studien förmlich bei den Jesuiten in Pont - a - Mousson vollenden sollte. Duval war verlegen. Das Studieren war der Lieblingswunsch seines Herzens. Allein seine Freiheit schien ihm noch mehr am Herzen zu liegen, und er nahm jenen Vorschlag nur unter der ausdrücklichen Bedingung, sie nicht zu verlieren, an. Er machte so rasche Fortschritte, daß ihn der Herzog Leopold, der ihn für sich einzunehmen suchte, in zwei Jahren in mehrere Länder, unter andern nach Paris, reisen ließ *). Bei seiner Zurückkunft ernannte er ihn zu seinem Bibliothecar und zum Professor der Geschichte auf der Academie in Luneville. Diese Stelle, und die Privatunterweisungen, die er Engländern, unter andern dem berühmten Lord Chatam, gab, verschafften ihm die Mittel, seine ehemalige Einsiedelei der Heiligen Anna wieder neu aufbauen zu lassen.

Zur Zeit der Revolution von Lothringen schlug er alle Vorschläge aus, die ihm gemacht wurden, zu bleiben, und folgte der Bibliothek nach Florenz, wo er sich zehn Jahre aufhielt. Der Kaiser Franz rief ihn nach Wien, wo er ihm ein Münzcabinet anlegen mußte. Hier genoß er die größte Achtung von Seiten der ganzen kaiserlichen Familie, und lebte bis zum Jahre 1775. Er starb in gedachtem Jahre in einem Alter von fast 80 Jahren, und wurde von allen denen, die ihn kannten, aufrichtig bedauert.

Im Jahre 1784 erschienen die Werke Duvals im Druck. Die Mémoires sur sa vie, die dieser voran gehen und von Kaiser in's Deutsche übersetzt sind, sind bei der gegenwärtigen kurzen Anzeige seiner äußerst merkwürdigen und lehrreichen Lebensumstände zu Rathe gezogen worden.

DYCK (ANTON VAN), 1599 zu Antwerpen geboren, lernte die Anfangsgründe der Kunst bei seinem Vater, einem geschickten Glasmahler von Herzogenbusch, hernach bei Heinrich van Baelen, und endlich bei Rubens. Dieser übergab ihm sogleich verschiedene große Werke, er selbst aber verbesserte sie. Vandyck bekam eine vorzügliche Neigung zum Porträtmahlen, weßwegen er auf Rubens Rath nach Italien ging, wo

Tizian

---

*) Dieser Prinz wünschte den Eindruck zu erfahren, den die Ansicht von Paris und das Schauspiel der Oper auf Duvals Geist und Sinne machen könnten, und befahl ihm daher, sich an sein Gefolge anzuschließen. Er gehorchte, und da er fand, daß alles was ihm zu Gesicht kam, gegen die großen Schönheiten, die der Auf- und Untergang der Sonne unsern Augen darbiethen, gar nicht in Betrachtung käme, so trug er kein Bedenken, seine Meinung freimüthig zu äußern.

Tizian und Paul Veronese seine Muster waren. Er
hielt sich eine geraume Zeit zu Genua auf, und arbeitete nach
seiner Zurückkunft für verschiedene Fürsten. Hernach ging er
auf eine kurze Zeit nach Frankreich, und darauf nach England.
König Carl I. behielt ihn durch viele Gutthaten in seinen Diensten, machte ihn zum Ritter des Bades, gab ihm sein mit Dia-
manten besetztes Bildniß, nebst einer goldenen Kette, eine Wohnung und eine bestimmte ansehnliche Summe für seine Gemählde.
Vandyck heirathete die Tochter des Grafen Gorre, führte eine
sehr prächtige Lebensart, und machte auf viele Weise einen großen
Aufwand, welches ihn nöthigte, seine Kunst fleißig zu üben. Die
Eilfertigkeit, mit welcher er gegen das Ende seines Lebens arbeitete, machen seine letztern Werke bei weitem nicht so schätzbar,
als die erstern waren, an die er mehr Zeit und Sorgfalt wandte.
Er starb 1641 im 42. Jahre, und wurde in der St. Paulskirche
begraben.

Dieser große Schüler Rubens übertraf denselben in Bildnissen. Seine Köpfe sind bezaubernd und so natürlich, daß sie das
Auge in eine angenehme Verwirrung setzen. In den Stellungen
war er Meister. Sieht man seine historischen Stücke an, so wird
ein Kenner urtheilen, daß er zwar in einigen Gemählden seinem
Lehrmeister gleich gekommen sei, überhaupt aber weniger Genie
und Feuer gehabt habe. Vandyck war dazu geboren, der vor-
trefflichste Bildnißmahler zu sein; Colorit, Kenntlichkeit, Zeichnung der Köpfe und Hände — alles muß an ihm bewundert
werden. Viele selbst geätzte Köpfe machen diesem berühmten
Künstler Ehre, sie sind leicht, aber mit einer meisterhaften Hand
gearbeitet. Einige sind nach Tizian, die meisten aber nach seinen
eignen Zeichnungen. Alles, was nach ihm gestochen worden,
wird von M. Oesterreich auf 550 Blätter geschätzt.

DYER (JOHN), ein Englischer Geistlicher und vortrefflicher
Dichter, 1700 geboren, starb 1758. — Sein Character, als
Schriftsteller, wurde durch 3 Gedichte

*Grongar Hill,*

*The Ruins of Rom,* und

*The Fleece,*

bestimmt, worin eine vollkommen originelle dichterische Einbildungskraft, eine natürliche Einfalt, welche mit wahrer Erhabenheit verbunden, und oft die Schöpferin derselben ist, und
die wärmsten Gefühle des Wohlwollens und der Tugend, allgemein bemerkt und bewundert wurden.